·法学名家精论丛书·

刑事诉讼法学精论

宋英辉 王贞会 等著

中国检察出版社

作者简介

　　宋英辉　1957年生，河北赵县人，北京师范大学二级教授、博士生导师，北京师范大学未成年人检察研究中心主任，华东政法大学青少年司法研究院首席专家。主要社会兼职：中国刑事诉讼法学研究会学术顾问、少年司法专业委员会主任委员，最高人民检察院专家咨询委员、全国未成年人检察工作顾问，最高人民法院案例指导委员会委员，少年司法研究基地首批专家委员，国务院妇女儿童工作委员会儿童工作智库专家，教育部等专家咨询委员会委员。在《中国法学》《法学研究》等刊物发表论文200余篇，主要著作有《刑事诉讼目的论》《刑事诉讼原理》《刑事审判前程序研究》《刑事程序法功能研究》《外国刑事诉讼法》《〈未成年人保护法〉〈预防未成年人犯罪法〉修订草案专家建议稿与论证》《中华人民共和国未成年人保护法释义》等。曾参与1996年、2012年、2018年《刑事诉讼法》修改论证工作，受委托担任《未成年人保护法》《预防未成年人犯罪法》修订草案专家建议稿起草牵头人，全国人大社会建设委员会《未成年人保护法》修改工作顾问，《中国反对拐卖人口行动计划（2021—2030年）》及《实施细则》建议稿课题组负责人。

作者简介

尹泠然 中国政法大学刑事司法学院副教授,硕士生导师。主要研究领域为刑事诉讼法学、少年司法、司法制度。在《环球法律评论》《中国法律评论》《华东政法大学学报》《中国刑事法杂志》《国家检察官学院学报》等 CSSCI 来源期刊发表学术论文十余篇,曾被《人大报刊复印资料》《高等学校文科学术文摘》全文转载(摘)。独著一部,合著、参编教材多部。主持国家社会科学基金青年项目,参与其他国家级、省部级课题多项。

奚 玮 安徽师范大学法学院教授、博士生导师。兼任中国刑事诉讼法学研究会理事、中国法学会法律文书学研究会常务理事、长三角地区典型案例评审专家库专家、安徽省法学会学术委员会委员、安徽省法学法律专家库成员、安徽省律师协会刑事法律专业委员会副主任等职。主要研究领域为刑事诉讼法、证据法等。在《政法论坛》《法律科学》《中国刑事法杂志》《政治与法律》等核心期刊发表论文 20 余篇,出版专著 3 部,主持国家社科基金项目 1 项、省部级课题 4 项。

王贞会 中国政法大学诉讼法学研究院副院长、教授、博士生导师,中国政法大学检察基础理论研究基地执行主任、人民法院司法改革研究基地秘书长。兼任中国刑事诉讼法学研究会理事、少年司法专业委员会委员,中国预防青少年犯罪研究会常务理事等。主要研究领域为刑事诉讼法、未成年人司法。发表学术论文 60 余篇,出版专著 4 部,译著 1 部。主持国家社科基金、最高人民检察院、教育部、司法部等课题 10 余项。曾获第六届青年刑事诉讼法学优秀科研成果奖一等奖、第四届中青年刑事诉讼法学优秀科研成果奖专著类一等奖等。

杨 雄 北京师范大学法学院副教授。美国纽约大学法学院访问学者,中国案例法学研究会理事。曾借调全国人大常委会法工委刑法室工作,担任北京市房山区人民检察院检察长助理。主要研究领域为刑事诉讼法、证据法。在《政法论坛》等刊物发表学术论文数十篇。出版专著《刑事强制措施的正当性基础》、译著《审判的历史》及合著、参编学术著作、教材十余部。曾荣获全国中青年刑事诉讼法学优秀科研成果论文类一等奖、专著类三等奖。

苑宁宁 中国政法大学人权研究院副教授,未成年人事务治理与法律研究基地副主任,法学博士。兼任中国刑事诉讼法学研究会少年司法专业委员会委员,民政部专家咨询委员会委员,国务院妇女儿童工作委员会办公室专家智库成员,最高人民检察院听证员。先后深度参与起草《未成年人保护法》《预防未成年人犯罪法》修订草案和《家庭教育促进法》《托育服务法》草案。主要研究领域为诉讼法及未成年人法律。

何 挺 北京师范大学法学院教授、博士生导师,法学院暨刑事法律科学研究院副院长,北京师范大学未成年人检察研究中心执行主任,曾挂职担任最高人民检察院第九检察厅副厅长。兼任中国刑事诉讼法学研究会常务理事兼副秘书长、少年司法专业委员会副主任,中国法学会检察学研究会未成年人检察专业委员会副主任等。2022 年度教育部"长江学者奖励计划"青年学者,获得第十届"全国杰出青年法学家"提名奖。主要研究领域为刑事诉讼法和未成年人司法。在《中国法学》《法学研究》等刊物发表论文 120 余篇。

王广聪 最高人民检察院第九检察厅主办检察官,法学博士,全国检察业务专家。主要研究领域为未成年人司法。出版专著 3 部,参编《中国未成年人司法制度研究》《职务犯罪检察业务》等。在《政治与法律》《东方法学》《中国刑事法杂志》《国家检察官学院学报》《法学杂志》《中国青年社会科学》等核心期刊发表论文多篇,部分被《中国社会科学文摘》转载。

出版说明

  法学是一门理论性和实践性极强的学科。学习品读名家经典，是快速步入法学殿堂、感受法学魅力、提高法律素养的必要途径。为助力检察人员深入研习法律机理，提升全面监督法律统一、正确实施的能力，引领推动全社会尊法学法守法用法，切实履行好全面依法治国的职责使命，在院党组的坚强领导下，我们精心打造了由法学各学科名家担纲执笔的"法学名家精论丛书"。

  丛书编写坚持如下原则：

  一是理论阐述与实践应用相结合。坚持问题导向，准确把握司法办案实际，理论阐释与实务重点、难点、疑点、痛点问题解析有机融合，特别是注重引用"两高"指导性案例和司法实务典型疑难案例，使理论更加贴近实践。

  二是兼顾系统与突出重点相结合。尽可能系统阐述各学科的基本理论和前沿问题，对有重大意义的争议观点和分歧意见精准评介、深入分析，对实务中涉及较少的问题一笔带过，注重突出重点、详略得当。

  三是关注前沿与权威精准相结合。力求充分反映最新立法、司法动态和研究成果，立场鲜明、观点稳妥，言之有理、持之有据，既深植法律政策规定，又体现法治发展进步。

  名家之作，凝聚了专家们的学术业绩和理论研究成果，积淀着专家们探求法律真谛的智慧，也反映了人类对法这一社会现象不断深化认知的轨迹。

  "登泰山而览群岳，则冈峦之本末可知也。"

  "法学名家精论丛书"不仅是检察人员研修法学原理与实务的教材，也是法学教学及其他法律工作者学习研究用书。

中国检察出版社

2022 年 9 月

前　言

　　刑事诉讼法是国之重器，既关乎自由、平等、秩序、公正等法治精神之宣扬以及惩罚犯罪与保障权利、公正与效率等司法价值之彰示，也与人民群众的日常生活息息相关，意义重大。1979年制定颁布了新中国的第一部《刑事诉讼法》，沿用至今，并在1996年、2012年和2018年先后作出三次修改，2023年9月7日公布的《十四届全国人大常委会立法规划》将刑事诉讼法修改再次纳入"第一类项目：条件比较成熟、任期内拟提请审议的法律草案"，刑事诉讼法面临第四次修改和新时代背景下刑事诉讼法律制度向现代化发展的重要历史机遇。刑事诉讼法的历次修改和完善，就是我国刑事诉讼程序法治逐步走向现代化、刑事领域人权法治保障水平不断提高、适应新时代人民群众对法治建设和司法改革的新期望新需求的发展过程。

　　中国式的刑事诉讼法律制度是具有现代性和中华传统优秀法律文化传承发展特质的诉讼制度，现代化的刑事诉讼法律制度需要有现代化的指导思想和理念精神作为基本遵循，应当坚持以新时代习近平中国特色社会主义思想为指导，将习近平法治思想深入全面地贯彻落实到刑事诉讼立法、司法的各个环节、各个方面，守住司法公正底线，维护社会公平正义，保障人民合法权益，努力让人民群众在每一个司法案件中都感受到公平正义。要坚持控制犯罪与保障人权相统一，实体公正与程序公正并重，公正优先、追求效率，控审分离、控辩平等对抗和审判中立等刑事诉讼基本理念，坚持程序法定、无罪推定、以审判为中心、证据裁判、不得强迫自证其罪等基本原则。要立足我国国情，进一步健全完善符合刑事诉讼基本规律和联合国刑事司法准则的中国式刑事诉讼法律原则、规则和制度体系，构建一套轻重有别、繁简分流的符合宽严相济刑事政策要求的刑事诉讼一般程序，还要结合实践发展深入研究针对特殊类型案件的刑事诉讼特别程序。

　　观其貌，本书在结构和内容上都带有一定的教科书色彩，可能给人感觉这就是一本与其他刑事诉讼法教材无异的普通教材，难免随着时间流逝而淹没在大量教材之中或者随着法律修改、知识更新而尘封在书柜之内。然而，究其质，本书并非简单地定位为一本以系统全面地进行知识介绍和解释为主的刑事诉讼法学教材，或者说从我们编写本书的目的和出版社对本书的期望来讲，都不是想仅仅将本书做成一本通识性、普及性的刑事诉讼读物，而是力求打造一本在传统刑事诉讼理论架构和知识谱系的基础上有所突破，兼具知识性和学术性，突出问题意识，注重原理阐释，通过总结司法现象和实践问题来解读理论要旨，通过剖析诉讼原理和制度内容来回应实践需求，既有一定理论深度又有一定实践价值的精解深论刑事诉讼主要制度和程序的著作。通过本书对刑事诉讼主要法律制度和程序的要点梳理、理论阐释、实践参照和案例索引，帮助读者能够更好地了解和理解我国刑事诉讼法律制度和程序的文本之义、应然之理、实然之貌、问题之结、解决之道，呈现在各位读者面前的这本书即是我们为此而付出的一种努力和尝试。

本书在全体作者集体统稿的基础上由宋英辉、王贞会审定，西北政法大学宋志军教授为本书写作进行了协调工作。本书撰稿分工如下（以章节先后为序）：

宋英辉（北京师范大学教授、博士生导师，华东政法大学青少年司法研究院首席专家）：前言、第四章

尹泠然（中国政法大学副教授）：第一章、第二章

奚玮（安徽师范大学教授、博士生导师）：第三章、第六章、第七章、第九章

王贞会（中国政法大学教授、博士生导师）：第四章、第五章、第十三章、第十四章

杨雄（北京师范大学副教授）：第八章

苑宁宁（中国政法大学副教授）：第十章、第十一章、第十五章、第十六章

何挺（北京师范大学教授、博士生导师）：第十二章

王广聪（最高人民检察院第九检察厅主办检察官）：第十二章

由于时间、水平有限，书中难免有不妥之处；由于作者写作风格不同，各部分难免有欠协调。请读者谅解，并恳请不吝赐教。本书出版得到中国检察出版社鼎力支持，在此深表感谢。

宋英辉

2024 年 3 月

目 录

第一章　刑事诉讼主体

刑事诉讼主体是指在刑事诉讼中具有独立诉讼地位，履行一定诉讼职能，并享有一定诉讼权利、承担一定诉讼义务的有关国家机关和诉讼参与人。刑事诉讼主体可以分为两大类：一类是刑事诉讼专门机关；一类是诉讼参与人。其中，刑事诉讼专门机关是指依法在刑事诉讼中行使法定职权的国家机关。在我国，刑事诉讼专门机关包括公安机关、人民检察院、人民法院、国家安全机关、军队保卫部门、监狱、海关所属的走私犯罪侦查机构以及中国海警局。从性质上看，公安机关属于行政机关，人民检察院和人民法院则是司法机关。国家安全机关、军队保卫部门、监狱、海关所属走私犯罪侦查机构和中国海警局在刑事诉讼中负责特定刑事案件的侦查工作。诉讼参与人是指在刑事诉讼中享有一定诉讼权利、负有一定诉讼义务的除国家专门机关工作人员以外的人。诉讼参与人通过行使诉讼权利、承担诉讼义务，保证刑事诉讼活动得以顺利、有效地进行，对刑事诉讼的进程和结局发挥着不同程度的影响和作用。没有诉讼参与人的参与，刑事诉讼活动就会变成一种单纯的国家职权活动，而不再具有诉讼的性质，也不可能完成刑事诉讼的任务。诉讼参与人一般可分为两大类：一是当事人；二是其他诉讼参与人。这两类诉讼参与人在诉讼地位、参与诉讼活动的范围和方式以及对刑事诉讼过程的影响程度等方面有着很大的差异。

第一节　刑事诉讼中的专门机关

一、人民法院

（一）人民法院的性质、组织体系和上下级之间的关系

1. 人民法院的性质

《宪法》第128条规定："中华人民共和国人民法院是国家的审判机关。"第131条规定："人民法院依照法律规定独立行使审判权，不受行政机关、社会团体和个人的干涉。"《人民法院组织法》第2条也规定："人民法院是国家的审判机关。"据此，我国人民法院属于国家的审判机关，代表国家依法独立行使审判权。根据《人民法院组织法》第2条规定，人民法院的任务是通过审判刑事案件、民事案件、行政案件以及法律规定的其他案件，惩罚犯罪，保障无罪的人不受刑事追究，解决民事、行政纠纷，保护个人和组织的合法权益，监督行政机关依法行使职权，维护国家安全和社会秩序，维护社会公平正义，维护国家法制统一、尊严和权威，保障中国特色社会主义建设的顺利进行。

《刑事诉讼法》第3条规定："审判由人民法院负责。"第12条规定："未经人民法院依法判决，对任何人都不得确定有罪。"据此，人民法院是有权审理案件并对案件作出生效裁判的唯一专门机关。只有经过人民法院审判，才能确定被告人是否有罪，如果有罪，所犯何罪，是

否应判处刑罚以及应判处何种刑罚等。

法院的性质或者定性问题，关涉法院的职责、任务及其行为方式等核心问题，在传统上，法院一般被定性为"审判机关"，对此尚存在如下争议问题：

其一，最高人民法院提出法院应积极参与社会治理、承担社会治理之责任，于是，各界对于法院究竟应当定性于审判机关抑或治理机关产生较大分歧。实际上，审判机关与治理机关并非彼此不可兼容，相反，二者存有必然的内在关联性。司法机关已成为现代社会治理的重要力量，人民法院通过审判实现社会治理。① 社会治理是一个系统工程，在这个系统工程中，法院作为社会纠纷的裁决者，所从事的审判工作既是社会治理的固有内容，也是国家善治的必要条件。国家的"善政"与"善治"在相当程度上取决于人民法院定分止争的能力和审判的实际效果。② 因此，应当明确法院社会治理者的角色与责任，进一步发挥法院社会治理方面的功能与作用。

其二，宪法、人民法院组织法关于"人民法院是国家的审判机关"的单一定性与人民法院事实上行使的"司法职能"和"司法行政职能"这两种相互关联而本质不同的职能不相协调。比如，人民法院向同级人大及其常委会负责并报告工作、人大及其常委会有权"询问"或者"质询"同级人民法院、最高人民法院院长列席全国人大及其常委会的会议、最高人民法院有权向全国人大及其常委会提出法律案和其他议案等，均是以人民法院事实上充当着"国家的司法行政机关"这一角色为基础的。如果将法院定位于现行宪法和法律明确规定的"国家的审判机关"这一显性的性质上，而忽略法院同样是"国家的司法行政机关"这一隐性的性质，不利于剖析当前备受诟病的人民法院的"行政化"问题。实际上，从人民法院司法性质和司法职能出发，能够发现人民法院的体制存在着背离司法性质和司法职能的问题，即法院在整个体制构成和运作方面与行政管理体制和运作方面有着基本相通的属性，是按照行政体制的结构和运作模式建构和运行的。③ 但是，司法部门离不开包括行政部门在内的其他政府部门的合作，司法的正常运作离不开司法行政的配合，而司法行政职能又可以由司法机关本身行使。由此来看，人民法院的行政化问题，实质上是人民法院为履行国家赋予的审判职能以及为保证和支持审判职能之实现所不可缺少的内部行政管理制度，在实践中发生了职能的交错和混合。④ "去行政化"所应去除的并不是人民法院内部的司法行政职能本身，而是以司法行政名义，不当地附着于人民法院司法职能之上、渗透到司法职能之中、干预司法职能正常发挥的行政思维和行政手段。⑤

2. 人民法院的组织体系

《人民法院组织法》第 12 条规定："人民法院分为：（一）最高人民法院；（二）地方各级人民法院；（三）专门人民法院。"据此，我国人民法院组织体系由最高人民法院、地方各级人民法院和专门人民法院构成。

最高人民法院是最高审判机关，负责审判法律规定由其管辖的案件以及其认为应由其审判的第一审案件；负责审判高级人民法院、专门人民法院判决和裁定的上诉案件和抗诉案件；负

① 参见江国华：《通过审判的社会治理——法院性质再审视》，载《中州学刊》2012 年第 1 期。
② 参见江国华：《通过审判的社会治理——法院性质再审视》，载《中州学刊》2012 年第 1 期。
③ 参见张卫平：《体制、观念与司法改革》，载《中国法学》2003 年第 1 期。
④ 参见苏力：《论法院的审判职能和行政管理》，载《中外法学》1999 年第 5 期。
⑤ 参见沈寿文：《重新认识人民法院的性质——兼评人民法院"去行政化"》，载《学术探索》2015 年第 2 期。

责审判最高人民检察院按照审判监督程序提起再审的案件；监督地方各级人民法院和专门法院的审判工作；对于在审判过程中如何具体应用法律、法令的问题，进行解释。

为了优化中国司法职权配置，推动实行审判权和执行权相分离的体制改革，最高人民法院设立巡回法庭，是最高人民法院派出的常设审判机构，主要负责审理跨行政区域重大行政和民商事案件，而巡回法庭作出的判决、裁定和决定，是最高人民法院的判决、裁定和决定。根据2016年12月19日最高人民法院审议通过的《关于修改〈最高人民法院关于巡回法庭审理案件若干问题的规定〉的决定》，最高人民法院设立六个巡回法庭。其中，第一巡回法庭设在广东省深圳市，巡回区为广东、广西、海南、湖南四省区；第二巡回法庭设在辽宁省沈阳市，巡回区为辽宁、吉林、黑龙江三省；第三巡回法庭设在江苏省南京市，巡回区为江苏、上海、浙江、福建、江西五省市；第四巡回法庭设在河南省郑州市，巡回区为河南、山西、湖北、安徽四省；第五巡回法庭设在重庆市，巡回区为重庆、四川、贵州、云南、西藏五省区；第六巡回法庭设在陕西省西安市，巡回区为陕西、甘肃、青海、宁夏、新疆五省区。最高人民法院本部直接受理北京、天津、河北、山东、内蒙古五省区市有关案件。

地方各级人民法院分为高级人民法院、中级人民法院和基层人民法院。高级人民法院包括省高级人民法院、自治区高级人民法院和直辖市高级人民法院。高级人民法院主要负责审判依法由其管辖的第一审案件；审判下级人民法院移送审判的第一审案件；审判不服中级人民法院作出的未生效的判决和裁定的上诉、抗诉案件；监督本辖区内中级人民法院和基层人民法院的审判活动，审判根据审判监督程序提起抗诉的案件。

中级人民法院包括在省、自治区内按地区设立的中级人民法院，在直辖市内设立的中级人民法院，省、自治区辖市的中级人民法院和自治州中级人民法院。中级人民法院审判下列案件：法律规定由其管辖的第一审案件；基层人民法院移送审判的第一审案件；上级人民法院指定管辖的第一审案件对基层人民法院作出的未生效判决、裁定的上诉案件和抗诉案件；人民检察院按照审判监督程序提出的抗诉案件；适用违法所得没收程序的案件。中级人民法院对其所受理的刑事和民事案件，认为案情重大应当由上级人民法院审判时，可以请求移送上级人民法院审判。

基层人民法院包括县人民法院和不设区的市人民法院、自治县人民法院和市辖区人民法院。另外，基层人民法院根据地区、人口和案件情况可以设立若干人民法庭。人民法庭不是独立一级的人民法院，而是基层人民法院的组成部分，它的判决和裁定就是基层人民法院的判决和裁定。基层人民法院审判刑事和民事的第一审案件，但是法律另有规定的案件除外。基层人民法院对其所受理的刑事和民事案件，认为案情重大应当由上级人民法院审判时，可以请求移送上级人民法院审判。

专门人民法院是指在上述普通法院以外，在某些特定的部门和系统内或针对某些特定纠纷的解决而设立的专门性人民法院。专门人民法院不按行政区划设立，受理案件的范围也区别于地方人民法院。目前我国设立的专门人民法院包括军事法院、海事法院、知识产权法院、金融法院等。其中海事法院、金融法院对刑事案件没有管辖权。过去，我国曾在铁路系统设有铁路运输法院，但经改革，铁路运输法院已经与铁路系统剥离，编入地方各级人民法院。

长期以来，人民法院的组织体系存在地方化和行政化的弊病。就地方化而言，突出表现在地方各级法院尤其是基层人民法院和中级人民法院容易受当地各种力量的影响，特别在与地方行政权力发生冲突时可能屈从于地方保护主义，导致司法权的地方化。至于行政化问题，有观点形象化地指出人民法院的组织结构形式具有"线性构造"的特征，不同层级的法院、相应职能机构及其司法人员在法院的组织结构中呈线条状分布，自上而下形成一种科层制的纵向连接关系，类似金字塔形的组织结构形式。① 具体而言，第一，司法人员呈"线性分布"，对司法人员与其他行政机关公职人员同样实行科层制管理；第二，司法职权呈"线性配置"，线条顶端的院级领导享有全院的司法决策管理权，线条中游的部门领导贯彻院领导的决策，享有本部门的司法决策管理权，线条下游的无领导职务的法官及其他司法人员主要围绕审判及司法行政事务履行相应职责，不同层级的司法人员职权范围自上而下依次递减；第三，审判资源呈"线性分配"，院长、庭长拥有人财物等审判资源的调配权，对于人员配备、物质保障、技术支持等事项拥有决定权或建议权。而无领导职务的法官以及其他司法人员在履行相关职责时，一般只能依靠自己的力量独立完成工作任务。审判资源在人民法院组织结构线条当中逐级递减，与相应层级所承担的审判任务量呈"倒置"关系。②

针对我国法院组织体系地方化和行政化存在的一些问题，党的十八届三中全会和四中全会作出了全面的战略部署，为我国法院组织体系的改革指明了方向。2013 年 11 月 12 日，党的十八届三中全会通过了《中共中央关于全面深化改革若干重大问题的决定》，其中，关于法院体制改革方面，提出了如下关键性的改革措施：一是探索建立与行政区划适当分离的司法管辖制度；二是改革审判委员会、完善主审法官、合议庭办案责任制；三是明确各级法院职能，规范上下级法院审级监督关系；四是推动省以下地方法院的人财物管理；五是建立符合职业特点的司法人员管理制度。为贯彻落实两次会议精神，2015 年 2 月 4 日，最高人民法院印发《关于全面深化人民法院改革的意见——人民法院第四个五年改革纲要（2014—2018）》（法发〔2015〕3 号），该意见共有 65 项改革措施，其中涉及法院组织体系改革的核心内容有多项。最高人民法院《关于深化人民法院司法体制综合配套改革的意见——人民法院第五个五年改革纲要（2019—2023）》在总体目标中也提出，优化四级法院职能定位和审级设置，健全适应国家发展战略需要的人民法院组织体系，深化人民法院内设机构改革，加强人民法庭建设和专业化审判机制建设，完善司法经费保障配套机制，构建优化协同高效的人民法院组织体系和机构职能体系。根据中央部署，将通过三至五年的过渡期，逐步探索出一套适合于中国国情的法院组织体系新框架。

3. 人民法院上下级之间的关系

在我国，人民法院系统内部上下级之间是监督与被监督的关系。最高人民法院监督地方各级人民法院和专门人民法院的审判工作，上级人民法院监督下级人民法院的审判工作。最高人民法院和上级人民法院行使监督权必须依据法定权限和法定途径来实现。具体而言，最高人民法院和上级人民法院应当通过二审程序、死刑复核程序、审判监督程序、法定刑以下量刑的核准程序等法定程序进行，而不能直接对下级人民法院正在审理的案件作出处理，指令下级人民法院执行。下级人民法院也不应在案件判决作出前就案件的处理等问题请示上级人民法院，而应当依法独立进行审判。

从概念上说，上下级法院审判工作关系是指因上诉、再审、死刑复核、减轻处罚核准等与审级结构相关的审判制度而根据法律程序所设置的审判监督关系，是一种常态化、程序化和制

---

① 参见伍涛、丁少芃、张春城：《从"一元线性"到"二元矩阵"：司法责任制改革背景下人民法院组织结构创新的逻辑与路径》，载《法律适用》2020 年第 11 期。

② 参见伍涛、丁少芃、张春城：《从"一元线性"到"二元矩阵"：司法责任制改革背景下人民法院组织结构创新的逻辑与路径》，载《法律适用》2020 年第 11 期。

度化的业务关系。其中案件移送管辖和提级审理是我国上下级法院间审判工作关系中最受关注的问题。中办 2019 年印发的《关于政法领域全面深化改革的实施意见》提出要"健全完善案件移送管辖和提级审理机制,探索将具有法律适用指导意义、关乎社会公共利益的案件交由较高层级法院审理"。2021 年 5 月,中央深改委审议通过的《关于完善四级法院审级职能定位的改革方案》进一步要求"完善案件管辖权转移和提级审理机制"。2021 年 10 月,经全国人大常委会授权,最高人民法院组织开展四级法院审级职能定位改革试点,并印发《关于完善四级法院审级职能定位改革试点的实施办法》,重点就提级管辖、再审提审的案件类型、程序规则作出规定。试点启动以来,各级法院通过建章立制、细化规则、强化配套,落实落细相关工作要求。试点期间,全国各中级、高级法院累计提级管辖案件 1700 余件,其中 90 件转化为典型案例、3 件转化为参考性案例。最高人民法院再审提审案件近 800 件,梳理提炼各审判领域裁判要旨 2000 余个。通过试点,提级审理的制度功能充分彰显,较高层级法院裁判的示范引领作用逐步显现。①

2023 年 7 月 28 日,最高人民法院印发《关于加强和规范案件提级管辖和再审提审工作的指导意见》,其中第 4 条规定了提级管辖的 6 类情形:"(一)涉及重大国家利益、社会公共利益的;(二)在辖区内属于新类型,且案情疑难复杂的;(三)具有诉源治理效应,有助于形成示范性裁判,推动同类纠纷统一、高效、妥善化解的;(四)具有法律适用指导意义的;(五)上一级人民法院或者其辖区内人民法院之间近三年裁判生效的同类案件存在重大法律适用分歧的;(六)由上一级人民法院一审更有利于公正审理的。"该指导意见对于加强审级监督体系建设、做深做实新时代能动司法具有重要意义,有利于促进诉源治理、统一法律适用、维护群众权益。②

(二)人民法院的职权

在我国,人民法院是唯一的审判机关,其在刑事诉讼中最基本的职权就是审判案件。人民法院通过审理公诉案件和自诉案件,在查明案件事实真相的基础上,依据法律准确认定被告人是否有罪、应否判处刑罚和应判处何种刑罚等。

为了保证人民法院有效行使审判权,刑事诉讼法和人民法院组织法赋予人民法院以下具体的职权:直接受理自诉人提起的自诉案件;审查人民检察院提起的公诉案件,并对符合起诉条件的案件决定开庭审判;对已经受理的案件进行审理并根据案件的具体情况作出裁判;在审判过程中对被告人采取拘传、取保候审、监视居住和决定逮捕等强制措施;在审判过程中对非法证据排除等程序问题作出裁定或者决定;在法庭审理过程中,对证据进行调查核实,必要时可以进行勘验、检查、扣押、鉴定和查询、冻结;主持和指挥审判活动,并对违反法庭秩序的诉讼参与人和旁听人员进行必要的处罚;收缴和处理赃款、赃物及其孳息;将生效的判决和裁定交付执行机关执行,并有权直接执行某些判决和裁定;对执行中的某些问题进行审核裁决;对确有错误的生效裁判,有权启动审判监督程序进行再审。

---

① 参见《〈最高人民法院关于加强和规范案件提级管辖和再审提审工作的指导意见〉的理解与适用》,载最高人民法院网站,https://www.court.gov.cn/zixun/xiangqing/408022.html。

② 参见《〈最高人民法院关于加强和规范案件提级管辖和再审提审工作的指导意见〉的理解与适用》,载最高人民法院网站,https://www.court.gov.cn/zixun/xiangqing/408022.html。

二、人民检察院

（一）人民检察院的性质、组织体系和上下级之间的关系

1. 人民检察院的性质

《宪法》第 134 条规定："中华人民共和国人民检察院是国家的法律监督机关。"《人民检察院组织法》第 2 条规定："人民检察院是国家的法律监督机关。"据此，在我国，人民检察院是国家专门的法律监督机关，代表国家行使法律监督权。人民检察院法律监督权应当通过依法独立行使检察权来实现。人民检察院通过行使检察权，追诉犯罪，维护国家安全和社会秩序，维护个人和组织的合法权益，维护国家利益和社会公共利益，保障法律正确实施，维护社会公平正义，维护国家法制统一、尊严和权威，保障中国特色社会主义建设的顺利进行。

检察机关的性质和定位，是指宪法所规定的检察机关在国家机构体系中区别于其他机关的职能属性，以及由这种属性所决定的职责定位。这一宪法定位奠定了我国检察机关建设和发展的基础，是我国检察制度的基本特色。刑事诉讼法、民事诉讼法和行政诉讼法等法律法规也都分别明文规定人民检察院对刑事诉讼、民事诉讼和行政诉讼实行法律监督，并将职责予以具体化、程序化、规范化。自 1979 年《人民检察院组织法》颁布以来，检察机关在党的领导和人大监督下，认真履行宪法和法律赋予的职责，为中国法治建设作出了应有贡献。人民检察院组织法修订时，再次重申了检察机关是国家法律监督机关的宪法定位。

在检察机关的反贪、反渎、预防的机构、职能和人员转隶后，有观点认为，这导致检察机关法律监督职能的弱化，进而对检察机关"国家法律监督机关"的宪法定位产生疑虑。本书认为，国家法律监督机关这一有中国特色的宪法定位是植根于我国历史条件和基本国情的，不仅契合了我国的政体，也契合了社会主义法治发展的需要。在全面推进依法治国的大背景下，更应当坚持"检察机关作为国家法律监督机关"这一中国特色的宪法定位。①

此外，我国的检察机关具有司法属性，是国家的司法机关之一。在我国，检察机关是一个完整独立的机构体系，其权力来源于宪法和权力机关的授权，检察机关和审判机关都有各自的独立地位，检察机关与审判机关是平行设置的，它们是我国的两大司法机关。从宪法和法律的明文规定来看，我国检察机关的性质就是法律监督机关，但同时检察机关主要通过司法手段在司法活动中履行法律监督职责，其职务行为带有鲜明的法定性、程序性和法律适用性等司法特征，履行职务的保障原则也与人民法院一样，司法色彩十分浓厚。2006 年《中共中央关于进一步加强人民法院、人民检察院工作的决定》明确人民检察院、人民法院均是国家的司法机关，党的十八大之后中央相关文件表述中的司法机关也均将检察机关包含在内。2021 年《中共中央关于加强新时代检察机关法律监督工作的意见》开篇即明确"人民检察院是国家的法律监督机关，是保障国家法律统一正确实施的司法机关"。实际上，法律监督机关的定位，决定了人民检察院具有综合属性，既具有行政机关上级领导下级的特点，也是承担广泛的司法职能、参与所有诉讼活动并对各类诉讼活动实行法律监督的司法机关。

2. 人民检察院的组织体系

《人民检察院组织法》第 12 条规定："人民检察院分为：（一）最高人民检察院；（二）地方各级人民检察院；（三）军事检察院等专门人民检察院。"据此，我国人民检察院的组织体

---

① 参见万春：《人民检察院的性质和定位》，载《检察日报》2018 年 12 月 3 日，第 3 版。

系包括最高人民检察院、地方各级人民检察院和军事检察院等专门人民检察院。

最高人民检察院是全国最高检察机关，负责领导地方各级人民检察院和专门人民检察院的工作；依照法律规定对有关刑事案件行使侦查权和提起公诉权；对高级人民法院、专门人民法院未生效的判决和裁定提起二审抗诉；依照法律规定对刑事诉讼、民事诉讼和行政诉讼实行法律监督；对各级人民法院已生效的判决和裁定，如果发现确有错误，按照审判监督程序向最高人民法院提起再审抗诉；对最高人民法院的死刑复核活动实行监督；对报请核准追诉的案件进行审查，决定是否追诉；对属于检察工作中具体应用法律问题进行解释；发布指导性案例。

根据《人民检察院组织法》第 13 条的规定，地方各级人民检察院包括：（1）省级人民检察院，包括省、自治区、直辖市人民检察院；（2）设区的市级人民检察院，包括地级市人民检察院，自治州人民检察院，省、自治区、直辖市人民检察院分院；（3）基层人民检察院，包括县、自治县、不设区的市、市辖区人民检察院。省级人民检察院和设区的市级人民检察院根据检察工作需要，经最高人民检察院和省级有关部门同意，并提请本级人民代表大会常务委员会批准，可以在辖区内特定区域设立人民检察院，作为派出机构。人民检察院根据检察工作需要，可以在监狱、看守所等场所设立检察室，行使派出它的人民检察院的部分职权，也可以对上述场所进行巡回检察。省级人民检察院设立检察室，应当经最高人民检察院和省级有关部门同意。设区的市级人民检察院、基层人民检察院设立检察室，应当经省级人民检察院和省级有关部门同意。人民检察院根据检察工作需要，设必要的业务机构。检察官员额较少的设区的市级人民检察院和基层人民检察院，可以设综合业务机构。人民检察院根据工作需要，可以设必要的检察辅助机构和行政管理机构。

地方各级人民检察院负责在其辖区内行使下列职权：依照法律规定对有关刑事案件行使侦查权；对刑事案件进行审查，批准或者决定是否逮捕犯罪嫌疑人；对刑事案件进行审查，决定是否提起公诉，对决定提起公诉的案件支持公诉；依照法律规定提起公益诉讼；对诉讼活动实行法律监督；对判决、裁定等生效法律文书的执行工作实行法律监督；对监狱、看守所的执法活动实行法律监督；法律规定的其他职权。

专门人民检察院是指在上述普通人民检察院以外，在某些特定的组织体系或行业内设立的专门性人民检察院。专门人民检察院不按行政区划设立，接受最高人民检察院领导。目前我国的专门检察院只有军事检察院。军事检察院是国家在中国人民解放军中设立的法律监督机关，专门负责对现役军人的违反职责罪和其他刑事案件行使检察权。过去，与铁路运输法院相对应，我国曾在铁路系统设有铁路运输检察院，改革后，铁路运输检察院从铁路系统剥离，作为省级人民检察院的派出机构。

我国检察机关在组织体系上实行检察一体原则，虽然法律没有明确规定检察一体原则，但有关规定体现了这一原则的基本内容。例如，根据相关法律规定，检察机关行使职权具有整体独立性、上级检察机关领导下级检察机关、检察机关内部由检察长统一领导检察工作、检察机关之间具有职能协作义务、上级检察机关或检察官对下级检察机关或检察官具有职务调取和转移权等。[1] 有观点指出，我国检察一体原则是指所有检察机关和检察人员在共同的法律监督目标下结成一个自上而下的有机整体，内部遵循上命下从的领导原则和相互配合的工作原则，外部则遵循独立判断、独立责任的原则。[2] 整体上，检察一体作为我国检察机关活动的一项保障

---

① 参见邓思清：《我国检察一体保障制度的完善》，载《国家检察官学院学报》2016 年第 2 期。
② 参见甄贞等：《法律监督原论》，法律出版社 2007 年版，第 90—99 页。

机制，在人民检察院依法独立行使检察权方面发挥着重要作用。

检察一体的保障作用，主要体现在保障检察机关能够整体依法独立行使检察权。从目前我国法律规定看，检察一体的这种外部保障作用主要体现在以下三个方面：一是检察队伍保障；二是检察经费保障；三是检察官待遇保障。在司法改革前，我国地方检察机关主要由地方党委、政府和人大予以保障，虽然有利于发挥各地的优势，但会导致检察机关人财物受制于地方，使检察机关成为"地方的"检察机关，出现检察机关地方化的问题。检察机关的地方化会导致检察机关在实践中的"超弱独立性"，影响检察机关依法独立行使检察权和司法公正的实现。① 推动省以下地方检察院人财物统一管理，是解决检察机关的地方化问题的司法改革举措之一。但是，我们也应看到，这种"去地方化"是相对的，因为改革设置的是"省以下地方检察院人财物"的统一管理，在省级检察院与省级政府的关系上，省级检察院还是会受制于省级政府，不过，由于双方级别较高，与最高人民检察院、中央政府的关系更为密切，中央的监管更为便利、有效，这种地方化倾向的负面因素能得到较大程度的控制。②

同时，建立与行政区划适当分离的司法管辖制度的改革举措，在一定程度上体现了"去行政化"的改革初衷，即破除地方行政权力对司法的直接干预，强化检察一体的保障作用。此外，"去行政化"还强调减少检察机关内部的行政汇报、审批等行政性因素，提高司法效率、明确权责主体，实际上是尊重司法运作规律的应有之义。除了规制检察机关内部的行政化因素之外，也必然包括规制上下级检察机关之间不合理的行政审批、指示等有违司法运作规律的不合理因素。

3. 人民检察院上下级之间的关系

在我国，人民检察院系统内部上下级之间是领导与被领导的关系。最高人民检察院领导地方各级人民检察院和专门人民检察院的检察工作，上级人民检察院领导下级人民检察院的检察工作。最高人民检察院通过对检察工作具体应用法律、法令的问题的解释指导各级人民检察院的工作。最高人民检察院和上级人民检察院可以直接参加并领导下级人民检察院的检察工作；对最高人民检察院和上级人民检察院的指令或决定，下级人民检察院应当执行。

人民检察院内部实行检察长负责制，由检察长统一领导本院工作。在检察长的统一领导下，检察院内部的各个检察业务部门分工负责、互相配合、互相制约，完成侦查、审查逮捕、审查起诉、控告申诉的处理等检察业务。此外，根据《人民检察院组织法》第30条规定，各级人民检察院设立检察委员会。检察委员会实行民主集中制，在检察长或检察长委托的副检察长的主持下，讨论决定重大案件和其他重大问题。地方各级人民检察院的检察长不同意本院检察委员会多数人的意见，属于办理案件的，可以报请上一级人民检察院决定；属于重大事项的，可以报请上一级人民检察院或者本级人民代表大会常务委员会决定。

从工作内容上看，可以将我国检察机关上级对下级的领导关系具体归纳为：（1）下级就办案中遇到的疑难问题及时向上级请示和报告，上级予以指导的制度；（2）上级对下级办理案件的检查制度；（3）上级对同时涉及多个下级管辖的案件进行组织协调侦查、起诉的制度；（4）上级对下级已经作出的生效决定，发现确有错误时的指令纠正制度；（5）上级对下级侦查案件的调取和交办制度；（6）下级对已经办理的重大案件的有关情况要报上级备案的制度；

① 参见邓思清：《我国检察一体保障制度的完善》，载《国家检察官学院学报》2016年第2期。
② 参见李刚：《上级检察院领导与下级检察院依法独立办案关系研究》，载《法学杂志》2016年第9期。

（7）上级对下级办案中的某些重要决定要事先审批的制度。① 随着改革的深入推进，省以下地方检察院人财物统一管理，以及建立与行政区划适当分离的司法管辖制度可能在一定程度上带来检察系统内部上下级检察院之间垂直领导关系的进一步加强，上级院的领导地位进一步强化。②

（二）人民检察院的职权

《刑事诉讼法》第 3 条第 1 款规定："检察、批准逮捕、检察机关直接受理的案件的侦查、提起公诉，由人民检察院负责。"第 8 条规定："人民检察院依法对刑事诉讼实行法律监督。"据此，人民检察院在刑事诉讼中的职权主要包括以下三个方面：

第一，立案侦查权。根据《刑事诉讼法》第 19 条，人民检察院在对诉讼活动实行法律监督中发现的司法工作人员利用职权实施的非法拘禁、刑讯逼供、非法搜查等侵犯公民权利、损害司法公正的犯罪，可以由人民检察院立案侦查。对于公安机关管辖的国家机关工作人员利用职权实施的重大犯罪案件，需要由人民检察院直接受理的时候，经省级以上人民检察院决定，可以由人民检察院立案侦查。人民检察院在对上述案件进行侦查过程中，既可以进行专门调查工作，包括讯问犯罪嫌疑人、询问证人、被害人、搜查，查封、扣押物证、书证，查询、冻结存款、汇款、债券、股票等财产，勘验、检查，侦查实验，鉴定，通缉，技术侦查等；也可以采取有关的强制措施，如对犯罪嫌疑人采取拘传、取保候审、监视居住、拘留与逮捕；有权对侦查终结移送起诉的案件进行补充侦查。

第二，公诉权。人民检察院是国家唯一的公诉机关，代表国家行使控诉权，负责对公诉案件进行审查起诉和提起公诉。人民检察院负责对侦查终结的案件以及监察委员会调查终结的案件进行审查，并在审查后根据不同情形作出提起公诉或不起诉的决定；在审查起诉过程中，对于需要补充侦查（调查）的案件，有权决定退回补充侦查（调查）或自行侦查；对于决定提起公诉的案件，人民检察院在审判阶段有权派员出庭支持公诉并实质性地参与庭审过程；此外，对国家财产、集体财产遭受损失的，人民检察院在提起公诉时，可以提起附带民事诉讼或民事公益诉讼。

第三，诉讼监督权。人民检察院是我国宪法规定的法律监督机关。人民检察院法律监督的重要内容之一就是对刑事诉讼活动进行监督。人民检察院对刑事诉讼的监督贯穿刑事诉讼全过程，包括刑事立案监督、侦查活动监督、审判活动监督、死刑复核法律监督、刑事判决裁定执行监督和强制医疗执行监督等。

【实务问题探讨】在"员额制"改革完成之后，法院、检察院办理普通案件的决定权原则上都应当由法官、检察官（包括担任领导职务的法官、检察官）独立行使；特殊案件的决定权依然由法院、检察院（审判委员会、检察委员会）行使，但如何区分普通案件与特殊案件？

从司法实践看，特殊案件应当是指特别重大的案件。所谓特别重大案件，是指涉及国家、社会或者个人重大利益的案件。涉及国家重大利益的案件主要包括危害国家安全的案件、涉及国家重大军事利益或外交的案件、涉及国家重大政策

---

① 参见彭胜坤、吕昊：《检察管理专题研究》，知识产权出版社 2013 年版，第 88—89 页。

② 参见李刚：《上级检察院领导与下级检察院依法独立办案关系研究》，载《法学杂志》2016 年第 9 期。

贯彻执行或调整的案件等。涉及社会重大利益的案件主要包括危害众多人的生命、健康的案件，可能颠覆社会道德底线的案件，可能损害众多人员个人利益的案件，重大环境污染的案件，可能导致群体性事件的案件等。涉及个人重大利益的案件主要包括可能判处无期徒刑或者死刑的案件，涉及众多当事人利益的案件等。对于上述案件，应当作为特殊案件，按照特殊的程序来办理，即由承办案件的法官、检察官提出处理意见，提交审判委员会或检察委员会讨论决定。对于不属于特别重大案件的其他案件，都应当作为普通案件，由承办案件的法官、检察官依照法律规定独立自主地作出决定。法官、检察官在办理普通案件的过程中，不接受其他主体的指令。处理决定有错误的，可以通过法定程序来纠正。法官、检察官对于自己作出的错误决定有故意或重大过错的，可以按照规定追究其责任。

三、公安机关

（一）公安机关的性质、组织体系和上下级之间的关系

1. 公安机关的性质

在我国，公安机关是武装性质的国家治安保卫机关，是各级人民政府的职能部门，性质上属于行政执法机关，担负着维护国家安全，维护社会治安秩序，保护公民的人身安全、人身自由和合法财产，保护公共财产，预防、制止和惩治违法犯罪活动的任务。

公安机关性质是公安学最基本的问题，关系到公安工作的价值取向、警察权的运行方式和实践方向等问题，也关系到侦查权的定位和对侦查权的控制问题。从我国现行立法和学界讨论来看，在公安机关是否具有司法属性这个问题上存在两种截然相反的观点。法学界认为司法权本质上是一种判断权、裁判权，具有被动性、公开透明性、多方参与性、亲历性、集中性、终结性等程序性特征；警察权在程序上的主动性和单方面性，警察机构的组织形式特征等，都表明警察权的应然属性是行政权。但同时，公安学界普遍将公安机关既具有行政性又具有司法性视为当然的通说。"公安机关双重属性"已经作为公安学的基础理论，在全国公安理论与实务界被反复确认，形成共识。

2. 公安机关的组织体系

我国公安机关是各级人民政府的职能部门，设置在各级人民政府中。从组织体系来看，公安机关包括公安部、公安厅（局）、公安处（局）以及公安（分）局。公安部设于中央人民政府，是国家最高公安机关，负责领导和指挥全国的公安工作；公安厅（局）设在省级人民政府中，是省、自治区、直辖市人民政府的重要组成部分；公安处（局）设在地级市级别的人民政府，属于地区、自治州和市人民政府的重要组成部分；公安局设于县、县级市、自治县的人民政府；公安分局设在直辖市和一些设区的市市辖区的人民政府中。根据需要，基层公安机关可在乡、镇、城市街道和其他必要的地方设立公安派出所，作为派出机关，履行基层公安机关的部分职能。此外，在铁路、民航等系统内设立的保卫和公安部门，也是公安机关的组成部分。

3. 公安机关上下级之间的关系

公安机关上下级之间是领导与被领导的关系。公安部领导和指挥全国的公安工作。上级公安机关可以直接领导和指挥下级公安机关的公安工作，在侦查过程中可调动下级公安机关的侦

查力量。但是，《刑事诉讼法》第 83 条规定："公安机关在异地执行拘留、逮捕的时候，应当通知被拘留、逮捕人所在地的公安机关，被拘留、逮捕人所在地的公安机关应当予以配合。"据此，不同地区、不同系统的公安机关之间在刑事诉讼中是配合、协作的关系，并不是隶属关系。

（二）公安机关在刑事诉讼中的职权

《刑事诉讼法》第 3 条规定："对刑事案件的侦查、拘留、执行逮捕、预审，由公安机关负责。"据此，在刑事诉讼中，公安机关的职权主要有：

第一，立案权。《刑事诉讼法》第 109 条规定："公安机关或者人民检察院发现犯罪事实或者犯罪嫌疑人，应当按照管辖范围，立案侦查。"在刑事诉讼中，公安机关对自行发现有犯罪事实需要追究刑事责任，且属于自己管辖的案件，有权决定立案。此外，对于有关单位、组织或个人的报案、控告、举报、自首等材料，公安机关经审查后认为有犯罪事实发生需要追究刑事责任，且属于自己管辖范围的，有权决定立案。

第二，侦查权。在刑事诉讼中，公安机关是最主要的侦查机关。除法律另有规定以外，绝大多数刑事案件的侦查都是由公安机关进行的。在侦查中，公安机关的主要职责是进行专门的调查工作和采取强制措施。此外，公安机关还负责对案件进行预审。

第三，刑罚执行权。公安机关是刑罚的执行机关之一。在刑事诉讼的执行阶段，公安机关有权对判处拘役、剥夺政治权利的刑罚予以执行。

四、其他专门机关

在刑事诉讼中，除人民法院、人民检察院和公安机关以外，刑事诉讼专门机关还有国家安全机关、军队保卫部门、监狱，海关所属走私犯罪侦查机构和中国海警局，这些机关也参与刑事诉讼活动，承担刑事诉讼基本职能。

国家安全机关是国家的安全保卫机关，是各级人民政府的组成部分。国家安全机关由国家安全部、国家安全厅和其他国家安全机构组成。根据国家安全法的规定，国家安全机关是国家安全工作的主管机关，国家安全机关和公安机关按照国家规定的职权划分，各司其职，密切配合，维护国家安全。国家安全机关在国家安全工作中依法行使侦查、拘留、预审和执行逮捕以及法律规定的其他职权。《刑事诉讼法》第 4 条进一步明确了国家安全机关在刑事诉讼中的地位和职权："国家安全机关依照法律规定，办理危害国家安全的刑事案件，行使与公安机关相同的职权。"

军队保卫部门是中国人民解放军的政治安全保卫机关。1993 年 12 月 29 日第八届全国人民代表大会常务委员会第五次会议通过的《关于中国人民解放军保卫部门对军队内部发生的刑事案件行使公安机关的侦查、拘留、预审和执行逮捕的职权的决定》明确规定："中国人民解放军保卫部门承担军队内部发生的刑事案件的侦查工作，同公安机关对刑事案件的侦查工作性质是相同的，因此，军队保卫部门对军队内部发生的刑事案件，可以行使宪法和法律规定的公安机关的侦查、拘留、预审和执行逮捕的职权。"《刑事诉讼法》第 308 条第 1 款也规定："军队保卫部门对军队内部发生的刑事案件行使侦查权。"由此，进一步明确了军队保卫部门在刑事诉讼中的地位和职权，即军队保卫部门负责对军队内部发生的刑事案件进行侦查。

监狱是主要的刑罚执行机关，是执行死刑缓期执行、无期徒刑、有期徒刑刑罚的场所。在长期的实践中，我国监狱系统形成了一整套行之有效的管理机制，为有效打击罪犯在服刑期间的犯罪行为，监狱法赋予了监狱对罪犯在监狱内犯罪的案件的侦查权，即第 60 条规定："对罪犯在监狱内犯罪的案件，由监狱进行侦查。侦查终结后，写出起诉意见书，连同案卷材料、证据一并移送人民检察院。"《刑事诉讼法》第 308 条第 3 款进一步规定："对罪犯在监狱内犯罪的案件由监狱进行侦查。"由此，监狱在刑事诉讼中也是侦查机关之一，负责对罪犯在监狱内犯罪的案件行使侦查权。

为了有效打击走私犯罪行为，国务院于 1998 年批准在各级海关设立专门的走私犯罪侦查机构。1998 年 12 月 3 日最高人民法院、最高人民检察院、公安部、司法部、海关总署共同发布的《关于走私犯罪侦查机关办理走私犯罪案件适用刑事诉讼程序若干问题的通知》规定，海关总署、公安部组建成立走私犯罪侦查局，纳入公安部编制机构序列，设在海关总署。走私犯罪侦查机构设于各级海关中，专门负责对走私犯罪案件进行侦查。走私犯罪侦查机构实行海关与公安双重垂直领导、以海关领导为主的体制，按照海关对缉私工作的统一部署和指挥，部署警力，执行任务。走私犯罪侦查机构也是刑事诉讼的专门机关之一，各级走私犯罪侦查机关负责其所在海关业务管辖区域内的走私犯罪案件的侦查、拘留、执行逮捕、预审。

为了贯彻落实党的十九大和十九届三中全会精神，按照党中央批准的《深化党和国家机构改革方案》决策部署，2018 年 6 月 22 日第十三届全国人民代表大会常务委员会第三次会议通过《关于中国海警局行使海上维权执法职权的决定》，海警队伍整体划归中国人民武装警察部队领导指挥，调整组建中国人民武装警察部队海警总队，称中国海警局，中国海警局统一履行海上维权执法职责。根据《刑事诉讼法》第 308 条第 2 款的规定，中国海警局履行海上维权执法职责，对海上发生的刑事案件行使侦查权。

第二节 刑事诉讼中的诉讼参与人

刑事诉讼中的诉讼参与人是指在刑事诉讼中享有一定诉讼权利并承担一定诉讼义务的除国家专门机关工作人员以外的人。诉讼参与人通过行使诉讼权利和履行诉讼义务，影响刑事诉讼的进程和结局，保证刑事诉讼活动有效、顺利进行。没有诉讼参与人有效参与的诉讼不是现代意义上的刑事诉讼活动。

按照诉讼参与人与案件最终结局的利害关系不同，可以把诉讼参与人分为两大类：一类是当事人；另一类是其他诉讼参与人。这两类诉讼参与人在刑事诉讼中享有的诉讼权利与承担的诉讼义务范围以及对刑事诉讼过程的影响程度有很大差异。

一、当事人

当事人是指与案件有直接利害关系，对刑事诉讼进程有较大影响的诉讼参与人。根据《刑事诉讼法》第 108 条第 2 项的规定，当事人包括犯罪嫌疑人、被告人、被害人、自诉人、附带民事诉讼的原告人和被告人。

（一）犯罪嫌疑人、被告人

1. 犯罪嫌疑人、被告人的概念与称谓区分

"犯罪嫌疑人"和"被告人"是对涉嫌犯罪而受到刑事追诉的人的两种称谓。犯罪嫌疑人是指在检察机关向法院提起公诉以前的被追诉人；被告人是指被人民检察院或有自诉权的公民指控犯有某种罪行，并被起诉到人民法院要求追究其刑事责任的人。由此可见，在公诉案件中，人民检察院正式向人民法院提起公诉是区分不同称谓的分界线。人民检察院向人民法院提

起公诉以前，受刑事追诉者被称为"犯罪嫌疑人"，从人民检察院向人民法院提起公诉时起到生效裁判作出之前，受刑事追诉者被称为"被告人"。在自诉案件中，一旦自诉人向人民法院提起诉讼，被起诉的人即称为"被告人"。

将被追诉人在刑事诉讼过程中区分不同的称谓，反映了刑事诉讼活动的进程，在侦查和审查起诉阶段，被追诉人只是具有犯罪嫌疑而被有关机关侦查和审查，但尚未被正式起诉，称之为"犯罪嫌疑人"是恰当的。经过审查起诉后，被检察机关起诉至法院，要求法院依法予以定罪量刑，是真正的"被告人"。同时，不同的称谓也符合诉讼民主和诉讼文明的要求。无论是"犯罪嫌疑人"还是"被告人"，都意味着受刑事追诉的人在刑事诉讼过程中不是"罪犯"。《刑事诉讼法》第12条规定："未经人民法院依法判决，对任何人都不得确定有罪。"只有在法院经过审判最终判决有罪，一个人才能在法律上被确定为有罪。在有罪判决生效前的整个刑事诉讼过程中，受追诉的人在法律上是无罪的人。将受追诉的人称为"犯罪嫌疑人"或"被告人"，从法律上排除了他的"罪犯"身份，是诉讼文明的重要体现。

2. 犯罪嫌疑人、被告人的诉讼地位

在我国，犯罪嫌疑人、被告人在刑事诉讼中的诉讼地位主要体现在以下几个方面：第一，犯罪嫌疑人、被告人是拥有一系列诉讼权利的诉讼主体。在古代纠问式诉讼中，犯罪嫌疑人、被告人没有诉讼主体地位，而只是被追诉的客体，他们只能被动地接受刑讯，消极地等待有关机关处理。随着人权保障理念的兴起和不断发展，现代法治国家都确立了犯罪嫌疑人、被告人的诉讼主体地位。这意味着犯罪嫌疑人、被告人可通过积极主动的防御活动与追诉一方展开对抗，是对裁判一方施加积极影响的独立一方当事人。第二，犯罪嫌疑人、被告人与案件结局有着直接利害关系，居于被追诉者的地位。刑事诉讼活动的进行旨在解决犯罪嫌疑人、被告人的刑事责任问题。作为被追诉者，刑事案件的最终结果首先涉及犯罪嫌疑人、被告人的切身利益。第三，犯罪嫌疑人、被告人是重要的证据来源。犯罪嫌疑人、被告人的供述和辩解是法定证据种类之一。无论犯罪嫌疑人、被告人作出的是认罪供述还是无罪、罪轻的辩解，都是刑事诉讼中的证据材料。

在我国，很长一段时间内，被告人并不被认为是刑事诉讼主体，而是被视为打击处理的对象。随着我国司法改革的不断深入，刑事司法领域的观念也在不断发生改变，如被告人出庭不用再剃光头、穿号服、戴戒具，因为这种"标签化"的出庭方式容易让人先入为主，认为他们就是罪犯，可以着便装接受法庭审判的对被告人"去标签化"的举措，代表着司法理念的极大进步，有利于无罪推定理念的贯彻与落实。

但是，要真正实现被告人的主体地位，仅有形式上的保障还是不够的，《刑事诉讼法》第52条规定了"不得强迫任何人证实自己有罪"的规定，被看作是吸收了无罪推定原则的合理因素，也是遏制刑讯逼供问题的一项举措。与此同时，《刑事诉讼法》第120条仍旧保留了犯罪嫌疑人"如实回答"的义务，这种"如实回答"的义务被认为是与"不得强迫自证其罪"原则在逻辑上发生了冲突，容易侵犯犯罪嫌疑人供述的自愿性。不过应当注意到的是，在第120条的第2款，规定了侦查人员在讯问犯罪嫌疑人的时候，应当告知犯罪嫌疑人如实供述自己罪行可以从宽处理和认罪认罚的法律规定。立法在进行修改的过程中，考虑到了我国虽未赋予犯罪嫌疑人、被告人沉默权，但若犯罪嫌疑人在侦查阶段就开始承认自己的犯罪行为，有利于案件的及时侦破，能够节约大量的办案资源，是一种值得鼓励的行为，应当获得从宽、从轻的处理，这也折射出立法力图寻求打击犯罪与保障人权之间的平衡。但"如实回答"规定的存在，"容易将保持缄默或消极否认罪行等作为认罪态度不好的言行表现而做出对被告人从重量刑之处断"①。不认罪认罚并不等于未如实回答，犯罪嫌疑人、被告人对案件事实的否认与辩解的原因往往是复杂的，既可能有非法取证行为的存在，也可以出于规避刑罚的心理。因此，对于到案后主动承认犯罪行为、主动供述案件事实的，应当作为"认罪认罚"获得从宽、从轻的处理；对于到案后无理狡辩、推卸责任甚至诬陷他人的，应当视为"认罪态度不好"。②

3. 犯罪嫌疑人、被告人的诉讼权利和义务

刑事诉讼法为犯罪嫌疑人、被告人确立了一系列诉讼权利，主要包括：（1）有权对审判人员、检察人员和侦查人员侵犯自己诉讼权利和人身侮辱的行为提出控告。（2）有权申请侦查人员、检察人员、审判人员、书记员、鉴定人、翻译人员回避；对提出有法定理由的回避申请被驳回的，有权申请复议。（3）有权自行或在辩护人协助下进行辩护，有权在法定条件下获得法律援助机构为其指派律师提供辩护。在公诉案件中，自被侦查机关第一次讯问或者采取强制措施之日起，犯罪嫌疑人有权聘请律师作为辩护人，提供法律帮助、代理申诉和控告，代为申请变更强制措施等；有权在法定条件下获得法律援助机构为其指派的辩护人的法律帮助；有权拒绝辩护人继续为其辩护，也有权另行委托辩护人辩护。（4）对侦查人员提出的与本案无关的问题，有权拒绝回答。（5）有权对人民法院、人民检察院和公安机关违法采取强制措施的行为提出申诉和控告。（6）获得法院通知时参加庭前会议的权利。（7）有权参加法庭调查、法庭辩论。（8）有权向法庭作最后陈述。（9）自诉案件的被告人有权对自诉人提出反诉。（10）对地方各级人民法院第一审的判决、裁定，有权用书状或者口头方式向上一级人民法院上诉。（11）对各级人民法院已经发生法律效力的判决、裁定，有权向人民法院、人民检察院提出申诉申请再审等。

在学界探讨中，有学者提出被告人应当享有会见权，即指那些受到未决羁押的犯罪嫌疑人、被告人，有权获得与辩护律师会面、交谈及展开协商的机会。原则上，在押犯罪嫌疑人、被告人一旦提出与辩护律师会面的请求，未决羁押机构就负有通知辩护律师到场会见的义务，那些接受委托或被指定辩护的律师，也有义务前往羁押场所，与犯罪嫌疑人、被告人会面。相对于以往的"律师会见权"而言，"被告人会见权"一旦确立，即意味着与辩护律师的会见成为犯罪嫌疑人、被告人自主行使的诉讼权利，犯罪嫌疑人、被告人有权决定会见的时间及会谈的内容，从而获得更为有效的法律帮助。③

在调查权问题上，传统的观点认为犯罪嫌疑人、被告人既享有辩护权，又属于言词证据的提供者，不宜亲自进行调查、收集、核实证据的活动。但如果将调查权视为"自行调查权"与"申请调查权"的双重组合，那么，犯罪嫌疑人、被告人固然不能亲自调查取证，却可以行使申请调查权。④ 也就是说，犯罪嫌疑人、被告人假如了解案件的证据情况，特别是那些能够证明其无罪或罪轻的证据，就可以向法院提出调取该项证据的请求。特别是在庭前会议环节，被告人有行使这一权利的法定机会。⑤

犯罪嫌疑人、被告人在享有上述诉讼权利的同时，也承担一定的诉讼义务。如果他们违反

① 贺小军：《认罪态度对量刑的影响实证研究》，载《政治与法律》2015 年第 12 期。
② 参见樊崇义、李思远：《认罪认罚从宽程序中的三个问题》，载《人民检察》2016 年第 8 期。
③ 参见陈瑞华：《论被告人的自主性辩护权——以"被告人会见权"为切入的分析》，载《法学家》2013 年第 6 期。
④ 参见陈瑞华：《刑事辩护的几个理论问题》，载《当代法学》2012 年第 1 期。
⑤ 参见陈瑞华：《论被告人的自主性辩护权——以"被告人会见权"为切入的分析》，载《法学家》2013 年第 6 期。

所要承担的诉讼义务，就要承担相应的法律责任或法律后果。根据刑事诉讼法的规定，犯罪嫌疑人、被告人在刑事诉讼中所应承担的诉讼义务主要有：（1）在符合法定条件的情况下承受逮捕、拘留、监视居住、拘传等强制措施；（2）接受侦查人员的讯问、搜查、扣押等侦查行为；（3）对侦查人员的讯问，应当如实回答；（4）承受检察机关的起诉，依法按时出席并接受法庭审判；（5）对于生效的裁定和判决，有义务执行或协助执行；等等。

关于被追诉人承担的诉讼义务，有学者将其概括为三个方面，即忍受义务、到场义务和对质义务。① 忍受义务是指刑事被追诉人在追诉主体对其进行合法的强制处分时，必须容忍接受，不得抗拒。忍受义务包括在以拘束被追诉人并保全程序为目的的拘留、逮捕、羁押时的忍受义务，也包括在以取得并保全证据为目的的讯问、抽血检测、采集毛发等处分中的忍受义务。忍受义务是被追诉人的最基本义务，没有被追诉人的忍受，刑事诉讼活动根本无法进行。因此，对被追诉人违反忍受义务的行为必须给予制裁。刑事被追诉人的忍受义务是一种抽象的义务，为防止这一义务漫无边际，须要在刑事诉讼规则中具体明确，如关于拘留、逮捕的条件，被取保候审人的禁止性规定就是忍受义务的具体化。此外，还有一系列原则守护着忍受义务的界域，包括刑事程序法定原则和强制措施比例原则。而到场义务是指无论在侦查程序或审判程序中，被追诉人受合法通知或传唤后，必须到场接受警察、检察官或法官的讯问，对无正当理由不到场的可以拘传到案。② 对质义务是指与证人、被害人的对质，这既是被追诉人的权利，也是被追诉人的义务。与被害人或证人对质，对于真正的罪犯而言要经受道德上的责难和心理上的煎熬，但也是其进行辩白的一个机会，这是其到场义务的延续和直接言词审理原则的要求。③

（二）被害人

所谓被害人，是指其人身、财产或其他权益遭受犯罪行为侵害的人。被害人在诉讼中可能担当各种诉讼角色。《刑事诉讼法》第 210 条规定："自诉案件包括下列案件：（一）告诉才处理的案件；（二）被害人有证据证明的轻微刑事案件；（三）被害人有证据证明对被告人侵犯自己人身、财产权利的行为应当依法追究刑事责任，而公安机关或者人民检察院不予追究被告人刑事责任的案件。"被害人向人民法院提起自诉的，处于自诉人的身份和地位；如果被害人因犯罪行为遭受物质损失而在刑事诉讼中提起附带民事诉讼，则具有附带民事诉讼原告人的身份与地位。本节所说的"被害人"专指在刑事公诉案件中以个人身份承担部分控诉职能的诉讼参与人。

1. 被害人的诉讼地位

被害人在刑事诉讼中诉讼地位的确立经历了一个漫长的发展过程。在古代弹劾式诉讼制度中，因为犯罪被视为是对个人权益的侵害，起诉权赋予了被害人。没有被害人的起诉，法院就不会主动启动审判程序。被害人居于原告人的地位。随着国家追诉原则的产生，犯罪行为的性质也发生变化，犯罪行为被认为不仅仅是对个人权益的侵害，也是对国家利益的侵害。此时，追究犯罪人的刑事责任成为国家的一种职能活动，由国家专门机构代表国家对犯罪行为进行追究。被害人不再具有原告人身份，而是居于证人的地位，协助国家专门机构完成追诉的任务。第二次世界大战以后，随着国际性人权保障理念在世界各国的兴起和广泛发展，被害人在刑事

---

① 参见林钰雄：《刑事诉讼法》，中国人民大学出版社 2005 年版，第 134 页。
② 参见李忠民：《论刑事被追诉人的诉讼义务》，载《理论探索》2006 年第 3 期。
③ 参见李忠民：《论刑事被追诉人的诉讼义务》，载《理论探索》2006 年第 3 期。

诉讼中的诉讼地位问题成为人们关注的焦点问题。大陆法系国家逐步确立了被害人的当事人或准当事人地位，而英美法系国家被害人也拥有了更多的诉讼参与权。

我国 1996 年《刑事诉讼法》修改时顺应人权保障的国际趋势，赋予了被害人当事人的地位。2012 年、2018 年《刑事诉讼法》两次修改延续了这一规定。对于被害人的当事人地位，可从以下几个方面加以认识：第一，被害人作为诉讼当事人，其诉讼地位与犯罪嫌疑人、被告人大致相当，也拥有一系列的诉讼权利。但是，在公诉案件中，由于刑事诉讼中已有检察机关作为公诉机关提起诉讼，被害人如果再拥有与其完全相同的诉讼权利，那么被告人将同时面对两方面的指控。因此，被害人只是协助检察机关行使控诉职能。第二，被害人的人身、财产或其他合法权益遭受犯罪行为直接侵害，与案件最终处理结果有着直接的利害关系。其不仅希望能够获得经济赔偿或补偿，而且要求犯罪人受到相应的惩处。法律不仅要赋予其当事人的诉讼地位，还应当明确其相应的诉讼权利，使其能够有效参与诉讼，并能够影响诉讼的结局。第三，被害人是重要的证据来源之一。被害人由于受到犯罪行为的直接侵害，往往了解全部或者部分案情，因此，被害人陈述是我国刑事诉讼中的法定证据种类之一。

关于是否应当赋予被害人当事人主体地位，存在一定分歧。肯定论者认为，其一，现行的"控辩审三方结构"具有足够的制度解释与运作空间，能够允许被害人主体作用的合理有效发挥；其二，被害人独立诉讼地位的确立更利于诉讼结构的平衡，通过被害人利益、国家利益与被告人利益之间的权衡，以及相应的制度架构，"控辩审三方结构"不仅不会失去平衡，反而会变得更加均衡并富有活力。① 也有学者对被害人的当事人主体地位提出质疑，指出通过立法确立起被害人在刑事诉讼中的当事人地位和赋予被害人广泛的诉讼权利并不能有效地解决司法实践中的难题。刑事被害人当事人化的理论误区之核心在于犯罪损害追诉方式的公私合一。② 这种理论误区表现在两个方面：其一，公私合一的立法模式人为混淆了公益和私益的界限。被害人个人利益的司法救济路径是私诉，公诉机关代表国家追究被追诉人罪责以维护社会公益则通过公诉实现，公诉机关和被害人的价值追求和实现程序并不一致，二者不应混同。实现犯罪损害公私分离、对被害人去当事人化，是经刑事诉讼发展历程检验、符合刑事司法规律的选择。因此，被害人受损的私益应当通过独立的民事诉讼或者附带民事诉讼解决；在刑事诉讼中，被害人不应该影响法官对被追诉人行为的定性，也不应影响法官作出的合乎刑事法律的量刑。其二，公私合一的立法模式制造了公益和私益冲突、形成内耗。长期以来，我国刑事司法致力于寻求社会公益和被害人私益的平衡点，暗含着犯罪损害公私合一的内在逻辑。基于这一出发点，以被害人为刑事诉讼当事人的立法设计人为造成社会公益和被害人私益的冲突。③ 尽管给了被害人看似体面的地位，但犯罪行为带来的风险依然由被害人承担其中的多数。当立法设计旨在保护被害人却引致被害人的不利益和对司法公正的质疑时，就需要反思被害人保护手段的妥当性和合目的性。立足于有效保护被害人法益的立场，被害人去当事人化妥当且合乎目的。④

2. 被害人的诉讼权利和义务

刑事被害人的诉讼权利因其地位的变化而相应改变。在同态复仇理念占主导的阶段，被害

---

① 参见贾国栋、秦策：《刑事被害人主体性与诉讼结构关系思辨》，载《南京师大学报（社会科学版）》2012 年第 6 期。

② 参见马贵翔、林婧：《刑事被害人当事人化的反思与制度重构》，载《河北法学》2020 年第 1 期。

③ 参见杜永浩：《论我国刑法中刑事被害人保护的缺失》，载《政法学刊》2003 年第 3 期。

④ 参见马贵翔、林婧：《刑事被害人当事人化的反思与制度重构》，载《河北法学》2020 年第 1 期。

人几乎享有完全的刑事诉权，且权利内容甚至涵盖刑罚的执行领域。在国家开始积极介入刑事犯罪处理之后，被害人的诉权逐渐式微，专门的国家机关承担公诉职权后，被害人的诉讼权利基本被忽视。随着近年来被害人再次受到关注，其诉讼地位有所回升，诉讼权利也逐步实现体系化与规范化。[1] 根据刑事诉讼法的规定，被害人在刑事诉讼中除了享有当事人所共有的诉讼权利外，也享有一些特有的诉讼权利。这些特有的诉讼权利主要包括：（1）对于审判人员、检察人员和侦查人员侵犯其人身、财产权利的犯罪事实或者犯罪嫌疑人，有权向公安司法机关报案或者控告，要求有关机关立案；（2）对于公安机关所作的不立案决定，有权向人民检察院提出意见；如果被害人是控告人身份，还可以向公安机关申请复议；（3）对于人民检察院所作的不起诉决定，有权向上一级人民检察院申诉；如果上级人民检察院维持不起诉决定，且原来的案件侵犯的是被害人的人身、财产权利的，有权向人民法院起诉；也可以不经申诉，直接向人民法院起诉；（4）被害人有证据证明被告人侵犯自己人身、财产权利的行为应当依法追究刑事责任，而公安机关或者人民检察院不予追究被告人刑事责任的案件，有权向人民法院提起自诉；（5）有权自案件移送起诉之日起，委托诉讼代理人；（6）对地方各级人民法院第一审的判决不服的，有权请求人民检察院抗诉；等等。

然而，在重新审视刑事被害人的诉讼权利时，不难发现我国刑事诉讼体系下公诉权与被害人的权利存在一定冲突，特别是在牵涉身份关系的刑事案件中，由于公诉机关代表国家利益并从国家的立场出发，价值取向与被害人势必存在一定差异。[2] 从主体性的角度出发，被害人对刑事诉讼进程的期许既可能与公诉机关的决定一致，也可能相左。即便在目标追求一致的情况下，公诉权与被害人权利的冲突仍然存在。从现有的刑事诉讼法律体系看，我国采取的是公诉为主、自诉为辅的结构，特别是1996年《刑事诉讼法》把被害人定位为当事人，但实际上被害人并不享有完全的当事人权利，在公诉案件中被害人实际上首要的仍是被当作证人看待。[3] 在自诉案件中，虽然被害人享有相对充分的当事人权利，却因操作性等问题而在实务中较少适用。而且，对于自诉案件，如果证据不足且可由公安机关受理，法院可将案件移送公安机关立案侦查，案件处理的进程一旦脱离被害人的掌控范围，其陈述仅作为刑事证据之一，而不能以撤诉方式对被告人予以"宽恕"。从刑事诉讼程序的角度来看，如果只由国家公诉机关来代位追诉被告人的刑事责任，而剥夺被害人充分参与刑事诉讼程序并影响判决的权利，实质上是国家变相对被害人进行了第二次侵害。[4] 适当拓展被害人参与权或一定程度上的决定权是必要的，但这必须建立在一定的前提条件下，即不影响公诉权的主导地位。

被害人在享有上述诉讼权利的同时，也承担一定的诉讼义务。根据刑事诉讼法的规定，被害人在刑事诉讼中承担的诉讼义务主要有：（1）如实向公安机关、人民检察院、人民法院陈述案件事实的义务；（2）接受公安司法机关传唤，按时出庭的义务；（3）在法庭上接受询问和回答问题的义务；（4）遵守法庭秩序的义务；等等。

---

[1]　参见苏琳伟：《公诉权与被害人权利之冲突及衡平——以身份关系因素为视角》，载《法学论坛》2012年第1期。

[2]　参见苏琳伟：《公诉权与被害人权利之冲突及衡平——以身份关系因素为视角》，载《法学论坛》2012年第1期。

[3]　参见刘东根：《犯罪被害人地位的变迁及我国刑事立法的完善》，载《中国人民公安大学学报》2007年第2期。

[4]　参见张泽涛：《过犹未及：保护被害人诉讼权利之反思》，载《法律科学》2010年第1期。

【实务问题探讨】基于诉讼主体的要求与权利保障的需要，律师帮助权对于被害人尤其是被害人的权利行使而言至关重要。法律援助法在被害人权利保护方面具有三方面突出的进步性规定，体现出我国法律援助制度对被害人权利保护的价值追求。

首先，法律援助法将有权申请法律援助的主体扩大至刑事附带民事诉讼案件的原告人及其法定代理人。刑事附带民事诉讼其本质上是民事诉讼，因此，公诉机关的公诉职权仅局限于案件刑事部分，而就民事部分，原告与被告诉讼地位完全平等，为了避免刑事案件民事部分中"被告人有权获得法律援助律师的帮助，而被害人却只能自己请律师"的不对称法律援助权利模式，有必要赋予刑事附带民事诉讼案件中原告人申请法律援助的权利，以帮助其就犯罪行为所造成的直接物质损失进行主张与获得补偿。

其次，法律援助法将被害人有权申请法律援助的时间提前至侦查阶段。《法律援助法》第29条并未对被害人申请法律援助时间进行限制，被害人在侦查阶段有权申请法律援助对于保障被害人程序参与权具有重要意义。如被害人在专业律师的帮助下，对于侦查机关所作出的决定不予立案、决定撤销案件等行为进行监督，从而保证被害人能够对侦查机关的相关行为及时提出异议。再如侦查阶段作为刑事和解的关键阶段，专业律师的帮助在一定程度上防止被害人受到侦查机关意见、犯罪嫌疑人行为等外界因素的干扰，保证其在充分了解案情和案件走向基础上，对其所享有的程序性权利和实体性权利作出自由处分。虽然目前刑事诉讼法对公诉案件被害人委托诉讼代理人的时间并未作出修改，仍旧起始于案件移送起诉之日，这在某种程度上会弱化被害人侦查阶段获得法律援助的效果，但是，法律援助法就被害人申请法律援助的时间提前至侦查阶段之规定，表现出了立法者对于公诉案件中被害人侦查阶段程序参与权的关注，体现了保护被害人诉讼权利的精神，具有重要价值。

最后，《法律援助法》第32条取消了指定案件中被害人申请法律援助的经济困难条件。这些案件中的被害人或因国家侵权行为而寻求司法救济，或在婚姻关系、家庭关系中处于极度弱势，或因为其权益受到损害而遭受巨大精神痛苦。如此规定，得以保证这些被害人可以获得及时有效的法律帮助。被害人法律援助范围的扩大和保障性权利的增加，是我国被害人诉权保护理念不断深化的结果，意味着在通过律师辩护或代理增强当事人诉讼能力制度层面，被害人与被追诉人的权利开始受到同等程度的重视，而不再仅偏重于犯罪嫌疑人、被告人保障的一元价值追求。①

（三）自诉人

自诉人是指在自诉案件中，依法以自己名义直接向人民法院提起诉讼，要求人民法院追究被告人刑事责任的人。自诉人是自诉案件中的当事人，处于原告人的诉讼地位，承担控诉职

---

① 参见冀祥德：《论法律援助制度的中国特色》，载《政治与法律》2022年第6期。

能。一般而言，自诉人通常是案件的被害人，但是根据《刑事诉讼法》第114条规定，被害人死亡或者丧失行为能力的，被害人的法定代理人、近亲属有权向人民法院提起诉讼。

由于自诉人在刑事诉讼中承担控诉职能，是与被告人相对抗的一方当事人，因而我国法律赋予自诉人广泛的诉讼权利。自诉人享有的诉讼权利主要包括：（1）有权直接向人民法院提起刑事诉讼；（2）有权随时委托诉讼代理人；（3）有权申请回避；（4）有权提起附带民事诉讼；（5）有权参加法庭调查和法庭辩论；（6）对于告诉才处理的刑事案件和被害人有证据证明的轻微刑事案件，有权在人民法院宣告判决前同被告人自行和解或者撤回自诉，或者在人民法院主持之下与被告人调解；（7）有权申请人民法院调取新的证据、传唤新的证人；（8）对第一审人民法院作出的尚未发生法律效力的判决或者裁定，有权提出上诉；（9）对已经发生法律效力的判决或者裁定认为确有错误的，有权提出申诉。

自诉人在刑事诉讼中承担的诉讼义务主要有：（1）对自己的主张和请求应当提供证据证明；（2）不得捏造事实、诬告陷害他人或伪造证据，否则承担相应的法律责任；（3）按时出庭参加审判，经两次依法传唤，无正当理由拒不到庭的，或者未经法庭许可中途退庭的，按撤诉处理；（4）执行人民法院生效的调解协议、判决或者裁定。

【实务问题探讨】刑事自诉人在诉讼过程中死亡，法院可否按撤诉处理？法定代理人或近亲属能否变更为新的诉讼主体参与诉讼？

我国刑事诉讼法体现了当事人平等对抗和国家司法权的适当干预，例如第211条规定"缺乏罪证的自诉案件，如果自诉人提不出补充证据，应当说服自诉人撤回自诉，或者裁定驳回""自诉人经两次依法传唤，无正当理由拒不到庭的，或者未经法庭许可中途退庭的，按撤诉处理"。由此，在原告没有主动申请撤诉的前提下，刑事诉讼法只规定了法院可以按撤诉处理的两种特殊情形。这两种情形的实质都是自诉人不履行义务积极配合、支持法庭审理。但自诉人死亡并不是出于其主观意志不愿意出庭，而是由于客观原因不能出庭，如果法院按自诉人撤诉处理，明显不符合第211条的立法本意，于法无据，且法院中立性地位也会受到影响。事实上，关于撤诉后能否就同一事实再次起诉，学界一直持有不同观点。一种观点认为撤诉意味着实体权利的处分，自诉人就此丧失了诉讼权利主体地位，不能再请求法院保护其实体权利；另一种观点则认为撤诉只处分了原告的胜诉权，权利主体地位并不随之变更或消灭，因此仍享有起诉权。[①] 在自诉人死亡的情况下，若法院按自诉人撤诉处理，实际上会侵害自诉人一方包括名誉权在内的诉讼权利和实体权利。因此，不管根据现行法律规定或是法学理论，都不应按自诉人撤诉处理。

最高人民法院《关于适用〈中华人民共和国刑事诉讼法〉的解释》（以下简称《刑诉解释》）第317条规定，自诉人的法定代理人、近亲属可代自诉人行使相应的权利或者自己提起诉讼。在目前法律对自诉人诉讼期间死亡程序规定缺失的情况下，依照法理，自诉人死亡后，若没有明确的遗言表示撤回诉讼，其法定代理人或近亲属应当可以直接参与诉讼，成为新的诉讼主体。由于法律无明文规

① 参见涂龙科、柯润：《论刑事自诉人死亡案件的程序完善》，载《检察风云》2022年第5期。

定，司法实践中可以就特殊程序问题逐级请示至最高人民法院，由后者予以批复解决。①

（四）附带民事诉讼原告人、被告人

1. 附带民事诉讼原告人

附带民事诉讼原告人是指在刑事诉讼过程中，因被告人的犯罪行为遭受物质损失而提起赔偿请求的人。一般而言，附带民事诉讼的原告人是遭受犯罪行为直接侵害的被害人。1996 年《刑事诉讼法》仅规定，"被害人"有权向"被告人"提起附带民事诉讼，但在实践中，被害人因受犯罪行为侵害而死亡或者丧失行为能力的情况时有发生，这种情况下能否提起附带民事诉讼，由谁提起附带民事诉讼，刑事诉讼法未予明确。从有关民事法律规定看，无行为能力人由其法定代理人代理民事活动；被侵权死亡的，其近亲属有权请求侵权人承担民事责任。附带民事诉讼本质上属于一种特殊的民事诉讼，为统一认识，2012 年《刑事诉讼法》补充规定"被害人死亡或者丧失行为能力的，被害人的法定代理人、近亲属有权提起附带民事诉讼"，弥补了 1996 年《刑事诉讼法》对于附带民事诉讼主体规定的不足，在立法上肯定了死亡被害人或者丧失行为能力被害人的法定代理人、近亲属提起附带民事诉讼的权利。

理解和适用这一规定，应注意把握以下几点：

第一，法定代理人和近亲属提起附带民事诉讼的适用情形不同。已死亡的被害人不存在法定代理人，法定代理人仅适用于被害人丧失行为能力的情形，而被害人死亡的情形下则应以近亲属的名义直接提起附带民事诉讼。实践中应注意区分情形确定附带民事诉讼的原告人，而不能相互混淆，更不能同时适用。法定代理人和近亲属只能两者择其一，且不是任择的。比如，在一些被害人死亡的案件中，经常遇到同时以法定代理人和近亲属的名义提起附带民事诉讼的情形，这种做法是错误的。正确的做法应该且只能是以近亲属的名义作为附带民事诉讼原告人。②

第二，附带民事诉讼中近亲属，应以刑事诉讼法确定的范围为准。一方面，"近亲属"这一用语既已出现于刑事诉讼法的条文中，自然应当按照刑事诉讼法本身对概念的界定来解释；另一方面，民法领域中的近亲属范围明显大于刑事诉讼法规定的范围，按刑事诉讼法规定的范围，有利于赔偿责任的切实落实，实践中也很少有祖父母、外祖父母、孙子女、外孙子女作为附带民事诉讼原告人的情形。在附带民事诉讼中，已死亡被害人的近亲属作为提起附带民事诉讼的主体，通常应符合以下条件：（1）近亲属对于已死亡的被害人生前存在着抚养关系；（2）被害人确已死亡；（3）被害人必须存在实际的物质损失，且该损失是由被告人的犯罪行为造成的。③

第三，法定代理人提起附带民事诉讼的目的是维护直接遭受物质损失的被害人的利益而不是本人的利益，其全部诉讼活动只能以被害人即附带民事诉讼原告人的法定代理人的身份进行，不能以自己的名义作为附带民事诉讼的原告人。

《刑事诉讼法》第 101 条第 2 款规定："如果是国家财产、集体财产遭受损失的，人民检察院在提起公诉的时候，可以提起附带民事诉讼。"据此，符合一定条件的情况下，人民检察

① 参见涂龙科、柯润：《论刑事自诉人死亡案件的程序完善》，载《检察风云》2022 年第 5 期。
② 参见刘为波：《刑事附带民事诉讼制度修改内容的理解与适用》，载《法律适用》2013 年第 7 期。
③ 参见刘为波：《刑事附带民事诉讼制度修改内容的理解与适用》，载《法律适用》2013 年第 7 期。

院也可以提起附带民事诉讼。需要指出的是，如果人民检察院提起附带民事诉讼，则将人民检察院列为原告人。

检察机关在刑事诉讼中的法律地位是公诉机关，这已为法律所确认，但当检察机关依照刑事诉讼法规定，对遭受损失的国家、集体财产提起刑事附带民事诉讼时，其在刑事附带民事诉讼中的法律地位，在以往的审判实践中存在争议。主要有以下几种观点：第一，认为人民检察院应当是附带民事诉讼的原告人。该观点强调，如果在附带民事诉讼中人民检察院不是原告，那么该附带民事诉讼就不是一个完整的诉讼。第二，认为人民检察院只是该附带民事诉讼的程序"启动"者，即只是形式意义上的附带民事诉讼当事人。第三，认为人民检察院在附带民事诉讼中仍然处于公诉人的地位。第四，认为人民检察院在附带民事诉讼中同时具有公诉人和附带民事诉讼原告人的双重身份。该观点认为，人民检察院提起附带民事诉讼是以亲身参与的方式对民事诉讼行为进行的监督。第五，认为人民检察院是被害人的代理人。第六，认为人民检察院在附带民事诉讼中既不能是公诉人，又不能是原告人，更不能成为被害人的代理人，而应当以国家、集体财产监管人的身份参加诉讼，即应当适用法定代理人的理论，使人民检察院成为国家、集体财产的法定代理人。第七，认为人民检察院应当是国家集体财产的委托代理人。[①]

刑事附带民事诉讼实质上是刑事、民事两种诉讼的合并审理，就民事诉讼结构而言，没有原告显然不能成立诉讼，有权提起附带民事诉讼的主体不论是被害人还是其他有权依法代为提起诉讼的公民和法人、其他组织，均应称为附带民事诉讼原告人，享有附带民事诉讼原告人的权利和义务。那么由检察机关提起附带民事诉讼，它在形式上就充当了民事原告人的角色。但在事实上，检察机关并不是被害人，真正的权利人应该是国家或者一定范围内的集体组织，检察机关只是代表国家或者集体组织提起附带民事诉讼，在诉讼中检察机关并不享有对公共财产的处分权，有别于实体上的民事原告人，故检察机关在程序上处于附带民事诉讼原告人的地位，但不是实体上的民事原告人。现行法律赋予检察机关附带民事诉讼的诉权，是保障国家、集体财产利益受到侵害后得到有效救济的现实需求，是积极行使人民检察院法律监督职权的表现，还是民事公益诉讼理论发展的必然趋势。人民检察院对因犯罪造成的国有、集体财产损失提起附带民事诉讼，可以节约司法资源、提高司法效率，还能实现法律效果和社会效果的双赢。[②]

附带民事诉讼原告人享有的诉讼权利主要有：（1）有权提起附带民事诉讼，要求侵害人赔偿物质损失；（2）有权申请回避；（3）有权委托诉讼代理人；（4）有权参与附带民事诉讼部分事实和证据的调查和辩论；（5）有权与附带民事诉讼被告人自行和解或者请求人民法院主持调解；（6）申请人民法院采取查封、扣押或者冻结被告人的财产等财产保全措施；（7）对于一审判决或者裁定，有权提出上诉。

附带民事诉讼原告人享有诉讼权利的同时，也要承担一定的诉讼义务。这些诉讼义务主要有：（1）对自己提出的主张负责举证；（2）如实陈述义务；（3）遵守法庭秩序等。

2. 附带民事诉讼被告人

附带民事诉讼被告人是指对犯罪行为所造成的物质损失依法承担民事赔偿责任的人。附带民事诉讼被告人通常是刑事被告人本人，但在某些情况下，也可以是未成年刑事被告人的监护

① 参见晁岳强：《人民检察院在刑事附带民事诉讼中的法律地位问题》，载《山东审判》2013 年第 5 期。
② 参见晁岳强：《人民检察院在刑事附带民事诉讼中的法律地位问题》，载《山东审判》2013 年第 5 期。

人、没有被追究刑事责任的其他共同致害人、共同犯罪案件中已死亡被告人的遗产继承人，以及其他对刑事被告人的犯罪行为依法应当承担民事赔偿责任的单位和个人。

关于未成年刑事被告人的监护人是否应成为附带民事诉讼的共同被告人，有两种不同观点：一种观点认为，未成年被告人的监护人应该作为附带民事诉讼的共同被告人承担民事赔偿责任，这是依据我国相关法律规定得出的当然结论。在我国的刑事审判中，未成年人的监护人应该到庭作为附带民事诉讼的被告人参加诉讼，这样也有利于被害人获得更大的赔偿可能性。如果作为当事人之一的监护人未到庭应诉，应该按照民事诉讼法缺席审理的相关规定进行公告或者缺席审判。① 另一种观点认为，未成年被告人的监护人不是当然的附带民事诉讼共同被告人，第一种观点混淆了法定代理人和共同侵权人之间的法律区别。首先，相关法律并未明确规定未成年被告人的监护人就是附带民事诉讼的被告人，只是规定监护人为赔偿责任人。这种赔偿责任基于监护权产生，在民事诉讼中表现为法定代理与被代理关系，而不是基于共同侵权的连带责任产生的共同被告关系。其次，这种观点混淆了监护关系与雇佣关系在侵权责任中的承担方式。在我国，普遍的司法实践是监护人作为法定代理人，雇主作为共同被告人，二者的法律区别泾渭分明。② 这两种观点都失之偏颇。第一种观点常为被害人所持，为了得到有效赔偿，将监护人列为附带民事诉讼被告人对被害人具有心理上的安慰作用，但是没有正确区分监护人和当事人的法律界限，有机械理解法条之嫌。第二种观点多为审判实务部门所持，看到了当事人与监护人的应有区别，但是没有注意到监护人在特定条件下也可以成为当事人，因而对这个问题应根据具体案情具体分析，不可一概而论。

附带民事诉讼被告人的诉讼权利、诉讼义务与附带民事诉讼原告人基本相同。主要诉讼权利包括：（1）有权申请回避；（2）有权委托诉讼代理人；（3）有权参加法庭调查和法庭辩论，并对附带民事诉讼部分提供证据、发表意见；（4）如不服一审判决或者裁定，可以提出上诉；（5）请求人民法院主持调解或者与附带民事诉讼被告人自行和解；（6）有权提出反诉。主要诉讼义务包括：（1）对自己的主张提供证据证明；（2）如实陈述案情；（3）按时出庭、遵守法庭秩序；（4）执行已经生效的判决、裁定的附带民事诉讼部分。

二、其他诉讼参与人

其他诉讼参与人，是指除当事人以外在诉讼中依法享有一定诉讼权利、承担一定诉讼义务的诉讼参与人。根据《刑事诉讼法》第108条第4项的规定，其他诉讼参与人包括法定代理人、诉讼代理人、辩护人、证人、鉴定人和翻译人员。

（一）法定代理人

法定代理人是指依法对被代理人负有保护义务，并代为行使诉讼权利的人。根据《刑事诉讼法》第108条第3项的规定，法定代理人包括被代理人的父母、养父母、监护人和负有保护责任的机关、团体的代表。法定代理人代理的对象一般是未成年人、限制行为能力人或无行为能力人。

法定代理人在刑事诉讼中享有独立的诉讼地位。这种独立地位主要体现在法定代理人根据

---

① 参见肖波：《未成年被告人的监护人在附带民事诉讼中的地位探析》，载《青少年犯罪问题》2007年第3期。

② 参见肖波：《未成年被告人的监护人在附带民事诉讼中的地位探析》，载《青少年犯罪问题》2007年第3期。

法律规定参加刑事诉讼活动，而不是受被代理人的委托。因此，法定代理人参与诉讼和行使代理权时无须经被代理人授权，也不受被代理人意思表示的约束。当法定代理人和被代理人就是否行使某项共同享有的诉讼权利存在分歧时，法定代理人可依据自己的意思表示决定是否行使，且其行为视为被代理人的行为，具有相同的法律效果。

法定代理人参与刑事诉讼的主要目的在于依法保护被代理人的合法权益，因此其享有与被代理人基本相同的广泛的诉讼权利，同时也承担一定的诉讼义务。但是，法定代理人不能行使某些只能由被代理人行使的特定权利，如被代理人是被告人时，被代理人在法庭上的最后陈述权只能由被代理人本人行使，其法定代理人只能在被代理人陈述后进行补充陈述；又如，具有人身性质的行为（如赔礼道歉等），也只能由被告人本人行使。同时，法定代理人也不得为被代理人承担与其人身有关的特定诉讼义务，如不得代替被代理人承受拘传、取保候审、监视居住、拘留、逮捕等强制措施；不得代为供述、辩解或陈述等。

实践中，关于未成年被追诉人法定代理人在场制度的实施存在一定困境，这一制度的发展历经了从"可以通知到场"到"应当通知到场"再到"不到场未成年被追诉人供述、辩解排除"的过程。法律虽然赋予法定代理人一定的诉讼权利，但配套制度却不甚完善，最终影响了该制度的发挥。有学者指出，法定代理人在场存在名不副实的现象，从法律层面来看，法定代理人的"名"为未成年人的权利保障者，即站在未成年人一方，参与诉讼活动，实现与控方的有效对抗。司法解释将讯问时法定代理人不在场作为被告人供述不得为定案根据的情形之一，更进一步突出法定代理人在场的作用。具体来说，法定代理人的功能主要有以下几个方面：其一，为未成年被追诉人申请回避、申请变更强制措施等提供程序性法律帮助；其二，见证对未成年被追诉人的讯问、审判过程；其三，在审判阶段，进行最后的补充陈述。为了安抚未成年人的情绪使案件得到顺利处理，法律赋予法定代理人在场权，保障未成年被追诉人供述的自愿性和合法性，但在实践中，这一权利保障功能有时异化为"走过场"。法定代理人只在讯问或审判时在场以证明不存在刑讯逼供、威胁引诱等情况，导致这一制度被虚置，无法起到有效的权利保障作用。法定代理人真正实现立法期望、发挥应有的作用，仍需要实质性的诉讼权利加以支持。如在认罪认罚案件中，控诉方不仅需要与未成年人、辩护律师、值班律师进行沟通，还需要与法定代理人沟通，保障法定代理人充分了解案件情况，以最大限度维护未成年被追诉人的合法权益。但法定代理人所要发挥的重要作用与实质性权利匮乏，不可避免地使其在很多案件中仅仅是"参与见证"，无法真正表达对案件的看法与处理意见，与立法初衷相差甚远。[①]

（二）诉讼代理人

诉讼代理人是指受有权委托的人委托，以被代理人的名义参与刑事诉讼的诉讼参与人。根据《刑事诉讼法》第108条第5项的规定，刑事诉讼中有权委托诉讼代理人的主体包括公诉案件的被害人及其法定代理人或者近亲属、自诉案件的自诉人及其法定代理人、附带民事诉讼的当事人及其法定代理人。

与法定代理人参与刑事诉讼的依据不同，诉讼代理人参与刑事诉讼活动是基于委托授权，依据委托协议而进行的代理。因此，诉讼代理人必须在被代理人授权或委托的范围内进行刑事

---

① 参见陈梦鸽：《未成年被追诉人法定代理人在场制度的困境及对策分析——基于〈刑事诉讼法解释〉的修改》，载《铁道警察学院学报》2022年第1期。

诉讼活动，既不得违背被代理人的意思表示，也不得超越代理权限。诉讼代理人以被代理人的名义参加刑事诉讼，其主要职责是维护被代理人的合法权益，代理行为的法律后果由被代理人承担。

根据《刑事诉讼法》第 47 条规定，被代理人可以委托 1 至 2 人担任诉讼代理人，下列人可以被委托为诉讼代理人：（1）律师；（2）人民团体或者被代理人所在单位推荐的人；（3）被代理人的监护人、亲友。但是，正在被执行刑罚或者依法被剥夺、限制人身自由的人，不得担任诉讼代埋人。被开除公职和被吊销律师、公证员执业证书的人，不得担任诉讼代理人，但系犯罪嫌疑人、被告人的监护人、近亲属的除外。

鉴于实践中被追诉人的权利受侵犯比较严重，因此多年来学界与实务部门侧重保障被追诉人辩护权的研究，被害人、利害关系人及其诉讼代理人的诉讼权利研究相对不足。2012 年《刑事诉讼法》强化了诉讼代理人的权利，尤其在没收程序与强制医疗程序中，诉讼代理人尤为重要。犯罪嫌疑人、被告人逃匿、死亡案件违法所得的没收程序，实质为检察院代表国家对涉案违法所得提起的"民事追偿之诉"，相对方并不是刑事案件被追诉人，而是与涉案财产有关的人，包括犯罪嫌疑人、被告人的近亲属和其他利害关系人。他们在诉讼中的角色也不是传统意义的被告人。这些人申请参加诉讼的目的是保护自己的财产权益，但其间潜藏着被刑事追诉的风险：当证明不清涉案违法所得财产的所有权时，可能难逃与案件的干系。[①] 因此，从保护个人财产与人身安全的角度看，犯罪嫌疑人、被告人的近亲属和其他利害关系人委托诉讼代理人至关重要。而在强制医疗程序中首度出现了"强制诉讼代理制度"，因为被强制医疗人涉嫌精神病而成为无行为能力人，为了诉讼的公平与安全，立法规定人民法院审理强制医疗案件，应当通知被申请人或者被告人的法定代理人到场。被申请人或者被告人没有委托诉讼代理人的，人民法院应当通知法律援助机构指派律师为其提供法律帮助。

公诉案件被害人律师代理制度存在如下不足：首先，被害人诉讼地位的不独立，直接导致了被害人的代理人的诉讼地位的不独立。尽管《刑诉解释》第 64 条规定"诉讼代理人有权根据事实和法律，维护被害人、自诉人或者附带民事诉讼当事人的诉讼权利和其他合法权益"，但该规定属于原则性规定，可操作性不强。在实践中，被害人代理人主要基于委托产生，与被告人的辩护人可能基于委托、指定等产生存在明显差异，形成独立的诉讼地位更加困难，不独立致使立法中被害人代理人与辩护人权利的严重失衡，如相对于辩护人的阅卷权，代理人的阅卷权受到较大限制，从法律制度设计层面到具体诉讼程序运行中不利于被害人代理人诉讼权利行使。[②]

其次，诉讼代理人介入诉讼程序的时间晚于辩护人。我国现行诉讼程序中，能够保证司法机关向被害人告知具有委托代理人权利的时间为案件移送起诉后，较之犯罪嫌疑人在被侦查机关第一次讯问后或者采取强制措施之日起即可以聘请律师为其提供法律咨询、代理申诉、控告等活动，明显滞后。这种制度安排欠缺合理性，不利于被害人合法权益的维护，尤其对于不立案或者撤销案件的情形。在刑事诉讼中，侦查阶段至关重要，是诉讼程序得以推进的基础，在这个阶段，极可能因无法确定犯罪嫌疑人或者难以认定侵害行为的犯罪性质而不立案或者撤销案件，而被害人除了就知道的情况提供陈述和知悉鉴定意见、不立案（撤销案件）等决定外，再无其他了解侦查情况的渠道，一方面侦查机关容易陷入自身思维和工作的误区，另一方面被

---

① 参见马明亮：《刑事诉权体系的立法设定与实践表达》，载《当代法学》2014 年第 5 期。
② 参见曹骥：《公诉案件被害人律师代理制度的反思与完善》，载《中国政法大学学报》2017 年第 4 期。

害人容易对于侦查机关的办案程序产生质疑。在这个阶段缺少被害人代理律师的介入，既造成被害人与犯罪嫌疑人之间的关系失衡，也会阻碍及时、准确地维护被害人合法权益。

最后，对代理人权利规定不足或者缺乏可操作性。第一，被害人诉讼代理律师的阅卷权受到办案机关限制。代理律师的阅卷必须经过人民法院、人民检察院的许可，较之辩护律师的阅卷权受到了较大限制，易因受到办案机关的阻碍而无法行使，致使被害人律师代理制度落空。第二，被害人诉讼代理律师的调查取证权受到较大限制。实践中的不足主要有三个方面：一是对于诉讼代理律师调查取证权予以了较之辩护人更多的限制，必须经人民法院、人民检察院批准，不利于律师在诉讼中发挥其协助发现真实真相的功能；二是与律师法将律师的调查取证权只限定为"经过被调查人同意"如此一项条件有所违背；三是对于公诉案件的审查起诉阶段，被害人的诉讼代理律师能否调查取证没有明确规定，对于这部分程序中律师功能的发挥起到了阻碍作用。[①] 第三，被害人及其诉讼代理律师知情权范围窄于犯罪嫌疑人及其辩护人。刑事诉讼法虽然在诉讼的各个阶段都对被害人的知情权进行了规定，但是，相对于犯罪嫌疑人、被告人的知情权的规定，仍有很多地方需要完善。实践中遇到的主要问题为案件侦查程序办理较为封闭，不能满足被害人的知情权。在刑事案件发生后，被害人在侦查程序中以被害人陈述的方式向侦查人员作证，往往不会得到侦查机关主动告知的关于案件办理进程的信息。在案件侦查过程中，由于法定原因出现犯罪嫌疑人被解除、变更强制措施时，被害人因不知道具体原因和法律依据可能对侦查机关的办案工作产生质疑。侦查终结后，由于法定事由不立案或者撤销案件时，根据刑事诉讼法规定办案部门会将不立案理由告知被害人，但是此类告知也往往流于形式，不能充分说明作出该决定的原因，难免引起被害人误解，认为办案人员徇私枉法或者未依法公正办理而形成缠访缠诉案件。对于移送起诉的案件，侦查机关也只向犯罪嫌疑人及其辩护人进行告知，而不会主动向被害人告知，被害人往往要等到检察机关收到该移送起诉案件后才知情，造成了信息不对等。第四，被害人诉讼代理律师的意见表达权流于形式。刑事诉讼法规定了被害人代理律师的意见表达权，但是大部分权利都是单向听取的权利，不利于被害人权益的维护。对于不起诉案件，诉讼程序会止步于审查起诉阶段，承办人仅仅听取被害人及其代理人的意见，向其告知不起诉决定的原因和法律依据，对于被害人方是远远不够的，不能从根本上消除程序的封闭性，难以消除被害人对程序产生质疑的可能性。

（三）证人

证人是指把自己在诉讼之外了解到的案件情况向公安司法机关作出陈述的当事人以外的诉讼参与人。《刑事诉讼法》第 192 条第 2 款规定："人民警察就其执行职务时目击的犯罪情况作为证人出庭作证，适用前款规定。"据此，人民警察就其在诉讼中（执行职务）了解到的犯罪情况出庭作证的，也是证人身份。根据《刑事诉讼法》第 62 条的规定，凡是知道案件情况的人，都有作证的义务。但是，生理上、精神上有缺陷或者年幼，不能辨别是非、不能正确表达的人，不能作证人。有学者指出，我国的刑事证人既可以是自然人，也可以是法人单位和其他组织，那种认为法人单位和其他组织不能像自然人一样通过五官和大脑来了解案情因而不能作刑事证人的观点，是机械地解读刑事证人语义的结果，也与司法实践中法人单位和其他组织委托和指派其所属员工代表其出庭作证的事实不符。[②] 本书认为，在我国刑事诉讼中，证人只

---

① 参见曹骥：《公诉案件被害人律师代理制度的反思与完善》，载《中国政法大学学报》2017 年第 4 期。
② 参见田国宝：《中国刑事证人出庭作证激励机制反思与重构》，载《法学》2021 年第 2 期。

能是自然人，这是由证人必须以自己对案件事实的感知来作证的要求所决定的。同时，也只有自然人才可能承担故意作伪证、隐匿罪证的法律责任。

目前，我国刑事诉讼法学界根据不同的标准通常将刑事证人分为如下几类：（1）根据邀请刑事证人出庭主体的不同，可以将其区分为控方证人与辩方证人。前者是指应控方（包括公诉案件的公诉人与自诉案件的原告人）请求出庭作证的人，后者是指应辩方（被告方）请求出庭作证的人。（2）根据刑事证人了解案情途径的不同，可以将其区分为目击证人与传闻证人。前者是指在案发现场亲自耳闻目睹案件发生经过的人，后者是指未亲临案发现场且在诉讼过程之外获悉案件情况的人。（3）根据刑事证人是否参与犯罪活动，可以将其区分为污点证人与非污点证人。前者是指参与过犯罪活动，为减轻或免除自己的刑事责任而与检察机关合作，指证其他犯罪分子的犯罪事实的人，而后者是指除前者之外的证人。（4）根据刑事证人出庭作证是否需要具备特定的资质要求，可以将其区分为专家证人与普通证人。前者是指具有专家资质并应公安、司法机关邀请解决诉讼案件中复杂、专业问题的证人，后者是指除专家证人之外的证人。除上述分类外，有学者认为还可以根据刑事证人出庭作证行为法律属性应然的定位不同，将其区分为纯正证人与不纯正证人。

证人成为诉讼参与人的基本条件是了解案件相关情况，这意味着谁有资格成为证人不能由公安司法机关或其他人选择和指定，而只能依据谁在诉讼之外知道案件情况这一特定事实。因此，证人具有不可替代的特点。为了保证知道案件情况的人能够向公安司法机关提供案件情况，证人还具有优先性的特点，即证人的身份与其他身份可能产生冲突时，只能选择作为证人。如果一个人在诉讼之外就知道案件的情况，那么他只能优先以证人的身份参与刑事诉讼，而不能担任本案的侦查人员、检察人员、审判人员或者辩护人、鉴定人、翻译人员等角色。

根据现行法律规定，一般而言，只要是了解案件事实的人，无论是成年人或未成年人，均可作证。但鉴于未成年人年幼，心智发育尚不健全，一概允许其作证将会导致未能反映客观事实的证人证言进入法庭，从而误导法院对事实的正确认定。因此，立法在此基础上规定了例外情形，强调年幼的人仅在满足"辨别是非"及"正确表达"的条件下才能作证人。但有学者认为，这一认定标准存在不合理之处：其一，"辨别是非"这一要求忽视了证据法的基础理论。辨别是非是指能够分清正确与错误，是非曲直，要求未成年人对待证事实具有辨别是非的能力，相当于要求证人能够对该事实作出评价。然而，这明显与证人证言应受意见规则规制的证据理论相违背。证人仅需就其所感知的事实提供证言即可，而不能对此加以推断或发表意见，否则将会给证言的证明力和相关性带来更多的怀疑。"辨别是非"与证据理论相悖，也为未成年人成为合格证人设置了过高的不合理门槛，在实践中排除了大量本应采纳的未成年人证言。[①] 其二，"正确表达"这一要件在司法实践中难以判断。首先，"正确表达"是指未成年人仅具备描述其所知事实的能力即可，还是要准确无误地阐明案件真相？其对事实的描述需达到何种程度才算正确？我国刑事诉讼立法对此语焉不详。再者，从现有条文可以看出，立法要求未成年人只有在表达与客观真相一致的事实时才具有证人能力。法官在掌握诸多证据的情况下都无法保证自己所认定的事实能完全符合事实真相，心智尚未成熟的未成年人又如何能够保证表达是绝对正确的？这不仅在实践中难以判断，在客观上也是不可能达到的要求。"正确"二字仅与证人证言的证明力有关，而不应该作为限制未成年人为证人之条件。换言之，"能够

---

① 参见吴静：《英美刑事诉讼未成年人证人资格比较及其启示》，载《成都理工大学学报（社会科学版）》2016年第6期。

表达"才是未成年人证人资格判断标准的应有之义。

另外，对未成年证人资格的裁决程序存在不完善之处。现行的"原则性"条款过于抽象，不仅不具有可操作性，反而还带来了更多问题：谁有权开启审查或鉴定的程序？谁负责对未成年人具有或不具有证人资格进行举证？举证方所提供的证据应达到何种程度？审查的具体流程如何？与此类似的相应问题在立法上均未得到进一步的解释与规定。因此，在司法实践中，各地法院裁决程序不一，法官在进行裁决时的主观随意性较大，得出结论差异较大，不利于法律的统一适用。①

证人享有的诉讼权利主要包括：（1）有权用本民族语言文字参与诉讼。（2）有权查阅证言笔录，并在发现笔录的内容与作证的内容不符时要求予以补充或者修改。（3）对于公安司法机关工作人员侵犯其诉讼权利或者对其有人身侮辱的行为，有权提出控告。（4）根据《刑事诉讼法》第65条规定，证人因履行作证义务而支出的交通、住宿、就餐等费用，应当给予补助。证人作证的补助列入司法机关业务经费，由同级政府财政予以保障。有工作单位的证人作证，所在单位不得克扣或者变相克扣其工资、奖金及其他福利待遇。（5）有权要求保障自身及近亲属的安全。（6）在侦查阶段，有权要求为其姓名保密。

证人承担的诉讼义务主要包括：（1）向公安司法机关如实提供证言，有意作伪证或者隐匿罪证的，应当承担法律责任；（2）有义务回答公安司法人员以及当事人和其他诉讼参与人的询问，并接受质证；（3）有义务保守案件秘密。

尽管2012年《刑事诉讼法》从证人出庭作证的范围、强制证人出庭措施、证人保护、证人补偿和警察出庭作证等方面进行修改完善，以应对刑事证人出庭作证率低的实践状况，但从有关证人出庭的各项具体规定来看，仍存在着许多问题，这些问题可能会对司法实践产生消极影响。

从证人出庭作证的范围来看，《刑事诉讼法》第192条规定，证人证言对案件定罪量刑有重大影响，并且公诉人、当事人或者辩护人、诉讼代理人有异议，人民法院认为证人有必要出庭作证的，证人应当出庭作证。据此，应当出庭作证的证人必须同时具备以下三个条件：第一，必须是关键证人，即证言对案件定罪量刑有重大影响，这排除了那些非关键证人出庭的必要性。第二，证言必须属于控辩双方有异议的证据，控辩双方无异议的证言，即便对定罪量刑有重大影响，也不需要证人出庭。第三，必须是人民法院认为证人有必要出庭作证的，即便属于控辩双方有异议的关键证人的证言，如果法院认为证人不出庭也能调查清楚的，也有权决定证人不必出庭。上述三个条件分别从证言的证据价值、控辩双方对证言的态度以及法院的自由裁量权方面对应当出庭作证的证人范围进行了界定。这种思路具有相对合理性，在一定程度上有助于解决证人出庭难的问题。但是，从理论上来说，现行法律对证人出庭作证范围的界定有不妥之处。其一，在确定证人出庭范围问题上，法院拥有过大的自由裁量权，实际上赋予了法院双重裁量的权力：一是证人证言是否对案件定罪量刑有重大影响，需要由法院进行裁量；二是证人是否有必要出庭作证，仍需要由法院予以裁量。在法院不能保持客观、公正、中立立场或者怠于对证人证言进行查证的情况下，辩护方仍难以实现与关键的控方证人进行对质，证人出庭作证率仍然会比较低。其二，对于经法院确定应当出庭作证的证人，如果其拒不出庭，或者虽然出庭，但其拒绝提供证言，其审前的询问笔录或者书面证言应如何处理，法律并没有明

① 参见吴静：《英美刑事诉讼未成年人证人资格比较及其启示》，载《成都理工大学学报（社会科学版）》2016年第6期。

确规定，其证言笔录仍有可能被合法地采纳为定案的根据。这种程序性法律后果的缺乏，将会进一步导致法院怠于传唤证人出庭作证。① 我国证人出庭的启动模式是以法官职权为主导的启动模式，法官在证人出庭制度中占据主导地位。作为证人出庭的审查通知方，目前法官通知证人出庭作证的主动性与积极性不高。一是庭前审查机制缺乏，刑事诉讼法仅笼统规定"人民法院认为有必要出庭作证的"，而未将"有必要出庭作证的"情况进行类型化，导致适用条件模糊，使得法官审查证人出庭申请的标准不一，这也决定了证人出庭作证的情况受所在法院审判"习惯"影响较大；二是通知证人出庭难度较大，大部分证人存在人情上的为难与法律上的误读，从而有较大的心理负担，在注重调解、说明工作的审判程序中，往往需要法官在案外做大量的释法说明工作，才能顺利通知证人出庭，这极大地增加了法官的工作量；三是庭审中证人出庭作证的证言采信规则模糊，加之审判与侦查之间往往有较长的时间间隔，证人出庭出现记忆模糊的情况较为常见，证言的前后出入往往会增加法官的办案难度，甚至有的证人出庭不但不会使得案件争议得到解决，反而会增加新的争议点；四是司法责任制的制约，受法官考核与案件质量终身责任制规定的影响，如果因翻证而不采纳证人证言，继而导致案件无法定罪量刑，一旦该案件出现新证据足以改变案件结论，在目前司法责任制的背景下，法官极有可能因此而需承担相应责任。②

从强制证人出庭措施来看，根据《刑事诉讼法》第 193 条的规定，经人民法院通知，证人没有正当理由不出庭作证的，人民法院可以强制其到庭，但是被告人的配偶、父母、子女除外。证人没有正当理由逃避出庭或者出庭后拒绝作证的，予以训诫，情节严重的，经院长批准，处以 10 日以下的拘留。被处罚人对拘留决定不服的，可以向上一级人民法院申请复议。复议期间不停止执行。上述规定体现出我国强制证人到庭制度的三个特点：第一，对证人采取强制到庭措施或者处罚措施的前提，必须是证人经通知无正当理由拒不出庭。因此，在强制证人到庭或者处罚证人之前，法院应询问证人因何不到庭，给证人说明理由的机会。第二，被告人的配偶、父母、子女不能成为强制到庭的对象。这里法律虽然没有明确赋予亲属之间享有拒绝作证特权，但是如果被告人的上述亲属拒绝到庭提供证言，法院不能强迫其到庭。第三，从本条文在法律中所处的位置和内容上来看，只有人民法院才有权强制证人出庭作证并处罚不到庭的证人，公安机关、人民检察院没有强迫证人提供证言的权力。因此，对于拒不出庭的控方证人，公安机关和人民检察院无权强制其出庭，只能向法院提出申请，由法院决定是否采取强制证人出庭的措施。但是，现行法律仍有一些未尽事宜，需要由法律或者司法解释予以进一步明确：第一，证人如果有正当理由不能出庭，比如证人已经死亡、患有严重疾病或者路途十分遥远、下落不明等，那么该证人之前曾提供的证言笔录或者书面证言能否被法院采纳作为定案根据；第二，如果被告人的配偶、父母、子女不出庭作证，那么其之前提供的证言应如何处理，能否被法院采纳为定案根据；第三，证人如果无正当理由拒不到庭，或者到庭后拒绝提供证言，在对证人进行处罚后，其之前提供的证言应如何处理，是否还能够被法院采纳为定案根据。如果一概采纳这些书面证言，那么法律所规定的证人出庭作证又将成为一纸空文；但是如果一概排除这些书面证言，那么又可能会导致那些重大犯罪分子因为指控证据不充分而逃避法律的制裁。③

---

① 参见史立梅：《我国刑事证人出庭作证制度的改革及其评价》，载《山东社会科学》2013 年第 4 期。
② 参见黄伯青、伍天翼：《"需求侧"改革：刑事证人出庭作证实证分析》，载《法律适用》2017 年第 3 期。
③ 参见史立梅：《我国刑事证人出庭作证制度的改革及其评价》，载《山东社会科学》2013 年第 4 期。

关于证人保护制度，在2012年刑事诉讼法修改前，由于缺乏具体而规范的保护措施，实践中证人因惧怕报复而不愿、不敢作证，这是造成我国证人出庭率低的一个重要原因。2012年刑事诉讼法修改后对于危害国家安全犯罪、恐怖活动犯罪、黑社会性质的组织犯罪、毒品犯罪等案件中的特殊证人保护问题进行了专门的规定。对于上述犯罪案件中的证人、鉴定人、被害人等"因在诉讼中作证，本人或者其近亲属的人身安全面临危险的，人民法院、人民检察院和公安机关应当采取以下一项或者多项保护措施：（一）不公开真实姓名、住址和工作单位等个人信息；（二）采取不暴露外貌、真实声音等出庭作证措施；（三）禁止特定的人员接触证人、鉴定人、被害人及其近亲属；（四）对人身和住宅采取专门性的保护措施；（五）其他必要的保护措施。证人、鉴定人、被害人认为在诉讼中作证，本人或者其近亲属的人身安全面临危险的，可以向人民法院、人民检察院、公安机关请求予以保护。人民法院、人民检察院、公安机关依法采取保护措施，有关单位和个人应当配合"。根据上述规定，刑事诉讼法建立的特殊证人保护制度包括以下几项内容：第一，证人保护的范围限于危害国家安全犯罪、恐怖活动犯罪、黑社会性质组织犯罪和毒品犯罪等重大、复杂案件的证人、被害人、鉴定人或者其近亲属；第二，负责证人保护工作的机关是公安机关、人民检察院和人民法院，但有关的单位或者个人应当予以配合；第三，保护措施可以是法律规定的其中一项，也可以同时采取多项措施；第四，证人有请求公安司法机关予以保护的权利。

但是从刑事诉讼活动的整体角度来看，上述规定仍然存在一定的不足之处：（1）保护的范围过窄。首先，从保护对象的范围看，刑事诉讼法仅规定保护证人及其近亲属的安全，而不包括与证人关系密切的非近亲属（如恋人等）的安全。其实，在一些具体的个案中，对证人而言，与其关系密切的非近亲属的安全同与其关系密切的近亲属的安全相比同样重要，有时甚至有过之而无不及。立法对类似的对象不予以保护，显然会影响部分刑事证人出庭作证的积极性。其次，从保护客体的范围看，刑事诉讼法仅规定保护证人及其近亲属的人身安全，而没有明确规定保护证人及其近亲属的财产安全。这无疑也是立法的一大疏漏。在当今社会，证人的财产安全会影响其生活水平，当其财产安全无法得到切实保障时，其出庭作证的积极性也会大大降低。最后，从保护的案件范围看，刑事诉讼法仅规定对于危害国家安全犯罪、恐怖活动犯罪、黑社会性质的组织犯罪、毒品犯罪等案件，证人出庭作证，本人或者其近亲属的人身安全面临危险的，人民法院、人民检察院、公安机关应采取保护措施，而对于其他与上述案件同样具有严重社会危害性的犯罪案件（如杀人、强奸、抢劫等犯罪案件）却没有规定对证人及其近亲属进行保护，这种厚此薄彼的做法无疑会挫伤部分刑事证人出庭作证的积极性。（2）保护主体的职责不清。虽然刑事诉讼法规定人民法院、人民检察院和公安机关负有保障证人及其近亲属人身安全的职责，但是在具体的个案中，一旦证人及其近亲属的人身安全受到威胁，究竟应当向哪一个保护主体寻求保护往往让刑事证人感到迷茫。保护主体多元化从形式上看似乎有利于保护刑事证人及其近亲属的人身安全，但实际上可能会面临因保护主体过多、职责不清而带来的无保护主体提供保护的不利后果。另外，从司法实践看，由于人民法院和人民检察院的保护力量相较于公安机关的保护力量而言较弱，让人民法院和人民检察院承担保护刑事证人及其近亲属人身安全的职责是否可行也不无疑问。（3）保护不力的救济机制缺失。因保护主体未履行或消极履行保护职责导致刑事证人及其近亲属人身或重大财产安全受到损害的，对刑事证人如何进行法律救济（如采用什么程序、向谁申请救济等），刑事诉讼法未作出明确的规定，因此刑事证人在权衡利弊后不愿出庭作证也就在情理之中。①

就证人补偿制度而言，《刑事诉讼法》第 65 条规定，"证人因履行作证义务而支出的交通、住宿、就餐等费用，应当给予补助。证人作证的补助列入司法机关业务经费，由同级政府财政予以保障。有工作单位的证人作证，所在单位不得克扣或者变相克扣其工资、奖金及其他福利待遇"。根据本条规定，我国证人补偿制度的内容包括以下几个部分：第一，证人补偿的范围包括证人因履行作证义务而实际支出的交通费、住宿费、就餐费等各种费用，不包括支付给证人的报酬；第二，证人补偿的经费由司法机关从业务经费之中支出，由同级政府财政予以保障；第三，有工作单位的证人，其工资、奖金及其他福利待遇不因作证而受影响。不过，为体现公平原则，应鼓励证人积极出庭作证，对于没有工作单位的证人，可考虑给予其一定的报酬，具体数额可以参考本地区的平均日工资水平确定。同时，赋予出庭证人向司法机关请求支付相应的经济补偿和报酬的权利，对于司法机关无正当理由拒绝支付的，证人有权通过诉讼的方式进行追索。

现行法律对警察出庭作证制度进行了规定。《刑事诉讼法》第 59 条规定："在对证据收集的合法性进行法庭调查的过程中，人民检察院应当对证据收集的合法性加以证明。现有证据材料不能证明证据收集的合法性的，人民检察院可以提请人民法院通知有关侦查人员或者其他人员出庭说明情况；人民法院可以通知有关侦查人员或者其他人员出庭说明情况。有关侦查人员或其他人员也可以要求出庭说明情况。经人民法院通知，有关人员应当出庭。"第 192 条规定："公诉人、当事人或者辩护人、诉讼代理人对证人证言有异议，且该证人证言对案件定罪量刑有重大影响，人民法院认为证人有必要出庭作证的，证人应当出庭作证。人民警察就其执行职务时目击的犯罪情况作为证人出庭作证，适用前款规定。"根据这两个条文的规定，目前我国警察出庭作证制度具有以下几个特点：第一，警察出庭作证的事项包括两种，一是就证据的合法性问题出庭作证，二是就执行职务时目击的犯罪情况出庭作证。第二，侦查人员就证据的合法性出庭既可以基于人民检察院的提请和人民法院的决定，也可以基于侦查人员本人的要求。第三，警察就执行职务时目击的犯罪情况出庭，需符合证人出庭作证的三个条件，即其证言对定罪量刑有重要影响、公诉人、当事人或辩护人、诉讼代理人有异议以及人民法院认为警察有必要出庭作证。关于警察出庭作证的规定，标志着我国正式建立起警察作证制度，从而在立法上结束了以往有关这个问题的诸多争议和困惑。但从内容上看，目前的规定仍然显得过于粗疏，不仅警察出庭作证的范围十分有限，而且未赋予被告人及其辩护人请求警察出庭的权利，同时对于警察拒绝出庭的后果也未提及。②

关于证人出庭作证制度的虚化，有学者指出，如果证人出庭作证，控辩双方就要对出庭证人进行当庭盘问，也就是要对证人进行交叉询问。这就对法官的素质提出了更高的要求，要深入理解控辩平等、审判中立的诉讼理念，熟悉交叉询问的规则和技巧，能够娴熟地驾驭庭审、引导庭审的顺利进行、推进控辩双方的有效对抗，从控辩双方的直接言词对抗中获取全面的信息从而作出正确裁判。

证人出庭作证时翻证情况严重，是司法机关不愿意让证人出庭的一个重要原因。证人翻证的原因是多方面的，例如，证人作证意识淡薄；证人文化素质不高；证人维护亲属、朋友等利害关系的需要；证人在比侦查程序更加公开、透明的审判程序中受干扰的程度小；对证人伪证

---

① 参见田国宝：《中国刑事证人出庭作证激励机制反思与重构》，载《法学》2021 年第 2 期。
② 参见史立梅：《我国刑事证人出庭作证制度的改革及其评价》，载《山东社会科学》2013 年第 4 期。

行为应承担的法律后果规定不完善且追究不力；证人自身感知能力、记忆能力、表达能力的限制等。证人翻证，特别是关键证人翻证给刑事诉讼带来的危害是巨大的，不仅会拖延案件的审理时间，浪费司法资源，给认定案件事实造成人为的困扰，更会给办理案件的司法人员带来巨大的职业风险。[①] 整体而言，审判实践中证人出庭作证较多由辩方提出申请，而证人出庭证言的可采性不高，法庭通知证人到庭却不能帮助辩方证明待证事实，也在一定程度上反映了证人出庭申请的不准确，制约了证人出庭作证效果的发挥。[②]

（四）鉴定人

鉴定人是指接受公安司法机关的指派或聘请，运用自己的专门知识或技能对刑事案件中的专门性问题进行分析判断并提供鉴定意见的诉讼参与人。鉴定人应当符合以下条件：（1）只能是自然人，单位不是鉴定的主体，鉴定意见只能以鉴定人个人名义作出；（2）应当具备某项专门的知识或者技能，在鉴定活动中，鉴定人主要根据专门的知识或者技能解决案件中的事实性问题，而不能对法律性问题作评价；（3）必须受到专门机关的指派或者聘请，当事人及其代理人不得自行聘请鉴定人进行鉴定，而只能申请专门机关重新鉴定或补充鉴定；（4）必须与案件当事人没有利害关系，如具有刑事诉讼法规定的法定回避事由，有关人员有权申请其回避。

为了保障鉴定人客观、科学地进行鉴定，我国法律赋予了鉴定人一系列的诉讼权利。这些诉讼权利主要包括：（1）有权了解为进行鉴定所必需的案件材料；（2）有权要求指派或者聘请的机关提供足够的鉴定材料，在提供的鉴定材料不充分、不具备作出鉴定意见的条件时，有权要求有关机关补充材料，否则有权拒绝鉴定；（3）要求为鉴定提供必要的条件，鉴定条件不具备时，有权拒绝鉴定；（4）必要时，有权要求参加现场勘验、检查和侦查实验等；（5）有权收取鉴定费用。

同时，鉴定人承担的诉讼义务主要包括：（1）如实作出鉴定，不得故意作出虚假鉴定意见，否则应当承担相应的法律责任；（2）对于因鉴定而了解的案件情况和有关人员的隐私，应当保密；（3）公诉人、当事人或者辩护人、诉讼代理人对鉴定意见有异议，人民法院认为鉴定人有必要出庭的，鉴定人应当出庭作证，经人民法院通知，鉴定人拒不出庭作证的，其提供的鉴定意见不得作为定案的根据；（4）鉴定人由于不能抗拒的原因或者有其他正当理由无法出庭的，人民法院可以根据情况决定延期审理或者重新鉴定。

实际上，自 1979 年我国首先在公检法系统恢复和重建了司法鉴定系统后，逐渐形成了公检法内设为主、院校为辅的司法鉴定队伍结构。[③] 与此相适应的是逐渐形成了一个事实上由公检法垄断刑事专业问题判断的权力格局，公检法机关尤其是内设的司法鉴定机构实际主导了专业问题判断的鉴定权，呈现出我国刑事专业问题判断之传统格局的三个特征。第一，公检法三家事实上主导了刑事案件鉴定的启动权。在刑事诉讼过程中，当事人如果要启动鉴定，只能向公检法机关提出申请。这种由公权力完全垄断鉴定启动权的后果之一就是在一些个案当中会忽视当事人一方申请启动鉴定的诉求。第二，司法鉴定的质量控制主要依赖于公检法之间的内部制约机制。司法鉴定的基本体制与我国流水线的纵向刑事诉讼构造相一致，司法鉴定的质量审

---

① 参见何莉：《新刑诉法视角下证人出庭制度失灵问题的解决建议》，载《河北法学》2013 年第 6 期。
② 参见黄伯青、伍天翼：《"需求侧"改革：刑事证人出庭作证实证分析》，载《法律适用》2017 年第 3 期。
③ 参见常林：《司法鉴定专家辅助人制度研究》，中国政法大学出版社 2012 年版，第 1—10 页。

查过程主要依赖于公检法内部的制约作用。[①] 而司法人员对于司法鉴定意见的"守门人"职责则完全让渡给司法鉴定人员，依赖司法鉴定制度的自发性调节。但是，随着司法鉴定体制改革的推进，附属法院与检察院的司法鉴定队伍被剥离出来，法院再也无法依赖自己的鉴定人员来对侦查机关的鉴定意见进行实质性审查，加之侦查机关以侦查需要为由并未剥离出司法鉴定队伍，结果是鉴定队伍中的多数人员依然附属于公安机关。[②] 绝大多数人员既有侦查人员的身份又有鉴定人的资格，角色的混同会产生严重的弊端，司法鉴定人鉴定时在很大程度上是带着侦查人员的办案思路进行操作的，无法完全独立地、中立地不带任何角色倾向性地进行思考。[③] 这导致传统上法院对侦查机关司法鉴定的制约作用被大大削弱了。虽然法院在撤销内设鉴定机构之后仍然可以通过委托社会鉴定机构重新鉴定，但从运用频率和有效性上必然受到很大的制约，这就意味着传统上对司法鉴定质量进行控制的制约机制已经失去了平衡。[④] 第三，当事人一方影响专业问题判断的途径受到很大的限制。首先，由于鉴定的启动权主要掌控在公检法三机关的手中，当事人尤其是被告人一方如果要对鉴定提出质疑就需要求助于其他专家。而在司法实践中，许多司法鉴定机构往往不愿意受理由辩方提出的鉴定委托。[⑤] 其次，由于律师介入刑事诉讼过程一般都在侦查方取证完毕之后，而且由于我国较高的审前羁押率，导致检材或者鉴定对象往往控制在侦控方手里，辩护人一方缺乏进行鉴定的基本条件。[⑥] 再次，即便具备鉴定条件，也进行了鉴定，辩方所邀请的专家更多的也只能是在庭外提供咨询意见，无法出庭对鉴定意见进行质证，而这种庭外提供的咨询意见往往在庭上得不到足够的重视与采纳。[⑦] 在司法鉴定问题上，控辩双方的力量是失衡的，辩护方对于专门问题的鉴定判断几乎毫无制约作用，鉴定判断的质量完全取决于公检法三者之间鉴定人员的相互制约。[⑧]

不过，根据《刑事诉讼法》第 148 条规定："侦查机关应当将用作证据的鉴定意见告知犯罪嫌疑人、被害人。如果犯罪嫌疑人、被害人提出申请，可以补充鉴定或者重新鉴定。"补充鉴定主要是在不推翻原有鉴定意见的基础上进行的，原有的鉴定主体也可以不用更换。在实践当中补充鉴定的情形主要包括以下几种：第一，原有的鉴定内容有遗漏；第二，在案件的办理中发现了新的有鉴定意义的证物；第三，对鉴定对象产生了新的鉴定要求；第四，鉴定意见内容不完整，导致委托的具体事项无法确定；第五，其他需要补充鉴定的情形。具体而言，重新鉴定主要针对以下几种情形：第一，原有的鉴定程序不合法或者在鉴定中违反了特定专业技术要求；第二，鉴定机构、鉴定人的资质不符合条件；第三，鉴定人在鉴定中故意作虚假的鉴定或者在鉴定中违反回避规定；第四，鉴定意见给出的依据明显不足；第五，送交鉴定的检材是虚假的或者遭受损坏；第六，其他应当重新鉴定的情形。[⑨]

值得注意的是，鉴定所解决的问题本身就属于技术性较强的问题，鉴定意见的专业性也特

---

① 参见陈瑞华：《刑事证据法学》，北京大学出版社 2012 年版，第 152—153 页。

② 参见柴会群：《从"证据之王"到"是非之王"——司法鉴定争议录》，载《南方周末》2010 年 1 月 21 日，第 8 版。

③ 参见温云云：《浅论我国刑事诉讼司法鉴定独立化》，载《中国司法鉴定》2021 年第 3 期。

④ 参见吴洪淇：《刑事诉讼中的专家辅助人：制度变革与优化路径》，载《中国刑法杂志》2018 年第 5 期。

⑤ 参见张军、姜伟、田文昌：《新控辩审三人谈》，北京大学出版社 2014 年版，第 85—95 页。

⑥ 参见左卫民等：《中国刑事诉讼运行机制实证研究》，法律出版社 2007 年版，第 88 页。

⑦ 参见张军、姜伟、田文昌：《新控辩审三人谈》，北京大学出版社 2014 年版，第 254 页。

⑧ 参见吴洪淇：《刑事诉讼中的专家辅助人：制度变革与优化路径》，载《中国刑法杂志》2018 年第 5 期。

⑨ 参见温云云：《浅论我国刑事诉讼司法鉴定独立化》，载《中国司法鉴定》2021 年第 3 期。

别强，因而当事人要想了解鉴定意见的内容及程序有无问题，通常都需要求助于有专门知识的人，而求助于有专门知识的人通常要花费高额的费用。即便是有支付能力的人确实聘请到有专门知识的人，提出了不同的意见，是否启动补充鉴定或者是重新鉴定也是由办案机关决定的。[①] 所以从这两个角度而言，对于当事人合法权益的保障是不足的，也不利于提升案件的效率及处理结果的公正性。

在补充鉴定与重新鉴定之外，为了保证控辩双方在庭审中能够进行有效质证，刑事诉讼法在 2012 年修改时建立了具有专门知识人员出庭质证制度："公诉人、当事人和辩护人、诉讼代理人可以申请法庭通知有专门知识的人出庭，就鉴定人作出的鉴定意见提出意见。有专门知识的人出庭，适用鉴定人的有关规定。"

【实务问题探讨】 在刑事诉讼中，至少需要同时具备"公诉人、当事人或者辩护人、诉讼代理人对鉴定意见有异议""人民法院认为鉴定人有必要出庭"两个条件，鉴定人才必须出庭。尽管有很多案件因专门性问题而需要鉴定人参与办理，但是否需要鉴定人出庭取决于案件情况与法院的通知。那么，鉴定人是否应当尽量出庭？

鉴定人擅长的主要是充分、专业地叙述鉴定方法所涉及的科学原理、检材与样本比对的依据及性质，以及出具最终意见的具体原因。而对于一些专业水平欠佳的鉴定人，甚至这些基本要求都无法满足，再加上立法对于鉴定人出庭应获报酬或者补贴的模糊规定以及鉴定人忌惮打击报复的矛盾心理，在很长一段时间内鉴定人不出庭已成常态。因此，鉴定人更加习惯通过书写鉴定意见表达自己对特定问题的专业观点，认为出庭质证没有太大的必要性。[②] 一份实证研究的结果表明，很大一部分司法人员对鉴定人出庭持有积极态度。[③] 这与司法人员通过查阅鉴定意见无法形成可靠的认定结论有直接联系。

从合理性角度看，鉴定人出庭不应是常态。首先，鉴定意见因其专业性而具有较大的科学性。我国对鉴定人有较为完备的注册、登记、考核等系列管理制度，对相关工作也有明确的法律规制，由此形成的鉴定意见具备相当的科学性。其次，对鉴定意见异议的解决并非只能通过鉴定人出庭。对鉴定意见有异议与鉴定人出庭是两回事。很多异议缺乏合理的理由；即使个别异议有证据支持，但在我国"相互印证"的证明模式下也被其他证据排除；实在有个别异议需要鉴定人出庭，当事人申请的也是少数。由于鉴定意见的专业性、鉴定人与专家辅助人的同源性，法庭上对鉴定意见的质证非常困难。最后，鉴定人出庭对诉讼效率的影响不应忽视。鉴定人出庭至少带来申请人费用的增加、诉讼资源的耗费和庭审时间的延长。[④]

[①] 参见温云云：《浅论我国刑事诉讼司法鉴定独立化》，载《中国司法鉴定》2021 年第 3 期。

[②] 参见汪建成：《中国刑事司法鉴定制度实证调研报告》，载《中外法学》2010 年第 2 期。

[③] 参见汪建成：《中国刑事司法鉴定制度实证调研报告》，载《中外法学》2010 年第 2 期。

[④] 参见陈海锋：《鉴定人出庭的认识误区与规制路径——以刑事诉讼为主要视角》，载《法学》2017 年第 8 期。

从必要性角度看，鉴定人出庭应当是有限的。首先，鉴定人出庭的积极作用是有前提的，即案件需要鉴定人出庭，否则还可能会影响诉讼效率。为此，只有当事人等对鉴定意见有异议或出于司法利益的考虑，法官才应当要求鉴定人出庭，否则出庭可能就是多余的。其次，书面证据的普遍使用限制了鉴定人出庭率。我国案卷的制作和使用的确需进行理性化的完善，但不应成为提高鉴定人出庭率的理由；相反，科学合理地使用书面证据，不仅是庭审所必需的，也必然在一定程度上限制鉴定人的出庭。最后，实践中大部分的当事人并没有要求鉴定人出庭，异议也多在庭前化解。[①]

我国涉鉴类刑事庭审的形式化，主要表现为刑事法官主观上对于鉴定意见的非实质化认证，这导致鉴定人出庭作证"走过场"的现象。其一，法官对于鉴定意见的认证意识缺失，更加注重审查鉴定意见的证明力是否足以达到证明待证事实的程度。如果达到了则直接采信，如果尚未达到可以保留在之后综合全案其他证据再次进行认定。因此，他们基本没有判断鉴定意见外在形式与内在实质是否能够被庭审采纳的意识存在。在审判程序中具体表现为忽略当庭认证而寄希望于庭下认证或者审委会集体讨论得出最终的裁判结论。其二，法官对于鉴定意见的认证能力尚无评价标准。法官是否掌握了一套基本且合适的认证方法，是衡量认证能力的具体标准。认证能力既是一种裁判能力，也是一种认识能力。从程序法理的角度进行分析，法官是缺乏一定自主认证能力的，除了有裁判者以外的人帮助认识鉴定意见之外，根本没有掌握一套基本且合适的认证方法。以多份相互矛盾的鉴定意见认证为例，刑事法官往往通过"优先原则"对一些相互矛盾的鉴定意见进行认定。所谓优先原则就是法官优先采纳那些级别更高的鉴定机构或者权威性更高的鉴定人出具的鉴定意见。[②]这种认证方式看似比较"保险"与"权威"，但实质上却陷入了一种"证明力优先规则"的法定证据制度怪圈之中。此外，刑事法官对鉴定意见的另一种认证方式是通过"印证规则"综合其他证据的基本情况，分析这些证据与鉴定意见的联系与区别，再作出是否采纳鉴定意见的决定。即使其他证据能够辅助证明鉴定意见所揭示之事实的真实性，鉴定意见的形式合法性即证据能力也根本无从检验。由此可见，刑事法官认定鉴定意见的两种常规方式尚未达到基本且合适的认证能力标准。此外，法官的认证能力还取决于其知识构成。我国并没有特别强调法官应具备法律知识以外的其他专业领域知识。一般来说，从法学院毕业，通过专门的法律职业资格考试或者长期经历法律专业工作，经过一系列选拔与培训之后，任何心智正常且通过专门公务员考试的人均具有成为刑事法官的可能，不受特殊的知识构成条件的约束。但不可否认的是，法官的知识构成确实会对其认识法律以外的其他知识的能力产生较大影响。鉴定意见是司法鉴定程序的一种结论性意见，来源于自然科学与技术科学，具有

---

① 参见陈海锋：《鉴定人出庭的认识误区与规制路径——以刑事诉讼为主要视角》，载《法学》2017 年第 8 期。
② 参见马云雪：《鉴定意见认证存在的问题及其对策研究》，载《西部法学评论》2012 年第 4 期。

较强的专业性。① 在认证刑事鉴定意见的过程中，如果法官不具备基本的专业知识，仅仅从法律程序的角度对鉴定意见进行认识，是无法全面揭示鉴定意见的证据属性的。即使有司法鉴定人或者其他专家的辅助，法官专业知识的欠缺还是会影响其作出能够说服控辩双方的裁决，因为在判决书中对认定鉴定意见的说理是需要其独立完成的。

（五）翻译人员

翻译人员是指接受公安司法机关的指派或者聘请，在刑事诉讼过程中提供语言文字翻译工作的诉讼参与人。翻译人员也是刑事诉讼中独立的诉讼参与人。

翻译人员在诉讼过程中主要为外国人、少数民族人员、盲人、哑人、聋人等进行语言翻译、文字翻译或者手势翻译。这要求翻译人员准确地传递案件信息，尽量减少错误翻译的现象。由于错误翻译可能影响到诉讼参与人的权利，因此翻译人员不能与案件或案件当事人有利害关系，否则应当回避。

翻译人员在刑事诉讼中享有的诉讼权利主要包括：（1）要求公安司法机关提供与翻译内容有关的材料并了解案件有关情况；（2）查阅记载其翻译内容的笔录，并有权要求修改或者补充；（3）获得相应的报酬。

同时，翻译人员所负有的诉讼义务主要包括：（1）按语言文字的原意如实翻译，不得弄虚作假，否则应承担相应法律责任；（2）对在翻译过程中所知道的案件情况和他人隐私，应当保密。

---

① 参见贾治辉、徐为霞：《司法鉴定学》，中国民主法制出版社 2006 年版，第 16 页。

第二章　管辖与回避

刑事诉讼中的管辖制度，实质上解决的是某一刑事案件应由公、检、法三机关中的哪一个机关立案受理，以及应由哪一级、哪一地区人民法院对此行使管辖权的问题。刑事诉讼中管辖的确立，从横向和纵向两个维度将刑事案件的具体承担主体予以落实。作为刑事诉讼中的一项重要制度及刑事诉讼活动中首先要解决的问题，管辖制度的确立和完善对于明确各机关受理刑事案件的范围及人民法院系统内部对一审刑事案件的分工等方面具有十分重要的意义，对于开启后续刑事诉讼活动、保证诉讼的公平公正起到至关重要的作用。

我国自 1979 年颁布第一部《刑事诉讼法》以来，刑事管辖制度也随着立法和司法实践的发展不断完善。我国刑事诉讼领域，将管辖制度分为立案管辖和审判管辖两大类别。就立案管辖而言，解决的是公、检、法等机关在受理案件范围上的划分。2018 年刑事诉讼法修改，对人民检察院直接受理案件范围作出调整，同时在其他专门机关中亦有相应的修改体现。就审判管辖而言，则可进一步划分为级别管辖、地区管辖、指定管辖和专门管辖等方面。不同机关之间、不同法院之间在受理案件范围上存在差异，但都为保证刑事诉讼活动的顺利、有效进行发挥着至关重要的作用。

第一节　管　辖

一、立案管辖

立案管辖，又称部门管辖或职能管辖，是指公安机关、人民检察院、监察委员会和人民法院等国家专门机关在直接受理刑事案件范围上的权限划分。立案管辖所要解决的是哪些案件应当由哪个机关立案受理的问题。划分立案管辖，主要是根据公、检、法等机关的性质和在刑事诉讼中的不同职能分工，以及刑事案件的性质、复杂程度、案情轻重等方面。《刑事诉讼法》第 19 条第 1 款对公、检、法等机关的立案管辖范围作了概括性的规定，指出："刑事案件的侦查由公安机关进行，法律另有规定的除外。"同时，有关司法解释和部门规章对立案管辖作了更为细致的规定。

（一）公安机关立案侦查的案件

《刑事诉讼法》第 19 条第 1 款表明，公安机关是主要的刑事案件侦查机关，除法律另有规定的，其他刑事案件一律由公安机关立案侦查。

法律另有规定的情形包括：

（1）《刑事诉讼法》第 19 条第 2 款规定的人民检察院在对诉讼活动实行法律监督中发现的司法工作人员利用职权实施的非法拘禁、刑讯逼供、非法搜查等侵犯公民权利、损害司法公正的犯罪，可以由人民检察院立案侦查。以及，对于公安机关管辖的国家机关工作人员利用职权实施的重大犯罪案件，需要由人民检察院直接受理的时候，经省级以上人民检察院决定，可以由人民检察院立案侦查。

（2）《刑事诉讼法》第19条第3款规定的由人民法院直接受理，不需要经过侦查的自诉案件。

（3）《监察法》第11条规定的监察委员会依法对涉嫌贪污贿赂、滥用职权、玩忽职守、权力寻租、利益输送、徇私舞弊以及浪费国家资财等职务违法和职务犯罪进行调查。

（4）《刑事诉讼法》第4条规定的由国家安全机关依照法律规定，办理危害国家安全的刑事案件。

（5）《刑事诉讼法》第308条规定的军队保卫部门对军队内部发生的刑事案件行使侦查权；中国海警局履行海上维权执法职责，对海上发生的刑事案件行使侦查权；监狱对罪犯在监狱内犯罪的案件进行侦查。

在上述情况中，公安机关在侦查刑事案件时发现应属其他机关侦查的案件时，应当将不属于本部门管辖的案件移送给相应机关。如果涉嫌多罪中主罪属于其中一个机关管辖，则以该机关为主侦查，另一侦查机关予以配合。司法实践中，上述例外情形的刑事案件数量仅占刑事案件总数的小部分，多数刑事案件仍然由公安机关承担立案侦查工作。这是因为：一方面，公安机关是国家的治安保卫机关，负有维护社会治安秩序的职责；另一方面，公安机关拥有着严密的组织系统以及优良的人员、技术装备，由其担负绝大多数刑事案件的侦查工作具有扎实的基础。然而实践中由公安机关管辖的案件也会在内部出现管辖权争议问题，集中体现在电信诈骗案件中。

电信诈骗案件是网络和信息技术高度发展的产物，其犯罪行为、结果和受害者散布于全国各地和境外。在电信诈骗职业化、组织化的犯罪形势下，不同的犯罪行为可以在不同地点同时进行，所以立案管辖容易出现纠纷。一起跨省跨市电信诈骗案件往往存在多个地区的公安机关可以立案管辖的情况，导致侦查资源的浪费和侦查效率的降低，解决电信诈骗案件的立案管辖问题已经刻不容缓。主要问题涉及管辖地过多、指定管辖问题、高危地区案件管辖问题和并案侦查中的管辖问题等。

1. 管辖地过多

管辖地过多是指多个地域的公安机关对同一起电信诈骗案件同时拥有管辖权。2016年出台的最高人民法院、最高人民检察院、公安部《关于办理电信网络诈骗等刑事案件适用法律若干问题的意见》中明确指出，电信诈骗犯罪地（包括犯罪行为发生地和犯罪结果发生地）所在的公安机关行使立案管辖权。在犯罪嫌疑人居住地、犯罪行为发生地和犯罪结果发生地不同的情况下，如果犯罪嫌疑人居住地的公安机关更适宜立案侦查的，由犯罪嫌疑人居住地的公安机关行使管辖权。虽然该意见尝试明确管辖权以解决管辖地过多的问题，但在实际操作中出现了很多的问题。首先，犯罪地包括犯罪行为发生地和犯罪结果发生地，而电信诈骗案件中犯罪行为发生地和犯罪结果发生地几乎都是分离的，这样就导致了至少有两个地区的公安机关可以同时行使侦查权。其次，传统意义上的"犯罪行为发生地"和"犯罪结果发生地"的含义与其在电信诈骗案件中的含义已经有了很大的区别。传统意义上的犯罪地发生的案件都交由当地公安机关立案侦查，这样可以方便及时全面调查取证和抚慰当地人民群众，因为这里的"犯罪地"是指实质上的物理空间。而电信诈骗案件中的"犯罪地"不仅包括物理空间，还包括虚拟空间。虚拟空间可以突破地域和距离的限制，一旦发生一起电信诈骗案件，其涉及的地点复杂繁多，导致要么一个案件多个公安局扎堆侦查，要么一个公安局在各省市之间辗转破案。

2. 指定管辖问题

涉及电信诈骗案件的指定管辖是指当出现两个以上的公安机关对一起电信诈骗案件的管辖问题发生纠纷时，由上级公安机关以决定的方式指定某一公安机关对该案件行使管辖权。最高人民法院、最高人民检察院、公安部《关于办理电信网络诈骗等刑事案件适用法律若干问题的意见》具体明确了几个指定管辖的情况：一是如果某跨区域电信诈骗案件存在资金交易、网络技术支持等多层级关系网的，可由上级公安机关指定管辖。二是如果某一起电信诈骗案件存在多地公安机关同时有立案管辖权的，由主要犯罪地或者最初受理的公安机关行使管辖权。三是如果仍存有争议和纠纷，由共同上级公安机关指定管辖。四是涉外电信诈骗案件由公安部进行指定管辖。指定管辖的初衷是解决管辖地过多的问题，然而在现实中还是存在诸多的问题，主要表现在指定管辖的程序方面。

首先，进行指定管辖需要层级上报程序，过程烦琐，手续复杂，耗时较长，严重影响公安机关的快速反应。其次，指定管辖本意是要解决下级各地公安机关之间的管辖纠纷问题，结果在实施过程中负责进行管辖指定的上级机关也出现了类似问题，主要表现在上级公安机关、人民检察院和人民法院对跨地域电信诈骗案件的指定管辖意见不一致。再次，指定管辖涉及的各级机关和不同部门之间的信息严重不通畅。一是申报指定管辖的材料存在不规范的情况，有关机关需要重新核实案件情况和补充材料，严重影响办案效率；二是上级公安机关进行指定管辖时，就指定管辖的原因往往不明确说明，导致后期检察院和法院协调异地审判时难以明确商请函中的具体内容。最后，缺乏指定管辖的标准。在实践中，由于缺乏指定管辖的指导性意见和正式的标准，从而导致了一系列的现实问题。2022 年最高人民法院、最高人民检察院、公安部《关于办理信息网络犯罪案件适用刑事诉讼程序若干问题的意见》第 8 条规定，对于具有特殊情况，跨省（自治区、直辖市）指定异地公安机关侦查更有利于查清犯罪事实、保证案件公正处理的重大信息网络犯罪案件，以及在境外实施的信息网络犯罪案件，公安部可以商最高人民检察院和最高人民法院指定侦查管辖。该意见给出的指定管辖的标准较为模糊。何为"有利于查清犯罪事实"？上级机关在指定管辖中考虑的因素如是否具备办案经验、侦查破案能力如何等是否客观？是否是"有利于查清犯罪事实"的条件？这些都是标准模糊引发的一系列现实问题。

3. 高危地区案件管辖问题

高危地区是指某地大量居民以犯罪为职业。公安部对于这些地区的电信诈骗案件的侦查思路是"高危地区主侦主办"。高危地区的公安机关对当地进行犯罪打击和防控是职责所在，可以实现源头治理和全链条打击。这条侦查思路的出发点是对的，但却忽略了很多问题，导致实际操作的过程中遇到了很多困难。

一是犯罪嫌疑人是当地居住的，但其作案时根本不在其居住地，这给当地的公安机关造成了很大的困难。二是犯罪嫌疑人不在当地作案，那么其选择的电信诈骗的对象也不会是当地人。被害人不在当地，当地的公安机关调查取证存在困难，而且当地没有案件，当地公安机关的破案积极性也难以调动。三是"高危地区主侦主办"的本质其实是指定管辖的一种，但这种指定管辖只考虑到了当地公安机关破获当地电信诈骗案件的地缘优势，没有考虑到当地公安机关的办案条件和实际案件的侦破难度。四是电信诈骗案件需要技术侦查和网安等警种协力侦查，而犯罪高危地区的公安机关的办案条件和侦查资源往往十分匮乏，对电信诈骗案件的侦破难以下手。

4.并案侦查中的管辖问题

电信诈骗案件的表现形式复杂多样，同一伙犯罪嫌疑人以层级关系的形式可以在多个地点实施电信诈骗，又可以从不同的多个地点进行销赃活动。由此，采用并案侦查的方式将关联的电信诈骗案件一并打击，以提高破案效率。最高人民法院、最高人民检察院、公安部《关于办理信息网络犯罪案件适用刑事诉讼程序若干问题的意见》第4条规定："具有下列情形之一的，公安机关、人民检察院、人民法院可以在其职责范围内并案处理……"意见中"可以"的表述让可以并案侦查的公安机关以各种理由既不移送管辖也不报请指定管辖，拒绝并案侦查，造成了侦查资源的严重浪费。

（二）人民检察院直接受理的案件

《刑事诉讼法》第19条第2款规定："人民检察院在对诉讼活动实行法律监督中发现的司法工作人员利用职权实施的非法拘禁、刑讯逼供、非法搜查等侵犯公民权利、损害司法公正的犯罪，可以由人民检察院立案侦查。对于公安机关管辖的国家机关工作人员利用职权实施的重大犯罪案件，需要由人民检察院直接受理的时候，经省级以上人民检察院决定，可以由人民检察院立案侦查。"据此，人民检察院立案侦查的案件有：

（1）司法工作人员利用职权实施的非法拘禁、刑讯逼供、非法搜查等侵犯公民权利、损害司法公正的犯罪。具体包括：非法拘禁案；非法搜查案；刑讯逼供案；暴力取证案；虐待被监管人案；滥用职权案；玩忽职守案；徇私枉法案；民事、行政枉法裁判案；执行判决、裁定失职案；执行判决、裁定滥用职权案；私放在押人员案；失职致使在押人员脱逃案；徇私舞弊减刑、假释、暂予监外执行案等。值得注意的是，刑事诉讼法在此处用的是"可以"，而非"应当"。监察体制改革及监察法的出台，规定由监察委员会对所有行使公权力的公职人员进行监察，对涉嫌职务违法和职务犯罪的案件展开调查。前述司法工作人员属于监察法所调整的范围，在某种意义上，监察委员会对司法工作人员利用职权实施的非法拘禁、刑讯逼供、非法搜查等侵犯公民权利、损害司法公正的犯罪也享有调查权。刑事诉讼法作出上述规定，说明上述案件既可以由监察委员会行使调查权，也可以由人民检察院行使侦查权。

（2）原属于公安机关管辖的国家机关工作人员利用职权实施的重大犯罪案件。此处"国家机关工作人员"，依照《刑法》第93条的解释：国家工作人员，是指国家机关中从事公务的人员。国有公司、企业、事业单位、社会团体从事公务的人员，以及其他依照法律从事公务的人员，以国家工作人员论。该条的规定属于"机动侦查权"，是指对于原属于公安机关管辖的国家机关工作人员利用职权实施的重大犯罪案件，如果确属有必要由人民检察院直接受理的情形，经提请省级以上人民检察院决定的，可以交由人民检察院对该案立案侦查。

以《刑事诉讼法》第19条第2款为视角进行考量发现，机动侦查权行使频率低的原因在于人民检察院在行使机动侦查权时面临着适用范围模糊、案件启动程序烦琐、行使机关权限分工不明等诸多问题。①

1.机动侦查权的适用范围模糊

从检察机关机动侦查权的相关规定来看，该项权力的适用范围可以分为：案件原本的管辖主体为"公安机关"；对象为"国家机关工作人员"；起因为"利用职权实施的犯罪"；案件

---

① 参见董坤：《检察机关机动侦查权研究——从2018年修改的〈刑事诉讼法〉第十九条第2款切入》，载《暨南学报（哲学社会科学版）》2019年第1期。

轻重程度为"重大犯罪案件"。在司法实践中，前三点的适用范围限制都有具体且确定的法律或司法解释可循，但是关于"重大犯罪案件"的各个司法解释不尽一致，并没有统一可操作的标准。在实际办案中依据检察官的个人判断，难免存有偏颇。如可能会造成一些本应立案的案件，在经过判断后作出不立案的决定，从而使违法犯罪嫌疑人脱逃法律的追究；又或一些本不该立案的案件，经研究后作出立案的决定，一定程度上是对司法资源的浪费。

2. 机动侦查权的启动程序烦琐

2018 年《刑事诉讼法》沿袭了 1996 年《刑事诉讼法》中的规定，即案件只有在"经省级以上人民检察院决定"后才可以启动机动侦查权。一般而言，省级以上人民检察院具有较强的裁量能力以及较高的权威，能够较为公允地判断出一个案件是否应当由检察机关启动机动侦查权进行立案侦查。但是，基于人民检察院上下级的关系，基层人民检察院不仅要逐级上报案件，还要等待省级以上人民检察院决定，犯罪嫌疑人可能会借机流窜，案件证据也可能随着时间的推移而难以收集，对基层检察院案件的侦查极为不利。

3. 机动侦查权的行使权限划分混乱

在司法实践中，对于不宜由公安机关立案侦查的案件，检察机关行使机动侦查权进行立案侦查的情况少之又少。由于公安机关办案的相对封闭性，检察机关很难对公安机关是否应该立案侦查进行准确审查，而只能将机动侦查权的适用范围缩减至公安机关不愿立案侦查的案件。这就使不宜由该公安机关立案侦查的案件只能另寻解决途径，仍然由该公安机关立案侦查或者是将案件移交给其他无利害关系的公安机关立案管辖，违背了设置该机动侦查权时将检察机关作为立案侦查的"后备力量"的立法初衷，最终导致案件不能顺畅立案侦查。

检察机关机动侦查权的法律条文规定，案件经省级以上检察机关决定后，"可以由人民检察院立案侦查"，此处的表述是体现法律柔性的"可以"一词，而不是直接删去"可以"或者是将"可以"更换为"应当"。这表明，即便是上报至省级以上人民检察院的案件已经得到了决定立案侦查的批复，将案件上报的该人民检察院依然有权选择不予立案侦查。从另一个角度来看，这个"可以"也暗示着该案件可以由检察机关行使机动侦查权予以立案侦查，也可以由公安机关进行立案侦查，这就会造成人民检察院与公安机关在该案件上权限划分的混乱。①

【实务问题探讨】检察机关的"机动侦查权"在某种程度上打破了既有管辖分工的规定，将一些不适宜由公安机关侦查的案件交由检察机关，涉及公安机关与检察机关的交叉管辖问题。

按照启动条件的不同，机动侦查权可分为不宜由公安机关直接受理的个案或者公安机关对某案不立案侦查而检察机关发现确系犯罪应当追究刑事责任这两种情形。② 对于公安机关不宜侦查的案件，犯罪嫌疑人大多是公安机关的执法办案人员及其亲属，或者是在当地有一定影响的政府官员等，当地公安机关与案件本身存在一定的利害关系，如果由其直接立案侦查可能会受到地方政府等的干扰或多重案外因素的影响，权力异化的风险较大，容易引发民众对司法公正的质疑，降低办案结果的社会认同度。如果有更为独立、中立的检察机关作为"后备"的

---

① 参见张敬：《检察机关机动侦查权分析及完善路径》，载《湖北警官学院学报》2022 年第 1 期。

② 参见董坤：《检察机关机动侦查权研究——从 2018 年修改的〈刑事诉讼法〉第十九条第 2 款切入》，载《暨南学报（哲学社会科学版）》2019 年第 1 期。

侦查力量及时介入，就能够起到矫正正义、发挥监督的效果。至于公安机关不愿侦查的案件，实际上属于公安机关应当立案侦查却不立案侦查的案件。此类案件中启动的机动侦查权已经完全内嵌到立案监督的整个办案流程中，成为保障立案监督效果的最后手段，这本身就是检察机关履行法律监督职能的重要内容和具体体现。①

在目前司法实践中，全国检察机关行使机动侦查权的案例屈指可数，机动侦查制度实质上陷入了"休眠状态"。这与机动侦查权极其谨慎的制度设计及配套措施匮乏显然有着密不可分的关系。首先，机动侦查案件适用范围过窄，启动程序过严。根据刑事诉讼法规定，检察机关可以行使机动侦查权的案件范围是"公安机关管辖的国家机关工作人员利用职权实施的重大犯罪案件"。如此窄化的适用范围限制了机动侦查权的活力，目前可能适用的情况基本集中在公安机关工作人员利用职权通过黑社会性质组织开展走私、贩毒等犯罪活动。②与此同时，机动侦查权的启动程序也极为严格，"有必要"与"省级检察机关批准"两项条件成为权力启动的基础性条件。一方面，由省级检察机关审批已经过分拔高了启动机关的层级，提高了启动难度；另一方面，我国检察机关与其他侦查机关不存在隶属关系，各机关根据职能各司其职，相互之间虽有制约，但针对将公安机关对个案的侦查权转交至检察机关的行为，为应对外界对决策的质疑、避免机关间的纠纷矛盾，在对"必要性"的审查上，各级检察机关必然会采取极为慎重的态度。③

其次，即使在当前受案范围内，现有法律制度也并未赋予检察机关必要的侦查措施权限以支撑其行使机动侦查权。总的来说，机动侦查制度的设计较为粗略，相关条文仅对权力主体、案件适用范围与启动条件等问题作出规定，并未就如何行使权力作出具体化规定。在此情况下，检察机关即使启动机动侦查权，其能否采用公安机关享有的法定侦查措施是有待质疑的。④

最后，司法资源紧缺致使检察机关行权意愿较低。在以审判为中心的诉讼制度改革背景下，我国司法活动加速走向专业化，以员额制、司法责任制等为代表的司法体制改革，提升了我国司法活动的专业化水准，但司法实践并未摆脱"案多人少"的窘境。当前，检察机关虽然保留了一定的侦查职能，但相应侦查资源配套不足，难以用于机动侦查活动。侦查的专业化要求并不低于其他诉讼活动，在网络时代更需要完备的科技手段、数据资源和高度专业化的人力资源予以支

① 参见董坤：《检察机关机动侦查权研究——从 2018 年修改的〈刑事诉讼法〉第十九条第 2 款切入》，载《暨南学报（哲学社会科学版）》2019 年第 1 期。
② 参见陈国庆：《刑事诉讼法修改与刑事检察工作的新发展》，载《国家检察官学院学报》2019 年第 1 期。
③ 参见刘为军、漆晨航：《机动侦查权的解读与实化：回归权力本位的研究思路》，载《甘肃政法大学学报》2022 年第 2 期。
④ 参见刘为军、漆晨航：《机动侦查权的解读与实化：回归权力本位的研究思路》，载《甘肃政法大学学报》2022 年第 2 期。

撑，如果侦查资源短缺，检察机关自然难以积极主动去行使机动侦查权。[①]

（三）人民法院直接受理的案件

《刑事诉讼法》第 19 条第 3 款规定："自诉案件，由人民法院直接受理。"所谓自诉案件，是指由被害人本人或者其法定代理人、近亲属向人民法院提起诉讼的案件。这类案件由人民法院直接受理，不需要经过公安机关或者人民检察院立案侦查，且不通过人民检察院提起公诉，而由人民法院对当事人提起的诉讼进行立案和审判。根据《刑事诉讼法》第 210 条、《刑诉解释》的规定，自诉案件包括下列三类案件：

1. 告诉才处理的案件

所谓告诉才处理，是指由被害人或者其法定代理人提出控告和起诉，人民法院才予以受理。根据刑法的规定，告诉才处理的案件主要包括四种：第 246 条第 1 款规定的侮辱、诽谤案（严重危害社会秩序和国家利益的除外），第 257 条第 1 款规定的暴力干涉婚姻自由案，第 260 条第 1 款规定的虐待案（被害人没有能力告诉，或者因受到强制、威吓无法告诉的除外），第 270 条规定的侵占案。这类案件案情较为简单明确，不需要侦查即可查明案件事实，因此由人民法院直接受理较为妥当。这四种案件以告诉为前提，如果被害人及其法定代理人没有告诉或者告诉后又撤回告诉的，人民法院就不予追究。但若因受恐吓、威吓、强制等原因，致使被害人无法告诉的，被害人的法定代理人、近亲属可以告诉。此外，根据《刑事诉讼法》第 114 条的规定，告诉才处理的案件，被害人死亡或者丧失行为能力的，被害人的法定代理人、近亲属有权向人民法院起诉。对此，人民法院应当受理。

2. 被害人有证据证明的轻微刑事案件

这类案件是指被害人有证据证明而人民检察院没有提起公诉的轻微刑事案件，根据刑法的规定，主要包括：第 234 条第 1 款规定的故意伤害案（轻伤），第 245 条规定的非法侵入住宅案，第 252 条规定的侵犯通信自由案，第 258 条规定的重婚案，第 261 条规定的遗弃案，以及分则第三章第一节规定的生产、销售伪劣商品案（严重危害社会秩序和国家利益的除外），分则第三章第七节规定的侵犯知识产权案（严重危害社会秩序和国家利益的除外），分则第四章、第五章规定的对被告人可能判处 3 年有期徒刑以下刑罚的案件。

符合这类自诉案件，应当满足两个条件：（1）必须是轻微的刑事案件；（2）被害人必须有相应的证据证明被告人有罪。根据《刑诉解释》，上述案件中，被害人直接向人民法院起诉的，人民法院应当依法受理。对于其中证据不足、可以由公安机关受理的，或者认为对被告人可能判处 3 年有期徒刑以上刑罚的，应当告知被害人向公安机关报案，或者移送公安机关立案侦查。因此，这类案件既可以由被害人提起自诉，由人民法院作为自诉案件直接受理；也可以由人民检察院提起公诉，按照公诉案件受理。

3. 被害人有证据证明对被告人侵犯自己人身、财产权利的行为应当依法追究刑事责任，而公安机关或者人民检察院不予追究被告人刑事责任的案件

该类案件即为"公诉转自诉案件"，从性质上来说是属于公诉案件，其转为自诉案件，必须具备三个条件：（1）被告人侵犯了自己人身、财产权利，应当追究刑事责任；（2）被害人

[①] 参见刘为军、漆晨航：《机动侦查权的解读与实化：回归权力本位的研究思路》，载《甘肃政法大学学报》2022 年第 2 期。

有证据证明被告人的行为构成犯罪；（3）被害人有证据证明其曾经提出控告，而公安司法机关不予追究被告人的刑事责任。法律作此规定的目的，就在于加强对公安机关、检察机关立案管辖工作的监督，维护被害人的诉讼权利，解决司法实践中存在的"告状难"的问题。

此外，《刑事诉讼法》第180条规定："对于有被害人的案件，决定不起诉的，人民检察院应当将不起诉决定书送达被害人。被害人如果不服，可以自收到决定书后七日以内向上一级人民检察院申诉，请求提起公诉。人民检察院应当将复查决定告知被害人。对人民检察院维持不起诉决定的，被害人可以向人民法院起诉。被害人也可以不经申诉，直接向人民法院起诉……"该条实质上也规定了自诉案件范畴，只是这种被害人对人民检察院不起诉决定不服而向人民法院起诉的案件，与第三类公诉转自诉案件并不完全相同，主要区别在于：一方面，该类案件中，被害人只是对不起诉决定不服时方可提起自诉，而并不包括对其他不追究刑事责任的行为提起自诉；另一方面，该类案件中被害人在不服不起诉决定而向法院提起诉讼时，没有案件类型的限制，也即不仅限于第三类自诉案件中所要求的"侵犯人身权利、财产权利"的范围。

【实务问题探讨】 网络诽谤公诉案件的侦查由公安机关进行，网络诽谤自诉案件由人民法院受理。在确定网络诽谤犯罪立案管辖时，传统的立案管辖理论面临诸多困惑。

根据《刑法》第246条规定："以暴力或者其他方法公然侮辱他人或者捏造事实诽谤他人，情节严重的，处三年以下有期徒刑、拘役、管制或者剥夺政治权利。前款罪，告诉的才处理，但是严重危害社会秩序和国家利益的除外。"可见，网络诽谤行为严重危害社会秩序和国家利益的情形属于公诉案件，其他情形属于自诉案件中的第一类告诉才处理的案件。

公诉案件的网络诽谤案立案管辖在实践中面临的困境是，司法机关在处理网络诽谤案时，面临着不立案侦查被质疑"不作为"，立案侦查并提起公诉却又遭到"乱作为"指责的尴尬。2009年3月19日公安部为此下发《关于严格依法办理侮辱诽谤案件的通知》，其中指出对于具有下列情形之一的诽谤行为，应当认定为"严重危害社会秩序和国家利益"，以诽谤罪立案侦查，作为公诉案件办理：（1）因诽谤行为导致群体性事件，严重影响社会秩序的；（2）因诽谤外交使节、来访的外国国家元首、政府首脑等人员，造成恶劣国际影响的；（3）因诽谤行为给国家利益造成严重危害的其他情形。虽然公安部的通知对刑事诉讼法中网络诽谤的立案管辖作了补充性解释，列举了网络诽谤罪作为公诉案件的三种情形，但是，仍然存在以下几个问题：

第一，公安部补充性解释的效力。公安部的通知属内部规定，对检、法两院没有约束力。因公安部行使司法解释权的主体不适格，其所作解释不具有普遍约束力，实践中会导致司法程序延宕、法律适用不一等弊端。第二，网络诽谤罪作为公诉案件的标准。网络诽谤罪作为公诉案件的标准是严重危害社会秩序和国家利益。实践中，因被诽谤人是官员或地方政府而认定其符合公诉条件，提起公诉或进行拘捕的现象屡有发生。问题的关键是政府或政府官员的所有行为是否都代表了国家利益。所谓国家利益，是指"一个国家的生存利益和发展利益"。[1] 一国生存和发展的需要，包括国家的安全利益、经济利益、政治利益和国际联系利益。[2] 我国是人民民主专政的国家，政府或政府官员的行为代表的是当家作主的人民利益才是国家利益。如果只是因为诽谤对象是政府官员就提起公诉，必然造成标准混乱、严重挑衅刑法公信性的恶果。第三，公民言论自由和监督权与网络诽谤公诉的度。传统上限制言论自由的基础发生了变化，实践中限制言论自由的难度有所增加。但由此要求公民对网络言论一一求证、确保事实精准，否则就以公诉案侦查起诉，实际上有滥用公权力之嫌。

作为自诉案件的网络诽谤案立案管辖法律规定不合理主要表现在证据问题上，涉及两个层面的内容。一是证据的收集问题。一方面，网络诽谤犯罪具有较强的复杂性、隐蔽性、智能性，自诉人收集证据的难度大。另一方面，自诉人没有侦查权限，很容易产生因举证不能而得不到保护的后果。二是证明标准问题。证明标准是指法律关于负有证明责任的诉讼主体运用证据证明争议事实、论证诉讼主张所须达到的程度方面的要求。我国自诉案件的起诉标准是"事实清楚，证据确实、充分"。相对于以国家强制力为保障的公诉权来讲，作为个体的被害人的自诉权是薄弱的。对于并不拥有侦查权和采取强制措施权的被害人个人，却要求其在立案时就具备"犯罪事实清楚，有足够证据"的条件，显然是不现实和不合适的。

（四）其他专门机关立案侦查的案件

国家安全机关。《刑事诉讼法》第4条规定："国家安全机关依照法律规定，办理危害国家安全的刑事案件，行使与公安机关相同的职权。"

军队保卫部门。《刑事诉讼法》第308条第1款规定："军队保卫部门对军队内部发生的刑事案件行使侦查权。"

监狱。《刑事诉讼法》第308条第3款规定："对罪犯在监狱内犯罪的案件由监狱进行侦查。"

海关走私犯罪侦查部门。

中国海警局。《刑事诉讼法》第308条第2款规定："中国海警局履行海上维权执法职责，对海上发生的刑事案件行使侦查权。"

二、审判管辖

审判管辖，是指各级人民法院之间、同级人民法院之间、普通人民法院与专门人民法院之间、各专门人民法院之间在审判第一审刑事案件上的职权分工。与立案管辖不同的是，审判管辖所要解决的是人民法院内部受理刑事案件的分工问题，也即由哪一人民法院对某个具体刑事案件进行第一审刑事审判的问题。根据人民法院组织法的规定，人民法院除设有最高人民法院和地方各级人民法院之外，还设有军事法院等专门人民法院。地方各级人民法院又分为基层人

---

[1] 参见金应忠、倪世雄：《国际关系理论比较研究》，中国社会科学出版社1992年版，第119页。

[2] 参见程毅、杨宏禹：《国际关系基础理论》，华中师范大学出版社1991年版，第296页。

民法院、中级人民法院和高级人民法院。与人民法院的设置相适应，《刑事诉讼法》在第20条至第28条规定，将我国刑事审判管辖分为普通管辖和专门管辖两大类别，普通管辖又分为级别管辖、地区管辖和指定管辖。

（一）级别管辖

级别管辖，是指各级人民法院在审判第一审刑事案件上的权限划分。级别管辖解决的是各级人民法院之间在审判第一审刑事案件上的权限划分问题。我国是根据案件的性质、罪行的轻重和可能判处的刑罚、涉及面和对社会影响的大小，以及各级人民法院的工作职责来划分级别管辖。同时考虑到不同级别法院的人员素质、审判业务能力及审判水平可能存在的差异。

刑事诉讼法对各级人民法院管辖的第一审刑事案件，作出了明确的规定：

1. 基层人民法院管辖的第一审刑事案件

《刑事诉讼法》第20条规定："基层人民法院管辖第一审普通刑事案件，但是依照本法由上级人民法院管辖的除外。"可见，基层人民法院是普通刑事案件第一审的基本审级，其只能管辖普通刑事案件。在刑事诉讼中，普通刑事案件占刑事案件的绝大部分，因此这也决定了绝大多数刑事案件实际上是以基层人民法院作为基本审理单位。基层人民法院分布范围较广，数量多，最接近犯罪地，也最接近人民群众。由基层人民法院对大多数刑事案件进行审判，便于及时、准确查明案情，也便于诉讼参与人参加诉讼，同时有利于人民群众参与案件的旁听，充分发挥审判的说明教育作用。

2. 中级人民法院管辖的第一审刑事案件

《刑事诉讼法》第21条规定："中级人民法院管辖下列第一审刑事案件：（一）危害国家安全、恐怖活动案件；（二）可能判处无期徒刑、死刑的案件。"

将这两类案件交由中级人民法院初审，是由案件本身的特点等方面决定的。危害国家安全案件，属于性质严重、对国家危害极大的案件；恐怖活动犯罪，往往牵涉人员众多、案情复杂、涉及面广。这两类案件本身性质较为严重，对社会影响较大，中级人民法院拥有更多法律、政策水平更高，业务能力更强的司法工作人员，由中级人民法院作为这两类案件的初审法院，更加有利于准确查明案情，保证案件的正确处理，实现司法公正。"可能判处无期徒刑、死刑的案件"，是指在司法实践中，人民检察院对侦查终结的案件进行审查后，认为涉案犯罪嫌疑人的犯罪事实已经查清，证据确实、充分，并可能判处无期徒刑、死刑的，应当向中级人民法院提起公诉。中级人民法院在受理后，认为不够判处无期徒刑、死刑而应判处其他刑罚或者应作其他处理时，也不能再将案件交由基层人民法院审理，而应继续由中级人民法院审理，以便及时查明案情。

需要注意的是，立法上对中级人民法院管辖的案件范围进行规定，并不表明这两类案件必须且只能由中级人民法院作为初审法院，而是指这两类案件最低应由中级人民法院进行第一审，但是并不排除高级人民法院、最高人民法院对这两类案件进行第一审的情形。

3. 高级人民法院管辖的第一审刑事案件

《刑事诉讼法》第22条规定："高级人民法院管辖的第一审刑事案件，是全省（自治区、直辖市）性的重大刑事案件。"

高级人民法院作为一个省（自治区、直辖市）的最高一级的审判机关，法律赋予较为繁重的任务，主要是：审判对中级人民法院判决的上诉、抗诉案件，核准死刑缓期2年执行的案件，监督全省（自治区、直辖市）的下级人民法院的审判工作，等等。因此，不宜将过多的刑事案件交给高级人民法院管辖。而且，高级人民法院管辖第一审刑事案件的多少，又将直接关系到最高人民法院第二审的负担。因此法律规定高级人民法院管辖数量较少的全省（自治区、直辖市）性的重大刑事案件，既可以保证这类案件得到公正及时的处理，又有利于其充分行使自己的职权，用更多的力量对全省（自治区、直辖市）法院的审判工作进行指导、监督。

4. 最高人民法院管辖的第一审刑事案件

《刑事诉讼法》第 23 条规定："最高人民法院管辖的第一审刑事案件，是全国性的重大刑事案件。"

最高人民法院是全国的最高审判机关，除核准死刑之外，由最高人民法院审理的第一审刑事案件，是在全国范围内有重大影响，性质、情节都非常严重的重大刑事案件。司法实践中，由最高人民法院直接审判的第一审刑事案件是非常有限的。这有助于最高人民法院集中力量对全国人民法院的审判工作进行指导、监督，同时也是防止因最高人民法院作为第一审法院而导致无法上诉、抗诉等情形的出现。

上述是刑事诉讼法对各级人民法院第一审刑事案件管辖范围所作出的规定，各级人民法院必须严格遵照。但是，为适应刑事审判实践中的特殊情况，刑事诉讼法及相关司法解释等对级别管辖作出一定的灵活性规定。《刑事诉讼法》第 24 条规定："上级人民法院在必要的时候，可以审判下级人民法院管辖的第一审刑事案件；下级人民法院认为案情重大、复杂需要由上级人民法院审判的第一审刑事案件，可以请求移送上一级人民法院审判。"对此，应当从以下几个方面把握：

第一，上级人民法院可以依职权自行决定审判下级人民法院管辖的第一审刑事案件，但须以"在必要的时候"为前提条件，对个别案件适用。

第二，根据《刑诉解释》的规定，上级人民法院决定审判下级人民法院管辖的第一审刑事案件，应当向下级人民法院下达改变管辖决定书，并书面通知同级人民检察院。

第三，根据《刑诉解释》的规定，人民检察院认为可能判处无期徒刑、死刑而向中级人民法院提起公诉的普通刑事案件，中级人民法院受理后，认为不需要判处无期徒刑以上刑罚的，应当依法审判，不再交由基层人民法院审判。

第四，根据《刑诉解释》的规定，基层人民法院对可能判处无期徒刑、死刑的第一审刑事案件，应当移送中级人民法院审判。基层人民法院对下列第一审刑事案件，可以请求移送中级人民法院审判：（1）重大、复杂案件；（2）新类型的疑难案件；（3）在法律适用上具有普遍指导意义的案件。需要将案件移送中级人民法院审判的，应当在报请院长决定后，至迟于案件审理期限届满 15 日前书面请求移送。中级人民法院应当在接到申请后 10 日内作出决定。不同意移送的，应当下达不同意移送决定书，由申请移送的人民法院依法审判；同意移送的，应当下达同意移送决定书，并书面通知同级人民检察院。

第五，根据《刑诉解释》的规定，一人犯数罪、共同犯罪和其他需要并案审理的案件，只要其中一人或者一罪属于上级人民法院管辖的，全案由上级人民法院管辖。

实践中关于级别管辖中的管辖权转移问题存在争论。上下级法院之间的关系是一种监督关系。这种监督主要通过审级制度的存在来实现，如通过二审程序、审判监督程序、死刑复核程序、裁量减轻刑罚的核准程序等来实现。[1] 人民法院依法独立行使审判权也包含着上下级法院之间各自依职权独立进行，对于下级法院正在审理的案件，并不需要也不应在判决之前报送上

---

① 参见樊崇义主编：《刑事诉讼法学》，中国政法大学出版社 2002 年版，第 57 页。

级人民法院审查取得指示；上级法院也不能就下级法院正在审理的案件如何定性处理拍板定夺，否则就会使正常的审级制度、法定的监督程序流于形式。从理论上看，在奉行不告不理的刑事诉讼理论中，法院作为消极的裁判者，要维持其中立的角色形象，其了解案件情况的唯一途径就是检察机关向其提起诉讼，除此之外法院就没有其他途径，也不能通过其他途径来了解相关的案件情况。如果说检察机关是向基层（下级）人民法院提起公诉，在一审判决之后，被告上诉或检察机关抗诉之前，中级（上级）人民法院就不可能，也不能了解案件的任何情况，无论是实体的，还是程序的。也只有在被告上诉或检察机关抗诉之后，中级（上级）人民法院才能从上诉书或抗诉书，以及基层（下级）人民法院移送的案卷材料中了解案件的实体情况和刑事诉讼的程序情况。那么此前中级（上级）人民法院是根据什么来认定是否属于"必要的时候"，从而主动地将基层（下级）人民法院管辖的案件呢？

在刑事诉讼的实践中，中级（上级）人民法院除了通过被告的上诉和检察院的抗诉之外，甚至在一审程序开始之前就有其他的了解案情的途径，这种途径却并不在刑事诉讼的正常程序之内，属于一种"隐形程序"，典型如案件请示制度。虽说在我国由立法机关制定的法律中对于案件请示制度并无明文规定，但这一制度在实践中却由来已久，并已固化为法院的一种办案方式。从法理合理性出发，案件请示制度明显违背依法独立行使审判权、直接审理等基本的现代司法逻辑和原理，存在着侵犯当事人诉讼权、导致诉讼效率低下等缺陷。《刑事诉讼法》第24条规定虽未明确案件请示制度的合法性地位，但却以一种结果性的规定暗示了案件请示制度在刑事诉讼程序中的合法性，从而将上下级法院之间的监督关系变为一种领导关系，使得司法程序异化为一种行政程序，从而将与案件的管辖有着利害关系的诉讼当事人排除在程序之外，其弊不言而喻。虽说实践中大多数的案件请示涉及的都是案件的实体问题，但正因为对这些实体问题的请示，才导致了中级（上级）人民法院获得了了解案情的途径，导致了中级（上级）人民法院认为在"必要"的时候可以审判下级法院管辖的第一审刑事案件。因此，实践中存在的"内部请示""上定下审"的做法应当予以纠正已经成为学者的共识。[①]如果没有了这些"隐形程序"，那么中级（上级）人民法院也就失去了其判断有无"必要"的可能。

（二）地区管辖

地区管辖是指同级人民法院之间在审理第一审刑事案件上的权限划分。级别管辖是从纵向上解决刑事案件由哪一级人民法院管辖的问题，而地区管辖则是从横向上解决案件的管辖问题，是在明确案件级别管辖的基础上，进一步确定案件由同级别法院中的哪一个法院进行管辖。从犯罪地法院更接近案件的相关证据、便于证人出庭作证及诉讼参与人参加诉讼的角度考虑，各国普遍规定被告人犯罪地法院对刑事案件有管辖权。我国刑事诉讼法确立了地区管辖的两大原则，即以犯罪地人民法院管辖为主、被告人居住地人民法院管辖为辅和以最初受理的人民法院审判为主、主要犯罪地人民法院审判为辅。

1. 以犯罪地人民法院管辖为主，被告人居住地人民法院管辖为辅

《刑事诉讼法》第25条规定："刑事案件由犯罪地的人民法院管辖。如果由被告人居住地的人民法院审判更为适宜的，可以由被告人居住地的人民法院管辖。"这个规定表明，在确定刑事案件的地区管辖时，首先要考虑的是刑事案件的犯罪地人民法院，只有在被告人居住地的人民法院管辖更为适宜的情况下，才可以由被告人居住地的人民法院管辖。

---

① 参见樊崇义主编：《刑事诉讼法学》，中国政法大学出版社2002年版，第57页。

刑事案件原则上由犯罪地的人民法院管辖，这里所说的犯罪地，包括犯罪行为发生地和犯罪结果发生地。具体而言，主要包括犯罪预备地、犯罪行为实施地、犯罪结果发生地以及销赃地等，不作为犯罪的犯罪地是行为人应当作为的地方或结果地。根据《刑诉解释》的规定，针对或利用计算机网络实施的犯罪，犯罪地包括犯罪行为发生地的网络服务器所在地，网络接入地，网站建立者、管理者所在地，被侵害的计算机信息系统及其管理者所在地，被告人、被害人使用的计算机信息系统所在地，以及被害人财产遭受损失地。刑事案件由犯罪地人民法院管辖，主要出于以下几个方面的考虑：（1）犯罪地往往集中了案件的主要证据，由该地法院管辖，有利于对证据的调查核实；（2）犯罪地往往集中了较多的诉讼参与人，由该地法院管辖，便于诉讼参与人及时参与诉讼，提高诉讼效率；（3）被告人的犯罪行为不可避免给犯罪地造成一定的社会影响，由该地法院进行管辖，可以达到法治宣传教育的效果，有利于平息民愤，预防犯罪。

被告人居住地人民法院管辖为辅，是指案件由被告人居住地的人民法院进行审判更为适宜的，由该地人民法院管辖。由被告人居住地的人民法院管辖更为适宜的情况，主要是指：（1）被告人流窜作案、犯罪地不明或者难以确定，而其居住地的群众更多地了解案件情况，或者由被告人居住地的侦查机关进行和完成侦查活动或以其为主完成侦查活动；（2）被告人在居住地引起极大民愤，当地群众要求在当地审判，此时由被告人居住地法院审判，能更为有效地平息民愤，发挥法治宣传或者教育作用；（3）由被告人居住地法院审判，便于执行判决，有利于教育、改造罪犯。根据《刑诉解释》的规定："被告人的户籍地为其居住地。经常居住地与户籍地不一致的，经常居住地为其居住地。经常居住地为被告人被追诉前已连续居住一年以上的地方，但住院就医的除外。被告单位登记的住所地为其居住地。主要营业地或者主要办事机构所在地与登记的住所地不一致的，主要营业地或者主要办事机构所在地为其居住地。"

2. 以最初受理的人民法院审判为主，主要犯罪地人民法院审判为辅

《刑事诉讼法》第26条规定："几个同级人民法院都有权管辖的案件，由最初受理的人民法院审判。在必要的时候，可以移送主要犯罪地的人民法院审判。"在司法实践中，如果一个犯罪涉及多个地点，按照犯罪地法院管辖的原则，多个犯罪地的法院都有管辖权。依照被告人居住地也可能存在多个人民法院都有管辖权的情况。遇到这种情况，原则上由最初受理的人民法院审判。这是因为最初受理的人民法院对案件已经作了一定程度的理解，由其进行审判，有利于案件得到及时处理。只有在必要的时候，才将案件交由主要犯罪地人民法院管辖。"主要犯罪地"是指最严重或影响最大的犯罪或犯罪情节所在地。如果由该地人民法院审判更有利于核实证据材料、查明案件事实、准确处理案件的，或者便于对群众进行法治宣传教育的，则由该地法院进行审判。

近年来，随着社会的发展，新型案件的出现和传统案件的新特点，如跨国境、跨地区实施犯罪，犯罪行为与结果的分离，网络空间的全球化、虚拟化造成的网络犯罪无国界性等，对地区管辖的确定造成了一定的影响。归纳总结起来，主要体现在以下几个方面：第一，对犯罪地的理解存在偏差，犯罪地作广义或狭义理解尚有争议，有关地点是否属于犯罪地观点不一，以致各专门机关对是否拥有管辖权存在不同认识。第二，单纯的被害人所在地并不是刑事诉讼法确立的有权管辖地。被害人对未曾谋面且往往跨区域作案的犯罪嫌疑人身在何处无从得知，因此往往陷于告状无门的困境。第三，新型案件或新型犯罪手段、反侦查手段的出现，导致犯罪地确定困难或无法确定，适用传统犯罪地原则确定地区管辖受到限制。第四，侦查阶段地区管辖比照审判地区管辖确立，由于不同机关、不同诉讼阶段对地区管辖的标准可能存在理解偏

差，容易在侦查、起诉和审判机关中产生分歧，影响诉讼顺利进行和诉讼效率实现。第五，法律未赋予当事人管辖异议权，当事人缺少对专门机关确定地区管辖的制约，合法权益保护缺失必要的救济途径。第六，指定管辖的适用范围和条件过于宽泛，又缺少必要的程序制约，适用过程中的随意性恐怕难以避免。第七，立法未对无管辖权而予以管辖案件的效力和后续程序作任何规定，诉讼程序中缺少解决无权管辖的配套机制，不能适应案件处理和诉讼运行的实际需要。[①]

（三）指定管辖

指定管辖是指当刑事案件的管辖不明或者有管辖权的法院不宜行使管辖权时，由上级人民法院以指定的方式确定案件的管辖。《刑事诉讼法》第27条规定："上级人民法院可以指定下级人民法院审判管辖不明的案件，也可以指定下级人民法院将案件移送其他人民法院审判。"由此可知，指定管辖一般适用于以下两类情况：

1. 地区管辖不明的刑事案件，由上级人民法院以指定的方式确定案件的管辖权

例如，刑事案件发生在两个或者两个以上地区的交界处，而两个或者多个法院管辖的范围的行政区划并没有确切的界限划分，犯罪地属于哪个人民法院管辖的地区不明确。那么，在该种情况下，则应由争议各方在审限内协商解决管辖权争议问题；协商不成的，则由争议的人民法院分别逐级上报共同的上级人民法院指定管辖。

2. 由上一级人民法院以指定的方式改变管辖权

司法实践中，有时会出现原本有管辖权的法院不宜行使审判权的情形。例如，本院院长需要回避，因案件在该法院审判受到严重干扰导致审判权不能正常行使等。在这种情况下，可以请求上一级人民法院管辖；上一级人民法院也可以指定与提出请求的人民法院同级的其他人民法院管辖。《刑诉解释》规定："上级人民法院指定管辖，应当将指定管辖决定书分别送达被指定管辖的人民法院和其他有关的人民法院。""原受理案件的人民法院在收到上级人民法院改变管辖决定书、同意移送决定书或者指定其他人民法院管辖的决定书后，对公诉案件，应当书面通知同级人民检察院，并将案卷材料退回，同时书面通知当事人；对自诉案件，应当将案卷材料移送被指定管辖的人民法院，并书面通知当事人。"

刑事诉讼指定管辖是对法定管辖的有益补充，在一定程度上对法定管辖起着"矫正"作用。但是，指定管辖制度在司法实践中存在着比如指定管辖的程序不够规范，立法上对其启动理由、决定主体以及被指定单位的确定标准等规定得不够清晰，客观上造成了指定管辖的滥用；指定管辖立法模式存在偏差，侦查、批捕、公诉环节的指定管辖定位不明，与审判管辖关系不清，衔接上存在较大困难；指定管辖一定程度上存在对当事人权利保障不足等问题。

（1）启动理由模糊。纵观我国刑事诉讼中关于指定管辖的规定，要么对指定管辖的启动缘由语焉不详，要么仅用十分模糊的字眼提及，如"情况特殊""需要改变管辖""必要时"等，赋予上级机关过大的指定管辖自由裁量权。其一，侦查环节的指定管辖。《公安机关办理刑事案件程序规定》第22条规定了上级公安机关可以指定管辖的三种情形，包括：管辖不明确且协商不成的案件、管辖有争议且协商不成的案件及情况特殊的案件。在第三种情形中，何谓"情况特殊"，具有较强的主观性，正如学界所担忧的，如果不加以限制，任何情况均可能演变成"特殊情况"。其二，检察环节的指定管辖。相较2012年《人民检察院刑事诉讼规则》

---

① 参见李新权：《论我国刑事诉讼地区管辖的完善——评析"我国刑事诉讼法地区管辖"条款》，载《中国人民公安大学学报（社会科学版）》2012年第1期。

（以下简称《刑诉规则》）而言，2019 年《刑诉规则》具有进步意义，详细列举了四种指定管辖的启动理由。但新规则对其"需要改变管辖"的案件未给出进一步解释，导致检察环节的指定管辖有一定随意性。其三，审判环节的指定管辖。刑事诉讼法和《刑诉解释》规定了三种启动理由：管辖不明的；管辖有争议、协商不成的；必要时。第三种启动理由过于宽泛，何谓"必要时"过于主观。除了《刑诉解释》第 18 条规定的"涉及本院院长回避"的情形可以解释为"必要时"，其他情形属于上级法院自由裁量的范围，存在一定的随意性。

（2）决定主体不清。根据立法规定，公、检、法机关的指定管辖分别由上级公安机关、检察院、法院决定。立法上看似已对指定管辖的主体作出了明确规定，但在实践中却出现了认识上的分歧。例如，公安部、公安厅、公安局等具有独立执法主体地位的机关，当然能解释为上级机关。但它们的一些内设部门，如经侦局、刑侦局等是否能解释为上级机关，存在争议。又如，最高人民检察院、省人民检察院、市人民检察院当然是基层检察院的上级机关，但其内设的捕诉部门能否以自己名义发布指定管辖决定，实务中做法不一。再如，最高人民法院、高级人民法院、中级人民法院当然可以解释为上级人民法院，但其下属的刑事审判庭，以自己名义作出的指定管辖决定合法性存疑。关于这些争议，立法上并未回应，无法明确上级机关是否包括上级机关的有关部门，导致实践中指定管辖的启动主体较为混乱。

（3）被指定单位缺乏明确标准。由于缺乏统一、明确的指定标准，上级机关在确定被指定单位时带有很大的主观性，实践中选取被指定单位的标准也是无章可循。此外，还有的上级机关将被指定单位的经济利益作为考虑因素，把追缴款物的返还情况作为是否指定的考量。

（4）指定时机在实践中尚未统一。如在侦查环节的指定管辖，有的公安机关认为，必须在案件立案侦查后，才能指定侦查管辖；而有的公安机关则认为，只要存在犯罪事实，即使尚未立案侦查，也可以报请上级机关指定管辖。此外，有的案件在决定侦查指定管辖后，上级公安机关就立即向同级检察机关和审判机关协商指定管辖；而有的案件则是在被指定单位侦查终结之后，向检察机关移送起诉之前才向人民检察院协商指定管辖。实践中还出现案件二审环节才决定指定管辖的情况。

（5）重复指定管辖合法性存疑。在司法实践中，出现对同一诉讼阶段、同一刑事案件进行重复指定的情况。对此，实务界有观点认为，法律并未限制指定管辖次数，不必框得太紧，针对管辖错误或者案件发生新情况等情形，可以允许重复指定管辖；而理论界主要持反对意见，认为指定管辖应当以一次为宜，原因在于重复指定管辖有损管辖制度的严肃性和"法定法官原则"，无论是从诉讼效率还是从公正审判或保障当事人诉讼权利的角度来看，都是不利的。[①]

（6）当事人权利保障不足。一方面，未赋予当事人指定管辖申请权。目前，在我国回避制度仅适用于个人，不能施加于单位，指定管辖发挥着"集体回避"的功能，且当事人对回避原因最为熟知，赋予其指定管辖申请权十分必要。指定管辖申请权属于当事人的诉讼权利的一部分，赋予指定管辖申请权，是保障其程序性权利的必然选择。赋予当事人对指定管辖的申请权，有利于推动指定管辖的司法化，使得当事人不再只是被动接受，而是主动参与。另一方面，当事人指定管辖异议权缺乏保障。在法律规范中，对当事人的管辖异议权已有提及。《刑诉解释》第 228 条规定，审判人员可以通过召开庭前会议的方式向控辩双方了解情况，听取意见。其中，第一种情况就是了解当事人对案件管辖是否存在异议。但是，《刑诉解释》并

---

① 参见李和仁、王军、熊秋红：《同一刑事案件能否多次指定管辖》，载《人民检察》2006 年第 1 期。

未明确管辖异议权的具体行权方式以及相应的救济措施。

（7）公、检、法机关衔接不畅。其一，公安机关与检察机关间衔接不畅。通常表现为被指定公安机关在移送同级检察机关批准逮捕、审查起诉时，检察机关认为被指定的公安机关无管辖权，因此退回公安机关。其二，检察机关和审判机关间衔接不畅。表现为被指定检察机关向同级人民法院起诉时，同级法院以对该案无管辖权为由拒绝受理，退回检察机关。其三，侦查指定管辖的预决效果，虚置了后续阶段的指定管辖。实践中，即使对案件管辖存在异议，但出于检法关系等多种因素的考虑，法院不便再改变管辖，而是被动地接受这一既成事实，这也是指定侦查管辖与指定审判管辖通常是在同一辖区的主要原因。①

【实务问题探讨】从目前监察司法实践来看，重大职务犯罪案件指定管辖存在指定管辖缺乏操作规范、难以确定何种级别的案件应当指定异地管辖、有的司法机关出于政绩或者利益考虑而主动争取指定管辖案件等问题，除此之外还存在如下问题。

一是监察机关的指定调查影响甚至决定了后续的司法管辖。在监察司法实践中，对重大职务犯罪的查处都是从监察机关的调查活动开始的，而监察机关的调查活动往往需要上级监察机关联合下级监察机关或者指定某个下级监察机关来开展，下级监察机关调查结束后往往就直接移送同级检察机关起诉，因而监察机关的指定调查管辖对后续的审查起诉和审判往往产生预决作用。监察机关的指定调查管辖事先并不需要与检察机关、人民法院进行协商，这就导致了重大职务犯罪案件的司法管辖主要由监察机关决定的现象，或者引发后续司法管辖权争议方面的问题。此外，有的监察机关在指定调查管辖之后，就邀请当地的检察机关办案部门提前介入调查活动，进行证据收集指引、证据审查等，这就会影响后续的司法管辖，出现"先定后商"的现象。

二是指定管辖与法定的级别管辖标准存在一定的冲突。从目前的监察司法实践来看，一般情况下，职级越高的官员犯罪，其涉嫌贪污受贿犯罪的数额就越大，审判管辖的级别越高。但是，司法实践的情况十分复杂，也有一些职级较高的官员涉嫌犯罪的数额并不大，即"高官小贪"型案件，按照法律的规定应由基层人民法院审判管辖。在司法实践中，有的地方明确规定，厅局级以上领导干部涉嫌的职务犯罪案件应当由中级人民法院管辖；有的地方虽然没有明确规定，但往往也认为厅局级以上官员涉嫌的所有职务犯罪案件都是在本地区具有重大影响的案件，属于重大职务犯罪案件，都指定市级人民检察院审查起诉、中级人民法院审判管辖，从而出现指定管辖与法定级别管辖标准不一致的现象。

三是协商指定管辖耗时较长、效率不够高。从监察司法实践来看，监察机关调查的案件需要指定异地审查起诉和审判时，在调查终结后，需要报其上级监察机关与同级检察机关、法院协商指定管辖事宜。一般情况下，上级监察机关与其对应的检察机关、法院进行协商指定管辖耗时较长、效率不够高，尤其是上级监

① 参见徐长龙：《刑事管辖制度的反思与重构——以指定管辖为视角的分析》，载《福建法学》2015 年第3 期。

察机关与检察机关、法院的意见不一致时，协商办理指定管辖的时间会更长，甚至长达一两个月。重大职务犯罪案件一般取证量很大、取证困难，有的还需要外地协助调查甚至寻求国际司法协助，在留置期限没有弹性空间的情况下，6个月的办案期限本来就十分紧张，如果协商管辖再耗时过长，就会严重压缩办案的时间，影响办案质量，甚至有的案件在留置期限届满时尚未办理完指定管辖手续，导致案件无法移送起诉。为了应对这种情况，有的地方监察机关在犯罪事实尚未调查清楚，甚至主要犯罪地等影响案件管辖的重要因素尚未查明的情况下，就报请协商指定管辖，此种情况下检察机关、法院无法作出指定管辖决定。

四是互涉案件存在重复商请指定管辖的问题。对于互涉案件"一般应当"由监察机关为主调查，其他机关予以协助，但在实践中监察机关和公安机关、人民检察院分别立案调查、立案侦查的情况也大量存在。由于立案调查、立案侦查分别查办的案件复杂程度不一、调查和侦查的主体不同、适用的程序不同等原因，案件调查终结、侦查终结的时间往往也不同步，而商请人民检察院、人民法院指定审查起诉管辖和审判管辖时，需要监察机关和公安机关分别商请人民检察院、人民法院，从而导致重复商请指定管辖的问题，降低了办案的效率，甚至会出现由于信息沟通不畅，同一被告人的不同罪名被指定不同地方司法机关办理的情况。

五是重大职务犯罪案件与关联犯罪案件办理程序不同步而出现事实认定不一致等问题。实践中，一些重大职务犯罪案件往往涉及行贿犯罪、介绍贿赂犯罪或者共同职务犯罪等关联犯罪案件。由于关联犯罪案件在犯罪事实和证据等方面与作为主罪的重大职务犯罪案件存在一定的交叉，根据诉讼便利原则，关联犯罪案件与主罪案件并案管辖更有利于提高办案效率。但在监察司法实践中，基于分级负责的原则，主罪案件与关联犯罪案件往往分案处理，分别由监察机关和公安机关立案调查和立案侦查。这样不仅会导致重复协商指定管辖的问题，而且会由于办案程序不同步而导致案件事实认定不一致、影响主罪量刑等问题。[①]

第二节　回　避

刑事诉讼中的回避，是指侦查人员、检察人员、审判人员、鉴定人、书记员以及翻译人员等同案件或案件的当事人有利害关系或者其他可能影响案件公正处理的特殊关系，不得参与该案诉讼活动的一项诉讼制度。

回避制度是公正审判的保障。回避制度最初起源于"自然正义"原则，即要求任何人不得担任自己为当事人的案件的法官，其目的是确保裁判者保持中立地位，使当事人受到公正的对待，确保被告人获得公正审判的机会。实行回避制度的根本目的是保障客观、公正地处理案件，防止先入为主或徇私舞弊，保证诉讼的公正性。

---

① 参见邓思清：《我国重大职务犯罪案件指定管辖制度研究》，载《政治与法律》2022年第6期。

一、回避的种类

在诉讼法学理上，回避因不同的标准具有多种分类方法，包括有因回避和无因回避，自行回避、申请回避和指令回避，个人回避和集体回避等。根据刑事诉讼法及相关司法解释的规定，我国刑事诉讼中的回避分为自行回避、申请回避以及指令回避。

（一）自行回避

自行回避，是指审判人员、检察人员、侦查人员等在诉讼过程中遇有法定应当回避的情形时，自行主动要求退出诉讼活动的诉讼行为。审判人员、检察人员、侦查人员熟知回避事由，在符合回避情形时应主动提出不承担该案有关诉讼任务，通过职业自律和自我约束意识，消除可能导致案件不公正处理的可能性。

（二）申请回避

申请回避，是指案件当事人及其法定代理人、辩护人、诉讼代理人认为审判人员、检察人员、侦查人员等符合法定应当回避情形，向他们所在机关依法提出申请，要求退出诉讼活动的诉讼行为。申请回避是当事人等诉讼参与人的一项重要诉讼权利，公安司法机关有义务保障诉讼参与人充分有效行使此项权利。

（三）指令回避

指令回避，是指审判人员、检察人员、侦查人员等符合法定应当回避情形而没有自行回避，当事人及其法定代理人、辩护人、诉讼代理人也没有申请其回避，法院、检察机关、公安机关等法定组织或者负责人有权作出决定，命令其退出诉讼活动的诉讼行为。指令回避是对自行回避、申请回避的重要补充，防止因未行使自行回避、申请回避权而导致案件不公正处理。

二、回避的人员范围

我国回避制度适用的人员范围比较宽，从侦查、起诉、审判到执行的各个诉讼阶段，只要办案人员符合法定回避情形，都属于应当回避的对象。适用回避的人员总共有六种，包括审判人员、检察人员、侦查人员、书记员、翻译人员和鉴定人。《刑诉规则》第37条、《公安机关办理刑事案件程序规定》第40条将司法警察、记录人列入回避的适用范围。

（一）审判人员

凡是参与案件审理、讨论决定的法院的办案人员都有可能对案件结果产生实质影响，均属于回避的对象。因此，此处审判人员应作广义理解，既包括直接承办案件的审判员、助理审判员和人民陪审员，也包括有权参与案件讨论、决定的人民法院院长、副院长、审判委员会委员、庭长、副庭长。

（二）检察人员

检察人员应作广义理解，包括检察长、副检察长、检察委员会委员、检察员和助理检察员。

（三）侦查人员

侦查人员应作广义理解，包括直接负责侦查本案的侦查人员、侦查部门负责人和侦查机关负责人。

（四）书记员

书记员包括起诉阶段、审判阶段担任记录工作的人员。人民检察院、人民法院分别配备有书记员。检察机关的书记员参与起诉、审判两个阶段的活动，在审判阶段随同公诉人员出席法庭担任记录工作。

（五）翻译人员

翻译人员包括在任何诉讼阶段中受聘请或指派承担语言、文字或者手势翻译工作的人员。

（六）鉴定人

鉴定人包括在任何诉讼阶段中受聘请或指派进行鉴定工作的人员。

（七）司法警察

司法警察又称为"法警"，根据人民法院组织法和人民检察院组织法分别配置在人民法院和人民检察院，执行押解、警戒、强制执行以及维护法庭秩序等任务。司法警察并非刑事诉讼主体，但《刑诉规则》第37条将司法警察纳入了回避的适用范围。

（八）记录人

记录人，是指在侦查过程中承担记录讯问笔录、询问笔录等侦查活动笔录的人员。《公安机关办理刑事案件程序规定》第40条规定，记录人也适用有关回避的规定。

【实务问题探讨】刑事诉讼法及最高人民检察院司法解释并未将检察委员会列入回避范围。实践中，担任检察委员会委员的首要条件必须是检察官，因此检察委员会委员实行回避是理所当然的。随着司法进程的进一步加快，检察委员会与检察官办案责任制之间的矛盾冲突日益显现，检察委员会制度的配套化改革也逐渐提上议事日程，如何完善检察委员会委员回避制度，保证检察官依法独立公正行使检察权具有重要的现实意义。

检察委员会是我国独创的检察机关内部决策机构，但是参与讨论、决定重大疑难案件的检察委员会委员的回避制度一直没有法律明文规定，这给案件的公正审理带来一些不利的影响。检察委员会虽然不直接参与案件的侦查、批捕、起诉，但对案件处理的讨论决定检察官却必须执行。基层检察院检察委员会在运行中绝大多数并没有回避规定，仅仅依靠委员的自律，有的检察院虽然进行了尝试，但其规定的操作性也不强。一方面，由于检察委员会制度具有内部保密性，当事人和法定代理人很难得知案件是否进入检察委员会讨论，也无从知道检察委员会会议召开的时间以及检察委员会委员的名单。另一方面，实践中检察委员会运行的不规范影响了回避制度的实施，很多案件从提交到开会讨论用时很短，当事人即使得知案件信息，也来不及申请回避。在回避制度中实行"谁主张谁举证"的诉讼规则也降低了检察委员会回避制度的适用性，当事人在举证上具有很大的难度。[①]

学界据此提出完善检察委员会委员回避制度的程序规范：其一，建立会前告

---

① 参见孙海霞、李德勇：《浅议检察委员会委员回避制度的完善》，载《中国检察官》2017年第19期。

知程序是回避制度实行的前提，承办检察官应将检察委员会开会的时间、出席和列席的人员信息、要讨论的案号、案由、当事人姓名等予以公告，并用书面形式告知当事人或者向当事人发放《回避告知卡》，告知其相应的回避权利和申请渠道，当事人可以据此申请检察委员会委员回避。同时规范检察委员会议事规则，告知的期限应为开会前三天，方便当事人申请回避。其二，回避的启动可有三种方式，即委员自行回避、当事人申请和决定回避。在召开检察委员会会议前，检察委员会秘书应制作《回避登记卡》，并将其发放到各检察委员会委员手中，《回避登记卡》上有案件当事人的基本情况，重点审查检察委员会成员与犯罪嫌疑人是否具有应当回避的情形。每一位委员应当签署是否回避确认书，并纳入检察委员会记录备案，以完善检察委员会委员回避制度的内部审查机制。当事人及其法定代理人可以向检察院申请检察委员会委员的回避，检察委员会委员的回避由检察长决定。如果检察长发现检察委员会委员有需要回避的情形，而其自己没有申请回避的，检察长可以决定回避。其三，在检察委员会讨论案件后，当事人提出的回避事由被确认有效时，被申请回避的检察委员会委员的意见不作为作出决定的依据。[①]

三、回避的适用情形

（一）是本案的当事人或者当事人的近亲属

本案的当事人，是指本案的犯罪嫌疑人、被告人、被害人、自诉人、附带民事诉讼的原告人与被告人。当事人的近亲属，是指上述当事人的夫、妻、父、母、子、女、同胞兄弟姊妹。如果办理案件的侦查人员、检察人员、审判人员等是本案当事人或者当事人的近亲属，由于与案件有直接或者间接关系，容易从维护自身利益出发，徇私舞弊、枉法裁判，以至于难以使各方当事人受到公正的对待，也难以对案件作出公正处理。此外，即使上述人员公正执法，未偏袒任何一方当事人，但只要他们与当事人存在上述关系，案件处理结果的公正性还是容易受到当事人以及社会公众的怀疑，影响司法公信力。

当前刑事诉讼中回避的近亲属范围仅限于是当事人的夫、妻、父、母、子、女、同胞兄弟姊妹，相较于民事诉讼和行政诉讼中规定的近亲属范围较小。在诉讼活动中，以上该回避的人员已回避，但仍旧存在所谓的远房亲戚、姻亲亲戚。在这些刑事诉讼法规定之外的亲属关系中，人的利己倾向仍然是存在的。即使司法人员具备较高的法律职业道德、较强的自我约束力，也极有可能将情感带入案件的审判，偏袒其中一方，使案件得不到公正的审判。最高人民法院对审判人员执行回避制度的近亲属范围作了扩大解释，包括与审判人员有夫妻关系，审判人员的直系血亲、三代以内旁系血亲以及近姻亲关系。

（二）本人或者他的近亲属与本案有利害关系

如果审判人员、检察人员、侦查人员等本人或者其近亲属与案件存在某种利害关系，如与案件当事人存在恋爱关系，在这种情形下，若由他们继续主持或参加诉讼活动，其有可能从个人私利角度出发而难以客观、公正处理案件。因此，法律明确规定具有此种关系的办案人员应

---

① 参见孙海霞、李德勇：《浅议检察委员会委员回避制度的完善》，载《中国检察官》2017 年第 19 期。

当回避。

实践中利害关系范围的界定过于模糊，留有较大的解释空间。之所以规定利害关系是为了防止案件的不利或不公正的结果出现，但却忽略了对利害关系范围的实质性规定。利害关系具有模糊性，在具体应用中需要法官行使自由裁量权，由于不同的法官对利害关系的范围界定不同，所作的决定也各不相同，不利于审判的公正性。

（三）担任过本案的证人、鉴定人、辩护人、诉讼代理人

证人具有不可替代性。如果办案人员事先已经知晓案件情况，就应当履行作证义务，优先成为该案的证人，不能再担任其他诉讼参与人，否则，不利于客观全面收集和审查证据，进而会影响对案件事实的正确认定。同样，公安司法人员如果曾担任过本案鉴定人、辩护人、诉讼代理人，很有可能对案件实体结果产生预断，若再从事该案的侦查、起诉或审判工作，也会影响案件的客观、公正处理。因此，公安司法人员遇有这些情形时应当回避。

（四）与本案当事人有其他关系，可能影响公正处理案件

社会生活十分复杂，法律不可能详尽列举公安司法人员与当事人之间可能存在的各种社会关系，所以，这里的"其他关系"是指审判人员、检察人员、侦查人员与本案当事人存有上述三种情形以外的可能影响案件公正处理的情形。例如，是当事人的好朋友、同学，与当事人有过私人恩怨等等。值得注意的是，这里的"其他关系"并不一定要回避，只有当这种特殊关系可能会影响公正处理案件时，司法办案人员才应当回避。

（五）审判人员、检察人员、侦查人员接受当事人及其委托的人的请客送礼，违反规定会见当事人及其委托的人

《刑事诉讼法》第30条规定："审判人员、检察人员、侦查人员不得接受当事人及其委托的人的请客送礼，不得违反规定会见当事人及其委托的人。审判人员、检察人员、侦查人员违反前款规定的……当事人及其法定代理人有权要求他们回避。"《刑诉解释》第28条进一步详细规定："审判人员具有下列情形之一的，当事人及其法定代理人有权申请其回避：（一）违反规定会见本案当事人、辩护人、诉讼代理人的；（二）为本案当事人推荐、介绍辩护人、诉讼代理人，或者为律师、其他人员介绍办理本案的；（三）索取、接受本案当事人及其委托的人的财物或者其他利益的；（四）接受本案当事人及其委托的人的宴请，或者参加由其支付费用的活动的；（五）向本案当事人及其委托的人借用款物的；（六）有其他不正当行为，可能影响公正审判的。"《公安机关办理刑事案件程序规定》第33条也作出类似规定。

（六）其他应当回避的理由

除上述理由外，还存在其他应当回避的情形。例如，《刑事诉讼法》第239条规定："原审人民法院对于发回重新审判的案件，应当另行组成合议庭，依照第一审程序进行审判。"第256条规定："人民法院按照审判监督程序重新审判的案件，由原审人民法院审理的，应当另行组成合议庭进行。"如果审判人员曾作为合议庭成员参与对某一案件的审判，而后同一案件因第二审程序或审判监督程序被发回同一法院重新审判，为防止预断，该审判人员不得再参与该案件的审理。《刑诉解释》第29条第2款规定："在一个审判程序中参与过本案审判工作的合议庭组成人员或者独任审判员，不得再参与本案其他程序的审判。但是，发回重新审判的案件，在第一审人民法院作出裁判后又进入第二审程序、在法定刑以下判处刑罚的复核程序或者死刑复核程序的，原第二审程序、在法定刑以下判处刑罚的复核程序或者死刑复核程序中的合议庭组成人员不受本款规定的限制。"《刑诉解释》第29条第1款规定："参与过本案调查、侦查、审查起诉工作的监察、侦查、检察人员，调至人民法院工作的，不得担任本案的审判人员。"《刑诉规则》第 35 条规定："参加过同一案件侦查的人员，不得承办该案的审查逮捕、审查起诉、出庭支持公诉和诉讼监督工作，但在审查起诉阶段参加自行补充侦查的人员除外。"这是因为，参与过前一诉讼阶段的司法工作人员对案件已经形成初步认识，为防止其先入为主，将在前一诉讼阶段产生的预断带入后一诉讼阶段，影响案件公正处理，应进行回避。

　　检察官法从对检察官从严要求的角度对任职回避作出规定，回应社会各界对检察官回避利益冲突、保持客观公正立场的呼声，有利于促进司法廉洁，提高检察机关司法公信力。主要包括两种情况：一是对于具有法律规定的亲属关系的人，不得同时担任同一检察院的检察长、副检察长、检察委员会委员；同一检察院的检察长、副检察长和检察员；同一业务部门的检察员；上下相邻两级检察院的检察长、副检察长。这主要考虑到，上下级检察院之间、检察院内部上下级之间，在人事、业务管理等方面是领导与被领导的关系，具有一定亲属关系的人利用此种领导与被领导的关系，可能会造成不利于公正办理案件和不利于检察官队伍建设的后果，故进行任职回避。二是检察官的配偶、父母、子女在其任职辖区内担任律师事务所的合伙人或设立人的，或以律师身份担任诉讼代理人、辩护人，或者为诉讼案件当事人提供其他有偿法律服务的，检察官应当实行任职回避。《检察官法》第 25 条"该检察官所任职人民检察院辖区"，是指该检察院管辖案件的地域范围，如对于最高人民检察院的检察官来说，辖区是全国范围。应注意，该条文仅限制检察官配偶、父母、子女"以律师身份"担任诉讼代理人、辩护人的情况，以监护人、亲友身份而依法担任的，不在此限。此外，该条还限制了检察官配偶、父母、子女"为诉讼案件当事人提供其他有偿法律服务"，这主要是为了防止相关人员刻意规避法律规定，让他人替自己出庭，而自己实际在幕后出谋划策、起草法律文书、提供有偿服务的情况。同时，只规定对"诉讼案件"实行检察官任职回避，意味着对于检察官配偶、父母、子女代理非诉讼案件则不受此限。

四、回避的程序

（一）回避权的告知

　　知情权是当事人的一项基本权利，是行使权利的前提和基础。当事人只有知晓自己的权利，才有可能行使该项权利。申请回避权是当事人及其法定代理人、辩护人、诉讼代理人的一项重要的诉讼权利。为保障当事人有效行使回避申请权，公安司法机关有义务在每个阶段主动、及时告知当事人、诉讼代理人和辩护人享有该项权利，不得以任何形式阻碍、限制或者剥夺申请回避权。

　　刑事诉讼法及相关司法解释明确规定了司法机关告知回避权的义务。具体而言，《刑事诉讼法》第 190 条规定，开庭的时候，审判长告知当事人有权对合议庭组成人员、书记员、公诉人、鉴定人和翻译人员申请回避；告知被告人享有辩护权利。《刑诉解释》第 31 条规定："人民法院应当依法告知当事人及其法定代理人有权申请回避，并告知其合议庭组成人员、独任审判员、法官助理、书记员等人员的名单。"《刑诉规则》第 26 条规定："人民检察院应当告知当事人及其法定代理人有依法申请回避的权利，并告知办理相关案件检察人员、书记员等人员的姓名、职务等有关情况。"《刑事诉讼法》第 187 条第 2 款规定："在开庭以前，审判人员可以召集公诉人、当事人和辩护人、诉讼代理人，对回避、出庭证人名单、非法证据排除等与审判相关的问题，了解情况，听取意见。"刑事诉讼法没有明确规定侦查阶段回避的告知程序。但从保障诉讼参与人合法权益的角度出发，侦查人员在侦查活动开始时，也应及时向犯罪嫌疑人、被害人等当事人及其法定代理人告知其享有申请回避权。

实践中，回避权的告知容易流于形式，导致这项权利形同虚设。侦查阶段侦查人员一般不会告知当事人有申请回避的权利；有些检察人员只发放诉讼权利义务告知书，将《刑事诉讼法》第29条的规定进行抄录，也有些检察人员不履行权利义务的告知责任；法官在履行告知义务时可能会使用不够通俗易懂的法言法语。

（二）回避申请的提出

根据刑事诉讼法及相关司法解释，回避分为自行回避、申请回避以及指令回避。自行回避和申请回避需要以口头或书面形式提出，指令回避则不需要提出申请，由法定组织或负责人依职权作出决定。属于回避人员范围内的司法工作人员自行回避的，可以口头或书面提出回避申请，并说明理由。口头提出申请的，应当记录在案。《刑诉规则》第25条规定："检察人员自行回避的，可以口头或者书面提出，并说明理由。口头提出的，应当记录在案。"《刑诉解释》第32条、《公安机关办理刑事案件程序规定》第34条也作出同样的规定。当事人及其法定代理、诉讼代理人和辩护人申请回避的，可以口头或书面提出，并说明理由。根据《刑事诉讼法》第29条提出回避申请的，应当提供证明材料。刑事诉讼法并没有限定审判人员、检察人员、侦查人员等办案人员自行回避提出的时间，也没有限定当事人及其法定代理人、辩护人、诉讼代理人申请回避的时间。因此，回避可以在刑事诉讼程序任何阶段提出，适用于刑事诉讼全过程。

有因回避是刑事诉讼实行回避的方式，控辩双方在提出回避申请时，必须提出申请的理由，通过提交的证据来证明行使国家侦查权、检察权、审判权职能的人员是否应当回避。由于当事人的文化程度不一，所掌握的法律知识有限，很难分辨出有利于自己的回避事由，导致申请回避的主体取证困难。

（三）回避的审查、决定与宣布

审判人员、检察人员、侦查人员等自行提出回避以及当事人及其法定代理人、诉讼代理人和辩护人申请回避的，需要由法定的组织和人员依据法律规定进行审查并作出是否回避的决定。无论是自行回避，还是申请回避，并非一经提出就一概同意更换办案人员。相关组织或个人需要对回避申请进行审查是否符合法定回避情形，然后作出决定。

不同司法办案人员的回避由不同的组织和人员进行审查、决定。《刑事诉讼法》第31条规定："审判人员、检察人员、侦查人员的回避，应当分别由院长、检察长、公安机关负责人决定；院长的回避，由本院审判委员会决定；检察长和公安机关负责人的回避，由同级人民检察院检察委员会决定。"有权决定回避的法定组织和个人在对自行回避、申请回避请求进行全面审查之后，发现确实存在刑事诉讼法规定的回避情形之一的，应当依法作出批准回避的决定；认为不具有法定应当回避情形的，应驳回申请。

《刑诉解释》第35条第1款规定："对当事人及其法定代理人提出的回避申请，人民法院可以口头或者书面作出决定，并将决定告知申请人。"无论是否同意回避，作出决定的个人或组织都应向申请回避的当事人或者法定代理人、辩护人、诉讼代理人宣布决定结果，不同意回避申请的，告知其有权申请复议。

（四）对驳回申请回避决定的复议

为保障当事人的合法权益，《刑事诉讼法》第31条第3款、第32条第2款规定，当事人及其法定代理人、辩护人、诉讼代理人在其提出属于法定理由的回避申请被驳回之后，有权向作出该决定的机构申请复议一次。有权对驳回申请回避决定进行复议的是原作出该决定的有关组织或个人。在复议决定作出之前，被申请回避的人员不停止进行有关的诉讼活动。这样，既能保障当事人申请回避的诉讼权利，又可以防止当事人滥用回避申请权拖延案件处理。但是，回避的决定主体是司法人员所在的原机关，这种自我审查、自我监督的复议制度不利于当事人的权利救济，申请人容易对决定的公正性产生怀疑。

《刑诉解释》第 35 条第 2 款规定：“当事人及其法定代理人申请回避被驳回的，可以在接到决定时申请复议一次。不属于刑事诉讼法第二十九条和第三十条规定情形的回避申请，由法庭当庭驳回，并不得申请复议。”《刑诉规则》第 32 条规定：“人民检察院作出驳回申请回避的决定后，应当告知当事人及其法定代理人如不服本决定，有权在收到驳回申请回避的决定书后五日以内向原决定机关申请复议一次。”《公安机关办理刑事案件程序规定》第 37 条第 1 款规定：“当事人及其法定代理人对驳回申请回避的决定不服的，可以在收到驳回申请回避决定书后五日以内向作出决定的公安机关申请复议。”

作出决定机关在收到复议申请之后，应在法定期限内作出决定，并将复议结果及时告知当事人及其法定代理人、辩护人、诉讼代理人。《刑诉规则》第 33 条规定，决定机关应在 3 日以内作出复议决定并书面通知申请人。《公安机关办理刑事案件程序规定》第 37 条第 2 款规定：“公安机关应当在收到复议申请后五日以内作出复议决定并书面通知申请人。”

（五）回避的法律效力

回避决定一经作出，立即发生法律效力，应当回避的公安司法人员应立即退出刑事诉讼活动。

在作出复议决定前，要求自行回避或者当事人申请回避的司法人员应停止进行本案的诉讼活动。需要注意的是，考虑到刑事侦查活动的紧迫性和联系性，为防止延误侦查，影响案件侦破，在对侦查人员的回避作出决定之前，侦查人员不能停止对案件的侦查。关于被决定回避人员在回避决定作出以前所取得的证据和所进行的诉讼活动是否有效，由作出回避决定的机关视案件情况决定。《刑诉规则》第 36 条规定：“被决定回避的检察长在回避决定作出以前所取得的证据和进行的诉讼行为是否有效，由检察委员会根据案件具体情况决定。被决定回避的其他检察人员在回避决定作出以前所取得的证据和进行的诉讼行为是否有效，由检察长根据案件具体情况决定。被决定回避的公安机关负责人在回避决定作出以前所进行的诉讼行为是否有效，由作出决定的人民检察院检察委员会根据案件具体情况决定。”《公安机关办理刑事案件程序规定》第 39 条规定：“被决定回避的公安机关负责人、侦查人员在回避决定作出以前所进行的诉讼活动是否有效，由作出决定的机关根据案件情况决定。”

在第一审程序中，审判人员具有法定回避情形之一却没有回避的，构成程序违法，诉讼行为归于无效。《刑事诉讼法》第 238 条规定，第二审人民法院发现第一审人民法院的审理违反回避制度的，应当裁定撤销原判，发回原审人民法院重新审判。

【实务问题探讨】现行相关回避立法中没有对整体回避作出明确规定，但是办案单位成为受害人等情形可能影响案件公正处理，在司法实务中，应如何把握法院整体回避情形？

法院整体回避虽尚未被我国立法直接肯定，但实务过程中以其作为司法事由变更管辖权的案件多有发生，基于兼顾刑事诉讼活动公正与效率有机统一的原则，法院整体回避作为变更管辖的重要事由，应当限定为法院审理的具体刑事案件存在涉及本单位内部人员或整体事务等事实或法律原因，可能影响案件公正审理的情形。司法实务中应重点注意以下几点。

第一，当事人一方或者刑事诉讼中的被告人是法院正副院长或其他决策人。这就导致法院的具体办案人员都可能因所在单位领导与案件的利害关系而影响案件公正办理。此类当事人与被告人所在单位对案件的审理应当整体回避。

第二，法院作为一方当事人参与诉讼，或者刑事案件的发生与本单位一定范围的工作人员有利害关系而对办案人员可能造成影响的。

第三，有其他明显可能严重影响法院公正审理案件的情形，比如案件需要提交本院审判委员会讨论，而本院的审判委员会委员可能因部分审判委员不宜参加而无法召开，或者存在导致整个审判委员会难以保持公正性的其他情形。

第三章　辩护与代理

第一节　辩　护

一、辩护、辩护权和辩护制度

辩护是指刑事案件的犯罪嫌疑人、被告人及其辩护人针对控诉方的指控而进行论证犯罪嫌疑人、被告人无罪、罪轻、减轻或免除罪责的反驳和辩解，以保护犯罪嫌疑人、被告人合法权益的诉讼活动。

辩护权是宪法和法律赋予犯罪嫌疑人、被告人针对指控进行反驳和辩解，以维护自己合法权益的一种诉讼权利，是犯罪嫌疑人、被告人在刑事诉讼中的基本权利。犯罪嫌疑人、被告人有权为自己辩护是现代刑事诉讼的基本特征。《宪法》第130条明确规定，被告人有权获得辩护。犯罪嫌疑人、被告人辩护权的行使不受非法限制：（1）辩护权作为犯罪嫌疑人、被告人的基本权利贯穿于整个刑事诉讼程序中，不受诉讼阶段的限制；（2）辩护权不受犯罪嫌疑人、被告人是否有罪以及罪行轻重的限制；（3）辩护权不受案件调查情况的限制，无论案件事实是否清楚，证据是否确实、充分，犯罪嫌疑人、被告人都依法享有辩护权；（4）辩护权不受犯罪嫌疑人、被告人认罪态度的限制，无论是否认罪、坦白，均不能作为限制其辩护权的理由；（5）辩护权的行使不受辩护理由的限制，无论犯罪嫌疑人、被告人是否具备充分、合理的辩护理由，均不影响其行使辩护权。

辩护制度是法律规定的关于辩护权、辩护种类、辩护方式、辩护人的范围、辩护人的责任、辩护人的权利与义务等一系列规则的总称，是犯罪嫌疑人、被告人有权获得辩护这一宪法原则在刑事诉讼中的体现和保障，是现代法治国家法律制度的重要组成部分。现代法治国家的刑事诉讼程序，承认犯罪嫌疑人、被告人作为诉讼主体享有防御权利，刑事诉讼法必须保障犯罪嫌疑人、被告人有排除国家机关对其不利的指控并进而影响诉讼进行方向的机会，辩护制度便是这种法治思想的产物。

辩护是辩护权的表现形式，犯罪嫌疑人、被告人及其辩护人通过各种具体的辩护活动来行使辩护权；辩护权是辩护制度产生的基础，如果没有辩护权，辩护制度的设立便无意义；辩护制度是犯罪嫌疑人、被告人能够通过辩护活动充分、正确行使辩护权的保障。

二、辩护的种类

依据《刑事诉讼法》第33、34、35、36条之规定，我国刑事诉讼中的辩护分为三种：自行辩护、委托辩护和指定辩护。

（一）自行辩护

自行辩护是犯罪嫌疑人、被告人自己针对控诉方的指控进行的反驳和辩解，是自己为自己所作的辩护。这种辩护方式贯穿于刑事诉讼的整个过程，无论在侦查、审查起诉或者审判阶段，犯罪嫌疑人、被告人都有权自行辩护。自行辩护是犯罪嫌疑人、被告人实现其辩护权的最基本的方式。犯罪嫌疑人、被告人对是否实施了犯罪、如何实施的犯罪以及犯罪的后果最清楚，为保护自己不受非法追究或者是罚当其罪，他们会竭力提供对自己有利的各种事实和证据，以证明自己无罪、罪轻和应当或者可以从轻、减轻、免除处罚。

我国法律保护犯罪嫌疑人、被告人的自行辩护权，《刑事诉讼法》第 33 条明确规定，犯罪嫌疑人、被告人可自行行使辩护权。但司法实践中自行辩护效果不佳，犯罪嫌疑人、被告人自行行使辩护权存在诸多障碍：第一，自行辩护配套运行机制缺失。《刑事诉讼法》第 33 条仅规定，犯罪嫌疑人、被告人可自行行使辩护权，至于犯罪嫌疑人、被告人具体如何进行自行辩护，相关法律并无规定，导致犯罪嫌疑人、被告人虽然在法律上享有自行辩护权，在实践中却很难具体操作。第二，犯罪嫌疑人、被告人自行辩护权不完善，自行辩护难度大。辩护权的主体包括犯罪嫌疑人、被告人和辩护人，内容包括阅卷权、会见权、调查取证权等，是辩护主体进行有效辩护的基础，然而司法实践中，能充分行使这些权利的主体往往仅限于辩护人。犯罪嫌疑人、被告人无法全面知悉案件信息，无权调取相关证据，很难提出实质性的辩护意见，甚至辩无可辩。第三，犯罪嫌疑人、被告人的辩护能力相对较弱。未经过专业法律训练的犯罪嫌疑人、被告人，在如何通过对案件事实本身的理解，运用适当的法律依据和法理，形成对自身有利的辩护意见和观点，以及辩护的方式、内容和策略选择等方面，与专业辩护律师存在较大差距。

如何摆脱当前自行辩护的困境，可以尝试从以下几个方面着手：首先，立法层面上，完善自行辩护主体的辩护权，设立配套运行制度。辩护权的发展是刑事诉讼制度变迁极为重要的一种表征，是刑事诉讼领域国家尊重和保障人权的重要体现，甚至也是法治化程度的一项重要指标。然而，辩护权的发展主要表现为辩护律师辩护权及相关制度的发展，而自行辩护权的发展一直以来都被忽略和边缘化。司法实践中往往更多地强调辩护人的辩护权，而忽视了其辩护权的来源是犯罪嫌疑人、被告人的辩护权。[①] 因此，为保障自行辩护权能够得以有效行使，必须在立法层面上完善犯罪嫌疑人、被告人自行辩护制度。同时，自行辩护权作为法定权利，其有效落实与相关制度的完善密切相关，只有设立相应的配套运行制度，才能确保自行辩护在司法实践中能够切实有效的开展。其次，建立值班律师制度与自行辩护制度衔接机制。《刑事诉讼法》第 36 条规定，犯罪嫌疑人、被告人没有委托辩护人，法律援助机构没有指派律师为其提供辩护的，由值班律师为犯罪嫌疑人、被告人提供法律咨询、程序选择建议，申请变更强制措施、对案件处理提出意见等法律帮助。而犯罪嫌疑人、被告人辩护能力普遍较弱导致自行辩护效果不佳，很大程度上是由于其本身缺乏法律意识和辩护技能，不善于运用法律所赋予的自行辩护权。值班律师制度则以为犯罪嫌疑人、被告人提供相关法律帮助为目的。因此，做好值班律师制度与自行辩护制度的衔接工作，可有效解决当前自行辩护主体辩护能力相对薄弱所导致的辩护效果不佳问题。值班律师应当向每一位选择自行辩护的犯罪嫌疑人、被告人充分告知相关诉讼权利、提供法律咨询，帮助其充分了解自行辩护程序，以实现有效的自行辩护。

（二）委托辩护

从侦查、审查起诉到审判的整个刑事诉讼过程，犯罪嫌疑人、被告人为了更有效地维护自

---

① 参见邓慧筠：《刑事案件自行辩护实证研究——基于对 277 份判决书样本的观察》，载《中山大学法律评论》2016 年第 4 期。

身的合法权益，在自行辩护的同时，还可以委托辩护人帮助其行使辩护权。犯罪嫌疑人、被告人依法可以委托律师、人民团体及其所在单位推荐的人或者其监护人、亲友作为辩护人，但在侦查阶段只能委托律师作为辩护人。这种委托依犯罪嫌疑人、被告人的意愿进行，是其重要的诉讼权利。

《刑事诉讼法》第34条第1款规定，犯罪嫌疑人自被侦查机关第一次讯问或者采取强制措施之日起，有权委托辩护人；在侦查期间，只能委托律师作为辩护人。被告人有权随时委托辩护人。可见，委托辩护人自侦查阶段开始可以介入刑事诉讼。

为了保障犯罪嫌疑人、被告人能够有效行使委托辩护权，《刑事诉讼法》第34条还规定了相应的保障制度：（1）权利告知。刑事案件中，很多犯罪嫌疑人、被告人并不知晓自身有委托他人代为辩护的权利或者不知晓自己从何时开始方可委托他人代为辩护，所以设立权利告知程序对犯罪嫌疑人、被告人十分重要。侦查机关在第一次讯问犯罪嫌疑人或者对犯罪嫌疑人采取强制措施的时候，应当告知犯罪嫌疑人有权委托辩护人。人民检察院自收到移送起诉的案件材料之日起3日以内，应当告知犯罪嫌疑人有权委托辩护人。人民法院自受理案件之日起3日以内，应当告知被告人有权委托辩护人。犯罪嫌疑人、被告人在押期间要求委托辩护人的，人民法院、人民检察院和公安机关应当及时转达其要求。（2）代为委托。犯罪嫌疑人、被告人在押的，也可以由其监护人、近亲属代为委托辩护人。（3）辩护人受托告知。辩护人接受犯罪嫌疑人、被告人委托后，应当及时告知办理案件的机关。

委托辩护作为犯罪嫌疑人、被告人实现辩护权的主要和重要方式，应遵循意思自治原则，即是否委托辩护人、委托何人做辩护人，均由犯罪嫌疑人、被告人自行决定。但选择委托辩护人也应当在法律允许的范围内进行：（1）只能在法律规定的可以充当辩护人的人员范围内进行选择；（2）委托的辩护人数最多为2人；（3）1名辩护人不得为2名以上的同案犯罪嫌疑人、被告人，或者未同案处理但犯罪事实存在关联的犯罪嫌疑人、被告人辩护。

（三）指定辩护

指定辩护是指犯罪嫌疑人、被告人及其近亲属因经济困难或者其他原因没有委托辩护人而向法律援助机构申请，或者具备法定情形时由公、检、法机关直接通知法律援助机构，由法律援助机构指派律师或者安排本机构具有律师资格或者法律执业资格的工作人员为其提供辩护。指定辩护具有以下几个特点：（1）指定辩护必须以犯罪嫌疑人、被告人没有委托辩护人为前提；（2）指定辩护适用于从侦查、审查起诉到审判整个刑事诉讼过程；（3）指定辩护只能由法律援助机构指派律师或者安排本机构具有律师资格或者法律执业资格的工作人员担任，其他人不得担任。

（四）三种辩护方式之比较

自行辩护与委托辩护存在以下不同：（1）主体不同。自行辩护的主体是依法被追究刑事责任，与案件处理结果有直接利害关系的犯罪嫌疑人、被告人；委托辩护的主体是律师、人民团体及其所在单位推荐的人或者其监护人、亲友，在刑事诉讼中具有独立的诉讼地位。（2）客观条件不同。自行辩护中，因犯罪嫌疑人、被告人在刑事诉讼中多被采取强制措施，人身自由受限甚至被剥夺，故不具备充分辩护的客观条件；委托辩护中，法律赋予辩护律师在刑事诉讼中的依法调查和取证权，其他辩护人也有比犯罪嫌疑人、被告人优越的客观条件。（3）专业性不同。自行辩护中，犯罪嫌疑人、被告人大多欠缺法律专业知识，不善于运用法律知识维护自身合法权利；委托辩护中，律师具有良好的专业业务素质和丰富的诉讼经验，其他辩护人一般也有能力有效地维护委托人的合法权益。

委托辩护与指定辩护存在以下不同：（1）主体不同。委托辩护的主体可以是律师、人民团体及犯罪嫌疑人、被告人所在单位推荐的人或者其监护人、亲友；指定辩护的主体只能是律师和法律援助机构安排的本机构具有律师资格或者法律执业资格的工作人员。（2）适用范围不同。委托辩护以犯罪嫌疑人、被告人委托为前提，适用范围并无限制；指定辩护只有在法律规定的特定情形之下方可适用。① （3）产生方式不同。委托律师基于委托合同而接受当事人委托担任其辩护人，犯罪嫌疑人、被告人与律师事务所之间系委托合同关系，互相承担权利义务。犯罪嫌疑人、被告人可以根据个人意愿、意志在全国范围内选择律师，同时支付对价。法援律师是基于法律援助机构指派而为当事人辩护，其前提是犯罪嫌疑人、被告人没有委托律师，而且犯罪嫌疑人、被告人符合法律援助条件，故由法律援助机构为其指派律师。所以，指定辩护解决的是"犯罪嫌疑人、被告人没有委托律师"而又需要律师的问题，起到的是兜底式的补充作用。在刑事诉讼中，委托律师和法援律师尽管都是律师，辩护工作内容也相同，但是，二者的法律定位、适用范围、产生方式有所不同，所发挥的社会作用也有不同。同时，基于法律定位、适用范围、产生方式不同，不应当出现一个法援律师和一个委托律师同时在诉讼中为同一个犯罪嫌疑人、被告人辩护的情形。

自行辩护与指定辩护存在以下不同：（1）主体不同。自行辩护的主体是依法被追究刑事责任，与案件处理结果有直接利害关系的犯罪嫌疑人、被告人；指定辩护的主体是受法律援助机构指派为犯罪嫌疑人、被告人提供辩护的律师或者由法律援助机构安排的本机构具有律师资格或者法律执业资格的工作人员。（2）形成条件不同。自行辩护自犯罪嫌疑人、被告人受到刑事追诉之时便自动生成，且贯穿刑事诉讼始终，在侦查、审查起诉或者审判阶段，犯罪嫌疑人、被告人都有权自行辩护；指定辩护只有在遇有法定情形且经法律援助机构指派后方能形成。

【实务问题探讨】委托辩护与法律援助辩护谁优先？

由于信息不对称等原因，委托律师和法援律师有可能在同一时空相遇，不外乎有两种情形：一是当事人已委托律师，公安司法机关因不知道而通知法律援助机构又指派律师；二是公安司法机关已经通知法律援助机构指派了律师，当事人另行又委托律师的。公安司法机关是否可以以犯罪嫌疑人、被告人已接受法律援助辩护为由拒绝其近亲属委托的辩护人辩护？对此，司法实践中存在争议。

有观点认为，委托辩护与指定辩护均是以维护犯罪嫌疑人、被告人辩护权为目的而设立并经其确认后方可为其辩护，且相关司法解释已经作出了明确规定，犯罪嫌疑人、被告人有权拒绝法律援助机构指派的律师为其辩护，但在其已经接受指定法援辩护人，且指定法援辩护人已经介入刑事案件时，其近亲属再另行委托辩护人，既是对司法资源的浪费，也会影响诉讼活动的顺利进行。

另有观点认为，委托辩护优先于法律援助辩护。委托辩护人系由犯罪嫌疑人、被告人自行选择，较之由法律援助机构指派的指定辩护人而言，更能体现犯罪嫌疑人、被告人意志，保障犯罪嫌疑人、被告人权益。辩护制度的设立系以充

---

① 参见郑旭：《刑事诉讼法学》（第四版），中国人民大学出版社2014年版，第120页。

分保障犯罪嫌疑人、被告人辩护权为目的，从有利于犯罪嫌疑人、被告人权益角度出发，在犯罪嫌疑人、被告人接受指定辩护后，又委托辩护人的，指定辩护应当终止，由委托辩护人依法辩护。且犯罪嫌疑人、被告人在接受指定辩护之后又委托辩护人，应视作对指定辩护的拒绝。

本书认为，第二种观点更具合理性，理由在于：

第一，委托辩护较之指定辩护更符合辩护制度设立的初衷，更能有效维护犯罪嫌疑人、被告人的辩护权。无论是委托辩护还是指定辩护都衍生于犯罪嫌疑人、被告人的辩护权，都以维护犯罪嫌疑人、被告人的辩护权为目的。委托辩护是犯罪嫌疑人、被告人及其近亲属基于信任，自主选择辩护人；指定辩护则是法律援助机构指派律师提供辩护，虽然也需经犯罪嫌疑人、被告人确认，但此种确认是基于犯罪嫌疑人、被告人因经济困难或其他原因不能委托其信任的律师之下的无奈之举，在此情况下，犯罪嫌疑人、被告人对被指派律师往往知之甚少，谈不上有多信任，而犯罪嫌疑人、被告人对辩护人的信任应当是辩护活动得以开展的基础。当犯罪嫌疑人、被告人能够委托自己信任的辩护人时，公安司法机关仍强制其必须接受指定辩护，是对犯罪嫌疑人、被告人辩护权的侵害。

第二，委托辩护优先于指定辩护于法有据。指定辩护是犯罪嫌疑人、被告人因经济困难或者其他原因没有委托辩护人而向法律援助机构申请，或者具备法定情形应当有辩护人而没有委托辩护人的，由公、检、法机关直接通知法律援助机构，由法律援助机构指派律师或者安排本机构具有律师资格或者法律执业资格的工作人员为其提供辩护。可见，指定辩护的成立必须同时满足以下两个条件：（1）犯罪嫌疑人、被告人及其近亲属没有委托辩护人；（2）案件必须有辩护人为犯罪嫌疑人、被告人辩护。因此，只要犯罪嫌疑人、被告人及其近亲属委托了辩护人，即使该委托行为发生在指定辩护之后，犯罪嫌疑人、被告人也不再属于法律援助的对象，丧失存在基础的指定辩护，当然应让渡于委托辩护。指定辩护必须是也只能是委托辩护的补充，其不能替代犯罪嫌疑人、被告人及其近亲属的委托辩护。委托辩护和指定辩护二者之顺序，委托优先。需要注意的是，对于委托辩护与指定辩护的冲突，《刑诉解释》和法律援助法提供了不同的解决方案。《刑诉解释》第 51 条规定："对法律援助机构指派律师为被告人提供辩护，被告人的监护人、近亲属又代为委托辩护人的，应当听取被告人的意见，由其确定辩护人人选。"《法律援助法》第 27 条和第 48 条分别规定："人民法院、人民检察院、公安机关通知法律援助机构指派律师担任辩护人时，不得限制或者损害犯罪嫌疑人、被告人委托辩护人的权利。""有下列情形之一的，法律援助机构应当作出终止法律援助的决定：……（六）受援人自行委托律师或者其他代理人……"可见，《刑诉解释》采用了模糊的做法即交由被告人选择，而法律援助法直接规定了委托优先。

其实，对于上述问题，国务院早在 2003 年就明确规定了解决方案。国务院2003 年 7 月 21 日发布的《法律援助条例》第 23 条规定："办理法律援助案件的人员遇有下列情形之一的，应当向法律援助机构报告，法律援助机构经审查核实的，应当终止该项法律援助：……（三）受援人又自行委托律师或者其他代理人的……"司法部 2019 年 2 月 25 日颁行的《全国刑事法律援助服务规范》第 8.5.1.1 条规定，受援人及其近亲属自行委托诉讼代理人或辩护人的，应终止法律援助。可见，上述条例和规范规定得很具体，受援人及其近亲属又自行委托律师，应终止法律援助，法援律师撤出。可以说，法律援助法在很大程度上吸收了《法律援助条例》第 23 条规定。《刑诉解释》第 51 条明显与《法律援助法》第 48 条相抵触。法律援助法是法律，且是新法，而《刑诉解释》只是最高人民法院在适用法律过程中对具体应用法律问题所作的解释。法律援助法已经实施，如果受援人自行委托辩护人的，法律援助机构应当根据法律援助法作出终止法律援助的决定，及时让法援律师退出辩护，从而让委托律师介入辩护。

但需要注意的是，法律援助法还是留下了"缺口"。目前条文规定"受援人自行委托律师"，但实际情况是，受援人大多被采取了强制措施，无法直接委托律师，而是通过其近亲属代为委托。那么，近亲属代为委托律师的情况是否包含在《法律援助法》第 48 条规定的范围中，还需要进一步明确。

三、辩护人的范围

辩护人，是指接受犯罪嫌疑人、被告人的委托或法律援助机构的指派，帮助犯罪嫌疑人、被告人行使辩护权，以维护其合法权益的人。刑事诉讼法和相关司法解释从积极和消极两个角度规定了辩护人的范围，即可以被委托担任辩护人的人和不能被委托担任辩护人的人。

（一）可以担任辩护人的人

《刑事诉讼法》第 33 条规定了可以被委托担任辩护人的人，包括：

1. 律师。律师是指依照法定程序取得律师资格，并经过注册登记，为社会提供法律服务的执业人员。虽然取得律师资格但未登记注册的，不得以律师身份接受委托担任辩护人。律师担任辩护人存在以下限制：律师担任各级人民代表大会常务委员会组成人员期间，不得执业；审判人员和人民法院其他工作人员从人民法院离任后 2 年内，检察人员从人民检察院离任后 2 年内，不得以律师身份担任辩护人；现役军人成为犯罪嫌疑人、被告人的，可以聘请军队中的或者地方的律师作为辩护人；外国人、无国籍的犯罪嫌疑人、被告人委托律师辩护的，只能委托中国律师作为辩护人。

2. 人民团体或者犯罪嫌疑人、被告人所在单位推荐的人。法律作此规定，主要是从我国的具体国情出发，鉴于当前我国的律师队伍尚不能满足实际需要，为有效维护犯罪嫌疑人、被告人的合法权益，允许工会、妇联等人民团体或犯罪嫌疑人、被告人所在单位推荐的公民担任辩护人。

3. 犯罪嫌疑人、被告人的监护人、亲友。监护人，是指对未成年人和无行为能力或限制行为能力的精神病人承担保护其人身、财产和其他合法权益责任的人或单位。根据《民法典》第 27、28 条规定，监护人一般由被监护人的亲属担任，没有亲属的，也可由有关的机关、团体或单位担任。亲友，是指犯罪嫌疑人、被告人的亲戚朋友，包括犯罪嫌疑人、被告人的亲属以及与之有比较密切关系的朋友。刑事诉讼法并未将辩护人局限于近亲属，而扩至亲友，这实际上是为促进犯罪嫌疑人、被告人合法权益的保护而放宽了对辩护人的要求，对解决犯罪嫌疑人、被告人因委托律师困难而无法得到有效辩护的问题具有积极意义。

（二）　不能担任辩护人的人

根据《刑事诉讼法》第33条第2款和《刑诉解释》第40条的相关规定，不能被委托担任辩护人的人有：（1）正在被执行刑罚或者处于缓刑、假释考验期间的人；（2）依法被剥夺、限制人身自由的人；（3）被开除公职或者被吊销律师、公证员执业证书的人；（4）人民法院、人民检察院、监察机关、公安机关、国家安全机关、监狱的现职人员；（5）人民陪审员；（6）与本案审理结果有利害关系的人；（7）外国人或者无国籍人；（8）无行为能力或者限制行为能力的人。

应当注意，基于保护辩护权的现实需要，对属于上述原本不得担任辩护人范围中第3—7项的人员，如果是犯罪嫌疑人、被告人的近亲属或者监护人，并且不属于第1—2项情形的，可以由犯罪嫌疑人、被告人委托担任辩护人。

《刑诉解释》第41条规定，审判人员和人民法院其他工作人员从人民法院离任后，不得担任原任职法院所审理案件的辩护人，但系被告人的监护人、近亲属的除外。审判人员和人民法院其他工作人员的配偶、子女或者父母不得担任其任职法院所审理案件的辩护人，但系被告人的监护人、近亲属的除外。

《检察官法》第25、37条规定，检察官的配偶、父母、子女不得在该检察官所任职人民检察院辖区内以律师身份担任诉讼代理人、辩护人，或者为诉讼案件当事人提供其他有偿法律服务。检察官从人民检察院离任后2年内，不得以律师身份担任诉讼代理人或者辩护人。检察官从人民检察院离任后，不得担任原任职检察院办理案件的诉讼代理人或者辩护人，但是作为当事人的监护人或者近亲属代理诉讼或者进行辩护的除外。检察官被开除后，不得担任诉讼代理人或者辩护人，但是作为当事人的监护人或者近亲属代理诉讼或者进行辩护的除外。

2021年9月30日出台的最高人民法院、最高人民检察院、司法部《关于进一步规范法院、检察院离任人员从事律师职业的意见》第4条第2项进一步严格规定了相关人员从事律师职业的限制："辞去公职或者退休的人民法院、人民检察院领导班子成员，四级高级及以上法官、检察官，四级高级法官助理、检察官助理以上及相当职级层次的审判、检察辅助人员在离职三年内，其他辞去公职或退休的人民法院、人民检察院工作人员在离职二年内，不得到原任职人民法院、人民检察院管辖地区内的律师事务所从事律师职业或者担任'法律顾问'、行政人员等，不得以律师身份从事与原任职人民法院、人民检察院相关的有偿法律服务活动。"

这些限制性规定，有的是从保证辩护质量的角度考虑，有的是从保证司法公正的角度考虑，还有的是从维护辩护制度的严肃性角度考虑。在学术界，学者们还对辩护人的其他禁止范围进行了有益的探讨，普遍认为，案件中的证人、鉴定人、翻译人员不宜同时担任该案的辩护人，因为这些人与辩护人的诉讼地位、诉讼权利和诉讼义务是互相矛盾的。[1]

四、辩护人的法律地位

《刑事诉讼法》第108条第4项规定，"诉讼参与人"是指当事人、法定代理人、诉讼代理人、辩护人、证人、鉴定人和翻译人员。可见，辩护人在刑事诉讼中的法律地位是独立的诉

---

① 参见宋英辉、甄贞主编：《刑事诉讼法学》（第六版），中国人民大学出版社2019年版，第119页。

讼参与人，是犯罪嫌疑人、被告人合法权益的专门维护者。辩护人与犯罪嫌疑人、被告人共同承担辩护职能，这一诉讼职能独立于控诉职能和审判职能。辩护人具有独立的诉讼参与人身份，依自己的意志依法进行辩护，独立履行职务。辩护人与出庭支持公诉的检察人员诉讼地位应是平等的，双方各自履行相应的职能。

正确理解辩护人的上述诉讼地位，还必须明确以下三个方面的问题：

第一，辩护与控诉是一对相应的诉讼职能，这就决定了辩护人与公诉人的关系对立统一。两者的诉讼职能虽然不同，但辩护人与公诉人的地位是平等的、独立的，在法庭上公诉人进行控诉，辩护人进行反驳，两者还可以相互辩论，在程序上没有地位高下之分。

第二，辩护人与犯罪嫌疑人、被告人的关系，不同于诉讼代理人与当事人的关系。辩护人在接受犯罪嫌疑人、被告人委托后，取得独立的诉讼地位，在诉讼过程中，以自己的名义，根据对事实的掌握和对法律的理解，独立进行辩护。

第三，辩护人与审判人员的关系在本质上是一种协作关系。辩护人进行辩护，离不开审判人员的支持，只有审判人员根据法律的规定保障辩护人履行辩护职责，认真听取辩护人意见，并采纳辩护人的正确意见，辩护职能才能得以充分实现。审判人员进行审判，也离不开辩护人的帮助，辩护人认真履行职责，可以使审判人员全面了解案件事实；辩护人对有关法律问题的辩护观点，也可以为审判人员准确适用法律提供参考意见。[①]

五、辩护人的责任

《刑事诉讼法》第37条规定，辩护人的责任是根据事实和法律，提出犯罪嫌疑人、被告人无罪、罪轻或者减轻、免除其刑事责任的材料和意见，维护犯罪嫌疑人、被告人的诉讼权利和其他合法权益。《律师法》第31条规定，律师担任辩护人的，应当根据事实和法律，提出犯罪嫌疑人、被告人无罪、罪轻或者减轻、免除其刑事责任的材料和意见，维护犯罪嫌疑人、被告人的诉讼权利和其他合法权益。据此，辩护人的责任包括：

其一，依据事实和法律进行辩护，不得捏造事实和歪曲法律。辩护人在刑事诉讼中必须始终坚持以事实为依据、以法律为准绳这一基本原则，即根据事实和法律，提出犯罪嫌疑人、被告人无罪、罪轻或者减轻、免除其刑事责任的材料和意见，反驳对犯罪嫌疑人、被告人不正确的指控。《刑事诉讼法》第44条规定，辩护人或者其他任何人，不得帮助犯罪嫌疑人、被告人隐匿、毁灭、伪造证据或者串供，不得威胁、引诱证人作伪证以及进行其他干扰司法机关诉讼活动的行为。

其二，帮助犯罪嫌疑人、被告人依法正确行使自己的诉讼权利，并在发现犯罪嫌疑人、被告人的诉讼权利受到侵犯或剥夺时，向公安司法机关提出意见，要求依法制止或者向有关单位提出控告。

其三，为犯罪嫌疑人、被告人提供其他法律帮助。辩护人应当解答犯罪嫌疑人、被告人提出的有关法律问题，为犯罪嫌疑人、被告人代写有关文书，案件宣判后，应当征求被告人对判决的意见以及是否进行上诉等。

其四，辩护人只有辩护的职责，没有控诉的义务。辩护律师在履行职责的过程中，如果获悉犯罪嫌疑人、被告人还犯有其他未被指控的犯罪行为，一般情况下辩护人有责任保密，而没有举报的义务。但是《刑事诉讼法》第48条规定，辩护律师在执业活动中知悉委托人或者其

---

① 参见宋英辉、甄贞主编：《刑事诉讼法学》（第六版），中国人民大学出版社2019年版，第120页。

他人，准备或者正在实施危害国家安全、公共安全以及严重危害他人人身安全的犯罪，应当及时告知司法机关。这有助于保障国家、社会的整体利益，并维护辩护律师的职业形象，从长远来看更有利于辩护制度的健康发展。

六、辩护人的权利、义务

（一）辩护人的权利

辩护人依法享有诉讼权利和履行诉讼义务是正确开展辩护活动的重要保障。根据刑事诉讼法和律师法的相关规定，辩护人依法享有以下诉讼权利：

1. 独立辩护权

辩护人依法履行辩护职责，受国家法律保护。辩护人有权根据事实和法律独立进行辩护，不受任何机关、团体和个人的非法限制和干涉。

2. 会见通信权

《刑事诉讼法》第39条规定，辩护律师可以同在押的犯罪嫌疑人、被告人会见和通信。其他辩护人经人民法院、人民检察院许可，也可以同在押的犯罪嫌疑人、被告人会见和通信。辩护律师持律师执业证书、律师事务所证明和委托书或者法律援助公函要求会见在押犯罪嫌疑人、被告人的，看守所应当及时安排会见，至迟不得超过48小时。会见权是辩护律师享有的一项基本诉讼权利，限制律师会见必须有法律明确规定。危害国家安全犯罪、恐怖活动犯罪案件，[①] 在侦查期间辩护律师会见在押的犯罪嫌疑人，应当经侦查机关许可。上述案件，侦查机关应当事先通知看守所。辩护律师会见在押的犯罪嫌疑人、被告人，可以了解有关情况，提供法律咨询等；自案件审查起诉之日起，可以向犯罪嫌疑人、被告人核实有关证据。辩护律师会见犯罪嫌疑人、被告人时不被监听，也不受时长和次数限制。辩护律师同被监视居住的犯罪嫌疑人、被告人会见、通信，适用《刑事诉讼法》第39条第1款、第3款、第4款的规定。

但该条款依然存在不确定因素，以至于司法实践中辩护人行使会见通信权时可能会受到限制。第一，该条款关于其他辩护人的会见权规定不够完备。首先，该条文仅规定，其他辩护人经人民法院、人民检察院许可可以同在押犯罪嫌疑人、被告人会见和通信，但并未规定人民检察院、人民法院许可的条件，即何种情况下其他辩护人的会见通信应当被同意，以至于司法实践中，其他辩护人是否能同在押犯罪嫌疑人、被告人会见通信仅由检察院、法院自由裁量，而并无统一的标准；其次，也并未规定其他辩护人会见在押犯罪嫌疑人、被告人时具体可以开展哪些活动，甚至也并未规定其他辩护人会见犯罪嫌疑人、被告人时不被监视，其他辩护人并不能有效地行使会见权。第二，该条款规定危害国家安全犯罪、恐怖活动犯罪案件，经侦查机关许可，辩护律师在侦查期间可会见在押犯罪嫌疑人，但在何种情况下侦查机关应当许可会见，该条款并未规定明确标准。以至于此类案件侦查阶段辩护律师能否会见犯罪嫌疑人完全取决于侦查机关的自由裁量，而实践中侦查机关为避免辩护律师介入侦查阶段阻碍侦查活动进行，往往都不会许可此类案件辩护律师在侦查阶段会见犯罪嫌疑人，以致危害国家安全犯罪、恐怖活动犯罪案件，辩护律师在侦查阶段很难有效行使会见权。

最高人民检察院、司法部、中华全国律师协会《关于依法保障律师执业权利的十条意见》

---

① 2012年《刑事诉讼法》规定危害国家安全罪、恐怖活动犯罪和特别重大贿赂犯罪三类犯罪案件，辩护律师会见犯罪嫌疑人、被告人需要事先经过侦查机关的许可。2018年《刑事诉讼法》修改后，"特别重大贿赂犯罪案件"不再列入限制会见案件范围。

规定:"人民检察院应当在看守所、监狱等律师会见场所公布派驻监管场所检察人员姓名及办公电话。律师提出会见在押的犯罪嫌疑人、被告人、罪犯,认为受到相关部门工作人员阻碍的,可以向检察机关提出控告申诉。对相关部门工作人员阻碍律师会见,派驻监管场所检察人员能够当场处理的,应当及时监督相关部门依法保障律师行使会见权;不能当场处理的,应当在五个工作日内审查办理完毕。经审查,认为不符合会见条件的,要及时向律师说明情况,取得理解。派驻监管场所检察室应当与看守所、监狱建立及时畅通的沟通交流机制,促进律师会见问题解决。"

【实务问题探讨】 案件移送审查起诉后,辩护律师可否以宣读、出示的方式向犯罪嫌疑人、被告人核实有关证据?

《刑事诉讼法》第39条第4款规定,辩护律师自案件移送审查起诉之日起,可以向犯罪嫌疑人、被告人核实有关证据。但辩护律师应以何种方式向犯罪嫌疑人、被告人核实有关证据,刑事诉讼法并未作出明确规定。针对核实证据是否可以通过宣读、出示的方式,司法实践中存在争议。

有观点认为,宣读、出示的方式虽然可以实现核实证据的目的,但此种行为所造成的结果已远不止核实证据,而是将"阅卷权"变相交给了犯罪嫌疑人、被告人。在庭审之前,犯罪嫌疑人、被告人了解相关证据,很容易出现翻供、串供的情况,不利于查清案件事实,影响司法公正。律师核实证据完全可以采取其他方式,如提问式、提示启发式、笼统说明证据差异式、告知不同证据式等,① 更加高效、迅捷地核实案件事实和证据,同时规避通过向犯罪嫌疑人、被告人宣读、出示的方式核实证据可能带来的潜在风险。

另有观点认为,《刑事诉讼法》第39条已明确规定,辩护律师自案件移送审查起诉之日起可以向犯罪嫌疑人、被告人核实有关证据,且并未限定必须以何种方式核实证据,那么通过向犯罪嫌疑人、被告人宣读、出示证据的方式核实有关证据,当然不应被禁止。

本书认为,第二种观点更具有合理性,原因在于:(1)向犯罪嫌疑人、被告人宣读、出示有关证据,并不必然导致翻供、串供。首先,即使犯罪嫌疑人、被告人不了解相关证据也可能出现翻供、串供的情形。相反,如果向犯罪嫌疑人、被告人出示的证据扎实、可靠,犯罪嫌疑人、被告人也很少敢于翻供。防止犯罪嫌疑人、被告人翻供最有效的方法是及时、完整、准确地收集证据并建立完整的证据体系,而不是靠限制犯罪嫌疑人、被告人对相关证据的知情权就可以实现的。其次,对于辩护律师向犯罪嫌疑人、被告人宣读、出示证据时可能会引诱犯罪嫌疑人、被告人翻供的问题,完全可以通过加强刑事辩护律师职业伦理建设以及对违法者予以惩罚的方式加以避免,而不能因为惧怕辩护律师滥用此项权利而剥夺犯罪嫌疑人、被告人全面了解有关证据的权利。(2)允许辩护律师以宣读、出示的方式向犯罪嫌疑人、被告人核实有关证据,有利于查清案件事实、节约司法资源、实现司法公正。在控方证据存在瑕疵时,辩护律师向犯罪嫌疑人、被告

---

① 参见朱孝清:《再论辩护律师向犯罪嫌疑人、被告人核实证据》,载《中国法学》2018年第4期。

人宣读、出示有关证据，有利于及时发现，避免冤假错案。在控方证据充足的情况下，向犯罪嫌疑人、被告人宣读、出示有关证据，有利于其正确认识自己的处境，争取认罪认罚从宽，节约司法资源。同时，只有犯罪嫌疑人、被告人充分了解有关证据，才能确保庭审程序有序、连贯、高效进行。（3）全面知悉指控自己的证据是犯罪嫌疑人、被告人应当享有的诉讼权利，犯罪嫌疑人、被告人不仅可以委托他人进行辩护同时也可自行辩护，而知晓指控自己犯罪的相关证据，是确保其有效准备庭审，充分行使自行辩护权的前提和基础。如果犯罪嫌疑人、被告人不能全面知悉指控自己犯罪的证据，就无法自行辩护。因此，以宣读、出示的方式向犯罪嫌疑人、被告人核实证据不应被禁止。

3. 阅卷权

获得案卷材料，是辩护人开展实质辩护的前提。[1]《刑事诉讼法》第40条规定，辩护律师自人民检察院对案件审查起诉之日起，可以查阅、摘抄、复制本案的案卷材料。其他辩护人经人民法院、人民检察院许可，也可以查阅、摘抄、复制上述材料。

（1）审查起诉阶段。辩护律师自人民检察院对案件审查起诉之日起，可以查阅、摘抄、复制本案的案卷材料，包括其中的证明犯罪嫌疑人、被告人是否有罪、犯罪情节轻重的所有证据材料、诉讼文书等。其他辩护人经人民检察院许可，也可以查阅、摘抄、复制本案的案卷材料。《刑诉规则》第48条规定，律师以外的辩护人申请查阅、摘抄、复制案卷材料或者申请同在押、被监视居住的犯罪嫌疑人会见和通信，具有下列情形之一的，人民检察院可以不予许可：①同案犯罪嫌疑人在逃的；②案件事实不清，证据不足，或者遗漏罪行、遗漏同案犯罪嫌疑人需要补充侦查的；③涉及国家秘密或者商业秘密的；④有事实表明存在串供、毁灭、伪造证据或者危害证人人身安全可能的。《刑诉规则》第49条规定，辩护律师或者经过许可的其他辩护人到人民检察院查阅、摘抄、复制本案的案卷材料，由负责案件管理的部门及时安排，由办案部门提供案卷材料。因办案部门工作等原因无法及时安排的，应当向辩护人说明，并自即日起3个工作日以内安排辩护人阅卷，办案部门应当予以配合。人民检察院应当为辩护人查阅、摘抄、复制案卷材料设置专门的场所或者电子卷宗阅卷终端设备。必要时，人民检察院可以派员在场协助。辩护人复制案卷材料可以采取复印、拍照、扫描、刻录等方式，人民检察院不收取费用。2019年《刑诉规则》为落实辩护人阅卷权提供了保障，在明确了阅卷场所的同时又与时俱进地提供了电子阅卷终端设备，另外免去了原本需要收取的工本费用。最高人民检察院、司法部、中华全国律师协会《关于依法保障律师执业权利的十条意见》再次强调要充分保障律师查阅案卷的权利："人民检察院在律师提出阅卷申请后，一般应当提供电子卷宗，便于律师查阅、复制。律师提出调阅案件纸质卷宗的，人民检察院了解具体原因后，认为应予支持的，应当及时安排。各级人民检察院应当进一步规范电子卷宗制作标准，提高制作效率，确保电子卷宗完整、清晰、准确，便于查阅。对于符合互联网阅卷要求的，应当在三日内完成律师互联网阅卷申请的办理和答复。"

（2）审判阶段。人民法院应当为辩护律师查阅摘抄、复制本案的案卷材料提供方便，并保证必要的时间。其他辩护人经人民法院准许，可以查阅、摘抄、复制本案的案卷材料。《刑

---

① 参见刘静坤编著：《最新刑事诉讼法司法解释条文对照与适用要点》，法律出版社 2021 年版，第 31 页。

诉解释》第 53 条规定，辩护律师可以查阅、摘抄、复制案卷材料。其他辩护人经人民法院许可，也可以查阅、摘抄、复制案卷材料。合议庭、审判委员会的讨论记录以及其他不公开的材料不得查阅、摘抄、复制。辩护人查阅、摘抄、复制案卷材料的，人民法院应当提供方便，并保证必要的时间。复制案卷材料可以采用复印、拍照、扫描、电子数据拷贝等方式。同时 2021 年《刑诉解释》新增第 54 条规定："对作为证据材料向人民法院移送的讯问录音录像，辩护律师申请查阅的，人民法院应当准许。"需要注意的是律师的阅卷权在对象为录音录像时有所限制，一是必须已经向法院移送，二是仅限查阅并未明确复制的权利。同样依据该条款可知，讯问录音录像不仅包含了侦查讯问还包括调查讯问。虽然 2021 年《刑诉解释》中辩护人对录音录像的阅卷权相较以往已进步许多，但依然存在一定的限制。

赋予辩护人阅卷权，是当前辩护人收集证据的局限性和履行辩护人职责所决定的。通过查阅案卷材料，辩护人可以确认对犯罪嫌疑人、被告人的指控是否可靠、充分，收集辩护材料，选择辩护途径，尽可能全面地了解和掌握案情，从而根据事实和法律提出正确的辩护意见，保障辩护活动的成功 。[①] 且辩护人的阅卷权要得到切实保障，检察机关、人民法院也应当履行刑事诉讼法的相关规定，在辩护人提出阅卷之时提供方便，协助辩护人实现该项权能。

4. 调查取证权

（1）辩护人申请人民检察院、人民法院调取证明犯罪嫌疑人、被告人无罪或者罪轻的证据。《刑事诉讼法》第 41 条规定，辩护人认为在侦查、审查起诉期间公安机关、人民检察院收集的证明犯罪嫌疑人、被告人无罪或者罪轻的证据材料未提交的，有权申请人民检察院、人民法院调取。（2）辩护律师向证人或者其他有关单位和个人取证。《刑事诉讼法》第 43 条规定，辩护律师经证人或者其他有关单位和个人同意，可以向他们收集与本案有关的材料。（3）辩护律师申请人民检察院、人民法院代为调查取证。《刑事诉讼法》第 43 条规定，辩护律师可以申请人民检察院、人民法院收集、调取证据，或者申请人民法院通知证人出庭作证。《刑诉规则》第 52 条规定，案件移送起诉后，申请人民检察院收集、调取证据的，人民检察院负责捕诉的部门应当及时审查。经审查，认为需要收集、调取证据的，应当决定收集、调取并制作笔录附卷；决定不予收集、调取的，应当书面说明理由。人民检察院根据辩护律师的申请收集、调取证据时，辩护律师可以在场。《刑诉解释》第 59、60 条规定，辩护律师向证人或者有关单位、个人收集、调取与本案有关的证据材料，因证人或者有关单位、个人不同意，申请人民法院收集、调取，或者申请通知证人出庭作证，人民法院认为确有必要的，应当同意。辩护律师直接申请人民法院向证人或者有关单位、个人收集、调取证据材料，人民法院认为确有收集、调取必要，且不宜或者不能由辩护律师收集、调取的，应当同意。人民法院收集、调取证据材料后，应当及时通知辩护律师查阅、摘抄、复制，并告知人民检察院。由上，考虑到辩护律师能力有限，且收集、调取证据需经被调查取证者同意，辩护律师自行调查取证难度系数较大，为使案件能得到公正、正确的处理，法律进而规定，辩护律师也可以申请人民检察院、人民法院收集、调取证据或者申请人民法院通知证人出庭作证。（4）辩护律师向被害人或者其近亲属、被害人提供的证人取证。《刑事诉讼法》第 43 条第 2 款规定，辩护律师经人民检察院或者人民法院许可，并经被害人或者其近亲属、被害人提供的证人同意，可以向他们收集与本案有关的材料。《刑诉解释》第 58 条规定，辩护律师申请向被害人及其近亲属、被害人提供的证人收集与本案有关的材料，人民法院认为确有必要的，应当签发准许调查书。由上，辩

---

① 参见陈卫东：《2012 刑事诉讼法修改条文理解与适用》，中国法制出版社 2012 年版，第 29 页。

护律师向被害人及其近亲属、被害人提供的证人收集证据材料，首先必须经过人民检察院、人民法院的许可；其次还必须经被害人及其近亲属、被害人提供的证人同意。

5. 提出意见权

提出意见权是指辩护人在不同诉讼阶段向办案机关提出辩护意见的权利。（1）侦查阶段。《刑事诉讼法》第 161 条规定，在案件侦查终结前，辩护律师提出要求的，侦查机关应当听取辩护律师的意见，并记录在案。辩护律师提出书面意见的，应当附卷。（2）审查起诉阶段。《刑事诉讼法》第 88 条和第 280 条规定，人民检察院审查批准逮捕，可以听取辩护律师的意见；辩护律师提出要求的，应当听取辩护律师的意见。对未成年人审查批捕，应当听取辩护律师的意见。《刑诉规则》第 54 条进一步明确了检察院听取辩护人意见的操作规范，检察机关应当制作笔录或记录在案，或将书面意见附卷。如果辩护人提交了相关材料，办案部门则需将提交材料的目的、来源和内容记录并附卷。《刑事诉讼法》第 173 条规定，人民检察院审查起诉，应当讯问犯罪嫌疑人，听取辩护人或者值班律师、被害人及其诉讼代理人的意见，并记录在案。辩护人或者值班律师、被害人及其诉讼代理人提出书面意见的，应当附卷。最高人民检察院、司法部、中华全国律师协会《关于依法保障律师执业权利的十条意见》再次强调充分保障律师反映意见的权利："人民检察院听取律师意见，应当坚持'能见尽见、应听尽听'原则，充分保障律师向办案部门反映意见的权利。人民检察院拟决定或者批准逮捕犯罪嫌疑人的，应当在作出决定前征询辩护律师意见。拟当面听取律师意见的，应当由检察官或者检察官助理在专门的律师会见室进行，并配备记录人员，完整记录律师意见和工作过程。当面听取律师意见有困难的，可以通过书面、电话、视频等方式进行并记录在案。"（3）审判阶段。《刑事诉讼法》第 198 条规定，经审判长许可，公诉人、当事人和辩护人、诉讼代理人可以对证据和案件情况发表意见并且可以互相辩论。（4）死刑复核阶段。《刑事诉讼法》第 251 条规定，最高人民法院复核死刑案件，应当讯问被告人，辩护律师提出要求的，应当听取辩护律师的意见。

6. 获得通知权

获得通知权是指辩护人在办案机关进行相应诉讼活动时有接获相应通知的权利。（1）侦查阶段。《刑事诉讼法》第 162 条规定，公安机关侦查终结移送起诉时，应当同时将案件移送情况告知犯罪嫌疑人及其辩护律师。（2）审查起诉阶段。2019 年《刑诉规则》第 47 条新增规定，人民检察院直接受理侦查案件移送起诉，审查起诉案件退回补充侦查、改变管辖、提起公诉的，应当及时告知辩护律师。（3）审判阶段。《刑事诉讼法》第 187 条规定，人民法院决定开庭审判后，应当将人民检察院的起诉书副本至迟在开庭 10 日以前送达被告人及其辩护人。人民法院确定开庭日期后，应当在开庭 3 日以前将开庭的时间、地点通知辩护人。《刑事诉讼法》第 202 条规定，人民法院应当将判决书送达辩护人、诉讼代理人。根据刑事诉讼法及相关司法解释的规定，对于重大程序性决定，办案机关应当依法及时告知辩护律师。办案机关未依法履行告知义务，侵犯律师执业权利的，检察机关应依法进行监督。对于诉讼环节重大程序性决定，办案机关可通过信息化手段，如发送短信、网上自助查询等形式切实保障律师的知情权。[①] 最高人民检察院、司法部、中华全国律师协会《关于依法保障律师执业权利的十条意见》再次强调要充分保障律师对案件办理重要程序性事项的知情权："人民检察院受理公安机关提请批准逮捕，作出退回补充侦查、改变管辖、提起公诉等重要程序性决定的，应当通过电

① 参见《首次！最高检发布保障律师执业权利典型案例》，载微信公众号"最高人民检察院"，2021 年 2 月 5 日。

话、短信、手机 App 信息推送等方式及时告知辩护律师。办案人员的姓名及联系方式也应向辩护律师提供。"

7. 参加法庭调查和辩论权

《刑事诉讼法》第 191、194、197、198 条规定，法庭调查阶段，辩护人经审判长许可，可以向被告人发问；经审判长许可，可以对证人、鉴定人发问。法庭审理中，辩护人有权申请通知新的证人到庭，调取新的物证，申请重新鉴定或者勘验。法庭辩论阶段，辩护人可以对证据和案件情况发表意见并且可以和控方展开辩论。

8. 申请解除期限届满的强制措施的权利

《刑事诉讼法》第 99 条规定，犯罪嫌疑人、被告人及其法定代理人、近亲属或者辩护人对于人民法院、人民检察院或者公安机关采取强制法定措施期限届满的，有权要求解除强制措施。

9. 拒绝辩护权

《律师法》第 32 条规定，律师接受委托后，无正当理由的，不得拒绝辩护或者代理。但是，委托事项违法、委托人利用律师提供的服务从事违法活动或者委托人故意隐瞒与案件有关的重要事实的，律师有权拒绝辩护。

10. 人身不受侵犯的权利

《刑事诉讼法》第 44 条第 2 款规定，辩护人涉嫌犯罪的，应当由办理辩护人所承办案件的侦查机关以外的侦查机关办理。辩护人是律师的，应当及时通知其所在的律师事务所或者所属的律师协会。确保案件侦办的公正性，防止打击报复，保护辩护人的人身权利不受侵犯。最高人民法院、最高人民检察院、公安部、国家安全部、司法部、全国人大常委会法制工作委员会《关于实施刑事诉讼法若干问题的规定》第 9 条规定，公安机关、人民检察院发现辩护人涉嫌犯罪，或者接受报案、控告、举报有关机关的移送，依照侦查管辖分工进行审查后认为符合立案条件的，应当按照规定报请办理辩护人所承办案件的侦查机关的上一级侦查机关指定其他侦查机关立案侦查，或者由上一级侦查机关立案侦查。不得指定办理辩护人所承办案件的侦查机关的下级侦查机关立案侦查。《律师法》第 37 条规定，律师在参与诉讼活动中涉嫌犯罪的，侦查机关应当及时通知其所在的律师事务所或者所属协会；被依法拘留、逮捕的，侦查机关应当依照刑事诉讼法的规定通知该律师的家属。

11. 救济权

《刑事诉讼法》第 49 条规定，辩护人、诉讼代理人认为公安机关、人民检察院、人民法院及其工作人员阻碍其依法行使诉讼权利，有权向同级或者上一级人民检察院申诉或者控告。人民检察院对申诉或者控告应当及时进行审查，情况属实的，通知有关机关予以纠正。《刑诉规则》第 57 条规定了辩护人、诉讼代理人可以申诉和控告的 16 种具体情形。《刑诉规则》第 58 条规定，辩护人、诉讼代理人认为其依法行使诉讼权利受到阻碍向人民检察院申诉或者控告的，人民检察院应当及时受理并调查核实，在 10 日以内办结并书面答复。情况属实的，通知有关机关或者本院有关部门、下级人民检察院予以纠正。

最高人民检察院、司法部、中华全国律师协会《关于依法保障律师执业权利的十条意见》规定要畅通权利救济渠道："律师认为人民检察院及其工作人员未严格执行本意见的，可以向该检察院或者上一级人民检察院提出控告申诉，也可以向所属律师协会反映，律师协会要及时将问题线索转交检察机关。人民检察院收到相关控告申诉或问题线索后，应当作为阻碍律师执业权利监督案件在第一时间受理，并于十日内办结并书面答复律师。对于律师提出的情况紧急、需要尽快办理的控告申诉，人民检察院一般应当在三个工作日内办理并答复律师。中华全国律师协会维护律师执业权利中心公布各地维权联系电话、联系人姓名，方便律师查询联系。"

12. 携带律师助理参与诉讼的权利

根据最高人民法院、最高人民检察院、公安部、国家安全部、司法部《关于依法保障律师执业权利的规定》的规定，律师助理是辩护、代理律师所在律师事务所的其他律师和申请律师执业的实习人员，律师助理协助会见在押犯罪嫌疑人、被告人是律师执业权利之一。《刑诉解释》第68条规定："律师担任辩护人、诉讼代理人，经人民法院准许，可以带一名助理参加庭审。律师助理参加庭审的，可以从事辅助工作，但不得发表辩护、代理意见。"据此，辩护律师可以向人民法院申请带一名律师助理参与庭审。需要注意的是，"发表辩护、代理意见"是概称，包括申请回避、举证、质证、辩论以及发表辩护、代理意见等诉讼行为，这些行为都应当由辩护人、诉讼代理人完成，不能交由律师助理代为实施。律师助理从事记录等辅助工作，概述性事项均需由辩护人、诉讼代理人完成。该项举措一方面有利于帮助辩护律师更好地行使辩护权，有利于保障被告人获得有效的辩护；另一方面，虽然还有"申请""准许"的前置性规定，但是在帮助律师队伍"传、帮、带"、促进实习律师和青年律师执业能力提高方面迈出了积极的一步。办案机关以律师助理身份不符合规定为由变相限制、阻碍其协助辩护律师会见犯罪嫌疑人、被告人的，人民检察院应当依法提出纠正意见。人民检察院应积极推动与人民法院、侦查机关、司法行政机关共同建立和完善维护律师及其助理执业权利联动处理机制，依法保障律师执业权利。①

13. 申请及参加听证的权利

2021年8月，最高人民检察院施行的《人民检察院羁押听证办法》（以下简称《听证办法》）第2条规定，人民检察院办理审查逮捕、审查延长侦查羁押期限、羁押必要性审查案件，以组织召开听证会的形式，就是否决定逮捕、是否批准延长侦查羁押期限、是否继续羁押听取各方意见的案件审查活动即羁押听证。羁押听证可以由检察机关主动举行，也可以由犯罪嫌疑人、被告人及其法定代理人、近亲属或者辩护人申请举行。羁押听证的范围包括审查逮捕、审查延长侦查羁押期限、羁押必要性审查三类案件的以下6种情况：（1）需要核实评估犯罪嫌疑人、被告人是否具有社会危险性，未成年犯罪嫌疑人、被告人是否具有社会帮教条件的；（2）有重大社会影响的；（3）涉及公共利益、民生保障、企业生产经营等领域，听证审查有利于实现案件办理政治效果、法律效果和社会效果统一的；（4）在押犯罪嫌疑人、被告人及其法定代理人、近亲属或者辩护人申请变更强制措施的；（5）羁押必要性审查案件在事实认定、法律适用、案件处理等方面存在较大争议的；（6）其他有必要听证审查的。

辩护人参与羁押听证过程中可以发表意见并出示相关证据材料，但如向犯罪嫌疑人、被告人等相关人员发问需要经过主持人允许。

14. 其他权利

主要包括：（1）代为上诉权。辩护人在征得被告人同意后，可以对第一审判决、裁定提出上诉。（2）获得相关法律文书权。辩护人有权得到与其行使辩护权有关的法律文书，如人民检察院的起诉书、抗诉书副本，人民法院的判决书、裁定书副本。（3）控告权。辩护人对审判人员、检察人员和侦查人员侵犯公民诉讼权利和人身侮辱的行为，有权提出控告。

最高人民检察院、司法部、中华全国律师协会《关于依法保障律师执业权利的十条意见》

---

① 参见《首次！最高检发布保障律师执业权利典型案例》，载微信公众号"最高人民检察院"，2021年2月5日。

还要求人民检察院及时向律师反馈意见采纳情况："人民检察院应当全面审查律师就办案工作提出的意见，有事实和法律依据的意见应当吸收。在案件办结前，应当通过约见、书面、电话、视频等方式向律师反馈意见采纳情况及不予采纳的理由，并记录在案。制作法律文书时，应当写明律师相关信息，并载明律师意见、检察机关采纳情况及不予采纳的理由。"

（二）辩护人的义务

1. 认真履行职务义务

辩护律师在接受委托或被指定担任辩护人以后，应当认真为犯罪嫌疑人、被告人进行辩护，并应当负责到底，无正当理由，不得拒绝辩护。《律师法》第 32 条第 2 款规定："律师接受委托后，无正当理由的，不得拒绝辩护或者代理。但是，委托事项违法、委托人利用律师提供的服务从事违法活动或者委托人故意隐瞒与案件有关的重要事实的，律师有权拒绝辩护或者代理。"《法律援助法》第 46 条第 2 款规定："法律援助人员应当按照规定向受援人通报法律援助事项办理情况，不得损害受援人合法权益。"

2. 依法辩护义务

辩护人不得帮助犯罪嫌疑人、被告人隐匿、毁灭伪造证据或者串供，不得威胁、引诱证人作伪证以及其他干扰司法机关诉讼活动的行为。否则，应当依法追究法律责任。辩护律师不得违反规定会见法官、检察官。在诉讼中辩护律师不得向法官、检察官及其他工作人员请客送礼或行贿，或者指使、诱导委托人及其亲友行贿。同时，辩护律师不得私自接受委托和收取费用，收受委托人的财物。

3. 保守秘密义务

《刑事诉讼法》第 48 条规定，辩护律师对在执业活动中知悉的委托人的有关情况和信息，有权予以保密。但是，辩护律师在执业活动中知悉委托人或者其他人，准备或者正在实施危害国家安全、公共安全以及严重危害他人人身安全的犯罪的，应当及时告知司法机关。2021 年《刑诉解释》增加第 55 条规定："查阅、摘抄、复制案卷材料，涉及国家秘密、商业秘密、个人隐私的，应当保密；对不公开审理案件的信息、材料，或者在办案过程中获悉的案件重要信息、证据材料，不得违反规定泄露、披露，不得用于办案以外的用途。人民法院可以要求相关人员出具承诺书。违反前款规定的，人民法院可以通报司法行政机关或者有关部门，建议给予相应处罚；构成犯罪的，依法追究刑事责任。"司法解释中新增此条规定有利于警示和规制律师违反保密义务，违法违规散布有关案件信息的情况。

4. 遵守诉讼纪律义务

辩护人有义务遵守诉讼纪律，如按出庭通知中告知的开庭时间、地点准时出席法庭进行辩护，在法庭上服从审判长的指挥，会见在押犯罪嫌疑人、被告人时遵守看守所的规定等。

5. 及时告知委托情况义务

《刑事诉讼法》第 34 条第 4 款规定，辩护人接受犯罪嫌疑人、被告人委托后，应当及时告知办理案件的机关。《刑诉解释》第 52 条规定，审判期间，辩护人接受被告人委托的，应当在接受委托之日起 3 日以内，将委托手续提交人民法院。法律援助机构决定为被告人指派律师提供辩护的，承办律师应当在接受指派之日起 3 日以内，将法律援助手续提交人民法院。

6. 特定证据开示义务

《刑事诉讼法》第 42 条规定，辩护人收集的有关犯罪嫌疑人不在犯罪现场、未达到刑事责任年龄、属于依法不负刑事责任的精神病人的证据，应当及时告知公安机关、人民检察院。

第二节 刑事代理

一、刑事代理制度

刑事代理是指在刑事诉讼中，代理人接受公诉案件的被害人及其法定代理人或者近亲属、自诉案件的自诉人及其法定代理人、附带民事诉讼的当事人及其法定代理人的委托，以被代理人名义参加诉讼，由被代理人承担代理行为法律后果的一项诉讼活动。诉讼代理人必须在被代理人的授权范围内进行诉讼，超过授权范围进行诉讼活动所产生的结果，除非得到被代理人的追加，否则被代理人不予承担。

刑事代理制度，是法律关于刑事诉讼中的代理权、代理人的范围、代理的种类与方式、代理人的职责、代理人的权利与义务等一系列法律规范的总称。刑事代理制度在刑事诉讼中具有重要意义：首先，可以为被代理人提供法律上的帮助。被代理人由于缺乏法律知识，不能充分地行使自己的诉讼权利和发表切中要害的意见，有了诉讼代理人参与诉讼，就能更好地维护被代理人的合法权利。其次，可以代理那些不能亲自参加诉讼的被代理人参加诉讼。有些被代理人由于被犯罪行为致伤、致残等原因不能参加诉讼，可以委托诉讼代理人参加诉讼以维护自己的合法权益。最后，可以协助人民法院准确及时地查明案情，正确处理案件。诉讼代理人，特别是律师代理人参加诉讼，能对案件事实、证据作出全面的分析，提出自己对案件处理的意见，可以促使司法机关正确、合法、及时地处理案件，保护被代理人的合法权益。

二、刑事代理的种类

（一）公诉案件中的代理

公诉案件中的代理，是指诉讼代理人接受公诉案件的被害人及其法定代理人或者近亲属的委托，代理被害人参加诉讼，以维护被害人的合法权益。

《刑事诉讼法》第46条规定，公诉案件的被害人及其法定代理人或者近亲属，自案件移送审查起诉之日起，有权委托诉讼代理人。人民检察院自收到移送审查起诉的案件材料之日起3日以内，应当告知被害人及其法定代理人或者近亲属有权委托诉讼代理人。《刑诉规则》第55条规定，被害人有法定代理人的，人民检察院应当告知其法定代理人；没有法定代理人的，应当告知其近亲属。法定代理人或者近亲属二人以上的，可以告知其中一人，告知时应当按照《刑事诉讼法》第108条第3、6项列举的顺序择先进行。公诉案件被害人的代理，具有如下特点：（1）公诉案件被害人委托代理人，可以由被害人本人委托，也可以由其法定代理人或近亲属委托，其他人无权为被害人委托代理人。（2）被害人的法定代理人委托的或者近亲属委托的代理人是被害人的诉讼代理人，而不是被害人法定代理人或者近亲属的诉讼代理人。（3）被害人委托代理人的时间是从案件移送审查起诉之日起开始的。公诉案件在侦查阶段，被害人不能委托诉讼代理人。

被害人的诉讼代理人在刑事诉讼中只能代理行使法律赋予被害人的全部或部分诉讼权利。被害人的诉讼代理人的具体代理权限，取决于每个案件具体代理范围的授权，以委托代理协议中的约定为准，可以全权代理，也可以部分代理。

（二）自诉案件中的代理

自诉案件中的代理，是指代理人接受自诉人及其法定代理人的委托参加诉讼，以维护自诉人的合法权益。

自诉案件的自诉人可以随时委托诉讼代理人。《刑事诉讼法》第 46 条规定，人民法院自受理案件 3 日以内，应当告知自诉人及其法定代理人有权委托诉讼代理人。在程序上保障了自诉人委托代理人的诉讼权利。自诉案件中有权委托诉讼代理人的仅限于是自诉人和其法定代理人，其他人包括自诉人的近亲属不能为自诉人委托代理人，区别于公诉案件中的代理。

自诉案件中自诉人的代理人的诉讼地位有自己的特点，即自诉案件中自诉人是一方当事人，在诉讼中行使控诉职能。但当被告人对其提起反诉后，本诉中的自诉人成了反诉中的被告人，在反诉中享有辩护权。与此同时，本诉自诉人委托的代理人也可以接受委托作为反诉中的辩护人，既行使控诉职能又行使辩护职能。同样，自诉案件的被告人提起反诉，由于其在反诉中是自诉人，因而原来委托的辩护人也可以成为自诉人的代理人，此时，其既行使辩护职能又行使控诉职能。因此，反诉案件的代理人，一般都具有双重身份，既是被告人的辩护人，又是反诉人的诉讼代理人，必须办理双重委托手续，明确代理权限。[1]

（三）附带民事诉讼中的代理

附带民事诉讼中的代理，是指诉讼代理人接受附带民事诉讼的当事人及其法定代理人的委托，在所受委托的权限范围内，代理参加诉讼，以维护当事人及其法定代理人的合法权益。

《刑事诉讼法》第 46 条规定，公诉案件附带民事诉讼的当事人及其法定代理人，自案件移送审查起诉之日起，有权委托诉讼代理人，同时还规定，人民检察院自收到移送起诉的案件材料之日起 3 日以内，应当告知附带民事诉讼的当事人及其法定代理人有权委托诉讼代理人。自诉案件附带民事诉讼的当事人及其法定代理人，有权随时委托诉讼代理人，同时还规定，人民法院自受理自诉案件之日起 3 日以内，应当告知附带民事诉讼的当事人及其法定代理人有权委托诉讼代理人。

附带民事诉讼中的代理，实质上是民事诉讼代理，但二者又不完全相同。附带民事诉讼代理人可能身兼数职，例如，在自诉刑事附带民事案件中，既担任刑事诉讼本诉中被告人的辩护人，又担任反诉中反诉人的诉讼代理人，同时还是附带民事诉讼当事人的诉讼代理人。因此，诉讼代理人接受委托的，应同附带民事诉讼当事人及其法定代理人签订委托代理合同，并由被代理人填写授权委托书，注明代理权限。虽然我国法律未对附带民事诉讼当事人的诉讼代理人的权利作出明确规定，但由于附带民事诉讼本质上是民事诉讼，因而双方当事人的诉讼代理人在附带民事诉讼中应当行使与其在一般民事诉讼中同样的权利，即可以收集、调查证据，全面了解案情，在法庭上可以参与附带民事诉讼部分的调查和辩论，并提出代理意见。在诉讼中，如当事人授予了和解权、撤诉权、反诉权等诉讼权利，还可以行使上述诉讼权利。[2]

（四）犯罪嫌疑人、被告人逃匿、死亡案件违法所得没收程序中的代理

《刑事诉讼法》第 299 条第 2 款规定，犯罪嫌疑人、被告人的近亲属和其他利害关系人有权申请参加诉讼，也可以委托诉讼代理人参加诉讼。

① 参见宋英辉、甄贞主编：《刑事诉讼法学》（第六版），中国人民大学出版社 2019 年版，第 130 页。
② 参见宋英辉、甄贞主编：《刑事诉讼法学》（第六版），中国人民大学出版社 2019 年版，第 131 页。

（五）强制医疗程序中的代理

《刑事诉讼法》第304条规定，人民法院审理强制医疗案件，应当通知被申请人或者被告人的法定代理人到场，被申请人或者被告人没有委托诉讼代理人的，人民法院应当通知法律援助机构指派律师为其提供法律帮助。

三、诉讼代理人的范围

《刑事诉讼法》第47条规定，委托诉讼代理人的范围参照辩护人的范围，即律师；人民团体或者犯罪嫌疑人、被告人所在单位推荐的人；犯罪嫌疑人、被告人的监护人、亲友。不能担任辩护人的人，也不能被委托为诉讼代理人。

委托人有权改变委托内容或者解除代理权，代理人也可以依法拒绝代理，从而导致代理权限的变更或解除。《律师法》第32条规定，委托人可以拒绝律师为其代理，也可以另行委托律师担任代理人。律师接受委托后，无正当理由不得拒绝代理。但是委托事项违法、委托人利用律师提供的服务从事违法活动或者故意隐瞒与案件有关的重要事实的，律师有权拒绝代理。

四、诉讼代理人的责任、权利

（一）诉讼代理人的责任

《刑诉解释》第64条规定，诉讼代理人有权根据事实和法律，维护被害人、自诉人或者附带民事诉讼当事人的诉讼权利和其他合法权益。

（二）诉讼代理人的权利

根据刑事诉讼法和《刑诉解释》的相关规定，诉讼代理人享有以下权利：

（1）阅卷权。2012年《刑诉解释》规定，诉讼代理人查阅、摘抄、复制案卷材料需经人民法院批准。而2021年《刑诉解释》第65条完善了此项规定："律师担任诉讼代理人的，可以查阅、摘抄、复制案卷材料。其他诉讼代理人经人民法院许可，也可以查阅、摘抄、复制案卷材料。"但是，《刑诉规则》规定在审查起诉阶段诉讼代理人查阅、摘抄、复制本案案卷材料的依然需要经过人民检察院的许可。可见，只有在审判阶段，具有律师身份的诉讼代理人和辩护人在查阅、摘抄、复制案卷材料方面才享有同等权利。

（2）调查取证权。律师担任诉讼代理人的，可以进行调查取证，也可以申请人民检察院、人民法院调查取证。具体程序参照辩护人申请人民检察院、人民法院调查取证程序执行。非律师担任诉讼代理人的，不享有调查取证权。

（3）申诉、控告权。诉讼代理人认为公安机关、人民检察院、人民法院及其工作人员阻碍其依法行使诉讼权利的，有权向同级或者上一级人民检察院申诉或者控告。

第三节 刑事法律援助

一、刑事法律援助制度

法律援助制度是国家在司法制度运行的各个环节和各个层次上，对因经济困难或者其他因素而难以通过一般意义上的法律救济手段保障自身权利的社会弱者，减免收费，提供法律帮助的一项法律保障制度。法律援助制度作为实现社会和司法公正、保障公民基本权利的国家行为，在国家司法体系中具有十分重要的作用。法律援助的种类包括刑事诉讼中的法律援助、民事诉讼和国家赔偿程序中的法律援助。《法律援助法》第2条规定，法律援助是国家建立的为经济困难公民和符合法定条件的其他当事人无偿提供法律咨询、代理、刑事辩护等法律服务的制度，是公共法律服务体系的组成部分。

法律援助具有以下特点：（1）法律援助是一种国家行为，是现代法治社会要求国家承担的一种国家责任，受国家强制力保障实施。（2）法律援助的对象是一个特定的社会群体，即因经济困难或其他因素而难以通过法律救济手段保障自身基本社会权利的阶层人士。（3）法律援助的形式，是通过减免社会弱者的法律服务费、诉讼费等方式为他们提供法律上的援助，使其享有的法律权利在现实生活中得以实现。（4）法律援助的宗旨是维护司法公正，实现社会正义，体现的是法律面前人人平等的精神。

刑事法律援助是指刑事案件中的犯罪嫌疑人、被告人，如果符合法律规定的具体条件，可以申请援助或者直接由国家减免收费，提供法律帮助的一项司法救济保障制度。刑事诉讼中的法律援助对象包括犯罪嫌疑人、公诉案件的被害人及其法定代理人或者近亲属、自诉案件的自诉人及其法定代理人。

二、刑事法律援助的范围

刑事诉讼中的法律援助的范围并不限于法律援助机构在审判阶段为被告人提供指定辩护，还包括侦查阶段律师的介入以及为被害人、自诉人提供免费代理。同时，2018年《刑事诉讼法》增设值班律师制度，由值班律师为犯罪嫌疑人、被告人提供法律帮助也当属刑事法律援助的范围。《法律援助法》第14条规定："法律援助机构可以在人民法院、人民检察院和看守所等场所派驻值班律师，依法为没有辩护人的犯罪嫌疑人、被告人提供法律援助。"

（一）指定辩护

指定辩护是当刑事案件遇有法定情形时，法律援助机构指派律师为犯罪嫌疑人、被告人进行的辩护。《刑事诉讼法》第35条规定，犯罪嫌疑人、被告人因经济困难或者其他原因没有委托辩护人的，本人及其近亲属可以向法律援助机构提出申请。对符合法律援助条件的，法律援助机构应当指派律师为其提供辩护。犯罪嫌疑人、被告人是盲、聋、哑人或者是尚未完全丧失辨认或者控制自己行为能力的精神病人，没有委托辩护人的，人民法院、人民检察院和公安机关应当通知法律援助机构指派律师为其提供辩护。犯罪嫌疑人、被告人可能被判处无期徒刑、死刑，没有委托辩护人的，人民法院、人民检察院和公安机关应当通知法律援助机构指派律师为其提供辩护。《刑诉解释》第48条规定，具有下列情形之一，被告人没有委托辩护人的，人民法院可以通知法律援助机构指派律师为其提供辩护：（1）共同犯罪案件中，其他被告人已经委托辩护人的；（2）案件有重大社会影响的；（3）人民检察院抗诉的；（4）被告人的行为可能不构成犯罪的；（5）有必要指派律师提供辩护的其他情形。综上，法律援助辩护分为申请法律援助和通知法律援助两种类型，通知法律援助辩护又进一步分为应当通知法律援助和可以通知法律援助。法律援助法规定得更为详细、具体。

1. 可以申请法律援助的情形。犯罪嫌疑人、被告人因经济困难或者其他原因没有委托辩护人，本人及其近亲属可以向法律援助机构提出申请，然后由法律援助机构进行审查，如果法律援助机构审核后认为符合法律援助条件，应当指派律师为其提供辩护。此种指定辩护以犯罪嫌疑人、被告人申请为前提，法律赋予此类主体在需要律师代为行使辩护权时，有途径获得律师代为辩护的权利，但不能在此类主体选择自己辩护或委托辩护时强迫其接受法律援助机构指派律师为其辩护。《法律援助法》第 24、29 条分别规定："刑事案件的犯罪嫌疑人、被告人因经济困难或者其他原因没有委托辩护人的，本人及其近亲属可以向法律援助机构申请法律援助。""刑事公诉案件的被害人及其法定代理人或者近亲属，刑事自诉案件的自诉人及其法定代理人，刑事附带民事诉讼案件的原告人及其法定代理人，因经济困难没有委托诉讼代理人的，可以向法律援助机构申请法律援助。"

2. 应当提供法律援助的情形。根据《法律援助法》第 25 条规定，刑事案件中应当提供法律援助的情形有以下几种：（1）犯罪嫌疑人、被告人是视力、听力、言语残疾人；不能完全辨认自己行为的成年人；未成年人。上述群体处于明显弱势地位，他们无法有效行使自己的辩护权，甚至没有能力决定自己是否愿意接受他人帮助行使辩护权，当他们没有委托辩护人时，法律援助机构不指派律师提供辩护有违社会公平正义。（2）犯罪嫌疑人、被告人可能被判处无期徒刑、死刑或是死刑复核案件被告人，又没有委托辩护人。由于此类案件社会影响重大，刑罚力度较大且具有不可挽回性，对此类案件的审理必须慎之又慎，即使犯罪嫌疑人、被告人没有申请法律援助辩护，也应当通知法律援助机构指派律师参与案件审理过程，确保案件能够得到公正审判。为了保障此类案件的被告人能够获得有效辩护，《法律援助法》第 26 条特别规定："对可能被判处无期徒刑、死刑的人，以及死刑复核案件的被告人，法律援助机构收到人民法院、人民检察院、公安机关通知后，应当指派具有三年以上相关执业经历的律师担任辩护人。"通过设立相应的门槛切实维护死刑案件被告人的权益，这也体现了我国对于生命的重视。（3）缺席审判案件的被告人以及《法律援助法》第 28 条规定的强制医疗案件的被申请人或者被告人，没有委托辩护人的。刑事缺席审判涉及当事人最基本的权利，在被告人缺席又无辩护人的情况下，控辩对抗的构造不完全，无法有效完成庭审查明案件情况的任务，所以必须为被告人指定辩护人。而强制医疗案件的被申请人或者被告人同样属于不能完全辨认自己行为能力的人，必然需要给予其相应的法律援助。（4）鉴于我国律师行业的现况，暂时无法实现刑事案件法律援助的全程覆盖，因此《法律援助法》第 30 条新增规定，值班律师应当依法为没有辩护人的犯罪嫌疑人、被告人提供法律咨询、程序选择建议、申请变更强制措施、对案件处理提出意见等法律帮助。值班律师的出现为无辩护律师的犯罪嫌疑人、被告人提供了最基本的法律服务，这也是我国人权保障的一大进步。

办案机关负有告知犯罪嫌疑人、被告人有权获得法律援助辩护的义务。《刑诉规则》第 40 条规定，人民检察院负责侦查的部门在第一次讯问犯罪嫌疑人或者对其采取强制措施时，应当告知犯罪嫌疑人有权委托辩护人，并告知其如果因经济困难或者其他原因没有委托辩护人的，可以申请法律援助。属于《刑事诉讼法》第 35 条规定情形的，应当告知犯罪嫌疑人有权获得法律援助。人民检察院自收到移送审查起诉的案卷材料之日起 3 日以内，应当告知犯罪嫌疑人有权委托辩护人，并告知其如果因经济困难或者其他原因没有委托辩护人的，可以申请法律援助。《刑诉解释》第 44 条规定，被告人没有委托辩护人的，人民法院自受理案件之日起 3 日以内，应当告知其有权委托辩护人；被告人因经济困难或者其他原因没有委托辩护人的，应当告知其可以申请法律援助；被告人属于应当提供法律援助情形的，应当告知其将依法通知法律援助机构指派律师为其提供辩护。最高人民法院、最高人民检察院、公安部、国家安全部、司法部、全国人大常委会法制工作委员会《关于实施刑事诉讼法若干问题的规定》第 5 条规定，对于人民法院、人民检察院、公安机关通知法律援助机构指派律师提供辩护或者法律帮助的，法律援助机构应当在接到通知后 3 日以内指派律师，并将律师的姓名、单位、联系方式书面通知人民法院、人民检察院、公安机关。

（二）值班律师

为给没有委托辩护人，且法律援助机构也未指派律师辩护的犯罪嫌疑人、被告人提供法律帮助，2018年《刑事诉讼法》增设值班律师制度。《刑事诉讼法》第36条规定，法律援助机构可以在人民法院、看守所等场所派驻值班律师。犯罪嫌疑人、被告人没有委托辩护人，法律援助机构没有指派律师为其提供辩护的，由值班律师为犯罪嫌疑人、被告人提供法律咨询、程序选择建议、申请变更强制措施、对案件处理提出意见等法律帮助。人民法院、人民检察院、看守所应当告知犯罪嫌疑人、被告人有权约见值班律师，并为犯罪嫌疑人、被告人约见值班律师提供便利。《法律援助值班律师工作办法》（以下简称《工作办法》）第2条规定，值班律师是法律援助机构在看守所、人民检察院、人民法院等场所设立法律援助工作站，通过派驻或安排的方式，为没有辩护人的犯罪嫌疑人、被告人提供法律帮助的律师。法律援助法明确了值班律师法律帮助是法律援助的一种服务形式，并对法律援助机构可以在人民法院、人民检察院和看守所等场所派驻值班律师，值班律师法律帮助的内容，保障值班律师履职，有关工作程序等作出具体规定（第14条、第22条、第30条、第37条）。

值班律师的派驻，由法律援助机构负责。派驻值班律师的场所包括人民法院、看守所等场所。《工作办法》第6条规定："值班律师依法提供以下法律帮助：（一）提供法律咨询；（二）提供程序选择建议；（三）帮助犯罪嫌疑人、被告人申请变更强制措施；（四）对案件处理提出意见；（五）帮助犯罪嫌疑人、被告人及其近亲属申请法律援助；（六）法律法规规定的其他事项。值班律师在认罪认罚案件中，还应当提供以下法律帮助：（一）向犯罪嫌疑人、被告人释明认罪认罚的性质和法律规定；（二）对人民检察院指控罪名、量刑建议、诉讼程序适用等事项提出意见；（三）犯罪嫌疑人签署认罪认罚具结书时在场。"《法律援助法》第14条规定："法律援助机构可以在人民法院、人民检察院和看守所等场所派驻值班律师，依法为没有辩护人的犯罪嫌疑人、被告人提供法律援助。"

值班律师制度是推进以审判为中心的刑事诉讼制度改革的重要成果，这一制度的确立，使得所有犯罪嫌疑人、被告人在刑事诉讼的各个阶段都能够及时获得法律帮助，依法保障其诉讼权利，与法律援助制度和有关部门正在开展的刑事审判律师辩护全覆盖试点工作无缝对接、珠联璧合，解决了刑事被追诉人获得法律帮助的"最后一公里"问题，是对我国刑事法律援助制度的重大创新，彰显了我国社会主义司法文明的重大进步。这一制度的确立，对于改善刑事被追诉人的弱势地位、实现控辩平衡，加强人权司法保障、促进司法公正具有重要意义。

值班律师不同于辩护律师，其是为犯罪嫌疑人、被告人提供"法律帮助"，而非"辩护"。总体来看，值班律师的主要职责可以归纳为以下三个方面：一是解答法律问题咨询，帮助犯罪嫌疑人、被告人了解有关法律规定。具体到认罪认罚案件，就是使犯罪嫌疑人、被告人明了自己的诉讼权利和认罪认罚的法律后果。二是提供程序性法律帮助。包括帮助犯罪嫌疑人、被告人申请变更强制措施，为其认罪认罚选择适用何种审理程序提供建议，引导犯罪嫌疑人、被告人申请法律援助，对刑讯逼供、非法取证情形代理申诉控告，在犯罪嫌疑人签署认罪认罚具结书时在场见证等。三是提供实体性法律帮助。如在人民检察院审查起诉过程中提出意见，在认罪认罚案件中对犯罪嫌疑人涉嫌的犯罪事实、罪名和检察机关从宽处罚建议等提出意见。

值班律师提供的法律帮助具有以下特点：一是应急性。值班律师提供法律帮助的前提条件是犯罪嫌疑人、被告人没有委托辩护人，或者法律援助机构没有指派律师为其提供辩护。值班律师作为委托辩护人和指定辩护人的补充，以弥补犯罪嫌疑人、被告人在没有辩护人的情形下维护自身权利能力的不足。因此，值班律师承担着"补位"的作用，不同于辩护律师可以参与后续整个诉讼过程，其提供法律帮助具有阶段性、临时性和过渡性，如果犯罪嫌疑人、被告人已经委托辩护人，或者符合指定辩护条件，已由法律援助机构指派律师为其提供辩护的，就不再需要值班律师为其提供法律帮助了。二是初步性。值班律师扮演着类似"急诊医生"的角色，他们仅为犯罪嫌疑人、被告人提供法律咨询、申请变更强制措施等初步的、低限度的服务，不提供出庭辩护服务，不能取代辩护律师对案件办理作实质性的深度介入。三是公益性。值班律师为犯罪嫌疑人、辩护人提供法律帮助不收取任何费用，因此值班律师制度具有法律援助的性质。四是普遍性。值班律师提供法律帮助的对象是所有犯罪嫌疑人、被告人，不考虑犯罪嫌疑人、被告人的经济状况、涉嫌的罪名、可能被判处的刑罚等。这一点不同于指定辩护制度。

（三）侦查阶段的律师介入

犯罪嫌疑人在被侦查机关第一次讯问或者采取强制措施之日起，因经济困难没有聘请律师的，可以向法律援助机构申请法律援助。被羁押的犯罪嫌疑人的申请由看守所在 24 小时之内转交法律援助机构，申请法律援助所需提交的有关证件、证明材料由看守所通知申请人的法定代理人或者近亲属协助提供。由上，自侦查阶段犯罪嫌疑人即可申请法律援助，且相关机构必须提供便利，确保侦查阶段犯罪嫌疑人不应因经济困难未委托辩护人而权益受侵。

（四）为被害人、自诉人提供免费代理

刑事法律援助的对象不仅仅包括犯罪嫌疑人、被告人，也包括被害人、自诉人。《法律援助法》第 29 条规定："刑事公诉案件的被害人及其法定代理人或者近亲属，刑事自诉案件的自诉人及其法定代理人，刑事附带民事诉讼案件的原告人及其法定代理人，因经济困难没有委托诉讼代理人的，可以向法律援助机构申请法律援助。"故为被害人、自诉人提供免费的代理服务也属于刑事法律援助的范围。

三、刑事法律援助程序

（一）刑事法律援助申请

第一，依职权启动法律援助。《法律援助法》第 36 条规定："人民法院、人民检察院、公安机关办理刑事案件，发现有本法第二十五条第一款、第二十八条规定情形的，应当在三日内通知法律援助机构指派律师。法律援助机构收到通知后，应当在三日内指派律师并通知人民法院、人民检察院、公安机关。"

第二，依申请启动法律援助。《法律援助法》第 38、39、40 条规定，对诉讼事项的法律援助，由申请人向办案机关所在地的法律援助机构提出申请；对非诉讼事项的法律援助，由申请人向争议处理机关所在地或者事由发生地的法律援助机构提出申请。被羁押的犯罪嫌疑人、被告人、服刑人员，以及强制隔离戒毒人员等提出法律援助申请的，办案机关、监管场所应当在 24 小时内将申请转交法律援助机构。犯罪嫌疑人、被告人通过值班律师提出代理、刑事辩护等法律援助申请的，值班律师应当在 24 小时内将申请转交法律援助机构。无民事行为能力人或者限制民事行为能力人需要法律援助的，可以由其法定代理人代为提出申请。法定代理人侵犯无民事行为能力人、限制民事行为能力人合法权益的，其他法定代理人或者近亲属可以代为提出法律援助申请。被羁押的犯罪嫌疑人、被告人、服刑人员，以及强制隔离戒毒人员，可以由其法定代理人或者近亲属代为提出法律援助申请。

（二）刑事法律援助审查

法律援助法改变了《法律援助条例》对法律援助申请的审查，明文列举了免于审查的几种情况。《法律援助法》第 42 条规定，如果出现以下几种情况之一，可以免于核查经济困难状况：（1）无固定生活来源的未成年人、老年人、残疾人等特定群体；（2）社会救助、司法救助或者优抚对象；（3）申请支付劳动报酬或者请求工伤事故人身损害赔偿的进城务工人员；（4）法律、法规、规章规定的其他人员。同时，第 44 条还规定了可以先给予法律援助后提交材料的三种情况：（1）距法定时效或者期限届满不足 7 日，需要及时提起诉讼或者申请仲裁、行政复议；（2）需要立即申请财产保全、证据保全或者先予执行；（3）法律、法规、规章规定的其他情形。法律援助机构应当自收到法律援助申请之日起 7 日内进行审查，作出是否给予法律援助的决定。决定给予法律援助的，应当自作出决定之日起 3 日内指派法律援助人员为受援人提供法律援助；决定不给予法律援助的，应当书面告知申请人，并说明理由。法律援助法对法律援助申请核查的门槛进行了降低，在一定程度上扩大了法律援助的范围。

（三）刑事法律援助实施

1. 法律援助承担主体。法律援助法扩大了《法律援助条例》规定的可以承担法律援助案件的人员范围，不仅可以安排法律援助机构具有律师资格或者法律职业资格的工作人员提供法律援助，同时司法行政部门还可以通过政府采购等方式，择优选择律师事务所等法律服务机构为受援人提供法律援助。另外，法律援助志愿服务者也可以参与到法律援助当中。我国执业律师总体数量不足，人员地域分配极度不平衡，造就了我国刑事法律援助制度很难实现同等覆盖。法律援助法扩大法律援助承担主体的范围，可以在一定程度上缓解人员不足的问题，同时也是我国人权保障的一大进步。

2. 法律援助人员的职业要求。《法律援助法》第 19、20、21 条规定，法律援助人员应当依法履行职责，及时为受援人提供符合标准的法律援助服务，维护受援人的合法权益；应当恪守职业道德和执业纪律，不得向受援人收取任何财物。法律援助机构、法律援助人员对提供法律援助过程中知悉的国家秘密、商业秘密和个人隐私应当予以保密。

3. 法律援助终止的情形。《法律援助法》第 48 条规定，有下列情况之一法律援助机构应当作出终止法律援助的决定：（1）受援人以欺骗或者其他不正当手段获得法律援助；（2）受援人故意隐瞒与案件有关的重要事实或者提供虚假证据；（3）受援人利用法律援助从事违法活动；（4）受援人的经济状况发生变化，不再符合法律援助条件；（5）案件终止审理或者已经被撤销；（6）受援人自行委托律师或者其他代理人；（7）受援人有正当理由要求终止法律援助；（8）法律法规规定的其他情形。法律援助人员发现有前述规定情形的，应当及时向法律援助机构报告。

法律援助法的正式通过是我国以审判为中心的司法改革的一项重要成果，以审判为中心必然要求控辩平等，但是我国刑事辩护率一直维持在较低水平。因此，法律援助法扩大了法律援助的覆盖面，无论是对人权保障还是司法公正均具有积极的意义。同时，对操作性规范的细化给予了实践部门详细的指引，避免了因规范原则性过强而出现制度空置的情况。

四、刑事法律援助的保障[①]

根据权利主体不同，刑事法律援助的保障主要包括两方面的内容：保障当事人依法获得法

---

① 参见吴宏耀：《检察机关的法律援助保障职责》，载《中国检察官》2021 年第 19 期。

律援助；为法律援助人员提供法律援助服务提供便利。其中，就当事人而言，在刑事诉讼领域，"保障当事人依法获得法律援助"首先是指保障犯罪嫌疑人、被告人依法获得法律援助。在刑事诉讼领域，犯罪嫌疑人、被告人获得法律援助的权利是辩护权的一部分，是刑事法上的一项人权司法保障制度。因此，作为辩护原则的延伸，《刑事诉讼法》第 14 条规定："人民法院、人民检察院、公安机关应当保障犯罪嫌疑人、被告人和其他诉讼参与人依法享有的辩护权和其他诉讼权利。"根据法律援助法的相关规定，刑事法律援助的保障具体表现为告知义务、通知义务、便利义务。

（一）告知义务

根据刑事诉讼法的相关规定，《法律援助法》第 35、37 条规定再次重申，人民法院、人民检察院、公安机关"应当及时告知有关当事人有权依法申请法律援助"；"告知没有辩护人的犯罪嫌疑人、被告人有权约见值班律师"。因此，在告知内容上，人民法院、人民检察院、公安机关应当具体告知"约见值班律师的权利""申请法律援助的权利"两项内容。此外，作为告知义务的逻辑延伸，《法律援助法》第 39 条规定，被羁押的犯罪嫌疑人、被告人提出法律援助申请的，办案人员"应当在二十四小时内将申请转交法律援助机构"。

（二）通知义务

对于法定强制辩护情形，人民法院、人民检察院、公安机关负有"应当在三日内通知法律援助机构指派律师"的通知义务。根据《法律援助法》第 25 条规定，在适用范围上，需要特别注意以下两点：第一，残疾人法律援助问题。根据《法律援助法》第 25 条第 2 项规定，援助范围不再局限于《刑事诉讼法》第 35 条规定的完全丧失视力、听力、言语功能的"盲、聋、哑人"，而是扩张适用于部分丧失视力、听力、言语的残疾人。例如，根据《残疾人残疾分类和分级》现行国家标准，视力残疾包括盲、低视力两类。按视力和视野状态分级，盲分为视力残疾一级和二级，低视力分为视力残疾三级和四级。据此，法律援助法生效实施后，对于视力、听力、言语残疾人，应当以是否属于"残疾"为准，不再就残疾程度、残疾等级作进一步区分。第二，就"不能完全辨认自己行为的成年人"而言，根据《民法典》第 22 条规定，所谓"不能完全辨认自己行为的成年人"，在外延上，既包括传统意义上"尚未完全丧失辨认或者控制自己行为能力的精神病人"，也包括"智力显著低于一般人水平，并伴有适应行为障碍"的智力残疾人。根据《残疾人残疾分类和分级》现行国家标准，按照成年人的智商、适应行为，智力残疾分为四个等级。因此，就智力残疾而言，究竟何种程度的智力残疾属于"不能完全辨认自己行为的"限制行为能力人，尚有待民法典的相关解释。

（三）便利义务

对于依法获得法律援助的当事人，人民法院、人民检察院、公安机关应当为法律援助律师提供必要的支持和便利，确保法律援助律师能够发挥其应有作用。其中，需要特别指出的是，根据《法律援助法》第 37 条规定，在认罪认罚案件中，人民法院、人民检察院、公安机关应当重点保障法律、司法解释赋予值班律师的特殊诉讼权利，"依法为值班律师了解案件有关情况、阅卷、会见等提供便利"。

根据党的十八届四中全会"扩大法律援助范围"的改革精神，《法律援助法》第 28、29 条还赋予了其他当事人依法获得法律援助的权利。因此，就保障对象而言，除犯罪嫌疑人、被告人外，公安司法机关对于以下诉讼主体同样负有不同程度的保障职责：第一，在刑事公诉案件中，公安司法机关在第一次询问被害人或者与被害人家属接触时，应当告知其依法享有申请法律援助的权利，并为其申请法律援助提供必要的咨询或帮助。第二，对于提起附带民事诉讼的原告人，应当告知其依法享有申请法律援助的权利，并为其申请法律援助提供必要的咨询或帮助。第三，对于当事人提起申诉的案件、检察机关依照审判监督程序提起抗诉的再审案件以及审判机关依法提起再审的案件，应当根据《法律援助法》第 23 条的规定，告知当事人依法享有申请法律援助的权利。

第四章 证据与证明

第一节 证据概述

一、证据的概念和属性

证据是什么？刑事诉讼法给出了明确定义。《刑事诉讼法》第 50 条规定："可以用于证明案件事实的材料，都是证据。证据包括：（一）物证；（二）书证；（三）证人证言；（四）被害人陈述；（五）犯罪嫌疑人、被告人供述和辩解；（六）鉴定意见；（七）勘验、检查、辨认、侦查实验等笔录；（八）视听资料、电子数据。证据必须经过查证属实，才能作为定案的根据。"据此，刑事诉讼法所规定的证据，是指具备法律规定的形式并能够对案件事实起证明作用的各项材料，是事实内容与法定形式的统一体。

我国刑事诉讼立法和理论对证据概念的认识经历了一个逐步发展和深化的过程。在较长一段时间里，刑事诉讼法将证据的概念界定为"能够用于证明案件真实情况的一切事实"，在学理上被称为"事实说"。这一对证据的法定概念也反映在理论研究层面，学者们普遍以"事实说"为基础展开证据理论和制度相关研究。随着人们对证据概念的认识不断深化和学界对证据基础理论研究的逐步深入，2012 年《刑事诉讼法》将证据的概念修改为"用于证明案件事实的材料"，这在学理上被称为"材料说"。较之"事实说"的定义，"材料说"更加科学合理，也更加符合证据原理和实践应用。

证据的属性，是指证据之所以为证据的内在规定性。关于证据的属性，英美法系国家和大陆法系国家的理解有所不同。大陆法系国家将证据的属性概括为证据能力和证明力，证据能力也称为证据资格，是法律上允许一个证据在刑事诉讼中使用的资格；证明力是指证据对案件事实有无证明作用以及证明作用的大小。英美法系国家将证据的属性界定为关联性和可采性，关联性是指证据与需要证明的案件事实具有某种关系，能够用来证明案件事实的存在与否；可采性是指证据可以在审判中被用来认定案件事实。证据首先需要具备关联性，才进一步评价其可采性问题。

在我国，学界对证据属性的理论归纳存在争论。一般认为，我国刑事诉讼证据具有以下三个基本属性：

第一，真实性。又称为客观性、确定性，是指证据所承载的内容都是实际已经发生的案件事实的客观反映，不以人的主观意志为转移，也不是人的主观想象、猜测或虚构。《刑事诉讼法》第 50 条第 3 款规定："证据必须经过查证属实，才能作为定案的根据。"这说明作为最终定案根据的证据，应当具备真实性的基本属性。物品、痕迹、文件等实物证据所承载的内容都是真实存在的客观事实，犯罪嫌疑人、被告人对其实施犯罪的供述，被害人对其遭受犯罪侵害的陈述以及了解案件事实的人所作的证人证言，这些言词证据所承载的内容同样是对案件事实的真实表达。证据的真实性，要求司法工作人员应当认真收集和审查判断能够如实反映案件客观情况的证据，避免主观想象和猜测，善于鉴别和排除虚假材料。

第二，关联性。又称为相关性，是指证据内容应当与案件事实存在客观上的实质联系，从而对证明案件事实足以起到作用。关联性是证据的一种客观属性，源于证据事实同案件事实之间的客观联系，而不是办案人员的主观想象或虚构的联系。证据与案件事实关联的形式多种多样，但不管是何种联系，都表明证据反映了一定的事实情节。有的证据能反映犯罪动机、手段，有的证据能反映犯罪过程和实施犯罪的环境、条件，有的证据能反映犯罪后果，有的证据能反映犯罪事实不存在或犯罪并非为犯罪嫌疑人、被告人所为等。正是由于证据的关联性才使证据对查明案件事实，确定犯罪嫌疑人、被告人是否犯罪，犯罪情节轻重具有证明作用。在实际工作中，办案人员应当从该证据能够证明何种事实、该事实对解决案件争议有无实质意义、法律对该证据的关联性有没有作出要求等方面来审查判断证据的关联性。

第三，合法性。是指证据的形式以及收集证据的主体、方法和程序都应当符合法律的规定，并且证据必须经过严格的法定程序予以查证属实，才能作为定案的根据。为了保证证据的合法性，刑事诉讼法对证据的收集、固定和审查等内容都规定了十分严格的程序和禁止性要求。《刑事诉讼法》第52条规定："审判人员、检察人员、侦查人员必须依照法定程序，收集能够证实犯罪嫌疑人、被告人有罪或者无罪、犯罪情节轻重的各种证据。严禁刑讯逼供和以威胁、引诱、欺骗以及其他非法方法收集证据，不得强迫任何人证实自己有罪。"对于违反法律规定取得的证据，可能会被依法予以排除。《刑事诉讼法》第56条规定："采用刑讯逼供等非法方法收集的犯罪嫌疑人、被告人供述和采用暴力、威胁等非法方法收集的证人证言、被害人陈述，应当予以排除。收集物证、书证不符合法定程序，可能严重影响司法公正的，应当予以补正或者作出合理解释；不能补正或者作出合理解释的，对该证据应当予以排除。在侦查、审查起诉、审判时发现有应当排除的证据的，应当依法予以排除，不得作为起诉意见、起诉决定和判决的依据。"证据的合法性是证据真实性和关联性的重要保证，也是证据最终能够用于认定案件事实、保证案件结果公正准确的重要条件。

除了传统上对证据真实性、关联性和合法性的"三性"理论归纳外，有的学者提出应当以"可采性"取代"合法性"作为证据的法律属性，即真实性、关联性和可采性的"新三性"观点。[①] 也有的学者指出，从我国的审判组织及审判程序的现状出发，结合近年来我国刑事证据立法的发展状况，采用证据能力和证明力作为定案根据的基本要求更加符合我国实际，也有助于我国证据立法的进一步发展。只有以证据能力和证明力两个基本要求检验证据，才能全面贯彻证据裁判原则，及时排除非法证据，实现"以审判为中心"。只有严格把握证据能力和证明力的两个基本要求，证据的收集和审查判断才会有所遵循，才会从源头上遵守法定程序，防止冤错案件的发生。无论是刑事诉讼证据还是行政执法证据抑或是监察证据，在刑事诉讼中都需要按照证据能力和证明力的要求进行审查判断，并经过法庭调查程序的检验，方可最终成为定案的根据。[②]

二、证据裁判原则

证据裁判原则，也称证据裁判主义，是指对于案件争议事实的认定，应当依据证据。它包括以下三方面的要求：首先，裁判所认定的案件事实必须以证据为依据；其次，裁判所依据的

①　参见卞建林等：《改革开放40年法律制度变迁：刑事诉讼法卷》，厦门大学出版社2019年版，第182页。
②　参见《刑事诉讼法学》编写组：《刑事诉讼法学》（第三版），高等教育出版社2019年版，第135—136页。

证据是具有证据能力的证据；最后，作为综合裁判所依据的证据，必须达到法律规定的证明标准。

在司法证明史上，最初处于"神明裁判"阶段。当时被控犯罪的人不承认有罪，便采取"神判"的方式，把案件事实的裁判交给"神"来行使。这种非证据裁判的方式是与当时的生产力落后、人类处于愚昧状态相适应的。随着社会的发展，人类认识能力不断提高，司法裁判者开始主要依靠证据认定案件事实，在欧洲中世纪后期则实行法定证据制度。但这时期的证据以被告人的口供为主，并实行法定刑讯制度，如果从世界范围来看，这时期可视为口供裁判阶段，因此也不能认为已实行了证据裁判原则。到了近代西方资产阶级革命和启蒙运动以后，才逐步确立了证据裁判原则。

证据裁判原则作为刑事诉讼的一项基本原则，已经为现代法治国家和地区的立法和实践普遍确认，有的国家和地区还将这一原则明确规定在法律文件中。例如，《日本刑事诉讼法》第317 条规定："认定事实，应当依据证据。"在英美法系国家，其大量存在的证据规则和刑事程序中关于证据出示、认定等规定，也都是证据裁判原则的具体体现。

我国刑事诉讼也坚持证据裁判原则。虽然刑事诉讼法中没有直接表述这一原则，但有关条文也包含了证据裁判原则的内容和精神。例如，《刑事诉讼法》第 55 条规定："对一切案件的判处都要重证据，重调查研究，不轻信口供。只有被告人供述，没有其他证据的，不能认定被告人有罪和处以刑罚；没有被告人供述，证据确实、充分的，可以认定被告人有罪和处以刑罚。证据确实、充分，应当符合以下条件：（一）定罪量刑的事实都有证据证明；（二）据以定案的证据均经法定程序查证属实；（三）综合全案证据，对所认定事实已排除合理怀疑。"这条规定显然包含了证据裁判原则的精神实旨。2010 年"两高三部"《关于办理死刑案件审查判断证据若干问题的规定》第 2 条规定"认定案件事实，必须以证据为根据"，正式确立了刑事诉讼中的证据裁判原则。《刑诉规则》第 61 条第 1 款规定"人民检察院认定案件事实，应当以证据为根据"，《刑诉解释》第 69 条和第 70 条规定"认定案件事实，必须以证据为根据""审判人员应当依照法定程序收集、审查、核实、认定证据"。《中共中央关于全面推进依法治国若干重大问题的决定》提出"全面贯彻证据裁判规则，严格依法收集、固定、保存、审查、运用证据"的要求，重申了证据裁判原则是我国刑事诉讼的一项基本原则。[1]

证据裁判原则作为刑事诉讼和证据法治的一项基石性原则，其确立具有非凡的历史进步意义与时代价值。证据裁判原则终结了历史上的神判制度，确立了证据法的理性价值；否定了刑讯逼供下的依口供结案的证据制度，彰显了证据法的程序价值；克服了自由心证可能带来的恣意与任性，弘扬了证据法的法治价值。坚持证据裁判原则，必须做到：认定案件事实应有相应的证据予以证明，一切都要靠证据说话，没有证据不得认定犯罪事实；用合法的证据来证明案件事实，对于非法取得的证据应当排除，不能作为定案的根据；严守法定的证据调查程序，防止庭审程序走过场；对存疑的证据不能采信，确保裁判认定的事实证据确实、充分。[2]

---

[1]　参见陈光中主编：《刑事诉讼法》（第七版），北京大学出版社、高等教育出版社 2021 年版，第 176—177 页。

[2]　参见《刑事诉讼法学》编写组：《刑事诉讼法学》（第三版），高等教育出版社 2019 年版，第 141 页。

第二节 证据的种类

证据的种类，是指法律规定的证据的不同表现形式。《刑事诉讼法》第 50 条第 2 款明确列举了证据的 8 种类型，具体包括：物证，书证，证人证言，被害人陈述，犯罪嫌疑人、被告人供述和辩解，鉴定意见，勘验、检查、辨认、侦查实验等笔录，视听资料、电子数据。证据的种类是刑事诉讼法明确规定的证据表现形式，是一种具有法律效力的归类。一项材料要想作为证据在刑事诉讼中加以应用，就必须能够将其归于刑事诉讼法规定的 8 种形式之一。如果一项材料不能将其归入 8 种形式之一，即使这项材料对于证明案件事实具有一定的作用，它也不是证据，不能进入刑事诉讼。

此外，《刑事诉讼法》第 54 条第 2 款规定，行政机关在行政执法和查办案件过程中收集的物证、书证、视听资料、电子数据等证据材料，在刑事诉讼中可以作为证据使用。根据《监察法》第 33 条和《监察法实施条例》第 59 条的规定，监察机关依照监察法及其实施条例所收集的物证，书证，被害人陈述，被调查人陈述、供述和辩解，鉴定意见，勘验检查、辨认、调查实验等笔录，视听资料、电子数据证据材料，经审查符合法定要求的，在刑事诉讼中可以作为证据使用。

刑事案件发生后，人民法院、人民检察院和公安机关有权向有关单位和个人收集、调取证据。有关单位和个人应当如实提供证据。任何单位和个人都不得伪造证据，也不得隐匿或毁灭证据，否则就要承担相应的法律后果。《刑事诉讼法》第 54 条第 4 款对此有所规定："凡是伪造证据、隐匿证据或者毁灭证据的，无论属于何方，必须受法律追究。"

一、物证

物证是指以其外部特征、存在状态、物质属性等证明案件事实的一切物品和痕迹。我们常说，刑事案件的发生过程往往也伴随着各类证据的生成。物证是刑事案件中最普遍也是最重要的一种证据种类，具有其他证据不可替代的证明作用。实践中，常见的物证主要包括实施犯罪的各种工具、犯罪行为侵犯的对象、犯罪现场留下的物品，以及犯罪实施中留下的各种痕迹。

物证具有以下特征：第一，物证以其固有特性来发挥证明作用。在一个案件中，同一项材料可能会被归于不同的表现形式而对不同的事实情节发挥证明作用，是作为物证还是作为其他证据类型来发挥证明作用，取决于该项材料发挥证明作用的形式。如果是以外部特征、存在状态、物质属性等来发挥证明案件事实的作用，则属于物证。第二，物证的客观性较强。物证是客观存在的物品或痕迹，一旦形成，不易毁损和变造；即使发生毁损或变造，也会产生新的物品或痕迹，形成新的物证，同样可以对案件事实起到证明作用。第三，物证往往具有技术依赖性。许多物证的发现、提取和保存，有赖于科学技术手段的应用。而且，物证被称为"哑巴证据"，它自己无法直接呈现与案件的关联，通常需要借助科学技术手段来实现对案件事实的证明。随着科技的发展，犯罪本身的科技成分也在增加，从而对新型犯罪的物证收集更需要借助科学技术。第四，物证的证明作用往往是局部的、间接的。一个物证通常只能证明案件事实的一个部分，而不能全面、直接地揭示案件的主要事实或全部事实。物证通常需要和其他证据结合在一起并运用办案人员的逻辑思维，才能充分发挥对案件事实的证明作用。

实践中，应当十分重视对物证的收集和提取。收集、调取的物证应当是原物，只有在原物不便搬运、不易保存或者依法应当由有关部门保管、处理或者依法应当返还时，才可以拍摄或者制作足以反映原物外形或者内容的照片、录像或者复制品。根据《刑诉解释》第82条的规定，对于物证应当着重审查以下内容：（1）是否为原物、原件，是否经过辨认、鉴定；物证的照片、录像、复制品是否与原物相符，是否由二人以上制作，有无制作人关于制作过程以及原物存放于何处的文字说明和签名。（2）物证的收集程序、方式是否符合法律、有关规定；经勘验、检查、搜查提取、扣押的物证，是否附有相关笔录、清单，笔录、清单是否经调查人员或者侦查人员、物品持有人、见证人签名，没有签名的，是否注明原因；物品的名称、特征、数量、质量等是否注明清楚。（3）物证在收集、保管、鉴定过程中是否受损或者改变。（4）物证与案件事实有无关联；对现场遗留与犯罪有关的具备鉴定条件的血迹、体液、毛发、指纹等生物样本、痕迹、物品，是否已作 DNA 鉴定、指纹鉴定等，并与被告人或者被害人的相应生物特征、物品等比对。（5）与案件事实有关联的物证是否全面收集。物证的照片、录像、复制品，经与原物核对无误、经鉴定或者以其他方式确认真实的，可以作为定案的根据。物证的照片、录像、复制品，不能反映原物的外形和特征的，不得作为定案的根据。在勘验、检查、搜查过程中提取、扣押的物证，未附笔录或者清单，不能证明物证来源的，也不得作为定案的根据。

二、书证

书证是指以文字、符号、图画等表达的思想内容来证明案件事实的书面材料或者物品。实践中，书证的范围十分广泛，包括文字、符号、数字、图画、图表、印章或者其他具有表情达意功能的许多材料，都可以作为书证。

书证具有以下特征：第一，书证以其表达的思想内容来发挥证明作用。同一项材料，既可能是书证，也可能是物证。如果是以其记载的内容和表达的思想起证明作用的，则是书证；如果是以其外部特征、存在状态或者物质属性来证明案件事实的，则是物证。区分物证和书证，对于收集不同证据和发挥各自证明作用具有积极意义。第二，书证具有较强的稳定性。书证的内容明确，形式相对固定，一经形成，只要书证的物质载体没有被毁损，其内容不会随时间流逝而发生变化，从而稳定性较强。第三，书证能直接呈现其与案件事实的关联。书证一般不需要通过其他媒介或者中间环节来进行分析和判断，就能够以其记载的内容或表达的思想来直接表明其与案件事实之间的关联，并发挥相应的证明作用。

书证是有些犯罪案件中必不可少的证据种类。实践中，收集、调取的书证应当是原件，只有在取得原件确有困难时，才可以使用副本或者复制件。书证与物证都是实物证据，对物证审查的内容同样适用于对书证的审查，所以《刑诉解释》第82条规定的是对物证和书证的审查。书证的副本、复制件经与原件核对无误、经鉴定或者以其他方式确认真实的，可以作为定案的根据。但是，对书证的更改或者更改迹象不能作出合理解释，或者书证的副本、复制件不能反映原件及其内容的，不得作为定案的根据。在勘验、检查、搜查过程中提取、扣押的书证，未附笔录或者清单，不能证明书证来源的，也不得作为定案的根据。

三、证人证言

证人证言是指当事人以外的知道案件情况的人，就自己所知道的案件情况向公安司法机关所作的陈述。《刑事诉讼法》第62条第1款规定，凡是知道案件情况的人，都有作证的义务。向公安司法机关提供其所了解的案件情况，是我国公民负有的一项不可推卸的义务，既不能逃避作证，也不能由他人代为作证。证人应当是自然人，单位不能作为证人。同时，证人身份具有优先性，当一个人的证人身份与其他身份冲突时，应当首先履行证人作证义务。

尽管知道案件情况的人都有作证义务，但并非所有人都具备作证能力。只有了解案件情况并且具备作证能力的人，才能成为刑事诉讼中的证人。《刑事诉讼法》第 62 条第 2 款规定："生理上、精神上有缺陷或者年幼，不能辨别是非、不能正确表达的人，不能作证人。"根据这一规定，对于生理上、精神上存有一定缺陷或者年龄尚幼的人，即使其了解案件情况，因其不能辨别是非、不能正确表达，客观上没有作证能力，也就不能作为证人。需要注意的是，"生理上、精神上有缺陷或者年幼"并非不能作为证人的决定情形，"不能辨别是非、不能正确表达"才构成排除作证能力的关键因素。生理上、精神上有缺陷的人或者年幼的儿童，只要其能够辨别是非、能够正确表达，仍然可以作为证人提供证言。了解案件情况的人是否具有作证能力，需要由公安司法机关作出认定。《刑诉解释》第 88 条第 1 款规定，处于明显醉酒、中毒或者麻醉等状态，不能正常感知或者正确表达的证人所提供的证言，不得作为证据使用。《公安机关办理刑事案件程序规定》第 73 条第 3 款规定，对于证人能否辨别是非，能否正确表达，必要时可以进行审查或者鉴别。

证人依法负有如实作证的义务。《刑事诉讼法》第 125 条规定："询问证人，应当告知他应当如实地提供证据、证言和有意作伪证或者隐匿罪证要负的法律责任。"据此，证人在作证时应当向公安司法机关如实陈述其所了解的案件情况，证人证言应当客观真实地记录证人所陈述的案件情况，这是证人作证的应有之义。对于证人故意隐瞒事实或者作伪证的，不仅其陈述不能作为证据使用，证人还要承担相应的法律责任。

证人作证的义务在某种意义上包含着证人应当出庭作证的要求。这在我国刑事诉讼中也有相应的规定。根据《刑事诉讼法》第 192 条第 1 款和第 2 款的规定，公诉人、当事人或者辩护人、诉讼代理人对证人证言有异议，且该证人证言对案件定罪量刑有重大影响，人民法院认为证人有必要出庭作证的，证人应当出庭作证。人民警察就其执行职务时目击的犯罪情况作为证人出庭作证，适用前述规定。当然，客观来讲，并非所有案件中的证人都必须出庭作证，证人是否出庭作证既要考虑充分保障被告人对质权的问题，也要考虑证人证言对案件事实认定的作用和诉讼效率等问题。

证人负有作证义务的同时，也享有法律规定的诉讼权利。

一方面，获得安全保障的权利。《刑事诉讼法》第 63 条规定："人民法院、人民检察院和公安机关应当保障证人及其近亲属的安全。对证人及其近亲属进行威胁、侮辱、殴打或者打击报复，构成犯罪的，依法追究刑事责任；尚不够刑事处罚的，依法给予治安管理处罚。"第 64 条规定："对于危害国家安全犯罪、恐怖活动犯罪、黑社会性质的组织犯罪、毒品犯罪等案件，证人、鉴定人、被害人因在诉讼中作证，本人或者其近亲属的人身安全面临危险的，人民法院、人民检察院和公安机关应当采取以下一项或者多项保护措施：（一）不公开真实姓名、住址和工作单位等个人信息；（二）采取不暴露外貌、真实声音等出庭作证措施；（三）禁止特定的人员接触证人、鉴定人、被害人及其近亲属；（四）对人身和住宅采取专门性保护措施；（五）其他必要的保护措施。证人、鉴定人、被害人认为因在诉讼中作证，本人或者其近亲属的人身安全面临危险的，可以向人民法院、人民检察院、公安机关请求予以保护。人民法院、人民检察院、公安机关依法采取保护措施，有关单位和个人应当配合。"根据《刑诉规则》第 79 条的规定，人民检察院依法决定不公开证人、鉴定人、被害人的真实姓名、住址和工作单位等个人信息的，可以在起诉书、询问笔录等法律文书、证据材料中使用化名。但是应当另行书面说明使用化名的情况并标明密级，单独成卷。对证人及其近亲属进行威胁、侮辱、殴打或者打击报复，构成犯罪或者应当给予治安管理处罚的，人民检察院应当移送公安机关处理；情节轻微的，予以批评教育、训诫。

另一方面，获得经济保障的权利。《刑事诉讼法》第 65 条规定："证人因履行作证义务而支出的交通、住宿、就餐等费用，应当给予补助。证人作证的补助列入司法机关业务经费，由同级政府财政予以保障。有工作单位的证人作证，所在单位不得克扣或者变相克扣其工资、奖金及其他福利待遇。"《刑诉规则》第 80 条规定，证人在人民检察院侦查、审查逮捕、审查起诉期间因履行作证义务而支出的交通、住宿、就餐等费用，人民检察院应当给予补助。

证人证言属于言词证据的一种，其真实准确的程度与证人自身的感知、记忆和表达能力密切相关，具有较强的主观性，应当予以严格审查。《刑诉解释》第 87 条规定，对证人证言应当着重审查以下内容：（1）证言的内容是否为证人直接感知；（2）证人作证时的年龄，认知、记忆和表达能力，生理和精神状态是否影响作证；（3）证人与案件当事人、案件处理结果有无利害关系；（4）询问证人是否个别进行；（5）询问笔录的制作、修改是否符合法律、有关规定，是否注明询问的起止时间和地点，首次询问时是否告知证人有关权利义务和法律责任，证人对询问笔录是否核对确认；（6）询问未成年证人时，是否通知其法定代理人或者《刑事诉讼法》第 281 条第 1 款规定的合适成年人到场，有关人员是否到场；（7）有无以暴力、威胁等非法方法收集证人证言的情形；（8）证言之间以及与其他证据之间能否相互印证，有无矛盾，存在矛盾的，能否得到合理解释。

证人只能就其本人了解的案件事实进行陈述，超出案件事实的内容不是证人证言。证人证言的内容一般是证人亲眼见到、亲耳听到或亲身感知的案件情况，如果是证人转述他人了解的案件情况，则应当向办案机关说明确切的来源，以便核实。证人证言承载的是有关的案件事实，因而证人出于个人主观认识作出的猜测、评论和意见，不能作为证据使用。对此，《刑诉解释》第 88 条规定，证人的猜测性、评论性、推断性的证言，不得作为证据使用，但根据一般生活经验判断符合事实的除外。

为了保证证人证言的真实性，刑事诉讼法规定证人证言必须经过在法庭上经过公诉人、被害人和被告人、辩护人双方质证并且查实以后才能作为定案的根据，同时还规定了证人应当出庭作证以及法院强制证人到庭接受质证的情形，切实发挥证人证言在庭审中的积极作用。对于证人当庭作出的证言与其庭前作出的证言有矛盾的，《刑诉解释》第 91 条规定，如果证人能够作出合理解释，并有其他证据印证的，应当采信其庭审证言；不能作出合理解释，而其庭前证言有其他证据印证的，可以采信其庭前证言。经人民法院通知，证人没有正当理由拒绝出庭或者出庭后拒绝作证，法庭对其证言的真实性无法确认的，该证人证言不得作为定案的根据。

证人证言应当严格按照法律规定的程序和方式收集，这是证据合法性的基本要求。对于严重违反法定程序的证人证言，将会依法被排除而不得作为定案的根据。《刑诉解释》第 89 条规定，证人证言具有下列情形之一的，不得作为定案的根据：（1）询问证人没有个别进行的；（2）书面证言没有经证人核对确认的；（3）询问聋、哑人，应当提供通晓聋、哑手势的人员而未提供的；（4）询问不通晓当地通用语言、文字的证人，应当提供翻译人员而未提供的。

四、被害人陈述

被害人陈述，是指刑事被害人就其遭受犯罪行为侵害的事实和其他与案件有关的情况向公安司法机关所作的陈述。被害人是刑事诉讼法明确规定的当事人，可以是自然人，也可以是单位。无论是自然人，还是单位，其陈述都是被害人陈述。自诉人和附带民事诉讼的原告人是被害人的，他们的陈述也是被害人陈述。

被害人是直接遭受犯罪行为侵害的人，一般对犯罪地点、犯罪经过等案件事实情节有较多了解，特别是有的被害人与犯罪人有过直接的接触，能够清晰地描述犯罪分子的体貌特征等，故其陈述对于揭露犯罪、查获犯罪人和认定案件事实具有积极作用。但是，也正因为被害人直接遭受犯罪行为侵害这一特殊身份，其在陈述时容易受到情绪激动、泄愤等因素的影响而故意夸大犯罪事实，或者隐瞒自己在犯罪过程中的过错，甚至诬告陷害犯罪嫌疑人。实践中，也有的被害人不愿或不敢揭露犯罪和犯罪人，从而无法获取被害人陈述。

被害人陈述也是言词证据，具有较强的主观性，并且由于其容易出现夸大或虚假陈述，为确保被害人陈述的真实性，办案人员应当严格审查。对被害人陈述的收集、审查与认定，适用与证人证言同样的规则和要求。

五、犯罪嫌疑人、被告人供述和辩解

犯罪嫌疑人、被告人供述和辩解，也称为"口供"或"自白"，是指犯罪嫌疑人、被告人就其涉嫌的犯罪事实和其他有关情况向公安司法机关所作的陈述。主要包括三种情形：（1）供述，即犯罪嫌疑人、被告人承认自己所犯罪行或者犯罪事实的陈述；（2）辩解，即犯罪嫌疑人、被告人否认自己实施了犯罪行为或者自己应予从宽处罚的陈述；（3）攀供，即犯罪嫌疑人、被告人揭发同案共犯罪事实的陈述。如揭发共同犯罪人另外事实的其他犯罪行为，则不属于口供，应为证人证言。

犯罪嫌疑人、被告人供述和辩解具有以下特点：

第一，犯罪嫌疑人、被告人供述和辩解对于全面查明案件事实非常重要。犯罪嫌疑人、被告人对自己是否实施犯罪、因何实施犯罪、如何实施犯罪等最为清楚，若其如实供述，往往可以从正面来直接、全面地重塑整个案件事实；若其如实辩解，也可以从反面来提供证实无罪、罪轻或从宽处罚的证据或相关线索，从而帮助查明案件事实。

第二，犯罪嫌疑人、被告人供述和辩解的虚假可能性很大。犯罪嫌疑人、被告人与案件的诉讼过程和处理结果有着直接的利害关系。为了逃避或减轻罪责，犯罪嫌疑人、被告人很可能会虚假陈述、选择性陈述或者拒绝陈述，否认指控。实践中，也有的人可能会基于某种考虑而承认自己没有实施的犯罪。

第三，犯罪嫌疑人、被告人供述和辩解具有不稳定性，容易出现翻供。刑事案件的处理关系到犯罪嫌疑人、被告人的人身自由、财产甚至生命等重大权益，其心理状态在诉讼过程中也会反复变化，随时可能推翻先前供述和辩解，作出新的供述和辩解，从而呈现较强的不稳定性。

实践中，既要充分认识犯罪嫌疑人、被告人供述和辩解对查明案件事实和依法惩处犯罪的重要意义，也要正确看待犯罪嫌疑人、被告人供述和辩解不实、翻供等问题，做好对犯罪嫌疑人、被告人供述和辩解的收集和审查运用工作。在讯问犯罪嫌疑人、被告人时，严禁刑讯逼供和以威胁、引诱、欺骗以及其他非法方法收集证据，不得强迫任何人证实自己有罪。做好对犯罪嫌疑人、被告人享有的诉讼权利、如实供述自己罪行可以从宽处理和认罪认罚有关法律规定的告知工作，保证犯罪嫌疑人、被告人供述的自愿性和真实性。坚持重证据，重调查研究，不轻信口供。只有被告人供述，没有其他证据的，不能认定被告人有罪和处以刑罚；没有被告人供述，证据确实、充分的，可以认定被告人有罪和处以刑罚。此外，还要注意，犯罪嫌疑人、

被告人的辩解是犯罪嫌疑人、被告人依法行使辩护权的一种方式，因而在刑事诉讼中应当保证犯罪嫌疑人、被告人进行充分的辩解，不能限制或剥夺犯罪嫌疑人、被告人依法进行辩解和有效辩护的权利。

根据《刑诉解释》第93条的规定，对被告人供述和辩解，应当着重审查以下内容：（1）讯问的时间、地点，讯问人的身份、人数以及讯问方式等是否符合法律、有关规定；（2）讯问笔录的制作、修改是否符合法律、有关规定，是否注明讯问的具体起止时间和地点，首次讯问时是否告知被告人有关权利和法律规定，被告人是否核对确认；（3）讯问未成年被告人时，是否通知其法定代理人或者合适成年人到场，有关人员是否到场；（4）讯问女性未成年被告人时，是否有女性工作人员在场；（5）有无以刑讯逼供等非法方法收集被告人供述的情形；（6）被告人的供述是否前后一致，有无反复以及出现反复的原因；（7）被告人的供述和辩解是否全部随案移送；（8）被告人的辩解内容是否符合案情和常理，有无矛盾；（9）被告人的供述和辩解与同案被告人的供述和辩解以及其他证据能否相互印证，有无矛盾；存在矛盾的，能否得到合理解释。必要时，可以结合现场执法音视频记录、讯问录音录像、被告人进出看守所的健康检查记录、笔录等，对被告人的供述和辩解进行审查。

六、鉴定意见

鉴定意见，是指国家专门机关就案件中的专门性问题，指派或聘请具有专门知识的人进行鉴定后所作的判断性意见。鉴定意见作为刑事诉讼法规定的证据种类之一，其主要解决的是与案件事实有关的专门性问题，而不是就法律问题作出分析判断。鉴定意见可以弥补办案人员在案件专门性问题上的知识不足，有助于办案人员更加准确地认定案件事实和作出相应的处理。

鉴定意见是针对案件中的专门性问题作出的，这些专门性问题不是仅靠常识就能作出判断、得出结论的，而是需要借助一定的专业知识和相应的科学技术手段，正因如此，学界通常将鉴定意见归于"科学证据"的范畴。但是，由于仪器操作、意见出具等最终是由人完成的，鉴定意见不可避免地会受到鉴定人业务水平、专业经验、职业道德等主观因素的影响，并非绝对科学、可靠，需要认真审查判断。[①]

不是任何机构、任何人都可以出具鉴定意见的，作为证据使用的鉴定意见应当符合法定的形式要求。我国对从事司法鉴定业务的鉴定人和鉴定机构实行登记管理制度，只有登记在册的鉴定人和鉴定机构才有资格接受指派或聘请就刑事案件中的专门性问题进行鉴定和出具意见。鉴定意见应当以书面形式提出，由鉴定人本人签名并加盖单位公章，只有鉴定人本人签名的或者只有单位公章的，都不能作为证据使用。多人参加的鉴定，对鉴定意见有不同意见的，应当注明。在审理过程中，当事人对鉴定意见有异议的，经人民法院依法通知，鉴定人应当出庭作证。

鉴定意见只是法律规定的一类证据，其并不具有高于其他证据种类的效力，同样需要经过查证属实，才能作为定案的根据。根据《刑诉解释》第97条的规定，对鉴定意见应当着重审查以下内容：（1）鉴定机构和鉴定人是否具有法定资质；（2）鉴定人是否存在应当回避的情形；（3）检材的来源、取得、保管、送检是否符合法律、有关规定，与相关提取笔录、扣押清单等记载的内容是否相符，检材是否可靠；（4）鉴定意见的形式要件是否完备，是否注明提起鉴定的事由、鉴定委托人、鉴定机构、鉴定要求、鉴定过程、鉴定方法、鉴定日期等相关

---

① 参见《刑事诉讼法学》编写组：《刑事诉讼法学》（第三版），高等教育出版社2019年版，第149页。

内容，是否由鉴定机构盖章并由鉴定人签名；（5）鉴定程序是否符合法律、有关规定；（6）鉴定的过程和方法是否符合相关专业的规范要求；（7）鉴定意见是否明确；（8）鉴定意见与案件事实有无关联；（9）鉴定意见与勘验、检查笔录及相关照片等其他证据是否矛盾，存在矛盾的，能否得到合理解释；（10）鉴定意见是否依法及时告知相关人员，当事人对鉴定意见有无异议。

不符合法律规定条件的鉴定意见，不能作为证据使用。《刑诉解释》第98条规定，鉴定意见具有下列情形之一的，不得作为定案的根据：（1）鉴定机构不具备法定资质，或者鉴定事项超出该鉴定机构业务范围、技术条件的；（2）鉴定人不具备法定资质，不具有相关专业技术或者职称，或者违反回避规定的；（3）送检材料、样本来源不明，或者因污染不具备鉴定条件的；（4）鉴定对象与送检材料、样本不一致的；（5）鉴定程序违反规定的；（6）鉴定过程和方法不符合相关专业的规范要求的；（7）鉴定文书缺少签名、盖章的；（8）鉴定意见与案件事实没有关联的；（9）违反有关规定的其他情形。此外，经人民法院通知，鉴定人拒不出庭作证的，鉴定意见不得作为定案的根据。

七、勘验、检查、辨认、侦查实验等笔录

勘验、检查笔录，是指公安司法人员对与犯罪有关的场所、物品、人身、尸体进行勘验、检查时所作的记录。其中，勘验针对与犯罪有关的场所、物品和尸体进行，目的在于收集和固定有关证据，形成的笔录是勘验笔录；检查针对活人的身体进行，目的在于确定犯罪嫌疑人、被告人的生理特征或伤害情况，形成的笔录是检查笔录。

辨认是在侦查人员组织下由被害人、证人、犯罪嫌疑人对犯罪嫌疑人、与案件有关的物品、尸体、场所进行辨别和确认的活动。辨认笔录是对辨认的时间、地点、过程和结果等所作的记录。

侦查实验是指为了确定与案件有关的某些事实或行为在某种条件下能否发生或者怎样发生，而按照原来的条件加以重演或试验的一种侦查活动。侦查实验笔录就是侦查机关对进行侦查实验的时间、地点、实验条件以及实验过程和结果等所作的记录。

勘验、检查、辨认、侦查实验等笔录是对有关侦查活动的客观记录，是保全有关证据材料的方法，笔录所承载的内容是案件事实，但笔录本身往往不能直接证明案件的主要事实，而需要和其他证据结合起来，共同证明案件的主要事实。实践中，办案人员应当注意收集和审查运用勘验、检查、辨认、侦查实验等笔录。

根据《刑诉解释》的有关规定，对勘验、检查笔录应当着重审查以下内容：（1）勘验、检查是否依法进行，笔录制作是否符合法律、有关规定，勘验、检查人员和见证人是否签名或者盖章；（2）勘验、检查笔录是否记录了提起勘验、检查的事由，勘验、检查的时间、地点，在场人员、现场方位、周围环境等，现场的物品、人身、尸体等的位置、特征等情况，以及勘验、检查的过程；文字记录与实物或者绘图、照片、录像是否相符；现场、物品、痕迹等是否伪造、有无破坏；人身特征、伤害情况、生理状态有无伪装或者变化等；（3）补充进行勘验、检查的，是否说明了再次勘验、检查的缘由，前后勘验、检查的情况是否矛盾。勘验、检查笔录存在明显不符合法律、有关规定的情形，不能作出合理解释的，不得作为定案的根据。

对辨认笔录应当着重审查辨认的过程、方法，以及辨认笔录的制作是否符合有关规定。辨认笔录具有下列情形之一的，不得作为定案的根据：（1）辨认不是在调查人员、侦查人员主持下进行的；（2）辨认前使辨认人见到辨认对象的；（3）辨认活动没有个别进行的；（4）辨认

对象没有混杂在具有类似特征的其他对象中，或者供辨认的对象数量不符合规定的；（5）辨认中给辨认人明显暗示或者明显有指认嫌疑的；（6）违反有关规定，不能确定辨认笔录真实性的其他情形。

对侦查实验笔录应当着重审查实验的过程、方法，以及笔录的制作是否符合有关规定。侦查实验的条件与事件发生时的条件有明显差异，或者存在影响实验结论科学性的其他情形的，侦查实验笔录不得作为定案的根据。

八、视听资料、电子数据

视听资料，是指以录音、录像、计算机磁盘等记载的音像信息来证明案件事实的资料。电子数据，是指在案件发生过程中形成的，以数字化形式存储、处理、传输的，能够证明案件事实的数据。

视听资料、电子数据有以下主要特点：（1）形式多样，直观性强，客观实在，内容丰富；（2）既有易于保存的一面，又有容易被损坏、覆盖、灭失的一面；（3）占用空间少，传送和运输方便；（4）可以反复重现，作为证据易于使用，审查核实时便于操作；（5）存在被伪造、变造的可能性；（6）对技术要求高，伴随科技发展的进程而不断更新和发展。[①]

根据《刑诉解释》的有关规定，对视听资料应当着重审查以下内容：（1）是否附有提取过程的说明，来源是否合法。（2）是否为原件，有无复制及复制份数；是复制件的，是否附有无法调取原件的原因、复制件制作过程和原件存放地点的说明，制作人、原视听资料持有人是否签名。（3）制作过程中是否存在威胁、引诱当事人等违反法律、有关规定的情形。（4）是否写明制作人、持有人的身份，制作的时间、地点、条件和方法。（5）内容和制作过程是否真实，有无剪辑、增加、删改等情形。（6）内容与案件事实有无关联。对视听资料有疑问的，应当进行鉴定。视听资料具有下列情形之一的，不得作为定案的根据：（1）系篡改、伪造或者无法确定真伪的；（2）制作、取得的时间、地点、方式等有疑问，不能作出合理解释的。

对电子数据，应当从真实性、完整性和合法性三个方面进行审查。

第一，对电子数据是否真实，应当着重审查以下内容：（1）是否移送原始存储介质；在原始存储介质无法封存、不便移动时，有无说明原因，并注明收集、提取过程及原始存储介质的存放地点或者电子数据的来源等情况；（2）是否具有数字签名、数字证书等特殊标识；（3）收集、提取的过程是否可以重现；（4）如有增加、删除、修改等情形的，是否附有说明；（5）完整性是否可以保证。电子数据具有下列情形之一的，不得作为定案的根据：（1）系篡改、伪造或者无法确定真伪的；（2）有增加、删除、修改等情形，影响电子数据真实性的；（3）其他无法保证电子数据真实性的情形。

第二，对电子数据是否完整，应当根据保护电子数据完整性的相应方法进行审查、验证：（1）审查原始存储介质的扣押、封存状态；（2）审查电子数据的收集、提取过程，查看录像；（3）比对电子数据完整性校验值；（4）与备份的电子数据进行比较；（5）审查冻结后的访问操作日志；（6）其他方法。

第三，对收集、提取电子数据是否合法，应当着重审查以下内容：（1）收集、提取电子数据是否由2名以上调查人员、侦查人员进行，取证方法是否符合相关技术标准。（2）收集、提取电子数据，是否附有笔录、清单，并经调查人员、侦查人员、电子数据持有人、提供人、

---

① 参见宋英辉、甄贞主编：《刑事诉讼法学》，中国人民大学出版社2020年版，第197页。

见证人签名或者盖章；没有签名或者盖章的，是否注明原因；对电子数据的类别、文件格式等是否注明清楚。（3）是否依照有关规定由符合条件的人员担任见证人，是否对相关活动进行录像。（4）采用技术调查、侦查措施收集、提取电子数据的，是否依法经过严格的批准手续。（5）进行电子数据检查的，检查程序是否符合有关规定。电子数据的收集、提取程序有下列瑕疵，经补正或者作出合理解释的，可以采用；不能补正或者作出合理解释的，不得作为定案的根据：（1）未以封存状态移送的；（2）笔录或者清单上没有调查人员或者侦查人员、电子数据持有人、提供人、见证人签名或者盖章的；（3）对电子数据的名称、类别、格式等注明不清的；（4）有其他瑕疵的。

对视听资料、电子数据，还应当审查是否移送文字抄清材料以及对绰号、暗语、俗语、方言等不易理解内容的说明。未移送的，必要时，可以要求人民检察院移送。

【实务问题探讨】加强检察机关引导侦查机关收集电子数据。[①]

北京中软融鑫计算机系统工程有限公司（以下简称中软融鑫公司）系主营技术开发、计算机系统服务、销售软件等业务的国有控股公司，研发多款金融监管类软件。李甲、李某波、李某明先后于2005年、2008年、2009年入职中软融鑫公司，并与公司签订保密协议，分别曾任该公司副总经理、高级软件开发工程师、业务分析师。被告人李甲、李某明在任职期间，于2013年1月共同出资成立同业竞争公司上海华颉公司，由亲友代持股份，二人隐名实际运营。2014年2月李某明离职，担任上海华颉公司法定代表人、总经理，负责该公司运营；4月李某波离职加入上海华颉公司，负责对该公司非法获得的中软融鑫公司软件进行"去标识化"等处理。李甲仍留在中软融鑫公司工作，但参与上海华颉公司运营，2013年至2016年多次将中软融鑫公司软件模型资料等提供给上海华颉公司。2013至2016年，上海华颉公司向多家公司销售金融监管类软件，给权利人造成损失人民币150余万元。经鉴定，中软融鑫公司相关软件具有非公知性，上海华颉公司销售的软件与中软融鑫公司相关软件的非公知源代码具有同一性。

中软融鑫公司报案后，公安机关于2017年12月13日对李某明以涉嫌侵犯商业秘密罪立案侦查。依公安机关商请，北京市海淀区人民检察院介入侦查，引导取证，立即向北京检察科技信息中心申请专业同步辅助审查，及时引导公安机关依法规范提取上海华颉公司服务器中的电子数据，扣押关键办公电脑；并迅速与国家工业信息安全发展研究中心司法鉴定所联系，明确鉴定方向，跟进鉴定进程。最终，海淀区人民法院一审以侵犯商业秘密罪判处上海华颉公司罚金50万元，判处李甲等三人有期徒刑2年2个月至1年6个月不等，并处罚金20万元至10万元不等。李甲等人均未上诉，上海华颉公司提出上诉。2020年10月30日，北京市第一中级人民法院作出驳回上诉、维持原判的裁定。

本案中，办案检察机关依托捕诉一体制度优势，充分发挥审前主导作用，针对电子数据，向公安机关列明重点提取对象及注意事项，并申请有专门知识的人

[①] 参见最高人民检察院发布的《2020年度检察机关保护知识产权典型案例》之案例1：北京华颉信息技术有限公司、李甲等侵犯商业秘密案。

同步辅助审查海量证据、挖掘重要监督线索；针对讯问及取证难点，制定详细讯问、补侦提纲及取证方案，并视情况调整补充；就涉案软件商业秘密非公知性、同一性，以及目标代码与源代码的对应关系等关键问题，多次询问知识产权鉴定机构，确保收集证据全面、合法，为指控犯罪奠定了坚实基础。

第三节　证据的分类

证据的分类，是按照证据的不同特点而在理论上对证据进行一种划分，目的是从不同角度把握各类证据的特点及其运用规律，从而更好地发挥证明作用。证据的分类与证据的种类不同。证据的分类是理论上对证据所作的划分，根据不同的划分标准，可以将证据归为不同类别；证据的种类是刑事诉讼法明确规定的证据的表现形式，划分标准单一，且具有法律约束力。我国刑事诉讼理论中，按照不同的标准，通常将证据分为：言词证据与实物证据；原始证据与传来证据；有罪证据与无罪证据；直接证据与间接证据。

一、言词证据与实物证据

根据证据的表现形式不同，可以将证据分为言词证据和实物证据。其中，言词证据是以人的陈述作为表现形式的证据；实物证据是以物品、文件、痕迹等客观物质作为表现形式的证据。在刑事诉讼法规定的八类证据中，证人证言，被害人陈述，犯罪嫌疑人、被告人供述和辩解，鉴定意见都属于言词证据；物证，书证，勘验检查等笔录，视听资料、电子数据都属于实物证据。需要注意的是，言词证据是以人的陈述为表现形式，但并不一定是口头陈述，手语表达同样是言词证据。有的证据以书面、录音录像、电子形式等作为载体但仍然是人的陈述内容来证明案件事实的，在本质上也还是言词证据。

将证据划分为言词证据与实物证据，有助于办案人员把握两类证据各自的特点，有针对性地进行收集、固定和审查运用。

言词证据的优点是形象、生动、具体，往往能够直接揭示案件发生的原因、过程、后果和具体情节等有关案件事实。但是，言词证据受陈述人自身的感知能力、记忆能力、判断能力、表达能力以及外部影响等主客观因素的影响，容易出现错误、虚假或前后矛盾。在收集和审查运用言词证据时，应当注意以下几点：第一，严禁刑讯逼供和采用威胁、引诱、欺骗以及其他非法方法，应当对证人和被害人讲明作伪证和故意虚假陈述的法律责任，告知其有义务如实提供证据。第二，及时收集言词证据。第三，全面、如实地进行记录，并依法核对和签名，予以固定。第四，审查判断言词证据，应当特别注意陈述主体的个人情况，与案件的关系，感知、记忆、陈述的能力和条件，以及有无外界社会因素的影响，分析哪些因素可能影响言词证据的真实性，如被害人是否因为遭受犯罪行为侵害而有意夸大事实，证人是否由于与犯罪嫌疑人、被告人的亲疏、恩怨关系而为其开脱或掩盖罪行，陈述者感受案件事实的客观环境如何，是否受到威胁、引诱以及刑讯逼供等。第五，言词证据必须在法庭上进行控辩双方质证，查证属实，才能作为定案根据。第六，只有言词证据的情况下，对被告人定罪处刑应当特别慎重。

与言词证据相比，实物证据更为客观、稳定、可靠。但是，实物证据在形式上不如言词证据形象、生动和具体，实物证据与案件事实之间的联系通常需要借助科学技术手段才能揭示出来，对科学技术的依赖较强。并且，单个实物证据一般只能证明案件事实的某个环节或片段，对案件主要事实的证明则多是间接的，需要办案人员运用逻辑思维将多个实物证据或者实物证据与言词证据结合起来，才能发挥对整个案件事实的证明作用。因此，在收集和审查运用实物证据时，应当注意以下几点：第一，及时、客观、细致、全面，注意运用现代科技手段，避免遗漏或在收集中破坏实物证据的证明价值。第二，凡是需要鉴定或者检验的实物证据，都必须进行鉴定或检验，不能仅凭办案人员的经验判断或想当然认定。第三，对收集到的实物证据应开列清单，妥善保管，不能保存的应通过拍照、制作模型、绘图等手段加以保全和固定。第四，实物证据是否被伪造，是否受环境影响而发生变化，收集实物证据的办案人员业务素质如何，使用的技术设备等。

二、原始证据与传来证据

按照证据的来源不同，可以将证据分为原始证据和传来证据。直接来源于案件事实，未经复制或者转述的证据，是原始证据。例如，在犯罪现场提取的物证原件、目睹犯罪行为的证人所作的证言等。不是直接来源于案件事实，而是经过复制或者转述的证据，是传来证据。例如，物证的复制品，文件的副本、影印件、抄件，非亲自感受案件事实的证人所作的证言等。

一般而言，原始证据直接来源于案件事实，比传来证据更可靠；距离原始证据越近的传来证据，通常越可靠。这就要求，实践中办案人员应当尽可能收集原始证据，同时也不能忽视对传来证据的收集。收集传来证据时，应当收集与原始证据距离最近的传来证据，以避免证据在复制或转述过程中发生变化。传来证据可以作为发现原始证据的依据和线索，也可以印证原始证据，增强原始证据的可靠性。在确实无法收集原始证据或者收集原始证据确有困难时，可以通过查证属实的传来证据来认定案件事实。

三、有罪证据与无罪证据

根据发挥的证明作用不同，可以将证据分为有罪证据和无罪证据。有罪证据，是指能够证明犯罪事实存在，并且犯罪行为是犯罪嫌疑人、被告人实施的证据。实践中，有罪证据还可以进一步分为罪重证据和罪轻证据。相应的，凡是能够否定犯罪事实存在，或者证明犯罪行为不是犯罪嫌疑人、被告人实施的证据，则属于无罪证据。

区分有罪证据和无罪证据，对于办案机关在实践中全面收集证据、避免取证片面性和准确认定案件事实、防止造成冤假错案，做到不枉不纵，具有重要意义。实践中，办案人员既要注意收集有罪证据，也要注意收集无罪证据。刑事诉讼法对全面收集有罪证据和无罪证据作了明确规定。《刑事诉讼法》第52条规定，审判人员、检察人员、侦查人员必须依照法定程序，收集能够证实犯罪嫌疑人、被告人有罪或者无罪、犯罪情节轻重的各种证据；第137条规定，任何单位和个人，有义务按照人民检察院和公安机关的要求，交出可以证明犯罪嫌疑人有罪或者无罪的物证、书证、视听资料等证据。

实践中，办案人员应当注意有罪证据和无罪证据在运用上的差别。有罪证据以实现对犯罪嫌疑人、被告人的最终定罪为目的，因而在运用有罪证据对被告人作出有罪认定时，必须做到有罪证据确实、充分，对案件事实的证明达到排除合理怀疑的程度，得出被告人有罪的唯一排他性结论。无罪证据的运用则不同，只要有一个经过查证属实或者无法排除合理怀疑的无罪证据，就要依照法律规定或疑罪从无原则对被告人作出无罪的判决。

四、直接证据与间接证据

根据证据与案件主要事实的证明关系不同，可以将证据分为直接证据与间接证据。刑事案件中的主要事实，是指犯罪嫌疑人、被告人是否实施了被指控的犯罪事实。直接证据，是指能够单独、直接地证明案件主要事实的证据。如果一项证据无须经过推理过程，就可以直观地说明犯罪行为是不是犯罪嫌疑人、被告人所实施的，则该项证据就是直接证据。例如，犯罪嫌疑人对自己是否实施犯罪行为的供述和辩解，能够证明犯罪嫌疑人、被告人是否实施了犯罪行为的被害人陈述或者证人证言等。间接证据，是指不能单独、直接指明案件主要事实，需要与其他证据结合在一起才能证明案件主要事实的证据。间接证据与案件主要事实的联系是间接的，一个间接证据只能证明案件主要事实的某个片段。因此，要想证明案件的主要事实，就需要将间接证据与其他证据结合在一起，并经过严格的推理过程，才能证明案件主要事实。刑事诉讼中大量的证据都是间接证据。例如，犯罪现场留下的物品、痕迹，勘验、检查笔录等。

区分直接证据与间接证据，有助于办案人员充分认识不同证据在证明案件主要事实中的作用，准确把握运用直接证据和间接证据认定案件主要事实的规则。虽然直接证据能够单独地、直接地证明案件主要事实，但应当坚持孤证不能定案原则。如果只有一个直接证据而无其他证据，不能认定案件主要事实。对于间接证据的运用，根据《刑诉解释》第140条的规定，没有直接证据，但间接证据同时符合下列条件的，可以认定被告人有罪：（1）证据已经查证属实；（2）证据之间相互印证，不存在无法排除的矛盾和无法解释的疑问；（3）全案证据形成完整的证据链；（4）根据证据认定案件事实足以排除合理怀疑，结论具有唯一性；（5）运用证据进行的推理符合逻辑和经验。

【**实务问题探讨**】　实践中如何运用间接证据来认定案件事实？[①]

近年来，熟人之间的强奸案件频发，此类案件中的加害人与被害人在案发前认识、案发后双方当事人对案件事实情节的陈述直接对立，给司法机关审查判断证据和认定案件事实带来很大困难。这就要求办案人员必须高度重视间接证据在证据审查判断和综合认定案件事实中的重要意义。实践中，许多熟人型强奸案件的成功办理都是办案人员从相关的间接证据上寻找突破口，对加害人与犯罪嫌疑人、被告人"一对一"的证据冲突进行合理解释和补强，并综合运用间接证据组建证据链条来认定案件事实。例如，通过审查，被害人与犯罪嫌疑人、被告人虽然认识，但双方长期没有联络或者联系不多，或者只是朋友寒暄式或工作原因的日常联系，从而可以合理地推断二人并无自愿发生性关系的感情基础。再如，通过审查犯罪嫌疑人、被告人在与被害人吃饭饮酒时有无故意灌酒、被害人有无表现出醉酒状态以及二人在肢体上的一些表现等，从而可以合理地推断犯罪嫌疑人、被告人与被害人各自在案发前对与对方发生性关系这一行为所持的主观预期态度和意识清醒状态，进而去分析判断被害人在案发时的意识状态和主观态度，这都会为办案人员综合审查全案证据和准确判断案件是否符合"违背妇女意志"等犯罪要件提供重要帮助。

---

① 参见王贞会、王大可：《熟人强奸案件的证据审查与运用规则》，载《中国检察官》2022年第16期。

当然也要清楚，运用间接证据证明案件事实的工作比较复杂，因为司法人员既要审查证据的真实性，又要审查证据与案件主要事实的关联性，还要确认间接证据的证明力。[1] 同时，在运用间接证据认定案件事实时，还必须结合办案人员对证据和事实进行逻辑推理的过程，并且各个间接证据所能证明的事实情节在方向上必须是互相一致的，形成环环相扣、没有证据冲突、没有事实缺口的完整证据链条，在此基础上得出排除其他可能性的唯一结论。所以，间接证据的审查运用和办案人员的逻辑思维是密不可分的。鉴于间接证据在办理熟人型强奸案件中的重要作用，办案人员在间接证据的审查运用上要格外谨慎，紧紧围绕证明对象（主要包括对案件发的时间地点、双方的交往关系、双方的力量对比、案件发后双方的态度等）组织应用间接证据。间接证据必须具有证据能力，满足真实性、关联性和合法性的要求，在作为补强证据时应具有单独的来源，并且应当具有相对足够的数量，间接证据之间必须相互协调，不能互相矛盾。特别是要注意与犯罪嫌疑人供述、被害人陈述相比对，合理排除疑点。[2]

第四节　非法证据排除规则

证据规则，是用来规范证据资格，指导和约束证据的收集、审查判断及证明活动的基本准则。在刑事诉讼中，证据规则以限制性规则为主，包括限制证据能力的规则和限制证明力的规则。证据规则对于限制裁判者的自由裁量权、规范控辩双方庭审举证及质证活动意义重大；同时，证据规则的效力也辐射到审前程序中，对规范侦查人员收集及审查判断证据具有指导作用，以更好地发挥其防止错判、保障人权的功能。[3]

非法证据排除规则是规范和限制证据能力的一项证据规则，最早产生于美国。在我国，刑事诉讼中的非法证据排除规则是指公安司法人员以非法方法或者违反法定程序取得的证据应当予以排除，不得作为对犯罪嫌疑人、被告人提出指控和定罪量刑的根据。

非法证据排除规则在我国刑事诉讼中的确立经历了一个逐步发展完善的过程。从保护公民权利的角度来说，非法证据排除规则的法律渊源可以追溯至宪法对保护公民人身权、财产权和隐私权的规定，但是刑事诉讼法在 2012 年第二次修改之前都只是规定"严禁刑讯逼供和以威胁、引诱、欺骗以及其他非法的方法收集证据"，并没有明确采取非法方法获取的证据是否需要排除。2010 年最高人民法院、最高人民检察院、公安部、国家安全部和司法部共同颁布的《关于办理刑事案件排除非法证据若干问题的规定》首次较为详细地规定了我国刑事诉讼中非法证据排除规则的主要内容，标志着非法证据排除规则在我国刑事诉讼中的正式确立。2012年修改的刑事诉讼法从国家法律层面对非法证据排除规则的内容作了进一步的完善。

党的十八届三中全会《中共中央关于全面深化改革若干重大问题的决定》、十八届四中全会《中共中央关于全面推进依法治国若干重大问题的决定》明确要求，严格实行非法证据排除规则，健全落实非法证据排除等法律原则的法律制度，加强对刑讯逼供和非法取证的源头预

---

① 参见何家弘：《间接证据的证明方法初探》，载《证据科学》2021 年第 3 期。

② 参见李涛：《无明显暴力强奸罪中间接证据的组合应用》，载《法治论坛》2017 年第 3 期。

③ 参见《刑事诉讼法学》编写组：《刑事诉讼法学》（第三版），高等教育出版社 2019 年版，第 141 页。

防。2017年4月18日中央全面深化改革领导小组第34次会议审议通过，2017年6月20日最高人民法院、最高人民检察院、公安部、国家安全部和司法部联合发布的《关于办理刑事案件严格排除非法证据若干问题的规定》，对非法证据排除规则作了更加细致、明确的规定。《刑诉解释》《刑诉规则》和《公安机关办理刑事案件程序规定》都对非法证据排除规则在各自诉讼阶段的适用作了规定，对于指导和规范实践中公安司法人员依法取证、维护公民权利和准确认定案件事实具有重要意义。

一、非法证据排除规则的适用范围

《刑事诉讼法》第56条第1款规定，采用刑讯逼供等非法方法收集的犯罪嫌疑人、被告人供述和采用暴力、威胁等非法方法收集的证人证言、被害人陈述，应当予以排除。收集物证、书证不符合法定程序，可能严重影响司法公正的，应当予以补正或者作出合理解释；不能补正或者作出合理解释的，对该证据应当予以排除。根据这一规定，我国刑事诉讼中非法证据排除的范围包括非法言词证据和非法实物证据两类。对于非法言词证据，采用绝对排除、一律排除的原则；对于非法实物证据，采用有条件排除的原则。

（一）非法言词证据

非法言词证据包括公安司法人员使用非法方法收集的犯罪嫌疑人、被告人供述，证人证言和被害人陈述。

一方面，非法收集的犯罪嫌疑人、被告人供述，应当予以排除。除了刑事诉讼法的规定，《刑诉规则》第67条和第68条进一步规定，对采用下列方法收集的犯罪嫌疑人供述，应当予以排除：（1）采用殴打、违法使用戒具等暴力方法或者变相肉刑的恶劣手段，使犯罪嫌疑人遭受难以忍受的痛苦而违背意愿作出的供述；（2）采用以暴力或者严重损害本人及其近亲属合法权益等进行威胁的方法，使犯罪嫌疑人遭受难以忍受的痛苦而违背意愿作出的供述；（3）采用非法拘禁等非法限制人身自由的方法收集的供述。同时，对采用刑讯逼供方法使犯罪嫌疑人作出供述，之后犯罪嫌疑人受该刑讯逼供行为影响而作出的与该供述相同的重复性供述，应当一并排除，但下列情形除外：（1）侦查期间，根据控告、举报或者自己发现等，公安机关确认或者不能排除以非法方法收集证据而更换侦查人员，其他侦查人员再次讯问时告知诉讼权利和认罪认罚的法律规定，犯罪嫌疑人自愿供述的；（2）审查逮捕、审查起诉期间，检察人员讯问时告知诉讼权利和认罪认罚的法律规定，犯罪嫌疑人自愿供述的。需要注意，排除非法言词证据，意味着该证据不能被用作追究犯罪嫌疑人、被告人刑事责任和对其定罪量刑的证据，但该非法言词证据可以作为证明侦查机关对犯罪嫌疑人、被告人实施了刑讯逼供等非法取证行为的证据。

另一方面，非法收集的证人证言、被害人陈述，应当予以排除。对此，《刑诉规则》第69条规定，采用暴力、威胁以及非法限制人身自由等非法方法收集的证人证言、被害人陈述，应当予以排除。

（二）非法实物证据

非法实物证据包括违反法定程序收集的物证和书证。对于物证和书证之外的其他实物证据是否适用非法证据排除规则，刑事诉讼法没有明确规定。实践中，违法收集物证、书证的情况比较复杂，物证、书证本身是客观证据，取证程序的违法一般不影响证据的可信度。而且许多物证、书证具有唯一性，一旦被排除就不可能再次取得。大部分国家的法律对于违法取得的实物证据，都没有规定绝对予以排除，而是区分情况作不同的处理。因此，《刑事诉讼法》第 56 条统筹考虑惩治犯罪和保障人权的要求，规定对于收集物证、书证不符合法定程序，可能严重影响司法公正的，应当予以补正或者作出合理解释；不能补正或者作出合理解释的，对该证据才应当予以排除。如果能够补正或作出合理解释，则不排除该实物证据；如果不能补正或者作出合理解释，则排除该实物证据。① 可见，我国刑事诉讼法对非法实物证据确立的是一种有条件排除的模式。

根据《刑事诉讼法》第 56 条的规定，非法实物证据的排除需要同时满足三个条件：一是物证、书证的取得违反法定程序；二是可能严重影响司法公正；三是不能作出补正或者合理解释。其中，"不符合法定程序"包括不符合法律对于取证主体、取证手续、取证方法的规定，如由不具备办案资格的人员提取的物证，勘验笔录没有见证人签字的物证，未出示搜查证搜查取得的书证等。"可能严重影响司法公正"是排除非法取得的物证、书证的前提，是指收集物证、书证不符合法定程序的行为明显违法或者情节严重，可能对司法机关办理案件的公正性、权威性以及司法的公信力产生严重的损害。"补正或者作出合理解释"的主体是收集证据的办案机关或者人员。"补正"是指对取证程序上的非实质性的瑕疵进行补救，如在缺少侦查人员签名的勘验、检查笔录上签名等。"作出合理解释"是指对取证程序的瑕疵作出符合逻辑的解释，如对书证副本复制时间作出解释等。如果收集证据的机关或者人员对违法取证的情况予以补正或者作出了合理解释，审查证据的机关认为不影响证据使用的，该证据可以继续使用；不能补正或者作出合理解释的，对该证据则应当予以排除。②

根据《刑诉规则》第 70 条的规定，在检察环节，收集物证、书证不符合法定程序，可能严重影响司法公正的，人民检察院应当及时要求公安机关补正或者作出书面解释；不能补正或者无法作出合理解释的，对该证据应当予以排除。对公安机关的补正或者解释，人民检察院应当予以审查。经补正或者作出合理解释的，可以作为批准或者决定逮捕、提起公诉的依据。

我国非法证据排除规则中的非法证据具有特定的内涵，它是基于证据能力的排除，仅限于收集证据程序中存在的严重违法情形，且与公民的基本权利紧密相连，不能将其简单等同于"不合法的证据"，那些主体不合法、形式不合法、内容不合法（虚假或无证明力）的证据不应在非法证据的讨论范围之内。同时，亦应区分非法证据与瑕疵证据的界限。瑕疵证据是指侦查人员收集证据的程序或方式存在轻微违法情形，但通过补正或作出合理解释后，可以用作定案根据的证据。瑕疵证据主要规定在"两高三部"《关于办理死刑案件审查判断证据若干问题的规定》中，涉及物证、书证、证人证言、被害人陈述、被告人供述和辩解、辨认笔录等证据。轻微违法性是瑕疵证据与非法证据的本质区别。尽管瑕疵证据存在这样那样的轻微违法情形，但其证明力基本符合定案根据的要求，通常具有补正的可能性，通过进一步补救或作出合理解释后，真实性与相关性进一步得到强化，多可以作为定案根据。③

二、非法证据排除规则的适用程序

在我国，非法证据排除规则是一项适用于整个刑事诉讼过程的证据规则。根据《刑事诉讼法》第 56 条第 2 款的规定，在侦查、审查起诉、审判时发现有应当排除的证据的，应当依

---

① 参见王爱立主编：《中华人民共和国刑事诉讼法释义》，法律出版社 2018 年版，第 120 页。
② 参见王爱立主编：《中华人民共和国刑事诉讼法释义》，法律出版社 2018 年版，第 120—121 页。
③ 参见《刑事诉讼法学》编写组：《刑事诉讼法学》（第三版），高等教育出版社 2019 年版，第 141 页。

法予以排除,不得作为起诉意见、起诉决定和判决的依据。因此,不管是在侦查程序,或者是审查起诉程序,或者是审判程序,只要办案机关发现有非法证据存在的,就应当依职权予以排除,不让非法证据进入下一程序环节。

(一) 非法证据排除程序的启动

非法证据排除程序以公安司法机关启动对有关证据合法性的审查或者调查为开始。根据刑事诉讼法和有关司法解释等文件的规定,非法证据排除程序的启动主要包括以下两种方式。

一是公安司法机关依职权启动证据合法性的审查或调查程序。《公安机关办理刑事案件程序规定》第71条第3款规定,在侦查阶段发现有应当排除的证据的,经县级以上公安机关负责人批准,应当依法予以排除,不得作为提请批准逮捕、移送审查起诉的依据。《刑诉规则》第72条第1款规定,人民检察院发现侦查人员以非法方法收集证据的,应当及时进行调查核实。《刑事诉讼法》第58条第1款规定,法庭审理过程中,审判人员认为可能存在以非法方法收集证据情形的,应当对证据收集的合法性进行法庭调查。

二是当事人及其辩护人、诉讼代理人有权申请公安司法机关对证据合法性进行审查或调查。《刑事诉讼法》第57条规定,人民检察院接到报案、控告、举报或者发现侦查人员以非法方法收集证据的,应当进行调查核实;第58条第2款规定,当事人及其辩护人、诉讼代理人有权申请人民法院对以非法方法收集的证据依法予以排除。申请排除以非法方法收集的证据的,应当提供相关线索或者材料。《刑诉解释》第127条规定,当事人及其辩护人、诉讼代理人申请人民法院排除以非法方法收集的证据的,应当提供涉嫌非法取证的人员、时间、地点、方式、内容等相关线索或者材料。

(二) 检察机关对非法证据排除的法律监督

检察机关依法对刑事诉讼实行法律监督,同样需要对侦查阶段取证合法性和非法证据排除进行监督。《刑诉规则》对此作了详细规定。

第一,对重大案件,人民检察院驻看守所检察人员在侦查终结前应当对讯问合法性进行核查并全程同步录音、录像,核查情况应当及时通知本院负责捕诉的部门。负责捕诉的部门认为确有刑讯逼供等非法取证情形,应当要求公安机关依法排除非法证据,不得作为提请批准逮捕、移送起诉的依据。

第二,人民检察院发现侦查人员以非法方法收集证据的,应当及时进行调查核实。当事人及其辩护人或者值班律师、诉讼代理人报案、控告、举报侦查人员采用刑讯逼供等非法方法收集证据,并提供涉嫌非法取证的人员、时间、地点、方式和内容等材料或者线索的,人民检察院应当受理并进行审查。根据现有材料无法证明证据收集合法性的,应当及时进行调查核实。上一级人民检察院接到对侦查人员采用刑讯逼供等非法方法收集证据的报案、控告、举报,可以直接进行调查核实,也可以交由下级人民检察院调查核实。交由下级人民检察院调查核实的,下级人民检察院应当及时将调查结果报告上一级人民检察院。人民检察院决定调查核实的,应当及时通知公安机关。

第三,人民检察院经审查认定存在非法取证行为的,对该证据应当予以排除,其他证据不能证明犯罪嫌疑人实施犯罪行为的,应当不批准或者决定逮捕。已经移送起诉的,可以依法将案件退回监察机关补充调查或者退回公安机关补充侦查,或者作出不起诉决定。被排除的非法证据应当随案移送,并写明为依法排除的非法证据。对于侦查人员的非法取证行为,尚未构成犯罪的,应当依法向其所在机关提出纠正意见。对于需要补正或者作出合理解释的,应当提出明确要求。对于非法取证行为涉嫌犯罪需要追究刑事责任的，应当依法立案侦查。

第四，人民检察院认为可能存在以刑讯逼供等非法方法收集证据情形的，可以书面要求监察机关或者公安机关对证据收集的合法性作出说明。说明应当加盖单位公章，并由调查人员或者侦查人员签名。

第五，对于公安机关立案侦查的案件，存在下列情形之一的，人民检察院在审查逮捕、审查起诉和审判阶段，可以调取公安机关讯问犯罪嫌疑人的录音、录像，对证据收集的合法性以及犯罪嫌疑人、被告人供述的真实性进行审查：（1）认为讯问活动可能存在刑讯逼供等非法取证行为的；（2）犯罪嫌疑人、被告人或者辩护人提出犯罪嫌疑人、被告人供述系非法取得，并提供相关线索或者材料的；（3）犯罪嫌疑人、被告人提出讯问活动违反法定程序或者翻供，并提供相关线索或者材料的；（4）犯罪嫌疑人、被告人或者辩护人提出讯问笔录内容不真实，并提供相关线索或者材料的；（5）案情重大、疑难、复杂的。人民检察院调取公安机关讯问犯罪嫌疑人的录音、录像，公安机关未提供，人民检察院经审查认为不能排除有刑讯逼供等非法取证行为的，相关供述不得作为批准逮捕、提起公诉的依据。人民检察院直接受理侦查的案件，负责侦查的部门移送审查逮捕、移送起诉时，应当将讯问录音、录像连同案卷材料一并移送审查。

第六，对于提起公诉的案件，被告人及其辩护人提出审前供述系非法取得，并提供相关线索或者材料的，人民检察院可以将讯问录音、录像连同案卷材料一并移送人民法院。

第七，在法庭审理过程中，被告人或者辩护人对讯问活动合法性提出异议，公诉人可以要求被告人及其辩护人提供相关线索或者材料。必要时，公诉人可以提请法庭当庭播放相关时段的讯问录音、录像，对有关异议或者事实进行质证。需要播放的讯问录音、录像中涉及国家秘密、商业秘密、个人隐私或者含有其他不宜公开内容的，公诉人应当建议在法庭组成人员、公诉人、侦查人员、被告人及其辩护人范围内播放。因涉及国家秘密、商业秘密、个人隐私或者其他犯罪线索等内容，人民检察院对讯问录音、录像的相关内容进行技术处理的，公诉人应当向法庭作出说明。

（三）审判程序中非法证据排除的适用

第一，人民法院向被告人及其辩护人送达起诉书副本时，应当告知其申请排除非法证据的，应当在开庭审理前提出，但庭审期间才发现相关线索或者材料的除外。开庭审理前，当事人及其辩护人、诉讼代理人申请人民法院排除非法证据的，人民法院应当在开庭前及时将申请书或者申请笔录及相关线索、材料的复制件送交人民检察院。

第二，开庭审理前，人民法院可以召开庭前会议，就非法证据排除等问题了解情况，听取意见。在庭前会议中，人民检察院可以通过出示有关证据材料等方式，对证据收集的合法性加以说明。必要时，可以通知调查人员、侦查人员或者其他人员参加庭前会议，说明情况。在庭前会议中，人民检察院可以撤回有关证据。撤回的证据，没有新的理由，不得在庭审中出示。当事人及其辩护人、诉讼代理人可以撤回排除非法证据的申请。撤回申请后，没有新的线索或者材料，不得再次对有关证据提出排除申请。

第三，当事人及其辩护人、诉讼代理人在开庭审理前未申请排除非法证据，在庭审过程中提出申请的，应当说明理由。人民法院经审查，对证据收集的合法性有疑问的，应当进行调查；没有疑问的，驳回申请。驳回排除非法证据的申请后，当事人及其辩护人、诉讼代理人没有新的线索或者材料，以相同理由再次提出申请的，人民法院不再审查。

第四，控辩双方在庭前会议中对证据收集是否合法未达成一致意见，人民法院对证据收集的合法性有疑问的，应当在庭审中进行调查；对证据收集的合法性没有疑问，且无新的线索或者材料表明可能存在非法取证的，可以决定不再进行调查并说明理由。庭审期间，法庭决定对证据收集的合法性进行调查的，应当先行当庭调查。但为防止庭审过分迟延，也可以在法庭调查结束前调查。

第五，非法证据排除既适用于第一审程序，也适用于第二审程序。存在下列情况的，第二审人民法院应当对证据收集的合法性进行审查，并根据刑事诉讼法和《刑诉解释》的有关规定作出处理：（1）第一审人民法院对当事人及其辩护人、诉讼代理人排除非法证据的申请没有审查，且以该证据作为定案根据的；（2）人民检察院或者被告人、自诉人及其法定代理人不服第一审人民法院作出的有关证据收集合法性的调查结论，提出抗诉、上诉的；（3）当事人及其辩护人、诉讼代理人在第一审结束后才发现相关线索或者材料，申请人民法院排除非法证据的。

三、非法证据排除的证明责任与证明标准

（一）证明责任

根据《刑事诉讼法》第 59 条的规定，在对证据收集的合法性进行法庭调查的过程中，人民检察院应当对证据收集的合法性加以证明。现有证据材料不能证明证据收集的合法性的，人民检察院可以提请人民法院通知有关侦查人员或者其他人员出庭说明情况；人民法院可以通知有关侦查人员或者其他人员出庭说明情况。有关侦查人员或者其他人员也可以要求出庭说明情况。经人民法院通知，有关人员应当出庭。

根据这一规定，在法院启动对证据收集合法性的法庭调查程序中，检察院应当对证据收集的合法性承担证明责任。主要通过两种方式进行证明。

一是通过现有证据材料进行证明。《刑诉解释》第 135 条规定，法庭决定对证据收集的合法性进行调查的，由公诉人通过宣读调查、侦查讯问笔录、出示提讯登记、体检记录、对讯问合法性的核查材料等证据材料，有针对性地播放讯问录音录像，提请法庭通知有关调查人员、侦查人员或者其他人员出庭说明情况等方式，证明证据收集的合法性。讯问录音录像涉及国家秘密、商业秘密、个人隐私或者其他不宜公开内容的，法庭可以决定对讯问录音录像不公开播放、质证。公诉人提交的取证过程合法的说明材料，应当经有关调查人员、侦查人员签名，并加盖单位印章。未经签名或者盖章的，不得作为证据使用。上述说明材料不能单独作为证明取证过程合法的根据。

二是有关侦查人员或者其他人员出庭说明情况。《刑诉解释》第 136 条规定，对于控辩双方申请法庭通知调查人员、侦查人员或者其他人员出庭说明情况，法庭认为有必要的，应当通知有关人员出庭。根据案件情况，法庭可以依职权通知调查人员、侦查人员或者其他人员出庭说明情况。调查人员、侦查人员或者其他人员出庭的，应当向法庭说明证据收集过程，并就相关情况接受控辩双方和法庭的询问。

（二）证明标准

《刑事诉讼法》第 60 条规定："对于经过法庭审理，确认或者不能排除存在本法第五十六条规定的以非法方法收集证据情形的，对有关证据应当予以排除。"这一规定从正反两个方面对非法证据排除的证明标准作了规定，即在证据收集合法性的证明中，公诉人需要达到与定罪标准相同的"案件事实清楚，证据确实、充分，排除合理怀疑"的证明标准。当控方

提供的证据不够确实，应本着有利于被告的原则，将其作为存疑证据，不能支持证据合法性的证明。[①]

第五节　证　明

一、证明概述

通常认为，我国刑事诉讼中的证明是指司法工作人员及诉讼参与人所进行的收集、审查判断、运用证据以认定案件事实的活动。主要具有以下特征：[②]

第一，证明活动贯穿刑事诉讼全过程。证明活动不仅发生在审判程序中，在审前程序中同样存在着证明活动，因为裁判活动不局限于审判阶段，而证明恰恰构成了裁判的基础。如在审查逮捕活动中，即需要由公安机关向中立的检察机关提供证据进行证明，而辩护律师也有权提供证据并依法发表法律意见，这对于维护犯罪嫌疑人的基本权利，实现诉讼公正意义重大；再如对捕后羁押必要性的审查，在犯罪嫌疑人、近亲属及其辩护人申请启动时，也应提供证据证明。

第二，证明对象主要是与案件事实有关的争议事实。证明对象是司法工作人员需要用证据加以证明的案件事实。证明对象并非刑事诉讼中的一切案件事实，而是对诉讼证明有意义的案件事实，主要包括实体性事实和程序性事实两个方面。实体性事实是关于犯罪嫌疑人、被告人是否构成犯罪及罪责轻重的事实；程序性事实是涉及公安司法机关程序性违法的事实，如非法证据排除程序中的证明。但是，对于公安司法机关提出的被告人有罪的事实或采取强制性措施的，即使犯罪嫌疑人、被告人没有异议，也应当进行证明，这是出于人权保障的要求，以防止国家公权力的滥用。

第三，证明活动应当依照法定的原则和规则进行。刑事诉讼中的证明活动不仅涉及案件事实的认定，还包含法律价值的选择与实现，故应依照符合其自身特点的原则和规则进行，而不是简单套用刑事诉讼的一般原则及规则。刑事诉讼中的证明原则包括证据裁判原则、直接言词原则、自由心证原则及疑罪从无原则等；证据规则主要包括相关性规则、非法证据排除规则、最佳证据规则及补强证据规则等。

第四，证明程序包括由收集证据、审查判断证据和综合运用证据认定案件事实组成的一系列诉讼活动。在刑事诉讼中，收集证据通常是指司法工作人员和诉讼参与人按照法律规定获取与案件事实有关的证据材料的活动。根据刑事诉讼法的相关规定，有权收集证据材料的主体包括人民法院、人民检察院、侦查机关和辩护律师。审查判断证据，指的是司法工作人员对收集的证据进行评判，以确认其是否具有证据能力以及衡量其证明力的大小的活动。综合运用证据认定案件事实，是指侦查人员、检察人员和审判人员通过综合运用和分析证据对事实作出认定，并得出相应的结论。

二、证明对象

证明对象，又称为待证事实、要证事实，主要是指在刑事诉讼中需要由司法工作人员运用

① 参见《刑事诉讼法学》编写组：《刑事诉讼法学》（第三版），高等教育出版社 2019 年版，第 163 页。
② 参见《刑事诉讼法学》编写组：《刑事诉讼法学》（第三版），高等教育出版社 2019 年版，第 167 页。

证据加以证明的案件事实。证明对象是诉讼证明的前提和基础。只有明确了证明对象，才能进一步分配证明责任、设置相应的证明标准，取证、举证、质证和认证等证明活动才能有的放矢地进行。因此，证明对象是诉讼证明的起点，它决定着整个诉讼证明活动的进行。研究证明对象有助于在办案中明确需要查证的范围，使办案人员有重点、有次序地安排自己的工作，不必浪费精力去查证某些无须证明的事项，从而提高办案质量和工作效率。①

我国刑事诉讼法并没有对证明对象的犯罪作出明确规定，但是《公安机关办理刑事案件程序规定》第 69 条和《刑诉解释》第 72 条第 1 款的规定表明了我国刑事诉讼中证明对象的范围。我国刑事诉讼中的证明对象，主要包括实体法事实和程序法事实两大类。

（一）实体法事实

实体法事实是刑事诉讼证明对象的核心，包括犯罪构成要件的事实、阻却违法性的事实、阻却有责性的事实和有关量刑情节的事实等。《刑诉解释》第 72 条第 1 款规定，应当运用证据证明的案件事实包括：（1）被告人、被害人的身份；（2）被指控的犯罪是否存在；（3）被指控的犯罪是否为被告人所实施；（4）被告人有无刑事责任能力，有无罪过，实施犯罪的动机、目的；（5）实施犯罪的时间、地点、手段、后果以及案件起因等；（6）是否系共同犯罪或者犯罪事实存在关联，以及被告人在犯罪中的地位、作用；（7）被告人有无从重、从轻、减轻、免除处罚情节；（8）有关涉案财物处理的事实；（9）有关附带民事诉讼的事实；（10）有关管辖、回避、延期审理等的程序事实；（11）与定罪量刑有关的其他事实。在以上需要证明的事实中，除了第 10 项属于程序法事实以外，其他都是跟定罪量刑有关的实体法事实，需要运用证据予以证明。

（二）程序法事实

程序法事实是对诉讼程序问题具有法律意义的事实。《刑诉解释》第 72 条第 1 款第 10 项规定"有关管辖、回避、延期审理等的程序事实"作为刑事诉讼中应当运用证据证明的案件事实，即是明确地将程序法事实纳入证明对象的范围。实践中，作为证明对象的程序法事实主要包括：有关管辖权的事实、回避的事实、决定对犯罪嫌疑人是否采取强制措施的事实、诉讼期间的事实、证据收集合法性的事实以及违反法定程序的事实，等等。程序法事实在证明责任、证明标准、证明程序等方面与实体法事实的证明存在一定差别。

证明对象是需要运用证据证明的案件事实，刑事诉讼中还会存在不需要用证据进行证明就能直接认定的事实，这被称为免证事实。免证事实与刑事诉讼中坚持证据裁判原则的要求并不矛盾，是证据裁判原则的补充。明确刑事诉讼中的免证事实，有利于明确界定证明对象的范围，减少不必要的证明要求，节约司法资源，提高诉讼效率。

刑事诉讼法并没有对免证事实作出明确规定。《刑诉规则》第 401 条对免证事实作了规定。根据该条，在法庭审理中，人民检察院对下列事实不必提出证据进行证明：（1）为一般人共同知晓的常识性事实；（2）人民法院生效裁判所确认并且未依审判监督程序重新审理的事实；（3）法律、法规的内容以及适用等属于审判人员履行职务所应当知晓的事实；（4）在法庭审理中不存在异议的程序事实；（5）法律规定的推定事实；（6）自然规律或者定律。

三、证明责任

证明责任，又称为举证责任，是指证明主体为了使自己提出的诉讼主张得到裁判者的确

---

① 参见宋英辉、甄贞主编：《刑事诉讼法学》，中国人民大学出版社 2020 年版，第 228—229 页。

认，依法所承担的提供证据和运用证据支持论证自己的诉讼主张以避免对己方不利的诉讼后果的责任。证明责任包括行为责任和结果责任两个方面的内容。行为责任，是指诉讼主体对其所提出的诉讼主张负有提出证据加以证明的责任。结果责任，是负有提供证据责任的一方因不提供证据或者提出的证据达不到法定证明标准时所需承担的不利后果的责任。在刑事诉讼中，如果承担控诉职能的检察机关不能提供确实、充分的证据或诉讼结束时案件仍处于事实真伪不明的状态，则其指控的罪名便不能成立，被告人将被法院依法宣告无罪。从诉讼意义上讲，这一结果就是承担控诉职能的检察机关的"不利后果"。证明责任，一方面明确了刑事诉讼中承担举出证据的主体，有助于督促有关主体积极查找、收集证据和证明自己的诉讼主张，保证案件得到及时公正处理；另一方面明确了裁判者在有关主体不能切实履行证明责任时如何处理案件的原则，对于承担证明责任的诉讼主体如果不能提出证据或者提出证据无法达到法律规定的证明标准时，法院可以依法作出被告人无罪的判决，及时终结案件诉讼程序，减少被告人长期置于诉讼之中的讼累。

证明责任的分配，最早来源于古罗马法中"谁主张，谁举证"的法则。但是，在刑事诉讼中，证明责任的承担有所不同。《刑事诉讼法》第51条规定，公诉案件中被告人有罪的举证责任由人民检察院承担，自诉案件中被告人有罪的举证责任由自诉人承担。根据这一规定，在我国刑事诉讼中，证明责任主要是指向被告人是否有罪这一实体性问题，区分公诉案件和自诉案件，承担证明被告人有罪的责任是由人民检察院或者自诉人承担，被告人原则上不承担证明自己无罪的责任。

（一）公诉案件中人民检察院承担证明责任

在公诉案件中，人民检察院承担证明被告人有罪的责任，被告人既不承担证明自己有罪和罪重的责任，也不承担证明自己无罪和罪轻的责任。在审判过程中，人民检察院要向法庭提供证据来证明其对被告人所指控的犯罪事实，并且要达到法定的证明标准。被告人既没有义务向法庭证明自己有罪，也没有义务向法庭证明自己无罪。换言之，被告人可以不向法庭提供任何证据，法庭不能因为被告人不提供证据而作出对其不利的裁判。

公诉案件中由人民检察院承担证明责任，主要基于以下几点考虑：第一，刑事诉讼的过程是国家主动追究犯罪，实现国家刑罚权的活动。除了一部分侵犯公民个人权利的轻罪案件交由被害人提起自诉外，绝大多数案件是由检察机关代表国家进行追诉，行使公诉权，因而它理所当然地负有举证责任。第二，这是无罪推定原则的要求。该原则主张任何人在未经法院生效判决确定为有罪之前均应推定无罪，而推翻这项推定的责任在控诉方，如果控诉方不能举出证据并达到法定的证明要求，被告人将被判无罪。该原则在当今世界各国的刑事诉讼中普遍实行，我国参加或缔结的许多国际公约、条约也有此要求。因此，在确定举证责任的分担原则时必须遵循这一原则的要求。第三，是基于被告人在诉讼中所处的特殊地位之考虑。被告人作为被追诉的对象，可能被采取强制措施以限制其人身自由。被告人既没有强制收集证据的权力，也没有收集证据的现实能力。因此，除法律有特别规定外，不能要求被告人承担举证责任。[①]

根据刑事诉讼法和《刑诉规则》的有关规定，公诉案件中，出庭支持公诉的检察官在法庭上通过对证人、鉴定人发问，向法庭出示物证，宣读未到庭证人的证言笔录、鉴定人的鉴定意见以及勘验、检查、辨认、侦查实验等笔录和其他作为证据的文书等方式来承担证明责任。

---

① 参见陈光中主编：《刑事诉讼法》（第七版），北京大学出版社、高等教育出版社2021年版，第189页。

如果公诉人不能举出相应的证据或者举出的证据达不到刑事诉讼法规定的"案件事实清楚，证据确实、充分"的证明标准，法庭应当依法作出被告人无罪的判决。

（二）自诉案件中自诉人承担证明责任

在自诉案件中，向法院提起自诉的自诉人应当承担证明被告人有罪的责任，被告人不承担证明自己无罪或有罪的责任。这一证明责任的分配贯彻了"谁主张，谁举证"原则。根据刑事诉讼法和《刑诉解释》的规定，自诉人在提起自诉时，应当向法院提交证明被告人犯罪事实的证据。人民法院经过审查，对于缺乏罪证的，应当说服自诉人撤回起诉；自诉人不撤回起诉的，裁定不予受理。对已经立案，经审查缺乏罪证的，自诉人提不出补充证据的，人民法院应当说服其撤回起诉或者裁定驳回起诉。对犯罪事实清楚、有足够证据的自诉案件，人民法院应当开庭审理。开庭审理后，如果自诉人提出的证据达不到刑事诉讼法规定的"案件事实清楚，证据确实、充分"的证明标准，法官则应当依法判决被告人无罪。

（三）特殊情况下被告人承担一定的证明责任

在法律规定的特殊情形下，被告人需要对特定事项承担一定的证明责任。主要包括以下几种情形：

第一，巨额财产来源不明犯罪案件中被告人需承担一定的证明责任。例如，《刑法》第395条规定："国家工作人员的财产、支出明显超过合法收入，差额巨大的，可以责令该国家工作人员说明来源，不能说明来源的，差额部分以非法所得论……"对此，在巨额财产来源不明犯罪案件中，当检察机关对被告人的财产和支出明显超出其合法收入并且数额巨大的基础犯罪事实提出证据并予以证明之后，被告人需要就其明显超出其合法收入部分财产的来源承担证明责任，如果不能证明其来源合法，被告人就要承担被法院认定有罪的不利后果。再如，一方不能用充分的证据说明其超出合法收入的那部分巨额财产的合法来源，法院即可推定那些财产是非法所得，以巨额财产来源不明罪定罪处罚。

第二，非法持有型犯罪案件中被告人承担一定的证明责任。对刑法规定的非法持有型犯罪，如非法持有毒品，非法持有枪支、弹药，非法持有国家绝密、机密文件资料等，当检察机关对被告人不该持有而持有了上述物品的基础犯罪事实提出证据并予以证明之后，被告人即负有证明其所持物品的来源与用途合法的责任，如果其提不出充分证据来证明所持物品的来源和用途是合法的，被告人就要承担被法院认定有罪的不利后果。

第三，非法证据排除程序中被告人承担一定的证明责任。《刑事诉讼法》第58条第2款规定："当事人及其辩护人、诉讼代理人有权申请人民法院对以非法方法收集的证据依法予以排除。申请排除以非法方法收集的证据的，应当提供相关线索或者材料。"此外，《刑诉解释》第127条规定："当事人及其辩护人、诉讼代理人申请人民法院排除以非法方法收集的证据的，应当提供涉嫌非法取证的人员、时间、地点、方式、内容等相关线索或者材料。"根据以上规定，在是否启动非法证据排除程序这一问题上，被告人需要承担证明该证据存在非法收集的线索或材料的初步责任。

四、证明标准

证明标准，是指负有证明责任的诉讼主体对案件事实的证明所要达到的程度或者要求，通常也称为证明要求。证明标准与证明对象、证明责任具有密切的联系。证明对象解决的是哪些案件事实需要运用证据加以证明的问题，证明责任解决的是由谁来提供证据证明有关案件事实的问题，证明标准解决的是证明主体对案件事实应当证明到何种程度才能卸除其证明责任的问题。证明对象、证明责任是证明标准产生的前提和基础，证明标准是检验证明对象是否全部得到证明、证明责任是否完全履行的具体标尺。

从各国对被告人作出有罪判决的证明标准来看，大陆法系国家表述为"内心确信"，英美法系国家表述为"排除合理怀疑"，这都是主观证明标准。我国刑事诉讼法对证明标准的表述是"犯罪事实清楚，证据确实、充分"，这一般被认为是一个主客观相结合的证明标准。我国刑事诉讼法采用这一证明标准，既不是学英美法系的"排除合理怀疑"和大陆法系的"内心确信"，也不是从苏联学习来的，而是经历了一个漫长的自我发展过程，是符合我国的语言表达习惯和诉讼文化背景的。[1]

所谓"犯罪事实清楚"，是指与定罪量刑有关的事实和情节都必须已经查清楚，不存在模糊不定的情节内容。通常认为，刑事案件中的事实情节主要包括何人、何事、何时、何地、何方法、何因、何果七个基本要素。这七个基本事实都应当查清，至于那些与案件基本事实没有关联，不影响定罪量刑的细枝末节，则并不要求必须查清。

所谓"证据确实、充分"，是对作为定案根据的证据在质和量两个方面的要求。《刑事诉讼法》第 55 条第 2 款规定："证据确实、充分，应当符合以下条件：（一）定罪量刑的事实都有证据证明；（二）据以定案的证据均经法定程序查证属实；（三）综合全案证据，对所认定事实已排除合理怀疑。"进一步而言，证据确实，是指每个证据必须是客观真实且查证属实的，而不是虚假伪造的，并且与案件事实具有客观真实的关联性，这是对证据"质"的要求。证据充分，是指定罪量刑的事实都有证据予以证明，证据的数量足以对认定案件事实得出确定性的判断和唯一性的结论，这是对证据"量"的要求。只有达到证据在质和量两个方面的要求，才能认定案件事实。

2012 年修改《刑事诉讼法》第 55 条第 2 款在"证据确实、充分"的条件中增加了"排除合理怀疑"的要求，并不是修改了我国刑事诉讼的证明标准，而是从另一角度进一步明确了"证据确实、充分"的含义，便于办案人员把握。"排除合理怀疑"是指对于认定的事实已没有符合常理的、有根据的怀疑，实际上达到确信的程度。只有对案件已经不存在合理的怀疑，形成内心确信，才能认定案件"证据确实、充分"，[2] 法院才能据此认定案件事实和作出被告人有罪的判决。

通常认为，由于刑事案件所处的诉讼阶段、证明主体、证明对象等方面的差别，证明标准的设定也会有所不同，刑事诉讼法对不同诉讼活动的证明标准的规定实际上也体现出一种分层次的特点。其中，认定被告人有罪和对被告人从重处罚的证明，应当位于刑事诉讼证明标准体系的最高层级，必须严格坚持"犯罪事实清楚，证据确实、充分"的证明标准，否则，不得作出被告人有罪的判决和对被告人予以从重处罚。这一要求在《刑诉解释》第 72 条第 2 款中有所规定。此外，对于被告人承担证明责任的特殊情形，被告人需要达到的证明标准一般低于控方应当达到的证明标准。对于管辖、回避等程序法事实的证明标准，通常也低于与定罪量刑有关的实体法事实的证明标准。

根据刑事诉讼法和最高人民法院、最高人民检察院、公安部、国家安全部、司法部《关于推进以审判为中心的刑事诉讼制度改革的意见》等司法文件的规定，侦查机关侦查终结，

---

① 参见陈光中主编：《刑事诉讼法》（第七版），北京大学出版社、高等教育出版社 2021 年版，第 191 页。

② 参见王爱立主编：《中华人民共和国刑事诉讼法释义》，法律出版社 2018 年版，第 118—119 页。

人民检察院提起公诉，人民法院作出有罪判决，都应当做到"犯罪事实清楚，证据确实、充分"，并且要求"侦查机关、人民检察院应当按照裁判的要求和标准收集、固定、审查、运用证据"，这实际上统一了各办案机关在不同诉讼阶段对犯罪事实和证据的认识和判断标准，符合以审判为中心的刑事诉讼制度改革的基本要求，有助于切实保障办案质量和维护司法公正。

　　实践中，坚持"犯罪事实清楚，证据确实、充分"的证明标准，同时要求我们在刑事诉讼中必须贯彻落实疑罪从无原则。疑罪从无，是指在刑事诉讼中对案件主要事实的证明处于真伪不明的状态，不足以对指控的犯罪事实得出唯一排他性的结论，从而应当推定被告人无罪，并对被告人作出无罪的处理决定。疑罪从无是无罪推定原则的应有之义，也是刑事诉讼在看待证明标准和处理存疑案件时的一项基本准则，有助于防止案件久拖不决、超期羁押和切实保障犯罪嫌疑人、被告人的合法权益。在刑事诉讼的各主要阶段均可能存在疑罪处理问题，只不过在不同的诉讼阶段处理方式不同。在侦查阶段，如果存在犯罪事实不清、证据不足的，应当及时将被羁押的犯罪嫌疑人变更或者解除强制措施，也不得将尚未查清案件事实和证据不足的案件侦查终结、移送检察机关起诉。在检察阶段，疑罪从无原则的适用主要体现在人民检察院对犯罪事实不清、证据不足的案件应当依法作出不批准逮捕或者不起诉等决定，不得将存疑案件向人民法院提起公诉。在审判阶段，人民法院审理后认为证据不足，不能认定被告人有罪的，应当以证据不足、指控的犯罪不能成立，判决宣告被告人无罪。

第五章　强制措施

第一节　强制措施概述

强制措施是我国刑事诉讼中的一项基本制度，在保证刑事诉讼顺利进行、有效惩罚犯罪和保障人权等方面发挥着重要作用。强制措施不仅有助于保障刑事诉讼的顺利进行，及时追究和惩罚犯罪，而且直接关系到公民基本权利的维护，对刑事诉讼中的人权保障具有显著影响，鲜明地体现出一个国家的民主和法治程度。但刑事强制措施是一把"双刃剑"，其设置是否科学、合理，直接涉及刑事诉讼打击犯罪与保障人权的目的能否实现、刑事司法中国家权力和公民权利的配置能否平衡。[①] 正如日本学者高田卓尔所言："近代以降的人权思想，其核心在于控制刑事诉讼中的强制措施并使之合理化，在此意义上，刑事诉讼的历史亦即合理限制强制措施的历史。"[②] 我国台湾地区学者林钰雄亦曾指出，强制措施与证据，乃法治国刑事诉讼程序的两大支柱。[③] 可以说，强制措施是刑事诉讼惩罚犯罪和人权保障平衡的风向标，在很大程度上影响着整个刑事诉讼程序在惩罚犯罪和人权保障方面的价值取向。

一、强制措施的概念与特点

在我国，刑事诉讼法规定的强制措施是指公安机关、人民检察院和人民法院为了保证刑事诉讼的顺利进行，依法对犯罪嫌疑人、被告人采取的限制或者剥夺其人身自由的强制性方法，包括拘传、取保候审、监视居住、拘留和逮捕。其中，拘传是一种不具羁押性的强制到案措施，取保候审和监视居住是非羁押性的限制人身自由措施，拘留和逮捕是羁押性的剥夺人身自由措施。这五种强制措施围绕犯罪嫌疑人、被告人的人身自由权展开，在强制力上呈现一种从弱到强的渐进关系，贯彻了比例原则的精神和要求，也体现了刑事诉讼中惩罚犯罪和人权保障的价值权衡。

关于强制措施的概念，有两个问题在理论层面素有争论。

第一个问题是，刑事诉讼法中规定的强制性措施与强制措施是一种什么关系。根据《刑事诉讼法》第 108 条的规定，"侦查"是指公安机关、人民检察院对于刑事案件，依照法律进行的收集证据、查明案情的工作和有关的强制性措施。此处提出了"强制性措施"的概念。通常认为，强制性措施是包括强制措施在内的一个更为广义的范畴，涵盖了办案机关在侦查程序中所采取的涉及限制或剥夺个人人身自由、财产、隐私等权益措施，它既包括法定的五种强制措施，即拘传、取保候审、监视居住、拘留和逮捕等，也包括诸如搜查、扣押、冻结、通缉

---

① 参见卞建林：《改革开放 30 年中国刑事诉讼制度发展之回顾与展望》，载《法学杂志》2009 年第 1 期。
② ［日］高田卓尔：《刑事诉讼法》，青林书院 1984 年版，第 144 页。
③ 参见林钰雄：《违法搜索与证据禁止》，载《台大法学论丛》1999 年第 2 期。

等侦查措施。① 考虑到语义学上的规范性，分别设定强制性措施与强制措施两个概念，仅仅具有法律条文上的章节划分功能，并无其他实质意义，但却极易导致理解和运用上的混乱。因而，有学者主张应当将强制措施和强制性措施两个概念统一起来，不再区分强制措施和强制性措施。②

第二个问题是，以犯罪嫌疑人、被告人的人身自由权为标准来界定强制措施的内涵和外延，是否适当。我国刑事诉讼法规定的强制措施是一个狭义概念，仅指对犯罪嫌疑人、被告人的人身自由所采取的五种强制性方法，而将干预财产权、隐私权等其他基本权利的带有明显强制性的方法排除在外。因此，有学者指出，这一界定显得范围过窄，难以实现对其他强制性方法的有效控制。从长远来看，应当对我国强制措施的内涵作出重新界定，进一步丰富和完善刑事强制措施的类型，尽可能涵盖刑事诉讼中可能涉及基本权利的所有强制性方法。按照适用对象不同，完善的强制措施体系大致应当包括对人的强制措施、对物的强制措施和对隐私权的强制措施等内容。③

强制措施在本质上是一种程序保障措施，是通过对犯罪嫌疑人、被告人的人身自由权进行一定干预而实现对刑事诉讼顺利进行的有效保障，其并不具有实体评价意义，不是对犯罪嫌疑人、被告人的实体认定和处罚，应当与刑罚、行政处罚等实体性处分措施区别开来。我国刑事诉讼中的强制措施具有以下主要特点：

第一，适用主体具有特定性。有权适用强制措施的主体只能是侦查机关、人民检察院和人民法院，其他任何机关、团体和个人都无权采取强制措施。

第二，适用对象具有唯一性。强制措施的适用对象只能是犯罪嫌疑人、被告人，对于犯罪嫌疑人、被告人以外的其他任何人都不能采取强制措施。同时，强制措施只能针对犯罪嫌疑人、被告人的人身自由权而适用，而不能是犯罪嫌疑人、被告人的财物、隐私等非人身自由的其他权利。

第三，适用目的具有预防性，也有学者称为保障性。适用强制措施的目的就是防止犯罪嫌疑人、被告人在刑事诉讼过程中实施自杀、逃跑、毁灭、伪造证据或者继续实施犯罪等妨害刑事诉讼的行为，从而保证刑事诉讼的顺利进行。此外，预防性在某种程度上也意味着办案机关不能把强制措施单纯作为查明犯罪事实、收集犯罪证据的手段加以使用。

第四，适用程序具有法定性。强制措施的适用是一种行使国家公权力的职权行为，必须严格遵守"法无明文规定不可为"的法定原则。换句话说，强制措施的适用主体和对象、适用条件和程序等都必须严格按照我国刑事诉讼法和有关司法解释、规范性文件的规定执行，不得违反法律规定而采取强制措施。

第五，适用时间上具有临时性。作为一种程序保障措施，强制措施的适用只能是临时性的，而不能长期持续下去。随着刑事诉讼的进行，当对犯罪嫌疑人、被告人适用强制措施的必要性减弱或者消除时，办案机关应当及时对强制措施作出变更或者解除。

第六，适用手段上具有强制性。"强制"一语包括两层含义：一是强制力，就是以人力或物力限制或剥夺他人之自由，这是强制措施的显著外在特征。二是强行力，即可以不经适用对

①　参见陈瑞华：《刑事诉讼的前沿问题》，中国人民大学出版社2005年版，第5页。

②　参见杨雄：《刑事强制措施的正当性基础》，中国人民公安大学出版社2009年版，第13页。

③　参见宋英辉主编：《刑事诉讼法》，清华大学出版社2007年版，第135页；王贞会：《羁押替代性措施改革与完善》，中国人民公安大学出版社2012年版，第20页。

象同意而强行实施，适用对象的意愿不构成强制措施适用的前提。① 当然，强制措施对人身自由的强制性应当符合比例原则的要求。

在实践办案中，公安机关、人民检察院和人民法院在决定是否采取强制措施以及采取何种强制措施时，应当准确理解和把握强制措施的概念和特点，综合考虑犯罪嫌疑人、被告人涉案行为的社会危害性，逃避侦查、起诉和审判或者实施各种妨害刑事诉讼顺利进行的行为的可能性大小，办案机关对案件事实的调查情况和对案件证据的掌握情况，以及犯罪嫌疑人、被告人的个体情况等各方面因素来作出是否对犯罪嫌疑人、被告人采取强制措施以及采取何种强制措施。同时，公安司法机关在刑事诉讼发展过程中的各个阶段还应当及时审查和评估犯罪嫌疑人、被告人适用强制措施的各项因素变化情况，及时变更或者解除强制措施。

我国刑事诉讼中还有一个容易与强制措施发生混淆的概念，就是扭送。根据《刑事诉讼法》第 84 条的规定，对于有下列情形的人，任何公民都可以立即扭送公安机关、人民检察院或者人民法院处理：（1）正在实行犯罪或者在犯罪后即时被发觉的；（2）通缉在案的；（3）越狱逃跑的；（4）正在被追捕的。这一规定是法律赋予公民同刑事犯罪作斗争的一种手段，体现了《刑事诉讼法》第 6 条规定的"人民法院、人民检察院和公安机关进行刑事诉讼，必须依靠群众"的基本原则，对于公安司法机关抓获犯罪嫌疑人、被告人和查明有关的犯罪事实具有重要意义。但需要明确的是，强制措施与扭送是性质完全不同的两类行为。扭送不是刑事诉讼法规定的强制措施，其在本质上只是配合公安司法机关办理案件和查获犯罪嫌疑人、被告人的一种辅助手段，扭送与强制措施之间也没有必然的联系，对被扭送的人是否采取强制措施以及采取何种强制措施，需要由公安司法机关严格依法作出决定并执行。

二、强制措施制度的发展逻辑

1979 年 7 月 1 日，第五届全国人民代表大会第二次会议通过《刑事诉讼法》，其中第一编"总则"的第六章规定了"强制措施"，从而奠定了我国强制措施的基本范畴和制度框架，并一直沿用至今。从 1979 年《刑事诉讼法》确立我国强制措施的基本框架，历经 1996 年、2012 年和 2018 年对刑事诉讼法的三次修正，我国强制措施的体系和内容不断走向完善，功能实现趋于平衡，五种强制措施间的内在逻辑也逐步理顺，对于实现刑事诉讼惩罚犯罪和保障人权的目的发挥越来越重要的作用。总体而言，我国强制措施制度在立法上的发展主要遵循了以下两条基本逻辑进路：

第一，坚持保障刑事诉讼顺利进行这一根本的制度定位，不断提升强制措施适用中的人权保障。强制措施的根本定位是保障刑事诉讼的顺利进行，但基于刑事诉讼法在不同历史时期所承载的价值取向和主要任务存有一定差异，强制措施在致力于实现刑事诉讼目的和任务方面所发挥的功能也会有所不同。1979 年《刑事诉讼法》在整体上侧重于实现刑法惩罚犯罪的目的和功能，带有明显的工具价值取向，强制措施也被作为惩罚犯罪的一种重要手段予以适用，偏离了强制措施保障刑事诉讼顺利进行这一基本功能定位。1996 年、2012 年和 2018 年三次修正刑事诉讼法，都对强制措施作了大幅修正，在回归强制措施诉讼保障功能定位的同时，愈加关注强制措施适用中对犯罪嫌疑人、被告人的权利保障，突出强制措施的人权保障功能。强制措施在功能定位上的变迁，兼顾了刑事诉讼在惩罚犯罪和保障人权两种价值之间的平衡，解决了我国强制措施实践中面临的突出问题，对于保障刑事诉讼顺利进行、实现刑事诉讼目的，有着

---

① 参见陈卫东主编：《刑事诉讼法学》（第三版），高等教育出版社 2019 年版，第 179 页。

重要的意义。

第二，强制措施的体系逻辑逐渐清晰，制度内容不断完善。一方面，五种强制措施之间的内在逻辑关系越来越清晰。1979 年《刑事诉讼法》明确了我国刑事强制措施体系包括拘传、取保候审、监视居住、拘留和逮捕，但并未清晰划定五种强制措施之间的内在逻辑。1996 年《刑事诉讼法》对五种强制措施的适用情形分别作了明确，在一定程度上梳理了强制措施的内在逻辑，但取保候审、监视居住和逮捕之间仍然存在适用上的混同。2012 年《刑事诉讼法》区别取保候审和监视居住分别规定了不同的适用情形，将监视居住定位为逮捕的替代措施，增加羁押必要性审查，完善强制措施变更和解除程序，从而进一步理顺五种强制措施的内在逻辑。总体而言，我国已经形成了一套比较完善的以人身自由为核心架构，从作为强制到案手段的拘传，到限制人身自由的取保候审和监视居住，再到临时剥夺人身自由的拘留和逮捕，在强制力上呈现一种渐进关系的强制措施体系。另一方面，强制措施的制度内容不断完善。1979 年《刑事诉讼法》确定了我国刑事强制措施的基本体系和制度类型，将强制措施明确界定为拘传、取保候审、监视居住、拘留和逮捕等五种临时限制或剥夺犯罪嫌疑人、被告人的人身自由的强制性手段。1996 年、2012 年和 2018 年三次修正刑事诉讼法，都对强制措施的制度内容作了较大规模的修改和完善。例如，1996 年《刑事诉讼法》对拘留对象和适用情形的修改，对逮捕条件的修改等；2012 年《刑事诉讼法》对监视居住规定了区别于取保候审的适用条件，明确逮捕社会危险性的具体情形；2018 年《刑事诉讼法》明确了批准和决定逮捕时评估是否可能发生社会危险性的考虑因素等。此外，包括最高人民法院、最高人民检察院、公安部以及有关部门制定的司法解释、部门规定等规范性文件中有关强制措施的规定，都推动强制措施制度内容不断完善。

当然也要看到，我国强制措施尚存一定缺陷，需要进一步改革完善。既要进行制度性的完善，对现有五种强制措施的具体内容进行丰富和完善，使每一种强制措施的适用能够更加满足司法实践需要；也要进行体系性的改革。一是进一步改进五种强制措施之间的内在关系，使五种强制措施能够更好地相互衔接、顺畅变更；二是将对犯罪嫌疑人、被告人的财产、隐私等基本权利造成严重影响的各种强制性侦查方法都参照强制措施的适用加以规范，等将来条件成熟时，可以将所有涉及限制犯罪嫌疑人、被告人的人身自由、财产和隐私等权利的强制性措施统一纳入到强制措施的制度体系之内。

三、强制性措施限制适用与适度原则

在刑事诉讼中，一方面，强制力的行使是不可避免的，因而在刑事程序的各个阶段，都涉及强制性措施的适用问题；另一方面，强制性措施的适用直接关系公民的人身、财产、私生活等，因而强制性措施的适用直接关系公民个人的基本人权。强制性措施限制适用与适度原则，旨在防止过多或者不当适用强制性措施而侵犯公民的人权。

基于控制犯罪与保障人权的平衡，世界大多国家在规定强制性措施的同时，都强调应当尽可能采取非强制的调查手段，尽可能避免强制性措施的适用；同时，为防止滥用强制性措施，要求其适用必须适度。就是说，强制性措施的适用，应当与犯罪的严重性、嫌疑程度（掌握证据的充分性）以及案情的紧急性和必要性相适应。从强制性措施的适用必须适度的角度，该原则也称为相应性原则。不仅如此，其精神也体现在各国刑事诉讼立法和联合国文件的有关规定中。在各国刑事诉讼程序中，均对适用强制性措施的条件、程序、批准权限等作了明确的规定；同时，对于犯罪嫌疑人、被告人在刑事诉讼中的人身自由问题，各国多以保释为原则，

羁押为例外。这充分表明了国际社会对于适用强制性措施所采取的严格控制态度。

强制性措施限制适用与适度原则具有深刻的理论基础。首先，是关注人的自由和人权保障的价值理念的体现。自由在法律上表现为人的基本权利的充分享有及其实现，其中最重要的是"保障我们可以安全地使用某些东西的权利，或保护我们的行动不受其他人干涉的权利"①。倘若一个人失去基本的自由，也就无从谈论他所享有的各项权利。减少强制性措施的适用，即使适用也要在适度的范围内适用，就可以在相当程度上减少适用强制性措施的危险性。可以说，强调强制性措施限制适用与适度，是实现人权保障的诉讼目的所要求的。其次，是无罪推定原则的内在要求。按照无罪推定原则，任何人在未经正式的法律程序依法确定有罪以前，应推定其无罪。既然是无罪的人，就应当尽可能保证其人身和财产等权利处于不受限制的自由状态；即使对其人身和财产等权利进行限制，也应适度。最后，是诉讼公正价值的应有之义。强制性措施的适用在类型上应当与犯罪行为的社会危害性、行为人的人身危险性以及办理案件的紧急性和必要性相适应，在强制程度上具有相当性，这本身就是诉讼公正价值的基本内容。

第二节　拘　传

一、拘传的概念和特点

拘传，是指公安机关、人民检察院和人民法院对未被羁押的犯罪嫌疑人、被告人，依法强制其到案接受讯问的一种强制措施。拘传是我国刑事诉讼法规定的对人身自由强制程度最轻的一种措施，也是刑事诉讼法规定的唯一一种公安机关、检察院和法院在各自的诉讼阶段对犯罪嫌疑人、被告人均有权决定适用并各自执行的强制措施。

拘传具有以下主要特点：第一，拘传的对象是未被羁押的犯罪嫌疑人、被告人，对于被拘留、逮捕的犯罪嫌疑人、被告人，其实际上已经处于羁押到案状态，办案机关可以直接进行提审、讯问，不需要再适用拘传。第二，拘传的目的是强制犯罪嫌疑人、被告人依法到案接受办案机关的讯问，其本身不具有羁押的效力，讯问之后应当将犯罪嫌疑人、被告人立即放回或者变更为其他强制措施。

拘传不同于传唤。除了拘传这一强制到案方法外，我国刑事诉讼法还规定了另外一种非强制性的到案方法——传唤。根据《刑事诉讼法》第119条第1款的规定，对不需要逮捕、拘留的犯罪嫌疑人，可以传唤到犯罪嫌疑人所在市、县内的指定地点或者到其住处进行讯问，但是应当出示人民检察院或者公安机关的证明文件。对在现场发现的犯罪嫌疑人，经出示工作证件，可以口头传唤，但应当在讯问笔录中注明。拘传和传唤存在本质上的区别。拘传在性质上是刑事诉讼法规定的一种强制措施，只能对犯罪嫌疑人、被告人适用，并且具有法律明确规定的强制性和拘束力，如果犯罪嫌疑人、被告人不配合，办案机关可以使用戒具强制其到案。传唤在性质上只是一种通知到案的方法，不是法定的强制措施，其适用对象也不限于犯罪嫌疑人、被告人，对其他当事人也可以采取传唤。而且，传唤不具有强制性和拘束力，即使被传唤人不配合传唤，办案机关也不得对其使用戒具等强制方法。对于经过传唤没有正当理由而拒不到案的犯罪嫌疑人、被告人，办案机关可以进行拘传。但是，传唤并不是拘传的前置和必经程

① ［英］哈耶克：《自由秩序原理》（上），邓正来译，三联书店1997年版，第172页。

序，办案机关可以不经传唤而直接对犯罪嫌疑人、被告人适用拘传。

二、拘传的适用程序

根据刑事诉讼法以及有关司法解释、规范性文件的规定，适用拘传应当遵守下列程序要求。

第一，需要对犯罪嫌疑人、被告人采取拘传的，案件经办人应当填写呈请拘传报告书，并附有关材料，报县级以上公安机关负责人、人民检察院检察长、人民法院院长批准，签发拘传证（法院称为拘传票）。

第二，拘传应当在被拘传人所在的市、县内进行。被拘传人的工作单位与居住地不在同一市、县的，拘传应当在其工作单位所在的市、县内进行；特殊情况下，也可以在被拘传人居住地所在的市、县内进行。公安机关、人民检察院或人民法院在本辖区以外执行拘传的，应当通知当地的公安机关、人民检察院或人民法院，当地的公安机关、人民检察院、人民法院应当予以协助。

第三，执行拘传时，应当向被拘传人出示拘传证。执行拘传的公安司法人员不得少于2人。对于抗拒拘传的犯罪，可以使用戒具，强制其到案。

第四，拘传的时间从犯罪嫌疑人到案时开始计算。犯罪嫌疑人到案后，应当责令其在拘传证上填写到案时间，签名或者盖章，并捺指印，然后立即讯问。拘传结束后，应当责令犯罪嫌疑人在拘传证上填写拘传结束时间。犯罪嫌疑人拒绝填写的，应当在拘传证上注明。一次拘传持续的时间不得超过12小时；案情特别重大、复杂，需要采取拘留、逮捕措施的，拘传持续的时间不得超过24小时。

第五，禁止连续拘传和疲劳审讯。两次拘传间隔的时间一般不得少于12小时，不得以连续拘传的方式变相拘禁犯罪嫌疑人。拘传犯罪嫌疑人，应当保证犯罪嫌疑人的饮食和必要的休息时间。

第六，讯问结束后，如果被拘传人符合其他强制措施如拘留、逮捕的适用条件的，应当依法采取其他强制措施。需要对被拘传人变更为其他强制措施的，应当在拘传期间作出批准或不批准的决定；在拘传期间决定不采取其他强制措施的，拘传期限届满，应当结束拘传。如果不需要采取其他强制措施的，应当立即将被拘传人放回。

我国刑事诉讼法将拘传界定为一种针对犯罪嫌疑人、被告人的强制到案方法，这一定位是准确的。但是，立法没有对拘传的一些内容作出明确规定，容易造成司法实践中操作不一、适用混乱。例如，哪些属于延长拘传时间的"案情特别重大、复杂的"情形；"应当保证犯罪嫌疑人的饮食和必要的休息时间"的判断标准是什么；拘传超过12小时或者24小时的限制，办案机关应当承担何种法律后果；拘传的次数是否应当予以限制；能否夜间拘传并进行讯问；等等。对于这些问题，需要在立法上作出明确的规定，以统一规范法院、检察院和公安机关在实践中具体适用拘传措施。

第三节　取保候审

取保候审，是公安机关、人民检察院和人民法院在刑事诉讼过程中责令犯罪嫌疑人、被告人提出保证人或者交纳保证金，以保证其不逃避或妨碍侦查、起诉和审判，并随传随到的一种强制措施。取保候审是一种限制而非剥夺人身自由的强制措施，通过要求犯罪嫌疑人、被告人提供担保并遵守有关法律规定的方式而使其获得人身自由的一种强制措施，对人身自由的约束性相对较弱，其强制性表现在犯罪嫌疑人、被告人在取保候审期间需要严格遵守刑事诉讼法规定和办案机关要求的义务。适用取保候审，既要注意不能对被取保候审人施加超出法律规定的限制条件而侵害被取保候审人的合法权益；也要注意不能以取保候审来结束刑事诉讼程序而变相放纵犯罪。

一、取保候审的适用情形

根据《刑事诉讼法》第 67 条以及有关司法解释和规范性文件的规定，人民法院、人民检察院和公安机关对有下列情形之一的犯罪嫌疑人、被告人，可以取保候审。

第一，可能判处管制、拘役或者独立适用附加刑的。

第二，可能判处有期徒刑以上刑罚，采取取保候审不致发生社会危险性的。换句话说，对于可能判处有期徒刑以上刑罚的犯罪嫌疑人、被告人，如果采取取保候审并不足以防止发生社会危险性，可以逮捕或者监视居住。

第三，患有严重疾病、生活不能自理，怀孕或者正在哺乳自己婴儿的妇女，采取取保候审不致发生社会危险性的。这包括两种情况：一是患有严重疾病并且生活不能自理的犯罪嫌疑人、被告人；另一种是怀孕或者正在哺乳自己婴儿的女性犯罪嫌疑人、被告人。有这两种情况之一，并且采取取保候审不致发生社会危险性的，可以适用取保候审；尽管有这两种情况之一，但采取取保候审不足以防止发生社会危险性，也可以逮捕或监视居住。

第四，羁押期限届满，案件尚未办结，需要采取取保候审的。这一情形的关键在准确评估是否需要对犯罪嫌疑人、被告人采取取保候审。换言之，即使羁押期限届满且案件尚未办结，但不需要对犯罪嫌疑人、被告人采取取保候审，那么也就不能适用取保候审。

此外，根据《刑事诉讼法》第 91 条和《公安机关办理刑事案件程序规定》第 81 条第 2款，公安机关对拘留的犯罪嫌疑人，证据不符合逮捕条件，以及提请逮捕后，人民检察院不批准逮捕，需要继续侦查，并且符合取保候审条件的，可以依法取保候审。

对于严重危害社会治安的犯罪嫌疑人，以及其他犯罪性质恶劣、情节严重的犯罪嫌疑人，不得取保候审。对累犯、犯罪集团的主犯，以自伤、自残办法逃避侦查的犯罪嫌疑人，严重暴力犯罪以及其他严重犯罪的犯罪嫌疑人，不得取保候审，但犯罪嫌疑人具有"患有严重疾病、生活不能自理，怀孕或者正在哺乳自己婴儿的妇女，采取取保候审不致发生社会危险性"和"羁押期限届满，案件尚未办结，需要采取取保候审"这两种情形的除外。

二、取保候审的方式

《刑事诉讼法》第 68 条规定："人民法院、人民检察院和公安机关决定对犯罪嫌疑人、被告人取保候审，应当责令犯罪嫌疑人、被告人提出保证人或者交纳保证金。"据此，取保候审有保证人和保证金两种保证方式。实践中，公安司法机关对同一犯罪嫌疑人、被告人决定采取取保候审的，只能在保证人和保证金两种方式中择一而用，不得同时使用保证人保证与保证金保证。

（一）保证人保证

又称"人保"，是指公安机关、人民检察院、人民法院责令犯罪嫌疑人、被告人提出保证人并出具保证书，保证被取保候审人在取保候审期间不逃避和妨碍侦查、起诉和审判，并随传随到的一种保证方式。其特点是以保证人的信誉来提供保证，不涉及金钱。

对符合取保候审条件，具有下列情形之一的犯罪嫌疑人、被告人，法院、检察院和公安机关在决定取保候审时，可以责令其提供 1 至 2 名保证人：（1）无力交纳保证金的；（2）系未成年人或者已满 75 周岁的人；（3）其他不宜收取保证金的。对此，应当注意以下两点：一是不能理解为只能使用保证人保证的方式，而是应当优先使用保证人保证的方式。例如，2022 年最高人民法院、最高人民检察院、公安部、国家安全部修订的《关于取保候审若干问题的规定》第 4 条第 2 款中明确规定，对未成年人取保候审的，应当优先适用保证人保证。二是不能理解为只有在犯罪嫌疑人、被告人无力交纳保证金的情况下才能使用保证人的保证方式，即使犯罪嫌疑人、被告人有能力交纳保证金，但是办案机关认为使用保证人方式更为适宜的，也可以使用保证人保证。此外，对于无固定住所、无法提供保证人的未成年人适用取保候审的，根据《预防未成年人犯罪法》第 52 条的规定，公安机关、人民检察院、人民法院应当为其指定合适成年人作为保证人，必要时可以安排取保候审的未成年人接受社会观护。由合适成年人担任未成年犯罪嫌疑人、被告人适用取保候审的保证人，又被称为合适保证人制度，这一制度进一步丰富和完善了取保候审制度中保证人的范围。

根据《刑事诉讼法》第 69 条以及有关司法解释和规范性文件的规定，保证人必须符合以下条件：（1）与本案无牵连；（2）有能力履行保证义务；（3）享有政治权利，人身自由未受限制；（4）有固定的住处和收入。对于符合以上条件的人，需要经过公安机关、检察院和法院的审查同意，才能担任保证人。保证人在保证期间应当切实履行以下义务：一是监督被取保候审人遵守《刑事诉讼法》第 71 条关于取保候审期间应当遵守的规定；二是发现被取保候审人可能发生或者已经发生违反有关法律规定的行为时，应当及时向执行机关报告。办案机关应当告知保证人需要承担的保证义务，保证人应当填写或出具保证书并按要求在保证书签名或者盖章。

保证人在取保候审期间情况发生变化，不愿继续履行保证义务或者丧失保证条件的，公安机关、人民检察院和人民法院应当责令被取保候审人重新提出保证人或者交纳保证金，或者作出变更强制措施的决定。被取保候审人在取保候审期间有违反法律规定的行为，保证人未履行保证义务的，经县级以上公安机关负责人批准，可以对保证人处 1000 元以上 2 万元以下罚款。检察院发现保证人没有履行保证义务的，应当通知公安机关，要求公安机关对保证人作出罚款决定。对于公安机关作出的罚款决定，保证人可以在收到决定书之日起 5 日以内向作出决定的公安机关申请复议。公安机关应当在收到复议申请后 7 日以内作出决定。保证人对复议决定不服的，可以在收到复议决定书后 5 日以内向上一级公安机关申请复核一次。上一级公安机关应当在收到复核申请后 7 日以内作出决定。保证人协助犯罪嫌疑人、被告人在取保候审期间逃匿，或者保证人明知犯罪嫌疑人、被告人藏匿地点但拒绝向办案机关提供，或者保证人构成其他犯罪的，应当依法追究责任。

（二）保证金保证

又称"财产保"，是指公安机关、人民检察院、人民法院责令犯罪嫌疑人、被告人交纳保证金并出具保证书，保证被取保候审人在取保候审期间不逃避和妨碍侦查、起诉和审判，并随传随到的一种保证方式。其特点是利用经济利益来督促犯罪嫌疑人、被告人遵守取保候审的规定。

关于保证金的数额，根据《刑事诉讼法》第 72 条的规定，取保候审的决定机关应当综合考虑保证诉讼活动正常进行的需要，被取保候审人的社会危险性，案件的性质、情节，可能判处刑罚的轻重，被取保候审人的经济状况等情况，确定保证金的数额。提供保证金的人应当将保证金存入执行机关指定银行的专门账户。根据 2022 年最高人民法院、最高人民检察院、公安部、国家安全部修订的《关于取保候审若干问题的规定》，保证金应当以人民币的形式交纳，起点数额是 1000 元，对于未成年犯罪嫌疑人，保证金的起点数额是 500 元，不设上限，由办案机关综合考虑确定保证金的数额。保证金的数额不宜过高，不能通过设定高额的保证金而客观上剥夺了犯罪嫌疑人、被告人获得取保候审的权利。

关于保证金的收取和管理，县级以上公安机关应当在其指定的银行设立取保候审保证金专门账户，委托银行代为收取和保管保证金。提供保证金的人，应当一次性将保证金存入取保候审保证金专门账户。保证金应当由办案部门以外的部门管理。严禁截留、坐支、挪用或者以其他任何形式侵吞保证金。犯罪嫌疑人、被告人在取保候审期间未违反法律规定的，取保候审结束的时候，凭解除取保候审的通知或者有关法律文书到银行领取退还的保证金。

三、取保候审的义务体系

根据《刑事诉讼法》第 71 条，取保候审的义务体系分为确定性义务和酌定性义务两大类。

确定性义务是指所有被取保候审的犯罪嫌疑人、被告人在取保候审期间都必须严格遵守的有关规定。主要包括：（1）未经执行机关批准不得离开所居住的市、县；（2）住址、工作单位和联系方式发生变动的，在 24 小时以内向执行机关报告；（3）在传讯的时候及时到案；（4）不得以任何形式干扰证人作证；（5）不得毁灭、伪造证据或者串供。

酌定性义务，也可以称为裁量性义务，是指人民法院、人民检察院和公安机关可以根据案件的具体情况而责令被取保候审的犯罪嫌疑人、被告人遵守的有关规定。主要包括：（1）不得进入特定的场所；（2）不得与特定的人员会见或者通信；（3）不得从事特定的活动；（4）将护照等出入境证件、驾驶证件交执行机关保存。在具体案件中，办案机关既可以要求被取保候审人遵守其中一项酌定性义务，也可以要求被取保候审人遵守其中几项甚至全部酌定性义务。

司法实践中，对于如何理解"特定的场所""特定的人员""特定的活动"等存在不同认识。2022 年最高人民法院、最高人民检察院、公安部、国家安全部修订的《关于取保候审若干问题的规定》作了细化规定。其中，"特定的场所"是指可能导致其再次实施犯罪的场所；可能导致其实施妨害社会秩序、干扰他人正常活动行为的场所；与其所涉嫌犯罪活动有关联的场所；可能导致其实施毁灭证据、干扰证人作证等妨害诉讼活动的场所；其他可能妨害取保候审执行的特定场所。"特定的人员"是指证人、鉴定人、被害人及其法定代理人和近亲属；同案违法行为人、犯罪嫌疑人、被告人以及与案件有关联的其他人员；可能遭受被取保候审人侵害、滋扰的人员；可能实施妨害取保候审执行、影响诉讼活动的人员。"特定的活动"是指可能导致其再次实施犯罪的活动；可能对国家安全、公共安全、社会秩序造成不良影响的活动；与所涉嫌犯罪相关联的活动；可能妨害诉讼的活动；其他可能妨害取保候审执行的特定活动。

被取保候审人在取保候审期间违反法律规定的义务，无论是确定性义务还是酌定性义务，均将会导致相应的法律后果。

第一，已经交纳保证金的，由执行取保候审的公安机关没收部分或者全部保证金。对于检察院、法院决定取保候审的，检察院、法院应当在收到公安机关没收保证金或变更强制措施的意见后 5 日以内作出处理并通知公安机关。检察院、法院发现被取保候审人违反法律规定的，应当书面通知公安机关依法处理。没收保证金应当经过严格审核后，报县级以上公安机关负责人批准，制作没收保证金决定书。决定没收 5 万元以上保证金的，应当经设区的市一级以上公安机关负责人批准。

第二，决定取保候审的机关可以根据案件情况，责令犯罪嫌疑人具结悔过、重新交纳保证金、提出保证人，或者决定对其监视居住、予以逮捕。

第三，重新交纳保证金或者提出保证人，对犯罪嫌疑人继续取保候审的，取保候审的时间应当累计计算。

四、取保候审的程序

（一）取保候审的申请

根据《刑事诉讼法》第97条和《刑诉规则》第88条的规定，被羁押或者监视居住的犯罪嫌疑人、被告人及其法定代理人、近亲属或者辩护人有权向公安司法机关申请取保候审，有关机关应当在3日以内作出是否同意的答复。经审查符合取保候审条件的，可以对被羁押或者监视居住的犯罪嫌疑人、被告人依法办理取保候审手续。经审查不符合取保候审条件的，应当告知申请人，并说明不同意取保候审的理由。

（二）取保候审的决定

人民法院、人民检察院和公安机关根据案件情况，均有权决定对犯罪嫌疑人、被告人取保候审。对于监察机关移送起诉的未采取留置措施的案件，人民检察院受理后，在审查起诉过程中根据案件情况，对于犯罪嫌疑人符合取保候审适用情形的，可以依法决定采取取保候审。取保候审最长不得超过12个月。对于危害国家安全的刑事案件，由国家安全机关决定取保候审。

具体而言，在侦查阶段，公安机关需要对犯罪嫌疑人取保候审的，应当制作呈请取保候审报告书，说明取保候审的理由、采取的保证方式以及应当遵守的规定，经县级以上公安机关负责人批准，制作取保候审决定书。取保候审决定书应当向犯罪嫌疑人宣读，由犯罪嫌疑人签名、捺指印。在审查起诉阶段，对犯罪嫌疑人继续取保候审的，人民检察院应当依法重新作出取保候审决定，取保候审的期限应当重新计算并告知犯罪嫌疑人。人民检察院决定对犯罪嫌疑人取保候审的，应当制作取保候审决定书，载明取保候审开始的时间、保证方式、被取保候审人应当履行的义务和应当遵守的规定。在审判阶段，对被告人继续取保候审的，可以由合议庭或者独任审判员作出决定；对被告人采取、撤销或者变更强制措施的，应当由院长决定。人民法院向被告人宣布取保候审决定后，应当将取保候审决定书等相关材料送交当地公安机关。

（三）取保候审的执行

无论是公安机关决定取保候审，还是法院或者检察院决定取保候审，取保候审一律由公安机关执行。国家安全机关决定取保候审的，由国家安全机关负责执行。

第一，由被取保候审人居住地的派出所具体执行取保候审。公安机关决定取保候审的，应当及时通知被取保候审人居住地的派出所执行。必要时，办案部门可以协助执行。人民法院、人民检察院决定取保候审的，负责执行的县级公安机关应当在收到法律文书和有关材料后24小时以内，指定被取保候审人居住地派出所核实情况后执行。根据2022年最高人民法院、最高人民检察院、公安部、国家安全部修订的《关于取保候审若干问题的规定》第16条，居住地包括户籍所在地、经常居住地。经常居住地是指被取保候审人离开户籍所在地最后连续居住1年以上的地方。取保候审一般应当在户籍所在地执行，但已形成经常居住地的，可以在经常居住地执行。被取保候审人具有下列情形之一的，也可以在其暂住地执行取保候审：被取保候审人离开户籍所在地1年以上且无经常居住地，但在暂住地有固定住处的；被取保候审人系外国人、无国籍人，香港特别行政区、澳门特别行政区、台湾地区居民的；被取保候审人户籍所在地无法查清且无经常居住地的。

第二，执行取保候审的派出所应当履行下列职责：（1）告知被取保候审人必须遵守的规定，及其违反规定或者在取保候审期间重新犯罪应当承担的法律后果；（2）监督、考察被取保候审人遵守有关规定，及时掌握其活动、住址、工作单位、联系方式及变动情况；（3）监督保证人履行保证义务；（4）被取保候审人违反应当遵守的规定以及保证人未履行保证义务的，应当及时制止、采取紧急措施，同时告知决定机关。

第三，执行取保候审的派出所应当定期了解被取保候审人遵守取保候审规定的有关情况，并制作笔录。

第四，被取保候审人无正当理由不得离开所居住的市、县。根据 2022 年最高人民法院、最高人民检察院、公安部、国家安全部《关于取保候审若干问题的规定》第 19 条，被取保候审人需要离开所居住的市、县的，应当向负责执行的派出所提出书面申请，并注明事由、目的地、路线、交通方式、往返日期、联系方式等。被取保候审人有紧急事由，来不及提出书面申请的，可以先通过电话、短信等方式提出申请，并及时补办书面申请手续。经审查，具有工作、学习、就医等正当合理事由的，由派出所负责人批准。负责执行的派出所批准后，应当通知决定机关，并告知被取保候审人遵守下列要求：（1）保持联系方式畅通，并在传讯的时候及时到案；（2）严格按照批准的地点、路线、往返日期出行；（3）不得从事妨害诉讼的活动；（4）返回居住地后及时向执行机关报告。对于因正常工作和生活需要经常性跨市、县活动的，可以根据情况，简化批准程序。对于人民法院、人民检察院决定取保候审的，执行机关批准被取保候审人离开所居住的市、县前，应当征得决定机关同意。

第五，在侦查或者审查起诉阶段已经采取取保候审的，案件移送至审查起诉或者审判阶段时，需要继续取保候审、变更保证方式或者变更强制措施的，受案机关应当在 7 日内作出决定，并通知移送案件的机关和执行机关。受案机关作出取保候审决定并执行后，原取保候审措施自动解除，不再办理解除手续。对继续采取保证金保证的，原则上不变更保证金数额，不再重新收取保证金。取保候审的期限应当重新计算并告知犯罪嫌疑人、被告人。

第六，在取保候审期间，不得中断对案件的侦查、审查起诉和审理。严禁以取保候审变相放纵犯罪。

（四）取保候审的变更和解除

根据刑事诉讼法和有关司法解释、规范性文件的规定，对于被取保候审人在取保候审期间违反法律规定义务的，法院、检察院和公安机关可以根据案件情况，决定监视居住或者予以逮捕。决定监视居住的，应当办理监视居住手续，监视居住的期限应当自执行监视居住决定之日起计算并告知被监视居住人。需要予以逮捕的，可以对犯罪嫌疑人、被告人先行拘留。

取保候审期限届满，决定机关应当作出解除取保候审或者变更强制措施的决定，并送交执行机关。决定机关未解除取保候审或者未对被取保候审人采取其他刑事强制措施的，被取保候审人及其法定代理人、近亲属或者辩护人有权要求决定机关解除取保候审。对于发现不应当追究被取保候审人刑事责任并作出撤销案件或者终止侦查决定的，决定机关应当及时作出解除取保候审决定，并送交执行机关。有保证人的，应当通知保证人解除保证义务。有保证金的，应当通知银行如数退还保证金。

【实务问题探讨】 什么情况下取保候审自动解除，不再办理解除手续？

根据 2022 年最高人民法院、最高人民检察院、公安部、国家安全部《关于取保候审若干问题的规定》的有关规定，取保候审自动解除，不再办理解除手续的情形主要包括以下两种：

一是在侦查或者审查起诉阶段已经采取取保候审的，案件移送至审查起诉或者审判阶段时，需要继续取保候审、变更保证方式或者变更强制措施的，受案机关作出取保候审决定并执行后，原取保候审措施自动解除，不再办理解除手续。受案机关变更的强制措施开始执行后，应当及时通知移送案件的机关和执行机关，原取保候审决定自动解除，不再办理解除手续，执行机关应当依法退还保证金。

二是有下列情形之一的，取保候审自动解除，不再办理解除手续，决定机关应当及时通知执行机关：（1）取保候审依法变更为监视居住、拘留、逮捕，变更后的强制措施已经开始执行的；（2）人民检察院作出不起诉决定的；（3）人民法院作出的无罪、免予刑事处罚或者不负刑事责任的判决、裁定已经发生法律效力的；（4）被判处管制或者适用缓刑，社区矫正已经开始执行的；（5）被单处附加刑，判决、裁定已经发生法律效力的；（6）被判处监禁刑，刑罚已经开始执行的。执行机关收到决定机关上述决定书或者通知后，应当立即执行，并将执行情况及时通知决定机关。

【实务问题探讨】 在同一诉讼阶段能否对同一犯罪嫌疑人、被告人重复适用取保候审？

办案机关基于同一犯罪事实对同一犯罪嫌疑人、被告人可否重复适用取保候审，实践中争议较大。主要争论点有两个：一是在同一诉讼阶段能否对同一犯罪嫌疑人、被告人重复适用取保候审。有观点认为，取保候审在同一诉讼阶段不能重复适用。有观点认为，《刑诉规则》第 289 条第 3 款规定"对因撤销原批准逮捕决定而被释放的犯罪嫌疑人或者逮捕后公安机关变更为取保候审、监视居住的犯罪嫌疑人，又发现需要逮捕的，人民检察院应当重新办理逮捕手续"，这说明同一强制措施在同一阶段并非只能适用一次，在符合适用条件的情况下可以重复适用取保候审；最高人民法院在其 2012 年《刑诉解释》第 127 条第 3 款规定"人民法院不得对被告人重复采取取保候审、监视居住措施"，但是在 2021 年修订后的《刑诉解释》第 162 条将该款规定予以删除，表明人民法院对在审判阶段对被告人重复适用取保候审是持肯定态度的。二是重复适用取保候审的期限是否需要累加计算，并遵守"不得超过 12 个月"的规定。有观点认为，重复适用取保候审的期限累计不得超过 12 个月。有观点认为，重复适用取保候审的期限不进行累计。取保候审不超过 12 个月是对每次采取取保候审的期限规定，法律没有限定取保候审的适用次数，办案机关在同一诉讼阶段对犯罪嫌疑人、被告人重复采取取保候审的，期限应当另行计算。

第四节　监视居住

监视居住,是公安机关、人民检察院、人民法院在刑事诉讼过程中对犯罪嫌疑人、被告人采取的,命令其不得擅自离开住处或者居所,并对其活动予以监视和控制的一种强制措施。监视居住是将犯罪嫌疑人、被告人限制在一定场所并要求其遵守法律规定的相关义务的一种强制措施,其对人身自由的约束程度要高于取保候审但弱于逮捕,其强制性表现在犯罪嫌疑人、被告人在监视居住期间不得离开有关场所并需要严格遵守有关法律规定。

一、监视居住的法律定位

监视居住在法律定位上是一种替代逮捕和补充取保候审的独立的中间措施。一方面,根据《刑事诉讼法》第 74 条第 1 款的规定,监视居住在立法上的基础定位是逮捕的替代措施,其适用前提是"符合逮捕条件",如果不符合逮捕条件,既不能适用逮捕,也不能适用监视居住。但也要注意,尽管监视居住在适用上依附于逮捕条件的满足,但监视居住是刑事诉讼法规定的一种独立的强制措施,具有自己独立的价值目标和制度功能,不能将监视居住和逮捕在价值目标和制度功能上完全混同。另一方面,该条第 2 款规定"符合取保候审条件,但犯罪嫌疑人、被告人不能提出保证人,也不交纳保证金的,可以监视居住",据此,监视居住又是一种取保候审的补充措施,如果犯罪嫌疑人、被告人符合取保候审条件而只是因为无法提出有效的保证方式无法获得取保候审的,通过适用监视居住可以有效避免对犯罪嫌疑人、被告人直接适用逮捕措施。作为承接取保候审和逮捕的一种中间过渡措施,监视居住可以起到对取保候审的补充作用和对逮捕的替代作用,有利于在最大程度上减少逮捕适用和对犯罪嫌疑人、被告人的羁押,切实保障犯罪嫌疑人、被告人的诉讼权利及合法权益。

二、监视居住的适用情形

第一,犯罪嫌疑人、被告人符合逮捕条件,并且有下列情形之一的,可以监视居住:(1)患有严重疾病、生活不能自理的。(2)怀孕或者正在哺乳自己婴儿的妇女。(3)系生活不能自理的人的唯一扶养人。根据《刑诉规则》第 107 条的规定,此处的扶养包括父母、祖父母、外祖父母对子女、孙子女、外孙子女的抚养和子女、孙子女、外孙子女对父母、祖父母、外祖父母的赡养以及配偶、兄弟姐妹之间的相互扶养。(4)因为案件的特殊情况或者办理案件的需要,采取监视居住措施更为适宜的。(5)羁押期限届满,案件尚未办结,需要采取监视居住措施的。这是发挥对逮捕的替代功能。

第二,犯罪嫌疑人、被告人符合取保候审条件,但不能提出保证人也不交纳保证金的,可以监视居住。如果在执行监视居住期间,被监视居住人提出保证人或者交纳保证金的,可以对其变更为取保候审。这实际上是发挥监视居住对取保候审的一种补充作用。

第三,被取保候审的犯罪嫌疑人、被告人在取保候审期间违反法律规定的,可以监视居住。这是对违反取保候审义务的犯罪嫌疑人、被告人变更更加严厉的强制措施的一种制度安排。

三、监视居住的类型

根据监视居住的执行场所不同，可以把监视居住分为两种类型：一种是住处监视居住，另一种是指定居所监视居住。通常情况下，监视居住应当在犯罪嫌疑人、被告人的住处执行。如果犯罪嫌疑人、被告人没有固定的住处，可以在指定的居所执行。对于涉嫌危害国家安全犯罪、恐怖活动犯罪，在住处执行可能有碍侦查的，经上一级公安机关批准，也可以在指定的居所执行。但是，不得在看守所、拘留所、监狱等羁押、监管场所以及留置室、讯问室等专门的办案场所、办公区域执行。指定居所监视居住的，也不得要求被监视居住人支付费用。

根据《公安机关办理刑事案件程序规定》第 111 条和第 112 条的规定，"有碍侦查"是指以下情形之一：（1）可能毁灭、伪造证据，干扰证人作证或者串供的；（2）可能引起犯罪嫌疑人自残、自杀或者逃跑的；（3）可能引起同案犯逃避、妨碍侦查的；（4）犯罪嫌疑人、被告人在住处执行监视居住有人身危险的；（5）犯罪嫌疑人、被告人的家属或者所在单位人员与犯罪有牵连的。"固定住处"是指被监视居住人在办案机关所在的市、县内生活的合法住处；"指定的居所"是指公安机关根据案件情况，在办案机关所在的市、县内为被监视居住人指定的生活居所。指定的居所应当符合下列条件：（1）具备正常的生活、休息条件；（2）便于监视、管理；（3）保证安全。

四、被监视居住人的义务

根据《刑事诉讼法》第 77 条的规定，被监视居住人在监视居住期间应当严格遵守以下规定：（1）未经执行机关批准不得离开执行监视居住的处所。（2）未经执行机关批准不得会见他人或者通信。这里的"他人"是指与被监视居住人共同居住的家庭成员和聘请的律师以外的人。（3）在传讯的时候及时到案。（4）不得以任何形式干扰证人作证。（5）不得毁灭、伪造证据或者串供。（6）将护照等出入境证件、身份证件、驾驶证件交执行机关保存。此外，根据《刑诉规则》，人民检察院应当告知公安机关在执行期间拟批准犯罪嫌疑人离开执行监视居住的处所、会见他人或者通信的，应当事先征得人民检察院同意。

被监视居住人在监视居住期间违反法律规定的义务，情节严重的，可以予以逮捕；需要予以逮捕的，可以对犯罪嫌疑人、被告人先行拘留；情节较轻的，根据《公安机关办理刑事案件程序规定》第 121 条的规定，公安机关应当区分情形责令被监视居住人具结悔过或者给予治安管理处罚。

五、监视居住的程序

（一）监视居住的决定

公安机关、人民检察院和人民法院均有权决定对犯罪嫌疑人、被告人采取监视居住。对于监察机关移送起诉的未采取留置措施的案件，人民检察院受理后，在审查起诉过程中根据案件情况，对于犯罪嫌疑人符合监视居住适用情形的，可以依法决定采取监视居住。监视居住的期限最长不得超过 6 个月。

公安机关决定监视居住的，应当制作呈请监视居住报告书，说明监视居住的理由、采取监视居住的方式以及应当遵守的规定，经县级以上公安机关负责人批准，制作监视居住决定书。监视居住决定书应当向犯罪嫌疑人宣读，由犯罪嫌疑人签名、捺指印。人民检察院决定监视居住的，应当向被监视居住的犯罪嫌疑人宣读监视居住决定书，由犯罪嫌疑人签名或者盖章，并捺指印，责令犯罪嫌疑人遵守刑事诉讼法的规定，告知其违反规定应负的法律责任。人民检察院核实犯罪嫌疑人住处或者为其指定居所后，应当制作监视居住执行通知书，将有关法律文书和案由、犯罪嫌疑人基本情况材料，送交监视居住地的公安机关执行，必要时人民检察院可以协助公安机关执行。人民法院决定监视居住的，向被告人宣布监视居住决定后，应当将监视居住决定书等相关材料送交被告人住处或者指定居所所在地的公安机关执行。

（二）监视居住的执行

无论是公安机关决定监视居住，还是法院或者检察院决定监视居住，监视居住一律由公安机关执行。

第一，由被监视居住人住处或者指定居所所在地的派出所具体执行。公安机关决定监视居住的，由被监视居住人住处或者指定居所所在地的派出所执行，办案部门可以协助执行。必要时，也可以由办案部门负责执行，派出所或者其他部门协助执行。人民法院、人民检察院决定监视居住的，负责执行的县级公安机关应当在收到法律文书和有关材料后 24 小时以内，通知被监视居住人住处或者指定居所所在地的派出所，核实被监视居住人身份、住处或者居所等情况后执行。必要时，可以由人民法院、人民检察院协助执行。负责执行的派出所应当及时将执行情况通知决定监视居住的机关。

第二，指定居所监视居住的，除无法通知的以外，应当在执行监视居住后 24 小时以内，由作出监视居住决定的机关通知被监视居住人的家属。根据有关司法解释，检察机关应当将监视居住的原因通知被指定居所监视居住人的家属，法院应当将监视居住的原因和处所通知其家属。"无法通知"，主要包括被监视居住人无家属、与其家属无法取得联系、受自然灾害等不可抗力阻碍等情形。此外，犯罪嫌疑人、被告人不讲真实姓名、住址、身份不明，也可能造成无法通知其家属。无法通知的情形消失以后，应当立即通知被监视居住人的家属。无法通知家属的，公安机关应当在监视居住通知书中注明原因，检察院应当将原因写明附卷，法院应当记录在案。

第三，在监视居住期间，被监视居住人有正当理由要求离开住处或者指定的居所以及要求会见他人或者通信的，应当经负责执行的派出所或者办案部门负责人批准。人民法院、人民检察院决定监视居住的，负责执行的派出所在批准被监视居住人离开住处或者指定的居所以及与他人会见或者通信前，应当征得决定监视居住的机关同意。

第四，执行机关对被监视居住的犯罪嫌疑人、被告人可以采取电子监控、不定期检查等监视方法对其遵守监视居住规定的情况进行监督；在侦查期间，可以对被监视居住的犯罪嫌疑人的通信进行监控，包括被监视居住人的电话、传真、信函、邮件、网络等。

第五，检察机关对指定居所监视居住的决定和执行是否合法实行监督。一方面，对于公安机关、人民法院决定指定居所监视居住的案件，由批准或者决定的公安机关、人民法院的同级人民检察院负责捕诉的部门对决定是否合法实行监督。人民检察院决定指定居所监视居住的案件，由负责控告申诉检察的部门对决定是否合法实行监督。另一方面，对于公安机关、人民法院决定指定居所监视居住的案件，由人民检察院负责刑事执行检察的部门对指定居所监视居住的执行活动是否合法实行监督。人民检察院决定指定居所监视居住的案件，由负责控告申诉检察的部门对指定居所监视居住的执行活动是否合法实行监督。

第六，被指定居所监视居住人及其法定代理人、近亲属或者辩护人认为指定居所监视居住决定或者认为执行机关或执行人员存在违法情形，提出控告或者举报的，人民检察院应当受理。经审查，发现存在违法情形的，检察院应当及时通知其纠正。

第七，指定居所监视居住的期限应当折抵刑期。被判处管制的，监视居住 1 日折抵刑期 1 日；被判处拘役、有期徒刑的，监视居住 2 日折抵刑期 1 日。

(三) 监视居住的解除和变更

在监视居住期间，公安机关、人民检察院和人民法院不得中断对案件的侦查、起诉和审理。根据案情变化，应当及时解除监视居住或者变更强制措施。

监视居住期限届满或者发现不应当追究犯罪嫌疑人、被告人刑事责任的，应当解除或者撤销监视居住。公安机关解除监视居住的，应当经县级以上公安机关负责人批准，制作解除监视居住决定书，并及时通知负责执行的派出所、被监视居住人和有关单位。人民法院、人民检察院作出解除监视居住决定的，应当通知执行机关，并将解除或者撤销监视居住的决定书送达被监视居住人，负责执行的公安机关应当及时解除并通知被监视居住人和有关单位。

犯罪嫌疑人、被告人及其法定代理人、近亲属或者辩护人认为适用监视居住不当的，有权申请变更强制措施。人民法院、人民检察院和公安机关收到申请后，应当在 3 日以内作出决定；不同意变更强制措施的，应当告知申请人，并说明不同意的理由。犯罪嫌疑人、被告人及其法定代理人、近亲属或者辩护人对于人民法院、人民检察院或者公安机关采取监视居住法定期限届满的，有权要求解除强制措施。

被监视居住人违反应当遵守的规定，公安机关应当区分情形责令被监视居住人具结悔过或者给予治安管理处罚。情节严重的，可以予以逮捕；需要予以逮捕的，可以对其先行拘留。

【实务问题探讨】在医院执行监视居住期间有专人监管，其人身自由受到严格限制的，应认定为指定居所监视居住。[①]

2014 年 1 月 28 日上午 8 时许，被告人龙某因平时与母亲徐某有矛盾，在出租房内与其发生争执，遂持水果刀欲伤害徐某，其父亲龙某甲见状后欲上前制止，被被告人龙某持水果刀捅刺腹部两刀致伤。乐清市人民法院经审理认为：被告人龙某持刀故意伤害他人身体，致一人重伤，其行为已构成故意伤害罪。龙某案发时系限制刑事责任能力人，到案后能如实供述自己的犯罪事实，认罪态度较好，有悔罪表现，并取得被害人的谅解，系初犯，可对其减轻处罚。鉴于龙某在监视居住当日即由公安人员送至乐清市凤凰医院住院治疗，该医院可视为指定居所，故住院治疗期间应予以折抵刑期。一审判决后，乐清市人民检察院抗诉称：龙某不具备适用指定居所执行监视居住的条件，不应认定龙某在指定居所监视居住，监视居住的期间不应折抵刑期。温州市中级人民法院经审理认为：案发后，龙某事实上已无固定住处，龙某具有在指定居所执行监视居住的条件。龙某在凤凰医院执行监视居住期间有专人监管，其出入自由、与外界联系的自由等人身自由均受到严格限制。故龙某在凤凰医院执行监视居住期间应予折抵刑期。原判决认定龙某在指定居所监视居住，对监视居住期限予以折抵刑期并无不当，且原判定罪准确，量刑适当，审判程序合法遂作出驳回抗诉，维持原判的裁定。

在行为人龙某是否具有固定住处的认定上，存在两种不同意见。第一种意见

---

① 参见国家法官学院、中国人民大学法学院编：《中国审判案例要览·2015 年刑事审判案例卷》，中国人民大学出版社 2017 年版，第 482—487 页。

认为，龙某有固定住处，不具有适用指定居所监视居住的条件，但本案龙某不适合在其固定住处执行监视居住，因其在精神病医院治疗期间人身自由受到限制，故精神病医院治疗期间应予折抵刑期。第二种意见认为，龙某无固定住处，龙某在精神病医院强制治疗期间，精神病医院可认定为指定居所，该监视居住期间应折抵刑期。

本案二审法院同意第二种意见，理由如下：（1）龙某不具有固定的住处。案发后，龙某案发前的住处实际上已不再具备"便于监视、管理"和"有利于办案安全"的条件。因该暂住处的共同居住人为本案的被害人，且龙某于案发期间及决定采取监视居住时均属于精神分裂症（残留期），具有社会危险性。龙某的共同居住人龙某甲、徐某基于龙某的人身危险性，亦提出龙某不适用在共同居住地执行监视居住。故龙某事实上已不再符合固定住处监视居住的条件。（2）在精神病医院强制治疗，该精神病医院可认定为指定居所。首先，该精神病医院具备指定居所的条件。本案的精神病医院具有指定居所需具备正常的生活、休息条件，便于监视、管理，有利于办案安全等条件，且不属于羁押场所和专门的办案场所等。其次，龙某在精神病医院进行强制治疗，其强制性特征与指定居所监视居住的立法原意相契合。最后，本案龙某在精神病医院强制治疗期间有专人监管，其出入自由、与外界联系的自由等人身自由均受到严格限制，但未达到拘留、逮捕对人身自由限制的程度。精神病医院对被告人人身自由的限制与指定居所监视居住对被告人人身自由的限制具有同质性。故龙某在精神病医院强制治疗，精神病医院可认定为指定居所。相应地，在精神病医院强制治疗的期间，应予折抵刑期。

第五节　拘　留

拘留是公安机关、人民检察院在侦查中对具有法定紧急情形的现行犯或者重大嫌疑分子依法所采取的临时剥夺其人身自由的一种强制措施。拘留具有紧急性和临时性的基本属性，其只适用于具有法律规定情形的现行犯或者重大嫌疑分子。

一、拘留的法律定位

在立法和制度层面，我国刑事诉讼法以及有关司法解释和规范性文件关于拘留的规定总体较为完善，其法律定位也是作为紧急情况下对现行犯或重大嫌疑分子的人身自由所采取的一种临时性约束措施，是一种独立的强制措施。紧急性和临时性是拘留的两项基本属性。刑事诉讼法也有规定在一些特殊情形下可以对犯罪嫌疑人、被告人先行拘留从而起到衔接逮捕或者其他措施的作用。例如，对被取保候审人、被监视居住人违反法律规定的义务而需要逮捕的，可以先行拘留，对监察机关移送起诉的已采取留置措施的犯罪嫌疑人，检察院应当先行拘留。正因其被称为"先行拘留"，在司法实践中拘留的实际功能存在偏离其紧急性和临时性的倾向，异化为逮捕的前置程序和非紧急状态下的变相羁押措施。拘留和逮捕是刑事诉讼法规定的两种以剥夺犯罪嫌疑人、被告人人身自由为特征的强制措施，但两者都是独立适用的强制措施，适用条件和具体执行等均有不同，两者并没有相互依赖的联系，拘留不以需要逮捕为前提，逮捕也不要求必须先适用拘留。应当立足拘留独立的法律定位，回归拘留的紧急性和临时性的基本属性，进一步加强和规范拘留在实践中的适用。

二、拘留的适用情形

拘留的对象是现行犯或者重大嫌疑分子。公安机关对于有下列情形之一的现行犯或者重大嫌疑分子，可以先行拘留：（1）正在预备犯罪、实行犯罪或者在犯罪后即时被发觉的；（2）被害人或者在场亲眼看见的人指认他犯罪的；（3）在身边或者住处发现有犯罪证据的；（4）犯罪后企图自杀、逃跑或者在逃的；（5）有毁灭、伪造证据或者串供可能的；（6）不讲真实姓名、住址，身份不明的；（7）有流窜作案、多次作案、结伙作案重大嫌疑的。

此外，对于具有"犯罪后企图自杀、逃跑或者在逃的"和"有毁灭、伪造证据或者串供可能的"两种情形之一的犯罪嫌疑人，检察机关可以先行拘留。对于监察机关移送起诉的已采取留置措施的案件，人民检察院应当在受理案件后，及时对犯罪嫌疑人作出拘留决定，并交公安机关执行。

三、拘留的程序

（一）拘留的决定

有权决定拘留的机关包括公安机关和人民检察院。在侦查阶段，拘留犯罪嫌疑人，应当填写呈请拘留报告书，经县级以上公安机关负责人批准，制作拘留证。紧急情况下，经出示人民警察证，可以将犯罪嫌疑人口头传唤至公安机关后立即审查，办理法律手续。在审查起诉阶段，检察院对于犯罪嫌疑人具有"犯罪后企图自杀、逃跑或者在逃的"和"有毁灭、伪造证据或者串供可能的"情形之一的，有权决定适用拘留。

对各级人民代表大会代表拘留的，应当经过严格的报告或许可。《全国人民代表大会和地方各级人民代表大会代表法》第32条规定，县级以上各级人民代表大会的代表如果因为是现行犯被拘留，执行拘留的机关应当立即向该级人民代表大会主席团或者人民代表大会常务委员会报告。此外，根据《刑诉规则》第148条和第149条的规定，担任县级以上人民代表大会代表的犯罪嫌疑人，因现行犯被人民检察院拘留的，人民检察院应当立即向该代表所属的人民代表大会主席团或者常务委员会报告。因重大嫌疑而适用拘留的，人民检察院应当报请该代表所属的人民代表大会主席团或者常务委员会许可。对担任乡、民族乡、镇的人民代表大会代表的犯罪嫌疑人决定拘留的，由县级人民检察院向乡、民族乡、镇的人民代表大会报告。

（二）拘留的执行

不管是公安机关决定拘留的，还是检察院决定拘留的，一律由公安机关执行。对于人民检察院决定拘留的，应当将有关法律文书和案由、犯罪嫌疑人基本情况的材料送交同级公安机关执行。必要时，人民检察院可以协助公安机关执行。

第一，公安机关拘留人的时候，必须出示拘留证，并责令被拘留人在拘留证上签名、捺指印，拒绝签名、捺指印的，侦查人员应当注明。被拘留人抗拒的，执行人员可以使用戒具等强制方法。

第二，公安机关在异地执行拘留的时候，应当通知被拘留人所在地的公安机关，被拘留、逮捕人所在地的公安机关应当予以配合。

第三，拘留后，应当立即将被拘留人送看守所羁押，至迟不得超过 24 小时。异地执行拘留，无法及时将犯罪嫌疑人押解回管辖地的，应当在宣布拘留后立即将其送抓获地看守所羁押，至迟不得超过 24 小时。到达管辖地后，应当立即将犯罪嫌疑人送看守所羁押。

第四，除特殊情形以外，应当在拘留后 24 小时以内通知被拘留人的家属。对于公安机关决定拘留的，除无法通知或者涉嫌危害国家安全犯罪、恐怖活动犯罪通知可能有碍侦查的情形以外，公安机关应当在拘留后 24 小时以内制作拘留通知书，通知被拘留人的家属。拘留通知书应当写明拘留原因和羁押处所，对于没有在 24 小时以内通知家属的，应当在拘留通知书中注明原因。其中，"无法通知"适用指定居所监视居住中"无法通知"的各项情形。"有碍侦查"是指：（1）可能毁灭、伪造证据，干扰证人作证或者串供的；（2）可能引起同案犯逃避、妨碍侦查的；（3）犯罪嫌疑人的家属与犯罪有牵连的。对于检察院决定拘留的，除无法通知的以外，人民检察院应当在 24 小时以内，通知被拘留人的家属。无法通知的，应当将原因写明附卷。无法通知或者有碍侦查的情形消失以后，应当立即通知被拘留人的家属。

第五，对于检察院决定拘留的，公安机关在执行拘留后，应当及时通知人民检察院。公安机关未能抓获犯罪嫌疑人的，应当将执行情况和未能抓获犯罪嫌疑人的原因通知作出拘留决定的人民检察院。对于犯罪嫌疑人在逃的，在人民检察院撤销拘留决定之前，公安机关应当组织力量继续执行。

第六，决定拘留的机关，应当在拘留后 24 小时以内对被拘留人进行讯问。在发现不应当拘留的时候，必须立即释放，发给释放证明。

第七，犯罪嫌疑人不讲真实姓名、住址，身份不明的，应当对其身份进行调查。对符合逮捕条件的犯罪嫌疑人，也可以按其自报的姓名提请批准逮捕。

（三）拘留后的羁押期限

公安机关立案侦查的案件，认为被拘留人需要逮捕的，应当在拘留后 3 日以内，提请人民检察院审查批准。在特殊情况下，经县级以上公安机关负责人批准，提请审查批准的时间可以延长 1 日至 4 日。对于流窜作案、多次作案、结伙作案的重大嫌疑分子，经县级以上公安机关负责人批准，提请审查批准的时间可以延长至 30 日。"流窜作案"是指跨市、县管辖范围连续作案，或者在居住地作案后逃跑到外市、县继续作案；"多次作案"是指三次以上作案；"结伙作案"是指 2 人以上共同作案。

人民检察院应当自接到公安机关提请批准逮捕书后的 7 日内，作出批准逮捕或者不批准逮捕的决定。人民检察院不批准逮捕的，公安机关应当在接到通知后，立即释放犯罪嫌疑人，并且将执行情况及时通知人民检察院。对于需要继续侦查，并且符合取保候审、监视居住条件的，应依法取保候审或者监视居住。

人民检察院直接受理侦查的案件，拘留犯罪嫌疑人的羁押期限为 14 日，特殊情况下可以延长 1 日至 3 日。

监察机关移送起诉的已采取留置措施的案件，人民检察院应当对犯罪嫌疑人先行拘留。除无法通知的以外，人民检察院应当在公安机关执行拘留后的 24 小时以内，通知犯罪嫌疑人的家属。检察院应当在执行拘留后 10 日以内，作出是否逮捕、取保候审或者监视居住的决定。特殊情况下，决定的时间可以延长 1 日至 4 日。

拘留后的羁押期限应当折抵刑期，羁押 1 日折抵刑期 1 日。

第六节　逮　捕

逮捕，是指公安机关、人民检察院和人民法院，为防止犯罪嫌疑人或者被告人逃避或妨害侦查、起诉和审判的进行，防止其发生社会危险性，而依法对其予以羁押、暂时剥夺其人身自由的一种强制措施。逮捕是我国刑事诉讼法规定的五种强制措施中最为严厉的一种。在司法实践中，应当妥善处理保障公民人身自由基本权利与保证刑事诉讼顺利进行之间的关系，严格限制和减少对犯罪嫌疑人、被告人适用逮捕措施。

一、严格限制适用逮捕原则

严格限制适用逮捕，是指在刑事诉讼中应当严格限制对犯罪嫌疑人、被告人适用羁押措施，除符合法律规定的逮捕条件，且基于保证刑事诉讼顺利进行之目的而确有必要，方可采取逮捕；否则，不得对犯罪嫌疑人、被告人适用逮捕。对于已经被逮捕羁押的犯罪嫌疑人、被告人，随着刑事诉讼程序的推进，不再具备羁押必要的，应当及时变更为非羁押强制措施或者予以释放。

严格限制适用逮捕是无罪推定原则在强制措施制度中的具体应用。根据无罪推定原则，任何人在未经正式的司法程序最终确认有罪之前，都应假定其无罪。而一个在法律上处于无罪地位的人要想开展的正常社会活动，必然以享有相应的人身自由为前提。从这个意义来讲，保证犯罪嫌疑人、被告人在刑事诉讼中享有免受不必要逮捕和获得人身自由的权利，也就是在落实无罪推定原则。

严格限制适用逮捕与人权保障理念密切相关。从权利的角度而言，审前不被羁押本身就是犯罪嫌疑人、被告人在刑事诉讼中享有的一项基本权利。一方面，审前不被羁押是宪法上保障犯罪嫌疑人、被告人人身自由权的表现。在现代法治国家，每个人都享有人身自由与安全的宪法权利，除非具有法定理由并遵守严格的法定程序，任何人都不得被剥夺人身自由。另一方面，辩护权是犯罪嫌疑人、被告人在刑事诉讼中享有的一项最基础最重要的权利，审前不被羁押有利于其更加自主、积极、有效地行使辩护权。一旦被羁押，犯罪嫌疑人、被告人在获知案件信息和律师咨询帮助等方面都会受到一定程度的影响，导致其辩护能力下降，难以实现充分和有效的辩护，进而削减刑事诉讼的人权保障和正当程序价值。

从世界范围来看，为防止滥用羁押措施而侵害公民的基本人权，审前不被羁押或者犯罪嫌疑人、被告人以一种非羁押状态来候审已经成为一项通行的国际刑事司法准则或者人权原则，得到国际社会的普遍认可。世界各国普遍规定对犯罪嫌疑人、被告人的审前羁押必须符合比例性原则的要求，只有在其他强制措施无法实现法定目的时，才能作为最后手段予以适用，同时规定了严格的司法审查程序，要求必须由中立的司法官对羁押的必要性进行审查并作出决定，才能适用羁押。联合国《公民权利和政治权利国际公约》《保护所有遭受任何形式拘留或监禁的人的原则》以及《非拘禁措施最低限度标准规则》等文件中均指明，审前羁押应作为刑事诉讼程序的最后手段加以使用，应当尽量在刑事诉讼的早期阶段采用替代审前羁押的措施。

我国宪法和刑事诉讼法对适用逮捕的权限分工作了规定，即人民检察院有权批准或者决定逮捕，人民法院有权决定逮捕，公安机关无权决定逮捕，但逮捕必须交由公安机关执行。刑事诉讼法在未成年人刑事案件诉讼程序中规定了"对未成年犯罪嫌疑人、被告人应当严格限制适用逮捕措施"，意味着将逮捕作为最后手段在万不得已的情况下才能对未成年人适用，确立了未成年人刑事程序中的严格限制适用逮捕原则。但是，作为一项国际通行的人权原则、宪法原则和刑事诉讼原则，严格限制适用逮捕原则不应区分成年人和未成年人，而应当适用于所有的犯罪嫌疑人、被告人。因此，应当借鉴有关对未成年人严格限制适用逮捕措施的规定，在《刑事诉讼法》第80条中增加"严格限制适用逮捕措施"，即修改为："严格限制适用逮捕措施。逮捕犯罪嫌疑人、被告人，必须经过人民检察院批准或者人民法院决定，由公安机关执行。"更进一步而言，应当将《宪法》第37条第2款修改为："严格限制适用逮捕措施。任何公民，非经人民检察院批准或者决定或者人民法院决定，并由公安机关执行，不受逮捕。"通过修改法律条文，从而在宪法或者刑事诉讼法层面确立严格限制适用逮捕措施原则，更好地保障犯罪嫌疑人、被告人的人身自由和诉讼权利。

二、逮捕的适用情形

根据《刑事诉讼法》第81条的规定，逮捕的适用情形分为一般逮捕、径行逮捕和变更逮捕。此外，《刑诉规则》还对不逮捕的情形作了明确列举。

（一）一般逮捕的情形

对有证据证明有犯罪事实，可能判处徒刑以上刑罚的犯罪嫌疑人、被告人，采取取保候审尚不足以防止发生有关社会危险性的，应当予以逮捕。一般逮捕以犯罪嫌疑人、被告人的社会危险性为核心要素，检察机关、法院应当将犯罪嫌疑人、被告人涉嫌犯罪的性质、情节，认罪认罚等情况，作为是否可能发生社会危险性的考虑因素。

具体而言，一般逮捕应当同时符合以下三个条件，缺一不可：

第一，有证据证明有犯罪事实。根据有关司法解释和规范性文件的规定，有证据证明有犯罪事实，是指同时具备下列情形：（1）有证据证明发生了犯罪事实；（2）有证据证明该犯罪事实是犯罪嫌疑人实施的；（3）证明犯罪嫌疑人实施犯罪行为的证据已经查证属实。犯罪事实既可以是单一犯罪行为的事实，也可以是数个犯罪行为中任何一个犯罪行为的事实。对实施多个犯罪行为或者共同犯罪案件的犯罪嫌疑人，具有下列情形之一的，应当批准或者决定逮捕：（1）有证据证明犯有数罪中的一罪的；（2）有证据证明实施多次犯罪中的一次犯罪的；（3）共同犯罪中，已有证据证明有犯罪事实的犯罪嫌疑人。

第二，可能判处徒刑以上刑罚。这是适用逮捕必须满足的刑罚条件。对于可能判处有期徒刑以下刑罚的犯罪嫌疑人、被告人，则不应逮捕。

第三，采取取保候审尚不足以防止发生下列社会危险性。包括：（1）可能实施新的犯罪的；（2）有危害国家安全、公共安全或者社会秩序的现实危险的；（3）可能毁灭、伪造证据，干扰证人作证或者串供的；（4）可能对被害人、举报人、控告人实施打击报复的；（5）企图自杀或者逃跑的。《刑诉规则》第129条到第133条对这五种社会危险性情形作了进一步解释。

"可能实施新的犯罪"包括：（1）案发前或者案发后正在策划、组织或者预备实施新的犯罪的；（2）扬言实施新的犯罪的；（3）多次作案、连续作案、流窜作案的；（4）1年内曾因故意实施同类违法行为受到行政处罚的；（5）以犯罪所得为主要生活来源的；（6）有吸毒、赌博等恶习的；（7）其他可能实施新的犯罪的情形。

"有危害国家安全、公共安全或者社会秩序的现实危险"包括：（1）案发前或者案发后正在积极策划、组织或者预备实施危害国家安全、公共安全或者社会秩序的重大违法犯罪行为的；（2）曾因危害国家安全、公共安全或者社会秩序受到刑事处罚或者行政处罚的；（3）在危害国家安全、黑恶势力、恐怖活动、毒品犯罪中起组织、策划、指挥作用或者积极参加的；（4）其他有危害国家安全、公共安全或者社会秩序的现实危险的情形。

"可能毁灭、伪造证据，干扰证人作证或者串供"包括：（1）曾经或者企图毁灭、伪造、隐匿、转移证据的；（2）曾经或者企图威逼、恐吓、利诱、收买证人，干扰证人作证的；（3）有同案犯罪嫌疑人或者与其在事实上存在密切关联犯罪的犯罪嫌疑人在逃，重要证据尚未收集到位的；（4）其他可能毁灭、伪造证据，干扰证人作证或者串供的情形。

"可能对被害人、举报人、控告人实施打击报复"包括：（1）扬言或者准备、策划对被害人、举报人、控告人实施打击报复的；（2）曾经对被害人、举报人、控告人实施打击、要挟、迫害等行为的；（3）采取其他方式滋扰被害人、举报人、控告人的正常生活、工作的；（4）其他可能对被害人、举报人、控告人实施打击报复的情形。

"企图自杀或者逃跑"包括：（1）着手准备自杀、自残或者逃跑的；（2）曾经自杀、自残或者逃跑的；（3）有自杀、自残或者逃跑的意思表示的；（4）曾经以暴力、威胁手段抗拒抓捕的；（5）其他企图自杀或者逃跑的情形。

根据《刑诉规则》第135条的规定，人民检察院审查认定犯罪嫌疑人是否具有社会危险性，应当以公安机关移送的社会危险性相关证据为依据，并结合案件具体情况综合认定。必要时，可以通过讯问犯罪嫌疑人、询问证人等诉讼参与人、听取辩护律师意见等方式，核实相关证据。依据在案证据不能认定犯罪嫌疑人符合逮捕社会危险性条件的，人民检察院可以要求公安机关补充相关证据，公安机关没有补充移送的，应当作出不批准逮捕的决定。

【实务问题探讨】 实践中如何把握作出批准逮捕决定的条件？[①]

2014年2月18日22时许，河北省顺平县公安局接王某雷报案称：当日22时许，其在回家路上发现一名男子躺在地上，旁边有血迹。次日，顺平县公安局对此案立案侦查。经排查，顺平县公安局认为报案人王某雷有重大嫌疑，遂于2014年3月8日以涉嫌故意杀人罪对王某雷刑事拘留。2014年3月15日，顺平县公安局提请顺平县人民检察院批准逮捕王某雷。顺平县人民检察院办案人员在审查案件时，发现该案事实证据存在许多疑点和矛盾。在提讯过程中，王某雷推翻了在公安机关所作的全部有罪供述，称有罪供述系被公安机关对其刑讯逼供后作出。顺平县人民检察院认为，该案事实不清，证据不足，不符合批准逮捕条件。鉴于案情重大，顺平县人民检察院向保定市人民检察院进行了汇报。保定市人民检察院同意顺平县人民检察院的意见。2014年3月22日，顺平县人民检察院对王某雷作出不批准逮捕的决定。后公安机关依法解除王某雷强制措施，予以释放。顺平县人民检察院对此案进行跟踪监督，依法引导公安机关调查取证并抓获犯罪嫌疑人王某。2014年7月14日，顺平县人民检察院以涉嫌故意杀人罪对王某批准逮捕。2015年1月17日，保定市中级人民法院以故意杀人罪判处被告人王某死刑，缓期2年执行，剥夺政治权利终身。被告人王某未上诉，一审判决生效。

顺平县人民检察院在审查公安机关的报捕材料和证据后认为：第一，该案主

---

① 参见最高人民检察院第七批指导性案例检例第27号。

要证据之间存在矛盾，案件存在的疑点不能合理排除。公安机关认为王某雷涉嫌故意杀人罪，但除王某雷的有罪供述外，没有其他证据证实王某雷实施了杀人行为，且有罪供述与其他证据相互矛盾。王某雷先后九次接受侦查机关询问、讯问，其中前五次为无罪供述，后四次为有罪供述，前后供述存在矛盾；在有罪供述中，对作案工具有斧子、锤子、刨锛三种不同说法，但去向均未查明；供述的作案工具与尸体照片显示的创口形状不能同一认定。第二，影响定案的相关事实和部分重要证据未依法查证，关键物证未收集在案。侦查机关在办案过程中，对以下事实和证据未能依法查证属实：被害人尸检报告没有判断出被害人死亡的具体时间，公安机关认定王某雷的作案时间不足信；王某雷作案的动机不明；现场提取的手套没有进行 DNA 鉴定；王某雷供述的三种凶器均未收集在案。第三，犯罪嫌疑人有罪供述属非法言词证据，应当依法予以排除。2014 年 3 月 18 日，顺平县人民检察院办案人员首次提审王某雷时发现，其右臂被石膏固定、活动吃力，在询问该伤情原因时，其极力回避，虽然对杀人行为予以供认，但供述内容无法排除案件存在的疑点。在顺平县人民检察院驻所检察室人员发现王某雷胳膊打了绷带并进行询问时，王某雷自称是骨折旧伤复发。监所检察部门认为公安机关可能存在违法提讯情况，遂通报顺平县人民检察院侦查监督部门，提示在批捕过程中予以关注。鉴于王某雷伤情可疑，顺平县人民检察院办案人员向检察长进行了汇报，检察长在阅卷后，亲自到看守所提审犯罪嫌疑人，并对讯问过程进行全程录音录像。经过耐心细致的思想疏导，王某雷消除顾虑，推翻了在公安机关所作的全部有罪供述，称被害人被杀不是其所为，其有罪供述系被公安机关刑讯逼供后作出。

检察机关办理审查逮捕案件，要严格坚持证据合法性原则，既要善于发现非法证据，又要坚决排除非法证据。非法证据排除后，其他在案证据不能证明犯罪嫌疑人实施犯罪行为的，应当依法对犯罪嫌疑人作出不批准逮捕的决定。要加强对审查逮捕案件的跟踪监督，引导侦查机关全面及时收集证据，促进侦查活动依法规范进行。要构建以客观证据为核心的案件事实认定体系，高度重视无法排除合理怀疑的矛盾证据，注意利用收集在案的客观证据验证、比对全案证据，守住"犯罪事实不能没有、犯罪嫌疑人不能搞错"的逮捕底线。要坚持惩罚犯罪与保障人权并重的理念，重视犯罪嫌疑人不在犯罪现场、没有作案时间等方面的无罪证据以及侦查机关可能存在的非法取证行为的线索。综合审查全案证据，不能证明犯罪嫌疑人实施了犯罪行为的，应当依法作出不批准逮捕的决定。要结合办理审查逮捕案件，注意发挥检察机关侦查监督作用，引导侦查机关及时收集、补充其他证据，促进侦查活动依法规范进行。

（二）径行逮捕的情形

径行逮捕，是指犯罪嫌疑人、被告人符合法律规定的特殊情形，从而无须评价其社会危险性，直接对其予以逮捕。主要包括三种情形：一是有证据证明有犯罪事实，可能判处 10 年有期徒刑以上刑罚的；二是有证据证明有犯罪事实，可能判处徒刑以上刑罚，曾经故意犯罪的；

三是有证据证明有犯罪事实，可能判处徒刑以上刑罚，不讲真实姓名、住址，身份不明的。

（三）变更逮捕的情形

变更逮捕，是指被取保候审、监视居住的犯罪嫌疑人、被告人因违反取保候审、监视居住规定而可以予以逮捕的情形。《刑诉规则》第 101 条、第 111 条和第 137 条对变更逮捕的情形作了进一步细化。

第一，应当变更为逮捕的情形。犯罪嫌疑人有下列违反取保候审规定的行为，人民检察院应当对犯罪嫌疑人予以逮捕：（1）故意实施新的犯罪；（2）企图自杀、逃跑；（3）实施毁灭、伪造证据，串供或者干扰证人作证，足以影响侦查、审查起诉工作正常进行；（4）对被害人、证人、鉴定人、举报人、控告人及其他人员实施打击报复。犯罪嫌疑人有下列违反监视居住规定的行为，人民检察院应当对犯罪嫌疑人予以逮捕：（1）故意实施新的犯罪行为；（2）企图自杀、逃跑；（3）实施毁灭、伪造证据或者串供、干扰证人作证行为，足以影响侦查、审查起诉工作正常进行；（4）对被害人、证人、鉴定人、举报人、控告人及其他人员实施打击报复。

第二，可以变更为逮捕的情形。犯罪嫌疑人有下列违反取保候审规定的行为，人民检察院可以对犯罪嫌疑人予以逮捕：（1）未经批准，擅自离开所居住的市、县，造成严重后果，或者两次未经批准，擅自离开所居住的市、县；（2）经传讯不到案，造成严重后果，或者经两次传讯不到案；（3）住址、工作单位和联系方式发生变动，未在 24 小时以内向公安机关报告，造成严重后果；（4）违反规定进入特定场所、与特定人员会见或者通信、从事特定活动，严重妨碍诉讼程序正常进行。犯罪嫌疑人有下列违反监视居住规定的行为，人民检察院可以对犯罪嫌疑人予以逮捕：（1）未经批准，擅自离开执行监视居住的处所，造成严重后果，或者两次未经批准，擅自离开执行监视居住的处所；（2）未经批准，擅自会见他人或者通信，造成严重后果，或者两次未经批准，擅自会见他人或者通信；（3）经传讯不到案，造成严重后果，或者经两次传讯不到案。

第三，被取保候审、监视居住的可能判处徒刑以下刑罚的犯罪嫌疑人，违反取保候审、监视居住规定，严重影响诉讼活动正常进行的，可以予以逮捕。

（四）不逮捕的情形

根据《刑诉规则》第 139 条和第 140 条的规定，不逮捕的情形主要包括以下两种：

第一，应当不逮捕的情形。犯罪嫌疑人不符合逮捕条件或者具有《刑事诉讼法》第 16 条规定的免予追究刑事责任情形之一的，人民检察院应当作出不批准逮捕或者不予逮捕的决定。

第二，可以不逮捕的情形。犯罪嫌疑人涉嫌的罪行较轻，且没有其他重大犯罪嫌疑，具有下列情形之一的，可以作出不批准逮捕或者不予逮捕的决定：（1）属于预备犯、中止犯，或者防卫过当、避险过当的；（2）主观恶性较小的初犯，共同犯罪中的从犯、胁从犯，犯罪后自首、有立功表现或者积极退赃、赔偿损失、确有悔罪表现的；（3）过失犯罪的犯罪嫌疑人，犯罪后有悔罪表现，有效控制损失或者积极赔偿损失的；（4）犯罪嫌疑人与被害人双方根据刑事诉讼法的有关规定达成和解协议，经审查，认为和解系自愿、合法且已经履行或者提供担保的；（5）犯罪嫌疑人认罪认罚的；（6）犯罪嫌疑人系已满 14 周岁未满 18 周岁的未成年人或者在校学生，本人有悔罪表现，其家庭、学校或者所在社区、居民委员会、村民委员会具备监护、帮教条件的；（7）犯罪嫌疑人系已满 75 周岁的人。

考虑到监视居住对逮捕的替代功能，《刑诉规则》第 141 条规定，对符合刑事诉讼法规定的监视居住情形之一的犯罪嫌疑人，人民检察院可以在作出不批准逮捕决定的同时，向公安机关提出采取监视居住措施的建议。

三、逮捕的批准、决定和执行

（一）逮捕的批准和决定

《宪法》第 37 条第 2 款规定："任何公民，非经人民检察院批准或者决定或者人民法院决定，并由公安机关执行，不受逮捕。"《刑事诉讼法》第 80 条规定："逮捕犯罪嫌疑人、被告人，必须经过人民检察院批准或者人民法院决定，由公安机关执行。"可见，刑事诉讼法对逮捕实行决定权与执行权分立的模式，人民检察院有批准逮捕或者决定逮捕的权力，人民法院有决定逮捕的权力，公安机关没有决定逮捕的权力但独享执行逮捕的权力。

具体而言，公安机关在侦查阶段认为犯罪嫌疑人符合逮捕条件需要予以逮捕的，应当提请人民检察院审查批准逮捕，由人民检察院作出批准逮捕或者不批准逮捕的决定。人民检察院直接立案侦查的案件，或者公安机关移送起诉的案件，人民检察院在审查起诉阶段，认为犯罪嫌疑人符合法律规定的逮捕条件应当予以逮捕的，依法有权自行决定逮捕。对于监察机关移送起诉的未采取留置措施的案件，人民检察院受理后，在审查起诉过程中根据案件情况，对于犯罪嫌疑人符合逮捕条件的，可以依法决定逮捕。人民法院直接受理的自诉案件，或者公诉案件移送法院审理后，人民法院认为被告人符合法律规定的逮捕条件应当予以逮捕的，有权决定逮捕。

对担任各级人民代表大会代表的犯罪嫌疑人、被告人采取逮捕的，需要向其所在的人民代表大会主席团或者常务委员会报请许可或报告。《全国人民代表大会和地方各级人民代表大会代表法》第 32 条规定，县级以上的各级人民代表大会代表，非经本级人民代表大会主席团许可，在本级人民代表大会闭会期间，非经本级人民代表大会常务委员会许可，不受逮捕或者刑事审判。对县级以上的各级人民代表大会代表，如果采取法律规定的其他限制人身自由的措施，应当经该级人民代表大会主席团或者人民代表大会常务委员会许可。乡、民族乡、镇的人民代表大会代表，如果被逮捕、受刑事审判或者被采取法律规定的其他限制人身自由的措施，执行机关应当立即报告乡、民族乡、镇的人民代表大会。

《刑诉规则》第 148 条对担任人民代表大会代表的犯罪嫌疑人采取强制措施的情形作了进一步规定。

第一，人民检察院对担任县级以上各级人民代表大会代表的犯罪嫌疑人决定采取拘传、取保候审、监视居住、拘留、逮捕强制措施的，应当报请该代表所属的人民代表大会主席团或者常务委员会许可。

第二，人民检察院对担任本级人民代表大会代表的犯罪嫌疑人决定采取强制措施的，应当报请本级人民代表大会主席团或者常务委员会许可。对担任上级人民代表大会代表的犯罪嫌疑人决定采取强制措施的，应当层报该代表所属的人民代表大会同级的人民检察院报请许可。对担任下级人民代表大会代表的犯罪嫌疑人决定采取强制措施的，可以直接报请该代表所属的人民代表大会主席团或者常务委员会许可，也可以委托该代表所属的人民代表大会同级的人民检察院报请许可。对担任两级以上的人民代表大会代表的犯罪嫌疑人决定采取强制措施的，分别向各级人民代表大会主席团或者常务委员会报请许可。

第三，对担任办案单位所在省、市、县（区）以外的其他地区人民代表大会代表的犯罪嫌疑人决定采取强制措施的，应当委托该代表所属的人民代表大会同级的人民检察院报请许可；担任两级以上人民代表大会代表的，应当分别委托该代表所属的人民代表大会同级的人民检察院报请许可。

第四，对于公安机关提请人民检察院批准逮捕的案件，犯罪嫌疑人担任人民代表大会代表的，报请许可手续由公安机关负责办理。

第五，担任县级以上人民代表大会代表的犯罪嫌疑人，经报请该代表所属人民代表大会主席团或者常务委员会许可后被刑事拘留的，适用逮捕措施时不需要再次报请许可。

（二）逮捕的执行

无论是检察院批准或者决定逮捕，还是法院决定逮捕，一律由公安机关执行。公安机关执行逮捕，应当遵守以下要求：

第一，对于公安机关提请批准逮捕的，在接到人民检察院批准逮捕决定书后，应当由县级以上公安机关负责人签发逮捕证，立即执行，并在执行完毕后3日以内将执行回执送达作出批准逮捕决定的人民检察院。如果未能执行，也应当将回执送达人民检察院，并写明未能执行的原因。

第二，对于人民法院、人民检察院决定逮捕犯罪嫌疑人、被告人的，由县级以上公安机关凭人民法院、人民检察院决定逮捕的法律文书制作逮捕证并立即执行。必要时，可以请人民法院、人民检察院协助执行。执行逮捕后，应当及时通知决定机关。公安机关未能抓获犯罪嫌疑人、被告人的，应当将执行情况和未能抓获的原因通知决定逮捕的人民检察院、人民法院。对于犯罪嫌疑人、被告人在逃的，在人民检察院、人民法院撤销逮捕决定之前，公安机关应当组织力量继续执行。

第三，执行逮捕的侦查人员不得少于2人。执行逮捕时，必须出示逮捕证，并责令被逮捕人在逮捕证上签名、捺指印，拒绝签名、捺指印的，侦查人员应当注明。

第四，逮捕后，应当立即将被逮捕人送看守所羁押。除无法通知的以外，公安机关、检察院和法院应当在逮捕后24小时以内，将逮捕的原因和羁押的处所通知被逮捕人的家属。"无法通知"适用指定居所监视居住中"无法通知"的各种情形。无法通知的情形消除后，应当立即通知被逮捕人的家属。没有在24小时内通知被逮捕人家属的，应当注明原因。

第五，人民法院、人民检察院对于各自决定逮捕的人，公安机关对于经人民检察院批准逮捕的人，都必须在逮捕后的24小时以内进行讯问。在发现不应当逮捕的时候，必须立即释放，发给释放证明。必要时，可以变更强制措施。

（三）逮捕后的释放或变更

人民法院、人民检察院和公安机关如果发现对犯罪嫌疑人、被告人采取逮捕措施不当的，应当及时予以释放或者变更强制措施。公安机关释放被逮捕的人或者变更逮捕措施的，应当通知原批准的人民检察院。犯罪嫌疑人、被告人及其法定代理人、近亲属或者辩护人有权申请变更强制措施。根据《刑诉规则》第151条第3款的规定，提出变更强制措施申请的，应当说明理由，有证据和其他材料的，应当附上相关材料。人民法院、人民检察院和公安机关收到申请后，应当在3日以内作出决定；不同意变更强制措施的，应当告知申请人，并说明不同意的理由。

犯罪嫌疑人、被告人被羁押的案件，不能在刑事诉讼法规定的侦查羁押、审查起诉、一审、二审期限内办结的，对犯罪嫌疑人、被告人应当予以释放；需要继续查证、审理的，对犯罪嫌疑人、被告人可以取保候审或者监视居住。

人民法院、人民检察院或者公安机关对被采取逮捕措施法定期限届满的犯罪嫌疑人、被告人，应当予以释放或者依法变更强制措施。犯罪嫌疑人、被告人及其法定代理人、近亲属或者辩护人对于逮捕法定期限届满的，有权要求解除强制措施。根据《刑诉规则》第150条规定，人民检察院应当在收到申请后3日以内作出决定。经审查，认为法定期限届满的，应当决定解除、变更强制措施或者释放犯罪嫌疑人，并通知公安机关执行；认为法定期限未满的，书面答复申请人。

犯罪嫌疑人、被告人被逮捕后，人民检察院仍应当对羁押的必要性进行审查。对不需要继续羁押的，应当建议予以释放或者变更强制措施。有关机关应当在10日以内将处理情况通知人民检察院。

第七节　监察机关移送案件的强制措施

根据《刑事诉讼法》第170条第2款和《刑诉规则》第142条、第143条的规定，对于监察机关移送起诉的已采取留置措施的案件，人民检察院应当对犯罪嫌疑人先行拘留，留置措施自动解除。人民检察院应当在拘留后的10日以内作出是否逮捕、取保候审或者监视居住的决定。在特殊情况下，决定的时间可以延长1日至4日。人民检察院决定采取强制措施的期间不计入审查起诉期限。

对于将留置变更为拘留、逮捕措施的，除无法通知的以外，人民检察院应当在公安机关执行拘留、逮捕后24小时以内，通知犯罪嫌疑人的家属。

根据国家监察委员会制定的《监察法实施条例》第220条的规定，对于监察机关移送起诉的已经采取留置措施的案件，监察机关发现被调查人因身体等原因存在不适宜羁押等可能影响刑事强制措施执行情形的，应当通报人民检察院。对于未采取留置措施的案件，监察机关可以根据案件具体情况，向人民检察院提出对被调查人采取刑事强制措施的建议。此外，《刑诉规则》第146条也规定，对于监察机关移送起诉的未采取留置措施的案件，人民检察院受理后，在审查起诉过程中根据案件情况，可以依法决定是否采取逮捕、取保候审或者监视居住措施。

第六章　附带民事诉讼

第一节　附带民事诉讼概述

一、附带民事诉讼的概念

附带民事诉讼又称刑事附带民事诉讼，是指司法机关在刑事诉讼过程中，在解决被告人刑事责任的同时，附带解决被害人由于被告人的犯罪行为而遭受的物质损失的赔偿问题所进行的诉讼活动。

附带民事诉讼作为一项诉讼制度，是有关附带民事诉讼的当事人、赔偿范围、提起和审理程序等问题的法律规范的总称。《刑事诉讼法》第 101 条规定，被害人由于被告人的犯罪行为而遭受物质损失的，在刑事诉讼过程中，有权提起附带民事诉讼。如果是国家财产、集体财产遭受损失的，人民检察院在提起公诉的时候，可以提起附带民事诉讼。第 102 条规定，人民法院在必要的时候，可以采取保全措施，查封、扣押或者冻结被告人的财产。这一规定是附带民事诉讼制度的主要法律依据。

二、附带民事诉讼的性质

附带民事诉讼是刑事诉讼与民事诉讼二者的结合，是公法上之刑罚权与私法上之请求权的结合，具有公法和私法的双重属性。

（一）附带民事诉讼的私法属性

附带民事诉讼虽然是在刑事诉讼过程中提起的，但它是一种特殊的民事诉讼，具有私法的属性。所以它具有一般民事诉讼的某些特征，具有自身的内在规定性和独立性。附带民事诉讼的内容是当事人之间一种民事赔偿的权利义务关系，它具备民事诉讼的全部构成要件，可以单独成为一个完整的民事诉讼。当它依据刑事诉讼法规定的程序与刑事诉讼一并处理时是附带民事诉讼，当它与刑事诉讼分离而单独提起时就是一个独立的民事诉讼。

附带民事诉讼所的私法属性主要表现在两个方面：（1）在实体法上，受民事法律规范的调整。（2）在程序法上，除与刑事诉讼程序相冲突而优先适用刑事诉讼程序以外，应当适用民事诉讼法的规定，如诉讼原则、强制措施、诉讼证据、先予执行、财产保全、调解、和解、撤诉、反诉等都要遵循民事诉讼法的有关规定。《刑诉解释》第 201 条规定，人民法院审理附带民事诉讼案件，除刑法、刑事诉讼法以及刑事司法解释已有规定的以外，适用民事法律的有关规定。

（二）附带民事诉讼的公法属性

附带民事诉讼要求赔偿的损失是被告人的犯罪行为直接造成的，而不是被告人的一般侵权行为造成的，"从其发生的原因来看，并不是一种纯粹民事性质的损害，而是由刑事犯罪与刑事罪过引起的损害"①，即"附带民事诉讼必须以刑事起诉事实为其诉求之原因"②。由此决定了附带民事诉讼不同于一般的民事诉讼，还兼具公法属性。

附带民事诉讼的公法属性表现在如下两个方面：（1）在实体法上，被告人应赔偿其犯罪行为所造成的损失，同时对赔偿义务的履行是对被告人从轻、减轻或者免除刑事处罚的一个重要情节。《刑法》第36条规定："由于犯罪行为而使被害人遭受经济损失的，对犯罪分子除依法给予刑事处罚外，并应根据情况判处赔偿经济损失。"《刑诉解释》第194条规定，审理刑事附带民事诉讼案件，人民法院应当结合被告人赔偿被害人物质损失的情况认定其悔罪表现，并在量刑时予以考虑。（2）在程序法上，附带民事诉讼是在刑事诉讼过程中提起和审判的，是附带于刑事追诉之公诉或自诉而提起，而非单独存在的诉讼，因而在程序上如果刑事诉讼法有特别规定的，就要优先适用刑事诉讼法的规定，如关于管辖、审判组织、期间和送达、诉讼费用、提起期间、审理方式等原则上从刑事诉讼法的规定。

附带民事诉讼兼具公法和私法的双重属性，是公法与私法的交叉点，只有刑、民事诉讼相互结合、交互作用，才能实现其良性互动。这正是附带民事诉讼制度的灵魂所在。不能单方面地片面理解附带民事诉讼的属性，不能脱离公法属性理解附带民事诉讼的私法属性，也不应脱离私法属性理解附带民事诉讼的公法属性。③

三、附带民事诉讼的意义

（一）实现司法公正

在刑事诉讼过程中，合并审理刑事案件和附带民事案件，可以全面查明被告人是否有罪及其罪行是否造成了损失、损失程度等。在一些案件中，被告人的行为所造成的损失，是对被告人定罪量刑的决定性因素或重要情节，只有及时、全面地查明，才能准确地对被告人定罪量刑。而实行附带民事诉讼制度，在全面查清刑事案件案情的基础上，及时准确地查明民事案件的案情，对民事案件作出正确的处理，有利于实现司法公正。

（二）保障国家、集体和公民财产不受侵犯

实行附带民事诉讼制度，允许因犯罪行为而遭受损失的公民、法人或其他组织在刑事诉讼过程中提起附带民事诉讼；国家财产、集体财产遭受损失的，允许人民检察院在提起公诉的时候提起附带民事诉讼，并规定司法机关有义务保障已经提起的附带民事诉讼顺利进行，能及时有效地最大限度保障国家、集体和公民个人财产免受犯罪侵害，或者把侵害所造成的损失减少到最小的范围内。被告人因犯罪行为造成被害人损害，在刑法上构成犯罪，应当追究刑事责任，在民法上又属侵权行为，应当承担民事赔偿责任。这两种责任虽然性质不同，却源于被告人的同一犯罪行为。司法机关在追究被告人刑事责任的同时，解决因其犯罪行为造成的损失问题，有利于打击犯罪，保障国家、集体和公民个人的经济利益。

（三）节约司法资源，实现诉讼效益

诉讼效益指的是诉讼成本与诉讼收益的函数比值大小问题。公安司法机关在刑事诉讼中附

---

① ［法］卡斯东·斯特法尼等：《法国刑事诉讼法精义》（上），罗结珍译，中国政法大学出版社1998年版，第231页。

② 黄东熊、吴景芳：《刑事诉讼法论》（修订五版），三民书局股份有限公司2002年版，第711页。

③ 参见刘金友、奚玮：《附带民事诉讼原理与实务》，法律出版社2005年版，第8页。

带解决损失赔偿问题，而不是让被害人另行提起民事诉讼，可以把由被告人的犯罪行为所引起的彼此密切相关的刑事、民事两种案件简化在同一个诉讼程序中进行。对司法机关来说，这样可以避免刑事、民事分离审理时所产生的调查和审理上的重复，从而节省人力、物力和时间。对被害人来说，其可以在刑事诉讼中，就刑事、民事两种案情一并加以陈述，一并提出申请和要求，一并进行辩论。对被告人来说，可以通过一个法庭的审判，同时解决两种案件应负的责任。如果我国将损害赔偿问题留到刑事诉讼处理完结后的民事诉讼中，使同一事实的刑事诉讼与民事诉讼分开进行，对同一行为进行两次审判，则有一部分查明的事实会是相同的，进而造成重复的诉讼支出，这对当事人、被告人以及法院均是如此。而且可能造成认定事实、适用法律的不一致，最后会造成裁判结果的相互矛盾，浪费司法资源，损害诉讼效益。附带民事诉讼制度"不仅能省俭审判程序之重复，且得避免对同一事实在审判上之事实认定产生分歧，而影响司法威信"[1]。

（四）保障当事人合法权益

权益保护应该涵盖所有的人。针对刑事诉讼，不仅要保护被告人的人权，也要保护直接遭受犯罪行为侵犯的被害人的权益。为被害人提供充分的司法救济保障应当通过有效的措施予以实现，变成被害人实际享有的真实权利。附带民事诉讼制度使得被害人的人身或财产损害能借助于国家的公权力及时得到赔偿，可以有效地使被害人从被害后果中获得恢复，使得被害人所享有的司法救济权能有效地变成被害人实际享有的真实权利，从而保障被害人的人权。

第二节　附带民事诉讼的成立条件

一、附带民事诉讼的提起以刑事案件的成立为前提

附带民事诉讼是由刑事诉讼所派生的，是在追究被告人刑事责任的同时，附带追究被告人的损害赔偿责任。因此，附带民事诉讼必须以刑事案件与刑事诉讼的成立为前提。如果被告人的行为本身不构成犯罪，或者刑事案件和刑事诉讼不成立，则丧失了附带民事诉讼的成立基础。

二、必须是犯罪行为给被害人造成了物质损失

《刑事诉讼法》第101条规定，被害人由于被告人的犯罪行为而遭受物质损失的，在刑事诉讼过程中，有权提起附带民事诉讼。如果是国家财产、集体财产遭受损失的，人民检察院在提起公诉的时候，可以提起附带民事诉讼。《刑诉解释》第175条规定，被害人因人身权利受到犯罪侵犯或者财物被犯罪分子毁坏而遭受物质损失的，有权在刑事诉讼过程中提起附带民事诉讼；因受到犯罪侵犯，提起附带民事诉讼或者单独提起民事诉讼要求赔偿精神损失的，人民法院一般不予受理。第176条规定，被告人非法占有、处置被害人财产的，应当依法予以追缴或者责令退赔。被害人提起附带民事诉讼的，人民法院不予受理。追缴、退赔的情况，可以作为量刑情节考虑。第192条规定，犯罪行为造成被害人人身损害的，应当赔偿医疗费、护理费、交通费等为治疗和康复支付的合理费用，以及因误工减少的收入。造成被害人残疾的，还

---

[1]　黄东熊、吴景芳：《刑事诉讼法论》（修订五版），三民书局股份有限公司2002年版，第709页。

应当赔偿残疾生活辅助具费等费用；造成被害人死亡的，还应当赔偿丧葬费等费用。

由上，附带民事诉讼的赔偿范围仅限于因被告人犯罪行为而造成的物质损失。物质损失是相对于精神损失而言的，是指被害人的人身、财产因遭受犯罪行为的侵害而产生的可以用金钱计算的损失。被害人因犯罪行为遭受的物质损失只能是直接损失，包括已经遭受的实际损失和必然遭受的损失；前者指已经实际发生的损失，如犯罪行为导致的财物损坏的损失，被害人人身受侵害产生的医疗费用、营养费等，此种损失又称为积极损失；后者指被害人将来遭受的物质利益的损失，如因伤残减少的劳动收入、继续医疗的费用等，也称消极损失，但不包括被害人今后通过努力可能取得的物质利益的损失。

【实务问题探讨】 对于 2021 年《刑诉解释》第 175 条第 2 款规定中"一般"二字应如何理解？

2021 年《刑诉解释》第 175 条第 2 款规定："因受到犯罪侵犯，提起附带民事诉讼或者单独提起民事诉讼要求赔偿精神损失的，人民法院一般不予受理。"该规定相对于 2012 年《刑诉解释》增加了"一般"二字，那么是不是意味着在附带民事诉讼中或单独提起民事诉讼中，要求精神损害赔偿可以成为例外？

2021 年，上海市静安区人民法院审理了一起性侵未成年人的案件，支持了附带民事诉讼原告人提出的要求赔偿精神损失的诉讼请求。法院认为："遭受性侵害的未成年人对自我性别的认同、两性关系的认识乃至三观的形成都会受到很大的影响，可能直接影响未成年人的健康成长。除了给予受性侵害未成年人人身损害和心理康复治疗等直接物质损失的赔偿外，给予一定的精神损害赔偿，更能体现对未成年人优先、特殊保护的原则。该案中，被害人系轻度精神发育迟滞的未成年人，存在性自我防卫能力在内的自我保护能力削弱，但是其应与正常人享有同等的人格权。案发后被害人脾气暴躁，害怕与陌生人接触，不敢一人睡觉等行为，都是精神受损害的一种表现。与正常人相比，被害人由于受到智力水平的限制，认知能力降低，自我修复、调节能力也会同时削弱，这种精神伤害可能伴随其一生，所以予以采纳。"[1]

本案中，法院认为性侵未成年人会给被害人造成严重精神损害，应当支持附带民事诉讼中的精神损害赔偿请求。

有观点认为，刑事诉讼法并未对被害人能否申请精神损害赔偿作出明确规定，对此可有三种理解：（1）将现有法律规定视为提示性规定，即被害人因犯罪遭受物质损失的，有权提起附带民事诉讼，同时，法律并未禁止被害人因遭受精神损害而提起精神损害赔偿，故被害人也可在附带民事诉讼中主张精神损害赔偿。（2）将现有法律规定视为对附带民事诉讼对象的限制性规定，即附带民事诉讼的对象限于物质损失，被害人提起附带民事诉讼，只能主张物质损失的赔偿，但是，对于被害人遭到严重精神损害的情形，可以另行提起民事诉讼请求精神损害赔偿。（3）对被害人的赔偿请求作出限制性解释，即被害人对于犯罪造成的损害，只能请求赔偿物质损失，精神损害不属于赔偿范围，被害人既不能在附带民事诉讼中申请精神损害赔

① 张华、刘芸志、祝丽娟：《遭受性侵害未成年人可以主张精神损害赔偿》，载《人民司法》2021 年第 29 期。

偿，也不能另行提起民事诉讼申请精神损害赔偿。

　　从法条表述看，法律并未禁止被害人申请精神损害赔偿，现有条文也不能解读为对被害人的赔偿请求作出限制性解释。从附带民事诉讼制度的立法目的看，附带民事诉讼应当着眼于维护被害人的诉权和救济权，为被害人申请赔偿提供程序便利，尽量减少被害人的诉累。此外，如果将附带民事诉讼视为特殊的民事诉讼，民法典的有关规定也可作参考。《民法典》第1183条第1款规定，侵害自然人人身权益造成严重精神损害的，被侵权人有权请求精神损害赔偿。特别是对于强奸案件等给被害人造成严重精神损害的案件，如果附带民事诉讼限于物质损失，又不允许被害人请求精神损害赔偿，似乎并不符合司法公正的要求。鉴于此，不应对法律规定持第三种理解，即不应将法律规定视为对被害人赔偿请求的限制性解释。换言之，无论是第一种理解（将现有法律规定视为提示性规定），还是第二种理解（将现有法律规定视为对附带民事诉讼对象的限制性规定），都不影响被害人请求精神损害赔偿。

　　鉴于物质损失赔偿之诉与精神损害赔偿之诉并非同一诉讼主张，如果不考虑因精神损害赔偿难以执行导致的"空判"问题，那么，从法律角度看，没有理由禁止被害人请求精神损害赔偿。当然，参考民法典的规定，在附带民事诉讼中请求精神损害赔偿，可以限于"严重"精神损害。鉴此，2021年《刑诉解释》第175条第2款将2012年《刑诉解释》第138条规定的"不予受理"调整为"一般不予受理"，具有一定的积极意义。这一修改并非技术性修改，而是制度性调整。据此，被害人可以提起附带民事诉讼或者单独提起民事诉讼请求赔偿精神损失，不过，人民法院要依法进行审查，对于被害人遭到"严重"精神损害的情形，可以受理；对于被害人遭到"一般"精神损害的情形，则可以不予受理。[①]

　　但司法实践当中依然存在以下几个问题亟待解决：第一，允许提出精神损害赔偿的标准如何？本案当中，法院将允许提出精神损害赔偿的标准认定为"遭受严重精神损害"，但即便如此，司法实践中该标准也过于原则，可操作性不强。第二，是否允许法院对2021年《刑诉解释》第175条第2款中的例外进行自由裁量？总之，2021年《刑诉解释》第175条第2款增加的"一般"二字给附带民事诉讼中精神损害打开了通道，但是具体如何适用依然存在诸多需要解决的问题。

　　【实务问题探讨】 被告人非法占有、处置被害人财产的情况下，是否应当赋予被害人提起附带民事诉讼的权利？

　　虽然《刑诉解释》第176条已作出规定，被告人非法占有、处置被害人财产的，应当依法予以追缴或者责令退赔。被害人提起附带民事诉讼的，人民法院不予受理。但司法实践中，对于被告人非法占有、处置被害人财产的，只能依法追缴或者责令退赔，而不能提起附带民事诉讼这一规定是否合理，存在争议：

　　有观点认为，《刑法》第64条规定，犯罪分子违法所得的一切财物，应当予以追缴或者责令退赔；对被害人的合法财产，应当及时返还。据此，在被告人非法占有、处置被害人财产的情况下，司法机关依法负有追缴被告人的违法所得或者责令退赔的职责、义务，而无须被害人通过附带民事诉讼要求被告人返还或者

① 参见刘静坤编著：《最新刑事诉讼法司法解释条文对照与适用要点》，法律出版社2021年版，第138—139页。

赔偿，且司法机关直接予以追缴或者责令退赔，更有利于被害人及时、有效地维护自身合法权益。同时，如经司法机关追缴或者责令退赔后，被告人仍不能返还或者赔偿，很大程度上表明被告人已无退还或者赔偿之能力，即使被害人提起附带民事诉讼，也只能获得"空判"而难以执行，徒增讼累，且损害司法公信力。[①]

另有观点认为，被告人非法占有、处置被害人财产的情况下，只能依法追缴或者责令退赔，而不能提起附带民事诉讼，大大缩小了附带民事诉讼程序的适用范围，即凡是适用了追缴、退赔措施的，则不能通过附带民事诉讼程序得到赔偿，将会使大量因财产犯罪所造成的物质损失排除在附带民事诉讼程序的适用范围之外。且被犯罪行为侵害的财物如果没有毁坏，而只是被被告人非法占有、处置，案发时或审判前又不能依法追缴和退赔的，不允许被害人提起附带民事诉讼，是对其诉权的侵害。

本书认为，第二种观点更具有合理性。被告人非法占有、处置被害人财产的情况下，应当赋予被害人提起附带民事诉讼的权利。理由如下：（1）被告人非法占有、处置被害人财产，只能依法予以追缴或者责令退赔，而不能提起附带民事诉讼，违背了设立附带民事诉讼制度简化程序和便于当事人诉讼的初衷，剥夺了被害人的诉权，损害了被害人的权益。（2）盗窃、抢劫、抢夺、诈骗、侵占等财产犯罪中，由于犯罪分子的非法占有、处置，给被害人造成的物质损失与财物被毁坏造成的物质损失在性质上并没有本质区别。二者同属因犯罪分子的犯罪行为使其遭受物质损失，将同一性质的部分物质损失纳入刑事附带民事诉讼范围之内，而将同一性质的另一部分物质损失排除在刑事附带民事诉讼范围之外，如此规定，难以有效保障被害人的合法权益。（3）可能导致"空判"不应成为剥夺被害人提起附带民事诉讼权利的理由。"以执定判"的片面思路，在赔偿范围上降格处理，是倒果为因的僵化做法，有损法律尊严。[②] 能否执行是执行期间才应当考虑的内容，不能因为被告人已无赔偿能力，判决可能难以执行，就剥夺被害人提起附带民事诉讼的权利，且被告人的赔偿能力存在着动态变化过程，允许被害人提起附带民事诉讼，一旦被告人有可供执行的财产，被害人便可据判决向法院申请强制执行，以赔偿自己的损失。

三、被害人的物质损失必须是由被告人的犯罪行为直接造成的

如前所述，首先，被害人提起附带民事诉讼的赔偿仅限于物质损失。其次，该损失必须是被告人的犯罪行为直接造成的，换言之，被告人的犯罪行为与被害人所遭受的物质损失之间存在直接因果关系。最高人民法院《关于刑事附带民事诉讼范围问题的规定》第 2 条规定："被害人因犯罪行为遭受的物质损失，是指被害人因犯罪行为已经遭受的实际损失和必然遭受的损失。"据此，犯罪行为直接造成的物质损失不仅包含犯罪行为已经给被害人造成的物质损失，

---

① 参见刘为波：《刑事附带民事诉讼制度修改内容的理解与适用》，载《法律适用》2013 年第 7 期。
② 参见李强、李革明：《刑事附带民事诉讼赔偿范围的改造——以人身权利被侵害为视角》，载《人民检察》2016 年第 10 期。

还包括被害人将来必然要遭受的物质损失。前者称为积极损失，包括医药费、住院费和营养费等；后者称为消极损失，包括因伤残减少的劳动收入、后续治疗费用等等。

《刑诉解释》第 192 条对附带民事诉讼赔偿范围的规定如下：应当根据犯罪行为造成的物质损失，结合案件具体情况，确定被告人应当赔偿的数额；犯罪行为造成被害人人身损害的，应当赔偿医疗费、护理费、交通费等为治疗和康复支付的合理费用，以及因误工减少的收入。造成被害人残疾的，还应当赔偿残疾生活辅助器具费等费用；造成被害人死亡的，还应当赔偿丧葬费等费用；驾驶机动车致人伤亡或者造成公私财产重大损失，构成犯罪的，依照《道路交通安全法》第 76 条的规定确定赔偿责任；附带民事诉讼当事人就民事赔偿问题达成调解、和解协议的，赔偿范围、数额不受第 2 款、第 3 款规定的限制。

需要注意的是，2003 年之前，法院系统通常将"死亡赔偿金、残疾赔偿金"理解为精神损失，未将之纳入附带民事诉讼赔偿范围。《关于审理人身损害赔偿案件适用法律若干问题的解释》首次明确"死亡赔偿金、残疾赔偿金"属于物质损失。但是，该规定是否适用于刑事附带民事诉讼案件，存在一定争议。2012 年《刑诉解释》制定时，最高人民法院审判委员会经研究认为，"死亡赔偿金、残疾赔偿金"不属于附带民事诉讼的赔偿范围，但调解、和解的，赔偿范围、数额不受限制。鉴于 2021 年《刑诉解释》第 175 条第 2 款对精神损害赔偿申请的处理规则作出调整，将 2012 年《刑诉解释》第 138 条规定的"不予受理"调整为"一般不予受理"，这意味着，被害人可以在特定情形下申请精神损害赔偿。据此，即便将"死亡赔偿金、残疾赔偿金"视为精神损害赔偿的范畴，也不排除被害人在申请精神损害赔偿时，将之作为赔偿依据。①

四、附带民事诉讼必须要在刑事诉讼过程中提起

附带民事诉讼提起的起止时间为刑事案件立案至刑事案件一审结束之前。如果刑事案件尚未立案，抑或刑事案件已经审结，被害人均不能提起附带民事诉讼。因为尚未开始的刑事诉讼程序及已经结束的刑事诉讼程序均无关附带民事诉讼的问题。若被害人坚持要求被告人赔偿损失，则只能通过提起一般民事诉讼解决。

第三节　附带民事诉讼当事人

一、附带民事诉讼原告人

附带民事诉讼原告人是指因被告人的犯罪行为而遭受物质损失并在刑事诉讼中提出赔偿请求的诉讼参与人。

（一）附带民事诉讼原告人的条件

在附带民事诉讼法律关系中，要取得附带民事诉讼原告人的法律地位，必须具备以下四个条件。

1. 附带民事诉讼原告人必须是因被告人的犯罪行为而遭受物质损失的人。

---

① 参见刘静坤编著：《最新刑事诉讼法司法解释条文对照与适用要点》，法律出版社 2021 年版，第 144—145 页。

2. 附带民事诉讼原告人必须是特定民事权利遭受犯罪行为侵害的人。

3. 附带民事诉讼原告人必须是在刑事诉讼过程中依法提出赔偿请求的人。在刑事诉讼立案前，刑事诉讼结束后，遭受物质损失的人虽然可以另外提起民事诉讼，但无权提起附带民事诉讼而成为附带民事诉讼原告人。

4. 附带民事诉讼原告人必须具有诉讼权利能力，即当事人能力。如果被害人死亡或被宣告死亡，民事权利能力和诉讼权利能力即同时终止，任何其他人不得以已死亡被害人名义提起附带民事诉讼，但其近亲属可以自己的名义提起附带民事诉讼，成为附带民事诉讼原告人。

（二）附带民事诉讼原告人范围

《刑事诉讼法》第101条规定，被害人由于被告人的犯罪行为而遭受物质损失的，在刑事诉讼过程中，有权提起附带民事诉讼。被害人死亡或者丧失行为能力的，被害人的法定代理人、近亲属有权提起附带民事诉讼。如果是国家财产、集体财产遭受损失的，人民检察院在提起公诉的时候，可以提起附带民事诉讼。据此，在我国，附带民事诉讼原告人包含以下几类。

1. 因犯罪行为而遭受物质损失的被害人

《刑事诉讼法》第101条规定，被害人由于被告人的犯罪行为而遭受物质损失的，在刑事诉讼过程中，有权提起附带民事诉讼。《刑诉解释》第175条规定，被害人因人身权利受到犯罪侵犯或者财物被犯罪分子毁坏而遭受物质损失的，有权在刑事诉讼过程中提起附带民事诉讼。由上，被害人属于附带民事诉讼原告人。但值得注意的是，此处所指"被害人"作为犯罪行为侵害的对象，应当作广义理解，包括公民、法人和其他组织。

【实务问题探讨】 因被告人的犯罪行为遭受直接物质损失的人是否都属于被害人，而有权提起附带民事诉讼？

司法实践中，针对故意伤害案中的案发现场被误伤的其他人，暴力案件发生地的财产受损害人，是否属于被害人，而有权提起附带民事诉讼，因对被害人范围的理解不同，存在争议：

有观点认为，附带民事诉讼中的被害人包括一切因犯罪行为遭受直接物质损失的人，只要其所受物质损失是由该犯罪行为直接造成的，就可以作为附带民事诉讼原告人提起附带民事诉讼。

另有观点认为，刑事诉讼法虽未对被害人做专门的定义，但基于相关规定中，赋予了被害人较多的诉讼权利，因此，刑事诉讼法中具有诉讼主体地位的被害人，应限定为犯罪行为直接侵害的对象，并非任何因犯罪行为遭受直接物质损失的公民、法人或其他组织均属于被害人且有权提起附带民事诉讼。

本书认为，第一种观点更具有合理性。理由在于：（1）对于附带民事诉讼而言，其诉讼程序设计的价值在于对因犯罪行为而遭受损失的人予以救济。对是否有权提起附带民事诉讼应着眼于提起人是否因犯罪行为直接导致损失，而不在于其在刑事诉讼中的诉讼地位。因此，只要其遭受的损失系由刑事诉讼中被指控的犯罪行为直接造成的，就应当具有附带民事诉讼原告人身份，有权提起附带民事诉讼。对因犯罪行为而遭受直接损失的人，如果不给予诉权救济，有违社会正义的一般原则。（2）若因犯罪行为遭受直接损失的人，只能单独提起民事诉讼，那么有关诉讼参与人势必要参加两次诉讼活动，不利于提高法院整体审判效率，与附带民事诉讼的立法精神不符，且由于被告人往往处于羁押状态，人身自由受限，参与民事诉讼审理活动多有不便。

【实务问题探讨】刑事被告人之间能否以被害人身份相互提起附带民事诉讼？

在诸如聚众斗殴、故意伤害、故意杀人案件中，有时会出现双方同时构成犯罪，一被告人向另一被告人提起附带民事诉讼，要求民事赔偿的情况。对此，应当如何处理，存在争议：

有观点认为，刑事被告人参与聚众斗殴、故意伤害、故意杀人等犯罪活动，属于故意犯罪，侵犯了他人人身权和财产权，破坏了正常的社会管理秩序。刑事被告人相互之间的犯罪活动共同造成了犯罪后果，故刑事被告人无权提起附带民事诉讼。

另有观点认为，在此类案件中，双方被告人虽因案情决定在刑事诉讼中合并审理，但双方互为犯罪行为侵害对象。一方刑事被告人对他人实施了一定的犯罪行为，但其人身权、财产权同时遭到对方犯罪行为的严重侵害，导致人身伤亡和财产毁损的后果，从而成为对方犯罪行为的被害人。因此，受到严重伤害的被告人也可以被害人身份提起附带民事诉讼，法院应当受理。[1]

本书认为，第二种观点更具有合理性，原因在于，被害人就是受到犯罪行为侵害的人，法律并未限定其必须为某种特定身份。我们不能因其犯罪就否认其被他人犯罪行为侵害的另一面。这种害人又为人所害的人，在特定案件里兼具被告人和被害人双重身份。根据《刑事诉讼法》第101条规定，此类特殊被害人亦属于被害人，也应有权提起附带民事诉讼。

2. 已死亡被害人的近亲属

被害人死亡的，近亲属有权提起附带民事诉讼。已死亡的被害人无法提起附带民事诉讼，但确因被告人的犯罪行为遭受物质损失，其合法财产权应当受到保护。已死亡被害人的近亲属应当承接其当事人的资格作为附带民事诉讼的原告人提起附带民事诉讼。

【实务问题探讨】应否将已死亡被害人的财产继承人纳入附带民事诉讼原告人范围？

刑事诉讼法及相关司法解释针对被害人已死亡的情形，仅规定近亲属有权提起附带民事诉讼，但近亲属与财产继承人的范围存在差异。针对应否将已死亡被害人的财产继承人纳入附带民事诉讼原告人范围，在司法实践中，存在争议：

有观点认为，被害人死亡后，近亲属受到的打击、损害最大，且一般情况下被害人的财产继承人即为其近亲属，因被害人死亡可以获得的赔偿财产，发生在被害人死亡之后，被害人无法对该部分财产提出主张，因此不存在遗嘱继承问题，没有必要将被害人的财产继承人纳入附带民事诉讼原告人范围。[2]

---

① 参见孙应征、王礼仁：《刑事附带民事诉讼新论》，人民法院出版社1994年版，第26页。

② 参见王俊民：《附带民事诉讼当事人范围新问题探究》，载《法学》2001年第2期。

另有观点认为，应将已死亡被害人的财产继承人纳入附带民事诉讼原告人范围。附带民事诉讼程序以解决损失赔偿问题为设立目的，且本质上属于民事诉讼，而民事诉讼中，自然人死亡的，应变更其继承人为当事人，故附带民事诉讼中，继承人也应当有权提起附带民事诉讼。且被害人的近亲属不一定是被害人的财产继承人，如果不赋予被害人的继承人提起附带民事诉讼的权利，可能会损害被害人继承人的财产权。

本书认为，第二种观点更具有合理性，应当赋予已死亡被害人财产继承人提起附带民事诉讼的权利。原因在于：（1）《宪法》第 13 条规定："国家依照法律规定保护公民的私有财产和继承权。"既然法定继承人依照法律规定有权继承被害人的合法财产，而被害人因犯罪而遭受的损失是其合法财产的组成部分，那么，根据全面继承的原则，法定继承人当然有权继承被害人提起附带民事诉讼的请求赔偿损失的债权。（2）被害人已死亡分两种情况：一是由于犯罪行为直接导致的死亡，如故意伤害致死、故意杀人、过失杀人等。《刑诉解释》第 192 条规定，犯罪行为造成被害人死亡的，应当赔偿丧葬费等费用。因被害人死亡发生的直接赔偿，理当属于被害人本人的物质损失，属于被害人所有的财产，在被害人无法对此主张权利时，应按照民事诉讼的一般原理，理当由被害人的法定继承人或遗嘱继承人作为附带民事诉讼原告人提出诉讼主张。二是非犯罪行为引起，但其生前受到犯罪行为侵害造成损失的，如被害人在被盗窃、诈骗后自然死亡的，由于被害人已经死亡，其民事权利能力终止，但其所遭受的损失不因被害人死亡而消失，其损失实际已转化为其生前所应履行的赡养、抚养、扶助义务对象的损失或其他继承人的损失，故其继承人应当有权提起附带民事诉讼。

【实务问题探讨】被害人死亡的，是否每个近亲属都有权单独就全部损失提起附带民事诉讼？

刑事诉讼法及相关司法解释仅规定被害人死亡的，近亲属有权提起附带民事诉讼，而对于近亲属是有权单独提起附带民事诉讼还是必须以被害人的全部近亲属名义提起附带民事诉讼，并未作详尽规定，对此，司法实践中，存在争议：

有观点认为，被害人的近亲属无权单独就全部损失提起附带民事诉讼，只能以被害人的全部近亲属名义提起附带民事诉讼，允许单独提出，可能损害其他近亲属的权利。

另有观点认为，刑事诉讼法并未限定必须以被害人的全部近亲属名义方可提起附带民事诉讼，被害人死亡的，凡是被害人的近亲属都应当拥有独立的、完整的诉权，即每个近亲属都有权就被告人给被害人造成的全部损失单独提起附带民事诉讼。

本书认为，第二种观点更具有合理性。原因在于：（1）提起附带民事诉讼，系权利而非义务，由于种种原因，并非所有被害人的近亲属均愿意提起附带民事诉讼，将不愿意提起附带民事诉讼的近亲属列为原告人是对其诉权的侵犯，且违背民事诉讼法"不告不理"的基本原则，因此，强制必须将全部近亲属均列为附带民事诉讼原告人方可提起附带民事诉讼，于法无据，也无必要。（2）对于允许被害人近亲属单独就全部损失提起附带民事诉讼可能会损害其他近亲属的权利，产生新的纠纷的问题，民事诉讼法对一般民事诉讼中存在类似权利义务主体不完整情况，已有相应规范，审理附带民事诉讼时完全可以由人民法院通过适用民事诉讼法的相应规定解决，① 而不应是强制必须以被害人的全部近亲属名义方可提起附带民事诉讼。

【实务问题探讨】应否赋予已死亡被害人的近亲属以外，而为被害人承担丧葬费、医疗费、护理费等费用的人提起附带民事诉讼的权利？

司法实践中，会出现已死亡被害人的近亲属以外的人，为被害人承担丧葬费、医疗费、护理费等费用的情况，应否赋予此类主体提起附带民事诉讼的权利，存在争议：

有观点认为，非已死亡被害人近亲属而为其承担丧葬费、医疗费、护理费等费用的人应当有权提起附带民事诉讼。附带民事诉讼关键在于解决因犯罪行为产生的民事赔偿问题，凡是因犯罪行为受到财产损害的人均应有权向侵权人提起诉讼。且如果不允许为已死亡被害人承担丧葬费、医疗费、护理费等费用的人提起附带民事诉讼，那么因被告人犯罪行为造成的民事赔偿，就不能与刑事案件一并审判，违背设立附带民事诉讼制度的初衷。

另有观点认为，为已死亡被害人承担丧葬费、医疗费、护理费等费用的人并非《刑事诉讼法》第101条和《刑诉解释》第175条中规定的被害人近亲属，由他们提起附带民事诉讼，于法无据。为已死亡被害人承担丧葬费、医疗费、护理费等费用的人是利益付出人，受益人是被害人的近亲属，利益付出人理当直接向受益人提出权利，再由受益人向被告人提出赔偿主张。②

本书认为，针对应否赋予已死亡被害人的近亲属以外，而为被害人承担丧葬费、医疗费、护理费等费用的人提起附带民事诉讼的权利，应该视被害人有无近亲属的情况分别处理。（1）原则上，非已死亡被害人的近亲属而为被害人承担丧葬费、医疗费、护理费等费用的人，在支付费用后，与被害人的近亲属之间形成了债权债务关系，如合同债务、无因管理债务等，因此在有被害人近亲属的情况下，为已死亡被害人承担丧葬费、医疗费、护理费等费用的人作为债权人只能对债务人即被害人的近亲属提起诉讼，再由被害人的近亲属向被告人提出赔偿主张，而不能由他们对与此债权债务没有关系的被告人提出。对被告人提起附带民事诉讼的权利属于被害人的近亲属，为已死亡被害人支付丧葬费、医疗费、护理费等费用的人可以向被害人的近亲属追偿。（2）在已死亡被害人没有近亲属的情况下，应当赋予为被害人承担丧葬费、医疗费、护理费等费用的人对被告人提起附带民事诉讼的权利。他们虽然不是被害人的近亲属，但是他们却是因犯罪行为直接遭受损失的人。因为被害人生前的医疗费和护理费、死亡后的丧葬费等是他们支付的，他们由此确实遭受了损失，而且这种损失也是被告人犯罪行为造成

---

① 参见王俊民：《附带民事诉讼当事人范围新问题探究》，载《法学》2001年第2期。
② 参见陈建国主编：《人民法院刑事审判诉讼实务》，人民法院出版社1992年版，第150页。

的。假如没有被告人的犯罪行为，他们就不会有这些损失。既然是被告人的犯罪行为造成的损失，就应允许提起附带民事诉讼。允许他们提起附带民事诉讼，便于人民法院在解决被告人刑事责任的同时，一并解决其犯罪行为造成的损失的赔偿问题。但为已死亡被害人负担的这种费用仅限于救助和消除犯罪危害结果，不应涉及其他债务。

3. 无行为能力或者限制行为能力被害人的法定代理人

被害人丧失行为能力的，法定代理人有权提起附带民事诉讼。当被害人是未成年人或者精神病人等无行为能力的人或者限制行为能力的人时，其无法自己提起附带民事诉讼的，法定代理人可以代为提起附带民事诉讼。应当注意的是，法定代理人的诉讼地位区别于被害人及已死亡被害人的近亲属，其并非附带民事诉讼原告人，只能以被害人的名义提起附带民事诉讼，而不能以自己的名义提起。

法定代理人并非实体权利义务的承担者，判决的效力不及于法定代理人，只及于当事人；在诉讼进行中，如果法定代理人死亡，只能导致诉讼程序的中止，如果当事人死亡，则将导致诉讼程序的终结。虽然，"无行为能力或限制行为能力的被害人的法定代理人有权提起附带民事诉讼"，但其并非是附带民事法律关系的主体，其全部诉讼活动只能是为了维护无行为能力或限制行为能力的被害人的合法权益，而非自己的权益。在被害人作为一个生命主体存在的情况下，法律赋予的民事权利能力和诉讼权利能力当然存在，其法定代理人充当原告人享受原告人的权利义务，实际上剥夺了被害人的民事权利能力和诉讼权利能力。如果赋予被害人的法定代理人以原告人地位，那么其法定代理人必然享有附带民事诉讼的原告人实体上的一切权利义务，被告人应赔偿被害人的损失就有可能被其法定代理人合法占有。

4. 人民检察院

《刑事诉讼法》第101条第2款规定，如果是国家财产、集体财产遭受损失的，人民检察院在提起公诉的时候，可以提起附带民事诉讼。《刑诉规则》第330条第10项规定，人民检察院审查移送起诉的案件，应当查明，有无附带民事诉讼；对于国家、集体财产遭受损失的，是否需要由人民检察院提起附带民事诉讼；对于破坏生态环境和资源保护，食品药品安全领域侵害众多消费者合法权益，侵害英雄烈士的姓名、肖像、名誉、荣誉等损害社会公共利益的行为，是否需要由人民检察院提起附带民事公益诉讼。《刑诉解释》第179条规定，国家财产、集体财产遭受损失，受损失的单位未提起附带民事诉讼，人民检察院在提起公诉时提起附带民事诉讼的，人民法院应当受理。人民检察院提起附带民事诉讼的，应当列为附带民事诉讼原告人。由上，人民检察院虽然不是因犯罪行为遭受损失的直接利害关系人，但基于保护公共利益的需要，法律赋予了其提起附带民事诉讼的权利。人民检察院可以提起附带民事诉讼的前提是国家、集体财产遭受损失，而受损失的单位未提起附带民事诉讼。当国家、集体财产遭受损失时，应当先由受损失的单位提起附带民事诉讼，检察机关有告知受损失的单位此项权利的义务。如受损失的单位知情后仍不提起或不能及时提起的，为防止国家、集体利益受损，人民检察院才能提起附带民事诉讼。且法律已作出明确规定，检察机关提起附带民事诉讼的，应当将其列为附带民事诉讼原告人，享有附带民事诉讼原告人的诉讼权利。

【实务问题探讨】如果受损失的单位事先表示不提起附带民事诉讼，但在人民检察院提起之后受损失的单位又主动提起的如何处理？

针对受损失的单位事先表示放弃提起附带民事诉讼的权利，在人民检察院提起后又主动提起的情况，应当如何处理，司法实践中，存在争议：

有观点认为，既然受损失单位已事先表示不提起附带民事诉讼，即意味着其已经放弃了相应诉权，而由人民检察院获得了提起附带民事诉讼的权利。

另有观点认为，人民检察院可以提起附带民事诉讼的前提条件是受损失的单位未提起附带民事诉讼，而受损失单位即使是在人民检察院提起附带民事诉讼后又提起，也是属于受损失单位提起了附带民事诉讼，此种情况下，人民检察院可以提起附带民事诉讼的前提条件已经丧失，无权再提起附带民事诉讼，而应由受损失的单位提起。

本书认为，第二种观点更具有合理性。理由在于：（1）《刑事诉讼法》第101条规定的"可以提起附带民事诉讼"是指人民检察院根据受损失的单位是否提起附带民事诉讼的实际情况决定是否提起附带民事诉讼。当国家、集体财产遭受损失时，应当先由受损失的单位提起附带民事诉讼，检察机关有告知受损失的单位此项权利的义务。只有在受损失的单位知情后仍不提起或不能及时提起，国家或集体财产将面临严重的损失时，检察机关才可以代为提起附带民事诉讼，以弥补受损失的单位启动附带民事诉讼程序上的不足。检察机关代为提起附带民事诉讼是在受损失的单位知情后仍不提起或不能及时提起的情况下，为防止国家、集体利益受损，才不得已而为之。故在检察机关提起附带民事诉讼之后受损失的单位又主动提起时，检察机关提起附带民事诉讼的必要性即已丧失。（2）受损失的单位以附带民事诉讼原告人身份参与附带民事诉讼较人民检察院更有利于纠纷的解决。受损失的单位参与附带民事诉讼，亲自陈述遭受犯罪侵害的损失情况，提供有关证据加以证明，提出具体的赔偿要求，参加法庭调解，必要时可以与附带民事诉讼被告人和解、可以撤诉等，这些都是人民检察院所不能代替的。

二、附带民事诉讼被告人

附带民事诉讼被告人是指在刑事诉讼中对刑事被告人的犯罪行为造成的物质损失负有赔偿责任的诉讼参与人。

（一）附带民事诉讼被告人的条件

在刑事诉讼中要取得附带民事诉讼被告人的地位，必须具备如下四个条件。

1. 刑事被告人的犯罪行为必须造成了被害人的物质损失。

2. 附带民事诉讼被告人必须是对刑事被告人的行为负有民事赔偿责任的人。

3. 在刑事诉讼过程中，被附带民事诉讼原告人要求损害赔偿的人，才能成为附带民事诉讼被告人。

4. 附带民事诉讼被告人必须具有诉讼能力，即当事人能力。

（二）附带民事诉讼被告人的范围

《刑诉解释》第180条规定，附带民事诉讼中依法负有赔偿责任的人包括：（1）刑事被告人以及未被追究刑事责任的其他共同侵害人；（2）刑事被告人的监护人；（3）死刑罪犯的遗产继承人；（4）共同犯罪案件中，案件审结前死亡的被告人的遗产继承人；（5）对被害人的物质损失依法应当承担赔偿责任的其他单位和个人。附带民事诉讼被告人的亲友自愿代为赔偿的，可以准许。

1. 刑事被告人以及未被追究刑事责任的其他共同侵害人

正如只要具有刑事责任能力，被告人就应当对自己的犯罪行为承担刑事责任，刑事被告人只要具有民事行为能力，就应当对其犯罪行为造成的损害承担民事赔偿责任。因此，一般情况下，刑事被告人是当然的附带民事诉讼被告人。此处所指被告人不限于自然人，也包括企业、事业单位、机关、团体等法人和其他组织。除此之外，未被追究刑事责任的其他共同侵害人，也属于附带民事诉讼被告人。

未被追究刑事责任的其他共同侵害人包括：（1）人民检察院没有提起公诉的与刑事被告人共同实施了侵害行为的其他共同侵权人；（2）自诉人没有提起自诉的与刑事被告人共同实施了侵害行为的其他共同侵权人。这些人均属于附带民事诉讼被告人。是否对未被追究刑事责任的其他共同侵害人提起附带民事诉讼，由被害人或者其法定代理人、近亲属决定，但人民法院应尽告知义务。《刑诉解释》第181条规定，被害人或者其法定代理人、近亲属仅对部分共同侵害人提起附带民事诉讼的，人民法院应当告知其可以对其他共同侵害人，包括没有被追究刑事责任的共同侵害人，一并提起附带民事诉讼，但共同犯罪案件中同案犯在逃的除外。被害人或者其法定代理人、近亲属放弃对其他共同侵害人的诉讼权利的，人民法院应当告知其相应的法律后果，并在裁判文书中说明其放弃诉讼请求的情况。

【实务问题探讨】应否将共同犯罪案件中在逃的同案犯列为附带民事诉讼被告人？

对于是否应将在逃的同案犯列为附带民事诉讼被告人，在处理已到案的被告人的民事赔偿责任的同时一并处理其民事赔偿责任，存在争议：

有观点认为，《刑诉解释》第181条的规定较为合理，不应将共同犯罪案件中在逃同案犯列为附带民事诉讼被告人。刑事诉讼是否成立，是能否提起附带民事诉讼的前提条件。对在逃的共同犯罪的犯罪嫌疑人或被告人无法进行刑事诉讼，就谈不上对其进行附带民事诉讼，且民事诉讼的起诉状无法送达被诉人，标志着民事诉讼的条件不完备。对在逃的犯罪嫌疑人或被告人无法送达民事诉状，民事诉讼无法开展。人民法院只能受理针对到案的共同犯罪的犯罪嫌疑人或被告人提起的附带民事诉讼。[①]

另有观点认为，人民法院应当受理针对在逃的同案犯提起的附带民事诉讼请求。只要有证据证明该犯罪系共同犯罪，共同犯罪其他犯罪嫌疑人或被告人必须对共同犯罪行为造成的损失承担民事责任，且危害结果是共同犯罪行为群体的整体行为所致，共同犯罪人的犯罪活动无法作绝对划分，因此也无法绝对区分他们的民事责任。共同犯罪的犯罪嫌疑人或被告人对因犯罪行为造成的被害人损失应承担连带赔偿责任。一并判决所有共同犯罪行为人附带民事赔偿，既能实现被告人之间的利益均衡，又符合诉讼经济原则。[②]

---

① 参见王俊民：《附带民事诉讼当事人范围新问题探究》，载《法学》2001年第2期。

② 参见朱正羽：《部分共犯在逃的刑事附带民事诉讼案件处理之我见》，载《人民法院报》2000年7月17日。

　　本书认为，第二种观点更具有合理性，提起附带民事诉讼时，应当允许将共同犯罪案件中在逃的同案犯列为附带民事诉讼被告人。理由如下：

　　（1）将在逃的同案犯列为附带民事诉讼被告人，符合诉讼公正原则。在逃同案犯不能因为其在逃而得以免除民事责任，而且如果因其逃跑而免除其民事赔偿责任，就会增加其他在押共同犯罪人的经济负担，也不利于判决的执行与被害人权利的保障。按照被告人在共同犯罪中的作用，确定其应承担的民事赔偿责任，而且通过刑事诉讼，也易于查清共同犯罪人在共同犯罪中的责任大小，确定其在民事诉讼中应承担的份额。这样，使得被追究刑事责任的附带民事诉讼被告人的民事赔偿责任能够与其过错相适应，不至于为其他共同侵权人承担超出其过错范围的赔偿责任，既体现了对被害人和被告人合法权益的充分保护，也体现了对其他不被追究刑事责任的共同侵权人法律责任的追究，并符合侵权法和诉讼法的公正理念，还可以消除在逃同案犯的侥幸心理。

　　（2）将在逃的同案犯列为附带民事诉讼被告人，符合诉讼效益原则。对共同犯罪中的民事赔偿部分一次性解决，有利于避免诉讼资源的浪费，使得在逃同案犯在归案后不需原告人再次提起附带民事诉讼，人民法院也不需再次就同一事实作出附带民事判决。

　　（3）将在逃的同案犯列为附带民事诉讼被告人，可以避免附带民事诉讼原告人多次追偿全部经济损失。因为按照《民法典》第1168条规定，二人以上共同实施侵权行为，造成他人损害的，应当承担连带责任。对于受害人而言，他们有权选择或同时要求共同侵权人中任一人或数人或全体承担全部损失，而任一共同侵权人也有义务向受害人负全部的赔偿责任，在一人或数人已全部承担受害人损失的情况下，则免除其他侵权人对受害人应负的赔偿责任。在司法实践中，受害人可能在向一人或数人追偿损失后，在其他在逃同案犯归案受审时，再次请求提起附带民事诉讼，如果前后案的审判组织不同或不知情，可能会再次判决归案的被告人承担经济损失。

2. 刑事被告人的监护人

　　《民法典》第1188条规定，无民事行为能力人、限制民事行为能力人造成他人损害的，由监护人承担侵权责任。因此，当未成年人或精神病人实施犯罪行为给被害人造成物质损失时，监护人应当作为附带民事诉讼的被告人，承担赔偿责任。

　　有观点认为，将刑事被告人的监护人列为附带民事诉讼被告人违反了罪责自负原则。本书认为，此种观点有失偏颇，刑事附带民事诉讼虽以刑事诉讼成立为基础，但本质上仍是民事诉讼。在刑事诉讼中是否应将某人列为刑事被告人或附带民事被告人，是由刑事或民事法律关系决定的。在刑事诉讼中被依法追究刑事责任的人即应为刑事被告人；同样地，在附带民事诉讼中被依法追究民事赔偿责任的人即应为民事被告人。在刑事诉讼中，为被告人的犯罪行为承担刑事责任的，即为刑事被告人本身，但在附带民事诉讼中为被告人犯罪行为承担民事赔偿责任的，却不一定是刑事被告人本身。将某人作为民事被告人也并不意味着司法机关认定他是犯罪行为人。在法定的情形下，由刑事被告人的监护人为刑事被告人的犯罪行为承担民事赔偿责任，是于情合理、于法有据的。

但在以附带民事诉讼被告人身份对刑事被告人的监护人追究责任时，应注意以下几点。

（1）不能将未成年人或精神病人的监护人负有赔偿责任绝对化

未成年人或者患精神病的刑事被告人的监护人之所以负有赔偿责任，是建立在未成年人或精神病人的民事行为能力受限，而监护人负有特定的监护关系却未尽到监护人职责的基础之上，但并非所有未成年刑事被告人都是限制行为能力人。《民法典》第18条规定，16周岁以上的未成年人，以自己的劳动收入为主要生活来源的，视为完全民事行为能力人。由上，对虽未成年但已取得完全完全民事行为能力的刑事被告人，监护人承担民事责任的法理基础已不存在，该部分未成年刑事被告人的犯罪行为给他人造成损失的，其监护人不应承担赔偿责任。当然，其亲友自愿代为赔偿的不在此列。

（2）监护人负有赔偿责任不等同于承担全部赔偿费用

《民法典》第1188条规定，监护人尽到监护职责的，可以适当减轻其侵权责任；有财产的无民事行为能力人、限制民事行为能力人造成他人损害的，从本人财产中支付赔偿费用，不足部分由监护人赔偿。也就是说，如果未成年或精神病的刑事被告人的财产足以支付赔偿费用，其监护人无须再支付。因此，只有在被告人本人无财产可供赔偿的情况下，其监护人才应承担全部赔偿费用。

3. 死刑罪犯的遗产继承人

《民法典》第1159、1161条规定，分割遗产，应当清偿被继承人依法应当缴纳的税款和债务。继承人以所得遗产实际价值为限清偿被继承人依法应当缴纳的税款和债务，超过遗产实际价值部分，继承人自愿偿还的不在此限。这是法律关于债务承担的规定。一般情况下，这种情形并不会发生在刑事附带民事诉讼中，因为依照刑事诉讼法规定，刑事诉讼与附带民事诉讼是同一程序完成的，而罪犯被执行死刑应在包括附带民事诉讼在内的整个诉讼程序进行完毕并在刑事判决生效后才能进行。对被告人执行死刑后，刑事诉讼程序已结束，刑事判决已经生效，附带民事诉讼提起的前提条件已不存在。因此，对于已被执行死刑的罪犯的遗产继承人是不能提起附带民事诉讼的，只能另行提起民事诉讼。但是，在特殊情况下，附带民事部分的审理可能在刑事案件审判之后，《刑事诉讼法》第104条规定，附带民事诉讼应当同刑事案件一并审判，但为了防止刑事案件审判的过分延迟，可以在刑事案件审判后，由同一审判组织继续审理附带民事诉讼。将死刑罪犯的遗产继承人列为附带民事诉讼被告人，正是基于此种情形之考量。

4. 共同犯罪案件中，案件审结前死亡的被告人的遗产继承人

《刑事诉讼法》第16条第5项规定，被告人在案件审理期间死亡的，不再追究其刑事责任。法律规定在案件审理期间被告人死亡的，不再追究刑事责任，是因为随着刑事责任主体的消灭，对死亡被告人适用刑罚，已失去刑罚适用的目的和意义。根据罪责自负原则，刑事责任只能由被告人自己承担。在案件审理期间被告人死亡，刑事责任主体消灭，当然也就不能再追究被告人的刑事责任。从刑事诉讼程序上看，刑事诉讼活动因失去所指向的对象，从而导致刑事诉讼活动的终止。诉讼主体不存在，不能进行庭审质证、辩解，不能承担刑事责任，也就不能从实体上对被指控的犯罪事实进行认定，即无法确定死亡被告人的行为构成犯罪，当然也就不能并不应再追究其刑事责任。

但是，不再追究刑事责任不等于民事赔偿责任也一并消灭。在共同犯罪案件中，如案件还没审结，有一部分被告人死亡，还尚有部分被告人生存的，附带民事诉讼仍可继续，可追加已死亡的被告人的遗产继承人作为附带民事诉讼的共同被告人，以其所继承的遗产为限承担赔偿责任。如果案件已审结的，应另行提起民事诉讼，以其所取得遗产为限承担清偿责任。

5. 对被害人的物质损失依法应当承担赔偿责任的其他单位和个人

对因被告人的犯罪行为而导致被害人遭受物质损失，依法应当承担民事赔偿责任的其他单位和个人，与被告人之间应存在法律规定的某种特殊关系，如雇佣、监护、代理、隶属关系等。被告人受雇于其他单位和个人而执行任务时发生的侵害行为，应由雇主承担民事赔偿责任；被告人为单位履行职务时发生的侵害行为，应由单位承担民事赔偿责任；被告人履行被代理人任务时所发生的侵害行为，应由被代理人承担民事赔偿责任。其他单位和个人对刑事被告人的犯罪行为承担民事赔偿责任，必须有法律依据。法律没有明文规定的，其他单位和个人对刑事被告人的犯罪行为不承担民事责任。

【实务问题探讨】附带民事诉讼被告人的亲友自愿代为赔偿的，应否将其列为附带民事诉讼被告人？

《刑诉解释》第 180 条规定，附带民事诉讼被告人的亲友自愿代为赔偿的，可以准许。此种情况下，应否将代赔亲友列为附带民事诉讼被告人，存在争议：

有观点认为，自愿代为赔偿的亲友，不应列为附带民事诉讼的被告人。首先，根据《刑事诉讼法》第 101 条和相关司法解释的规定，附带民事诉讼被告人只能是刑事案件的被告人和依法负有赔偿责任的人，自愿代赔的亲友不是刑事案件被告人，也并非应承担赔偿责任的人，不应将其列为附带民事诉讼被告人。其次，附带民事诉讼被告人，一般是实施侵权行为的人，即侵犯被害人合法民事权益的人，自愿代赔的亲友不是实施侵权行为的人，不能成为被告人。如果把他们作为附带民事诉讼被告人，显失公平。

另有观点认为，代为赔偿的附带民事诉讼被告人的亲友，可以成为附带民事诉讼被告人。首先，并非只有实施侵权行为人才能成为附带民事诉讼被告人，如刑事被告人的监护人也并未实施侵权行为，但是也可以成为被告人，同理，自愿代为赔偿的亲友当然也可成为被告人。其次，如果不承认代赔亲友被告人身份，那么即使其愿意承担民事责任，人民法院也不应准许，因为不是被告人不能承担赔偿责任，既然让其承担赔偿责任，那么，也就实际上承认了他是被告人。①

本书认为，第一种观点更具有合理性。理由在于：（1）公民对于自己的财产有自由处分的权利，附带民事诉讼被告人的亲友自愿代为承担赔偿责任是其对自己财产的处分行为，其性质相当于在其用来代为承担赔偿责任的财产范围内代被告人履行义务的行为，应当准许，但不应将其作为附带民事诉讼被告人。（2）从法理上来讲，被告人的亲友自愿承担本应由被告人承担的民事责任，这属于民法上民事义务的转移，但这种义务转移首先必须以人民法院确认义务存在为前提，而在审判结束前，该义务是否存在仍不无疑问，因此，不宜将自愿代为赔偿的被告人亲友列为附带民事诉讼被告人。②（3）将自愿代为承担赔偿责任的被告人亲友列为附带民事诉讼被告人不符合我国的法律规定和司法实践的实际情况。例如，自愿代为承担赔偿责任的被告人的亲友只在其自愿代为承担的范围内承担责

① 参见王俊民：《附带民事诉讼当事人范围新问题探究》，载《法学》2001 年第 2 期。
② 参见易延友：《刑事诉讼法》（第五版），法律出版社 2019 年版，第 277 页。

任，而附带民事诉讼被告人则要对原告人的所有损失承担责任，二者承担责任的范围显然是不同的。

三、附带民事诉讼当事人的权利和义务

（一）附带民事诉讼当事人的诉讼权利

1. 附带民事诉讼原告人的诉讼权利主要有：

（1）提起附带民事诉讼，要求赔偿物质损失。

（2）申请回避。

（3）委托诉讼代理人。

（4）为了保证赔偿的实现，有权要求公安司法机关采取保全措施。

（5）为了解决生产或生活上的困难，有权要求先予执行。

（6）参加附带民事诉讼部分的法庭调查和法庭辩论，对于附带民事诉讼部分的事实和证据作出陈述和发表意见。

（7）请求人民法院主持调解或者与附带民事诉讼被告人自行和解。

（8）对地方各级人民法院第一审尚未发生法律效力的判决和裁定的附带民事诉讼部分提出上诉。

（9）对地方各级人民法院发生法律效力的判决和裁定的附带民事诉讼部分提出申诉。

2. 附带民事诉讼被告人的诉讼权利主要有：

（1）委托诉讼代理人。

（2）提起反诉。

（3）申请回避。

（4）参加附带民事诉讼部分的法庭调查和法庭辩论。

（5）请求人民法院主持调解或者与附带民事诉讼原告人自行和解。

（6）对于地方各级人民法院第一审尚未发生法律效力的判决、裁定的附带民事诉讼部分不服的，有权提出上诉。

（7）对于地方各级人民法院已经发生法律效力的判决、裁定的附带民事诉讼部分不服的，有权提出申诉。

【实务问题探讨】 附带民事诉讼被告人是否有权提出反诉？

在刑事诉讼中，就刑事部分而言，被告人不能对国家公诉机关进行反诉，但刑事诉讼法和司法解释没有明确规定附带民事诉讼被告人可否对被害人提起反诉，因而此问题一直存在争议：

有观点认为，附带民事诉讼从某种程度上说，会影响刑事诉讼的效率，如果再允许附带民事诉讼被告人提起反诉，则会更加拖延诉讼。因此，不应该赋予附带民事诉讼被告人提出反诉的权利。

另有观点认为，附带民事诉讼中应当允许被告人向作为原告人的被害人提起反诉。从立法角度上讲，在充分保障被害人诉讼权利的同时也不应忽视被告人应有的权利。在附带民事诉讼中，作为原、被告双方的被害人和被告人应该享有平

等的诉讼权利，立法上理应明确授予被告人附带民事诉讼中的反诉权，只要被告人提起的反诉与案件事实存在直接联系，都应当允许和受理。[①]

本书认为，第二种观点更具有合理性。理由在于：（1）附带民事诉讼案件中，被告人对原告人进行反诉是于法有据的。附带民事诉讼的本质是民事诉讼，《刑诉解释》第 201 条规定，人民法院审理附带民事诉讼案件，除刑法、刑事诉讼法以及刑事司法解释已有规定的以外，适用民事法律有关规定。既然民事诉讼法规定被告有提出反诉的权利，那么在附带民事诉讼中，附带民事诉讼被告人应当享有反诉的权利。（2）附带民事诉讼立法的宗旨是贯彻诉讼经济原则，避免人民法院、当事人、证人等重复劳动，在惩处犯罪的同时，及时地挽回被害人因犯罪行为所造成的经济损失，有效地维护被害人的合法权益。如不允许附带民事诉讼被告人提出反诉，被告人对原告人的反诉请求要另行通过民事诉讼来解决，反而增加讼累，不利于诉讼程序的简化，降低诉讼效率。（3）刑事诉讼法作了"自诉案件的被告人在诉讼过程中，可以对自诉人提起反诉"的规定。既然自诉案件的被告人在刑事诉讼过程中有权对自诉人提起刑事反诉，那么，在附带民事诉讼中，也应当允许被告人对附带民事诉讼的本诉民事原告人提起反诉。

（二）附带民事诉讼当事人的诉讼义务

1. 附带民事诉讼原告人的诉讼义务主要有：

（1）对于附带民事诉讼请求提供证据证明。

（2）如实陈述案情。

（3）按时出席法庭，参加审判活动。

（4）遵守法庭纪律，听从审判人员的指挥。

2. 附带民事诉讼被告人的主要诉讼义务有：

（1）如实陈述案情。

（2）按时出席法庭审判，接受调查。

（3）对自己的主张提供证据证明。

（4）遵守法庭纪律，听从审判人员的指挥。

（5）执行已经发生法律效力的判决、裁定的附带民事诉讼部分。

第四节　附带民事诉讼的提起

一、提起附带民事诉讼的条件

《刑诉解释》第 182 条规定，附带民事诉讼的起诉条件是：（1）起诉人符合法定条件；（2）有明确的被告人；（3）有请求赔偿的具体要求和事实、理由；（4）属于人民法院受理附

---

① 参见曹海雷：《我国刑事附带民事诉讼制度的反思与重构——以人权保障为视角》，载《求索》2011 年第 4 期。

带民事诉讼的范围。由上，提起附带民事诉讼的条件有：

1. 起诉人符合法定条件，即因犯罪行为遭受物质损失的被害人（公民、法人和其他组织）、已死亡被害人的近亲属、无行为能力或限制行为能力被害人的法定代理人，有权提起附带民事诉讼。如果是国家财产、集体财产遭受损失，受损失的单位未提起附带民事诉讼，人民检察院在提起公诉时提起附带民事诉讼的，人民法院应当受理。

2. 有明确的被告人。所谓"有明确的被告人"，即要求原告人将其起诉的对象加以具体化、特定化，以便使受诉人民法院能够明确原告人所告的人是谁。只有提出明确的被告人，诉讼才能形成和进行。依照《刑诉解释》第 180 条的规定，以下在附带民事诉讼中依法负有赔偿责任的人，可作为附带民事诉讼被告人：（1）刑事被告人（公民、法人和其他组织）以及未被追究刑事责任的其他共同侵害人；（2）刑事被告人的监护人；（3）死刑罪犯的遗产继承人；（4）共同犯罪案件中，案件审结前死亡的被告人的遗产继承人；（5）对被害人的物质损失依法应当承担赔偿责任的其他单位和个人。

3. 有请求赔偿的具体要求和事实、理由。有请求赔偿的具体要求是指原告人对被告人提出的要求人民法院予以保护的实体权利主张，在内容和所涉及的范围上必须具体、确定，否则提起的附带民事诉讼便无实际意义，人民法院也无法对案件进行审理和作出裁判。事实、理由是指原告人提出的用来支持其所提出的诉讼请求的事实和理由，主要是指原告人与被告人之间因被告人的犯罪行为而产生的民事赔偿法律关系发生的事实情况及必要的证据，以便在诉讼中证明其诉讼请求的正当性。

4. 属于人民法院受理附带民事诉讼的范围。所谓"属于人民法院受理附带民事诉讼的范围"，是指原告人请求赔偿的要求必须属于人民法院行使附带民事审判权的职权范围，即必须是人民法院主管和管辖的案件，法院才能依法受理。如果案件归法院以外的其他机关主管，法院就不能对其行使审判权；如果案件应由其他有管辖权的法院管辖，该法院也不能受理。

二、提起附带民事诉讼的期间

《刑诉解释》第 184 条规定："附带民事诉讼应当在刑事案件立案后及时提起。"《刑诉解释》第 178 条规定，人民法院受理刑事案件以后，对符合《刑事诉讼法》第 101 条和该解释第 175 条第 1 款规定的，可以告知被害人或者其法定代理人、近亲属有权提起附带民事诉讼。《刑诉解释》第 185 条规定，侦查、审查起诉期间，有权提起附带民事诉讼的人提出赔偿要求，经公安机关、人民检察院调解，当事人双方已经达成协议并全部履行，被害人或者其法定代理人、近亲属又提起附带民事诉讼的，人民法院不予受理，但有证据证明调解违反自愿、合法原则的除外。《刑诉解释》第 198 条规定，第一审期间未提起附带民事诉讼，在第二审期间提起的，第二审人民法院可以依法进行调解；调解不成的，告知当事人可以在刑事判决、裁定生效后另行提起民事诉讼。

由上，我国提起附带民事诉讼的期间是刑事案件立案以后至第一审判决宣告以前。在这一过程中，无论是在侦查阶段、审查起诉阶段还是审判阶段，有附带民事诉讼请求权的人都可以提起附带民事诉讼。在这一过程之前或之后，都不能提起附带民事诉讼：立案之前，刑事诉讼还没有开始，刑事案件是否成立还未确定，尚不具备提起附带民事诉讼的条件；一审判决宣告之后再提起附带民事诉讼，既会造成刑事审判的过分迟延，导致审判秩序的混乱，又因已经失去合并审理的机会，而使附带民事诉讼制度没有意义。所以，在此过程之外，因刑事被告人的犯罪行为遭受物质损失的人只能在刑事判决生效后另行提起民事诉讼。

但需要注意的是，对于破坏生态环境和资源保护、食品药品安全领域侵害众多消费者合法权益、侵害英雄烈士等的姓名、肖像、名誉、荣誉等损害社会公共利益的犯罪行为，检察机关提起附带民事公益诉讼的，根据最高人民法院、最高人民检察院2020年修正的《关于检察公益诉讼案件适用法律若干问题的解释》第20条规定，可以于公诉时一并提起。换言之，针对上述明文规定的几类案件，检察机关提起附带民事公益诉讼的时间通常是提起公诉之时，不能延长到一审判决之前。

【实务问题探讨】 检察机关应当在何时提起附带民事诉讼？

《刑诉解释》第179条规定，国家财产、集体财产遭受损失，受损失的单位未提起附带民事诉讼，人民检察院在提起公诉时提起附带民事诉讼的，人民法院应当受理。由上，受损失的单位未提起附带民事诉讼是检察机关提起附带民事诉讼的前提条件，但受损失的单位截止到何时未提起附带民事诉讼，检察机关才能提起附带民事诉讼，法律并未做明确规定。《刑诉解释》第184条规定，附带民事诉讼应当在刑事案件立案后及时提起，据此，受损失的单位提起附带民事诉讼的时限为立案后至一审判决宣告前，即检察机关要在一审判决宣告的前一刻方可能知晓受损单位是否会提起附带民事诉讼，而那时一审判决已然结束，检察机关再决定提前附带民事诉讼，既超过了提起附带民事诉讼的法定时限，又失去了"附带"的意义。最高人民法院、最高人民检察院2020年修正的《关于检察公益诉讼案件适用法律若干问题的解释》第13条规定："人民检察院在履行职责中发现破坏生态环境和资源保护，食品药品安全领域侵害众多消费者合法权益，侵害英雄烈士等的姓名、肖像、名誉、荣誉等损害社会公共利益的行为，拟提起公益诉讼的，应当依法公告，公告期间为三十日。公告期满，法律规定的机关和有关组织、英雄烈士等的近亲属不提起诉讼的，人民检察院可以向人民法院提起诉讼。人民检察院办理侵害英雄烈士等的姓名、肖像、名誉、荣誉的民事公益诉讼案件，也可以直接征询英雄烈士等的近亲属的意见。"本书建议扩展这一做法，如果是国家财产、集体财产或者公共利益遭受损失，有受损失的单位的，受损失的单位经检察机关告知应提起附带民事诉讼而在审查起诉期限届满以前仍不提起的，人民检察院在提起公诉的时候，可以提起附带民事诉讼。

三、提起附带民事诉讼的方式

《刑诉解释》第184条规定，提起附带民事诉讼应当提交附带民事起诉状。《刑诉解释》第187条规定，人民法院受理附带民事诉讼后，应当在5日内将附带民事起诉状副本送达附带民事诉讼被告人及其法定代理人，或者将口头起诉的内容及时通知附带民事诉讼被告人及其法定代理人，并制作笔录。由上，提起附带民事诉讼的方式一般包括两种：一种是提交附带民事起诉状；一种是口头方式起诉。但是，对于附带民事诉讼的提起方式，《刑诉解释》的规定之间存在一定的冲突，第184条第2款规定，提起附带民事诉讼应当提交附带民事起诉状。"应当"二字表明不排斥附带民事诉讼的原告使用口头的方式提起，但依然需要提交书面附带民事诉讼起诉状。不过第187条又规定："人民法院受理附带民事诉讼后，应当在五日以内将附带民事起诉状副本送达附带民事诉讼被告人及其法定代理人，或者将口头起诉的内容及时通知附带民事诉讼被告人及其法定代理人，并制作笔录。"可见，该条文变相承认了附带民事诉讼原告人口头起诉的权利。

人民检察院在提起公诉时一并提起附带民事诉讼的，只能采取书面形式，即制作附带民事起诉状，写明：被告人的基本情况，被告人的犯罪行为给国家、集体财产造成损失的情况，代表国家、集体要求被告人赔偿损失的诉讼请求和适用的法律依据。

四、对起诉的审查和受理

被害人或者其法定代理人、近亲属提起附带民事诉讼的，人民法院应当在 7 日内决定是否立案，符合《刑事诉讼法》第 101 条以及司法解释有关规定的，应当受理；不符合的裁定不予受理。

第五节　附带民事诉讼的审理

一、附带民事诉讼的审理原则

《刑事诉讼法》第 104 条规定了附带民事诉讼审理的一般原则，即附带民事诉讼应当同刑事案件一并审理，只有为了防止刑事案件审判的过分迟延，才可以在刑事案件审判后，由同一审判组织继续审理附带民事诉讼。根据这一原则，一般情况下，附带民事诉讼应由刑庭通过同一程序、同一判决，与刑事案件一并审理。刑事附带民事诉讼的刑、民之诉一并审理十分重要，它便于法院的同一审判组织在一个诉讼程序中全面查清案件事实，正确解决因同一侵害行为而产生的刑事责任和民事责任，从而有利于对被告人正确定罪量刑，使被害人的损失及时得到赔偿。只有在"为了防止刑事案件审判的过分迟延"的法定条件下，才可以在刑事案件审判后，由同一审判组织再审理附带民事诉讼。也就是说，一并审理的方式是基本的或主要的方式，而分别审理的方式是个别的或例外的。

分别审理时，民事之诉的审判程序仍属附带民事诉讼。因此，在分别审理时应当注意：

第一，只能先审理刑事部分，后审理附带民事部分，而不能先审理附带民事部分，后审理刑事部分。刑事案件的情节对于有关民事赔偿要求是相互关联的，通过法庭调查和辩论，在查明犯罪事实的基础上，确定民事赔偿责任也就有了可靠的根据。

第二，一般情况下，必须由审理刑事案件的同一审判组织继续审理附带民事诉讼部分，而不得另行组成合议庭。附带民事诉讼是以刑事案件事实为基础的，同一审判组织了解案件事实，有利于查明附带的民事诉讼关系，对诉讼请求作出正确的判决。但是如果原来同一审判组织的成员确实无法继续参加审判的，也可以更换其他审判人员。

第三，附带民事部分判决对案件事实的认定不得同刑事判决相抵触。

本书认为，附带民事判决对案件事实的认定是否不得与先前的刑事判决相抵触，应区别不同情况分别对待：（1）有罪判决情形下的附带民事判决。如果法院在有罪判决中认定被告人对受害人实施了犯罪行为，附带民事部分的判决对案件事实的认定不能同刑事部分的判决相抵触。（2）无罪判决情形下的附带民事判决。无罪判决分为两种情形：一种是指控的犯罪事实已被否定，法院在诉讼中已经查明犯罪行为并非被告人所为；另一种是由于案件事实不清、证据不足，不能认定被告人有罪，而作出证据不足、指控犯罪不能成立的无罪判决。法院作出的无罪判决如果属于第一种情形，对附带民事诉讼应具有预决效力；法院作出的无罪判决如果属于第二种情形，对附带民事诉讼不应具有预决效力。由于附带民事诉讼实行与刑事诉讼不同的证明标准，在因事实不清证据不足而对被告人宣告无罪的情况下，如果认定被告人有罪的证据占明显优势，则可适用证据占明显优势的证明标准，判令被告人负民事赔偿责任。

第四，附带民事诉讼部分的延期审理，一般不影响刑事判决的生效。

需要注意的是，附带民事诉讼部分的延期审理，不影响刑事判决的生效，往往会造成程序混乱。具体表现为可能会出现刑事诉讼在上诉、抗诉后已经开始了二审或者已经生效，而附带民事诉讼部分仍处于一审阶段的情况。而且由于法律并未明确规定审理刑事案件的同一审判组织继续审理附带民事诉讼的期限，如刑事案件因判决后提起上诉，后经二审判决确定，附带民事诉讼因无期限的限制二审仍未判决，就会成为独立的民事案件，这应当不是附带民事诉讼的立法本意。这一现象往往会对附带民事部分的处理造成障碍，产生两个方面的问题：第一，当原审法院认定的事实已经二审改判，由于附带民事部分仍处于一审阶段，并且仍由同一审判组织审理，因而原审法官在附带民事部分的处理上便会处于两难境地，即无论是直接援引上级法院的裁判，或是根据自己作出的刑事部分的裁判来确认附带民事部分的案件事实，其公正性均会受到质疑。第二，如果刑事部分已经二审，认定犯罪行为并非刑事被告人实施，并改判无罪，则附带民事部分就无继续审理的必要。否则，只会造成诉讼资源的浪费。由此，本书认为，对于未与刑事之诉一并审判并且可能拖延刑事诉讼的民事诉讼，按民事诉讼程序进行审理可能会更有利于解决纠纷。

二、附带民事诉讼的具体审理程序

（一）附带民事诉讼审理前的准备工作

规范附带民事诉讼庭前准备程序有利于庭审的顺利进行，促进诉讼效益的提高。实践中的庭前准备大致可包括以下几方面的内容。

1. 人民法院受理附带民事诉讼后，应当在 5 日内将附带民事起诉状副本送达附带民事诉讼被告人及其法定代理人，或者将口头起诉的内容及时通知附带民事诉讼被告人及其法定代理人，并制作笔录。

人民法院送达附带民事起诉状副本时，应当根据刑事案件的审理期限，确定被告人及其法定代理人提交附带民事答辩状的时间。

人民检察院已履行诉前公告程序的，人民法院立案后不再进行公告。

2. 决定审理方式。根据《刑事诉讼法》第 104 条的规定，附带民事案件应当和刑事案件一并审判，为防止刑事审判过分迟延，也可以先审理刑事案件，然后再审理附带民事案件。在决定刑事案件开庭审判的同时，合议庭应当根据案件的具体情况和法律规定决定附带民事案件是一并审理，还是分别审理。

3. 人民法院开庭审判案件前，要向附带民事诉讼原告人与被告人送达传票，传唤他们出庭。附带民事诉讼原告人经传唤，无正当理由拒不到庭，或者未经法庭许可中途退庭的，应当按撤诉处理。刑事被告人以外的附带民事诉讼被告人经传唤，无正当理由拒不到庭，或者未经法庭许可中途退庭的，附带民事部分可以缺席判决。

4. 公开审判的案件，除先期公布刑事诉讼的案由、当事人姓名、开庭时间、地点外，还应同时公布附带民事诉讼的案由、附带民事诉讼当事人以及附带民事诉讼是否在刑事诉讼中一并审判。

5. 发现起诉或者应诉的人不符合附带民事诉讼当事人条件的，应当通知符合条件的附带民事诉讼当事人参加诉讼，更换不符合条件的附带民事诉讼当事人。发现必须共同进行诉讼的附带民事诉讼当事人没有参加诉讼的，应当通知其参加。

（二）附带民事诉讼的举证责任承担

在附带民事诉讼中，举证责任的承担原则上实行"谁主张，谁举证"的原则，即附带民事诉讼案件的当事人对自己提出的主张，有责任提供证据。《刑诉解释》第 188 条规定："附带民事诉讼当事人对自己提出的主张，有责任提供证据。"在刑事附带民事诉讼中具体举证责任的分配还应当遵从最高人民法院《关于修改〈关于民事诉讼证据的若干规定〉的决定》的相关规定。

（三）附带民事诉讼的财产保全

附带民事诉讼的财产保全，是指人民法院为了保证将来发生法律效力的附带民事诉讼判决能够得到切实执行，依据附带民事诉讼原告人的申请，而对被告人的财产采取一定的强制措施。《刑事诉讼法》第 102 条规定，人民法院在必要的时候，可以采取保全措施，查封、扣押或者冻结被告人的财产。附带民事诉讼原告人或者人民检察院可以申请人民法院采取保全措施。人民法院采取保全措施，适用民事诉讼法的有关规定。《刑诉解释》第 189 条规定，人民法院对可能因被告人的行为或者其他原因，使附带民事判决难以执行的案件，根据附带民事诉讼原告人的申请，可以裁定采取保全措施，查封、扣押或者冻结被告人的财产；附带民事诉讼原告人未提出申请的，必要时，人民法院也可以采取保全措施。有权提起附带民事诉讼的人因情况紧急，不立即申请保全将会使其合法权益受到难以弥补的损害的，可以在提起附带民事诉讼前，向被保全财产所在地、被申请人居住地或者对案件有管辖权的人民法院申请采取保全措施。申请人在人民法院受理刑事案件后 15 日内未提前附带民事诉讼的，人民法院应当解除保全措施。人民法院采取保全措施，适用《民事诉讼法》第 100 条至第 105 条的有关规定，但《民事诉讼法》第 101 条第 3 款的规定除外。由上，附带民事诉讼的财产保全，一般是根据附带民事诉讼原告人的申请，由人民法院作出决定或裁定。必要时，人民法院也可依职权单独作出财产保全的决定或者裁定。且在情况紧急，不立即申请保全将会损害附带民事诉讼原告人合法权益时，附带民事诉讼原告人可以申请诉前财产保全。

附带民事诉讼的财产保全应当注意：（1）确实存在因被告人的行为或其他原因使将来的附带民事判决不能执行或难以执行的可能性；（2）附带民事诉讼的保全措施，可以采取查封、扣押、冻结的方法；（3）对于查封、扣押或者冻结的财产，应当妥善保管，在不宜长期保存的情况下，可以变卖，保存价款；（4）查封、扣押或者冻结的财产，只能以被告人的个人财产为限，不得查封、扣押或者冻结其他人包括被告人的近亲属的财产；（5）查封、扣押或者冻结的财产应以足够支付赔偿数额为限，不得任意扩大查封、扣押或者冻结的范围。

【实务问题探讨】附带民事诉讼中，是否应当赋予侦查、检察机关采取财产保全措施的权力？

有观点认为，区别于民事诉讼，附带民事诉讼所处的刑事诉讼体系中还有审前程序。在附带民事诉讼中，诉前财产保全所对应的正是刑事审前程序，该程序中存在的是侦查或者检察机关的侦控工作，所生成的是国家侦控机关对犯罪嫌人的追诉与被追诉关系，这在民事诉讼中是不存在的。[①] 针对该特殊性，紧急情况下，如果不赋予侦查、检察机关在刑事审前程序中采取财产保全措施的权力，犯罪嫌疑人、被告人或其家属就可能转移财产，为充分保护被害人的合法权益，应当赋予侦查、检察机关采取财产保全措施的权力。

另有观点认为，刑事诉讼人权保障的核心对象是犯罪嫌疑人、被告人，犯罪嫌疑人、被告人的财产权是刑事诉讼人权保障的重要内容。在目前侦查权的自主性过于强大而需要予以规范和制衡的背景下，再赋予侦查、检察机关财产保全的决定权，将对犯罪嫌疑人、被告人的财产权构成重大隐患。

本书认为，第一种观点更具有合理性。（1）财产保全是一项保证制度，目的在于保证将来生效判决的顺利和及时执行。只要在刑事诉讼中提起了附带民事诉讼，并存在着民事当事人一方的行为或其他原因会使民事判决将来不能执行或难以执行的现实可能性，不论在任何阶段，无论是人民法院，还是侦查、检察机关，都应当有权作出裁定或者决定，采取财产保全措施。（2）将财产保全限定为法院的职权，附带民事诉讼的诉前财产保全制度在侦查阶段或早期的审查起诉阶段就难以得到适用。按照刑事诉讼法规定，刑事案件由公安机关管辖，民事案件由法院管辖。如果最先受理案件的公安机关只能立案侦查刑事案件，而无权对犯罪嫌疑人的财产采取保全措施，就会导致有赔偿能力而不愿意赔偿损失的犯罪嫌疑人可能会在侦查阶段将自己的财产转移、隐匿以规避法律的制裁，等到法院审理附带民事案件时，原来有执行条件的被告人可能已经变成没有执行条件了，且如果被害人在侦查、起诉阶段提出赔偿请求，反而可能会"提醒"犯罪嫌疑人或其家属转移或隐匿财产，使得未来的附带民事诉讼判决内容难以兑现，不利于被害人合法权益的保障。

（四）附带民事诉讼的先予执行

附带民事诉讼的先予执行，是指人民法院受理附带民事诉讼之后、作出判决之前，根据附带民事诉讼原告人的请求决定附带民事诉讼被告人先行支付附带民事诉讼原告人一定款项或者特定物品并立即执行的措施。

关于附带民事诉讼的先予执行问题，刑事诉讼法并未作出明确规定，仅有最高人民法院司法解释作出了一些原则性的规定。（1）《刑诉解释》第201条规定，人民法院审理附带民事诉讼案件，除刑法、刑事诉讼法以及刑事司法解释已有规定的以外，适用民事法律的有关规定。（2）最高人民法院2000年11月20日通过的《关于审理刑事附带民事诉讼案件有关问题的批复》规定，对于附带民事诉讼当事人提出先予执行申请的，人民法院应当依照民事诉讼法的有关规定，裁定先予执行或驳回申请，但是该批复已于2015年1月19日废止。本书认为，在附带民事诉讼中应当允许申请先予执行，先予执行制度能够及时解决原告人的实际困难，安抚被害人及其亲属的情绪。[②] 当然附带民事诉讼的先予执行必须具备法定条件，并且司法机关认

---

① 参见穆远征、戴蕾：《刑事案件附带民事诉讼诉前财产保全的规则完善》，载《广西民族大学学报（哲学社会科学版）》2014年第5期。

② 参见陈卫东、柴煜峰：《刑事附带民事诉讼制度的新发展》，载《华东政法大学学报》2012年第5期。

为确有必要，同时不影响刑事诉讼的顺利进行，还要考虑被告人的实际经济能力，兼顾民事被告人的合法权益。先予执行的数额应当折抵附带民事判决中所确定的赔偿数额。

（五）附带民事诉讼的调解和判决

《刑事诉讼法》第 103 条规定，人民法院审理附带民事诉讼案件，可以进行调解，或者根据物质损失情况作出判决、裁定。

人民法院审理附带民事诉讼案件，可以根据自愿、合作的原则进行调解。经调解达成协议的，应当制作调解书。调解书经双方当事人签收后，即具有法律效力。调解达成协议并即时履行完毕的，可以不制作调解书，但应当制作笔录，经双方当事人、审判人员、书记员签名或者盖章后即发生法律效力。且刑事附带民事诉讼中，公安机关、人民检察院主持的调解具有法律效力，除违反自愿、合法原则外，不得违背。《刑诉解释》第 185 条规定，侦查、审查起诉期间，有权提起附带民事诉讼的人提出赔偿要求，经公安机关、人民检察院调解，当事人双方已经达成协议并全部履行，被害人或者其法定代理人、近亲属又提起附带民事诉讼的，人民法院不予受理，但有证据证明调解违反自愿、合法原则的除外。

调解未达成协议或者调解书签收前当事人反悔的，附带民事诉讼应当同刑事诉讼一并判决。

《刑诉解释》第 192 条规定，对附带民事诉讼作出判决，应当根据犯罪行为造成的物质损失，结合案件具体情况，确定被告人应当赔偿的数额。犯罪行为造成被害人人身损害的，应当赔偿医疗费、护理费、交通费等为治疗和康复支付法合理费用，以及因误工减少的收入。造成被害人残疾的，还应当赔偿残疾生活辅助器具费等费用；造成被害人死亡的，还应当赔偿丧葬费等费用。附带民事诉讼当事人就民事赔偿问题达成调解、和解协议的，赔偿范围、数额不受该限制。驾驶机动车致人伤亡或者造成公私财产重大损失，构成犯罪的，依照《道路交通安全法》第 76 条的规定，确定赔偿责任。附带民事诉讼当事人就民事赔偿问题达成调解、和解协议的，赔偿范围、数额不受该限制。

人民检察院提起附带民事诉讼的，人民法院经审理，认为附带民事诉讼被告人依法应当承担赔偿责任的，应当判令附带民事诉讼被告人直接向遭受损失的单位作出赔偿；遭受损失的单位已经终止，有权利义务继受人的，应当判令附带民事诉讼被告人向继受人作出赔偿；没有权利义务继受人的，应当判令附带民事诉讼被告人向人民检察院交付赔偿款，由人民检察院上缴国库。

人民检察院认定公诉案件被告人的行为不构成犯罪的，对已经提起的附带民事诉讼，经调解不能达成协议的，应当一并作出刑事附带民事判决。

人民法院准许人民检察院撤回起诉的公诉案件，对已经提起的附带民事诉讼可以进行调解；不宜调解或者经调解不能达成协议的，应当裁定驳回起诉，并告知附带民事诉讼原告人可以另行提起民事诉讼。

第二审人民法院审理对附带民事诉讼部分提出上诉的案件，原告一方要求增加赔偿数额，第二审人民法院可以依法进行调解。调解未达成协议或者调解书送达前一天反悔的，第二审人民法院应当依照刑事诉讼法、民事诉讼法的有关规定作出判决或者裁定，判决或者裁定应当根据物质损失情况作出。

第一审期间未提起附带民事诉讼，在第二审期间提起的，第二审人民法院可以依法进行调解；调解不成的，告知当事人可以在刑事判决、裁定生效后另行提起民事诉讼。

被害人或者其法定代理人、近亲属在刑事诉讼过程中未提起附带民事诉讼，另行提起民事诉讼的，人民法院可以调解，或者根据物质损失的情况作出判决。

审理刑事附带民事诉讼案件，人民法院应当结合被告人赔偿被害人损失的情况认定其悔罪表现，并在量刑时予以考虑。

2021年《刑诉解释》第197条对于被告人的行为不构成犯罪，对已经提起的附带民事诉讼，经调解不能达成协议的情形，规定将2012年《刑诉解释》第160条规定中的"应当一并作出刑事附带民事判决"调整为"可以一并作出刑事附带民事判决，也可以告知附带民事原告人另行提起民事诉讼"。据此，人民法院可以赋予附带民事原告人程序选择权，如果其选择另行提起民事诉讼，人民法院应当准许。

【实务问题探讨】"结合案件具体情况，确定被告人应当赔偿的数额"是否包含结合被告人的赔偿能力？

《刑诉解释》第192条规定："对附带民事诉讼作出判决，应当根据犯罪行为造成的物质损失，结合案件具体情况，确定被告人应当赔偿的数额。"此处所指"结合案件具体情况，确定被告人应当赔偿的数额"是否包含结合被告人的赔偿能力？即确定被告人赔偿数额时是否应根据赔偿能力不同而确定不同数额？对此，司法实践中存在争议：

有观点认为，结合案件具体情况，确定被告人应当赔偿的数额包含结合被告人的赔偿能力。附带民事诉讼被告人有相应的赔偿能力，是提起附带民事诉讼请求赔偿损失的前提条件，如果被告人赔偿能力有限，而判决过多赔偿数额，会导致判决难以执行，有损司法公信力，于被害人而言，也会丧失获得赔偿的机会。

另有观点认为，确定被告人赔偿数额，不受被告人赔偿能力的限制。被告人承担什么样的赔偿数额，与被告人能否承担该赔偿数额是两个性质的概念。如在一个犯罪案件中，共同被告人给被害人造成了同等的物质损害，被害人同时对二被告人提起附带民事诉讼，在确定被告人赔偿数额时，因二被告人的经济状况不同，而判处赔偿不同数额，显失公平。

本书认为，第二种观点更具有合理性。理由如下：（1）被告人的赔偿能力处于一个动态变化过程。被告人的赔偿能力是一个不确定的变数，不能因为被告人暂时没有赔偿能力来推断被告人将来也没有赔偿能力。在审理附带民事诉讼的过程中，没有必要先行考虑被告人的赔偿能力。我们不能因为被告人是亿万富翁而判其多承担责任，我们也不能因为被告人分文不名而判决其不承担责任。且在案件审理阶段，由于审理期限要求，被告人是否真正无赔偿能力往往难以查清，以赔偿能力为由，随意地减免赔偿数额，不利于保护被害人的民事权利。（2）对于"空判"问题，可以通过执行程序解决。判决生效后，对于被告人暂时没有赔偿能力的，可以中止执行，待中止事由消失后，继续执行；对于被告人丧失了赔偿能力的，可以终结执行。被告人没有或者缺少部分赔偿能力，不能成为减少他应当承担的赔偿数额的法定理由。判决的公正性和判决的可执行性是两个截然不同性质的概念。在审判时考虑被告人的赔偿能力，实际上是混淆了审判与执行两个不同的诉讼阶段。（3）确定赔偿数额时不考虑被告人的赔偿能力，于法有据。附带民事诉讼的本质是民事诉讼，根据民法典相关规定，损害赔偿应当坚持全面赔偿原则，在附带民事诉讼的审判中以被害人所遭受损失的实际情况及被害人、被告人的责任的有无和大小情节来确定赔偿数额，而不应考虑被告人的赔偿能力。

【实务问题探讨】 赋予公安机关、检察机关附带民事诉讼调解权是否合理？

《刑诉解释》第 185 条虽已经规定公安机关、检察机关在附带民事诉讼中可依法进行调解，但司法实践中，对此仍然存在争议：

有观点认为，调解是在事实清楚的基础上，分清是非，然而刑事案件在侦查、审查起诉阶段仍处于事实不清的状态，不具备展开调解的前提。同时，大多数犯罪嫌疑人自由受限，很难直接参与调解过程，且案件有关的信息资料主要集中在公安机关、人民检察院手中，当事人并不能充分知晓案件情况，无法选择最利于自己的调解方案，而盲目听从公安机关、人民检察院的调解。若赋予公安机关、人民检察院在侦查、审查起诉阶段调解权，且一经调解，不得反悔，可能会损害犯罪嫌疑人的合法权益。

另有观点认为，应当赋予公安机关、人民检察院附带民事诉讼调解的权力，在侦查阶段、审查起诉阶段如能就民事赔偿部分调解成功，对双方当事人均有利，于被害人而言可以尽快弥补其所遭受的损失，于犯罪嫌疑人而言，积极偿还被害人物质损失是认定悔罪的表现，可以适当减轻其刑罚。同时，可以减轻人民法院的压力，节约司法资源。

本书认为，第二种观点更具有合理性。原因在于：（1）调解前提的事实清楚，是指给被害人造成物质损失的民事侵权事实清楚，而并非是指刑事指控的犯罪行为必须事实清楚，即使犯罪嫌疑人、被告人最后不被认定为犯罪，只要民事侵权行为存在，行为人仍应承担民事赔偿责任。附带民事诉讼调解认定的事实仅限于民事侵权事实，而非犯罪事实。只要附带民事诉讼审前调解时某种民事侵权行为客观存在，刑事判决对这种民事侵权行为是否属于犯罪、犯何罪的认定并不影响附带民事诉讼调解前置的合理性。在司法实践中，存在刑事部分是非仍然不清时民事部分是非已清的情况。因此公安机关、人民检察院在开展调解工作时，附带民事诉讼已具备分清是非的调解基础。[①]（2）附带民事诉讼调解并不强制犯罪嫌疑人、被告人的调解意愿。犯罪嫌疑人人身自由虽然受限，但其自由表达附带民事诉讼调解真实意愿的途径并未堵塞。在押的犯罪嫌疑人在接受侦查人员、检察人员讯问或会见律师时可清楚、自由地表达附带民事诉讼调解的意愿。故附带民事诉讼调解并不损害自愿原则。且附带民事诉讼是附随于刑事诉讼的民事诉讼。基于契约自由法律精神，当事人的意思自治、自由处分原则贯彻整个民事诉讼程序中。当事人在刑事诉讼中就民事损害赔偿问题达成协议的，应当遵守。因此，除违反自愿、合法原则外，侦查阶段、审查起诉阶段已达成的附带民事诉讼调解应当受到法律保护。

---

① 参见宋高初：《论我国刑事附带民事诉讼调解前置问题》，载《浙江师范大学学报（社会科学版）》2014年第 3 期。

（六）　附带民事诉讼的审理期限

刑事诉讼法和民事诉讼法一审程序审理期限的规定存在很大差异。《刑事诉讼法》第208条、第212条分别规定："人民法院审理公诉案件，应当在受理后二个月以内宣判，至迟不得超过三个月。对于可能判处死刑的案件或者附带民事诉讼的案件，以及有本法第一百五十八条规定情形之一的，经上一级人民法院批准，可以延长三个月；因特殊情况还需要延长的，报请最高人民法院批准。""人民法院审理自诉案件的期限，被告人被羁押的，适用本法第二百零八条第一款、第二款的规定；未被羁押的，应当在受理后六个月以内宣判。"而民事案件，根据《民事诉讼法》第152条"人民法院适用普通程序审理的案件，应当在立案之日起六个月内审结。有特殊情况需要延长的，经本院院长批准，可以延长六个月；还需要延长的，报请上级人民法院批准"之规定，审理期限最长可以达到12个月以上。立法上之所以作出不同的规定，是因为民事诉讼具有与刑事诉讼不同的复杂情况，且民事诉讼并不像刑事诉讼那样往往会限制被告人的人身自由。作为兼具刑事诉讼与民事诉讼特点的刑事附带民事诉讼的审理期限，刑事诉讼法并未作明确规定。本书认为，由于附带民事诉讼中的民事诉讼对刑事诉讼具有依附性，就审理期限而言，通常情况下应以刑事诉讼的审理期限为准，但如果出现了特殊情况，附带民事诉讼与刑事案件分别审判，附带民事部分则适用民事诉讼法关于审限的规定，具体如下：（1）如果刑事部分与民事部分一并审判的，该案的审理期限应当以《刑事诉讼法》第208、212条的规定来确定，公诉案件，应当在受理后2个月以内宣判，至迟不得超过3个月审结。经上一级人民法院批准，可以再延长3个月；自诉案件，被告人被羁押的，审理期限同公诉案件一致，被告人未被羁押的，应当在受理后6个月以内宣判。（2）为了防止刑事案件审判的过分迟延，先审理刑事案件，后由同一审判组织继续审理附带民事诉讼，即附带民事部分另行审判，此时刑事部分和民事部分的审理期限应分别确定，民事案件适用民事诉讼法关于审限的规定。

（七）　附带民事诉讼的上诉和抗诉

第一审判决、裁定作出后，附带民事诉讼的当事人和他们的法定代理人如果对判决、裁定不服，可以对地方各级人民法院第一审判决、裁定中的附带民事部分提出上诉。人民检察院可以对第一审判决、裁定中的附带民事部分提出抗诉。

对附带民事部分裁决的上诉和抗诉不影响刑事部分裁决的生效，但是第二审人民法院应当对第一审判决、裁定中的刑事和民事部分全面审查，审查后仅对附带民事部分作出终审判决或裁定。第二审人民法院对附带民事部分裁决上诉或抗诉的案件进行审理时，如果发现刑事部分裁决有错误，必须予以纠正的，可以按照审判监督程序处理。

（八）　附带民事诉讼判决、裁定的执行

关于刑事附带民事诉讼判决、裁定的执行，我国刑法、刑事诉讼法以及有关司法解释几乎没有具体规定。附带民事诉讼的判决、裁定生效后，应当按照民事诉讼法规定的执行程序执行。《民事诉讼法》第243条规定，发生法律效力的民事判决、裁定，当事人必须履行。一方拒绝履行的，对方当事人可以向人民法院申请执行，也可以由审判员移送执行员执行。

人民法院对附带民事诉讼案件作出判决之后，查明被告人确实没有财产可供执行的，应当裁定中止或终结执行。

第七章　审查逮捕和审查起诉

第一节　审查逮捕和审查起诉概述

一、审查逮捕

审查逮捕是人民检察院依照法定程序和条件，批准或决定对犯罪嫌疑人是否在审判前予以羁押的诉讼活动。

审查逮捕制度的一个重要特点是其涉宪性，因为它严重影响公民基本权利——人身自由权的行使，所以审查逮捕制度及其基本原则由各国宪法予以规定。《宪法》第 37 条第 2 款规定："任何公民，非经人民检察院批准或者决定或者人民法院决定，并由公安机关执行，不受逮捕。"据此，《刑事诉讼法》第 80 条规定："逮捕犯罪嫌疑人、被告人，必须经过人民检察院批准或者人民法院决定，由公安机关执行。"

根据相关法律规定，我国审查逮捕制度有三个特点：

一是对一般刑事案件批准逮捕的权力被赋予了承担法律监督职责的检察机关。这与实行司法审查制度的西方国家的制度安排有较大区别。目前世界上较为普遍地实行由法官对长期羁押进行审查批准的制度。而根据我国宪法和刑事诉讼法，公安机关侦查案件的批准逮捕权、人民检察院直接受理侦查案件的决定逮捕权由人民检察院行使，公安机关为逮捕的执行机关。人民法院也有逮捕权，但仅限于在审判活动中，对侦查和审查起诉阶段是否应当逮捕犯罪嫌疑人，或者犯罪嫌疑人对逮捕强制措施提出异议，人民法院不具有司法审查权力。

二是实行捕押合一制度。在我国，逮捕是一种剥夺犯罪嫌疑人、被告人人身自由的法定行为，执行逮捕后，犯罪嫌疑人、被告人人身自由在一定期限内处于被剥夺状态，在特定场所予以羁押，并在大多数情形下随诉讼进程而持续。而在其他一些国家，如日本实行"逮捕前置主义（或逮捕先行主义）"，逮捕和羁押被作为相对独立的两个程序，羁押以逮捕嫌疑人为前提，在对嫌疑人实施逮捕后，必须提请法官批准，才能进行较长时间的羁押。[①] 为避免羁押期限完全服从于侦查、预审等诉讼活动的需要，西方各国一般还将羁押期限与诉讼期限严格地加以分离。羁押期限由司法官员经司法程序来决定，而没有完全控制在检警机构手里，因此羁押期限并不会随着侦查、预审、审判等诉讼阶段的延长而无限延长。[②]

三是审查逮捕后检察机关对羁押期限仍有监督职责。虽然刑事诉讼法没有实行逮捕与羁押双重审查制度，但为严控超期羁押，减少不必要的审前羁押，规定了延长侦查羁押期限的审查批准制度和逮捕后羁押必要性审查制度。《刑事诉讼法》第 156 条至第 159 条规定，对案情重

---

① 参见石少侠主编：《晋升高级检察官培训教程》（修订版），中国检察出版社 2016 年版，第 450 页。
② 参见陈瑞华：《审前羁押的法律控制——比较法角度的分析》，载《政法论坛》2001 年第 4 期。

大复杂而需要延长侦查羁押期限的，由上级人民检察院审查批准，对因特殊原因在较长时间不宜交付审判的特别重大复杂案件，由最高人民检察院报请全国人民代表大会常务委员会批准延期审理。此外，《刑诉规则》第 309 条对超期提请延长侦查羁押期限进行了规定，第 312 条规定对消极侦查情形可以不批准延长。[①]《刑事诉讼法》第 95 条规定，犯罪嫌疑人、被告人被逮捕后，人民检察院仍应当对羁押的必要性进行审查。对不需要继续羁押的，应当建议予以释放或者变更强制措施，有关机关应当在 10 日以内将处理情况通知人民检察院。

逮捕是最严厉的刑事强制措施，根据刑事诉讼法的规定，逮捕后犯罪嫌疑人将在一定期限内处于被羁押的状态，在捕诉一体办案机制提出后，学界担心审查逮捕、审查起诉由同一检察官或检察官办案组承办，审查起诉追诉犯罪的职能会影响审查逮捕判断的中立性，进而抬升逮捕羁押率。但捕诉一体后实际运行的情况要好于预期，不捕率反而呈逐年提升的态势。[②]审查逮捕职权的行使也更加审慎，在事实认定上，"站在客观立场上进行活动，努力发现并尊重案件事实真相"，在程序上全面把握逮捕保障诉讼的意义，既不为便利侦查多捕滥押，也不为规避司法责任刻意不捕。在审查程序上不偏不倚，兼听则明，既审查证明犯罪嫌疑人有罪、有社会危险性的证据，也不遗漏证明犯罪嫌疑人无罪、罪轻或无逮捕必要性的线索；既听取侦查机关的羁押理由，又听取犯罪嫌疑人及其辩护人的辩解、申诉。[③]

二、审查起诉

审查起诉是人民检察院对侦查机关或者人民检察院侦查终结以及监察委员会调查终结移送起诉的案件进行全面审查，以决定是否将犯罪嫌疑人交付人民法院审判的诉讼活动。

审查起诉是刑事诉讼中承前启后的重要环节。承前，体现在对侦查（调查）终结的案件进行全面、实质审查；启后，体现在一旦决定提起公诉，审判程序将随之开启。因此，审查起诉不仅是对侦查（调查）终结案件质量的检验与把关，同时也是履行指控职能的铺垫与基础。

随着以审判为中心的刑事诉讼制度改革和 2018 年《刑事诉讼法》的修订，审查起诉职能有了新的发展和在内要求。体现在：

1. 围绕证据裁判原则，构建指控犯罪的体系。最高人民法院、最高人民检察院、公安部、国家安全部、司法部《关于推进以审判为中心的刑事诉讼制度改革的意见》指出："侦查机关、人民检察院应当按照裁判的要求和标准收集、固定、审查、运用证据，人民法院应当按照法定程序认定证据，依法作出裁判。"可见，证据裁判原则贯穿审查起诉的始终。实质性、亲历性审查是确保案件质量的必由之路，排除非法证据、补正瑕疵证据、补充必备证据、核实全案证据是审查起诉的重中之重，通过围绕犯罪构成要件要素的严格证据审查，构建出指控犯罪的证据体系，同时严防冤假错案的发生，以实现司法公正。

2. 围绕认罪认罚从宽制度，发挥程序启动、量刑协商的核心作用。2018 年《刑事诉讼法》确立了认罪认罚从宽制度。审查起诉是认罪认罚从宽制度运行的核心阶段。这一阶段，

[①] 《刑诉规则》第 312 条第 1 款规定："犯罪嫌疑人虽然符合逮捕条件，但经审查，公安机关在对犯罪嫌疑人执行逮捕后二个月以内未有效开展侦查工作或者侦查取证工作没有实质进展的，人民检察院可以作出不批准延长侦查羁押期限的决定。"

[②] 最高人民检察院 2023 年工作报告披露，2018 年不捕率为 22.1%，之后逐年抬升，2022 年不捕率为 43.4%。参见最高人民检察院官网，载 https：//www. spp. gov. cn/spp/tt/202303/t20230307_606698. shtml。

[③] 参见孙谦：《司法改革背景下逮捕的若干问题研究》，载《中国法学》2017 年第 3 期。

应向犯罪嫌疑人充分释明认罪认罚从宽的法律规定，充分听取犯罪嫌疑人以及辩护人、值班律师的意见，对认罪认罚的自愿性、合法性进行审查，同时保障犯罪嫌疑人的程序选择性；犯罪嫌疑人自愿认罪，同意量刑建议和程序适用的，应当在辩护人或者值班律师在场的情况下签署认罪认罚具结书。因此，让犯罪嫌疑人参与到对自己案件的处理中，通过从宽的司法承诺，促进犯罪嫌疑人真诚悔过，也成为审查起诉的重要工作内容，并且衡量着检察官的执法能力和水平。

3. 围绕审前过滤、繁简分流，构建多种诉讼模式。根据法律规定，我国检察机关拥有一定的起诉裁量权，对于不符合起诉条件的案件，也可依法作出不起诉决定。在认罪认罚案件的办理上，从宽不仅是实体上从宽处罚，还包括程序上从简处理。2018 年《刑事诉讼法》在原有简易程序的基础上新增了速裁程序，并明确规定人民检察院在提起公诉时，可以建议人民法院适用简易程序、速裁程序。因此，判断哪些犯罪嫌疑人不符合起诉条件，精准提出适用何种审判程序，均是审查起诉需要解决的问题，这些任务的落实将使不符合起诉条件的案件在审前即被过滤，进入审判程序的案件也有繁简分流的诉讼方案。

第二节　捕诉一体办案机制

《刑诉规则》第 8 条规定："对同一刑事案件的审查逮捕、审查起诉、出庭支持公诉和立案监督、侦查监督、审判监督等工作，由同一检察官或者检察官办案组负责，但是审查逮捕、审查起诉由不同人民检察院管辖，或者依照法律、有关规定应当另行指派检察官或者检察官办案组办理的除外。"此规定可以理解为捕诉一体办案机制已被最高人民检察院以司法解释的形式加以明确，至此捕诉一体的理论争论告一段落。

检察机关的捕、诉内部分工，经历了由合到分，再由分到合的历史变化。1979 年《人民检察院组织法》通过后，最高人民检察院依法设立刑事检察厅，统一负责批捕、起诉工作。1996 年在大连市召开的全国检察机关第二次刑事检察工作会议提出"批捕、起诉部门分设"。2018 年 7 月在深圳举办的大检察官研讨班上，时任最高人民检察院检察长张军提出："重新组建专业化刑事办案机构，统一履行审查逮捕、审查起诉、补充侦查、出庭支持公诉、刑事诉讼监督等职能。"2019 年 1 月，最高人民检察院公布内设机构和相应职能配置，由一、二、三、四厅按照罪名分类负责相应案件的批捕和起诉工作，施行捕诉一体办案机制。

在捕诉分离到捕诉一体的演进中，学术界和检察实务界进行了激烈的讨论。争议焦点主要集中在三个方面：一是捕诉一体与刑事诉讼基本原理的关系；二是捕诉一体对逮捕和起诉质量的影响，以及对刑事辩护的影响；三是捕诉一体对检察权的影响。而引起意见分歧的缘由有以下三个层面：

第一，捕诉关系的观念问题，关涉捕诉一体的正当性，是个基础性问题。反对捕诉一体的观点认为，审查批准逮捕与公诉职能完全不同，因而主张不应由同一个主体承担。而赞成捕诉一体的观点则认为，审查批准逮捕与审查起诉，都具有司法（审查）性质，并无司法属性与行政属性之别。这两项审查活动，都对侦查活动起把关作用，检察官在审查中的角色带有中立性，需要认真贯彻客观义务。另外，审查起诉与审查逮捕一样，都具有司法权性质，难以清楚划分司法权与行政权。

第二，捕诉关系的结构功能。持反对意见者认为，首先，捕诉一体侵蚀了审查逮捕检察官的中立性，影响检察机关的宪法定位。因为公诉权是行政权，而审查逮捕权是司法权。将两者赋予同一检察官行使会使两种权力发生混同，导致审查逮捕与公诉的同质化。其次，捕诉一体会削弱检察机关的内部制约，可能降低案件办理质量。审查逮捕与公诉由两个部门行使，可以形成检察内部的制约；而这两个部门的"合一"会消减其内部制约关系，减少案件监督的程序，从而可能增加冤假错案的概率。最后，作为公诉案件的控诉方，检察机关同时行使逮捕审查权和公诉权，一定意义上会压缩辩护空间和机会。而赞成捕诉一体者则认为，第一，捕诉一体能提高效率，解决实际办案过程中"案多人少"的现实问题。第二，捕诉一体能够强化检察官对侦查过程的监督，方便其在证据收集和程序推进等方面引导侦查行为。第三，捕诉一体有利于律师辩护，保障人权。因为在"捕诉分离"的情况下，负责审查逮捕和审查起诉的检察官往往不是同一个人，辩护律师可能需要说服两个人；而在捕诉一体的模式下，辩护律师只需要说服一人即可。第四，捕诉一体可以提高检察官的专业能力，因为承办检察官需要同时掌握审查逮捕和审查起诉的专业知识。

第三，捕诉关系对刑事诉讼实践产生的影响。赞成捕诉一体的人以一些地方前几年实行捕诉一体模式后批捕率下降、起诉质量得到提升等情况为依据，认为捕诉一体在实践中产生积极效应。而反对者则多以推论来说明，认为追诉者因为指控的需要而更容易倾向于采用羁押措施，因此，必将导致批捕率上升。并且，在捕诉一体模式之下，在审查起诉时因为不易自我否定，同一个检察官在批捕之后决定起诉就将难以避免，因而容易产生起诉质量下降的结果。[①]

随着检察机关内设机构改革的完成和《刑诉规则》的明文规定，捕诉一体办案模式已经确立并在实践中运行，当前需要关注的重点是：

1. 检察官客观公正义务的遵循。即在审查逮捕、审查起诉环节遵循不同的法定证明要求，以客观公正的视角对案件进行司法审查，既要防止为了追诉犯罪而降低逮捕条件的倾向，也要克服捕后难以纠错、纠偏的人性弱点，发挥捕诉一体的优势，化解逮捕权与公诉权内在的冲突可能性。为此，坚持检察官的客观公正义务尤为必要。检察官承担证据客观义务，即在证据收集、运用等方面，应当对有利于与不利于被追诉人的证据均予以收集。逮捕审查责任，即在审查批捕过程中，必须保持客观中立，严格遵守法定的逮捕条件。客观追诉责任，即在刑事追诉活动中应当秉持客观精神，既要有力地追究犯罪，也要注意维护犯罪嫌疑人、被告人的权益。[②]

2. 捕诉一体后办案思维转变。捕诉一体不仅是审查逮捕与审查起诉职能的简单整合，而应发挥1加1大于2的质效。不可否认，捕诉一体的初衷是整合有限的办案资源，缓解案多人少的压力，但实施中还应看到捕诉一体后，审查逮捕阶段开展的工作成果将被审查起诉利用，审查起诉又检验着审查逮捕的质量，捕、诉虽分属不同的诉讼阶段，但在构建案件证明体系的目标上具有一致性，因此，需要将两个审查高度融合，《人民检察院工作文书格式样本》（2020 年版）三个审查报告（即捕诉一体案件审查报告、非羁押直诉案件审查报告、适用速裁程序/认罪认罚简易程序案件审查报告）已经充分体现这一办案思维。

3. 完善诉捕一体的工作机制。发挥捕诉一体的优势，消弭捕诉一体的弊端，需要以完善工作机制为保障。实务界专家提出，这项工作机制包括三个层面：第一是捕诉一体的办案工作机制，即整合两个审查，发挥效率优势；强化引导侦查，紧密程序衔接；发挥综合职能优势，

① 参见王敏远：《透视"捕诉一体"》，载《环球法律评论》2019 年第 5 期。
② 参见陈卫东、杜磊：《检察官客观义务的立法评析》，载《国家检察官学院学报》2015 年第 3 期。

— 173 —

强化侦查监督，积极参与社会治理。第二是捕诉一体诉讼管理机制。即加强案件管理，调整分案模式；制定和完善适合捕诉一体特点的案件考核评查体系。第三是捕诉一体监督制约机制。即建立审查逮捕案件备案审查的纠错防漏机制；不捕案件的复议、复核审查决定权由其他部门行使；加强对不起诉案件的制约。①

第三节　受理与管辖权

有管辖权是行使审查逮捕、审查起诉职权的前提，换言之，如果没有管辖权，则审查活动就无合法性基础。由于审查逮捕、审查起诉处于不同的刑事诉讼阶段，因而在是否具有管辖权的判断上也存在差异。

一、案件受理

根据《刑诉规则》第 156 条的规定，审查逮捕、审查起诉等案件由人民检察院负责案件管理的部门统一受理。案管部门在受理案件时，需审查以下内容：（1）依据移送的法律文书载明的内容确定案件是否属于本院管辖；（2）案卷材料是否齐备、规范，符合有关规定的要求；（3）移送的款项或者物品与移送清单是否相符；（4）犯罪嫌疑人是否在案以及采取强制措施的情况；（5）是否在规定的期限内移送案件。对接收的案卷材料审查后，认为具备受理条件的，才进行登记并移送办案部门办理。其中对是否属于本院管辖，案管部门只依据移送的法律文书载明的内容进行初步审查，或者说是一种形式上的审查，因此案件移送办理部门后，仍要进行实质审查。另，对于移送起诉的案件，犯罪嫌疑人在逃的，应当要求公安机关采取措施保证犯罪嫌疑人到案后再移送起诉。共同犯罪案件中部分犯罪嫌疑人在逃的，对在案犯罪嫌疑人的移送起诉应当受理。

二、审查逮捕案件的管辖权

审查批准逮捕从属于侦查阶段，对于公安机关提请逮捕的犯罪嫌疑人，同级人民检察院有无审查逮捕权，取决于公安机关对案件有无侦查管辖权。

《刑事诉讼法》第 87 条规定："公安机关要求逮捕犯罪嫌疑人的时候，应当写出提请批准逮捕书，连同案卷材料、证据，一并移送同级人民检察院审查批准。"《刑诉规则》第 283 条规定："上级公安机关指定犯罪地或者犯罪嫌疑人居住地以外的下级公安机关立案侦查的案件，需要逮捕犯罪嫌疑人的，由侦查该案件的公安机关提请同级人民检察院审查批准逮捕。人民检察院应当依法作出批准或者不批准逮捕的决定。"该规定源于 2012 年最高人民法院、最高人民检察院、公安部、国家安全部、司法部、全国人大常委会法制工作委员会《关于实施刑事诉讼法若干问题的规定》第 23 条第 1 款的规定，即上级公安机关指定下级公安机关立案侦查的案件，需要逮捕犯罪嫌疑人的，由侦查该案件的公安机关提请同级人民检察院审查批准；需要提起公诉的，由侦查该案件的公安机关移送同级人民检察院审查起诉。据"六部委"的规定，对于犯罪地或者犯罪嫌疑人居住地以外的下级公安机关立案侦查的案件，如果属于上级公安机关指定下级公安机关管辖的案件，需要逮捕犯罪嫌疑人的，侦查该案件的公安机关可以

---

① 参见苗生明等：《刑事检察专论》，法律出版社 2020 年版，第 124—128 页。

提请同级人民检察院审查批准逮捕，受理该案的人民检察院无须通过指定管辖进行审查逮捕权。由此可见，审查批准逮捕的管辖具有从属侦查管辖的性质，只要公安机关依法具有侦查管辖权，包括通过上级公安机关指定管辖获得管辖权，同级人民检察院就具有审查逮捕管辖权；相反，如果公安机关不具有侦查管辖权，那么同级人民检察院则不能行使审查逮捕管辖权，否则会形成"源头错、跟着错"的程序违法后果。

司法实践中，不排除案件的侦查管辖错误而犯罪嫌疑人又确有逮捕必要之情形，检察机关面临着打击犯罪与保障程序正当的价值权衡。本书认为，基于程序正当的要求，检察机关不宜在侦查管辖错误的情况下行使审查逮捕权，此类侦查管辖错误案件不应受理，即便在情况不明下受理后，也不能作出任何决定，而应当要求公安机关移送有管辖权的机关，公安机关也完全可以在采取其他有效强制措施的同时及时移送，从而实现依法打击犯罪的程序价值。

三、审查起诉案件的管辖权

与审查逮捕属于侦查阶段不同，审查起诉是独立的诉讼阶段，审查起诉的案件管辖要求与审判管辖相适应。

《刑事诉讼法》第 176 条规定："人民检察院认为犯罪嫌疑人的犯罪事实已经查清，证据确实、充分，依法应当追究刑事责任的，应当作出起诉决定，按照审判管辖的规定，向人民法院提起公诉，并将案卷材料、证据移送人民法院。"因此，审查起诉的管辖具有服从审判管辖的特征。

第一，起诉管辖应主动与审判管辖相适应。包括级别管辖、地域管辖以及并案管辖均要与刑事诉讼法规定的审判管辖相一致。实践中，绝大部分案件并无管辖的冲突，这也是人民检察院能够推进捕诉一体办案机制的前提和基础。《刑诉解释》第 220 条规定："对一案起诉的共同犯罪或者关联犯罪案件，被告人人数众多、案情复杂，人民法院经审查认为，分案审理更有利于保障庭审质量和效率的，可以分案审理。"对于人民法院在审判阶段决定分案审理的，人民检察院是否需要变更起诉书与分案审理相适应，本书认为无此必要。因为起诉书此时已经法定程序签发并送达法院，非因法定事由不得随意变更；审判阶段的分案由法院依职权决定，解决的是案件审理方式问题，而不是对公诉权的干预。

第二，起诉管辖如果与审判管辖不一致，应在审查起诉阶段及时处理，通过移送管辖、指定管辖等方式，确保起诉管辖与审判管辖相适应。对此，《刑诉规则》第 328 条进行了详细规定，其内容包括：为遵循级别管辖的要求，上下级人民检察院之间的案件移送；为遵循地域管辖的要求，向有管辖权的人民检察院移送或者报送共同的上级人民检察院指定管辖等。在移送管辖上，《刑诉规则》第 328 条第 1 款规定，负责捕诉的部门收到移送起诉的案件后，经审查认为不属于本院管辖的，应当在发现之日起 5 日以内经由负责案件管理的部门移送有管辖权的人民检察院。《刑诉规则》第 157 条还同时规定，负责案件管理的部门受理案件时，应当依据移送的法律文书载明的内容确定案件是否属于本院管辖。

这里涉及人民检察院内部存在两个职能部门都负有对审查起诉管辖的审查责任，案管部门是从法律文书载明的内容上进行审查，可理解为形式上的审查，而捕诉部门则是根据案件事实进行实质上的审查。实务中，确有可能发生受理案件时有起诉管辖权，但随着审查工作的深入，发现管辖权丧失，如甲在 A 区盗窃一次，在 B 区盗窃一次，案件由 A 区人民检察院审查起诉，但审查后认为甲在 A 区的一次盗窃事实证据不足，这时 A 区检察院不再具有基于犯罪地的管辖前提，因而需要移送管辖或报送上级人民检察院指定管辖。

在移送管辖的时间上，《刑诉规则》明确为自发现之日起 5 日以内，即起算点为发现之日，并非受理审查起诉之日。

在案件移送对象上，明确为有管辖权的人民检察院。本书认为，实践中，人民检察院以本院没有起诉管辖权为由，拒不接受公安机关移送案件的做法缺乏法律依据。在与审判管辖相适应的衔接上，人民检察院起着枢纽作用，应以人民检察院为中心，实现案件管辖权的有序衔接。实际上，随着捕诉一体办案机制的建立，在审查逮捕环节，人民检察院就能够对提请逮捕案件是否管辖错误实行监督，如前文所述，出现侦查管辖错误，检察机关可以通过不作出任何决定，促使公安机关移送管辖或者报请上级公安机关指定管辖，从而在源头上保证侦查程序的合法。如果因公安机关没有提请逮捕犯罪嫌疑人，导致侦查阶段未发现管辖错误，或者确因事实证据发生变化，导致原有的管辖权基础丧失，人民检察院也应当受理案件并分流处理。

在移送有管辖权的人民检察院后，如果出现案件需要退回补充侦查的，《刑诉规则》第 350 条规定："对于在审查起诉期间改变管辖的案件，改变后的人民检察院对于符合刑事诉讼法第一百七十五条第二款规定的案件，可以经原受理案件的人民检察院协助，直接退回原侦查案件的公安机关补充侦查，也可以自行侦查。"而之前的规定是"可以通过原受理案件的人民检察院退回原侦查案件的公安机关补充侦查"，也就是原路返回，而新规则明确可以直接退回，减少了程序空转和不必要的换押。

第三，对确需指定起诉管辖的案件，应在移送起诉前协商解决。《刑诉规则》第 328 条第5 款规定："公安机关移送起诉的案件，需要依照刑事诉讼法的规定指定审判管辖的，人民检察院应当在公安机关移送起诉前协商同级人民法院办理指定管辖有关事宜。"第 329 条规定："监察机关移送起诉的案件，需要依照刑事诉讼法的规定指定审判管辖的，人民检察院应当在监察机关移送起诉二十日前协商同级人民法院办理指定管辖有关事宜。"实践中，一些案件重大复杂，公安机关往往跨地域指定侦查管辖，特别是随着网络技术的发展，新类型案件不断增多，异地侦查管辖的案件逐渐增多。非犯罪地开展侦查，在一般意义上就与刑事诉讼法规定的管辖原则不一致，因而为确保之后的诉讼过程顺利，首先就需要解决管辖问题。而监察机关调查的案件，由于监察管辖原则和刑事诉讼管辖原则不同，《监察法》第 16 条对于管辖的规定是，各级监察机关按照管理权限管辖本辖区内《监察法》第 15 条规定的人员（公职人员和有关人员）所涉监察事项。刑事诉讼法规定的管辖原则是犯罪地或者犯罪嫌疑人居住地管辖，《刑诉规则》规定的管辖原则为犯罪嫌疑人单位所在地管辖（职务犯罪嫌疑人单位所在地可以视为犯罪地）。监察机关按照其管辖规定调查的案件，移送同级司法机关时，同级司法机关可能没有管辖权；监察机关指定异地调查的案件，移送同级司机关时，同级司法机关也可能没有管辖权。① 这些情形在案件移送起诉前就已客观存在，且同级检察院也多有提前介入，对是否需要指定管辖或者报请上级检察院决定指定管辖有基本的判断。在移送起诉前解决案件指定管辖问题，还需要由指定管辖权的上级检察院与同级法院分别向各自的下级机关下达指定管辖决定书，未协商一致前，上级检察院不宜单方对案件的审查起诉指定管辖，否则不能体现与审判管辖相适应的法定要求。

① 参见童建明、万春主编：《〈人民检察院刑事诉讼规则〉条文释义》，中国检察出版社 2020 年版，第 358—359 页。

四、发现侦查（调查）管辖错误的处置

实践中还会出现，在侦查（调查）阶段认定本机关有权管辖，但进入审查起诉阶段后，检察机关审查认为侦查（调查）管辖错误。此种情形下是基于诉讼经济考虑直接审查起诉，还是基于程序正当考虑移送有权机关重新侦查（调查）？对此《刑诉规则》第357条规定采取了折中方案，具体情形包括：

1. 检察院错误管辖了监察机关管辖的案件，应当及时商请监察机关办理。此时不论案件事实是否清楚、证据是否确实、充分，都应移送监察机关重新调查。

2. 检察院错误管辖了公安机关管辖的案件。此时分两种情形处理，对于案件事实清楚，证据确实、充分，符合起诉条件的，可以直接起诉；对于事实不清、证据不足的，应当及时移送有管辖权的机关办理。

3. 公安机关与监察机关发生案件侦查（调查）的管辖错误，即公安机关错误管辖了监察机关管辖的案件，或者监察机关错误管辖了公安机关管辖的案件，在处理上不仅要考虑案件事实证据的因素，还要考虑公安、监察机关的意见，具体分为以下三种情形：（1）案件事实清楚，证据确实、充分，符合起诉条件的，经征求监察机关、公安机关意见后，没有不同意见的；（2）案件事实清楚，证据确实、充分，符合起诉条件，但监察机关、公安机关提出不同意见的；（3）案件事实不清、证据不足的。对第一种情形可以直接起诉；对第二、第三种情形应当将案件退回移送案件的机关并说明理由，建议其移送有管辖权的机关办理。

【实务问题探讨】一人犯同种数罪，先后被不同的司法机关追诉，如何并案处理？

甲伙同王某等人在 A 区共同实施诈骗犯罪被办案机关取保候审，经 A 区人民检察院审查，被诉至 A 区人民法院。甲除伙同王某等人共同诈骗外，还伙同李某等人在 B 区共同诈骗，在 A 区司法机关对甲追诉期间，甲隐瞒伙同他人在 B 区诈骗的事实。在 A 区人民法院审判期间，甲伙同李某等人诈骗案发，被 B 区人民检察院批准逮捕。此时甲伙同王某等人共同诈骗案在 A 区人民法院审理，伙同李某等人共同诈骗案在 B 区公安机关侦查，对甲是否需要并案处理？对此有不同的观点：一种观点认为，已经在 A 区人民法院审理中的甲与王某等人共同诈骗案可继续审判，无须等 B 区公安机关将甲的余罪侦查终结后再补充起诉、并案审理；另一种观点认为，应建议 A 区人民法院对甲延期审理，待 B 区公安机关侦查终结后，再经由 B 区人民检察院移送 A 区人民检察院，将同种余罪补充起诉，或者由 A 区人民法院将甲移送 B 区人民法院待将来并案审理。本书倾向于后一观点，理由是：甲已被 B 区人民检察院批准逮捕，A 区人民法院如继续审理可能存在甲到案的程序障碍，同时对同种罪行如分别审理，也势必造成数罪并罚的较重处罚后果，对被告人显然不利，故应选择并案审理的方式。

第四节　审查的内容

审查逮捕和审查起诉处于不同的刑事诉讼阶段，所要作出的审查决定及诉讼的目的均不相同，因而在审查的内容方面也存在较大差异。

一、审查逮捕的内容

审查逮捕包括审查批准逮捕和审查决定逮捕两种情形。

前者是针对公安机关提请批准逮捕的案件进行审查，依据事实和法律，作出是否逮捕犯罪嫌疑人的决定。《刑事诉讼法》第 4 条和第 308 条分别规定："国家安全机关依照法律规定，办理危害国家安全的刑事案件，行使与公安机关相同的职权。""军队保卫部门、中国海警局、监狱办理刑事案件，适用本法的有关规定。"这意味着提请批准逮捕的机关除公安机关外，还包括其他依法行使侦查权的机关。

后者是针对人民检察院自身办理的案件进行审查作出是否逮捕的决定，包括办理直接受理侦查的案件认为需要逮捕犯罪嫌疑人的，审查起诉阶段认为需要逮捕犯罪嫌疑人的，建议公安机关提请逮捕未被采纳且认为需要逮捕犯罪嫌疑人的，监察机关调查终结后移送起诉的案件需要逮捕犯罪嫌疑人的。其中，人民检察院办理直接侦查的案件需要逮捕犯罪嫌疑人的，已改由负责侦查的部门移送本院负责捕诉的部门审查，取消了原职务犯罪案件逮捕上提一级的规定。

无论是审查批准逮捕，还是审查决定逮捕，逮捕的法定条件均相同。审查的内容需紧扣逮捕条件，对此，本书强制措施章节已作详解。

在适用一般逮捕条件时，不仅需要对逮捕所涉犯罪事实进行审查，而且还要对社会危险性的证据进行审查。社会危险性证据有两种呈现方式：一种是独立的证明社会危险性的证据；另一种是证明犯罪事实的证据已包含对具有社会危险性的证明，但无论是哪一种呈现方式，均应以证据的方式呈现，对此《刑诉规则》第 135 条规定："人民检察院审查认定犯罪嫌疑人是否具有社会危险性，应当以公安机关移送的社会危险性相关证据为依据，并结合案件具体情况综合认定。必要时，可以通过讯问犯罪嫌疑人、询问证人等诉讼参与人、听取辩护律师意见等方式，核实相关证据。依据在案证据不能认定犯罪嫌疑人符合逮捕社会危险性条件的，人民检察院可以要求公安机关补充相关证据，公安机关没有补充移送的，应当作出不批准逮捕的决定。"在社会危险性的证明标准上不宜过高过严要求，只要该危险性存在的可能性大于不存在的可能性，即应判断社会危险性成立。

在径行逮捕条件把握上，对有证据证明有犯罪事实的，若罪行严重或拒绝交代真实身份，则予以逮捕，在理论和实务中均没有太多的争议，但将"曾经故意犯罪的"也作为径行逮捕适用对象有争论，2012 年《刑事诉讼法》修改逮捕条件时，将"曾经故意犯罪的"列为径行逮捕情形，考量因素是"曾经故意犯罪说明犯罪嫌疑人、被告人有犯罪前科，并且其主观恶性较大。如果不对其适用逮捕措施而是适用取保候审或者监视居住，那么很难保证其不会重新犯罪或者妨害作证等具有社会危险性的行为，因此应当对其予以逮捕"[1]。然而，"曾经故意犯罪"与社会危险性并不具有等同关系，若不具体考虑前后两罪的犯罪性质、情节和间隔时间，一律逮捕不免过于机械和严苛，在现行法律规定和宽严相济刑事司法政策下，对"曾经故意犯罪"宜作限缩性理解，"曾经故意犯罪"中的"曾经"可限制解释为刑罚执行完毕或赦免以后 5 年以内，"犯罪"可限制解释为可能被判处有期徒刑以上刑罚且不是宣告缓刑的犯罪，未成年时所实施的故意犯罪应当排除在"曾经故意犯罪"之外。同时，应以本罪为考量本体，动态考量本罪与前罪的具体情况，如犯罪的主观恶性、危害程度、暴力程度、情节轻重，是否

---

① 陈卫东、程雷：《刑事诉讼修改条文理解与适用》，中国法制出版社 2012 年版，第 194 页。

认罪悔罪、积极赔偿，是否取得被害人的谅解等，以此判断犯罪嫌疑人是否具备社会危险性。[①]

在转捕条件的把握上，根据《刑事诉讼法》第 81 条第 4 款规定，违反取保候审、监视居住规定，情节严重的，可以予以逮捕。此种情形下是可以逮捕而非应当逮捕。另根据 2014 年 4 月全国人大常委会《关于〈中华人民共和国刑事诉讼法〉第七十九条第三款的解释》[②]，对于被取保候审、监视居住的可能判处徒刑以下刑罚的犯罪嫌疑人、被告人，违反取保候审、监视居住规定，严重影响诉讼活动正常进行的，可以予以逮捕。故转捕情形下不需考虑逮捕的刑罚条件。

二、审查起诉的内容

审查起诉处于侦查终结后、提起公诉前的诉讼阶段。《刑事诉讼法》第 169 条规定："凡需要提起公诉的案件，一律由人民检察院审查决定。"可见，审查起诉不仅是人民检察院独有的一项权力，而且是需要提起公诉案件的必经程序。人民检察院审查起诉的案件既包括公安机关侦查终结需要提起公诉的案件，也包括人民检察院侦查终结需要提起公诉的案件、监察机关调查终结需要提起公诉的案件以及其他依法行使刑事侦查权的机关侦查终结需要提起公诉的案件。由于审查起诉的诉讼意义在于判断案件是否符合法定的起诉条件，因而审查内容较审查逮捕的内容更加全面和细致，不仅涉及全部定罪量刑的事实和证据，还涉及有无附带民事（公益）诉讼、涉及财物依法处置等。

根据《刑事诉讼法》第 171 条和《刑诉规则》第 330 条规定，审查起诉应当查明：（1）犯罪嫌疑人身份状况是否清楚，包括姓名、性别、国籍、出生年月日、职业和单位等；单位犯罪的，单位的相关情况是否清楚。（2）犯罪事实、情节是否清楚，实施犯罪的时间、地点、手段、危害后果是否明确。（3）认定犯罪性质和罪名的意见是否正确，有无法定的从重、从轻、减轻或者免除处罚情节及酌定从重、从轻情节；共同犯罪案件的犯罪嫌疑人在犯罪活动中的责任认定是否恰当。（4）犯罪嫌疑人是否认罪认罚。（5）证明犯罪事实的证据材料是否随案移送；证明相关财产系违法所得的证据材料是否随案移送；不宜移送的证据的清单、复制件、照片或者其他证明文件是否随案移送。（6）证据是否确实、充分，是否依法收集，有无应当排除非法证据的情形。（7）采取侦查措施包括技术侦查措施的法律手续和诉讼文书是否完备。（8）有无遗漏罪行和其他应当追究刑事责任的人。（9）是否属于不应当追究刑事责任的。（10）有无附带民事诉讼；对于国家财产、集体财产遭受损失的，是否需要由人民检察院提起附带民事诉讼；对于破坏生态环境和资源保护，食品药品安全领域侵害众多消费者合法权益，侵害英雄烈士的姓名、肖像、名誉、荣誉等损害社会公共利益的行为，是否需要由人民检察院提起附带民事公益诉讼。（11）采取的强制措施是否适当，对于已经逮捕的犯罪嫌疑人，有无继续羁押的必要。（12）侦查活动是否合法。（13）涉案财物是否查封、扣押、冻结并妥善保管，清单是否齐备；对被害人合法财产的返还和对违禁品或者不宜长期保存的物品的处理是否妥当，移送的证明文件是否完备。

[①] 参见奚玮：《从逮捕条件的诉讼法理检视——"曾经故意犯罪"可作限缩性理解》，载《检察日报》2023 年 4 月 8 日，第 3 版。

[②] 参见系解释 2012 年《刑事诉讼法》，该条文现对应 2018 年《刑事诉讼法》第 81 条第 4 款。

三、审查内容的联系

尽管审查逮捕和审查起诉在内容上有一定的差异，但就构建指控犯罪体系而言又有紧密的联系。捕诉一体后两个审查已高度整合，具体表现在：

逮捕阶段的审查内容将被起诉阶段全面利用。《捕诉一体案件审查报告》要求叙明审查逮捕认定的案件事实和证据，而逮捕阶段完成的审查内容在后续的审查起诉中将得到充分的利用，即使因管辖变化而出现捕、诉分别由不同检察官承办的，也可通过案件系统调用审查逮捕的工作文书进行有效衔接。两个审查的内容已在具体办案上实现了贯通。

部分事实清楚、证据类型化的案件两个审查的内容基本重合。基于实践中认罪认罚的轻刑案件占有较大比例，此类案件逮捕阶段和起诉阶段的事实证据一般不会出现大的变化，《适用速裁程序/认罪认罚简易程序案件审查报告》采用了表格方式叙述审查逮捕期间认定的事实，移送起诉后，如事实发生变化，才叙述"因证据发生变化，认定事实变更为……"；如果事实无变化，可以不再对事实部分重新审查，只须将捕后收集的证据添加即可。

逮捕阶段的审查内容有立足当下、着眼未来的显著特点。最高人民检察院、公安部共同制定的《关于加强和规范补充侦查工作的指导意见》（以下简称《补侦指导意见》）规定，对决定批捕的案件，检察院可以提出捕后侦查意见；对因证据不足不批捕且需要补充侦查的，应当制作补充侦查提纲。着眼于构建指控犯罪的证明体系，提出继续侦查的意见是审查逮捕的任务之一，而继续侦查获取的证据包括补正情况，将成为审查起诉的重点内容，因此审查起诉的内容是对审查逮捕内容的延续和发展。

第五节　审查的方式

一、全面审查

《刑诉规则》第 255 条规定："人民检察院办理审查逮捕、审查起诉案件，应当全面审查证明犯罪嫌疑人有罪或者无罪、罪轻或者罪重的证据。"审查逮捕、审查起诉均应当体现客观公正的理念，全面审查证据，通过严把证据关、程序关、法律适用关，严防冤假错案的发生。

相对于审查起诉而言，审查逮捕处于侦查的初期，涉案事实还在进一步侦查之中，逮捕的证据条件也只要达到有证据证明有犯罪事实即可，此时的全面审查证据不可能是全部犯罪事实的证据，只能是已获取的证据，包括公安机关已收集在案，但认为与提请逮捕缺乏联系而未移送的证据，审查起诉亦是如此。《刑诉规则》第 50 条规定，案件提请批准逮捕或者移送起诉后，辩护人认为公安机关在侦查期间收集的证明犯罪嫌疑人无罪或者罪轻的证据材料未提交，申请人民检察院向公安机关调取的，人民检察院负责捕诉的部门应当及时审查。经审查，认为辩护人申请调取的证据已收集并且与案件事实有联系的，应当予以调取；认为辩护人申请调取的证据未收集或者与案件事实没有联系的，应当决定不予调取并向辩护人说明理由。此规定表明，即便公安机关未移送的材料，如果认为与审查逮捕有关，也应要求移送并纳入审查范围。

二、亲历性审查

（一）审查逮捕、审查起诉共性要求

1. 讯问犯罪嫌疑人

《刑事诉讼法》第 88 条、第 173 条对审查逮捕、审查起诉阶段讯问犯罪嫌疑人的规定略有区别，审查逮捕阶段是可以讯问，遇有法定情形时才应当讯问；审查起诉阶段则是应当讯问。讯问的任务：一是查明犯罪嫌疑人的基本情况；二是告知诉讼权利和义务，以及认罪认罚的法律规定；三是听取供述和辩解，核实证据，遇翻供时查明原因；四是对申请排除非法证据和检举揭发等依法作出处理。

与审查起诉阶段不同，审查逮捕阶段的讯问犯罪嫌疑人直到 2012 年《刑事诉讼法》修改时才写入，当时结合检察机关的实践探索和司改意见、检察系统的规范性文件，将审查逮捕阶段讯问犯罪嫌疑人上升为立法要求。[①] 2018 年《刑事诉讼法》第 88 条保留此规定，同时《刑诉规则》第 280 条对审查逮捕阶段应当讯问犯罪嫌疑人的情形作了扩大，包括：（1）对是否符合逮捕条件有疑问的；（2）犯罪嫌疑人要求向检察人员当面陈述的；（3）侦查活动可能有重大违法行为的；（4）案情重大、疑难、复杂的；（5）犯罪嫌疑人认罪认罚的；（6）犯罪嫌疑人系未成年人的；（7）犯罪嫌疑人是盲、聋、哑人或者是尚未完全丧失辨认或者控制自己行为能力的精神病人的。其中前 3 种情形是刑事诉讼法的要求，后 4 种是检察机关提出的要求，新增对认罪认罚的犯罪嫌疑人应当讯问后，实际上审查逮捕的讯问已接近于全覆盖。

通过讯问直接与犯罪嫌疑人面对面地接触，可以更直观地判断其供述与辩解的真实程度以及涉嫌犯罪后的态度等等，这是阅卷审查难以感知的，特别是审查逮捕阶段的讯问，将有助于摒弃封闭办案先入为主的弊端，切实在亲历之中作出客观中立的司法判断。此外，刑事诉讼法对审查逮捕拟不予讯问的犯罪嫌疑人，要求送达听取犯罪嫌疑人意见书，由犯罪嫌疑人填写后收回，实际上也是一种听取意见的方式。

2. 询问证人、被害人、鉴定人等诉讼参与人

询问的目的主要是复核证据，及时发现和纠正侦查活动中的违法行为，排除非法证据等。《刑诉规则》第 259 条规定："办理审查逮捕、审查起诉案件，可以询问证人、被害人、鉴定人等诉讼参与人。"依此规定，对有关诉讼参与人并非一律要求询问，但遇有需要核实的重要证据或者相关诉讼参与人要求反映情况的，则应予以询问。

3. 听取被害人及其诉讼代理人意见

审查逮捕阶段是否听取被害人意见，视案件需要而定，但审查起诉阶段必须听取被害人及其诉讼代理人的意见，这是《刑事诉讼法》第 173 条的明确规定，被害人因受犯罪行为侵害而知悉案情，同时在案件处理中也有自己的诉求和意见，因此，听取被害人意见既可以核实相关证据，也有助于办案人员权衡案件的处理方式，以取得最佳的办案效果。司法实践中有一些涉众型案件，如集资诈骗案往往被害人人数众多，诉求不一，电信网络诈骗案的被害人遍布各地，给办案机关告知诉讼权利、听取意见带来了较大的困难，对此需要创新工作方式，《刑诉规则》规定，听取意见有困难的，可以通过电话、视频等方式听取意见并记录在案，其中的"等"字完全可以包括各种新的形式。被害人人数众多的案件，也可以采用集中听取意见的方

---

① 参见陈卫东主编：《刑事诉讼法修改条文理解与适用》，中国法制出版社 2012 年版，第 197—198 页。

式，以提高效率，推动共识。

4. 听取辩护人、值班律师的意见

在听取辩护人、值班律师意见的程序设计上，审查逮捕、审查起诉略有不同。《刑诉规则》第 261 条第 1 款和第 2 款分别规定："办理审查逮捕案件，犯罪嫌疑人已经委托辩护律师的，可以听取辩护律师的意见。辩护律师提出要求的，应当听取辩护律师的意见。""办理审查起诉案件，应当听取辩护人或者值班律师、被害人及其诉讼代理人的意见，并制作笔录。"差异点表现在：审查逮捕案件是可以听，只有辩护律师提出要求时，才应当听；而审查起诉阶段，无论辩护律师是否提出要求，检察官均应当听。"应当听"意味着是法定职责，检察官须有履职的主动性，即便辩护律师未提出要求，检察官也应主动联系辩护律师提交意见。实践中，除重大、疑难、复杂或有影响的案件外，检察官往往难以做到主动听取辩护律师意见，本书认为，检察官不能因为辩护律师未提出就忽略该程序，相反应主动作为，对经催告后不提交意见的，应将工作情况记入审查报告，并定期汇总分析，作为向司法行政机关提出检察建议的依据。

（二）审查逮捕的特有要求

最高人民检察院《2018—2022 年检察改革工作规划》中提出审查逮捕方式诉讼化改革的探索，这一要求在《刑诉规则》第 281 条规定中得以体现，即"对有重大影响的案件，可以采取当面听取侦查人员、犯罪嫌疑人及其辩护人等意见的方式进行公开审查。"

建立有重大影响案件的审查逮捕听证制度是诉讼化改革的内在要求，其根本动因在于审查逮捕中较强的单方化、书面化等特点与犯罪嫌疑人权利保障、社会危险性审查等要求之间的适应性有待提高，有必要通过改革，提升审查逮捕正当性、公正性和办案质量。诉讼化改革须坚持客观中立、三方结构、程序简约、结果可救济的要求。[①]

2021 年 11 月，最高人民检察院发布了《听证办法》，规定人民检察院在办理审查逮捕、审查延长侦查羁押期限、羁押必要性审查案件，以组织召开听证会的形式，就是否决定逮捕、是否批准延长侦查羁押期限、是否继续羁押听取各方意见的案件审查活动。其中规定了 6 种可以进行羁押听证的情形。同时，羁押听证的参与人员相对较为广泛，除主持听证的检察官外，参加羁押听证的人员一般包括参加案件办理的其他检察人员、侦查人员、犯罪嫌疑人、被告人及其法定代理人和辩护人、被害人及其诉讼代理人。其他诉讼参与人，犯罪嫌疑人、被告人、被害人的近亲属，未成年犯罪嫌疑人、被告人的合适成年人等其他人员，经人民检察院许可，可以参加听证并发表意见。必要时，人民检察院可以根据相关规定邀请符合条件的社会人士作为听证员参加听证。羁押听证制度的设立在一定程度上缓解了羁押决定程序的透明性及民主性不足的问题，但是，羁押听证的启动权利主体的单一化，以及控辩双方权利义务的不对等使得该制度的实践效用还有待观察。

【实务问题探讨】审查逮捕公开审查环节辩护律师是否具有阅卷权？

《刑事诉讼法》第 40 条规定，辩护律师自人民检察院对案件审查起诉之日起，可以查阅、摘抄、复制本案的案卷材料；第 38 条规定，辩护律师在侦查期间可以向侦查机关了解犯罪嫌疑人涉嫌的罪名和案件有关情况。基于侦查保密等原

---

① 参见张晓津：《遵循司法规律构建科学程序机制》，载《检察日报》2019 年 4 月 15 日，第 3 版。

因，辩护律师无法在侦查阶段通过阅卷的方式了解案件信息。虽然辩护律师不通过公开审查也能申请变更强制措施，但是与公开审查程序中辩护律师运用直接、言词方式有着巨大不同。公开审查制度中控辩对抗色彩较重，辩方在没有获得有关逮捕事实、证据情况下，无法提出有力观点。但是，在侦查阶段赋予辩护律师完整的辩护权又不利于侦查的顺利进行。所以本书认为，首先，赋予辩护律师有关逮捕情节的阅卷权。其次，对于阅卷有可能影响侦查行为顺利进行的，可以对阅卷权进行相应的限制。① 最后，在侦查阶段是否准许辩护律师阅卷应当由检察机关决定。

三、严格排除非法证据

《刑事诉讼法》第 56 条第 2 款规定："在侦查、审查起诉、审判时发现有应当排除的证据的，应当依法予以排除，不得作为起诉意见、起诉决定和判决的依据。"在审查逮捕、审查起诉中严格地排除非法证据，是正确行使职权，防止冤假错案的必然要求。

（一）依职权审查是否存在非法取证情形

根据《刑诉规则》第 263 条、第 264 条规定，对于公安机关提请批准逮捕、移送起诉的案件，检察人员审查时发现存在本规则第 75 条第 1 款规定情形的，可以调取公安机关讯问犯罪嫌疑人的录音、录像并审查相关的录音、录像。对于重大、疑难、复杂的案件，必要时可以审查全部录音、录像。对于监察机关移送起诉的案件，认为需要调取有关录音、录像的，可以商请监察机关调取。对于人民检察院直接受理侦查的案件，审查时发现负责侦查的部门未按照本规则第 75 条第 3 款的规定移送录音、录像或者移送不全的，应当要求其补充移送。对取证合法性或者讯问笔录真实性等产生疑问的，应当有针对性地审查相关的录音、录像。对于重大、疑难、复杂的案件，可以审查全部录音、录像。经审查，对讯问不规范，讯问过程存在违法行为，录音、录像内容与讯问笔录不一致等情形的，应当逐一列明并向公安机关、本院负责侦查的部门书面提出，要求其予以纠正、补正或者书面作出合理解释。讯问笔录与讯问犯罪嫌疑人录音、录像内容有重大实质性差异的，或者公安机关、本院负责侦查的部门不能补正或者作出合理解释的，该讯问笔录不能作为批准或者决定逮捕、提起公诉的依据。

（二）依申请审查是否存在非法取证情形

《刑诉规则》第 265 条规定，犯罪嫌疑人及其辩护人申请排除非法证据，并提供相关线索或者材料的，人民检察院应当调查核实。发现侦查人员以刑讯逼供等非法方法收集证据的，应当依法排除相关证据并提出纠正意见。为保障犯罪嫌疑人知悉享有申请排除非法证据的诉讼权利，"两高三部"《关于办理刑事案件严格排除非法证据若干问题的规定》规定，审查逮捕、审查起诉期间讯问犯罪嫌疑人，应当告知其有权申请排除非法证据，并告知诉讼权利和认罪的法律后果。申请方须"提供相关线索或者材料"，所谓"相关线索"，主要是指被告方提供的涉嫌刑讯逼供等非法取证情形的人员、时间、地点、方式等细节信息，所谓"相关材料"，主要指被告方提供的反映被告人因刑讯逼供致伤的病历、看守所体检证明、被告人体表损伤及衣物损坏情况；反映被告人遭受刑讯逼供的看守所看管人员及被告人同监羁押人员的书面证言；

---

① 参见王克文、刘珏：《逮捕公开审查实务问题探析》，载《人民检察》2017 年第 14 期。

反映讯问程序违反法律规定的讯问笔录和录音录像等。[①]

（三）调查核实

与审判阶段依证明责任查明是否非法取证的程序不同，审查逮捕、审查起诉环节采用调查核实的方式，一方面，可以书面要求监察机关或者公安机关对证据收集的合法性作出说明，说明应当加盖单位公章，并由调查人员或者侦查人员签名。另一方面，由捕诉部门根据审查案件发现的疑点，或根据犯罪嫌疑人及其辩护人提供的相关线索或材料，对是否存在非法取证情形进行调查核实，包括询问调查人员、侦查人员或有关知情人，调取讯问同步录音、录像，调取病历、入所体检证明等。

（四）调查核实后的处置方式

第一，已经认定为非法证据的，禁止使用。《刑诉规则》第66条规定非法言词证据不得作为逮捕、起诉的依据。

第二，是否属于非法证据存疑的，禁止使用。《刑诉规则》第75条第2款规定犯罪嫌疑人供述是否属于非法证据存疑的，不得作为逮捕、起诉的依据。

第三，非法取得的实物证据未经补正，禁止使用。《刑诉规则》第70条规定实物证据未经补正或作出合理解释，不得作为逮捕、起诉的依据。

第四，是否属于非法证据尚无查核结论的，禁止使用。《刑诉规则》第265条第2款规定，审查逮捕期限届满前，经审查无法确定存在非法取证的行为，但也不能排除非法取证可能的，该证据不作为批准逮捕的依据。检察官应当根据在案的其他证据认定案件事实和决定是否逮捕，并在作出批准或者不批准逮捕的决定后，继续对可能存在的非法取证行为进行调查核实。

第五，被排除的非法证据应当随案移送，并写明为依法排除的非法证据。

第六，侦查人员的非法取证行为尚未构成犯罪的，应当依法向其所在机关提出纠正意见；涉嫌犯罪需要追究刑事责任的，应当将线索移送负责司法人员职务犯罪的侦查部门。

四、完善证据体系的措施

建立以审判为中心的刑事诉讼制度，要求从刑事诉讼的源头开始就遵循证据裁判原则。捕诉一体办案机制建立后，形成了捕诉贯通的工作格局，就审查逮捕、审查起诉而言，不仅需要通过实质性的审查，对已经在案的证据进行严格把关，而且还需要防范证据体系不严密、不充分问题。"没有证据就没有庭审，有什么样的证据就有什么样的庭审。刑事案件要由检察机关来审查批准逮捕，捕与不捕，采取何种强制措施，检察机关要对案件的走向、证据的收集给予指引，侦查机关要按照检察机关的意见去补充侦查、收集证据、完善事实的认定，这就是通常所说的引导。如果侦查机关移送审查起诉时，检察机关要求补充侦查的内容没有或者不足，怎么办？退回补充侦查，继续给予指引。检察机关推进捕诉一体，侦查机关非常认同，道理也在于此——捕与诉贯通，对侦查环节的指引也做到了连贯一致。对于诉前阶段的主导责任，大家都还比较认同，也是毫无疑问！"[②] 因此，在审查逮捕和审查起诉阶段，除强化自身对案件的

---

① 参见温小洁：《郑建昌故意杀人案［第1164号］——对于被告方提出的排除非法证据申请，法庭应当如何审查并依法作出处理》，载《刑事审判参考》总第108集。

② 张军：《关于检察工作的若干问题》，载《人民检察》2019年第13期。

审查工作外，还需要积极协同侦查（调查）机关完善指控犯罪的证据体系。

（一）受理前适时介入侦查（调查）

《刑诉规则》第 256 条第 1 款规定，经公安机关商请或者人民检察院认为确有必要时，可以派员适时介入重大、疑难、复杂案件的侦查活动，参加公安机关对于重大案件的讨论，对案件性质、收集证据、适用法律等提出意见，监督侦查活动是否合法；第 2 款规定，经监察机关商请，人民检察院可以派员介入监察机关办理的职务犯罪案件。

在实行捕诉一体的情况下，适时介入公安机关侦查的案件和监察机关调查的案件是审查逮捕、审查起诉的共同要求，根据检察实践，介入时机一般在提请逮捕或案件移送起诉之前，但介入公安机关侦查案件与监察机关调查案件在能否主动而为上存在差别，对公安机关侦查的案件，可以根据公安机关商请介入，也可以在认为确有必要性主动派员介入，而对监察机关调查的案件，只能根据监察机关商请派员介入。提前介入只适用于重大、疑难、复杂的案件，而非所有的案件都要介入。工作方式是参加介入侦查活动、案件讨论，对案件性质、收集证据、适用法律等提出意见，以更好地发挥审前主导侦查取证的作用。但提前介入监察机关调查的案件，一般不介入调查活动，而是在案件进入审理阶段、调查终结移送起诉之前，通过阅看监察机关提供的证据材料来提出意见和建议，以完善案件的证据体系。

（二）审查中引导侦查取证

补充侦查是依照法定程序，在原有侦查工作的基础上，进一步查清事实，补充完善证据的诉讼活动。最高人民检察院、公安部于 2020 年 3 月发布的《补侦指导意见》，提出通过审查逮捕提出补充侦查意见，审查起诉退回补充侦查、自行补充侦查，要求公安机关提供证据材料，要求公安机关对证据的合法性作出说明等，对补充侦查的要求予以明确，以推进捕诉一体后侦捕诉在完善案件证据体系上的有机衔接和立体建模。

1. 补充侦查应当遵循的原则

（1）必要性原则。补充侦查工作应当具备必要性，不得因与案件事实、证据无关的原因退回补充侦查。

（2）可行性原则。要求补充侦查的证据材料应当具备收集固定的可行性，补充侦查工作应当具备可操作性，对于无法通过补充侦查收集证据材料的情形，不能适用补充侦查。

（3）说理性原则。补充侦查提纲应当写明补充侦查的理由、案件定性的考虑、补充侦查的方向、每一项补证的目的和意义，对复杂问题、争议问题作适当阐明，具备条件的，可以写明补充侦查的渠道、线索和方法。

（4）配合性原则。人民检察院、公安机关在补充侦查之前和补充侦查过程中，应当就案件事实、证据、定性等方面存在的问题和补充侦查的相关情况，加强当面沟通、协作配合，共同确保案件质量。

（5）有效性原则。人民检察院、公安机关应当以增强补充侦查效果为目标，把提高证据质量、解决证据问题贯穿于侦查、审查逮捕、审查起诉全过程。

2. 补充侦查的形式

第一，审查逮捕阶段的补充侦查。批准逮捕的案件如确有必要的，人民检察院可以根据案件证据情况，就完善证据体系、补正证据合法性、全面查清案件事实等事项，向公安机关提出捕后侦查意见。对于因证据不足作出不批准逮捕决定，如需要补充侦查，应当制作补充侦查提纲，列明证据体系存在的问题、补充侦查方向、取证要求等事项并说明理由。

第二，审查起诉阶段的退回补充侦查。如发现案件存在事实不清、证据不足或者存在遗漏罪行、遗漏同案犯罪嫌疑人等情形需要补充侦查的，应当制作补充侦查提纲，连同案卷材料一并退回公安机关并引导公安机关进一步查明案件事实、补充收集证据。第一次退回补充侦查时，应当向公安机关列明全部补充侦查事项。在案件事实或证据发生变化、公安机关未补充侦查到位、或者重新报送的材料中发现矛盾和问题的，可以第二次退回补充侦查。

第三，审查逮捕和审查起诉均可适用要求公安机关提供证据材料。《补侦指导意见》提出，以下情形人民检察院可以发出《调取证据材料通知书》，通知公安机关直接补充相关证据并移送，以提高办案效率：（1）案件基本事实清楚，虽欠缺某些证据，但收集、补充证据难度不大且在审查起诉期间内能够完成的；（2）证据存在书写不规范、漏填、错填等瑕疵，公安机关可以在审查起诉期间补正、说明的；（3）证据材料制作违反程序规定但程度较轻微，通过补正可以弥补的；（4）案卷诉讼文书存在瑕疵，需进行必要的修改或补充的；（5）缺少前科材料、释放证明、抓获经过等材料，侦查人员能够及时提供的；（6）其他可以通知公安机关直接补充相关证据的。《调取证据材料通知书》已经取代《提供法庭审判所需证据材料通知书》。虽然《刑事诉讼法》第175条规定，人民检察院审查案件，可以要求公安机关提供法庭审判所必需的证据材料。但是该规定明确的是检察机关的职权，是一种补充侦查方式，并非规定了检察机关适用的文书类型。因此，用《调取证据材料通知书》完全可以实现工作目的，没有必要再增加一种文书。另外，考虑到在审查逮捕和审查起诉期间，案件是否能够移送法院审判还不确定，不宜用"提供法庭审判所必需的证据材料"的表述，避免有罪推定的嫌疑，因此，《补侦指导意见》规定，将《提供法庭审判所需证据材料通知书》取消，统一用《调取证据材料通知书》代替。[①]

【实务问题探讨】 退回补充侦（调）查是侦（调）查阶段，还是审查起诉阶段？

一种观点认为，补充侦（调）查属于审查起诉阶段。理由是：侦（调）查在移送审查起诉时已向检察机关移送侦（调）查终结性文书，侦（调）查已宣告终结。持该种观点者认为，监察机关调查的案件一旦移送检察机关审查起诉，案件即进入刑事诉讼程序，不存在程序回流的问题，案件的继续调查也要遵守刑事诉讼法的规定，适用刑事诉讼程序中检察机关对犯罪嫌疑人采取的强制措施，律师在补充调查时也应允许介入。另一种观点认为，补充侦（调）查属于侦（调）查阶段。理由是：案件退回侦查机关补充侦查，羁押的犯罪嫌疑人要换押给侦查机关，犯罪嫌疑人交由侦查机关控制，这是对案件所处诉讼阶段的一种明确。此外，补充侦查期间将案卷退回给侦查机关也是案件回流到侦查阶段的一个佐证。持该种观点者认为，补充调查时程序回流到调查阶段，案件继续调查、强制措施的适用、律师介入等问题适用监察法的有关规定。[②] 本书认为，补充侦（调）查属于审查起诉阶段。原因在于：第一，退回补充侦（调）查制度规定于《刑事诉

---

① 参见张晓津、尚洪涛、陈敏、刘涛：《〈关于加强和规范补充侦查工作的指导意见〉理解与适用》，载《派出所工作》2020年第6期。

② 参见胡雨晴：《补充侦查（调查）是审查起诉阶段还是回到了侦查（调查）阶段》，载 https：//mp. weixin. qq. com/s/XXAn0rdpBY_InENGTvSV7Q。

讼法》"提起公诉"一章，是审查起诉阶段的一项诉讼制度，其目的在于完善指控犯罪的证据体系，修正证据方面的缺陷，"补充"两字表明是在原有侦（调）查基础上的完善，而非程序回流从头开始；第二，退回补充侦查后，人民检察院仍然主导案件的诉讼走势，表现在退回后，侦查机关应当在法定期限内完成补查并重报，即使出现特殊情形未重报，也应接受人民检察院的监督。对此《公安机关办理刑事案件程序规定》第296条第1款第3项规定："发现原认定的犯罪事实有重大变化，不应当追究刑事责任的，应当撤销案件或者对犯罪嫌疑人终止侦查，并将有关情况通知退查的人民检察院。"此情形虽不须重新报送，但要通知人民检察院。最高人民检察院、公安部《补侦指导意见》第18条规定："案件补充侦查期限届满，公安机关认为原认定的犯罪事实有重大变化，不应当追究刑事责任而未将案件重新移送审查起诉的，应当以书面形式告知人民检察院，并说明理由。公安机关应当将案件重新移送审查起诉而未重新移送审查起诉的，人民检察院应当要求公安机关说明理由。人民检察院认为公安机关理由不成立的，应当要求公安机关重新移送审查起诉。人民检察院发现公安机关不应当撤案而撤案的，应当进行立案监督。公安机关未重新移送起诉，且未及时以书面形式告知并说明理由的，人民检察院应当提出纠正意见。"第三，退回补充调查后，案件仍处于刑事诉讼阶段，对此《刑诉规则》第343条第3款规定："人民检察院决定退回补充调查的案件，犯罪嫌疑人已被采取强制措施的，应当将退回补充调查情况书面通知强制措施执行机关。监察机关需要讯问的，人民检察院应当予以配合。"此规定明确提示，虽然案件退回补充调查，但并没有脱离刑事诉讼，此时仍处于审查起诉阶段。

3. 一般不退回补充侦查的情形

《补侦指导意见》明确，具有下列情形之一的，一般不退回补充侦查：（1）查清的事实足以定罪量刑或者与定罪量刑有关的事实已经查清，不影响定罪量刑的事实无法查清的；（2）作案工具、赃物去向等部分事实无法查清，但有其他证据足以认定，不影响定罪量刑的；（3）犯罪嫌疑人供述和辩解、证人证言、被害人陈述的主要情节能够相互印证，只有个别情节不一致但不影响定罪量刑的；（4）遗漏同案犯罪嫌疑人或者同案犯罪嫌疑人在逃，在案犯罪嫌疑人定罪量刑的事实已经查清且符合起诉条件，公安机关不能及时补充移送同案犯罪嫌疑人的；（5）补充侦查事项客观上已经没有查证可能性的；（6）其他没有必要退回补充侦查的。

4. 补充侦查提纲

《补侦指导意见》明确，人民检察院开展补充侦查工作，应当书面列出补充侦查提纲。补充侦查提纲应当分别归入检察内卷、侦查内卷。

（三）自行补充侦查

《刑事诉讼法》第175条规定："人民检察院审查案件，对于需要补充侦查的，可以退回公安机关补充侦查，也可以自行侦查。"自行补充侦查制度是完善案件证据体系的有益补充。《补侦指导意见》明确以下情形，自行补充侦查更为适宜的，可以依法自行开展侦查工作：（1）影响定罪量刑的关键证据存在灭失风险，需要及时收集和固定证据，人民检察院有条件自行侦查的；（2）经退回补充侦查未达到要求，自行侦查具有可行性的；（3）有证据证明或者有迹象表明侦查人员可能存在利用侦查活动插手民事、经济纠纷、实施报复陷害等违法行为和刑讯逼供、非法取证等违法行为，不宜退回补充侦查的；（4）其他需要自行侦查的。

此外，《刑诉规则》第333条至第336条所涉及的：（1）对犯罪嫌疑人是否患有精神病的鉴定；（2）就鉴定意见询问鉴定人或专家辅助人、补充鉴定或重新鉴定、对技术性证据材料的文证审查；（3）复验、复查的；（4）对客观证据存有疑问时要求补正或作出合理解释等。此类情形也可归入补充侦查范畴。

在自行补充侦查方面，对监察机关移送案件有着更严格的要求。《刑诉规则》第344条对监察机关移送案件的自行补充侦查的范围进行了一定的限定，即个别言词证据的补充完善，物证、书证等证据材料的补充鉴定，检察机关查证更为便利和效率等三种情况可以进行自行补充侦查，其他情况一般应退回监察机关补充调查。自行补充侦查完毕后，检察机关应当将相关证据材料入卷，同时抄送监察机关。人民检察院自行补充侦查的，可以商请监察机关提供协助。

另在审查起诉阶段，对辩护人申请调取的证据，若符合自行补充侦查情形，也可通过自行补查调取。

第六节　认罪认罚从宽案件办理

认罪认罚从宽制度贯穿侦查、起诉、审判各个阶段，是中国特色的协商司法的重要探索，其中犯罪嫌疑人自愿认罪认罚是基础，控辩协商是关键，量刑是核心。办理认罪认罚从宽案件的程序要求是：

一、告知权利并保障犯罪嫌疑人获得有效的法律帮助

犯罪嫌疑人对认罪认罚的性质和法律后果有清晰认知后，自愿作出认罪认罚的选择，才具有法律上的意义。

受理提请批准逮捕、移送起诉案件后，人民检察院应当告知犯罪嫌疑人享有的诉讼权利和认罪认罚从宽的法律规定，保障犯罪嫌疑人的程序选择权。告知应当采取书面形式，必要时应当充分释明。在此基础上，还应落实以下程序要求：

首先，根据《刑诉规则》第267条，应向犯罪嫌疑人了解其委托辩护人的情况。如果犯罪嫌疑人自愿认罪认罚又没有辩护人，在审查逮捕阶段，人民检察院应当要求公安机关通知值班律师为其提供法律帮助；符合通知辩护的，应当要求公安机关通知法律援助机构指派律师。在审查起诉阶段，人民检察院应当通知值班律师为其提供法律帮助。符合通知辩护条件的，应当依法通知法律援助机构指派律师为其提供辩护。《工作办法》第12条规定："公安机关、人民检察院、人民法院应当在侦查、审查起诉和审判各阶段分别告知没有辩护人的犯罪嫌疑人、被告人有权约见值班律师获得法律帮助，并为其约见值班律师提供便利。"《法律援助法》第36条规定："人民法院、人民检察院、公安机关办理刑事案件，发现有本法第二十五条第一款、第二十八条规定情形的，应当在三日内通知法律援助机构指派律师。法律援助机构收到通知后，应当在三日内指派律师并通知人民法院、人民检察院、公安机关。"

其次，在审查逮捕阶段要向犯罪嫌疑人核实公安机关有无告知认罪认罚从宽的法律规定。根据刑事诉讼法和"两高三部"《关于适用认罪认罚从宽制度的指导意见》（以下简称《认罪认罚指导意见》）规定，公安机关在侦查阶段有义务告知犯罪嫌疑人享有的诉讼权利，包括认

罪认罚从宽的法律规定，如未依法告知义务显属程序违法；审查起诉阶段应再次告知犯罪嫌疑人享有的诉讼权利和认罪认罚的法律规定，告知犯罪嫌疑人有权约见值班律师。另《刑诉规则》第271条第2款规定："经审查，犯罪嫌疑人违背意愿认罪认罚的，人民检察院可以重新开展认罪认罚工作。"此中已暗含无论犯罪嫌疑人是否认罪认罚，均应当告知其诉讼权利和认罪认罚从宽的法律规定，否则难以判断其认罪认罚的自愿性。

最后，为值班律师提供便利，包括为值班律师会见犯罪嫌疑人提供便利，在审查逮捕阶段，为值班律师了解案件有关情况提供必要的便利，在审查起诉阶段，为值班律师查阅案卷材料提供便利等。需要明确的是"为值班律师查阅案卷材料提供便利"不等同于辩护人的阅卷权。《刑事诉讼法》第40条规定："辩护律师自人民检察院对案件审查起诉之日起，可以查阅、摘抄、复制本案的案卷材料。"而值班律师的权利只限于查阅案卷材料。

二、听取意见

可以向检察机关提出意见的主体是犯罪嫌疑人、辩护人或者值班律师、被害人及其诉讼代理人。

《刑诉规则》第269条规定，犯罪嫌疑人认罪认罚的，人民检察院应当听取犯罪嫌疑人、辩护人或者值班律师、被害人及其诉讼代理人对下列事项的意见，并记录在案：（1）涉嫌的犯罪事实、罪名及适用的法律规定；（2）从轻、减轻或者免除处罚等从宽处罚的建议；（3）认罪认罚后案件审理适用的程序；（4）其他需要听取意见的事项。《工作办法》也作了类似的规定。

听取意见一般采用当面直接听取的方式。但特殊情况下，可以采用其他方式。《刑诉规则》第262条规定："直接听取辩护人、被害人及其诉讼代理人的意见有困难的，可以通过电话、视频等方式听取意见并记录在案，或者通知辩护人、被害人及其诉讼代理人提出书面意见。无法通知或者在指定期限内未提出意见的，应当记录在案。"《人民检察院办理认罪认罚案件监督管理办法》（以下简称《监督办法》）还要求，辩护人、被害人及其诉讼代理人要求当面反映意见的，检察官应当在工作时间和办公场所接待；确因特殊且正当原因需要在非工作时间或者非办公场所接待的，检察官应当依照相关规定办理审批手续并获批准后方可会见；因不明情况或者其他原因在非工作时间或者非工作场所接触听取相关意见的，应当在当日或者次日向本院检务督察部门报告有关情况。另对前述人员当面提交书面意见、证据材料的，应当了解其提交材料的目的、材料的来源和主要内容等有关情况并记录在案，与相关材料一并附卷，并出具回执。《工作办法》中还规定对于值班律师提出的意见检察机关未采纳的应当说明理由。

听取意见没有次数的限制。《刑诉规则》第261条第3款规定："对于辩护律师在审查逮捕、审查起诉阶段多次提出意见的，均应如实记录。"

听取意见后，人民检察院不采纳辩护人或者值班律师所提意见的，应当向其说明理由。

三、审查认罪认罚的自愿性、真实性和合法性

对侦查阶段认罪认罚的案件，人民检察院应当重点考察犯罪嫌疑人是否在明知、明智状态下认罪认罚，侦查机关是否履行法定义务，犯罪嫌疑人悔罪态度和表现等内容。《刑诉规则》第271条规定，审查起诉阶段，对于在侦查阶段认罪认罚的案件，人民检察院应当重点审查以下内容：（1）犯罪嫌疑人是否自愿认罪认罚，有无因受到暴力、威胁、引诱而违背意愿认罪

认罚；（2）犯罪嫌疑人认罪认罚时的认知能力和精神状态是否正常；（3）犯罪嫌疑人是否理解认罪认罚的性质和可能导致的法律后果；（4）公安机关是否告知犯罪嫌疑人享有的诉讼权利，如实供述自己罪行可以从宽处理和认罪认罚的法律规定，并听取意见；（5）起诉意见书中是否写明犯罪嫌疑人认罪认罚情况；（6）犯罪嫌疑人是否真诚悔罪，是否向被害人赔礼道歉。经审查，犯罪嫌疑人违背意愿认罪认罚的，人民检察院可以重新开展认罪认罚工作。如果违背意愿认罪认罚系非法取证行为所致，还应启动非法证据排除程序。在审查逮捕阶段，也同样需要审查犯罪嫌疑人认罪认罚的自愿性，只有自愿，才表明犯罪嫌疑人对自身行为的认识和悔罪的态度，也才能作为逮捕条件的社会危险性情形的考察因素之一。

需要提出的是监察机关调查终结的职务犯罪案件，在审查起诉阶段是否需要进行认罪认罚自愿性审查。《监察法》第31条规定："涉嫌职务犯罪的被调查人主动认罪认罚，有下列情形之一的，监察机关经领导人员集体研究，并报上一级监察机关批准，可以在移送人民检察院时提出从宽处罚的建议：（一）自动投案，真诚悔罪悔过的；（二）积极配合调查工作，如实供述监察机关还未掌握的违法犯罪行为的；（三）积极退赃，减少损失的；（四）具有重大立功表现或者案件涉及国家重大利益等情形的。"由于监察机关是适用监察法提出认罪认罚从宽建议，而检察机关是依据刑事诉讼法进行审查起诉，适用法律的不同，导致检察机关不宜依据刑事诉讼法的规定对调查阶段认罪认罚自愿性进行审查，比较妥当的方式是案件移送审查起诉后，由检察机关结合监察机关所提建议，依刑事诉讼程序规定开展认罪认罚工作。

四、评估社会危险性

《刑事诉讼法》第81条第2款规定："批准或者决定逮捕，应当将犯罪嫌疑人、被告人涉嫌犯罪的性质、情节，认罪认罚等情况，作为是否可能发生社会危险性的考虑因素。"因此，在审查逮捕中，犯罪嫌疑人是否认罪认罚将作为有无社会危险性的重要考虑因素，一般来说，如犯罪嫌疑人认罪认罚，那么其人身危险性或者对诉讼活动危险性可能降低，除非有相反的证据或迹象表明危险未消除。《认罪认罚指导意见》重申了刑事诉讼法的规定，并在第20条规定中进一步明确，犯罪嫌疑人认罪认罚，公安机关认为罪行较轻、没有社会危险性的，应当不再提请人民检察院审查逮捕。对提请逮捕的，人民检察院认为没有社会危险性不需要逮捕的，应当作出不批准逮捕的决定。也就是说，认罪认罚的犯罪嫌疑人如同时满足罪行较轻、没有社会危险性两个条件，公安机关应当不提请逮捕；已经提请的，人民检察院应当不批准逮捕。但仔细推敲，《认罪认罚指导意见》的表述有值得商榷之处，刑事诉讼法所规定的一般逮捕条件包括事实证据、刑罚、社会危险性，三者缺一不可，也就是说无论犯罪嫌疑人是否认罪认罚，只要其不具有法定的社会危险性，就不符合逮捕条件。而《认罪认罚指导意见》表述是，认罪认罚的犯罪嫌疑人，若罪行较轻，没有社会危险性，应当不提请逮捕或者应当不批准逮捕。这在法定逮捕条件之外还附加了罪行较轻的条件，显然有所不妥；同时这种表述也没有体现将认罪认罚作为社会危险性的考察因素。本书认为，犯罪嫌疑人认罪认罚且罪行较轻，除非有相反的证据证明有社会危险性，应当推定该犯罪嫌疑人不具有社会危险性，故应当不提请逮捕或应当作出不批准逮捕决定。

五、量刑协商

开展平等沟通的量刑协商是签署具结书的前提。《认罪认罚指导意见》第33条规定："人民检察院提出量刑建议前，应当充分听取犯罪嫌疑人、辩护人或者值班律师的意见，尽量协商一致。"《监督办法》第 5 条规定，在确定和提出量刑建议前，应当充分听取犯罪嫌疑人、被告人、辩护人或者值班律师的意见，切实开展量刑协商工作，保证量刑建议依法体现从宽、适当，并在协商一致后由犯罪嫌疑人签署认罪认罚具结书。

协商是提出量刑建议前必经的环节，只有经过协商，并协商一致，方可正式确定量刑建议，签署具结书。根据法律规定，协商只限于量刑和程序适用，罪名、罪数不属于协商范围，也不允许在证据不足的情况下进行认罪协商，依此减轻或降低证明责任，因此，认罪认罚量刑协商完全有别于"辩诉交易"。2020 年 11 月"两高三部"发布的《关于规范量刑程序若干问题的意见》（以下简称《量刑程序意见》）第 5 条规定，犯罪事实清楚，证据确实、充分；提出量刑建议所依据的法定从重、从轻、减轻或者免除处罚等量刑情节已查清；提出量刑建议所依据的酌定从重、从轻处罚等量刑情节已查清，方可提出量刑建议。因此，犯罪事实和量刑情节已经查清，是量刑协商的前提。若存在应当收集而未收集量刑证据的，需查清后进行量刑协商。

量刑协商的内容应围绕量刑建议要求进行。根据《量刑程序意见》的相关规定，量刑建议包括主刑、附加刑、是否适用缓刑等。对于主刑的建议，可以具有一定的幅度，也可以根据案件具体情况，提出确定刑期的量刑建议。建议判处财产刑的，可以提出确定的数额。对于可能判处管制、缓刑的案件，可以委托社区矫正机构或者有关社会组织进行调查评估，提出意见，供提出建议时参考。被指控被告人犯有数罪的，应当对指控的个罪分别提出量刑建议，并依法提出数罪并罚后决定执行的刑罚的量刑建议。对于共同犯罪案件，应当根据各被告人在共同犯罪中的地位、作用以及应当承担的刑事责任分别提出量刑建议。检察官主导量刑协商需围绕上述内容进行。

此外，《量刑程序意见》第 4 条第 2 款规定："人民检察院在提起公诉时，可以提出宣告禁止令和从业禁止的建议。被告人及其辩护人、被害人及其诉讼代理人可以就是否对被告人宣告禁止令和从业禁止提出意见，并说明理由。"《刑法》第 37 条之一规定："因利用职业便利实施犯罪，或者实施违背职业要求的特定义务的犯罪被判处刑罚的，人民法院可以根据犯罪情况和预防再犯罪的需要，禁止其自刑罚执行完毕之日或者假释之日起从事相关职业，期限为三年至五年。"人民检察院与犯罪嫌疑人及其辩护人在禁止令的提出上能否进行协商，在从业禁止期限上能否进行协商，法律并无授权，本书认为，量刑协商不能包括对宣告禁止令和从业禁止建议的协商内容，只能听取相关人员意见，并在此基础上慎重决定。

在协商过程中，由于协商的主体一方是检察官，另一方是犯罪嫌疑人、辩护人或者值班律师，有学者担心，检察官在审查起诉阶段可以讯问犯罪嫌疑人，就犯罪事实、罪名、法律适用、从宽量刑和程序适用等问题听取犯罪嫌疑人的意见。尽管法律要求检察官也要听取辩护人或值班律师的意见，但是，检察官有权在辩护人或值班律师不在场的情况下单独"听取嫌疑人的意见"。[1] 这就意味着，检察官在听取意见过程中一旦与犯罪嫌疑人进行量刑协商，后者根本无法得到辩护人或值班律师的及时帮助，而只能孤立地接受检察官提出的建议或者给出的量刑优惠方案。[2] 为防止这种倾向，检察官应秉持客观公正的义务，在协商过程中充分地释明

① 参见陈瑞华：《刑事诉讼的公力合作模式——量刑协商制度在中国的兴起》，载《法学论坛》2019 年第 4 期。

② 参见陈瑞华：《刑事诉讼的公力合作模式——量刑协商制度在中国的兴起》，载《法学论坛》2019 年第 4 期。

认罪认罚的性质和法律后果，同时可以针对案件具体情况，探索证据开示制度，保障犯罪嫌疑人的知情权和认罪认罚的真实性及自愿性，以利于真正实现协商双方诉讼地位的平等。

协商可以在听取意见时同步进行，也可以在听取意见后，控辩双方经充分酝酿再行协商。有学者担心，量刑协商过程是检察机关听取、判断、接受犯罪嫌疑人及其辩护人、值班律师意见的过程。与其说量刑建议的形成是一个控辩协商的过程，不如说是检察机关职权作用的结果。① 因此，透彻的说理是回应关切的最佳渠道，对不采纳辩护人或者值班律师所提意见的，应当说明理由。《量刑程序意见》第7条规定：“对常见犯罪案件，人民检察院应当按照量刑指导意见提出量刑建议。对新类型、不常见犯罪案件，可以参照相关量刑规范提出量刑建议。提出量刑建议，应当说明理由和依据。”本书认为，除了向法院说明量刑建议的理由和依据外，在检察官主导量刑协商过程中，也应释明理由和依据，保障协商的对方充分发表意见，消除职权作用结果的疑问。

【实务问题探讨】 认罪认罚从宽案件中辩方能否抢先提出“量刑建议”？

司法实践中认罪认罚从宽案件通常均由控方提出量刑意见，辩方再就控方的量刑建议提出本方意见。那么辩方能否在控方尚未提出意见之时主动提出本方的量刑意见？《认罪认罚指导意见》第33条规定：“人民检察院提出量刑建议前，应当充分听取犯罪嫌疑人、辩护人或者值班律师的意见，尽量协商一致。”该条文中所述“量刑建议”指的是检察机关向法院提起公诉时所提出的量刑建议，而不是同控方协商时的“开价”。《监督办法》及《工作办法》均有类似规定，检察机关应当充分听取辩方意见，意味着辩方也享有首次“开价”的权利，这也符合协商式司法模式下协商主体平等的基本精神。

六、签署具结书

《刑事诉讼法》第174条规定：“犯罪嫌疑人自愿认罪，同意量刑建议和程序适用的，应当在辩护人或者值班律师在场的情况下签署认罪认罚具结书。”具结书是认罪认罚案件控辩双方经过共同协商后形成的书面文本，其中最核心的内容是量刑建议。根据法律规定，人民检察院应当就主刑、附加刑、是否适用缓刑等提出量刑建议。《刑诉规则》第275条还要求：“量刑建议一般应当为确定刑。对新类型、不常见犯罪案件，量刑情节复杂的重罪案件等，也可以提出幅度刑量刑建议。”依该条规定，量刑建议应以确定刑为主，以幅度刑为辅。之所以要以确定刑为主，是因为从认罪认罚协商的过程来看，确定刑建议更符合犯罪嫌疑人对“罚”的期待，更有利于其作出认罪认罚的选择，也就更有利于认罪认罚从宽制度的推进和稳定适用。可以说，认罪认罚从宽制度内含了确定刑建议的要求和精神。幅度刑建议本质上是控辩协商不充分、不彻底的结果，即使是相对确定的幅度刑建议，犯罪嫌疑人对可能受到的处罚的预期仍不确定，不一定能够促使其决定认罪认罚，即使决定认罪认罚，其心理预期也往往是量刑建议的下限，一旦判决无法满足心理预期就可能提出上诉，认罪认罚从宽制度的价值就无法

---

① 参见李奋飞：《量刑协商的检察主导评析》，载《苏州大学学报（哲学社会科学版）》2020年第3期。

体现。①

如何保证确定刑的精准度，《监督办法》提出应与审判机关对同一类型、情节相当案件的判罚尺度保持基本均衡。在起诉文书中，应当对量刑建议说明理由和依据，其中拟以速裁程序审理的案件可以在起诉书中概括说明，拟以简易程序、普通程序审理的案件应当在起诉书或者量刑建议书中充分叙明。2020 年 7 月最高人民法院发布《关于统一法律适用加强类案检索的指导意见（试行）》对提高量刑建议的精准度也具有较高的参考价值。除主刑外，对于财产刑也应当提出确定的数额，对刑罚执行方式，如是否适用缓刑也应当提出明确的意见。②

【实务问题探讨】认罪认罚具结书的效力问题。

控辩双方签署的认罪认罚具结书对双方以及法院是否有约束力？有多大约束力？规范性法律文件并没有明确规定。

首先，认罪认罚具结书对控辩双方是否具有约束力？持肯定观点的占大多数。认罪认罚具结书的签署是控辩双方就量刑问题达成了一致意见，检察机关应当按照认罪认罚具结书所载内容进行下一步诉讼活动。若案件需要提起公诉，则必须要按照认罪认罚具结书中所达成的量刑方案向人民法院提出量刑建议。

其次，认罪认罚具结书对法院是否具有拘束力？就此问题，不同机关持有不同立场。检察机关认为，以认罪认罚具结书为基础提出的量刑建议对法院具有拘束力，除法律规定的例外，法院应当采纳检察机关的量刑建议，不应当进行实质性审查。③ 法院的观点则恰恰相反，对于检察机关提出的量刑建议，法院有权进行实质性审查，可以不受控辩双方就量刑问题所达成一致意见的约束。④

本书认为，认罪认罚从宽制度是对刑事诉讼案件中公正与效率价值的再平衡，是司法资源通过案件分流机制的再分配。一方面，如果控辩双方合意一致所签署的认罪认罚具结书对法院没有约束力，或者不被采纳率过高的话，那么该项制度就丧失了存在的基础，也就无法缓解当下司法资源匮乏的现状。另一方面，认罪认罚具结书如果对法院具有绝对拘束力的话，那么审判程序就变成了"走过场"，无法发挥监督纠错的职能，同时也是对法院依法行使审判权原则的侵蚀。所以，应当通过审查内容和方式的变化，在坚守实事求是原则的基础上，充分发挥法院审判职能的同时提升司法效率。

七、对认罪认罪案件办理的监督

认罪认罚从宽制度的落实和推进，有赖于控辩双方的充分沟通与协商，但如果将桌面的沟通变成私下的勾兑，就会引发廉洁司法问题，为此《监督办法》提出加强检察官办理认罪认罚案件的四项监督原则，即（1）坚持加强对办案活动的监督管理与保障检察官依法行使职权

---

① 参见苗生明：《认罪认罚量刑建议精准化的理解与把握》，载《检察日报》2019 年 7 月 29 日，第 3 版。

② 参见陈国庆：《认罪认罚从宽制度与刑事检察工作新发展》，载《刑事检察工作指导》2019 年第 1 辑。

③ 参见陈国庆：《量刑建议的若干问题》，载《中国刑事法杂志》2019 年第 5 期。

④ 参见胡云腾：《正确把握认罪认罚从宽——保证严格公正高效司法》，载《人民法院报》2019 年 10 月 24 日，第 5 版。

相结合；（2）坚持检察官办案主体职责与分级分类监督管理职责相结合；（3）坚持案件管理、流程监控与信息留痕、公开透明相结合；（4）坚持加强检察机关内部监督管理与外部监督制约相结合。同时在不批准逮捕、不起诉的审批程序上进行了严格管控，规定对于犯罪嫌疑人罪行较轻且认罪认罚，检察官拟作出不批准逮捕或者不起诉决定的案件，应当报请检察长决定。对于以下拟作不批捕、不起诉的认罪认罚从宽案件，可以进行公开听证，并按规定接受人民监督员的监督：（1）被害人不谅解、不同意从宽处理的；（2）具有一定社会影响，有必要向社会释法介绍案件情况的；（3）当事人多次涉诉信访，引发的社会矛盾尚未化解的；（4）食品、医疗、教育、环境等领域与民生密切相关，公开听证有利于宣扬法治、促进社会综合治理的；（5）具有一定典型性，有法治宣传教育意义的。

第七节　审查期限和批准权限

一、审查逮捕期限、批准权限和特殊情形处理

（一）审查逮捕期限

根据刑事诉讼法和《刑诉规则》的规定，对公安机关提请批准逮捕的犯罪嫌疑人，已经被拘留的，人民检察院应当在收到提请批准逮捕书后 7 日以内作出是否批准逮捕的决定；未被拘留的，应当在 15 日以内作出是否批准逮捕的决定，重大、复杂案件，不得超过 20 日。

对本院负责侦查的部门移送审查逮捕的案件，犯罪嫌疑人已被拘留的，负责捕诉的部门应当在收到逮捕犯罪嫌疑人意见书后 7 日以内决定是否逮捕，特殊情况下，可以延长 1 日至 3 日；未被拘留的，应当在 15 日以内决定是否逮捕，重大、复杂案件，不得超过 20 日。

对于监察机关移送起诉的已采取留置措施的案件，人民检察院应当对犯罪嫌疑人先行拘留，留置措施自动解除。人民检察院应当在拘留后的 10 日以内作出是否逮捕、取保候审或者监视居住的决定。在特殊情况下，决定的时间可以延长 1 日至 4 日。

对于建议公安机关提请逮捕未采纳且认为有逮捕必要的犯罪嫌疑人、在审查起诉阶段认为需要逮捕的犯罪嫌疑人，未有办理期限的规定，但逮捕作为强制措施适用于有社会危险性的犯罪嫌疑人，应及时作出决定并通知公安机关执行。

（二）审查逮捕的批准权限

《刑事诉讼法》第 89 条规定，审查批准逮捕犯罪嫌疑人由检察长决定，重大案件应当提交检察委员会讨论决定。

随着司法责任制、员额制改革，审查逮捕决定权有放权需求。就目前实践看，《刑诉规则》明确规定几类案件由检察长决定是否逮捕犯罪嫌疑人，主要是：《刑诉规则》第 288 条、第 297 条规定纠正漏捕和直接侦查的职务犯罪案件需要逮捕犯罪嫌疑人的；《刑诉规则》第 285 条第 3 款规定，对于因犯罪嫌疑人没有犯罪事实、具有《刑事诉讼法》第 16 条规定的情形之一或者证据不足，拟作出不批准逮捕决定的；《刑诉规则》第 337 条规定，人民检察院在审查起诉阶段认为需要逮捕犯罪嫌疑人的；其他案件则未作规定。在刑事诉讼法有明确规定的逮捕决定权归检察长或检察委员会的前提下，或可通过检察长部分授权检察官方式进行过渡。

【实务问题探讨】提请逮捕案件可否撤回？

最高人民检察院专家组解答意见：对于公安机关提请批准逮捕后又申请撤回的，检察机关应当进行审查，根据具体情况决定是否准许。[①]

对于公安机关是否可以撤回提请批准逮捕，刑事诉讼法没有规定，且《刑诉规则》和《公安机关办理刑事案件程序规定》对此也未作规定。但是，司法实践中情况复杂，这种做法长期存在，有其客观需求和实际意义，为一线办案的公安机关、检察机关普遍接受。最高人民检察院正式印发的工作文书和办案系统里也有《准予撤回决定书》（该文书为同意侦查机关撤回对犯罪嫌疑人提请批准逮捕意见时使用），表明最高人民检察院对这种做法也是认可的。因此，不宜对撤回提请批准逮捕一概予以否定，以免给实际办案工作带来困扰。

另外，与公安机关撤回提请批准逮捕相类似的，是检察机关的撤回起诉制度。刑事诉讼法没有规定撤回起诉，《刑诉规则》对撤回起诉予以确认，并规定了具体的情形和撤回后的处理等。但是，理论界和实务界长期以来都有反对撤回起诉的声音，主要理由就是这项制度无法律依据以及导致程序倒流。如果对撤回提请逮捕持否定态度，必须考虑对撤回起诉的影响。需要说明的是，我国刑事诉讼法并未禁止程序倒流，而是规定了多种情形下的程序倒流，包括退回补充侦查、退回补充调查、发回重审等。可以看出，合理的程序倒流不仅没有被法律所禁止，还能发挥节约司法资源、提高诉讼效率、保障犯罪嫌疑人权利等积极作用。因此，不应简单以程序倒流为由否定撤回提请逮捕。

在司法实践中，检察机关应当对公安机关撤回提请逮捕的申请进行审查，区分不同情况作出是否准许的决定，而非一概准许，以保障案件质量和犯罪嫌疑人合法权益。如果是在公安机关提请批准逮捕后发生了新情况，导致不应逮捕犯罪嫌疑人，包括发现新证据证明犯罪嫌疑人没有犯罪事实的、犯罪嫌疑人突发重病或者怀孕的、犯罪嫌疑人认罪认罚或者与被害人达成和解的等，检察机关应当允许公安机关撤回提请逮捕。

（三）特殊案件和人员的处理

1. 批准逮捕需要层报审批的特殊案件

《刑诉规则》第 294 条规定，外国人、无国籍人涉嫌危害国家安全犯罪的案件或者涉及国与国之间政治、外交关系的案件以及在适用法律上确有疑难的案件，需要逮捕犯罪嫌疑人的，按照刑事诉讼法关于管辖的规定，分别由基层人民检察院或者设区的市级人民检察院审查并提出意见，层报最高人民检察院审查。最高人民检察院认为需要逮捕的，经征求外交部的意见后，作出批准逮捕的批复；认为不需要逮捕的，作出不批准逮捕的批复。基层人民检察院或者设区的市级人民检察院根据最高人民检察院的批复，依法作出批准或者不批准逮捕的决定。层报过程中，上级人民检察院认为不需要逮捕的，应当作出不批准逮捕的批复。报送的人民检察院根据批复依法作出不批准逮捕的决定。

---

① 参见《检答网集萃丨提请逮捕案件可否撤回》，载最高人民检察院网站，https：//www.spp.gov.cn/spp/zdgz/202110/t20211021_532959.shtml。

此类特殊案件如认为需批准逮捕犯罪嫌疑人，应层报至最高人民检察院批准。而如认为不需要批准逮捕犯罪嫌疑人，基层人民检察院或者设区的市级人民检察院，可以直接依法作出不批准逮捕的决定。

2. 捕后需上报一级备案的特殊案件

外国人、无国籍人涉嫌前述特殊案件以外的其他犯罪案件，决定批准逮捕的人民检察院应当在作出批准逮捕决定后 48 小时以内报上一级人民检察院备案，同时向同级人民政府外事部门通报。上一级人民检察院经审查发现批准逮捕决定错误的，应当依法及时纠正。

人民检察院办理审查逮捕的危害国家安全犯罪案件，应当报上一级人民检察院备案。上一级人民检察院经审查发现错误的，应当依法及时纠正。

二、审查起诉的期限

（一）审查起诉的期限

根据《刑事诉讼法》第 172 条的规定，审查起诉期限有如下特点：

第一，一般情况下，应当在一个月以内审查终结作出决定；

第二，如果是重大、复杂案件，可以延长 15 日，即应当在 1 个月加 15 日内审查终结作出决定；

第三，如果在审查起诉阶段改变管辖，则从改变后的人民检察院收到案件之日起计算审查起诉期限。

犯罪嫌疑人认罪认罚，符合速裁程序适用条件的案件，审查期限大幅度压缩，具体是：

第一，对可能判处有期徒刑 1 年以下刑罚的，应当在 10 日以内作出决定；

第二，对可能判处的有期徒刑超过 1 年的，可以延长至 15 日。

认罪认罚的轻刑案件，由于案件事实清楚、证据确实充分，犯罪嫌疑人对事实和法律适用没有异议，因而以较短的时间审查结案，也是繁简分流和诉讼经济的必然要求。

上述审查起诉期限应理解为犯罪嫌疑人处于羁押状态下的办案期限，如果犯罪嫌疑人未被羁押，则审查起诉时间可以突破前述期限的规定。理由是根据《刑事诉讼法》第 98 条规定，犯罪嫌疑人、被告人被羁押的案件，不能在本法规定的侦查羁押、审查起诉、一审、二审期限内办结的，对犯罪嫌疑人、被告人应当予以释放；需要继续查证、审理的，对犯罪嫌疑人、被告人可以取保候审或者监视居住。同样在《刑事诉讼法》第 67 条、第 74 条取保候审和监视居住法定条件中，"羁押期限届满，案件尚未办结"，均可以变更强制措施为取保候审或监视居住。

审查起诉的办案期限无中止审查制度，但实践中有犯罪嫌疑人脱逃、或者患有严重疾病等特殊情形，造成在法定期限内不能正常审结案件，为此最高人民检察院于 2013 年 12 月发布《关于审查起诉期间犯罪嫌疑人脱逃或者患有严重疾病的应当如何处理的批复》（高检发释字〔2013〕4 号），明确以退回补充侦查的形式，解决实践中的部分问题。

同一犯罪嫌疑人涉嫌职务犯罪和其他犯罪，但未同时移送起诉的审查期限起算问题。2022 年 11 月最高人民检察院《关于先后受理同一犯罪嫌疑人涉嫌职务犯罪和其他犯罪的案件审查起诉期限如何起算问题的批复》明确，对于同一犯罪嫌疑人涉嫌职务犯罪和其他犯罪的案件，监察机关、侦查机关移送检察机关审查起诉时间不一致，需要并案处理的，审查起诉期限自受理后案之日起重新计算。值得注意的是，该《批复》仅适用于同一犯罪嫌疑人同时涉嫌职务犯罪与其他犯罪的互涉案件，虽然不同侦查机关侦查的案件也存在前案、后案分别移送检察机关审查起诉的情况，但此类案件与监察机关、侦查机关分别调查、侦查的互涉案件有所不同，不能适用该《批复》的规定。[①]

（二）监察机关移送案件审查期限的特殊规定

监察体制改革后，监察机关依据监察法的规定行使调查权，并对涉嫌职务犯罪的，将调查结果移送人民检察院依法审查、提起公诉。此时涉及刑事诉讼法与监察法的衔接问题。2018年《刑事诉讼法》第170条第2款规定，对于监察机关移送起诉的已采取留置措施的案件，人民检察院应当对犯罪嫌疑人先行拘留，留置措施自动解除。人民检察院应当在拘留后的10日以内作出是否逮捕、取保候审或者监视居住的决定。在特殊情况下，决定的时间可以延长1日至4日。人民检察院决定采取强制措施的期间不计入审查起诉期限。《刑诉规则》第143条规定，人民检察院应当自收到移送起诉的案卷材料之日起3日以内告知犯罪嫌疑人有权委托辩护人。对已经采取留置措施的，应当在执行拘留时告知。

【实务问题探讨】监察机关移送案件采取强制措施审查期限的性质。

根据刑事诉讼法和《刑诉规则》的规定，监察机关移送起诉已采取留置措施的案件，人民检察院受理案件后先对犯罪嫌疑人予以拘留，然后在10日内作出是否逮捕的决定，特殊情况下可延长1日至4日，该期间不计入审查起诉期限。那么该期间的性质是什么，是不是审查起诉期间，如果认为是，又不计入审查起诉期限；如果认为不是，又要按受理移送起诉的要求在3日内告知诉讼权利，同时，这一期限是否允许辩护人会见，法律和司法解释也未明确。本书认为，对监察机关移送案件采取强制措施的审查期限属于审查起诉阶段，应遵循法律规定的审查起诉中诉讼权利保障的相关要求。它不同于公安机关提请逮捕后审查逮捕，也不同于检察机关侦查的司法人员职务犯罪案件后决定逮捕，因为这两种情形下，案件仍处于侦查阶段。而监察机关移送起诉的案件已调查终结，检察机关受理后的诉讼任务是审查起诉。根据刑事诉讼法的规定，对采取留置措施的案件，先对犯罪嫌疑人予以拘留，然后决定是否逮捕。《刑诉规则》第146条规定，未留置的案件，可以在审查起诉过程中，决定是否逮捕或采取取保候审、监视居住措施。也就是说，只要监察机关移送起诉，案件已经进入审查起诉阶段，犯罪嫌疑人是否羁押以及是否要采取逮捕措施，不影响诉讼阶段的判断，如果认为采取强制措施的期间不计入审查起诉期限，就认为不属于审查起诉阶段，那么就会得出留置的案件与未留置的案件进入审查起诉的时间不同，这显然不符合逻辑。既然认为是审查起诉阶段，不得减损犯罪嫌疑人在审查起诉阶段依法享有的诉讼权利，包括3日内依法告知犯罪嫌疑人的诉讼权利，保障辩护律师的会见权等，其唯一的特殊性只在于，对留置的案件有10至14日不计入审查起诉期限。

（三）审查起诉的批准权限

《刑事诉讼法》第169条规定，凡需要提起公诉的案件，一律由人民检察院审查决定。根

---

① 参见张希靖、陈旭文、竹莹莹：《最高检〈关于先后受理同一犯罪嫌疑人涉嫌职务犯罪和其他犯罪的案件审查起诉期限如何起算问题的批复〉的理解与适用》，载《人民检察》2023年第3期。

据法律授权，人民检察院对审查起诉案件中所涉决定事项存在内部审批权限的划分。对此，《刑诉规则》第365条、第367条、第370条规定，绝对不起诉、存疑不起诉、相对不起诉均由检察长批准。第279条由最高人民检察院核准的不起诉，作出不起诉由检察长决定，该项权力未下放给员额检察官。《刑诉规则》只明确了不起诉案件由检察长批准或决定，但对于决定提起公诉的案件，哪些由检察长、哪些由员额检察官决定，却未作规定。《刑诉规则》第4条只作了原则性要求，即（1）人民检察院办理刑事案件，由检察官、检察长、检察委员会在各自职权范围内对办案事项作出决定，并依照规定承担相应司法责任。（2）检察官在检察长领导下开展工作。重大办案事项，由检察长决定。检察长可以根据案件情况，提交检察委员会讨论决定。其他办案事项，检察长可以自行决定，也可以委托检察官决定。（3）本规则对应当由检察长或者检察委员会决定的重大办案事项有明确规定的，依照本规则的规定。本规则没有明确规定的，省级人民检察院可以制定有关规定，报最高人民检察院批准。（4）以人民检察院名义制发的法律文书，由检察长签发；属于检察官职权范围内决定事项的，检察长可以授权检察官签发。（5）重大、疑难、复杂或者有社会影响的案件，应当向检察长报告。因此，在提起公诉的批准权限方面，由省级人民检察院通过制定权力清单加以明确。

此外，2020年7月施行的《人民检察院检察委员会工作规则》第8条规定，人民检察院办理下列案件，应当提交检察委员会讨论决定：（1）涉及国家重大利益和严重影响社会稳定的案件；（2）拟层报最高人民检察院核准追诉或者核准按照缺席审判程序提起公诉的案件；（3）拟提请或者提出抗诉的重大、疑难、复杂案件；（4）拟向上级人民检察院请示的案件；（5）对检察委员会原决定进行复议的案件；（6）其他重大、疑难、复杂案件。因此，审查起诉案件除不起诉一律由检察长批准或决定外，提起公诉的案件的审批权限由省级人民检察院制定，对于6类案件应提交检察委员会讨论决定。

第八节　审查后的处理

一、审查逮捕后的处理

（一）审查逮捕的决定种类

根据法律规定，审查批准逮捕只能作出批准逮捕和不批准逮捕的决定；审查决定逮捕只能作出决定逮捕和决定不予逮捕。人民检察院办理审查逮捕案件，不另行侦查，也不得直接提出采取取保候审措施的意见。然而实践中却存在决定作出前公安机关撤回提请逮捕的现象，即便是2012年修订《刑事诉讼法》实施后，撤回提请逮捕现象在一些地方依然大量存在。[①] 本书认为，虽然法律没有规定公安机关可以撤回提请逮捕，也没有规定检察机关可以建议撤回提请逮捕，但如果不允许撤回，个别违反管辖规定的案件，检察机关在受理后将难以处理，因为不能退回，也不能做捕或不捕的决定，而案件又需要移送有管辖权的机关办理，因此允许一些特殊案件在提请逮捕后撤回也是现实需要。但撤回提请逮捕不能被滥用，撤回的原因和理由必须接受检察机关的审查，同时不能损害犯罪嫌疑人合法的诉讼权益，因为拘留后提请逮捕的，基

① 参见盛宏文、彭子游：《关于重庆市沙坪坝区人民检察院"撤回报捕"现象的调查报告》，载《中国刑事法杂志》2014年第1期。

本上处于羁押状态，如果提请逮捕后又撤回，那么在检察机关审查逮捕期间的羁押显属超期，对此须在实践中关注并杜绝。

除对已提请或移送逮捕的犯罪嫌疑人进行审查并作出决定外，对未提请或移送的，人民检察院也负有监督纠错的职责。

审查批准逮捕中的纠正漏捕。《刑诉规则》第288条规定，人民检察院办理公安机关提请批准逮捕的案件，发现遗漏应当逮捕的犯罪嫌疑人的，应当经检察长批准，要求公安机关提请批准逮捕。公安机关不提请批准逮捕或者说明的不提请批准逮捕的理由不成立的，人民检察院可以直接作出逮捕决定，送达公安机关执行。在纠正漏捕上，存在两种逮捕形式：一种是如果公安机关接受建议提请批准逮捕，属于审查批准逮捕；另一种是如果不接受建议，人民检察院可直接作出逮捕决定的，属于审查决定逮捕。

审查决定逮捕中的纠正漏捕。《刑诉规则》第300条规定，对应当逮捕而本院负责侦查的部门未移送审查逮捕的犯罪嫌疑人，负责捕诉的部门应当向负责侦查的部门提出移送审查逮捕犯罪嫌疑人的建议。建议不被采纳的，应当报请检察长决定。

（二）决定的执行

1. 批准逮捕的决定

对人民检察院而言，可以根据侦查案件的需要，制作继续侦查提纲引导取证。对公安机关而言，在接到人民检察院批准逮捕决定书后，应当由县级以上公安机关负责人签发逮捕证，立即执行，并将执行回执送达作出批准逮捕决定的人民检察院。如果未能执行，也应当将回执送达人民检察院，并写明未能执行的原因。逮捕后，应当立即将被逮捕人送看守所羁押，且必须在逮捕后的24小时以内进行讯问。发现不应当逮捕的，经县级以上公安机关负责人批准，制作释放通知书，送看守所和原批准逮捕的人民检察院。除无法通知的情形以外，应当在逮捕后24小时以内，制作逮捕通知书，写明逮捕原因和羁押处所，通知被逮捕人的家属。

2. 不批准逮捕的决定

对人民检察院而言，应当说明理由，同时分别情况作如下处理：第一，针对没有犯罪事实或者犯罪嫌疑人具有《刑事诉讼法》第16条规定情形之一，应当告知公安机关撤销案件；第二，针对有犯罪事实需要追究刑事责任，但不是被立案侦查的犯罪嫌疑人实施，或者共同犯罪案件中部分犯罪嫌疑人不负刑事责任，应当告知公安机关对有关犯罪嫌疑人终止侦查；第三，不批准逮捕决定作出后，对在押的犯罪嫌疑人公安机关不立即释放或者变更强制措施的，应当提出纠正意见。对公安机关而言，在收到不批准逮捕决定书后，如果犯罪嫌疑人已被拘留的，应当立即释放，发给释放证明书，并将执行回执送达人民检察院。对于不批准逮捕而未说明理由的，可以要求人民检察院说明理由。

3. 决定逮捕

负责捕诉的部门应当将逮捕决定书连同案卷材料、讯问犯罪嫌疑人录音录像移交负责侦查的部门，并可以对收集证据、适用法律提出意见。由负责侦查的部门通知公安机关执行，必要时可以协助执行。决定逮捕后，应当立即送看守所羁押。在逮捕后24小时以内进行讯问。发现不应当逮捕的，应当经检察长批准，撤销逮捕决定或者变更为其他强制措施，并通知公安机关执行，同时通知负责捕诉的部门。除无法通知的以外，负责侦查的部门应当将逮捕的原因和羁押的处所，在24小时以内通知其家属。

对监察机关移送起诉的案件决定逮捕后，除无法通知的以外，人民检察院应当在公安机关执行逮捕后24小时以内，通知犯罪嫌疑人的家属。

4. 决定不予逮捕的

负责捕诉的部门应当将不予逮捕的决定连同案卷材料、讯问犯罪嫌疑人录音、录像移交负责侦查的部门，并说明理由。需要补充侦查的，应当制作补充侦查提纲。犯罪嫌疑人已被拘留的，负责侦查的部门应当通知公安机关立即释放。

（三）不批准逮捕的复议、复核

《刑事诉讼法》第 92 条规定："公安机关对人民检察院不批准逮捕的决定，认为有错误的时候，可以要求复议，但是必须将被拘留的人立即释放。如果意见不被接受，可以向上一级人民检察院提请复核。上级人民检察院应当立即复核，作出是否变更的决定，通知下级人民检察院和公安机关执行。"

1. 复议、复核的提出和审查期限

根据《公安机关办理刑事案件程序规定》第 137 条和《刑诉规则》第 290 条、第 291 条的规定，公安机关应在收到不批准逮捕决定书后 5 日以内向同级人民检察院提出复议。同级人民检察院负责捕诉的部门应当另行指派检察官或者检察官办案组进行审查，并在收到要求复议意见书和案卷材料后 7 日以内，作出是否变更的决定。提出复核的，应当在收到复议决定书后 5 日以内，提请上一级人民检察院复核。上一级人民检察院应当在收到提请复核意见书和案卷材料后 15 日以内，作出是否变更的决定，通知下级人民检察院和公安机关执行。需要改变原决定的，应当通知作出不批准逮捕决定的人民检察院撤销原不批准逮捕决定，另行制作批准逮捕决定书。必要时，上级人民检察院也可以直接作出批准逮捕决定，通知下级人民检察院送达公安机关执行。

2. 复议、复核的说理

对于经复议复核维持原不批准逮捕决定的，人民检察院向公安机关送达复议复核决定时应当说明理由。

3. 不批准逮捕后收集的新证据不能作为复议、复核理由

《刑诉规则》第 292 条规定，人民检察院作出不批准逮捕决定，并且通知公安机关补充侦查的案件，公安机关在补充侦查后又要求复议的，人民检察院应当告知公安机关重新提请批准逮捕。公安机关坚持要求复议的，人民检察院不予受理。对于公安机关补充侦查后应当提请批准逮捕而不提请批准逮捕的，按照本规则第 288 条的规定办理。

复议、复核只适用于不批准逮捕的案件，决定不予逮捕的案件，基于在同一检察长领导下，且由检察长决定不予逮捕，侦查部门不能提出复议。

（四）决定错误的纠正

人民检察院发现审查逮捕的决定错误，采取自行纠正的方式有：

第一，已批准逮捕的决定错误：撤销原批准逮捕决定，送达公安机关执行。此时等于作出不批准逮捕的决定，应根据不捕决定的执行程序开展后续工作。

第二，已不批准逮捕的决定错误：撤销原不批准逮捕决定，并重新作出批准逮捕决定，送达公安机关执行。

第三，重新办理逮捕手续：一种是因撤销原批准逮捕决定而被释放的犯罪嫌疑人；另一种是逮捕后公安机关变更为取保候审、监视居住的犯罪嫌疑人，又发现需要逮捕。此两种情形需要重新办理逮捕手续，即可以要求公安机关再次提请逮捕，人民检察院依法作出逮捕决定；如果公安机关不提请逮捕的，人民检察院也可以直接作出逮捕决定，送达公安机关执行。

二、审查起诉后的处理

根据《刑事诉讼法》第 175 条、第 176 条、第 177 条和《刑诉规则》第 339 条的规定，审查起诉阶段可以作出的决定有：退回补充侦查决定、起诉决定、不起诉决定、提起附带民事诉讼决定、提起附带民事公益诉讼决定。这些决定中，退回补充侦查决定旨在完善指控犯罪的证据体系，属阶段性的程序决定；起诉决定和不起诉决定才是审查起诉终结后的程序决定；提起附带民事诉讼、提起附带民事公益诉讼决定须以起诉决定为前提，没有提起公诉，则没有附带民事诉讼或附带民事公益诉讼。

比较特殊的是直接侦查的职务犯罪案件。《刑诉规则》第 366 条规定，负责捕诉的部门对于本院负责侦查的部门移送起诉的案件，发现具有本规则第 365 条第 1 款规定情形的，即没有犯罪事实，或者符合《刑事诉讼法》第 16 条规定的情形之一的，应当退回本院负责侦查的部门，建议撤销案件。此种情形属于不构成犯罪的绝对不起诉，但不能由捕诉部门直接作出不起诉决定，而应退回负责侦查的部门并建议撤销案件。

【实务问题探讨】公安机关移送起诉的案件能否全案撤回或将部分犯罪嫌疑人撤回？

实务中确实存在案件移送起诉后，公安机关主动要求撤回或检察机关建议撤回的现象。对此，一种观点认为，该现象于法无据，根据刑事诉讼法的规定，审查起诉的案件人民检察院除作出起诉或不起诉决定外，法律并未规定其他处理方式。另一种观点认为，移送起诉的案件原则上不能撤回，但如存在特殊情形，应允许有例外的空间。本书认为，目前实务中虽有撤回的做法，但应严格规制，防止滥用。根据《公安机关办理刑事案件程序规定》第 296 条第 1 款第 3 项的规定，对人民检察院退回补充侦查的案件如发现原认定的犯罪事实有重大变化，不应当追究刑事责任的，应当撤销案件或者对犯罪嫌疑人终止侦查，并将有关情况通知退查的人民检察院；最高人民检察院、公安部《补侦指导意见》第 18 条规定："案件补充侦查期限届满，公安机关认为原认定的犯罪事实有重大变化，不应当追究刑事责任而未将案件重新移送审查起诉的，应当以书面形式告知人民检察院，并说明理由。"根据这两个规范性文件，公安机关在移送起诉后有撤回全案或者部分犯罪嫌疑人的依据，但条件极为严格，一是案件处于审查起诉阶段的退回补充侦查环节，二是犯罪嫌疑人出现法定不予追究情形，只有同时具备这两个条件，公安机关才可以退查不重报。如果案件处于审查起诉阶段，即便属于法定不予追究情形，人民检察院也不能建议公安机关撤回移送起诉，公安机关也无主动撤回的法律依据，此时只能根据《刑事诉讼法》第 177 条第 1 款作不起诉处理。

（一）提起公诉

1. 提起公诉的条件

《刑事诉讼法》第 176 条规定："人民检察院认为犯罪嫌疑人的犯罪事实已经查清，证据确实、充分，依法应当追究刑事责任的，应当作出起诉决定，按照审判管辖的规定，向人民法院提起公诉，并将案卷材料、证据移送人民法院。"据此规定，提起公诉应同时符合两个条件：

事实证据条件。《刑诉规则》第 355 条第 2 款规定，具有下列情形之一的，可以认为犯罪事实已经查清：（1）属于单一罪行的案件，查清的事实足以定罪量刑或者与定罪量刑有关的事实已经查清，不影响定罪量刑的事实无法查清的；（2）属于数个罪行的案件，部分罪行已经查清并符合起诉条件，其他罪行无法查清的；（3）无法查清作案工具、赃物去向，但有其他证据足以对被告人定罪量刑的；（4）证人证言、犯罪嫌疑人供述和辩解、被害人陈述的内容主要情节一致，个别情节不一致，但不影响定罪的。对于第 2 项情形，应当以已经查清的罪行起诉。相反，对没有犯罪事实的，或案件事实不清、证据不足的，则不能提起公诉。

刑事责任条件，即依法应当追究犯罪嫌疑人的刑事责任。此点要求将依法不追究刑事责任的绝对排除外，也将犯罪情节轻微，依照刑法规定不需要判处刑罚或者免除刑罚的情况，列入可诉与可不诉的裁量范围。

与纠正漏捕相同，在审查起诉中，除对移送起诉的犯罪嫌疑人进行审查、判断是否符合起诉条件外，还应基于全面审查的原则查明有无遗漏犯罪嫌疑人或遗漏罪行。《刑诉规则》第356 条规定，人民检察院在办理公安机关移送起诉的案件中，发现遗漏罪行或者有依法应当移送起诉的同案犯罪嫌疑人未移送起诉的，应当要求公安机关补充侦查或者补充移送起诉。对于犯罪事实清楚，证据确实、充分的，也可以直接提起公诉。

值得关注的是，对于涉案财物，在提起公诉时也应当查明权属情况并有相应的处理意见。《刑诉解释》第 279 条规定，法庭审理过程中，应当对查封、扣押、冻结财物及其孳息的权属、来源等情况，是否属于违法所得或者依法应当追缴的其他涉案财物进行调查，由公诉人说明情况、出示证据、提出处理建议，并听取被告人、辩护人等诉讼参与人的意见。因此，提起公诉时还应查明案涉财物情况并在法庭审理时提出处理意见。

根据《量刑程序意见》第 2 条规定，对于法律规定并处或者单处财产刑的案件，侦查机关应当根据案件情况对被告人的财产状况进行调查，并向人民检察院移送相关证据材料。人民检察院应当审查并向人民法院移送相关证据材料。此点也是提起公诉时需要注意的事项。

【实务问题探讨】 追捕、追诉的犯罪嫌疑人是否仍需办理立案手续？

《刑诉规则》第 288 条规定："人民检察院办理公安机关提请批准逮捕的案件，发现遗漏应当逮捕的犯罪嫌疑人的，应当经检察长批准，要求公安机关提请批准逮捕。公安机关不提请批准逮捕或者说明的不提请批准逮捕的理由不成立的，人民检察院可以直接作出逮捕决定，送达公安机关执行。"第 356 条规定："人民检察院在办理公安机关移送起诉的案件中，发现遗漏罪行或者有依法应当移送起诉的同案犯罪嫌疑人未移送起诉的，应当要求公安机关补充侦查或者补充移送起诉。对于犯罪事实清楚，证据确实、充分的，也可以直接提起公诉。"

从《刑诉规则》规定的追捕、追诉的程序看，并无刑事立案的程序要求，如果公安机关以事立案尚可牵强地将被追诉人解释为已作刑事立案，但在以人立案的情形下，被追捕、追诉的犯罪嫌疑人显然未经立案，在此情形下，是否必须立案？一种观点认为，刑事立案是刑事诉讼启动的标志，未经立案，将导致侦查取证不具有合法性。另一种观点认为，人民检察院的追捕、追诉法律文书，既有诉讼监督的性质，也有启动刑事追诉的性质，此种情形下无须再作刑事立案。本书倾向后一种观点。理由在于：首先，人民检察院对刑事诉讼实施法律监督是一项刑事诉讼原则，对于公安机关应当提请逮捕的犯罪嫌疑人不提请、应当移送起诉的犯罪嫌疑人不移送，且不接受监督意见时，直接决定追捕、追诉是检察监督权的重要体现，如果将刑事立案作为必经的前置条件，势必会削弱监督的效果。其次，追捕、追诉决定作出后，对被追诉人而言，同样意味着刑事诉讼程序的开启，不会因未立案而缺乏程序的逻辑起点，也不会因未立案而影响侦查取证的合法性。再次，追捕、追诉前后，不减损被追诉人的诉讼权利，在追诉之前，被追诉人未进入刑事诉讼程序，其人身、财产权利不会被剥夺或限制；在追诉之后，不论处于侦查阶段还是审查起诉阶段，其诉讼权利也将随诉讼活动的进行而得到相应的保障。

2. 制作起诉书

《刑诉规则》第 358 条规定，人民检察院决定起诉的，应当制作起诉书。起诉书的主要内容包括：

（1）被告人的基本情况，包括姓名、性别、出生年月日、出生地和户籍地、公民身份号码、民族、文化程度、职业、工作单位及职务、住址，是否受过刑事处分及处分的种类和时间，采取强制措施的情况等；如果是单位犯罪，应当写明犯罪单位的名称和组织机构代码、所在地址、联系方式，法定代表人和诉讼代表人的姓名、职务、联系方式；如果还有应当负刑事责任的直接负责的主管人员或其他直接责任人员，应当按上述被告人基本情况的内容叙写。被告人真实姓名、住址无法查清的，可以按其绰号或者自报的姓名、住址制作起诉书，并在起诉书中注明。被告人自报的姓名可能造成损害他人名誉、败坏道德风俗等不良影响的，可以对被告人编号并按编号制作起诉书，附具被告人的照片，记明足以确定被告人面貌、体格、指纹以及其他反映被告人特征的事项。

（2）案由和案件来源（起诉书样本格式界定为"案由和案件的审查过程"）。

（3）案件事实，包括犯罪的时间、地点、经过、手段、动机、目的、危害后果等与定罪量刑有关的事实要素。起诉书叙述的指控犯罪事实的必备要素应当明晰、准确。被告人被控有多项犯罪事实的，应当逐一列举，对于犯罪手段相同的同一犯罪可以概括叙写。

（4）起诉的根据和理由，包括被告人触犯的刑法条款、犯罪的性质及认定的罪名、处罚条款、法定从轻、减轻或者从重处罚的情节，共同犯罪各被告人应负的罪责等。

（5）被告人认罪认罚情况，包括认罪认罚的内容、具结书签署情况等。

起诉书应当附有被告人现在处所，证人、鉴定人、需要出庭的有专门知识的人的名单，需要保护的被害人、证人、鉴定人的化名名单，查封、扣押、冻结的财物及孳息的清单，附带民事诉讼、附带民事公益诉讼情况以及其他需要附注的情况。

证人、鉴定人、有专门知识的人的名单应当列明姓名、性别、年龄、职业、住址、联系方式，并注明证人、鉴定人是否出庭。

起诉书格式（样本）参考：自然人犯罪案件认罪认罚适用

××××人民检察院

起 诉 书

××检××刑诉〔20××〕×号

被告人……（写明姓名、性别、出生年月日、公民身份号码、民族、文化程度、职业或者工作单位及职务、户籍地、住址、曾受到刑事处罚以及与本案定罪量刑相关的行政处罚的情况和因本案采取强制措施的情况等）

本案由×××（监察/侦查机关）调查/侦查终结，以被告人×××涉嫌××罪，于××××年××月××日向本院移送起诉。本院受理后，于××××年××月××日已告知被告人有权委托辩护人和认罪认罚可能导致的法律后果，××××年××月××日已告知被害人及其法定代理人（近亲属）、附带民事诉讼的当事人及其法定代理人有权委托诉讼代理人，依法讯问了被告人，听取了被告人及其辩护人（值班律师）、被害人及其诉讼代理人的意见，审查了全部案件材料……（写明退回补充调查/侦查、延长审查起诉期限等情况）。被告人同意本案适用速裁/简易/普通程序审理。

经依法审查查明：

……（写明经检察机关审查认定的犯罪事实包括犯罪时间、地点、经过、手段、目的、动机、危害后果，以及被告人到案后自愿如实供述自己的罪行，与被害人达成和解协议或者赔偿被害人损失，取得被害人谅解等与定罪、量刑有关的事实要素。应当根据具体案件情况，围绕刑法规定的该罪的构成要件叙写。）

（对于只有一个犯罪嫌疑人的案件，犯罪嫌疑人实施多次犯罪的，犯罪事实应逐一列举；同时触犯数个罪名的犯罪嫌疑人的犯罪事实应该按照主次顺序分类列举。对于共同犯罪的案件，写明犯罪嫌疑人的共同犯罪事实及各自在共同犯罪中的地位和作用后，按照犯罪嫌疑人的主次顺序，分别叙明各个犯罪嫌疑人的单独犯罪事实。）

认定上述事实的证据如下：

……（针对上述犯罪事实，列举证据，包括犯罪事实证据和量刑情节证据）

上述证据收集程序合法，内容客观真实，足以认定指控事实。被告人×××对指控的犯罪事实和证据没有异议，并自愿认罪认罚。

本院认为，……（概述被告人行为的性质、危害程度、情节轻重），其行为触犯了《中华人民共和国刑法》第××条（引用罪状、法定刑条款），犯罪事实清楚，证据确实、充分，应当以××罪追究其刑事责任。被告人××认罪认罚，依据《中华人民共和国刑事诉讼法》第十五条的规定，可以从宽处理。……（阐述认定的法定、酌定量刑情节，并引用相关法律条款），建议判处被告人×××……（阐述具体量刑建议，包括主刑、附加刑的刑种、刑期，以及刑罚执行方式；建议判处财产刑的，写明确定的数额。也可以单独附量刑建议书，量刑建议不在起诉书中表述）根据《中华人民共和国刑事诉讼法》第一百七十六条的规定，提起公诉，请依法判处。

此致

×××人民法院

检　察　官　×××

检察官助理　×××

20××年××月××日

（院印）

附件：1. 被告人现在处所：具体包括在押被告人的羁押场所或监视居住、取保候审的处所

2. 案卷材料和证据××册

3.《认罪认罚具结书》一份

4.《量刑建议书》一份（单独制作量刑建议书时移送）

5. 有关涉案款物情况

6. 被害人（单位）附带民事诉讼情况

7. 其他需要附注的事项

制作说明

一、上列起诉书的格式供各级人民检察院依法将公诉案件的被告人向人民法院提起公诉及提起附带民事诉讼时选用。

二、上列格式均由首部、被告人（被告单位）的基本情况、案由和案件的审查过程、案件事实、证据、起诉要求和根据、尾部七部分组成。

（一）首部

1. 人民检察院的名称：除最高人民检察院外，各地方人民检察院的名称前应写明省（自治区、直辖市）的名称；对涉外案件提起公诉时，各级人民检察院的名称前均应注明"中华人民共和国"的字样。

2. 文号：由制作起诉书的人民检察院的简称、案件性质（即"刑诉"）、起诉年度、案件顺序号组成。其中，年度须用四位数字表述。文号写在该行的最右端，上下各空一行。

（二）被告人（被告单位）的基本情况

1. 被告人、被告单位的基本情况应当按照格式中所列要素的顺序叙写。

2. 被告人如有与案情有关的曾用名、别名、化名或者绰号的，应当在其姓名后面用括号注明；被告人是外国人的，应当在其中文译名后面用括号注明外文姓名。

3. 被告人的出生日期一般应以公历为准。除未成年人外，如果确实查不清出生日期的，也可以注明年龄。

4. 对尚未办理身份证的，应当注明。

5. 被告人的住址应写被告人的经常居住地。

6. 被告人是外国人时，应注明国籍、护照号码、国外居所。

7. 对被告人曾受到过行政处罚、刑事处罚的，应当在起诉书中写明，其中，行政处罚限于与定罪有关的情况。一般应先写受到行政处罚的情况，再写受到刑事处罚的情况。叙写行政处罚时，应注明处罚的时间、种类、处罚单位；叙写刑事处罚时，应当注明处罚的时间、原因、种类、决定机关、释放时间。

8. 对采取强制措施情况的叙写，必须注明原因、种类，批准或者决定的机关和时间、执行的机关和时间。被采取过多种强制措施的，应按照执行时间的先后分别叙写。

9. 同案被告人有二人以上的，按照主从关系的顺序叙写。

（三） 案由和案件的审查过程

根据案件的不同情况，分别依照格式的要求叙写。叙写退回补充侦查、延长审查起诉期限时，应注明日期、原由。

（四） 案件事实

案件事实部分，是起诉书的重点。叙写案件事实，应当注意以下几点：

1. 对起诉书所指控的所有犯罪事实，无论是一人一罪、多人一罪，还是一人多罪、多人多罪，都必须逐一列举。

2. 叙述案件事实，要按照合理的顺序进行。一般可按照时间先后顺序；一人多罪的，应当按照各种犯罪的轻重顺序叙述，把重罪放在前面，把次罪、轻罪放在后面；多人多罪的，应当按照主犯、从犯或者重罪、轻罪的顺序叙述，突出主犯、重罪。

3. 叙写案件事实时，可以根据案件事实的不同情况，采取相应的表述方式，具体应当把握以下原则：

（1） 对重大案件、具有较大影响的案件、检察机关直接受理立案侦查的案件，都必须详细写明具体犯罪事实的时间、地点，实施行为的经过、手段、目的、动机、危害后果和被告人案发后的表现及认罪态度等内容，特别要将属于犯罪构成要件或者与定罪量刑有关的事实要素列为重点。既要避免发生遗漏，也要避免将没有证据证明或者证据不足，以及与定罪量刑无关的事项写入起诉书，做到层次清楚、重点突出。

（2） 对一般刑事案件，通常也应当详细写明案件事实，但对其中作案多起但犯罪手段、危害后果等方面相同的案件事实，可以先对相同的情节进行概括叙述，然后再逐一列举出每起事实的具体时间、结果等情况，而不必详细叙述每一起犯罪事实的过程。

4. 对共同犯罪案件中有同案犯在逃的，应在其后写明"另案处理"字样。

（五） 证据

应当在起诉书中指明证据的名称、种类，但不必对证据与事实、证据与证据之间的关系进行具体的分析、论证。叙写证据时，一般应当采取"一事一证"的方式，即在每一起案件事实后，写明据以认定的主要证据。对于作案多起的一般刑事案件，如果案件事实是概括叙述的，证据的叙写也可以采取"一罪一证"的方式，即在该种犯罪后概括写明主要证据的种类，而不再指出认定每一起案件事实的证据。

（六） 起诉的要求和根据

1. 对行为性质、危害程度、情节轻重，要结合犯罪的各构成要件进行概括性地表述，突出本罪的特征，语言要精练、准确。

2. 对法律条文的引用，要准确、完整、具体，写明条、款、项。

3. 对于量刑情节的认定，应当遵循如下原则：（1） 对于具备轻重不同的法定量刑情节，一般应当在起诉书中作出认定。但对于适用普通程序的案件，涉及自首、立功等可能因特定因素发生变化的情节，也可以在案件事实之后仅对有关事实作客观表述。（2） 对于酌定量刑情节，可以根据案件的具体情况，从有利于出庭支持公诉的角度出发，决定是否在起诉书中作出认定。

（七） 尾部

1. 起诉书应当署具体承办案件检察官和检察官助理的姓名。

2. 起诉书的年月日，为签发起诉书的日期。

三、当自然人犯罪、单位犯罪并存时，在叙写被告单位、被告人情况时，应先叙述被告单位、法定代表人及有关属于责任人员的被告人的情况，再叙述一般的自然人被告人情况。同时，在起诉的理由和根据部分，也按照先单位犯罪、后自然人犯罪的顺序叙写。

四、本文书有正副本之分，正本送人民法院，副本存检察内卷。

五、正本上不写"本件与原本核对无异"，应将其制成专用印章，加盖在正本末页的年月日的左下方、附项的上方。

3. 起诉书与案件材料的移送

提起公诉的案件，应当向人民法院移送起诉书、案卷材料、证据和认罪认罚具结书等材料。

起诉书，需一式八份，每增加一名被告人增加起诉书五份。涉及被害人姓名、住址、联系方式、被告人被采取强制措施的种类、是否在案及羁押处所等问题，应当在起诉书中列明，不再单独移送材料；对于涉及被害人隐私或者为保护证人、鉴定人、被害人人身安全，而不宜公开证人、鉴定人、被害人姓名、住址、工作单位和联系方式等个人信息的，可以在起诉书中使用化名。但是应当另行书面说明使用化名的情况并标明密级，单独成卷。

除起诉书外，一并移送的还包括案卷材料、证据和认罪认罚具结书等材料。根据《刑诉规则》第360条至第364条规定，需要移送的材料有：（1）犯罪嫌疑人、被告人或者证人等翻供、翻证的材料以及对犯罪嫌疑人、被告人有利的其他证据材料；（2）人民法院要求补充且人民检察院认为有必要移送的材料；（3）对提起公诉后、宣告判决前补充收集的证据材料；（4）量刑建议书。对于认罪认罚的犯罪嫌疑人，刑事诉讼法规定应当就主刑、附加刑、是否适用缓刑等提出量刑建议，并随案移送认罪认罚具结书等材料。对于不属于认罪认罚的犯罪嫌疑人，《刑诉规则》第364条规定可以向人民法院提出量刑建议。

【实务问题探讨】 认罪认罚具结书是否属于案件证据？

《刑事诉讼法》第174条第1款规定，犯罪嫌疑人自愿认罪，同意量刑建议和程序适用的，应当在辩护人或者值班律师在场的情况下签署认罪认罚具结书。对该认罪认罚具结书是否属于案件证据，有不同看法。一种观点认为，不属于案件证据，系案件在诉讼过程中产生的诉讼文书，无须举证质证。另一种观点认为，属于案件证据，应向法庭举证并经质证后作为定案依据。本书认为，认罪认罚具结书虽然是诉讼活动中产生的文书，但由于其内容涉及认罪认罚，对定罪量刑有重要的影响，故应作为案件证据。理由在于：首先，认罪认罚具结书载明犯罪嫌疑人认可指控的罪行，从本质上讲属于有罪供述的一种表现形式；其次，犯罪嫌疑人同意量刑建议是认罚的表现，具有量刑证据的色彩；最后，签署认罪认罚具结书的自愿性、真实性和合法性需要接受司法审查，《刑事诉讼法》第190条规定，开庭的时候，被告人认罪认罚的，审判长应当告知被告人享有的诉讼权利和认罪认罚的法律规定，审查认罪认罚的自愿性和认罪认罚具结书内容的真实性、合法性。这一要求与证据审查完全一致。因此，认罪认罚具结书应作为量刑情节证据，经举证、质证、认证后作为定案根据。

4. 提出适用简易程序和速裁程序的建议

《刑事诉讼法》第 214 条规定，基层人民法院管辖的、可以适用简易程序审判的案件，人民检察院在提起公诉的时候，可以建议人民法院适用简易程序。第 222 条规定，人民检察院在提起公诉的时候，可以建议人民法院适用速裁程序。

与 2012 年《刑诉规则》相比，2019 年《刑诉规则》取消了建议适用简易程序需报检察长审批的规定，因为决定适用简易程序只是一项程序性权力，在犯罪嫌疑人、被告人同意适用的前提下，并不影响对其权利的保障。同样建议适用速裁程序也未规定需由检察长批准。

建议适用简易程序、速裁程序的，应当制作适用简易程序建议书、适用速裁程序建议书，在提起公诉时移送人民法院。

5. 变更、追加、补充起诉与撤回起诉

《刑诉规则》第 423 条规定，人民法院宣告判决前，人民检察院发现被告人的真实身份或者犯罪事实与起诉书中叙述的身份或者指控犯罪事实不符的，或者事实、证据没有变化，但罪名、适用法律与起诉书不一致的，可以变更起诉。发现遗漏同案犯罪嫌疑人或者罪行的，应当要求公安机关补充移送起诉或者补充侦查；对于犯罪事实清楚，证据确实、充分的，可以直接追加、补充起诉。这里涉及变更、追回、补充起诉问题。

变更起诉是指起诉书叙述的被告人身份有误、或指控犯罪事实有误、或适用的法律有误，在此情形下变更起诉的认定或指控。追加起诉是针对遗漏同案犯罪嫌疑人，在此情形下追加起诉。补充起诉是针对遗漏罪行，在此情形下补充起诉。

变更、追回、补充起诉均发生在提起公诉后、宣告判决前，是对起诉书的修正和补充。如果在一审宣判后、判决生效前发现上述问题，对涉及被告人身份信息有误，但认定事实和适用法律正确、量刑适当的，根据《刑诉解释》第 473 条规定，作出生效判决、裁定的人民法院可以通过裁定对有关信息予以更正。但如果身份事项涉及刑事责任的，则应通过抗诉方式进行纠正。涉及犯罪事实、证据或法律适用方面问题的，也只能通过抗诉的方式解决。涉及漏犯、漏罪的，如被告人上诉，可建议二审法院发回重审，在重审时进行补充或追加，或者待判决生效后另行起诉。若判决已生效，则只能通过审判监督程序或另行起诉的方式加以解决。

在人民法院宣告判决前，发现不应当追究被告人刑事责任时，经检察长批准，可以撤回起诉，包括：（1）不存在犯罪事实的；（2）犯罪事实并非被告人所为的；（3）情节显著轻微、危害不大，不认为是犯罪的；（4）证据不足或证据发生变化，不符合起诉条件的；（5）被告人因未达到刑事责任年龄，不负刑事责任的；（6）法律、司法解释发生变化导致不应当追究被告人刑事责任的；（7）其他不应当追究被告人刑事责任的。

对于撤回起诉的案件，应当在撤回后 30 日以内作出不起诉决定。需要重新调查或者侦查的，应当在作出不起诉决定后将案卷材料退回监察机关或者公安机关，建议监察机关或者公安机关重新调查或者侦查，并书面说明理由。

对于撤回起诉的案件，没有新的事实或者新的证据，不得再行起诉。新的事实是指原起诉书中未指控的犯罪事实。该犯罪事实触犯的罪名既可以是原指控罪名的同一罪名，也可以是其他罪名。新的证据是指撤回起诉后收集、调取的足以证明原指控犯罪事实的证据。

（二）不起诉

不起诉制度是检察机关基于起诉便宜主义而享有的公诉裁量权，通过审前把关和分流，将不符合起诉条件的案件过滤，确保提起公诉案件的质量。

1. 不起诉的种类

根据刑事诉讼法规定，共有五种不起诉：

（1）绝对不起诉。《刑事诉讼法》第 177 条第 1 款规定，犯罪嫌疑人没有犯罪事实，或者有本法第 16 条规定的情形之一的，人民检察院应当作出不起诉决定。

（2）存疑不起诉。《刑事诉讼法》第 175 条第 4 款规定，对于二次补充侦查的案件，人民检察院仍然认为证据不足，不符合起诉条件的，应当作出不起诉的决定。对于是否必须经过二次补充侦查，《刑诉规则》第 367 条第 2 款规定，人民检察院对于经过一次退回补充调查或者补充侦查的案件，认为证据不足，不符合起诉条件，且没有再次退回补充调查或者补充侦查必要的，经检察长批准，可以作出不起诉决定。因此，存疑不起诉并非必须作二次补充侦查，对个别已丧失取证时机或者已经穷尽取证措施的案件，即便进行第二次补充侦查，也不可能收集到证据的，从诉讼效果和经济考虑，并经严格的审批把关，可以作出存疑不起诉决定。但未经补充侦查的案件，不能直接作出存疑不起诉处理，也就是说，若作存疑不起诉处理，原则上要经过二次补充侦查，特殊情况下可经一次补充侦查，但未经补充侦查不得作出存疑不起诉处理。存疑不起诉案件有时不具有终局性，《刑诉规则》第 369 条规定："人民检察院根据刑事诉讼法第一百七十五条第四款规定决定不起诉的，在发现新的证据，符合起诉条件时，可以提起公诉。"可见一旦出现新证据，原案中的"疑"将得到证明，案件的处理决定也将随之改变。

（3）酌定不起诉。《刑事诉讼法》第 177 条第 2 款规定，对于犯罪情节轻微，依照刑法规定不需要判处刑罚或者免除刑罚的，人民检察院可以作出不起诉决定。

（4）未成年人的附条件不起诉。《刑事诉讼法》第 282 条规定，对于未成年人涉嫌刑法分则第四章、第五章、第六章规定的犯罪，可能判处 1 年有期徒刑以下刑罚，符合起诉条件，但有悔罪表现的，人民检察院可以作出附条件不起诉的决定。

（5）核准不起诉。《刑事诉讼法》第 182 条规定，犯罪嫌疑人自愿如实供述涉嫌犯罪的事实，有重大立功或者案件涉及国家重大利益的，经最高人民检察院核准，公安机关可以撤销案件，人民检察院可以作出不起诉决定，也可以对涉嫌数罪中的一项或者多项不起诉。

对于不起诉的分类，有学者认为，整个不起诉制度应当划分为"法定不起诉"和"酌定不起诉"，《刑事诉讼法》第 175 条第 4 款规定的存疑不起诉，应理解为人民检察院在这种情况下应当作出不起诉决定，实际上属于法定不起诉范围。[①]

【实务问题探讨】审查起诉中对移送起诉的多项罪名或事实，经审查部分符合起诉条件，部分不符合起诉条件，对不符合起诉条件的罪名或事实是否需要另行作出不起诉决定？

甲犯盗窃罪、故意伤害案被移送审查起诉，经审查，故意伤害罪证据不足，盗窃罪符合起诉条件，检察机关对盗窃罪予以起诉没有争议，但要不要同时对故意伤害罪作出不起诉决定存在争议。一种观点认为，对故意伤害部分无须作不起诉决定，《刑诉规则》第 355 条规定，人民检察院认为犯罪嫌疑人的犯罪事实已经查清，证据确实、充分，依法应当追究刑事责任的，应当作出起诉决定。其中

---

① 参见易延友：《刑事诉讼法：规则 原理 应用》，法律出版社 2019 年版，第 443 页。

包括数个罪行的案件，部分罪行已经查清并符合起诉条件，其他罪行无法查清的情形。对已经查清的部分依法提起公诉，无法查清的部分未要求作出决定，同时，对一起案件不能既作出起诉决定，又作出不起诉决定。另一种观点认为，对不符合起诉条件的罪名或事实仍有作不起诉决定的必要，特别案涉被害人时，更应作出结论，以保障被害人能够行使相应的诉讼权利。本书同意后一种观点。首先，对移送起诉的多罪名、多犯罪事实案件，部分起诉，部分不起诉，并不矛盾，起诉或不起诉都是针对涉案的犯罪事实而言的，当该犯罪事实已经查清并符合起诉条件时，就应当依法提起公诉，而犯罪事实无法查清，则不符合起诉条件，因此，同一起案件中，部分事实符合起诉条件，部分事实不符合起诉条件，并不令人奇怪，故同一起案件中，对一部分事实作出起诉决定，一部分事实作出不起诉决定，也没有矛盾可言。其次，如对无法查清的事实不作审查结论，会对被害人的救济权形成障碍，如所举案例，如果检察机关认为故意伤害的犯罪事实不符合起诉条件，但又不作出审查决定，那么会导致被害人救济权的阻塞，继续向公安机关反映，公安机关会告知该事实已经移送起诉，侦查机关的工作已结束。向上级检察机关申诉或向人民法院起诉，又因为检察院没有作出不起诉决定而缺乏受理申诉或起诉的前提。由此可能使被害人陷入告状无门的窘境。再次，《刑事诉讼法》第182条规定，犯罪嫌疑人自愿如实供述涉嫌犯罪的事实，有重大立功或者案件涉及国家重大利益的，经最高人民检察院核准，公安机关可以撤销案件，人民检察院可以作出不起诉决定，也可以对涉嫌数罪中的一项或者多项不起诉。此条规定虽针对核准不起诉情形，但已经明确对涉嫌数罪中的一项或者多项不起诉，也就意味着在核准的一项或多项不起诉之外，如还涉及需要追诉的犯罪事实，是应当依法处理的。因此，检察机关对公安机关移送起诉的犯罪事实，无论诉与不诉，或是部分诉、部分不诉，均应作出审查决定。

【实务问题探讨】 存疑不诉后再决定起诉应否撤销原不诉决定？

关于存疑不诉后再决定起诉的案件是否需要撤销原来的不起诉决定，存在两种不同的观点。一种观点认为，不应当撤销原来的不起诉决定。理由是，一是根据《刑诉规则》第388条规定，检察院只有在原不起诉决定确有错误时才能撤销原不起诉决定，而存疑不诉的不起诉决定是基于对原有案件证据不足的现状而依法作出，并非错误的决定；二是参照《刑诉解释》第298条规定，不需要撤销，只需要在新的起诉决定中表述原不起诉决定的情况及理由即可。另一种观点认为，应当撤销原不起诉决定。理由是，一是从法理上讲，对于同一案件，不允许有两种对立的同时又都具有效力的决定或者判决存在。按照"疑罪从无"原则，存疑不起诉决定兼有实体处分（宣告当事人无罪）和程序处分（终止刑事诉讼程序）两项权能，不管是重新追诉犯罪嫌疑人还是恢复刑事诉讼，都不应当在同一案件中出现两种对立的决定，故应当撤销原不起诉决定；二是虽然《刑诉规则》第388条规定，只有在原不起诉决定确有错误时才能撤销原不起诉决定，但刑事诉讼法中的"确有错误"含义较为丰富，根据《刑事诉讼法》第253条第1项"有新的证据证明原判决、裁定认定的事实确有错误，可能影响定罪量刑的"规定，只要原不起诉决定认定的事实与真实的案件情况不符并影响了定罪量刑，均属于"确有错误"的决定，应当予以撤销。[①] 本书倾向于前一种观点，理由是存疑不起诉是客观的诉讼过程，在案件出现新的证据且符合起诉条件时，起诉书必然会涉及案件的诉讼过程，必然涉及曾经因为证据不足而作出的存疑不起诉决定，必然会涉及本次提起公诉的原因，这一诉讼过程能够明确表达，存疑不起诉已经失去法律上的效力，原存疑不起诉决定已被起诉决定所取代，因而，没有必要单独撤销原存疑不起诉决定，也不会产生同一案件有两种对立的处理决定的歧义。

2. 不起诉的程序

（1）不起诉的审批权限

3 种不起诉由检察长批准。根据《刑诉规则》第 365 条、第 367 条、第 370 条的规定，绝对不起诉、存疑不起诉、相对不起诉均由检察长批准。

2 类案件由上一级检察院批准。《刑诉规则》第 371 条规定，人民检察院直接受理侦查的案件，以及监察机关移送起诉的案件，拟作不起诉决定的，应当报请上一级人民检察院批准。

1 类特殊案件由最高人民检察院核准，即《刑事诉讼法》第 182 条规定的犯罪嫌疑人自愿如实供述，有重大立功或者案件涉及国家重大利益的，经最高人民检察院核准，可以作出不起诉决定，也可以对涉嫌数罪中的一项或者多项不起诉。

（2）不起诉决定书的制作

不起诉决定书是人民检察院代表国家依法确认不追究犯罪嫌疑人刑事责任的决定性法律文书，具有终止刑事诉讼的法律效力，根据《刑诉规则》第 372 条的规定，不起诉决定书的主要内容包括：①被不起诉人的基本情况，包括姓名、性别、出生年月日、出生地和户籍地、公民身份号码、民族、文化程度、职业、工作单位及职务、住址，是否受过刑事处分，采取强制措施的情况以及羁押处所等；如果是单位犯罪，应当写明犯罪单位的名称和组织机构代码、所在地址、联系方式，法定代表人和诉讼代表人的姓名、职务、联系方式；②案由和案件来源；③案件事实，包括否定或者指控被不起诉人构成犯罪的事实以及作为不起诉决定根据的事实；④不起诉的法律根据和理由，写明作出不起诉决定适用的法律条款；⑤查封、扣押、冻结的涉案财物的处理情况；⑥有关告知事项。

（3）不起诉决定书的宣告、送达

根据《刑事诉讼法》第 178 条和《刑诉规则》第 376 条的规定，不起诉的决定，应当由人民检察院公开宣布，公开宣布不起诉决定的活动应当记录在案。不起诉决定书自公开宣布之日起生效。被不起诉人在押的，应当立即释放；被采取其他强制措施的，应当通知执行机关解除。

根据《刑诉规则》第 377 条、第 378 条的规定，不起诉决定书需送达下列人员或者单位：①被不起诉人及其辩护人以及被不起诉人的所在单位；②对于监察机关或者公安机关移送起诉的案件，应当将不起诉决定书送达监察机关或者公安机关；③对于有被害人的案件，应当将不起诉决定书送达被害人或者其近亲属及其诉讼代理人。送达时，应当告知被害人或者其近亲属及其诉讼代理人，如果对不起诉决定不服，可以自收到不起诉决定书后 7 日以内向上一级人民检察院申诉，也可以不经申诉，直接向人民法院起诉；告知被不起诉人，如果对不起诉决定不

[①]　参见陶维俊：《存疑不诉后再起诉应否撤销原不诉决定》，载《检察日报》2018 年 12 月 2 日，第 3 版。

服，可以自收到不起诉决定书后 7 日以内向人民检察院申诉。

（4）不起诉后相关事项的处理

根据《刑事诉讼法》第 177 条第 3 款、第 182 条和《刑诉规则》第 373 条、第 374 条、第 375 条的规定，作出不起诉决定的还应对相关事项予以处理，具体如下：

对被不起诉人的处理。可以根据案件的不同情况，对被不起诉人予以训诫或者责令具结悔过、赔礼道歉、赔偿损失。对被不起诉人需要给予行政处罚、政务处分或者其他处分的，经检察长批准，人民检察院应当提出检察意见，连同不起诉决定书一并移送有关主管机关处理，并要求有关主管机关及时通报处理情况。

对涉案财物的处理。书面通知作出查封、扣押、冻结决定的机关或者执行查封、扣押、冻结决定的机关解除查封、扣押、冻结。需要没收违法所得的，经检察长批准，应当提出检察意见，移送有关主管机关处理，并要求有关主管机关及时通报处理情况。此外，对因犯罪嫌疑人死亡而作不起诉决定的，若按照刑法规定应当追缴其违法所得及其他财产的，应根据刑事诉讼法违法所得没收程序予以办理。

核准不起诉的还应对查封、扣押、冻结的财物及其孳息作出处理。

3. 对不起诉决定的复议、复核和当事人权利救济

（1）公安机关和监察机关的复议、复核

公安机关如认为不起诉决定有错误，可以依法要求人民检察院进行复议、复核。

复议程序：在收到不起诉决定书后 7 日以内制作要求复议意见书，经县级以上公安机关负责人批准后，移送同级人民检察院复议。人民检察院负责捕诉的部门应当另行指派检察官或者检察官办案组进行审查，并在收到要求复议意见书后 30 日以内，经检察长批准，作出复议决定，通知公安机关。

复核程序：公安机关复议意见不被接受的，可以在收到复议决定书后 7 日以内制作提请复核意见书，经县级以上公安机关负责人批准后，连同人民检察院的复议决定书，一并提请上一级人民检察院复核。上一级人民检察院应当在收到提请复核意见书后 30 日以内，经检察长批准，作出复核决定，通知提请复核的公安机关和下级人民检察院。经复核认为下级人民检察院不起诉决定错误的，应当指令下级人民检察院纠正，或者撤销、变更下级人民检察院作出的不起诉决定。

监察机关如认为不起诉的决定有错误，根据《监察法》第 47 条第 4 款和《刑诉规则》第 379 条第 1 款的规定，向上一级人民检察院提请复议的，上一级人民检察院应当在收到提请复议意见书后 30 日以内，经检察长批准，作出复议决定，通知监察机关。因为《监察法》第 47 条规定，监察机关移送起诉的案件若人民检察院拟作不起诉决定，必经上一级人民检察院批准，故监察机关认为不起诉决定有错误，只能向上一级人民检察院提出复议。

（2）对被害人的救济

根据《刑事诉讼法》第 180 条的规定，对被害人救济有两种渠道，一种是向上一级人民检察院申诉，另一种是向人民法院起诉。具体程序是：

申诉程序。被害人提出申诉的，应当递交申诉书，写明申诉理由。没有书写能力的，也可以口头提出申诉。人民检察院应当根据其口头提出的申诉制作笔录。同时，根据被害人在收到不起诉决定书后 7 日内、还是在 7 日后提出申诉，人民检察院的复查机关也不相同。

在 7 日以内提出申诉的，由向上一级人民检察院捕诉部门复查；如果被害人向作出不起诉决定的人民检察院提出申诉的，该院应当将申诉材料连同案卷一并报送上一级人民检察院。上

级检察院复查后，应当将复查决定书送达被害人、被不起诉人和作出不起诉决定的人民检察院；对经复查作出起诉决定的，应当撤销下级人民检察院的不起诉决定，交由下级人民检察院提起公诉，并将复查决定抄送移送起诉的监察机关或者公安机关。

在 7 日以后提出申诉的，由作出不起诉决定的人民检察院负责控告申诉检察的部门进行审查。经审查，认为不起诉决定正确的，出具审查结论直接答复申诉人，并做好释法说理工作；认为不起诉决定可能存在错误的，移送负责捕诉的部门进行复查。

人民检察院复查不服不起诉决定的申诉，应当在立案后 3 个月以内报经检察长批准作出复查决定。案情复杂的，不得超过 6 个月。

起诉程序。对人民检察院维持不起诉决定的，被害人可以向人民法院起诉。被害人也可以不经申诉，直接向人民法院起诉。人民检察院收到人民法院受理被害人对被不起诉人起诉的通知后，应当终止复查，将作出不起诉决定所依据的有关案卷材料移送人民法院。

（3）对被不起诉人的救济

对于人民检察院依照《刑事诉讼法》第 177 条第 2 款规定作出的不起诉决定（酌定不起诉），被不起诉人如果不服可以提出申诉，申诉时应递交申诉书，写明申诉理由；没有书写能力的，也可以口头提出申诉，人民检察院应当根据其口头提出的申诉制作笔录。

在收到决定书后 7 日以内申诉，由作出决定的人民检察院负责捕诉的部门进行复查；在收到不起诉决定书 7 日以后提出申诉的，由负责控告申诉检察的部门进行审查。经审查，认为不起诉决定正确的，出具审查结论直接答复申诉人，并做好释法说理工作；认为不起诉决定可能存在错误的，移送负责捕诉的部门复查。复查决定书应送达被不起诉人、被害人。复查后，撤销不起诉决定，变更不起诉的事实或者法律依据的，应当同时将复查决定书抄送移送起诉的监察机关或者公安机关。

（三）提起附带民事诉讼

《刑事诉讼法》第 101 条第 2 款规定："如果是国家财产、集体财产遭受损失的，人民检察院在提起公诉的时候，可以提起附带民事诉讼。"这里的"可以"即当国家财产、集体财产遭受损失，而被害单位没有提起附带民事诉讼时，人民检察院作为国家利益的维护者，有责任提起附带民事诉讼。检察机关在提起公诉时提起附带民事诉讼的，人民法院应当受理。检察机关提起附带民事诉讼的，应当将其列为附带民事诉讼原告人，其享有附带民事诉讼原告人的诉讼权利。[①]

除国家财产、集体财产之外，最高人民法院、最高人民检察院 2018 年《关于检察公益诉讼案件适用法律若干问题的解释》第 20 条规定："人民检察院对破坏生态环境和资源保护、食品药品安全领域侵害众多消费者合法权益等损害社会公共利益的犯罪行为提起刑事公诉时，可以向人民法院一并提起附带民事公益诉讼，由人民法院同一审判组织审理。人民检察院提起的刑事附带民事公益诉讼案件由审理刑事案件的人民法院管辖。"此规定首次明确在提起公诉时，可同时提出附带民事公益诉讼。相比刑事诉讼法的规定，人民检察院能够作为原告人提起刑事附带民事诉讼的范围有了进一步拓展。2019 年《刑诉规则》将该部分内容吸纳，第 330 条规定："有无附带民事诉讼；对于国家财产、集体财产遭受损失的，是否需要由人民检察院提起附带民事诉讼；对于破坏生态环境和资源保护，食品药品安全领域侵害众多消费者合法权

---

① 参见宋英辉、甄贞主编：《刑事诉讼法学》（第六版），中国人民大学出版社 2019 年版，第 163—164 页。

益，侵害英雄烈士的姓名、肖像、名誉、荣誉等损害社会公共利益的行为，是否需要由人民检察院提起附带民事公益诉讼。"可见，附带民事诉讼、附带民事公益诉讼是人民检察院在审查起诉时应当查明的内容之一，也是提起公诉时应当考虑的内容。

在刑事案件的审查起诉中，是否提起附带民事诉讼，实务中由捕诉部门和民事及公益诉讼部门负责，即捕诉部门负责刑事部分的审查起诉，民事及公益诉讼负责附带民事诉讼部分。这就涉及执法信息的互通和诉讼中的相互协作，就捕诉部门而言，在审查刑事案件时，需注意是否存在附带民事诉讼的内容，尤其要注意有无检察机关可以自己名义提起附带民事诉讼的内容，并将相关信息及时通报民事或公益诉讼部门。民事或公益诉讼部门需要熟悉刑事案件的证据情况，并收集犯罪行为造成损失的相关证据。在提起公诉时，根据《人民检察院刑事诉讼法律文书格式样本》，需另行制作刑事附带民事起诉书，写明被告人、被害单位、诉讼请求、事实证据和理由以及检察机关的意见等。

第九节 延长侦查羁押期限和重新计算侦查羁押期限

侦查中的羁押期限可以分为一般羁押期限、特殊羁押期限和重新计算的羁押期限三种。

一般羁押期限是指《刑事诉讼法》第 156 条规定的"对犯罪嫌疑人逮捕后的侦查羁押期限不得超过二个月"。逮捕前如被拘留，拘留的期限不包括在侦查羁押期限之内。

特殊羁押期限是指因案件的特殊需要，经法定程序和审批，延长的侦查羁押期限。具体包括：（1）依据《刑事诉讼法》第 156 条规定，对于案情复杂、期限届满不能终结的案件，可以经上级人民检察院批准延长 1 个月；（2）依据《刑事诉讼法》第 158 条规定，交通十分不便的边远地区的重大复杂案件，重大的犯罪集团案件，流窜作案的重大复杂案件，犯罪涉及面广、取证困难的重大复杂案件等四类案件，在第 156 条规定的期限届满仍不能侦查终结的，经省、自治区、直辖市人民检察院批准或者决定，可以延长 2 个月；（3）依据《刑事诉讼法》第 159 条规定，对犯罪嫌疑人可能判处 10 年有期徒刑以上刑罚，依照第 158 条规定延长期限届满，仍不能侦查终结的，经省、自治区、直辖市人民检察院批准或者决定，可以再延长 2 个月。因此，对一些特殊案件可能存在 3 次延长侦查羁押期限的可能，最长的侦查羁押期限可能达到 7 个月。

人民检察院审查批准或者决定延长侦查羁押期限，由负责捕诉的部门办理。受理案件的人民检察院对延长侦查羁押期限的意见审查后，应当提出是否同意延长侦查羁押期限的意见，将公安机关延长侦查羁押期限的意见和本院的审查意见层报有决定权的人民检察院审查决定。有决定权的人民检察院作出批准延长侦查羁押期限或者不批准延长侦查羁押期限的决定后，应当将决定书交由最初受理案件的人民检察院送达公安机关。

公安机关需要延长侦查羁押期限的，人民检察院应当要求其在侦查羁押期限届满 7 日前提请批准延长侦查羁押期限。本院直接受理侦查的案件也同样需要遵循该期限要求向捕诉部门移送相关意见和材料。对于超过法定羁押期限提请延长侦查羁押期限的，不予受理。《刑诉规则》还对不批准延长侦查羁押期限及延押审查中撤销逮捕决定作出规定，即"公安机关在对犯罪嫌疑人执行逮捕后二个月以内未有效开展侦查工作或者侦查取证工作没有实质进展的，人民检察院可以作出不批准延长侦查羁押期限的决定"；"犯罪嫌疑人不符合逮捕条件，需要撤销下级人民检察院逮捕决定的，上级人民检察院在作出不批准延长侦查羁押期限决定的同时，应当作出撤销逮捕的决定，或者通知下级人民检察院撤销逮捕决定"。对于消极侦查的不批准延长羁押期间，《刑诉规则》采用了"可以"不批准，主要是兼顾惩罚犯罪与保障人权的平衡，是否作出延押决定需具体考察案件性质和犯罪嫌疑人的人身危险性。

此外，根据《刑事诉讼法》第157条规定，因为特殊原因，在较长时间内不宜交付审判的特别重大复杂的案件，由最高人民检察院报请全国人民代表大会常务委员会批准延期审理。

重新计算羁押期限是不计入已有侦查羁押期限的情形。《刑事诉讼法》第160条规定："在侦查期间，发现犯罪嫌疑人另有重要罪行的，自发现之日起依照本法第一百五十六条的规定重新计算侦查羁押期限。""另有重要罪行"是指与逮捕时的罪行不同种的重大犯罪或者同种的影响罪名认定、量刑档次的重大犯罪。重新计算侦查羁押期限由公安机关决定，不再经人民检察院批准，但须报人民检察院备案。重新计算的起算点是发现之日，而非法定羁押期限届满后重新计算。重新计算羁押期限并无次数的限制，但必须以发现另有重要罪行为依据。《刑事诉讼法》第160条还规定："犯罪嫌疑人不讲真实姓名、住址，身份不明的，应当对其身份进行调查，侦查羁押期限自查清其身份之日起计算，但是不得停止对其犯罪行为的侦查取证。对于犯罪事实清楚，证据确实、充分，确实无法查明其身份的，也可以按其自报的姓名起诉、审判。"

此外《刑事诉讼法》第149条规定，对犯罪嫌疑人作精神病鉴定的期间不计入办案期限。

【实务问题探讨】 退回补充侦查期间发现犯罪嫌疑人另有重要罪行的处理。

这一问题仍然涉及如何看待退回补充侦查的性质和诉讼阶段问题，如果认为退回补充侦查属于侦查阶段，则可根据发现另有重要罪行重新计算侦查羁押期限；如果认为退回补充侦查属于审查起诉阶段，则不能重新计算侦查羁押期限。本书认为退回补充侦查属于审查起诉阶段，对退回补充侦查期间发现另有重要罪行的，可采取如下方式处置：其一，在退回补充侦查期间完成取证工作，《公安机关办理刑事案件程序规定》第296条第1款第2项规定："在补充侦查过程中，发现新的同案犯或者新的罪行，需要追究刑事责任的，应当重新制作起诉意见书，移送人民检察院审查"。因此，对此新发现的罪行应尽可能在退查期间完成取证工作，并通过重新制作起诉意见书追加遗漏的犯罪事实。其二，如果取证工作量大，难以在退回补充侦查期间完成取证任务，可以在退查重报、检察机关审查起诉案件的同时，继续取证并随时移送，通过侦查、审查同步推进完成新增犯罪事实的指控。其三，如果审查起诉期限内仍无法完成取证任务，可在提起公诉后，根据《刑事诉讼法》第204条的规定，建议人民法院延期审理，为补充起诉新的犯罪事实赢得取证时间。其四，如果人民法院的审理期限仍无法完成取证任务的，则对新的犯罪事实留待将来另行起诉。总之，不能通过退回补充侦查来重新计算侦查羁押。

第十节　核准追诉

《刑法》第87条规定："法定最高刑为无期徒刑、死刑的，经过二十年。如果二十年以后认为必须追诉的，须报请最高人民检察院核准。"

《刑法修正案（十一）》新增的第 17 条第 3 款规定："已满十二周岁不满十四周岁的人，犯故意杀人、故意伤害罪，致人死亡或者以特别残忍手段致人重伤造成严重残疾，情节恶劣，经最高人民检察院核准追诉的，应当负刑事责任。"

核准追诉与否是最高人民检察院的职权，这两类案件的办理既有执法理念更新的要求，也有公检机关和上下级检察机关的程序衔接要求。

一、核准追诉的理念

立法本意是以不追诉为原则，以追诉为例外。"法律规定由最高人民检察院核准，就是要严格把握，从国家利益、社会发展稳定的大局考虑，从国家层面去判断，而不仅仅是从发案的具体地方去考虑要不要追诉，更不应该仅仅因为当事人或者其家属上访、有诉求的倾向就决定追诉。"[1]《刑法修正案（十一）》对特定情形下法定最低刑事责任年龄的个别下调，也同样需要遵循这一理念。对于行为人主观恶性不大，被害人有明显过错，行为人家属积极给予被害人及其家属赔偿并取得被害人及其家属谅解等情形的，最高人民检察院也可以不核准追诉。其中，最高人民检察院核准是必经程序，这是为了严格限制对这部分追究刑事责任。[2]

二、公安机关侦查工作不受影响

可以依法对犯罪嫌疑人采取强制措施。报请核准追诉并提请逮捕犯罪嫌疑人，人民检察院经审查认为必须追诉而且符合法定逮捕条件的，可以依法批准逮捕，同时要求公安机关在报请核准追诉期间不得停止对案件的侦查。对已经采取强制措施的案件，强制措施期限届满核准追诉决定尚未作出的，应当对犯罪嫌疑人变更强制措施或者延长侦查羁押期限。最高人民检察院决定不予核准追诉，公安机关应及时撤销案件。否则同级人民检察院须提出纠正意见。

三、地方各级人民检察院层报过程的逐级审查

公安机关报请核准追诉的案件，由同级人民检察院受理。地方各级人民检察院对公安机关报请核准追诉的案件，应当及时进行审查并开展必要的调查。经检察委员会审议提出是否同意核准追诉的意见，制作报请核准追诉案件报告书，连同案卷材料一并层报最高人民检察院。由于核准追诉是最高人民检察院的职权，地方各级人民检察院审查后均须提交检察委员会审议，无论是否同意追诉，均不得作出决定，也不得在不同意追诉后停止层报。

四、最高人民检察院的审查核准

最高人民检察院收到省级人民检察院报送的报请核准追诉案件报告书及案卷材料后，应当及时审查，必要时指派检察人员到案发地了解案件有关情况。经检察长批准，作出是否核准追诉的决定，并制作核准追诉决定书或者不予核准追诉决定书，逐级下达至最初受理案件的人民检察院，由其送达报请核准追诉的公安机关。

---

① 张军：《关于检察工作的若干问题》，载《人民检察》2019 年第 13 期。
② 参见王爱立主编：《中华人民共和国刑法释义》，法律出版社 2021 年版，第 27—28 页。

第十一节　企业合规从宽制度探索

检察机关基于优化营商环境，助力国家治理体系和治理能力现代化的考虑和担当，探索试行涉案企业合规从宽制度，把企业合规引入刑事司法程序作为司法裁量的重要情节。这不仅给涉嫌犯罪的企业和企业家一个完善自身治理体系，实现治理结构现代化的机遇，而且在使经济社会免受不必要的冲击的同时，实现违法犯罪预防机制的企业化。[①]

2021 年 4 月，最高人民检察院下发《关于开展企业合规改革试点工作的方案》（以下简称《方案》），正式启动第二期企业合规改革试点工作，试点范围扩大至 10 个省份。此前，自 2020 年 3 月起，最高人民检察院在上海、江苏、山东、广东等地已经开展了第一期试点工作。《方案》对"企业合规改革试点工作"的定义为："检察机关对于办理的涉企刑事案件，在依法作出不批准逮捕、不起诉决定或者根据认罪认罚从宽制度提出轻缓量刑建议等的同时，针对企业涉嫌具体犯罪，结合办案实际，督促涉案企业作出合规承诺并积极整改落实，促进企业合规守法经营，减少和预防企业犯罪，实现司法办案政治效果、法律效果、社会效果的有机统一。"

企业合规适用于公司、企业等市场主体在生产经营活动中涉及的经济犯罪、职务犯罪等案件，既包括公司、企业等实施的单位犯罪案件，也括公司、企业实际控制人、经营管理人员、关键技术人员等实施的与生产经营活动密切相关的犯罪案件。从试点要求，还需要同时具备以下条件，即：（1）涉案企业、个人认罪认罚；（2）涉案企业能够正常生产经营，承诺建立或者完善企业合规制度，具备启动第三方机制的基本条件；（3）涉案企业自愿适用第三方机制。

明确排除不适用的情形有：（1）个人为进行违法犯罪活动而设立公司、企业的；（2）公司、企业设立后以实施犯罪为主要活动的；（3）公司、企业人员盗用单位名义实施犯罪的；（4）涉嫌危害国家安全犯罪、恐怖活动犯罪的；（5）其他不宜适用的情形。

企业合规的刑事激励政策在探索中逐步扩展。第一阶段主要是合规不起诉，个别地方试行了合规不批捕。第二阶段则扩展到提出从轻处罚或者轻缓的量刑建议以及清理"挂案"。

企业合规从宽是嵌套在审查逮捕、审查起诉活动中的一项新的制度设计，从实践探索看，大体有四个步骤：一是由符合适用条件涉案企业作出合规承诺；二是进行有效的合规整改；三是由第三方组织对合规整改实施有效的评估；四是第三方评估结果作为检察官提出案件处理意见的重要参考。

在是否启动企业合规整改上，突出强调要尊重涉案企业、个人的意愿。对符合企业合规适用条件的，人民检察院需及时征询涉案企业、个人的意见。涉案企业、个人及其辩护人、诉讼代理人或者其他相关单位、人员提出适用企业合规申请的，人民检察院应当依法受理并进行审查。若涉案企业、个人没有合规整改意愿，则不强制进行合规整改。

为有效推动涉案企业的合规整改，2021 年 6 月，最高人民检察院、司法部、财政部、生态环境部、国务院国有资产监督管理委员会、国家税务总局、国家市场监督管理总局、全国工

---

① 参见谢鹏程：《企业合规从宽制度改革九大疑难问题解答》，载微信公众号"尚权刑辩"，2021 年 10 月 28 日。

商联、中国国际贸易促进委员会研究制定了《关于建立涉案企业合规第三方监督评估机制的指导意见（试行）》。该意见明确涉案企业合规第三方监督评估机制（以下简称第三方机制），是指人民检察院在办理涉企犯罪案件时，对符合企业合规改革试点适用条件的，交由第三方监督评估机制管理委员会（以下简称第三方机制管委会）选任组成的第三方监督评估组织（以下简称第三方组织），对涉案企业的合规承诺进行调查、评估、监督和考察。考察结果作为人民检察院依法处理案件的重要参考。据此，涉案企业若自愿进行合规整改，需向第三方组织提交专项或者多项合规计划，明确合规计划的承诺完成时限。该合规计划，主要围绕与企业涉嫌犯罪有密切联系的企业内部治理结构、规章制度、人员管理等方面存在的问题，制定可行的合规管理规范，构建有效的合规组织体系，健全合规风险防范报告机制，弥补企业制度建设和监督管理漏洞，防止再次发生相同或者类似的违法犯罪。

第三方组织应当对涉案企业合规计划的可行性、有效性与全面性进行审查，提出修改完善的意见建议，并根据案件具体情况和涉案企业承诺履行的期限，确定合规考察期限。

在合规考察期内，第三方组织可以定期或者不定期对涉案企业合规计划履行情况进行检查和评估，可以要求涉案企业定期书面报告合规计划的执行情况，同时抄送负责办理案件的人民检察院。第三方组织发现涉案企业或其人员尚未被办案机关掌握的犯罪事实或者新实施的犯罪行为，应当中止第三方监督评估程序，并向负责办理案件的人民检察院报告。

第三方组织在合规考察期届满后，应当对涉案企业的合规计划完成情况进行全面检查、评估和考核，并制作合规考察书面报告，报送负责选任第三方组织的第三方机制管委会和负责办理案件的人民检察院。

人民检察院应当将第三方组织合规考察书面报告、涉案企业合规计划、定期书面报告等合规材料，作为依法作出批准或者不批准逮捕、起诉或者不起诉以及是否变更强制措施等决定，提出量刑建议或者检察建议、检察意见的重要参考。

对于拟作不批准逮捕、不起诉、变更强制措施等决定的涉企犯罪案件，可以根据《人民检察院审查案件听证工作规定》召开听证会，并邀请第三方组织组成人员到会发表意见。

第八章　第一审程序

第一审程序是刑事诉讼的中心环节和主要阶段，是审判的法定必经程序。人民法院在接受起诉以后，应当首先进行庭前审查程序，通过书面审查的方法，对有关案件的情况进行审查以后，作出是否开庭的处理决定。对于决定开庭审理的案件，人民法院应当依照法定程序，做好开庭前的准备工作。法庭审理程序分开庭、法庭调查、法庭辩论、被告人的最后陈述、评议和宣判等五个阶段进行。简易程序、速裁程序作为特殊的审判程序，在适用范围、审判组织、审判程序、审理期限等方面也都具有不同于普通程序的特点。速裁程序相比简易程序，更加简化。量刑程序与定罪程序相互关联又有所区别，量刑程序强化了量刑事实的调查取证，引入了量刑建议，强化了律师辩护以及量刑说理，增强了量刑的公开性和透明度。人民法院经过审理，对于案件中的实体或程序问题的处理方式有决定、裁定和判决三种方式。

第一节　公诉案件的第一审程序

公诉案件的第一审程序，是指人民法院对人民检察院提起公诉的案件进行第一次审判时所必须遵循的程序。其内容主要包括庭前审查、庭前准备、法庭审判、延期和中止审理、评议和宣判等诉讼环节。

一、对公诉案件的审查

（一）审查的概念和任务

对公诉案件的审查是人民法院对人民检察院提起公诉的案件依法进行庭前审查，并决定是否开庭审判的一种诉讼活动。《刑事诉讼法》第186条规定，人民法院对提起公诉的案件进行审查后，对于起诉书中有明确的指控犯罪事实的，应当决定开庭审判。该规定表明，对公诉案件的审查是公诉案件正式进入第一审程序的必经环节。对公诉案件进行庭前审查的任务在于通过审查，解决案件是否符合开庭审判的条件，是否将被告人正式交付法庭审判的问题。

相比1996年《刑事诉讼法》，现行《刑事诉讼法》第186条规定的庭前审查的性质依然是程序性审查，不同之处在于：移送的材料，由移送与起诉书有关的证据目录、证人名单和主要证据复印件或者照片，变为要求检察机关移送全卷或原卷。这一立法修改的原因是，1996年《刑事诉讼法》规定的主要证据复印件移送方式在司法实践中执行不理想。

从国外的情况看，各国对公诉案件的庭前审查程序的规定不尽一致。在保留庭前审查程序的国家，对庭前审查的内容采取实体审查，强调庭前审查的过滤、分流案件的功能。有些国家则完全废止了庭前审查程序，如日本采取"起诉状一本主义"的做法。这些改革的目的均在于避免先入为主，保障公正审判。

（二）审查的内容和方法、时限

根据《刑事诉讼法》第186条、《刑诉解释》第218条，对公诉案件的审查主要围绕是否具备开庭条件来进行。具体内容包括：（1）案件是否属于本院管辖。（2）起诉书是否写明被告人的身份，是否受过或者正在接受刑事处罚、行政处罚、处分，被采取留置措施的情况，被采取强制措施的时间、种类、羁押地点，犯罪的时间、地点、手段、后果以及其他可能影响定罪量刑的情节；有多起犯罪事实的，是否在起诉书中将事实分别列明。（3）是否移送证明指控犯罪事实及影响量刑的证据材料，包括采取技术调查、侦查措施的法律文书和所收集的证据材料。（4）是否查封、扣押、冻结被告人的违法所得或者其他涉案财物，查封、扣押、冻结是否逾期；是否随案移送涉案财物、附涉案财物清单；是否列明涉案财物权属情况；是否就涉案财物处理提供相关证据材料。（5）是否列明被害人的姓名、住址、联系方式；是否附有证人、鉴定人名单；是否申请法庭通知证人、鉴定人、有专门知识的人出庭，并列明有关人员的姓名、性别、年龄、职业、住址、联系方式；是否附有需要保护的证人、鉴定人、被害人名单。（6）当事人已委托辩护人、诉讼代理人或者已接受法律援助的，是否列明辩护人、诉讼代理人的姓名、住址、联系方式。（7）是否提起附带民事诉讼；提起附带民事诉讼的，是否列明附带民事诉讼当事人的姓名、住址、联系方式等，是否附有相关证据材料。（8）监察调查、侦查、审查起诉程序的各种法律手续和诉讼文书是否齐全。（9）被告人认罪认罚的，是否提出量刑建议、移送认罪认罚具结书等材料。（10）有无《刑事诉讼法》第16条第2项至第6项规定的不追究刑事责任的情形。

人民法院在收到人民检察院的起诉书和案卷、证据后，即应指定审判人员审阅案卷材料、证据，并围绕上述内容逐项予以审查，判断是否具备了开庭审判的程序性条件。由于刑事诉讼法规定的庭前审查的性质是以程序性审查为主，弱化实体性审查，因而人民法院在审查时一般不应提审被告人和询问证人、被害人和鉴定人，同时也不能使用勘验、检查、查封、扣押、鉴定、查询、冻结等方法调查核实证据。

（三）审查后的处理

根据刑事诉讼法及《刑诉解释》第219条、最高人民法院、最高人民检察院、公安部、国家安全部、司法部、全国人大常委会法制工作委员会《关于实施刑事诉讼法若干问题的规定》第25条的规定，人民法院对公诉案件进行审查后，应当根据案件不同情况分别处理。

1. 决定退回人民检察院。不属于本院管辖的，应当退回人民检察院；属于《刑事诉讼法》第16条第2项至第6项规定情形的，应当退回人民检察院；属于告诉才处理的案件，应当同时告知被害人有权提起自诉；被告人不在案的，应当退回人民检察院；但是，对人民检察院按照缺席审判程序提起公诉的，应当根据《刑诉解释》第二十四章规定的缺席审判程序作出处理；依照《刑诉解释》第296条，裁定准许撤诉的案件，没有新的影响定罪量刑的事实、证据，重新起诉的，重新起诉的，应当退回人民检察院。

2. 通知人民检察院补送材料。不符合《刑诉解释》第218条第2项至第9项规定之一，需要补充材料的，应当通知人民检察院在3日以内补送。

3. 决定开庭审判。对于起诉书中有明确的指控犯罪事实并且附有案卷材料、证据的，人民法院应当决定开庭审判。此外，对于曾根据《刑事诉讼法》第200条第3项宣告被告人无罪后，人民检察院根据新的事实、证据重新起诉的，以及对于被告人真实身份不明，但符合《刑事诉讼法》第160条第2款和第186条规定，人民检察院提起公诉的，人民法院均应当决定开庭审判。

必须注意的是，对于人民检察院提起公诉的案件，人民法院都应当受理。人民法院对提起公诉的案件进行审查后，对于起诉书中有明确的指控犯罪事实并且附有案卷材料、证据的，应当决定开庭审判，不得以上述材料不充足为由而不开庭审判。如果人民检察院移送的材料中缺少上述材料的，人民法院可以通知人民检察院补充材料，人民检察院应当自收到通知之日起3日内补送。

【实务问题探讨】共同犯罪案件中，能否将认罪的被告人和不认罪的被告人分开开庭审理？

有观点认为，法院将共同犯罪案件中认罪的被告人和不认罪的被告人分开开庭审理，可以提高效率，节省司法资源。

也有观点认为，针对认罪认罚的案件，根据不同的情况可以适用速裁程序、简易程序，也可能适用普通程序。但无论适用何种程序，都未允许将同案被告人分开审理；并且，在同案被告人有认罪有不认罪的情况下，法律明确规定只能适用普通程序审理。虽然对认罪的被告人在审判程序上可以适当简化，但是绝不等同于将认罪被告人和不认罪被告人分别进行庭审。将认罪被告人和不认罪被告人分开审理违背了集中审理、证据裁判、程序公正和诉权保障原则。将共同犯罪案件中能否将认罪认罚的被告人和不认罪认罚的被告人分开开庭审理，违背了法律明确规定、不利于查明案件事实、侵犯被告人合法权益、大幅降低庭审的效率，应属无效审判。①

本书认为，不能简单地以被告人是否认罪认罚为标准分案审理。检察院以一案起诉的共同犯罪案件，合并审理难以保证庭审质量和庭审效率的，法院可以分案审理。分案审理应当有利于案件顺利审判、有利于查明案件事实、有利于公正定罪量刑，确保有效质证、事实统一、准确定罪、均衡量刑，不影响当事人质证权等诉讼权利的行使。共同犯罪案件中，认罪的被告人涉嫌的犯罪事实和不认罪的被告人涉嫌的犯罪事实、法律适用互有牵连。将共同犯罪案件中认罪的被告人和不认罪的被告人分开审理，可能会影响认罪、不认罪被告人互相参与到对方的庭审质证、辩论之中，影响被告人质证、辩论权的行使，进而不利于查明案件事实、准确定罪量刑。将认罪被告人和不认罪被告人分开审理，人为地割裂了案件的审理，必然会造成对整个共同犯罪案件审理的中断，不利于法官对案件形成完整的心证过程，影响案件的办理质量。

二、开庭审判前的准备

根据《刑事诉讼法》第187条和《刑诉解释》第221条的规定，人民法院决定对案件开庭审判后，为了保障法庭审判有序地进行，应当在开庭审判前进行下列各项准备工作。

---

① 参见杜磊、王珺：《将认罪与不认罪被告人分开审理的审判无效——记"共同犯罪案件庭审方式"研讨会》，载 https://m.weibo.cn/status/4540496557115364。

1. 确定审判长及合议庭组成人员。人民法院适用普通程序审理的案件，由院长或者庭长指定审判长并确定合议庭组成人员；适用简易程序审理的案件，由庭长指定审判员一人独任审理或者指定审判长并确定合议庭组成人员。合议庭的组成人员或独任庭的审判员确定后，即应着手进行开庭审判前的准备工作，拟出法庭审理提纲，庭审提纲一般包括下列内容：（1）合议庭成员在庭审中的分工；（2）起诉书指控的犯罪事实的重点和认定案件性质的要点；（3）讯问被告人时需了解的案情要点；（4）出庭的证人、鉴定人、有专门知识的人、调查人员、侦查人员的名单；（5）控辩双方申请当庭出示的证据的目录；（6）庭审中可能出现的问题及应对措施。

2. 将人民检察院的起诉书副本至迟在开庭 10 日以前送达被告人、辩护人。对于未委托辩护人的被告人，告知其可以委托辩护人为其辩护；对于符合《刑事诉讼法》第 35 条第 2、3 款规定的，即被告人是盲、聋、哑人，或者是尚未完全丧失辨认或者控制自己行为能力的精神病人，没有委托辩护人的，以及被告人可能被判处无期徒刑、死刑而没有委托辩护人的，人民法院应当通知法律援助机构指派律师为其提供辩护。同时，人民法院还要通知当事人、法定代理人、辩护人、诉讼代理人在开庭 5 日以前提供证人、鉴定人名单，以及拟当庭出示的证据；申请证人、鉴定人、有专门知识的人出庭的，应当列明有关人员的姓名、性别、年龄、职业、住址、联系方式。

3. 召开庭前会议。在开庭以前，审判人员可以召集公诉人、当事人和辩护人、诉讼代理人，对回避、出庭证人名单、非法证据排除等与审判相关的问题，了解情况，听取意见。召开庭前会议的目的在于防止庭审的拖延，提高庭审的效率。

（1）庭前会议的程序

案件具有下列情形之一的，人民法院可以决定召开庭前会议：证据材料较多、案情重大复杂的；控辩双方对事实、证据存在较大争议的；社会影响重大的；需要召开庭前会议的其他情形。

控辩双方可以申请人民法院召开庭前会议，提出申请应当说明理由。人民法院经审查认为有必要的，应当召开庭前会议；决定不召开的，应当告知申请人。

庭前会议可以就下列事项向控辩双方了解情况，听取意见：是否对案件管辖有异议；是否申请有关人员回避；是否申请不公开审理；是否申请排除非法证据；是否提供新的证据材料；是否申请重新鉴定或者勘验；是否申请收集、调取证明被告人无罪或者罪轻的证据材料；是否申请证人、鉴定人、有专门知识的人、调查人员、侦查人员或者其他人员出庭，是否对出庭人员名单有异议；是否对涉案财物的权属情况和人民检察院的处理建议有异议；与审判相关的其他问题。对前述可能导致庭审中断的程序性事项，人民法院可以在庭前会议后依法作出处理，并在庭审中说明处理决定和理由。控辩双方没有新的理由，在庭审中再次提出有关申请或者异议的，法庭可以在说明庭前会议情况和处理决定理由后，依法予以驳回。庭前会议情况应当制作笔录，由参会人员核对后签名。

庭前会议中，人民法院可以开展附带民事调解。庭前会议中，审判人员可以询问控辩双方对证据材料有无异议，对有异议的证据，应当在庭审时重点调查；无异议的，庭审时举证、质证可以简化。

庭前会议由审判长主持，合议庭其他审判员也可以主持庭前会议。召开庭前会议应当通知公诉人、辩护人到场。庭前会议准备就非法证据排除了解情况、听取意见，或者准备询问控辩双方对证据材料的意见的，应当通知被告人到场。有多名被告人的案件，可以根据情况确定参加庭前会议的被告人。

庭前会议一般不公开进行。根据案件情况，庭前会议可以采用视频等方式进行。

人民法院在庭前会议中听取控辩双方对案件事实、证据材料的意见后，对明显事实不清、证据不足的案件，可以建议人民检察院补充材料或者撤回起诉。建议撤回起诉的案件，人民检察院不同意的，开庭审理后，没有新的事实和理由，一般不准许撤回起诉。

对召开庭前会议的案件，可以在开庭时告知庭前会议情况。对庭前会议中达成一致意见的事项，法庭在向控辩双方核实后，可以当庭予以确认；未达成一致意见的事项，法庭可以归纳控辩双方争议焦点，听取控辩双方意见，依法作出处理。控辩双方在庭前会议中就有关事项达成一致意见，在庭审中反悔的，除有正当理由外，法庭一般不再进行处理。

（2）公诉人参加庭前会议

公诉人应当通过参加庭前会议，及时掌握辩护方提供的证据，全面了解被告人及其辩护人对证据的主要异议，并在审判人员主持下，就案件的争议焦点、证据的出示方式等进行沟通，确定举证顺序、方式。根据举证需要，公诉人可以申请证人、鉴定人、侦查人员、有专门知识的人出庭，对辩护方出庭人员名单提出异议。

审判人员在庭前会议中组织展示证据的，公诉人应当出示拟在庭审中出示的证据，梳理存在争议的证据，听取被告人及其辩护人的意见。

被告人及其辩护人在开庭审理前申请排除非法证据，并依照法律规定提供相关线索或者材料的，公诉人经查证认为不存在非法取证行为的，应当在庭前会议中通过出示有关证据材料等方式，有针对性地对证据收集的合法性作出说明。

公诉人可以在庭前会议中撤回有关证据。撤回的证据，没有新的理由，不得在庭审中出示。

公诉人应当根据庭前会议上就举证方式达成的一致意见，修改完善举证提纲。

公诉人在开庭前收到人民法院转交或者被告人及其辩护人、被害人、证人等递交的反映证据系非法取得的书面材料的，应当进行审查。对于审查逮捕、审查起诉期间已经提出并经查证不存在非法取证行为的，应当通知人民法院，或者告知有关当事人和辩护人，并按照查证的情况做好庭审准备。对于新的材料或者线索，可以要求侦查机关对证据收集的合法性进行说明或者提供相关证明材料，必要时可以自行调查核实。

公诉人在庭前会议后依法收集的证据，在开庭前应当及时移送人民法院，并了解被告人或者其辩护人是否提交新的证据。如果有新的证据，公诉人应当对该证据进行审查。

公诉人在开庭前，应当通过讯问被告人、听取辩护人意见、参加庭前会议、与法庭沟通等方式，了解掌握辩护方所收集的证明被告人无罪、罪轻或者反映存在非法取证行为的相关材料情况，进一步熟悉拟在庭审中出示的相关证据，围绕证据的真实性、关联性、合法性，全面预测被告人、辩护人可能提出的质证观点，有针对性地制作和完善质证提纲。

【实务问题探讨】 庭前会议中，法院能否针对实体问题和程序问题作出处理？

有观点认为，庭前会议可以对实体问题进行处理。有观点认为，庭前会议只能对程序问题进行处理，不能对实体问题作出处理，否则会架空庭审，造成庭审的虚化。有观点认为，在庭前会议中，只能针对程序性问题了解情况、听取意见，不能作出处理，针对这种观点，有人提出，如果庭前会议不能对一些问题作出处理，就不能使庭前会议起到保障审判活动顺利、连贯地进行、实现集中审理的目的。有观点认为，纵观各国立法，庭前会议所处理的事项及承载的功能包括：明确审判对象、程序繁简分流、厘清案情、整理争点、解决证据资格及其他证据方面的争点、做出适当的审判安排、处理当事人及其辩护人提出的调取证据的申请、证据保全等。庭前会议的主要任务可以概括为对"程序性问题的汇总解决"和"部分实体问题的整理明晰"。①

本书赞同后两种观点，若在庭前会议中不对任何问题进行处理，庭前会议将难以发挥为庭审做准备，提高庭审效率的功能。但是，若在庭前会议中，法院即可对事实认定、定罪量刑等实体问题作出处理，庭前会议实际上就替代了庭审程序，不利于庭审的实质化，与我国正在推进的以审判为中心的刑事诉讼制度改革相违背。在庭前会议中，法院对程序问题作出处理，既不会导致庭审的虚化，还可以实现庭前会议的功能。当然，我国刑事诉讼法尚不允许法院在庭前会议中对程序问题作出处理，所以，《刑诉解释》才规定，对可能导致庭审中断的程序性事项，法院可以在庭前会议后依法作出处理。在未来刑事诉讼法修改时，可以考虑赋予法院在庭前会议中对程序问题作出处理的权力。

【实务问题探讨】 法院在庭前会议中能否建议检察院撤回起诉？

有观点认为，实践中，有的法院拟判处被告人无罪时，提起公诉的检察院往往就向法院申请撤回起诉，以避免无罪判决带来的不利的考核结果。所以，法院认为明显事实不清、证据不足的案件，建议检察院撤回起诉，以提示检察院，避免浪费司法资源，避免法院的裁判与起诉之间的冲突，这符合司法实践的需要。也有观点认为，我国刑事诉讼法未赋予法院建议检察院撤回起诉的权力。所以，法院不得建议检察院撤回起诉。

本书认为，法院建议检察院撤回起诉不仅违反现行刑事诉讼法，而且违背基本的诉讼规律。因为，检察院行使控诉职能，法院行使审判职能，撤回起诉是检察院起诉权的组成部分。在事实不清、证据不足的情形下，由检察院决定是否撤回起诉，若检察院不撤回起诉，法院应当依法作出证据不足、指控不成立的无罪判决。

4. 将开庭的时间、地点在开庭 3 日以前通知人民检察院。人民法院审判公诉案件，人民检察院都应当派员出席法庭支持公诉。因此，将开庭的时间、地点在开庭 3 日以前通知人民检察院，有利于公诉人做好出庭准备工作。

5. 将传唤当事人和通知辩护人、诉讼代理人、法定代理人、证人、鉴定人等的传票和通知书，至迟在开庭 3 日以前送达。通知有关人员出庭，也可以采取电话、短信、传真、电子邮件、即时通讯等能够确认对方收悉的方式；对被害人人数众多的涉众型犯罪案件，可以通过互联网公布相关文书，通知有关人员出庭。对于不满 18 周岁的未成年人犯罪的案件，应当通知被告人的法定代理人到庭，以便这些诉讼参与人有时间做好各自的出庭准备工作。

---

① 参见魏晓娜：《庭前会议制度之功能"缺省"与"溢出"——以审判为中心的考察》，载《苏州大学学报（哲学社会科学版）》2016 年第 1 期。

被害人、诉讼代理人经传唤或者通知未到庭，不影响开庭审理的，人民法院可以开庭审理。辩护人经通知未到庭，被告人同意的，人民法院可以开庭审理，但被告人属于应当提供法律援助情形的除外。

6. 公开审判的案件，在开庭 3 日以前公布案由、被告人姓名、开庭时间和地点。

在开庭前的准备阶段，公诉人应当做好以下几项工作：

1. 全面熟悉案件的事实、证据、程序等情况。对案件情况的全面把握，是公诉成功的重要基础。公诉人应在开庭前通过反复阅读案卷材料等方法，对案件中的事实情节、证据、程序了然于胸。同时，对证据、事实、程序、适用法律等方面的争议焦点有着明确的预判。具体而言，对于案件的证据和事实，应分析证据的真实性、关联性、合法性，证据之间是否存在矛盾，证据与事实之间是否存在矛盾，哪些事实还没有相关的证据加以证实，现有证据相互印证之后得出的结论是否有其他可能性。对于证据合法性存疑的，应当要求监察机关或者侦查机关提供相应的证据材料加以证实；对于证据存在瑕疵的，应当要求监察机关或者侦查机关作出合理解释或者补正。对于被告人口供、证人证言、被害人陈述等有疑问的，公诉人可以通过讯问被告人、询问证人、被害人等方法予以核实，必要时，可申请法院通知证人等出庭作证。对于鉴定意见有疑问的，公诉人可以向鉴定人核实或者收集相关学科的知识、向有关学科的专家求证。对于勘验、检查、辨认、侦查实验等笔录有疑问的，可以向制作笔录的侦查人员或者辨认人、见证人予以核实。公诉人对尚需证据加以证明的案件事实，应及时补充收集证据。若该证据由辩护人掌握，可以提请法院要求辩护人开示该证据。对于案件中的罪与非罪、罪名认定、量刑情节等可能存在的争议，通过收集相关的理论素材、类似案例，做好相应的准备。对于案件中可能存在的程序争议问题，比如强制措施适用的程序、管辖问题等，公诉人应做好相应的回应准备。

2. 做好讯问被告人准备。讯问被告人是法庭审判的重要环节，公诉人在开庭前应制定讯问被告人的提纲，为讯问被告人做好充分的准备。讯问被告人主要应围绕定罪和量刑两方面的事实进行，对于定罪事实的发问，主要应结合犯罪构成要件，从犯罪主体、犯罪的时间、地点、起因、经过、结果等方面，层层深入地展开发问。在设计问题时，尽可能适用封闭性问题，发问一定要具体，考虑到被告人可能的回答，针对不同的回答，公诉人应作好回应准备，即准备好追问的问题。

3. 做好出示证据、质证准备。法庭调查主要针对案件的事实和证据。公诉人在开庭前，应当考虑在法庭上出示的证据的范围和顺序。究竟是出示哪些证据，在出示时，如何对证据所证明的事项、来源、内容等作出说明，在出示证据时，究竟是逐个出示，还是按照罪名或者事实、被告人分组出示，公诉人在出示提纲中都应写明。此外，对于公诉方以及辩护方的证据，应围绕证据的真实性、关联性和合法性，准备质证意见。

4. 做好法庭辩论准备。公诉人应当准备公诉意见，针对指控所依据的证据，起诉的犯罪事实，量刑情节等进行评析。同时，在开庭前，公诉人还应根据被告人的口供、辩护人在审查批捕、审查起诉等阶段提交的辩护意见预测，被告人及其辩护人在法庭辩论阶段可能提出的反对意见，并有针对性地作出相应的回应准备。

三、法庭审判

法庭审判是指人民法院的审判组织（合议庭或独任庭）通过开庭的方式，在公诉人、当事人和其他诉讼参与人的参加下，调查核实证据，查清案件事实，充分听取控辩双方对证据、案件事实和法律适用的意见，依法确定被告人的行为是否构成犯罪，应否受到刑事处罚以及给予何种处罚的诉讼活动。

我国的法庭审判在1996年《刑事诉讼法》修改后具有以下主要特征：

第一，与1979年《刑事诉讼法》相比，强化了控辩双方的举证和辩论。1979年《刑事诉讼法》规定，审判长是法庭的组织者和指挥者，重视审判人员在庭审中的作用是应当的，但在司法实践中，审判职能过于强化，审判人员包揽证据出示、审讯被告人、调查证据等活动，控辩双方作用消极，仅在专门的辩论阶段发表意见，并且辩论的内容多限于非实质性的，辩论的对抗性较弱。这种做法使控审职能分离不彻底，控辩双方的积极性得不到充分发挥，法庭审判在一定程度上流于形式。针对这种情况，刑事诉讼法对庭审方式进行了改革，强化了控辩双方的举证和辩论。规定公诉人在宣读起诉书后，直接讯问被告人，在法庭上出示物证、书证后，询问证人和鉴定人，对未到庭的各种证据笔录、文书要进行质证；被告人、辩护人一方为充分行使辩护权，同样可以陈述和辩解，询问控方证人和鉴定人，可以出示各种证据，并可以提出新的证据，包括申请通知新的证人到庭，调取新的物证，申请重新鉴定或勘验，等等。此外，法庭辩论不仅可以在专门的辩论阶段进行，而且法庭调查阶段控辩双方就可以对证据和案件情况发表意见和互相辩论。从这些规定可以看出，我国的庭审方式虽不是英美法系国家实行的当事人主义，但立法从我国实际情况出发，强化了控方的举证责任，使控审进一步分离，辩方职能得到较为充分的发挥，使得法庭审判模式更加公正、合理。2012年《刑事诉讼法》修改时强调证人、鉴定人出庭作证，设立了专家辅助人制度，突出了量刑程序的地位，2018年《刑事诉讼法》确立了认罪认罚从宽制度，进一步强化了1996年《刑事诉讼法》的控辩式庭审模式。

第二，强化控辩职能的同时，重视、保留了审判职能的主导作用，法院享有对案件事实、证据的调查核实权。刑事诉讼法没有采取英美当事人主义庭审模式中法官消极居中听证、裁判的做法，而是结合我国实际情况，规定在控辩双方充分发挥自己的作用的基础上，审判人员不仅有权主持审判、维护法庭秩序，而且还有权审讯被告人、询问证人和鉴定人，有权主持调查、核实各种证据，主持双方对证据和案件事实的辩论，制止与案件无关的发问。此外，刑事诉讼法还规定，在庭审过程中，合议庭对证据有疑问的，有权宣布休庭，采取勘验、检查、查封、扣押、鉴定、查询或冻结等方式对证据进行调查核实。这是我国庭审制度的一个显著特征，立法的目的在于慎重查明案件事实真相，作出正确裁判。

依据刑事诉讼法的规定，法庭审判程序大致可分为开庭、法庭调查、法庭辩论、被告人最后陈述、评议和宣判五个阶段。

（一）开庭

开庭是正式进行法庭审判前的准备阶段。开庭前，人民法院书记员应当依次进行下列工作：受审判长委托，查明公诉人、当事人、辩护人、诉讼代理人、证人及其他诉讼参与人是否到庭；核实旁听人员中是否有证人、鉴定人、有专门知识的人；请公诉人、辩护人、诉讼代理人及其他诉讼参与人入庭；宣读法庭规则；请审判长、审判员、人民陪审员入庭；审判人员就座后，向审判长报告开庭前的准备工作已经就绪。

依据《刑事诉讼法》第190条和《刑诉解释》第235—239条的规定，开庭的具体程序和内容如下。

1. 审判长宣布开庭，传被告人到庭后，应当查明被告人的下列情况：（1）姓名、出生日期、民族、出生地、文化程度、职业、住址，或者被告单位的名称、住所地、法定代表人、实际控制人以及诉讼代表人的姓名、职务；（2）是否受过刑事处罚、行政处罚、处分及其种类、时间；（3）是否被采取留置措施及留置的时间，是否被采取强制措施及强制措施的种类、时间；（4）收到起诉书副本的日期，有附带民事诉讼的，附带民事诉讼被告人收到附带民事起诉状的日期。被告人较多的，可以在开庭前查明上述情况，但开庭时审判长应当作出说明。

2. 审判长宣布案件的来源、起诉的案由、附带民事诉讼当事人的姓名及是否公开审理；不公开审理的，应当宣布理由。

3. 审判长宣布合议庭组成人员、法官助理、书记员、公诉人的名单，以及辩护人、诉讼代理人、鉴定人、翻译人员等诉讼参与人的名单。

4. 审判长应当告知当事人及其法定代理人、辩护人、诉讼代理人在法庭审理过程中依法享有下列诉讼权利：（1）可以申请合议庭组成人员、法官助理、书记员、公诉人、鉴定人和翻译人员回避；（2）可以提出证据，申请通知新的证人到庭、调取新的证据，申请重新鉴定或者勘验；（3）被告人可以自行辩护；（4）被告人可以在法庭辩论终结后作最后陈述。

5. 审判长应当询问当事人及其法定代理人、辩护人、诉讼代理人是否申请回避、申请何人回避和申请回避的理由。当事人及其法定代理人、辩护人、诉讼代理人申请回避的，依照有关回避的规定处理。同意或者驳回回避申请的决定及复议决定，由审判长宣布，并说明理由。必要时，也可以由院长到庭宣布。

6. 被告人认罪认罚的，审判长应当告知被告人享有的诉讼权利和认罪认罚的法律规定，审查认罪认罚的自愿性和认罪认罚具结书内容的真实性、合法性。

《刑诉解释》第224条规定，被害人人数众多，且案件不属于附带民事诉讼范围的，被害人可以推选若干代表人参加庭审。

【实务问题探讨】 被害人众多的案件，能否由被害人推荐代表参加庭审？

有观点认为，当前涉众型案犯罪案件日益增多，有的案件被害人人数成千上万，均到庭参与庭审显然不符合实际，也没有必要。鉴此，借鉴民事诉讼代表人诉讼的原理，吸收司法实践经验，在被害人人数众多且不属于附带民事诉讼范围的案件中，被害人可以推荐若干代表人参加庭审。[①]

也有观点认为，根据刑事诉讼法的有关规定，被害人是刑事诉讼的当事人，参加庭审是被害人的诉讼权利。刑事诉讼法没有规定代表人诉讼制度，规定被害人由若干代表人参加诉讼或者旁听庭审，涉及对被害人参加庭审的权利的限制，没有法律依据。[②]

本书认为，为了提高效率，节省司法资源，在被害人人数众多的案件中，的确有必要确立代表人参加诉讼的制度。但是，还应考虑到代表人可能无法代表所有的被害人，代表可能主要就自己被害人的事实、证据和法律等问题出示证据、发表意见，其可能对其他被害人的情况不了解。而且，庭审中的情形瞬息万变，代表人代表其他被害人应对一些新的情况，针对新的事实、证据发表意见或者发

---

① 参见李少平主编：《最高人民法院关于适用〈中华人民共和国刑事诉讼法〉的解释理解与适用》，人民法院出版社2021年版，第318页。

② 参见李少平主编：《最高人民法院关于适用〈中华人民共和国刑事诉讼法〉的解释理解与适用》，人民法院出版社2021年版，第318页。

问。所以，在设立代表人制度的同时，还应当允许被代表的被害人查阅庭审记录，以书面的方式提出补充意见的权利。此外，若被害人无法推选出代表人参加庭审，法院有必要指定代表人参加庭审。

（二）法庭调查

法庭调查是在审判人员主持下，控辩双方和其他诉讼参与人的参加下，当庭对案件事实和证据进行审查、核实的诉讼活动。其任务是查明案件事实、核实证据。由于刑事诉讼法规定，所有证据都必须在法庭上调查核实才能作为定案根据，因而法庭调查是法庭审判的核心环节。法庭对与对被告人定罪、量刑有关的事实、证据都应当进行调查。法庭调查的成效，直接关系到案件处理的质量。举证、质证是检察机关出庭支持公诉的核心环节。举证、质证的质量，直接影响指控犯罪的质量和公诉的效果。加强出庭举证、质证工作，对于推进以审判为中心的刑事诉讼制度改革，检察机关有效应对庭审实质化具有重要意义。

根据《刑事诉讼法》第191—198条及《刑诉解释》第240—270条的规定，法庭调查的具体步骤和程序如下：

1. 公诉人宣读起诉书

审判长宣布法庭调查开始后，应当先由公诉人宣读起诉书；公诉人宣读起诉书后，审判长应当询问被告人对起诉书指控的犯罪事实和罪名有无异议。有附带民事诉讼的，公诉人宣读起诉书后，由附带民事诉讼原告人或者其法定代理人、诉讼代理人宣读附带民事起诉状。

起诉书是人民法院审判的合法依据，没有起诉，就没有辩护和审判；起诉书又是法庭审判的基础，法庭对案件的审判仅限于起诉的内容和范围。宣读起诉书，表明人民检察院将被告人提请法庭审判，并提供了审判的内容和范围，同时也可使旁听公民了解案件的基本情况，便于他们监督法庭的审判活动，并起到法治宣传的作用。

2. 被告人、被害人就起诉书指控的犯罪事实分别陈述

公诉人宣读起诉书后，在审判长主持下，被告人、被害人可以就起诉书指控的犯罪事实分别陈述。被告人如果承认起诉书指控的犯罪事实，则应就自己的犯罪行为进行陈述；如果否认指控，应允许其陈述辩解意见。被告人陈述之后，应允许被害人根据起诉书对犯罪的指控陈述自己受害的经过。被告人、被害人就起诉书指控的犯罪事实分别进行陈述，有助于合议庭了解当事人对指控的基本意见。

3. 讯问、发问被告人、被害人和附带民事诉讼原告人

经审判长准许，被害人及其法定代理人、诉讼代理人可以就公诉人讯问的犯罪事实补充发问；附带民事诉讼原告人及其法定代理人、诉讼代理人可以就附带民事部分的事实向被告人发问；被告人的法定代理人、辩护人，附带民事诉讼被告人及其法定代理人、诉讼代理人可以在控诉方、附带民事诉讼原告方就某一问题讯问、发问完毕后向被告人发问。根据案件情况，就证据问题对被告人的讯问、发问可以在举证、质证环节进行。此后，经审判长准许，控辩双方可以向被害人、附带民事诉讼原告人发问。

审判长在主持讯问、发问时，须注意以下几点：（1）起诉书指控的被告人的犯罪事实为两起以上的，法庭调查一般应当分别进行。（2）讯问同案审理的被告人，应当分别进行。法庭认为有必要的，可以传唤同案被告人、分案审理的共同犯罪或者关联犯罪案件的被告人等到庭对质。（3）必要时，审判人员可以讯问被告人，也可以向被害人、附带民事诉讼当事人发问。

【实务问题探讨】 公诉人讯问被告人的程序是否应取消或者改革？

有学者指出公诉人强制讯问被告人这一程序的弊端，由于公诉人讯问被告人承袭了原来审判人员审问被告人程序的强制性，但削弱了被告人作出回答的证据基础，被告人在改革后的庭审过程中的地位不但没有得到提高，反而被进一步"客体化"。[①]

还有学者认为，这种将被告人作为法庭调查中首先被讯问的对象，实际上会产生一种被告人被迫对指控进行陈述的效果，这显然是违反无罪推定原则的。将被告人作为法庭调查中首先被讯问的对象容易使裁判者过早产生对被告人的偏见，以至于无法对被告方的辩护意见和证据保持必要的关注。将被告人作为法庭调查中首先被讯问的对象不利于实现控辩双方的平等对抗。[②]

另有学者从五个方面对讯问被告人程序进行了具体分析：第一，从讯问对象看。现行刑事诉讼法对审判人员、公诉人都采用"讯问"一词。而我国刑事诉讼法明确规定了犯罪嫌疑人在法庭判决前并不是罪犯，如用"讯问"一词并不能体现犯罪嫌疑人在法庭判决前不是罪犯这一点。第二，从诉讼法律关系看。在庭审中，作为控方的公诉人讯问辩方的被告人，造成程序失衡，不能体现公正性。第三，从审判的主体看。审与判的主体应是审判人员，如果把"公诉人讯问被告人"作为庭审程序，很难体现法院和检察院"各司其职"，从司法实践看，混淆了审与诉的主体。第四，从庭审任务看。法庭的任务具有"两重性"：既有"应用法律惩罚犯罪"的一面，又有依法"保障无罪的人不受刑事追究"的一面，两者不能偏废。第五，从程序设置看。庭审中，公诉人宣读起诉书后，审判长要求被告人就起诉书指控的犯罪事实进行陈述，实际上是法庭核对案件事实程序。再进行公诉人讯问被告人程序，与前面被告人对指控进行陈述的内容重复，难免有画蛇添足之嫌。此外，公诉人讯问被告人程序是逐步形成法官"轻审理"的一个客观因素。[③]

上述三种观点的共识就是，认为讯问被告人程序有违控辩平等，无助于被告人诉讼主体地位的提升。当然，从深层次来讲，这一程序是我国超职权主义刑事诉讼模式的遗痕。

针对我国讯问被告人程序的诸多缺陷，学者们提出了不同的改革方案：

有学者提出，改革讯问被告人程序有以下两种方案：第一种方案，在公诉人讯问被告人之前，由审判长告知被告人沉默权，被告人表示愿意接受公诉人询问的，公诉人才能首先询问被告人。如果被告人表示不愿意回答公诉人的提问，公诉人应当通过询问被害人、证人、鉴定人或宣读书面证据材料或出示物证等方法，逐项证明公诉犯罪事实。在公诉人、被害人举证完毕之后，由辩方举证。如果这时被告人表示要站在辩方的立场上向法庭陈述案情的，首先由被告人陈述或

① 参见孙长永：《刑事庭审方式改革出现的问题评析》，载《中国法学》2002 年第 3 期。
② 参见李奋飞：《"将讯问被告人作为法庭调查的开始"有所不妥》，http：//www.legaldaily.com. cn/misc/2006 - 10/26/content_438772. htm。
③ 参见王建忠：《对"公诉人讯问被告人"程序的质疑》，载《检察实践》2002 年第 4 期。

者辩护人向被告人进行"主询问",然后,公诉人、被害人的诉讼代理人、共同被告人的辩护人有权进行"反询问",审判人员认为必要时,也可以询问被告人。第二种方案,应当根据被告人是否认罪而决定是否允许公诉人首先询问被告人。被告人对于某项指控表示认罪的,公诉人有权首先询问被告人,但被告人有权拒绝回答。被告人对于某项指控表示不认罪的,公诉人应当首先进行控方举证,待控方举证结束之后轮到辩方举证时,被告人有权自愿陈述,并按照"主询问""反询问"的顺序接受辩护人、公诉人、被害人的诉讼代理人的发问,法官也可以补充询问;被告人如果不愿意陈述案情的,也可以始终保持沉默。①

有学者认为,只要被告人对侦查人员、检察人员、审判人员的提问"应当如实回答"的制度规定不改,讯问被告人作为一项庭审程序就理所当然。而且讯问被告人最好在其自然陈述后进行,并且放在其他证据调查之前。如果刑事诉讼法确认被告的沉默权,那么,可以考虑采取更为灵活的做法——可以借鉴我国台湾地区的做法,审判长讯问被告,原则上安排在调查其他证据之后。而控辩双方对被告的讯问,除非征得其同意才能进行,其位置由控辩双方根据其组织攻击防御的需要安排。而在控辩双方询问和交叉询问被告后,审判长也可以根据情况即时提问。②

还有学者认为,如果效仿对抗式庭审模式,则应撤销讯问被告人程序这一设置,配合交叉讯问程序的建立,构筑全新的庭审程序。③

4. 出示、核实证据

举证方当庭出示证据后,由对方发表质证意见。对可能影响定罪量刑的关键证据和控辩双方存在争议的证据,一般应当单独举证、质证,充分听取质证意见。对控辩双方无异议的非关键证据,举证方可以仅就证据的名称及拟证明的事实作出说明。召开庭前会议的案件,举证、质证可以按照庭前会议确定的方式进行。根据案件和庭审情况,法庭可以对控辩双方的举证、质证方式进行必要的指引。

公诉人可以提请法庭通知证人、鉴定人、有专门知识的人、调查人员、侦查人员或者其他人员出庭,或者出示证据。被害人及其法定代理人、诉讼代理人,附带民事诉讼原告人及其诉讼代理人也可以提出申请。在控诉方举证后,被告人及其法定代理人、辩护人可以提请法庭通知证人、鉴定人、有专门知识的人、调查人员、侦查人员或者其他人员出庭,或者出示证据。

控辩双方申请证人出庭作证,出示证据,应当说明证据的名称、来源和拟证明的事实。法庭认为有必要的,应当准许;对方提出异议,认为有关证据与案件无关或者明显重复、不必要,法庭经审查异议成立的,可以不予准许。

已经移送人民法院的案卷和证据材料,控辩双方需要出示的,可以向法庭提出申请,法庭可以准许。案卷和证据材料应当在质证后当庭归还。需要播放录音录像或者需要将证据材料交

---

① 参见孙长永:《刑事庭审方式改革出现的问题评析》,载《中国法学》2002 年第 3 期。
② 参见龙宗智:《我国刑事庭审中人证调查的几个问题》,载《政法论坛》2008 年第 5 期。
③ 参见季刚、刘晶:《刑事庭审中讯问被告人程序研究》,载《上海市政法管理干部学院学报》2002 年第 1 期。

由法庭、公诉人或者诉讼参与人查看的，法庭可以指令值庭法警或者相关人员予以协助。

公诉人举证，一般应当遵循下列要求：

（1）公诉人举证，一般应当全面出示证据；出示、宣读、播放每一份（组）证据时，一般应当出示证据的全部内容。根据普通程序、简易程序、速裁程序以及庭前会议确定的举证方式和案件的具体情况，也可以简化出示，但不得随意删减、断章取义。没有召开庭前会议的，公诉人可以当庭与辩护方协商，并经法庭许可确定举证方式。

（2）公诉人举证前，应当先就举证方式作出说明；庭前会议对简化出示证据达成一致意见的，一并作出说明。

（3）出示、宣读、播放每一份（组）证据前，公诉人一般应当先就证据证明方向，证据的种类、名称、收集主体和时间以及所要证明的内容向法庭作概括说明。

（4）举证完毕后，应当对出示的证据进行归纳总结，明确证明目的。

（5）使用多媒体示证的，应当与公诉人举证同步进行。

公诉人举证，应当主要围绕下列事实，重点围绕控辩双方争议的内容进行：被告人的身份；指控的犯罪事实是否存在，是否为被告人所实施；实施犯罪行为的时间、地点、方法、手段、结果，被告人犯罪后的表现等；犯罪集团或者其他共同犯罪案件中参与犯罪人员的各自地位和应负的责任；被告人有无刑事责任能力，有无故意或者过失，行为的动机、目的；有无依法不应当追究刑事责任的情形，有无法定从重或者从轻、减轻以及免除处罚的情节；犯罪对象、作案工具的主要特征，与犯罪有关的财物的来源、数量以及去向；被告人全部或者部分否认起诉书指控的犯罪事实的，否认的根据和理由能否成立；与定罪、量刑有关的其他事实。

举证一般应当一罪名一举证、一事实一举证，做到条理清楚、层次分明。

举证顺序应当以有利于证明公诉主张为目的，公诉人可以根据案件的不同种类、特点和庭审实际情况，合理安排和调整举证顺序。一般先出示定罪证据，后出示量刑证据；先出示主要证据，后出示次要证据。公诉人可以按照与辩护方协商并经法庭许可确定的举证顺序进行举证。

根据案件的具体情况和证据状况，结合被告人的认罪态度，举证可以采用分组举证或者逐一举证的方式。案情复杂、同案被告人多、证据数量较多的案件，一般采用分组举证为主、逐一举证为辅的方式。对证据进行分组时，应当遵循证据之间的内在逻辑关系，可以将证明方向一致或者证明内容相近的证据归为一组；也可以按照证据种类进行分组，并注意各组证据在证明内容上的层次和递进关系。

被告人认罪的案件，对控辩双方无异议的定罪证据，可以简化出示，主要围绕量刑和其他有争议的问题出示证据。对于被告人不认罪案件，应当立足于证明公诉主张，通过合理举证构建证据体系，反驳被告人的辩解，从正反两个方面予以证明。重点一般放在能够有力证明指控犯罪事实系被告人所为的证据和能够证明被告人无罪辩解不成立的证据上，可以将指控证据和反驳证据同时出示。对于被告人翻供的，应当综合运用证据，阐明被告人翻供的时机、原因、规律，指出翻供的不合理、不客观、有矛盾之处。

"零口供"案件的举证，可以采用关键证据优先法。公诉人根据案件证据情况，优先出示定案的关键证据，重点出示物证、书证、现场勘查笔录等客观性证据，直接将被告人与案件建立客观联系，在此基础上构建全案证据体系。

辩点较多案件的举证，可以采用先易后难法。公诉人根据案件证据情况和庭前会议了解的被告人及辩护人的质证观点，先出示被告人及辩护人没有异议的证据或者分歧较小的证据，后出示控辩双方分歧较大的证据，使举证顺利推进，为集中精力对分歧证据进行质证作准备。

依靠间接证据定案的不认罪案件的举证，可以采用层层递进法。公诉人应当充分运用逻辑推理，合理安排举证顺序，出示的后一份（组）证据与前一份（组）证据要紧密关联，环环相扣，层层递进，通过逻辑分析揭示各个证据之间的内在联系，综合证明案件已经排除合理怀疑。

对于一名被告人有一起犯罪事实或者案情比较简单的案件，可以根据案件证据情况按照法律规定的证据种类举证。对于一名被告人有数起犯罪事实的案件，可以每一起犯罪事实为单元，将证明犯罪事实成立的证据分组举证或者逐一举证。其中，涉及每起犯罪事实中量刑情节的证据，应当在对该起犯罪事实举证中出示；涉及全案综合量刑情节的证据，应当在全案的最后出示。对于数名被告人有一起犯罪事实的案件，根据各被告人在共同犯罪中的地位、作用及情节，一般先出示证明主犯犯罪事实的证据，再出示证明从犯犯罪事实的证据。对于数名被告人有数起犯罪事实的案件，可以采用不同的分组方法和举证顺序，或者按照作案时间的先后顺序，或者以主犯参与的犯罪事实为主线，或者以参与人数的多少为标准，并注意区分犯罪集团的犯罪行为、一般共同犯罪行为和个别成员的犯罪行为，分别进行举证。

对于单位犯罪案件，应当先出示证明单位构成犯罪的证据，再出示对其负责的单位主管人员或者其他直接责任人员构成犯罪的证据。对于指控被告单位犯罪与指控单位主管人员或者其他直接责任人员犯罪的同一份证据可以重复出示，但重复出示时仅予以说明即可。

（1）询问证人、鉴定人

根据直接和言词原则精神，刑事诉讼法规定对证人作证、鉴定人的鉴定，要在法庭上经过控辩双方询问、质证，才能作为定案根据。因而证人、鉴定人应当出庭作证。但是，考虑到我国司法实践的情况，《刑事诉讼法》第192条和《刑诉解释》第249条规定，公诉人、当事人或者辩护人、诉讼代理人对证人证言有异议，且该证人证言对案件定罪量刑有重大影响，人民法院认为证人有必要出庭作证的，证人应当出庭作证。人民警察就其执行职务时目击的犯罪情况作为证人出庭作证，适用前款规定。公诉人、当事人或者辩护人、诉讼代理人对鉴定意见有异议，人民法院认为鉴定人有必要出庭的，鉴定人应当出庭作证。法院无法通知或者证人、鉴定人拒绝出庭的，应当及时告知申请人。经人民法院通知，鉴定人拒不出庭作证的，鉴定意见不得作为定案的根据。为查明案件事实、调查核实证据，人民法院可以依职权通知证人、鉴定人、有专门知识的人、调查人员、侦查人员或者其他人员出庭。控辩双方对侦破经过、证据来源、证据真实性或者合法性等有异议，申请调查人员、侦查人员或者有关人员出庭，人民法院认为有必要的，应当通知调查人员、侦查人员或者有关人员出庭。人民法院通知有关人员出庭的，可以要求控辩双方予以协助。《刑诉解释》第253条规定，证人具有下列情形之一，无法出庭作证的，人民法院可以准许其不出庭：在庭审期间身患严重疾病或者行动极为不便的；居所远离开庭地点且交通极为不便的；身处国外短期无法回国的；有其他客观原因，确实无法出庭的。具有前述情形的，可以通过视频等方式作证。《刑事诉讼法》第193条还规定，经人民法院通知，证人没有正当理由不出庭作证的，人民法院可以强制其到庭，但是被告人的配偶、父母、子女除外。证人没有正当理由拒绝出庭或者出庭后拒绝作证的，予以训诫，情节严重的，经院长批准，处以10日以下的拘留。被处罚人对拘留决定不服的，可以向上一级人民法院申请复议。复议期间不停止执行。《刑诉解释》第255条规定，强制证人出庭的，应当由院长签发强制证人出庭令，由法警执行。必要时，可以商请公安机关协助。

证人、鉴定人、被害人因出庭作证，本人或者其近亲属的人身安全面临危险的，人民法院应当采取不公开其真实姓名、住址和工作单位等个人信息，或者不暴露其外貌、真实声音等保护措施。审判期间，证人、鉴定人、被害人提出保护请求的，人民法院应当立即审查；认为确有保护必要的，应当及时决定采取相应保护措施。必要时，可以商请公安机关协助。

决定对出庭作证的证人、鉴定人、被害人采取不公开个人信息的保护措施的，审判人员应当在开庭前核实其身份，对证人、鉴定人如实作证的保证书不得公开，在判决书、裁定书等法律文书中可以使用化名等代替其个人信息。辩护律师经法庭许可，查阅对证人、鉴定人、被害人使用化名情况的，应当签署保密承诺书。

证人出庭的，法庭应当核实其身份、与当事人以及本案的关系，并告知其有关权利义务和法律责任。证人应当保证向法庭如实提供证言，并在保证书上签名。证人出庭后，一般先向法庭陈述证言；其后，经审判长许可，由申请通知证人出庭的一方发问，发问完毕后，对方也可以发问。法庭依职权通知证人出庭的，发问顺序由审判长根据案件情况确定。鉴定人、有专门知识的人、调查人员、侦查人员或者其他人员出庭的，参照适用前述规定。

控辩双方的讯问、发问方式不当或者内容与本案无关的，对方可以提出异议，申请审判长制止，审判长应当判明情况予以支持或者驳回；对方未提出异议的，审判长也可以根据情况予以制止。

为避免证人、鉴定人之间相互影响，向证人、调查人员、侦查人员发问应当分别进行。证人、鉴定人、有专门知识的人、调查人员、侦查人员或者其他人员不得旁听对本案的审理。有关人员作证或者发表意见后，审判长应当告知其退庭。

询问出庭作证的证人，应当遵循以下规则：发问应当单独进行；发问应当简洁、清楚；发问应当采取一问一答形式，不宜同时发问多个内容不同的问题；发问的内容应当着重围绕与定罪、量刑紧密相关的事实进行；不得以诱导方式发问；不得威胁或者误导证人；不得损害证人的人格尊严；不得泄露证人个人隐私；询问未成年人，应当结合未成年人的身心特点进行。

证人出庭的，公诉人可以要求证人就其了解的与案件有关的事实进行陈述，也可以直接发问。对于证人采取猜测性、评论性、推断性语言作证的，公诉人应当提醒其客观表述所知悉的案件事实。公诉人认为证人作出的回答对案件事实和情节的认定有决定性或者重大影响，可以提请法庭注意。证人出庭作证的证言与庭前提供的证言相互矛盾的，公诉人应当问明理由，并对该证人进行询问，澄清事实。认为理由不成立的，可以宣读证人在改变证言前的笔录内容，并结合相关证据予以反驳。根据案件情况，公诉人可以申请实行证人远程视频作证。

公诉人申请出庭的证人当庭改变证言、被害人改变其庭前的陈述，公诉人可以询问其言词发生变化的理由，认为理由不成立的，可以择机有针对性地宣读其在侦查、审查起诉阶段的证言、陈述，或者出示、宣读其他证据，对证人、被害人进行询问，予以反驳。

【实务问题探讨】我国是否应当建立或者完善交叉询问制度？

学术界绝大多数学者认为，我国初步确立了交叉询问的制度。[①] 但是也有少数学者认为，现行的人证调查制度只能说是当事人询问和法官直接询问的混合

---

① 参见陈卫东、王静：《我国刑事庭审中交叉询问规则之重构》，载《人民检察》2007年第22期；甄行勇：《完善刑事诉讼中交叉询问规则之构想》，载《法律适用》2006年第10期。

体。我国尚未真正建立起刑事诉讼中的交叉询问制度。① 还有学者认为将我国目前由控辩方在法庭进行人证调查的方式不加具体限制与界定地称作交叉询问并不适当，而应称作"控辩询问"。②

有学者总结了我国刑事庭审制度中交叉询问方式的特点，具体包括：直接人证调查的有限性，缩小了交叉询问的适用范围；交叉询问制与审问制的并存，限制了交叉询问的适用效力；被害人的当事人化及作为调查主体介入，使交叉询问可能具有多极化特点；交叉询问的"和合性"较强，抗辩性较弱；交叉询问系"技术方法型"，而非"权利技术型"；询问中采用简略而易于掌握的技术与规则。③

还有学者对我国刑事庭审制度中交叉询问方式存在的缺陷进行了具体分析，大致包括以下几个方面：第一，在询问的顺序上，《刑诉解释》中规定了对证人、鉴定人的询问顺序，由提请传唤的一方先进行询问，而后由相对方进行询问。但是，对双方提请传唤的是同一证人的情况以及法院依职权传唤的证人应当如何确定询问顺序，并没有加以明确规定。第二，在询问的范围上，现行刑事诉讼法以及相关解释基本没有作出规定，导致在司法实践中询问的范围毫无边际，主询问和反询问在功能上无法区分，难以围绕案件事实的焦点展开有效的对质，降低了诉讼效率，也无法切实保障被告人的诉讼权利以及其他诉讼参加人的合法权益。第三，在询问的规则上，《刑诉解释》规定了对证人和鉴定人的询问必须遵循相关性、禁止诱导性询问、禁止威胁证人以及尊重证人人格尊严四项规则。在对诱导性询问的态度上，该解释采取了一概禁止的态度。这并不符合英美法系中交叉询问的一般规则——仅仅禁止主询问采用诱导性询问而允许在反询问中进行诱导性询问的规则。④

有学者对其原因进行了具体分析，指出，第一，交叉询问具体规则的缺失导致交叉询问的混乱。第二，书证中心主义导致很多情况下交叉询问被取代。第三，职权主义模式下的法官庭审主导权阻却了交叉询问规则的有效运行。⑤

综上，学者们不论认为我国刑事庭审中有无确立交叉询问制度，均认为我国刑事庭审中的人证调查方法吸收了英美交叉询问的合理因素，但是在交叉询问的主体、范围、顺序和所遵循的规则等方面规定得较为笼统，导致实践中的交叉询问无法得到真正的落实，亟待完善。交叉询问制度不仅是一种发现真实、保障当事人质证权的技术性装置，它还深深植根于对抗制诉讼模式的土壤之中。在职权主义诉讼模式下引入这一制度，必须协调好法官的庭审控制权与控辩双方对质权的关系，否则，就会像"南橘北枳"，因水土不服而无法发挥出该制度应有的效用。

① 参见胡波：《也谈我国的交叉询问制度》，载《法学杂志》2002年第6期。
② 参见龙宗智：《我国刑事庭审中人证调查的几个问题》，载《政法论坛》2008年第5期。
③ 参见龙宗智：《论我国刑事审判中的交叉询问制度》，载《中国法学》2000年第4期。
④ 参见宋英辉主编：《刑事诉讼法修改问题研究》，中国人民公安大学出版社2007年版，第401—402页。
⑤ 参见陈卫东、王静：《我国刑事庭审中交叉询问规则之重构》，载《人民检察》2007年第22期。

（2）出示物证、视听资料、电子数据、宣读鉴定意见和有关笔录

公诉人、辩护人应当向法庭出示物证，让当事人辨认，对未到庭的证人的证言笔录、鉴定人的鉴定意见、勘验、检查、辨认、侦查实验等笔录和其他作为证据的文书，应当当庭宣读。举证方当庭出示证据后，由对方进行辨认并发表意见。控辩双方可以互相问问、辩论。

当庭出示的证据，尚未移送人民法院的，应当在质证后当庭移交。

公诉人申请出示开庭前未移送或者提交人民法院的证据，辩护方提出异议的，审判长应当要求公诉人说明理由；理由成立并确有出示必要的，应当准许。辩护方提出需要对新的证据作辩护准备的，法庭可以宣布休庭，并确定准备辩护的时间。辩护方申请出示开庭前未提交的证据，参照适用前述程序。

出示的物证一般应当是原物。原物不易搬运、不易保存或者已返还被害人的，可以出示反映原物外形和特征的照片、录像、复制品，并向法庭说明情况及与原物的同一性。出示的书证一般应当是原件，获取书证原件确有困难的，可以出示书证副本或者复制件，并向法庭说明情况及与原件的同一性。出示物证、书证时，应当对物证、书证所要证明的内容、收集情况作概括说明，可以提请法庭让当事人、证人等诉讼参与人辨认。物证、书证经过技术鉴定的，可以宣读鉴定意见。

对未到庭证人的证言笔录，应当当庭宣读。宣读前，应当说明证人和本案的关系。对证人证言笔录存在疑问、确实需要证人出庭陈述或者有新的证人的，公诉人可以要求延期审理，由人民法院通知证人到庭提供证言和接受质证。

宣读被告人供述，应当根据庭审中被告人供述的情况进行。被告人有多份供述且内容基本一致的，一般选择证明力最充分的一份或者几份出示。被告人当庭供述与庭前供述的实质性内容一致的，可以不再宣读庭前供述，但应当向法庭说明；被告人当庭供述与庭前供述存在实质性差异的，公诉人应当问明理由，认为理由不成立的，应当就存在实质性差异的内容宣读庭前供述，并结合相关证据予以反驳。

被告人作无罪辩解或者当庭供述与庭前供述内容不一致，足以影响定罪量刑的，公诉人可以有针对性地宣读被告人庭前供述笔录，并针对笔录中被告人的供述内容对被告人进行讯问，或者出示其他证据进行证明，予以反驳，并提请法庭对其当庭供述不予采信。对翻供内容需要调查核实的，可以建议法庭休庭或者延期审理。

鉴定意见以及勘验、检查、辨认和侦查实验等笔录应当当庭宣读，并对鉴定人、勘验人、检查人、辨认人、侦查实验人员的身份、资质、与当事人及本案的关系作出说明，必要时提供证据予以证明。鉴定人、有专门知识的人出庭，公诉人可以根据需要对其发问。发问时适用对证人询问的相关要求。

播放视听资料，应当首先对视听资料的来源、制作过程、制作环境、制作人员以及所要证明的内容进行概括说明。播放一般应当连续进行，也可以根据案情分段进行，但应当保持资料原貌，不得对视听资料进行剪辑。播放视听资料，应当向法庭提供视听资料的原始载体。提供原始载体确有困难的，可以提供复制件，但应当向法庭说明原因。出示音频资料，也可以宣读庭前制作的附有声音资料语言内容的文字记录。

出示以数字化形式存储、处理、传输的电子数据证据，应当对该证据的原始存储介质、收集提取过程等予以简要说明，围绕电子数据的真实性、完整性、合法性，以及被告人的网络身份与现实身份的同一性出示证据。

5. 公诉人质证

（1）质证的基本要求

公诉人质证应当根据辩护方所出示证据的内容以及对公诉方证据提出的质疑，围绕案件事实、证据和适用法律进行。质证应当一证一质一辩。质证阶段的辩论，一般应当围绕证据本身的真实性、关联性、合法性，针对证据能力有无以及证明力大小进行。对于证据与证据之间的关联性、证据的综合证明作用问题，一般在法庭辩论阶段予以答辩。对影响定罪量刑的关键证据和控辩双方存在争议的证据，一般应当单独质证。对控辩双方没有争议的证据，可以在庭审中简化质证。对于被告人认罪案件，主要围绕量刑和其他有争议的问题质证，对控辩双方无异议的定罪证据，可以不再质证。

公诉人可以根据需要将举证质证、讯问询问结合起来，在质证阶段对辩护方观点予以适当辩驳，但应当区分质证与辩论之间的界限，重点针对证据本身的真实性、关联性、合法性进行辩驳。

在每一份（组）证据或者全部证据质证完毕后，公诉人可以根据具体案件情况，提请法庭对证据进行确认。

（2）对辩护方质证的答辩

辩护方对公诉方当庭出示、宣读、播放的证据的真实性、关联性、合法性提出的质证意见，公诉人应当进行全面、及时和有针对性地答辩。辩护方提出的与证据的证据能力或者证明力无关、与公诉主张无关的质证意见，公诉人可以说明理由不予答辩，并提请法庭不予采纳。公诉人答辩一般应当在辩护方提出质证意见后立即进行。在不影响庭审效果的情况下，也可以根据需要在法庭辩论阶段结合其他证据综合发表意见，但应当向法庭说明。

对辩护方符合事实和法律的质证，公诉人应当实事求是、客观公正地发表意见。辩护方因对证据内容理解有误而质证的，公诉人可以对证据情况进行简要说明。

公诉人对辩护方质证的答辩，应当重点针对可能动摇或者削弱证据能力、证明力的质证观点进行答辩，对于不影响证据能力、证明力的质证观点可以不予答辩或者简要答辩。

辩护方质疑言词证据之间存在矛盾的，公诉人可以综合全案证据，立足证据证明体系，从认知能力、与当事人的关系、客观环境等角度，进行重点答辩，合理解释证据之间的矛盾。

辩护人询问证人或者被害人有下列情形之一的，公诉人应当及时提请审判长制止，必要时应当提请法庭对该项陈述或者证言不予采信：①以诱导方式发问的；②威胁或者误导证人的；③使被害人、证人以推测性、评论性、推断性意见作为陈述或者证言的；④发问内容与本案事实无关的；⑤对被害人、证人带有侮辱性发问的；⑥其他违反法律规定的情形。对辩护人询问侦查人员、鉴定人和有专门知识的人的质证，参照前述要求。

辩护方质疑证人当庭证言与庭前证言存在矛盾的，公诉人可以有针对性地对证人进行发问，也可以提请法庭决定就有异议的内容由被告人与证人进行对质诘问，在发问或对质诘问过程中，对前后矛盾或者疏漏之处作出合理解释。

辩护方质疑物证、书证的，公诉人可以宣读侦查机关收集物证、书证的补正说明，从此类证据客观、稳定、不易失真以及取证主体、程序、手段合法等方面有针对性地予以答辩。

辩护方质疑鉴定意见的，公诉人可以从鉴定机构和鉴定人的法定资质、检材来源、鉴定程序、鉴定意见形式要件符合法律规定等方面，有针对性地予以答辩。

辩护方质疑不同鉴定意见存在矛盾的，公诉人可以阐释不同鉴定意见对同一问题得出不同结论的原因，阐明检察机关综合全案情况，结合案件其他证据，采信其中一份鉴定意见的理由。必要时，可以申请鉴定人、有专门知识的人出庭。控辩双方仍存在重大分歧，且辩护方质疑有合理依据，对案件有实质性影响的，可以建议法庭休庭或者延期审理。

辩护方质疑勘验、检查、搜查笔录的，公诉人可以从勘验、检查、搜查系依法进行，笔录的制作符合法律规定，勘验、检查、搜查人员和见证人有签名或者盖章等方面，有针对性地予以答辩。

辩护方质疑辨认笔录的，公诉人可以从辨认的过程、方法，以及辨认笔录的制作符合有关规定等方面，有针对性地予以答辩。

辩护方质疑侦查实验笔录的，公诉人可以从侦查实验的审批、过程、方法、法律依据、技术规范或者标准、侦查实验的环境条件与原案接近程度、结论的科学性等方面，有针对性地予以答辩。

辩护方质疑视听资料的，公诉人可以从此类证据具有不可增添性、真实性强，内容连续完整，所反映的行为人的言语动作连贯自然，提取、复制、制作过程合法，内容与案件事实关联程度等方面，有针对性地予以答辩。

辩护方质疑电子数据的，公诉人可以从此类证据提取、复制、制作过程、内容与案件事实关联程度等方面，有针对性地予以答辩。

辩护方质疑采取技术侦查措施获取的证据材料合法性的，公诉人可以通过说明采取技术侦查措施的法律规定、出示批准采取技术侦查措施的法律文书等方式，有针对性地予以答辩。

辩护方在庭前提出排除非法证据申请，经审查被驳回后，在庭审中再次提出排除申请的，或者辩护方撤回申请后再次对有关证据提出排除申请的，公诉人应当审查辩护方是否提出新的线索或者材料。没有新的线索或者材料表明可能存在非法取证的，公诉人可以建议法庭予以驳回。

辩护人仅采用部分证据或者证据的部分内容，对证据证明的事项发表不同意见的，公诉人可以立足证据认定的全面性、同一性原则，综合全案证据予以答辩。必要时，可以扼要概述已经法庭质证过的其他证据，用以反驳辩护方的质疑。

对单个证据质证的同时，公诉人可以简单点明该证据与其他证据的印证情况，以及在整个证据链条中的作用，通过边质证边论证的方式，使案件事实逐渐清晰，减轻辩论环节综合分析论证的任务。

（3）对辩护方证据的质证

公诉人应当认真审查辩护方向法庭提交的证据。对于开庭五日前未提交给法庭的，可以当庭指出，并根据情况，决定是否要求查阅该证据或者建议休庭；属于下列情况的，可以提请法庭不予采信：①不符合证据的真实性、关联性、合法性要求的证据；②辩护人提供的证据明显有悖常理的；③其他需要提请法庭不予采信的情况。对辩护方提出的无罪证据，公诉人应当本着实事求是、客观公正的原则进行质证。对于与案件事实不符的证据，公诉人应当针对辩护方证据的真实性、关联性、合法性提出质疑，否定证据的证明力。对被告人的定罪、量刑有重大影响的证据，当庭难以判断的，公诉人可以建议法庭休庭或者延期审理。

对辩护方提请出庭的证人，公诉人可以从以下方面进行质证：①证人与案件当事人、案件处理结果有无利害关系；②证人的年龄、认知、记忆和表达能力、生理和精神状态是否影响作证；③证言的内容及其来源；④证言的内容是否为证人直接感知，证人感知案件事实时的环境、条件和精神状态；⑤证人作证是否受到外界的干扰或者影响；⑥证人与案件事实的关系；⑦证言前后是否矛盾；⑧证言之间以及与其他证据之间能否相互印证，有无矛盾。

辩护方证人未出庭的，公诉人认为其证言对案件的定罪量刑有重大影响的，可以提请法庭通知其出庭。对辩护方证人不出庭的，公诉人可以从取证主体合法性、取证是否征得证人同意、是否告知证人权利义务、询问未成年人时其法定代理人或者有关人员是否到场、是否单独询问证人等方面质证。质证中可以将证言与已经出示的证据材料进行对比分析，发现并反驳前后矛盾且不能作出合理解释的证人证言。证人证言前后矛盾或者与案件事实无关的，应当提请法庭注意。

对辩护方出示的鉴定意见和提请出庭的鉴定人，公诉人可以从以下方面进行质证：①鉴定机构和鉴定人是否具有法定资质；②鉴定人是否存在应当回避的情形；③检材的来源、取得、保管、送检是否符合法律和有关规定，与相关提取笔录、扣押物品清单等记载的内容是否相符，检材是否充足、可靠；④鉴定意见的形式要件是否完备，是否注明提起鉴定的事由、鉴定委托人、鉴定机构、鉴定要求、鉴定过程、鉴定方法、鉴定日期等相关内容，是否由鉴定机构加盖司法鉴定专用章并由鉴定人签名、盖章；⑤鉴定程序是否符合法律和有关规定；⑥鉴定的过程和方法是否符合相关专业的规范要求；⑦鉴定意见是否明确；⑧鉴定意见与案件待证事实有无关联；⑨鉴定意见与勘验、检查笔录及相关照片等其他证据是否矛盾；⑩鉴定意见是否依法及时告知相关人员，当事人对鉴定意见有无异议。必要时，公诉人可以申请法庭通知有专门知识的人出庭，对辩护方出示的鉴定意见进行必要的解释说明。

对辩护方出示的物证、书证，公诉人可以从以下方面进行质证：①物证、书证是否为原物、原件；②物证的照片、录像、复制品，是否与原物核对无误；③书证的副本、复制件，是否与原件核对无误；④物证、书证的收集程序、方式是否符合法律和有关规定；⑤物证、书证在收集、保管、鉴定过程中是否受损或者改变；⑥物证、书证与案件事实有无关联。

对辩护方出示的视听资料，公诉人可以从以下方面进行质证：①收集过程是否合法，来源及制作目的是否清楚；②是否为原件，是复制件的，是否有复制说明；③制作过程中是否存在威胁、引诱当事人等违反法律、相关规定的情形；④内容和制作过程是否真实，有无剪辑、增加、删改等情形；⑤内容与案件事实有无关联。

对辩护方出示的电子数据，公诉人可以从以下方面进行质证：①是否随原始存储介质移送，在原始存储介质无法封存、不便移动等情形时，是否有提取、复制过程的说明；②收集程序、方式是否符合法律及有关技术规范；③电子数据内容是否真实，有无删除、修改、增加等情形；④电子数据制作过程中是否受到暴力胁迫或者引诱因素的影响；⑤电子数据与案件事实有无关联。

对于因专门性问题不能对有关证据发表质证意见的，可以建议休庭，向有专门知识的人咨询意见。必要时，可以建议延期审理，进行鉴定或者重新鉴定。

（4）法庭对质

控辩双方针对同一事实出示的证据出现矛盾的，公诉人可以提请法庭通知相关人员到庭对质。

被告人、证人对同一事实的陈述存在矛盾需要对质的，公诉人可以建议法庭传唤有关被告人、证人同时到庭对质。各被告人之间对同一事实的供述存在矛盾需要对质的，公诉人可以在被告人全部陈述完毕后，建议法庭当庭进行对质。

辩护方质疑物证、书证、鉴定意见、勘验、检查、搜查、辨认、侦查实验等笔录、视听资料、电子数据的，必要时，公诉人可以提请法庭通知鉴定人、有专门知识的人、侦查人员、见证人等出庭。辩护方质疑采取技术侦查措施获取的证据材料合法性的，必要时，公诉人可以建议法庭采取不暴露有关人员身份、不公开技术侦查措施和方法等保护措施，在庭外对证据进行核实，并要求在场人员履行保密义务。对辩护方出示的鉴定意见等技术性证据和提请出庭的鉴定人，必要时，公诉人可以提请法庭通知有专门知识的人出庭，与辩护方提请出庭的鉴定人对质。

在对质过程中，公诉人应当重点就证据之间的矛盾点进行发问，并适时运用其他证据指出不真实、不客观、有矛盾的证据材料。

6. 调取新证据

法庭审理过程中，控辩双方申请通知新的证人到庭，调取新的证据，申请重新鉴定或者勘验的，应当提供证人的基本信息、证据的存放地点，说明拟证明的事项，申请重新鉴定或者勘验的理由。法庭认为有必要的，应当同意，并宣布休庭；根据案件情况，可以决定延期审理。人民法院决定重新鉴定的，应当及时委托鉴定，并将鉴定意见告知人民检察院、当事人及其辩护人、诉讼代理人。

7. 申请专家辅助人出庭

《刑事诉讼法》第197条第2、3、4款和《刑诉解释》第250条规定，公诉人、当事人及其辩护人、诉讼代理人申请法庭通知有专门知识的人出庭，就鉴定意见提出意见的，应当说明理由。法庭认为有必要的，应当通知有专门知识的人出庭。申请有专门知识的人出庭，不得超过2人。有多种类鉴定意见的，可以相应增加人数。有专门知识的人出庭，适用鉴定人出庭的有关规定。

向有专门知识的人发问应当分别进行。有专门知识的人经控辩双方发问或者审判人员询问后，审判长应当告知其退庭。审判人员认为必要时，可以询问有专门知识的人。有专门知识的人不得旁听对本案的审理。

8. 合议庭调查核实证据

法庭对证据有疑问的，可以告知公诉人、当事人及其法定代理人、辩护人、诉讼代理人补充证据或者作出说明；必要时，可以宣布休庭，对证据进行调查核实。人民法院调查核实证据，可以进行勘验、检查、查封、扣押、鉴定和查询、冻结。必要时，可以通知检察人员、辩护人、自诉人及其法定代理人到场。上述人员未到场的，应当记录在案。人民法院调查核实证据时，发现对定罪量刑有重大影响的新的证据材料的，应当告知检察人员、辩护人、自诉人及其法定代理人。必要时，也可以直接提取，并及时通知检察人员、辩护人、自诉人及其法定代理人查阅、摘抄、复制。

对公诉人、当事人及其法定代理人、辩护人、诉讼代理人补充的和审判人员庭外调查核实取得的证据，应当经过当庭质证才能作为定案的根据。但是，对不影响定罪量刑的非关键证据、有利于被告人的量刑证据以及认定被告人有犯罪前科的裁判文书等证据，经庭外征求意见，控辩双方没有异议的除外。有关情况，应当记录在案。

附带民事诉讼部分的调查，一般在刑事诉讼部分调查结束后进行，具体程序依民事诉讼法的有关规定进行。

【实务问题探讨】法官庭外调查权是否应当废除？

有学者指出，我国修改后的刑事诉讼法之所以仍然保留法官的庭外调查权，是与我国的法律传统、诉讼习惯、价值理念等息息相关的，法官庭外调查权的形成有其深远的历史背景：封建社会纠问式诉讼模式的影响；职权主义诉讼模式的影响;"马锡五审判方式"的影响;传统的"有罪必罚"思想和"重实体、轻程序"观念的影响。①

对法官庭外调查权的弊端,许多学者都曾做过详细分析,一般认为:混淆了侦查与审判的职能,法官超越了审判权限;侵害了被告人的合法权益;不利于查明案件的事实真相;有违诉审分离原则,有损法官的中立形象;违反了刑事诉讼中的举证责任规则;使法庭审理流于形式;规避了审判监督。②

为了克服法官庭外调查权的弊端,有些学者指出,立法应取消法官的庭外调查权,同时,还必须完善相应的配套措施。原因在于,在我国刑事诉讼中,控辩双方的举证能力有着很大的差距,双方的诉讼资源也严重失衡,辩方在收集证据的能力和条件上远远不能与控方相比。相应的配套措施具体包括:扩大法律援助的范围,强化辩方的举证力度;完善证人出庭作证制度;确立证据开示制度;打破传统审判空间,确立外出开庭的变通方法。③

有学者认为,法官庭外调查权存在之所以有其必要性,原因在于:法官拥有庭外调查权适合我国目前的诉讼模式;我国法官的地位决定了法官庭外调查权的合理性;法官庭外调查权的存在有助于保护被告人的合法权益;法官进行庭外调查有助于查明案件事实;我国的证明标准使得法官需要开展庭外调查。④

本书认为,法官庭外调查权是职权主义诉讼模式的产物,目标在于追求案件的实体真实,在我国职权主义诉讼模式逐步融合对抗制合理因素的情况下,只有逐步弱化法官的庭外调查权才能对程序正义和实体正义两大诉讼目标妥善地加以协调。针对我国法官庭外调查权存在的问题,有必要进行完善。比如:法官原则上在控辩双方申请的情形下,才可以进行庭外调查;法官进行庭外调查时,应当通知控辩双方到场,听取控辩双方的意见。

9. 非法证据排除的程序

依据《刑事诉讼法》第56、58、59、60条和《刑诉解释》第127—138条、《关于办理刑事案件严格排除非法证据若干问题的规定》第23—41条的规定,在法院审理阶段,对证据的合法性发生争议时,由审理案件的同一审判组织进行调查。

(1)程序启动

人民法院向被告人及其辩护人送达起诉书副本时,应当告知其有权申请排除非法证据。被告人及其辩护人申请排除非法证据,应当在开庭审理前提出,但在庭审期间发现相关线索或者材料等情形除外。人民法院应当在开庭审理前将申请书和相关线索或者材料的复制件送交人民检察院。

当事人及其辩护人、诉讼代理人有权申请人民法院对以非法方法收集的证据依法予以排

---

① 参见黄文:《法官庭外调查权的合理性质疑》,载《当代法学》2004年第2期。

② 参见黄文:《法官庭外调查权的合理性质疑》,载《当代法学》2004年第2期;成效东、陈为铨:《建议取消合议庭的庭外调查权》,载《人民检察》2001年第8期。

③ 参见黄文:《法官庭外调查权的合理性质疑》,载《当代法学》2004年第2期;林劲松、朱珏:《对法官庭外调查权的反思》,载《中国刑事法杂志》2002年第3期。

④ 参见杨明、王婷婷:《法官庭外调查权的理解与适用》,载《当代法学》2007年第1期。

除。申请排除以非法方法收集的证据的，应当提供涉嫌非法取证的人员、时间、地点、方式、内容等相关线索或者材料。

被告人及其辩护人在开庭审理前申请排除非法证据，未提供相关线索或者材料，不符合法律规定的申请条件的，人民法院对申请不予受理。

法庭审理过程中，审判人员认为可能存在《刑事诉讼法》第56条规定的以非法方法收集证据情形的，应当对证据收集的合法性进行法庭调查。

（2）对证据合法性的审查、调查

开庭审理前，人民法院可以召开庭前会议，就非法证据排除等问题了解情况，听取意见。在庭前会议中，人民检察院可以通过出示有关证据材料等方式，对证据收集的合法性加以说明。必要时，可以通知调查人员、侦查人员或者其他人员参加庭前会议，说明情况。

人民检察院可以决定撤回有关证据，撤回的证据，没有新的理由，不得在庭审中出示。

被告人及其辩护人可以撤回排除非法证据的申请。撤回申请后，没有新的线索或者材料，不得再次对有关证据提出排除申请。

公诉人、被告人及其辩护人在庭前会议中对证据收集是否合法未达成一致意见，人民法院对证据收集的合法性有疑问的，应当在庭审中进行调查；人民法院对证据收集的合法性没有疑问，且没有新的线索或者材料表明可能存在非法取证的，可以决定不再进行调查。

被告人及其辩护人申请人民法院通知侦查人员或者其他人员出庭，人民法院认为现有证据材料不能证明证据收集的合法性，确有必要通知上述人员出庭作证或者说明情况的，可以通知上述人员出庭。

公诉人宣读起诉书后，法庭应当宣布开庭审理前对证据收集合法性的审查及处理情况。

被告人及其辩护人在开庭审理前未申请排除非法证据，在法庭审理过程中提出申请的，应当说明理由。

对前述情形，法庭经审查，对证据收集的合法性有疑问的，应当进行调查；没有疑问的，应当驳回申请。

法庭驳回排除非法证据申请后，被告人及其辩护人没有新的线索或者材料，以相同理由再次提出申请的，法庭不再审查。

庭审期间，法庭决定对证据收集的合法性进行调查的，应当先行当庭调查。但为防止庭审过分迟延，也可以在法庭调查结束前调查。

法庭决定对证据收集的合法性进行调查的，由公诉人通过宣读调查、侦查讯问笔录、出示提讯登记、体检记录、对讯问合法性的核查材料等证据材料，有针对性地播放讯问录音录像，提请法庭通知有关调查人员、侦查人员或者其他人员出庭说明情况等方式，证明证据收集的合法性。

讯问录音录像涉及国家秘密、商业秘密、个人隐私或者其他不宜公开内容的，法庭可以决定对讯问录音录像不公开播放、质证。

公诉人提交的取证过程合法的说明材料，应当经有关调查人员、侦查人员签名，并加盖单位印章。未经签名或者盖章的，不得作为证据使用。上述说明材料不能单独作为证明取证过程合法的根据。

控辩双方申请法庭通知调查人员、侦查人员或者其他人员出庭说明情况，法庭认为有必要的，应当通知有关人员出庭。

根据案件情况，法庭可以依职权通知调查人员、侦查人员或者其他人员出庭说明情况。

调查人员、侦查人员或者其他人员出庭的，应当向法庭说明证据收集过程，并就相关情况接受控辩双方和法庭的询问。

辩护人质疑收集被告人供述存在程序瑕疵申请排除证据的，公诉人可以宣读侦查机关的补正说明。没有补正说明的，也可以从讯问的时间地点符合法律规定，已进行权利告知，不存在威胁、引诱、欺骗等情形，被告人多份供述内容一致，全案证据能够互相印证，被告人供述自愿性未受影响，程序瑕疵没有严重影响司法公正等方面作出合理解释。必要时，可以提请法庭播放同步录音录像，从被告人供述时情绪正常、表达流畅、能够趋利避害等方面证明庭前供述自愿性，对瑕疵证据作出合理解释。

（3）法庭处理

法庭对证据收集的合法性进行调查后，应当当庭作出是否排除有关证据的决定。必要时，可以宣布休庭，由合议庭评议或者提交审判委员会讨论，再次开庭时宣布决定。

在法庭作出是否排除有关证据的决定前，不得对有关证据宣读、质证。

经法庭审理，确认存在本规定所规定的以非法方法收集证据情形的，对有关证据应当予以排除。法庭根据相关线索或者材料对证据收集的合法性有疑问，而人民检察院未提供证据或者提供的证据不能证明证据收集的合法性，不能排除存在本规定所规定的以非法方法收集证据情形的，对有关证据应当予以排除。

对依法予以排除的证据，不得宣读、质证，不得作为判决的根据。

人民法院排除非法证据后，案件事实清楚，证据确实、充分，依据法律认定被告人有罪的，应当作出有罪判决；证据不足，不能认定被告人有罪的，应当作出证据不足、指控的犯罪不能成立的无罪判决；案件部分事实清楚，证据确实、充分的，依法认定该部分事实。

人民法院对证据收集合法性的审查、调查结论，应当在裁判文书中写明，并说明理由。

人民法院对证人证言、被害人陈述等证据收集合法性的审查、调查，参照上述规定。

具有下列情形之一的，第二审人民法院应当对证据收集的合法性进行审查，并根据刑事诉讼法和《刑诉解释》的有关规定作出处理：①第一审人民法院对当事人及其辩护人、诉讼代理人排除非法证据的申请没有审查，且以该证据作为定案根据的；②人民检察院或者被告人、自诉人及其法定代理人不服第一审人民法院作出的有关证据收集合法性的调查结论，提出抗诉、上诉的；③当事人及其辩护人、诉讼代理人在第一审结束后才发现相关线索或者材料，申请人民法院排除非法证据的。

第二审人民法院对证据收集合法性的调查，参照上述第一审程序的规定。

第一审人民法院对被告人及其辩护人排除非法证据的申请未予审查，并以有关证据作为定案根据，可能影响公正审判的，第二审人民法院可以裁定撤销原判，发回原审人民法院重新审判。

第一审人民法院对依法应当排除的非法证据未予排除的，第二审人民法院可以依法排除非法证据。排除非法证据后，原判决认定事实和适用法律正确、量刑适当的，应当裁定驳回上诉或者抗诉，维持原判；原判决认定事实没有错误，但适用法律有错误，或者量刑不当的，应当改判；原判决事实不清楚或者证据不足的，可以裁定撤销原判，发回原审人民法院重新审判。

10. 建议补充侦查

审判期间，合议庭发现被告人可能有自首、坦白、立功等法定量刑情节，而人民检察院移送的案卷中没有相关证据材料的，应当通知人民检察院在指定时间内移送。

审判期间，被告人提出新的立功线索的，人民法院可以建议人民检察院补充侦查。

11. 对涉案财物的调查

法庭审理过程中，应当对查封、扣押、冻结财物及其孳息的权属、来源等情况，是否属于违法所得或者依法应当追缴的其他涉案财物进行调查，由公诉人说明情况、出示证据、提出处理建议，并听取被告人、辩护人等诉讼参与人的意见。

案外人对查封、扣押、冻结的财物及其孳息提出权属异议的，人民法院应当听取案外人的意见；必要时，可以通知案外人出庭。

经审查，不能确认查封、扣押、冻结的财物及其孳息属于违法所得或者依法应当追缴的其他涉案财物的，不得没收。

（三）法庭辩论

依据《刑事诉讼法》第198条的规定，法庭审理过程中，对与定罪、量刑、涉案财物处理有关的事实、证据都应当进行调查、辩论。经审判长许可，公诉人、当事人和辩护人、诉讼代理人可以对证据和案件情况发表意见并且可以互相辩论。这一规定表明，法庭辩论不仅集中在法庭调查后专门的法庭辩论阶段，而且在法庭调查阶段，控辩双方也可以对案件事实是否清楚、证据是否确实、充分，互相进行辩论。法庭辩论的目的在于使控辩双方有充分机会表明己方观点，充分阐述理由和根据，从而从程序上保障当事人和诉讼参与人的合法权益，同时对于法庭查明案情、依法作出公正的裁决也具有重要意义。辩论的内容包括全案事实（既包括与定罪有关的事实，也包括与量刑有关的事实）、证据、法律适用等各种与案件有关的问题。

在法庭调查阶段的辩论，经审判长许可，控辩双方可随时根据案件具体情况进行。在法庭调查后专门的辩论阶段进行的辩论，由审判长根据法庭审理的具体情况，认为通过法庭调查，案件事实已查清时，宣布结束法庭调查，开始法庭辩论。

法庭辩论应当在审判长的主持下，按照下列顺序进行：（1）公诉人发言；（2）被害人及其诉讼代理人发言；（3）被告人自行辩护；（4）辩护人辩护；（5）控辩双方进行辩论。前四项活动称为第一回合，控辩双方进行辩论可进行多个回合，反复辩论，直至双方意见阐述完毕，不再发言。

人民检察院可以提出量刑建议并说明理由；建议判处管制、宣告缓刑的，一般应当附有调查评估报告，或者附有委托调查函。当事人及其辩护人、诉讼代理人可以对量刑提出意见并说明理由。对被告人认罪的案件，法庭辩论时，应当指引控辩双方主要围绕量刑和其他有争议的问题进行。对被告人不认罪或者辩护人作无罪辩护的案件，法庭辩论时，可以指引控辩双方先辩论定罪问题，后辩论量刑和其他问题。

附带民事部分的辩论应当在刑事部分的辩论结束后进行，先由附带民事诉讼原告人及其诉讼代理人发言，后由附带民事诉讼被告人及其诉讼代理人答辩。

在司法实践中，公诉人的第一次发言通常称为发表公诉词，辩护人的第一次发言称作发表辩护词。公诉词是公诉人代表人民检察院，为揭露犯罪，在总结法庭调查的事实、证据和适用法律的基础上，集中阐明人民检察院对追究被告人刑事责任的意见。其重点是阐明指控被告人犯罪的根据和理由，指出犯罪的危害后果，说明犯罪的根源，提出有建设性的预防措施和意见，以达到支持公诉、宣传法治、教育群众的目的。辩护词是辩护人以法庭调查情况为基础，综合全案，从保护被告人的合法权益方面出发提出综合性辩护意见。其重点是指出指控的不实之处，说明被告人应当无罪、罪轻、从轻、减轻、免除处罚的根据和理由，并在最后请求法庭采纳己方辩护意见。

在法庭辩论中，控辩双方应当以事实为依据，以法律为准绳，围绕双方争论的焦点进行论证与反驳。审判长应当充分听取控辩双方的意见，善于抓住双方辩论的焦点，把辩论引向深入，对控辩双方与案件无关、重复或者指责对方的发言应当提醒、制止。如果合议庭发现与定罪、量刑有关的新的事实，有必要调查的，审判长可以宣布恢复法庭调查，在对新的事实调查后，继续法庭辩论。

合议庭认为经过反复辩论，案情已经查明、罪责已经分清或者控辩双方的意见已经充分发表的，审判长应及时宣布辩论终结。从保障被告人权益出发，宣布辩论终结前，审判长应询问被告人和辩护人是否还有新的辩护意见。

公诉人当庭发表与起诉书不同的意见，属于变更、追加、补充或者撤回起诉的，人民法院应当要求人民检察院在指定时间内以书面方式提出；必要时，可以宣布休庭。人民检察院在指定时间内未提出的，人民法院应当根据法庭审理情况，就起诉书指控的犯罪事实依法作出判决、裁定。人民检察院变更、追加、补充起诉的，人民法院应当给予被告人及其辩护人必要的准备时间。辩护人应当及时将书面辩护意见提交人民法院。

【实务问题探讨】 辩护人的书面辩护意见与当庭发表的意见不一致的，应以何种意见为准？

有观点认为，应当以当庭发表的意见为准，理由：明确以当庭发表的意见为准，可以促使辩护人庭前认真准备、庭上充分辩护。而且，认可在庭后提交与当庭发表意见差异较大的书面辩护意见，还可能带来需要二次开庭等一系列问题，浪费司法资源。这也符合庭审中心主义、庭审实质化和公开审理的要求，当庭发表的意见经控辩双方质证、辩论，更能体现以审判为中心的刑事诉讼制度改革要求。[①]

有观点认为，应当以庭后提交的书面辩护意见为准，理由：刑事审判应当坚持实体正义优先的原则，对于庭后提交的书面辩护意见与当庭发表意见不一致，且有相关证据证明，则应当采信书面辩护意见。必要时，可以通过庭外听取控辩双方意见或者二次开庭加以解决，不宜以节约司法资源为由对合理的书面辩护意见"视而不见"。[②]

本书认为，不能绝对地以当庭发表的意见为准，也不能绝对地以庭后提交的书面辩护意见为准。因为，按照辩论原则的要求，控辩双方既可以口头方式辩论，也可以书面的方式辩论，书面辩护意见和当庭发表的意见只要合理，都可以被法院采纳。唯有如此，才能保证案件得到正确处理。

(四) 被告人最后陈述

《刑事诉讼法》第 198 条第 3 款规定："审判长在宣布辩论终结后，被告人有最后陈述的权利。"可见，被告人最后陈述不仅是法庭审判的一个独立阶段，而且是法律赋予被告人的一

---

① 参见李少平主编：《最高人民法院关于适用〈中华人民共和国刑事诉讼法〉的解释理解与适用》，人民法院出版社 2021 年版，第 356—357 页。

② 参见李少平主编：《最高人民法院关于适用〈中华人民共和国刑事诉讼法〉的解释理解与适用》，人民法院出版社 2021 年版，第 357 页。

项重要诉讼权利。

合议庭应当保证被告人充分行使最后陈述的权利。审判长宣布法庭辩论终结后应当告知被告人享有此项权利，让被告人陈述。被告人最后陈述只要不超出本案范围，一般不应限制其发言时间或随意打断其发言，而应让被告人尽量把话讲完。但被告人在最后陈述中多次重复自己的意见的，审判长可以制止。陈述内容蔑视法庭、公诉人，损害他人及社会公共利益，或者与本案无关的，应当制止。在公开审理的案件中，被告人最后陈述的内容涉及国家秘密、个人隐私或者商业秘密的，应当制止。

被告人在最后陈述中提出新的事实、证据，合议庭认为可能影响正确裁判的，应当恢复法庭调查；被告人提出新的辩解理由，合议庭认为可能影响正确裁判的，应当恢复法庭辩论。

（五）评议和宣判

被告人最后陈述完毕后，审判长应当宣布休庭，由合议庭进行评议，法庭审判进入评议和宣判阶段。

1. 评议

评议是合议庭组成人员在已进行的法庭审理活动基础上，对案件事实、证据和法律适用进行讨论、分析、判断，并依法对案件作出裁判的诉讼活动。合议庭评议案件，应当根据已经查明的事实、证据和有关法律规定，在充分考虑控辩双方意见的基础上，确定被告人是否有罪、构成何罪，有无从重、从轻、减轻或者免除处罚情节，应否处以刑罚、判处何种刑罚，附带民事诉讼如何解决，查封、扣押、冻结的财物及其孳息如何处理等，并依法作出判决、裁定。

合议庭评议由审判长主持，一律秘密进行。评议时，如果意见存在分歧，应当按多数人的意见作出决定，但是少数人的意见应当写入笔录，评议笔录由合议庭组成人员、法官助理、书记员签名。一般情况下，合议庭经过开庭审理并且评议后，应当作出判决，但对于疑难、复杂、重大的案件，合议庭成员意见分歧较大，难以对案件作出决定的，由合议庭提请院长决定提交审判委员会讨论决定，对于审判委员会的决定，合议庭应当执行。

根据《刑事诉讼法》第 200 条及《刑诉解释》第 295 条的规定，人民法院应当根据案件的具体情形，分别作出裁判：

（1）起诉指控的事实清楚，证据确实、充分，依据法律认定指控被告人的罪名成立的，应当作出有罪判决；

（2）起诉指控的事实清楚，证据确实、充分，但指控的罪名不当的，应当依据法律和审理认定的事实作出有罪判决；

（3）案件事实清楚，证据确实、充分，依据法律认定被告人无罪的，应当判决宣告被告人无罪；

（4）证据不足，不能认定被告人有罪的，应当以证据不足、指控的犯罪不能成立，判决宣告被告人无罪；

（5）案件部分事实清楚，证据确实、充分的，应当作出有罪或者无罪的判决；对事实不清、证据不足部分，不予认定；

（6）被告人因未达到刑事责任年龄，不予刑事处罚的，应当判决宣告被告人不负刑事责任；

（7）被告人是精神病人，在不能辨认或者不能控制自己行为时造成危害结果，不予刑事处罚的，应当判决宣告被告人不负刑事责任；被告人符合强制医疗条件的，应当依照本解释第二十六章的规定进行审理并作出判决；

（8）犯罪已过追诉时效期限且不是必须追诉，或者经特赦令免除刑罚的，应当裁定终止审理；

（9）属于告诉才处理的案件，应当裁定终止审理，并告知被害人有权提起自诉；

（10）被告人死亡的，应当裁定终止审理；但有证据证明被告人无罪，经缺席审理确认无罪的，应当判决宣告被告人无罪。

具有上述第 2 项规定情形的，人民法院应当在判决前听取控辩双方的意见，保障被告人、辩护人充分行使辩护权。必要时，可以再次开庭，组织控辩双方围绕被告人的行为构成何罪及如何量刑进行辩论。

审判期间，人民法院发现新的事实，可能影响定罪量刑的，或者需要补查补证的，应当通知人民检察院，由其决定是否补充、变更、追加起诉或者补充侦查。人民检察院不同意或者在指定时间内未回复书面意见的，人民法院应当就起诉指控的事实，依照《刑诉解释》第 295 条的规定作出判决、裁定。

根据《刑诉解释》第 298 条的规定，对于人民法院曾以"证据不足，不能认定被告人有罪"为由而作出证据不足，指控的犯罪不能成立的无罪判决的案件，人民检察院根据新的事实、证据重新起诉，人民法院受理后，经过法庭审理，在依法作出判决时，人民法院应当在判决中写明被告人曾被人民检察院提起公诉，因证据不足，指控的犯罪不能成立，被人民法院依法判决宣告无罪的情况；前案依照《刑事诉讼法》第 200 条第 3 项规定作出的判决不予撤销。

合议庭成员、法官助理、书记员应当在评议笔录上签名，在判决书、裁定书等法律文书上署名。裁判文书应当写明裁判依据，阐释裁判理由，反映控辩双方的意见并说明采纳或者不予采纳的理由。适用普通程序审理的被告人认罪的案件，裁判文书可以适当简化。

【实务问题探讨】 法院能否改变检察院指控的罪名？

学术界在对法院能否改变指控罪名这一问题上形成了两种针锋相对的观点：一种是否定法院有自行变更罪名权的观点；一种是肯定法院有自行变更罪名权的观点。否定论者认为，法院无权变更起诉机关指控的罪名，究其缘由，有学者指出："这种由法院自行变更起诉罪名和事实的做法，都违背了不告不理原则，违背了公诉权与裁判权划分的最低界限。"[1] "人民法院享有变更指控罪名权不仅与刑事诉讼法的具体规定相冲突而且与其自身的规定也自相矛盾。"[2] "除了法院、检察院的法定职能决定了法院不能直接变更公诉机关指控的罪名外，还有一个重要的原因就是程序公正的问题。刑事诉讼法并未明确规定法院有权直接变更起诉指控罪名，而辩护权又是刑事诉讼被告人享有的最基本的、最为关键的诉讼权利，法院直接变更罪名等就是变相剥夺了被告人的辩护权，这也是与现行法律相违背的。"[3] 还有学者指出，法院直接改变控方罪名，存在以下诸多弊端：法院直接改变检察机关指控罪名破坏了现代刑事诉讼中控辩审三方合理的角色、功能定位；法院直接改变指控罪名与现代民主政治条件下司法决策的民主性和科学性的

---

① 陈瑞华：《问题与主义之间——刑事诉讼基本问题研究》，中国人民大学出版社 2003 年版，第 293 页。

② 江晓阳：《评人民法院变更指控罪名权》，载《人民检察》1999 年第 9 期。

③ 杨金华、郭志媛：《法院不能变更公诉机关指控的罪名》，载《山东审判》2001 年第 1 期。

基本要求相悖；法院直接改变指控罪名不利于维护被告人的合法权益。[①] 肯定论者指出，作为刑事诉讼最终定案机关，决定了它有权变更罪名，也就是说，变更指控罪名权是法院定罪权的有机组成部分；法院处在"控、辩、审"结构中的主导地位，决定了它有权变更罪名；法院享有否定检察机关有罪指控的权力，决定了它有权变更罪名。[②] 还有学者指出，法院享有变更指控罪名权是审判中心主义的重要内涵；法院享有变更指控罪名权有利于提高诉讼效率，符合诉讼经济原则。[③] 有学者提出，变更罪名应当遵循以下原则：人民检察院独立行使检察权原则；人民法院独立行使审判权原则；控、审分离原则；辩护原则；公开审判原则。[④] 还有学者指出，法院改变指控罪名的权限受到刑事诉讼基本结构的制约；法院在改变罪名前必须保证辩论原则和辩护原则的贯彻。[⑤]

　　本书认为，肯定论和否定论虽各有其论据，但是，完全否定或者肯定法院改变指控罪名的权力，都可能过于绝对化。肯定法院在不侵犯控诉权和辩护权的情况下改变罪名，可能是个较好的选择，当然，这就需要法律科学设置相关的具体条件，以协调好控辩审三方的关系。

2. 宣判

　　宣判是人民法院将判决书的内容向当事人和社会公开宣告，使当事人和广大群众知道人民法院对案件的处理决定。宣判分为当庭宣判和定期宣判两种。

　　当庭宣判是在合议庭经过评议并作出决定后，立即复庭由审判长宣告判决结果。当庭宣告判决的，应当在 5 日以内送达判决书。当庭宣判符合刑事审判的集中审理原则，有利于发挥法庭审判的法制教育作用。

　　定期宣判是合议庭经休庭评议并作出决定后，或者因案情疑难、复杂、重大，合议庭认为难以作出决定，由合议庭提请院长决定提交审判委员会讨论决定，而另行确定日期宣告判决书的活动。定期宣告判决的，应当在宣判前先期公告宣判的时间和地点，传唤当事人并通知公诉人、法定代理人、辩护人和诉讼代理人；判决宣告后应当立即送达判决书。

　　判决书应当送达人民检察院、当事人、法定代理人、辩护人、诉讼代理人，并可以送达被告人的近亲属。被害人死亡，其近亲属申请领取判决书的，人民法院应当及时提供。判决生效后，还应当送达被告人的所在单位或者户籍地的公安派出所，或者被告单位的注册登记机关。被告人系外国人，且在境内有居住地的，应当送达居住地的公安派出所。

　　案件不论是否公开审理，宣告判决一律公开进行。宣告判决，一律公开进行。宣告判决结果时，法庭内全体人员应当起立。公诉人、辩护人、诉讼代理人、被害人、自诉人或者附带民事诉讼原告人未到庭的，不影响宣判的进行。在司法实践中，对于有重大影响或者有教育意义的案件，可以召开公开宣判大会，扩大范围进行法制教育。地方各级人民法院在宣告第一审判

---

① 参见左卫民、莫晓宇：《指控罪名不能更改之法理分析》，载《四川大学学报（哲学社会科学版）》2002年第 2 期。
② 参见周国均：《关于法院能否变更指控罪名的探讨》，载《法学研究》2000 年第 4 期。
③ 参见蒋石平：《论法院拥有变更指控罪名权》，载《现代法学》2000 年第 3 期。
④ 参见周国均：《关于法院能否变更指控罪名的探讨》，载《法学研究》2000 年第 4 期。
⑤ 参见龙宗智：《法官该不该"确定罪名"》，载《法学》1999 年第 3 期。

决时,审判长往往口头告知被告人享有的上诉权,以及上诉期限和上诉法院。

庭审结束后、评议前,部分合议庭成员不能继续履行审判职责的,人民法院应当依法更换合议庭组成人员,重新开庭审理。评议后、宣判前,部分合议庭成员因调动、退休等正常原因不能参加宣判,在不改变原评议结论的情况下,可以由审判本案的其他审判员宣判,裁判文书上仍署审判本案的合议庭成员的姓名。

四、认罪认罚案件的审理

被告人认罪认罚的,可以依照《刑事诉讼法》第15条的规定,在程序上从简、实体上从宽处理。

对认罪认罚案件,应当根据案件情况,依法适用速裁程序、简易程序或者普通程序审理。

对人民检察院提起公诉的认罪认罚案件,人民法院应当重点审查以下内容:(1)人民检察院讯问犯罪嫌疑人时,是否告知其诉讼权利和认罪认罚的法律规定;(2)是否随案移送听取犯罪嫌疑人、辩护人或者值班律师、被害人及其诉讼代理人意见的笔录;(3)被告人与被害人达成调解、和解协议或者取得被害人谅解的,是否随案移送调解、和解协议、被害人谅解书等相关材料;(4)需要签署认罪认罚具结书的,是否随案移送具结书未随案移送前款规定的材料的,应当要求人民检察院补充。

人民法院应当将被告人认罪认罚作为其是否具有社会危险性的重要考虑因素。被告人罪行较轻,采用非羁押性强制措施足以防止发生社会危险性的,应当依法适用非羁押性强制措施。

对认罪认罚案件,法庭审理时应当告知被告人享有的诉讼权利和认罪认罚的法律规定,审查认罪认罚的自愿性和认罪认罚具结书内容的真实性、合法性。

对认罪认罚案件,人民检察院起诉指控的事实清楚,但指控的罪名与审理认定的罪名不一致的,人民法院应当听取人民检察院、被告人及其辩护人对审理认定罪名的意见,依法作出判决。

《刑事诉讼法》第201条规定,对于认罪认罚案件,人民法院依法作出判决时,一般应当采纳人民检察院指控的罪名和量刑建议,但有下列情形的除外:(1)被告人的行为不构成犯罪或者不应当追究其刑事责任的;(2)被告人违背意愿认罪认罚的;(3)被告人否认指控的犯罪事实的;(4)起诉指控的罪名与审理认定的罪名不一致的;(5)其他可能影响公正审判的情形。人民法院经审理认为量刑建议明显不当,或者被告人、辩护人对量刑建议提出异议的,人民检察院可以调整量刑建议。人民检察院不调整量刑建议或者调整量刑建议后仍然明显不当的,人民法院应当依法作出判决。

适用速裁程序审理认罪认罚案件,需要调整量刑建议的,应当在庭前或者当庭作出调整;调整量刑建议后,仍然符合速裁程序适用条件的,继续适用速裁程序审理。

对量刑建议是否明显不当,应当根据审理认定的犯罪事实、认罪认罚的具体情况,结合相关犯罪的法定刑、类似案件的刑罚适用等作出审查判断。

对认罪认罚案件,人民法院一般应当对被告人从轻处罚;符合非监禁刑适用条件的,应当适用非监禁刑;具有法定减轻处罚情节的,可以减轻处罚。

对认罪认罚案件,应当根据被告人认罪认罚的阶段早晚以及认罪认罚的主动性、稳定性、彻底性等,在从宽幅度上体现差异。

共同犯罪案件,部分被告人认罪认罚的,可以依法对该部分被告人从宽处罚,但应当注意全案的量刑平衡。

被告人在人民检察院提起公诉前未认罪认罚,在审判阶段认罪认罚的,人民法院可以不再通知人民检察院提出或者调整量刑建议。对前述案件，人民法院应当就定罪量刑听取控辩双方意见，根据认罪认罚从宽的规定作出判决。

对被告人在第一审程序中未认罪认罚，在第二审程序中认罪认罚的案件，应当根据其认罪认罚的具体情况决定是否从宽，并依法作出裁判。确定从宽幅度时应当与第一审程序认罪认罚有所区别。

案件审理过程中，被告人不再认罪认罚的，人民法院应当根据审理查明的事实，依法作出裁判。需要转换程序的，依照相关规定处理。

【实务问题探讨】 在余金平交通肇事案中，法院能否改变检察院的量刑建议？

被告人余金平酒后驾驶车辆撞死一人后，逃离现场，后主动投案，交代了实施交通肇事的事实。被告人余金平的近亲属主动赔偿被害方160万元，并与被害方签署刑事和解协议书。被告人余金平自愿认罪认罚，并在辩护人见证下，签署了认罪认罚具结书。检察机关还认定被告人余金平构成自首。据此，检察机关向法院提起公诉时，提出了判处3年有期徒刑、缓期4年执行的量刑建议。

一审法院认为，被告人余金平违反交通运输管理法规，酒后驾驶机动车，因而发生重大事故，致一人死亡，并负事故全部责任，且在肇事后逃逸，其行为已构成交通肇事罪，应依法惩处。被告人余金平作为一名纪检干部，本应严格要求自己，其明知酒后不能驾车，但仍酒后驾车回住所，且在发生交通事故后逃逸，特别是逃逸后擦拭车身血迹，回现场附近观望后仍逃离，意图逃避法律追究，表明其主观恶性较大，判处缓刑不足以惩戒犯罪，因此对于公诉机关判处缓刑的量刑建议，该院不予采纳。鉴于被告人余金平自动投案，到案后如实供述犯罪事实，可认定为自首，依法减轻处罚；其系初犯，案发后其家属积极赔偿被害人家属经济损失，得到被害人家属谅解，可酌情从轻处罚。据此，一审法院判决：被告人余金平犯交通肇事罪，判处有期徒刑2年。

被告人余金平认为原判事实不清、证据不足、量刑过重、适用法律错误等理由，提出上诉。

检察院以"原判量刑错误"为由，提出抗诉。抗诉意见是：第一，本案不属于法定改判情形，一审法院改判属程序违法。余金平自愿认罪认罚，并在辩护人的见证下签署具结书，同意该院提出的有期徒刑3年、缓刑4年的量刑建议，且其犯罪情节较轻、认罪悔罪态度好，没有再犯罪的危险，宣告缓刑对其所居住社区没有重大不良影响，符合缓刑的适用条件，因而该院提出的量刑建议不属于明显不当，不属于量刑畸轻畸重影响公正审判的情形。一审法院在无法定理由情况下予以改判，既不符合刑事诉讼法的规定，也不符合认罪认罚从宽制度的规定和精神，属于程序违法。第二，一审法院不采纳量刑建议的理由不能成立。一审法院以余金平系纪检干部为由对其从重处罚没有法律依据。一审法院在事实认定时已将酒后驾车和肇事后逃逸作为加重的犯罪情节予以评价，在量刑时再作为量刑情节予以从重处罚，属于对同一情节的重复评价。一审法院认为余金平主观恶性较大并不准确。第三，余金平符合适用缓刑条件，该院提出的量刑建议适当。

第四，一审法院对于类似案件曾判处缓刑，对本案判处实刑属同案不同判。[①]

针对上述案件的判决，有观点认为，法院没有尊重被告人签署的认罪认罚具结书，没有采纳检察机关依法提出的量刑建议；在检察机关建议适用缓刑的情况下，法院改判"实刑"，违背控审分离原则，成为事实上的刑事追诉机关。

但也有观点认为，法院依法独立行使审判权，无可厚非；检察机关的量刑建议对于法官的判决没有约束力；对于控辩双方达成量刑协议的案件，法院拥有实质审查权。

本书认为，按照《刑事诉讼法》第201条的规定，认罪认罚案件中，检察院的量刑建议明显不当，法院不予采纳。何谓"明显不当"？有学者认为，"明显不当"是指刑罚的主刑选择错误，刑罚的档次、量刑幅度畸重或者畸轻，适用附加刑错误，适用缓刑错误等。[②]《刑诉解释》第354条规定："对量刑建议是否明显不当，应当根据审理认定的犯罪事实、认罪认罚的具体情况，结合相关犯罪的法定刑、类似案件的刑罚适用等作出审查判断。"在余金平交通肇事案中，检察院的量刑建议是有期徒刑3年缓刑4年，一审法院的判决是有期徒刑2年，无疑法院的判决重于检察院的量刑建议，二者的分歧主要在于是适用减刑还是实刑之上。在具体量刑情节上，一审法院和检察院均认定自首成立，二者的分歧在于，余金平的纪检干部的身份、主观恶性的认定及其对量刑的影响。身份的确是影响量刑的因素之一，但是，根据中国中铁股份有限公司出具的工作证明，"余金平在纪检部门的办公室工作，负责撰写领导讲话、工作总结、筹备会议等事宜，不参与纪检案件的办理，不属于纪检干部"。对于余金平而言，只能从其作为国企干部的身份予以考虑，不能从将其作为纪检干部对待。而且，过分强调身份对量刑的影响，可能违背刑法适用上的人人平等原则。此外，对主观恶性的认定和缓刑的适用，应当综合各种情节和因素进行判断，一审法院仅凭余金平"交通事故后逃逸"和"逃逸后擦拭车身血迹，回现场附近观望后仍逃离"而认定不能适用缓刑，是不妥当的。而且，从认罪认罚从宽作为刑事政策和一项社会治理现代化的方略的角度考虑，对余金平适用缓刑，更有利于解决纠纷，维护社会和谐。总之，检察机关对余金平的量刑建议并非明显不当，因而，法院应当采纳检察机关适用缓刑的量刑建议。

【实务问题探讨】 检察院未建议法院对被告人适用认罪认罚从宽制度，法院能否主动适用认罪认罚从宽制度？

有观点认为，依据《刑诉解释》第365条的规定，被告人在检察院提起公诉前未认罪认罚，在审判阶段认罪认罚的，法院可以不再通知检察院提出或者调整量刑建议。对前述案件，法院应当就定罪量刑听取控辩双方意见，根据认罪认罚从宽的规定作出判决。由此可见，即使检察院未建议法院对被告人适用认罪认罚

---

① 参见对余金平交通肇事案的一审、二审判决书，参见北京市门头沟区人民法院（2019）京0109刑初138号刑事判决书、北京市第一中级人民法院（2019）京01刑终628号刑事判决书。

② 参见陈卫东：《认罪认罚案件量刑建议研究》，载《法学研究》2020年第5期。

从宽制度，法院也可以主动对被告人适用认罪认罚从宽制度处理。

也有观点认为，认罪认罚从宽制度适用中，检察院与被告人可以就适用认罪认罚从宽制度进行协商，若没有控辩双方协商的基础，法院不得对被告人适用认罪认罚从宽制度处理。

本书赞同后一种观点。主要原因在于：第一，不能简单地将认罪认罚作为从宽的情节，认罪认罚从宽是一种诉讼制度、办案模式。第二，法院主动适用认罪认罚从宽，就会出现法院主动与被告人就量刑问题进行协商，这必然有损法院的中立地位，同时会影响被告人认罪认罚的自愿性、真实性和合法性。第三，刑事诉讼法只是赋予了法院对认罪认罚从宽的司法审查权，但是未赋予法院主动适用认罪认罚从宽制度的权力。第四，按照刑事诉讼法的规定，适用认罪认罚从宽制度一般需要签署认罪认罚具结书，没有检察机关的参与，在该程序操作上存在一定的困难。

五、单位犯罪案件的审理程序

我国刑事诉讼法所规定的刑事诉讼基本原则、诉讼制度、诉讼权利与义务同样适用于公、检、法机关处理单位犯罪的案件。《刑诉解释》第335—346条还就单位犯罪案件的审理程序作了以下特别规定：

1. 人民法院受理单位犯罪案件，除依照有关规定进行审查外，还应当审查起诉书是否列明被告单位的名称、住所地、联系方式，法定代表人、实际控制人、主要负责人以及代表被告单位出庭的诉讼代表人的姓名、职务、联系方式。需要人民检察院补充材料的，应当通知人民检察院在3日以内补送。

2. 被告单位的诉讼代表人，应当是法定代表人、实际控制人或者主要负责人；法定代表人、实际控制人或者主要负责人被指控为单位犯罪直接责任人员或者因客观原因无法出庭的，应当由被告单位委托其他负责人或者职工作为诉讼代表人。但是，有关人员被指控为单位犯罪直接责任人员或者知道案件情况、负有作证义务的除外。

依据前述规定难以确定诉讼代表人的，可以由被告单位委托律师等单位以外的人员作为诉讼代表人。

诉讼代表人不得同时担任被告单位或者被指控为单位犯罪直接责任人员的有关人员的辩护人。

3. 开庭审理单位犯罪案件，应当通知被告单位的诉讼代表人出庭；诉讼代表人不符合前条规定的，应当要求人民检察院另行确定。

被告单位的诉讼代表人不出庭的，应当按照下列情形分别处理：（1）诉讼代表人系被告单位的法定代表人、实际控制人或者主要负责人，无正当理由拒不出庭的，可以拘传其到庭；因客观原因无法出庭，或者下落不明的，应当要求人民检察院另行确定诉讼代表人；（2）诉讼代表人系其他人员的，应当要求人民检察院另行确定诉讼代表人。

4. 被告单位的诉讼代表人享有刑事诉讼法规定的有关被告人的诉讼权利。开庭时，诉讼代表人席位置于审判台前左侧，与辩护人席并列。被告单位委托辩护人的，参照有关规定办理。

5. 对应当认定为单位犯罪的案件，人民检察院只作为自然人犯罪起诉的，人民法院应当建议人民检察院对犯罪单位追加起诉。人民检察院仍以自然人犯罪起诉的，人民法院应当依法审理，按照单位犯罪直接负责的主管人员或者其他直接责任人员追究刑事责任，并援引刑法分则关于追究单位犯罪中直接负责的主管人员和其他直接责任人员刑事责任的条款。

6. 被告单位的违法所得及其他涉案财物，尚未被依法追缴或者查封、扣押、冻结的，人民法院应当决定追缴或者查封、扣押、冻结。为保证判决的执行，人民法院可以先行查封、扣押、冻结被告单位的财产，或者由被告单位提出担保。采取查封、扣押、冻结等措施，应当严格依照法定程序进行，最大限度降低对被告单位正常生产经营活动的影响。有学者提出，对于被告人单位，不仅可以适用限制单位犯罪嫌疑人和被告人的资金的强制措施，还应当增设对被告单位生产、经营、管理活动进行监督的措施，比如监视经营管理、暂时停产、停业、限制登记等。[①]

7. 审判期间，被告单位被吊销营业执照、宣告破产但尚未完成清算、注销登记的，应当继续审理；被告单位被撤销、注销的，对单位犯罪直接负责的主管人员和其他直接责任人员应当继续审理。审判期间，被告单位合并、分立的，应当将原单位列为被告单位，并注明合并、分立情况，对被告单位所判处的罚金以其在新单位的财产及收益为限。

【实务问题探讨】被告单位和被指控单位犯罪直接负责的主管人员或其他责任人员能否委托同一个辩护人？

有观点认为，在刑事诉讼中，只需作为犯罪主体的犯罪单位以单位名义为直接负责的主管人员或其他责任人员委托律师，辩护人即可达到维护两个诉讼主体合法权益的目的，而勿需两个诉讼主体分别委托。另一种观点则认为，同一名律师或公民不能既担任被告单位的辩护人，又担任直接负责的主管人员或直接责任人员的辩护人。因为，被告单位和被告人是两个不同的诉讼主体，各自的利益也不完全一致，二者不能共用一个辩护人。[②]

本书赞同后一种观点，被告单位和被指控单位犯罪直接负责的主管人员或其他责任人员可能存在利益冲突，一个辩护人不可能忠实于两个有利益冲突的被追诉人，为了让辩护人忠实于其服务对象，被告单位和被指控单位犯罪直接负责的主管人员或其他责任人员不得委托同一个辩护人。

第二节　简易程序

一、简易程序的概念和意义

简易程序，是指基层人民法院审理某些案件事实清楚、证据充分、被告人承认自己所犯罪行，对指控的犯罪事实没有异议的，被告人对适用简易程序没有异议的刑事案件所适用的比普通程序相对简化的第一审程序。

---

① 参见申君贵、蓝蔚蔚：《论单位犯罪案件中的强制措施》，载《法学》2006 年第 2 期。
② 参见白山云：《单位犯罪案件审理程序存在的问题及探讨》，载《法律适用》2001 年第 1 期。

　　在犯罪不断增加，而普通诉讼程序烦琐、难于应付的情况下，世界各国均根据本国国情采用形式不同的简易程序提高诉讼效率，简易程序的增设是世界刑事诉讼制度发展的大势所趋。我国 1979 年《刑事诉讼法》中没有规定简易程序，在 1996 年《刑事诉讼法》修改时，在第一审程序中以专节形式增设了"简易程序"。2012 年《刑事诉讼法》再修改时，根据试行"被告人认罪"案件普通程序简化审中取得的经验，吸收最高人民法院、最高人民检察院、司法部联合发布《关于适用普通程序审理被告人认罪案件的若干意见（试行）》中运行成熟的规范，扩大了简易程序的适用范围，依据可能判处的不同的刑罚，规定了相应的审判组织、审理期限；明确规定适用简易程序的公诉案件，检察院应当派员出庭，健全了简易程序中的三方诉讼结构。简易程序的增设和改革不仅符合当今世界各国刑事诉讼制度改革的趋势，而且也是我国司法实践的客观需要，具有重要意义。

　　首先，简易程序有利于合理配置审判资源，提高人民法院的审判效率，缓解人民法院面临的日益繁重的审判任务。目前，我国处于社会转型时期，人民法院受理的刑事案件数量迅速增长。单一审判程序已不能适应人民法院处理各类刑事案件的需要。因此，对那些案件事实清楚、证据确实、充分、控辩双方无争议的刑事案件，以简易程序审理，可以及时、尽早结案，降低成本，使人民法院可以集中人力、物力、财力投入重大或复杂案件中去，从而提高了审判效率，缓解了案件积压矛盾。

　　其次，简易程序有利于保护当事人合法权益。审判迅速本身是刑事审判的一项基本要求，采用简易程序一方面能使犯罪嫌疑人、被告人早日摆脱缠讼之苦，另一方面也使自诉人能以简便有效的方式行使自诉权来维护自己的实体权益，不致因程序的烦琐望而却步，牺牲实体权益。

　　最后，简易程序使刑事审判程序更加科学化、合理化。从刑事案件本身的情况看，繁简轻重存在很大差异，对不同案件适用不同程序进行审理，才能使审判更为科学、合理。因而，采用简易程序处理那些案件事实清楚、证据确实、充分、争议不大的案件，无疑会促进刑事审判程序的科学化、合理化。

二、简易程序的适用范围

　　根据《刑事诉讼法》第 214、215 条及《刑诉解释》第 359、360 条的规定，基层人民法院管辖的案件，符合下列条件的，可以适用简易程序审判：（1）案件事实清楚、证据充分的；（2）被告人承认自己所犯罪行，对指控的犯罪事实没有异议的；（3）被告人对适用简易程序没有异议的。人民检察院在提起公诉的时候，可以建议人民法院适用简易程序。

　　适用简易程序能够简化程序，提高诉讼效率，使案件得到及时、公正处理。不符合条件的，不能适用简易程序。有下列情形之一的，不适用简易程序：（1）被告人是盲、聋、哑人的；（2）被告人是尚未完全丧失辨认或者控制自己行为能力的精神病人的；（3）案件有重大社会影响的；（4）共同犯罪案件中部分被告人不认罪或者对适用简易程序有异议的；（5）辩护人作无罪辩护的；（6）被告人认罪但经审查认为可能不构成犯罪的；（7）不宜适用简易程序审理的其他情形。

三、简易审判程序的特点

　　根据刑事诉讼法以及相关司法解释的规定，简易程序作为对第一审普通程序的简化程序，与普通程序相比，具有以下特点。

（一）简易程序只适用于基层人民法院

基层人民法院管辖案情简单、影响较小、处罚较轻的案件。只有这些案件才具有适用简易程序审判的条件。

（二）简易程序的审判组织相对简单

《刑事诉讼法》第183条规定："基层人民法院、中级人民法院审判第一审案件，应当由审判员三人或者由审判员和人民陪审员共三人或者七人组成合议庭进行，但是基层人民法院适用简易程序、速裁程序的案件可以由审判员一人独任审判。"由此规定可看出，在审判组织上，人民法院一般采用合议庭形式，但适用简易程序审理案件，对可能判处3年有期徒刑以下刑罚的，可以组成合议庭进行审判，也可以由审判员一人独任审判；对可能判处的有期徒刑超过3年的，应当组成合议庭进行审判。适用简易程序独任审判过程中，发现对被告人可能判处的有期徒刑超过3年的，应当转由合议庭审理。

（三）简化法庭调查和法庭辩论程序

根据《刑事诉讼法》第219条的规定，适用简易程序审理案件，不受公诉案件第一审普通程序中送达期限、讯问被告人、询问证人、鉴定人、出示证据、法庭辩论程序规定的限制。但是，从保障被告人权益出发，刑事诉讼法规定，适用简易程序审理的案件，无论是公诉案件还是自诉案件，在判决宣告以前，应当听取被告人的最后陈述意见。

（四）简易程序在必要时，应当变更为普通程序

适用简易程序审理案件，在审理过程中，发现不宜适用简易程序的应当按照第一审普通程序的规定重新审理。适用简易程序审理案件应当符合刑事诉讼法规定的适用简易程序的条件，能够实现立法初衷，因而发现不宜适用简易程序的，就不应当继续适用简易程序审理。根据《刑事诉讼法》第221条和《刑诉解释》第368条的规定，人民法院在适用简易程序审理过程中，具有下列情形之一的，应当转为普通程序审理：（1）被告人的行为可能不构成犯罪的；（2）被告人可能不负刑事责任的；（3）被告人当庭对起诉指控的犯罪事实予以否认的；（4）案件事实不清、证据不足的；（5）不应当或者不宜适用简易程序的其他情形。

决定转为普通程序审理的案件，审理期限应当从作出决定之日起计算。对于自诉案件，按照自诉案件审理程序审理，并且由简易程序向普通程序转化时，原起诉仍然有效，自诉人不必另行提起诉讼，只要人民法院将适用第一审普通程序审判的决定通知自诉人即可。

四、简易程序的决定适用和审判程序

（一）简易程序的决定适用程序

基层人民检察院审查案件，认为案件事实清楚、证据充分的，应当在讯问犯罪嫌疑人时，了解其是否承认自己所犯罪行，对指控的犯罪事实有无异议，告知其适用简易程序的法律规定，确认其是否同意适用简易程序。人民检察院在审查起诉过程中，对案件事实清楚、证据充分的，被告人承认自己所犯罪行，对起诉书指控的犯罪事实没有异议的，被告人对适用简易程序没有异议的案件，办案人员认为可以建议适用简易程序的，应当在审查报告中提出适用简易程序的意见，按照提起公诉的审批程序报请决定。人民检察院建议适用简易程序的，应当制作《适用简易程序建议书》，在提起公诉时，连同全案卷宗、证据材料、起诉书一并移送人民法院。

　　基层人民法院受理公诉案件后，经审查认为案件事实清楚、证据充分的，在将起诉书副本送达被告人时，应当询问被告人对指控的犯罪事实的意见，告知其适用简易程序的法律规定。被告人对指控的犯罪事实没有异议并同意适用简易程序的，可以决定适用简易程序，并在开庭前通知人民检察院和辩护人。对人民检察院建议或者被告人及其辩护人申请适用简易程序审理的案件，依照前述规定处理；不符合简易程序适用条件的，应当通知人民检察院或者被告人及其辩护人。对未成年人刑事案件，人民法院决定适用简易程序审理的，应当征求未成年被告人及其法定代理人、辩护人的意见。上述人员提出异议的，不适用简易程序。对人民检察院建议适用简易程序审理的案件，依照前述规定处理；不符合简易程序适用条件的，应当通知人民检察院。

　　自诉案件，人民法院应当审查是否有明确的被告人；是否事实清楚、证据充分；被告人承认自己所犯罪行，对起诉书指控的犯罪事实没有异议的，被告人对适用简易程序没有异议。凡审查符合条件的，决定适用简易程序。

　　适用简易程序审理案件，人民法院应当在开庭前将开庭的时间、地点通知人民检察院、自诉人、被告人、辩护人，也可以通知其他诉讼参与人。通知可以采用简便方式，但应当记录在案。

（二）简易程序的审判程序

　　适用简易程序审理的案件，符合刑事诉讼法规定的法律援助条件的，人民法院应当告知被告人及其近亲属可以申请法律援助。

　　适用简易程序审理公诉案件，人民检察院应当派员出席法庭。人民检察院可以对适用简易程序的案件相对集中提起公诉，建议人民法院相对集中审理。

　　适用简易程序审理案件，被告人有辩护人的，应当通知其出庭。

　　适用简易程序审理的公诉案件，独任审判员或者审判长宣布开庭，传被告人到庭后，应当查明被告人的基本情况，然后依次宣布案由、独任审判员、书记员、公诉人、被害人、辩护人、诉讼代理人和翻译人员的名单，并告知各项诉讼权利。

　　适用简易程序审理公诉案件，审判长或者独任审判员应当当庭询问被告人对指控的犯罪事实的意见，告知被告人适用简易程序审理的法律规定，确认被告人是否同意适用简易程序。

　　适用简易程序审理公诉案件，被告人可以就起诉书指控的犯罪进行陈述和辩护。经审判人员许可，被告人及其辩护人可以同公诉人、自诉人及其诉讼代理人互相辩论。

　　适用简易程序审理案件，不受公诉案件第一审普通程序关于送达期限、讯问被告人、询问证人、鉴定人、出示证据、法庭辩论程序规定的限制。可以对庭审作如下简化：（1）公诉人可以摘要宣读起诉书。（2）公诉人、辩护人、审判人员对被告人的讯问、发问可以简化或者省略。（3）对控辩双方无异议的证据，可以仅就证据的名称及所证明的事项作出说明；对控辩双方有异议，或者法庭认为有必要调查核实的证据，应当出示，并进行质证。（4）控辩双方对与定罪量刑有关的事实、证据没有异议的，法庭审理可以直接围绕罪名确定和量刑问题进行。适用简易程序审理案件，判决宣告前应当听取被告人的最后陈述。

　　适用简易程序审理案件，裁判文书可以简化，一般应当当庭宣判，并在5日内将判决书送达被告人和提起公诉的人民检察院。

　　适用简易程序审理的自诉案件，自诉人宣读起诉书后，被告人可以就起诉书指控的犯罪事实进行陈述，并自行辩护。自诉人应当出示主要证据。被告人有证据出示的，审判员应当准许。经审判员准许，被告人及其辩护人可以同自诉人及其诉讼代理人进行辩论。适用简易程序审理的案件，将普通程序中的许多程序予以简化，唯独被告人最后陈述这一程序未予简化。被告人可以就起诉书所指控的犯罪事实、性质和情节、所适用的法律以及对法庭的请求等进行陈述。被告人作出最后陈述后，人民法院一般应当当庭宣判。

依据《刑事诉讼法》第 220 条的规定，适用简易程序审理案件，人民法院应当在受理后 20 日以内审结；对可能判处的有期徒刑超过 3 年的，可以延长至一个半月。

【实务问题探讨】 简易程序的完善。

简易程序在被告人自愿性的保障、审判组织的设置、审理方式和量刑程序的规定等方面存在一定的不足，有待立法和司法进一步发展和完善。比如：第一，缺乏完善的诉讼机制保障被告人认罪和选择适用简易程序的自愿性。第二，简易程序的审判组织设置不科学。我国基层法院的审判力量有限，可能判处 3 年有期徒刑以下刑罚的简易程序案件一般由独任庭审理。

我国刑事简易程序应从如下几个方面进行改革：第一，完善被告人对简易程序的选择权。立法应赋予被告人对简易程序的否决权，规定被告人可以申请将简易程序转为普通程序。第二，完善简易程序的审判组织。立法应明确规定，对可能判处 3 年有期徒刑以下刑罚的案件，应当由审判员一人独任审判。[1] 第三，将适用简易程序的案件纳入强制性指定辩护的范围。立法应规定，适用简易程序的案件，被告人没有委托辩护人的情况下，法院应当通知法律援助机构指派律师为其提供辩护；同时，适用简易程序必须得到辩护人的同意。

第三节 速裁程序

为进一步完善刑事诉讼程序，合理配置司法资源，提高审理刑事案件的质量与效率，维护当事人的合法权益，2014 年 6 月 27 日，第十二届全国人民代表大会常务委员会第九次会议通过的《关于授权最高人民法院、最高人民检察院在部分地区开展刑事案件速裁程序试点工作的决定》授权最高人民法院、最高人民检察院在北京等 18 个市开展刑事案件速裁程序试点工作。刑事案件速裁程序独立于简易程序和普通程序。我国刑事案件速裁程序借鉴了大陆法系国家的处罚令程序和英美法系国家的辩诉交易制度，是在我国刑事简易程序基础上进一步简化而形成，它标志着我国刑事简易程序走向多元化。为了保障刑事案件速裁程序试点的顺利进行，最高人民法院、最高人民检察院、公安部、司法部制定了《关于在部分地区开展刑事案件速裁程序试点工作的办法》。2018 年《刑事诉讼法》修改时，总结了试点工作中行之有效的做法，在刑事诉讼法中规定了速裁程序。

一、速裁程序适用的案件范围和条件

依据《刑事诉讼法》第 222 条的规定，基层人民法院管辖的可能判处 3 年有期徒刑以下刑罚的案件，案件事实清楚，证据确实、充分，被告人认罪认罚并同意适用速裁程序的，可以适

---

[1] 有学者提出类似的观点，参见陈光中、肖沛权、王迎龙：《我国刑事审判制度改革若干问题之探讨——以〈刑事诉讼法〉再修改为视角》，载《法学杂志》2011 年第 9 期。

用速裁程序。人民检察院在提起公诉的时候，可以建议人民法院适用速裁程序。

有下列情形之一的，不适用速裁程序：（1）被告人是盲、聋、哑人的；（2）被告人是尚未完全丧失辨认或者控制自己行为能力的精神病人的；（3）被告人是未成年人的；（4）案件有重大社会影响的；（5）共同犯罪案件中部分被告人对指控的犯罪事实、罪名、量刑建议或者适用速裁程序有异议的；（6）被告人与被害人或者其法定代理人没有就附带民事诉讼赔偿等事项达成调解、和解协议的；（7）辩护人作无罪辩护的；（8）其他不宜适用速裁程序的情形。此外，依据《刑事诉讼法》第 226 条的规定，被告人的行为不构成犯罪或者不应当追究其刑事责任、被告人违背意愿认罪认罚、被告人否认指控的犯罪事实或者其他不宜适用速裁程序审理的情形的，也不得适用速裁程序。对于符合上述情形之一的，人民检察院不得建议人民法院适用速裁程序。

公安机关、犯罪嫌疑人及其辩护人建议适用速裁程序的，人民检察院应当认真审查，符合条件的及时适用速裁程序办理。公安机关、辩护人未建议适用速裁程序的，人民检察院经审查认为符合速裁程序办理条件，且犯罪嫌疑人同意适用的，可以适用速裁程序办理。人民检察院建议人民法院适用速裁程序的案件，起诉书中有关被告人、辩护人和被害人基本情况、案由、案件来源、案件事实等内容可以适当简化，重点写明指控的内容和适用法律依据。

二、速裁案件的审理程序

对人民检察院在提起公诉时建议适用速裁程序的案件，基层人民法院经审查认为案件事实清楚，证据确实、充分，可能判处 3 年有期徒刑以下刑罚的，在将起诉书副本送达被告人时，应当告知被告人适用速裁程序的法律规定，询问其是否同意适用速裁程序。被告人同意适用速裁程序的，可以决定适用速裁程序，并在开庭前通知人民检察院和辩护人。

对人民检察院未建议适用速裁程序的案件，人民法院经审查认为符合速裁程序适用条件的，可以决定适用速裁程序，并在开庭前通知人民检察院和辩护人。

适用速裁程序审理案件，人民法院应当在开庭前将开庭的时间、地点通知人民检察院、被告人、辩护人，也可以通知其他诉讼参与人。通知可以采用简便方式，但应当记录在案。

适用速裁程序的案件，由审判员一人独任审判。

适用速裁程序审理案件，可以集中开庭，逐案审理。公诉人简要宣读起诉书后，审判人员应当当庭询问被告人对指控事实、证据、量刑建议以及适用速裁程序的意见，核实具结书签署的自愿性、真实性、合法性，并核实附带民事诉讼赔偿等情况。

适用速裁程序审理案件，不受刑事诉讼法关于普通程序规定的送达期限的限制，一般不进行法庭调查、法庭辩论，但在判决宣告前应当听取辩护人的意见和被告人的最后陈述。

适用速裁程序审理案件，裁判文书可以简化，应当当庭宣判。

为了提高速裁案件的诉讼效率，适用速裁程序审理案件，人民法院应当在受理后 10 日以内审结；对可能判处的有期徒刑超过 1 年的，可以延长至 15 日。

适用速裁程序审理案件，在法庭审理过程中，具有下列情形之一的，应当转为普通程序或者简易程序审理：（1）被告人的行为可能不构成犯罪或者不应当追究刑事责任的；（2）被告人违背意愿认罪认罚的；（3）被告人否认指控的犯罪事实的；（4）案件疑难、复杂或者对适用法律有重大争议的；（5）其他不宜适用速裁程序的情形。决定转为普通程序或者简易程序审理的案件，审理期限应当从作出决定之日起计算。

【**实务问题探讨**】 速裁案件的证明标准能否降低？

按照我国刑事诉讼法的规定，速裁案件的证明标准与普通程序和简易程序没有区别，也需要达到"事实清楚，证据确实、充分"的程度。有学者认为，实践中适用速裁程序审理案件证明标准事实上已经低于法定证明标准。[①] 有学者提出，速裁案件证明标准可以有所降低，证明满足"两个基本"即可，即"基本事实清楚、基本证据充分"。[②] 有学者主张，速裁案件应当采用"案件事实清楚，可以排除合理怀疑"的证明标准。[③]

本书认为，速裁程序中不能降低证明标准。主要原因是：第一，尽管速裁程序可能判处的刑罚为 3 年以下有期徒刑、拘役、管制或单处罚金，但这些刑罚涉及剥夺或限制人身自由权或财产权，且速裁程序对被告人定罪所形成的犯罪记录，对被告人将来的生活、工作也会带来负面影响；第二，域外类似的速裁程序也都建立在犯罪事实的基础之上，如在德国，法官必须排除合理怀疑地确信被告人有罪，才可以签发处罚令；[④] 第三，即使是在我国的民事诉讼中，法律也未明确规定小额诉讼程序相比普通程序、简易程序可以降低证明标准。

【**实务问题探讨**】 速裁案件可否采用书面审理？

为了提高速裁程序的效率，有学者主张，速裁案件可采用书面审理。[⑤]

本书认为，在"以审判为中心"的改革背景下，不能忽视速裁案件庭审的作用。为促进当事人充分参与诉讼，通过程序吸纳当事人的不满，增强裁判的可接受度，未来的速裁审理程序应当实质化，尤其应侧重于核实被告人认罪认罚、同意适用速裁程序等的自愿性。速裁程序不宜实行书面审理的主要原因是：首先，从比较法角度看，处罚令程序一般只能判处财产刑，不能判处自由刑；德国的处罚令程序只有在被告人有辩护人的情形下，才可以判处 1 年以下有期徒刑缓期执行（即使是缓刑，也被认为这种程序有被利用的司法危险），而我国的速裁程序则有判处自由刑的实刑可能，且没有类似的使处罚令归于无效的异议程序，故不能简单地套用域外处罚令程序的书面审查方式。其次，速裁程序中若适用书面审理，检察院将无法对法院的审理过程进行监督，也不利于被害人等其他诉讼参与人参加诉讼，以及社会公众对速裁审判程序的监督。

【**实务问题探讨**】 速裁案件能否实行一审终审？

在速裁实践中，一审判决后的上诉率和抗诉率都很低。有学者建议，速裁程

---

① 参见高通：《刑事速裁程序证明标准研究》，载《法学论坛》2017 年第 2 期。

② 参见樊崇义：《试点要准确定位把握程序本质特点》，载《人民法院报》2015 年 9 月 9 日，第 5 版。

③ 参见龙宗智：《试点成功的关键在于形成差异性程序体系》，载《人民法院报》2015 年 9 月 9 日，第 5 版。

④ 参见［德］托马斯·魏根特：《德国刑事诉讼程序》，岳礼玲、温小洁译，中国政法大学出版社 2004 年版，第 210 页。

⑤ 参见冉容、何东青：《积极探索科学论证：推动刑事案件速裁程序试点健康深入开展——试点中期评估论证会专家意见摘编》，载《人民法院报》2015 年 9 月 9 日，第 6 版。

序实行一审终审制。①

本书认为，我国刑事速裁程序不能简单地套用民事诉讼中小额诉讼的做法，实行一审终审制。原因如下：第一，相比民事诉讼中的人身和财产关系调整，刑事速裁程序可能涉及剥夺被告人人身自由权，对当事人权益的影响更大。第二，实践中速裁案件的上诉、抗诉率不高，实行二审终审并不会给司法实践带来沉重的负担。第三，域外类似的速裁程序并未剥夺被告人申请救济的权利。如在美国，针对辩诉交易的判决结果，被告人可以上诉；德国、日本、意大利等国的处罚令被认为只是一种暂时的判决，也允许被告人针对处罚令提出异议，要求法院转为普通程序或其他程序进行审理。

【实务问题探讨】 适用简易程序和速裁程序的案件，庭审是否需要实质化？

有观点认为，速裁程序、简易程序是以审判为中心的刑事诉讼制度改革的配套措施。适用速裁程序、简易程序，推进案件繁简分流，是为庭审实质化创造条件。适用速裁程序、简易程序审理案件时，法庭调查和辩论可省略或者简化，难以实现庭审实质化。

也有观点认为，适用简易程序和速裁程序的案件，庭审程序依然需要实质化。各国在规定普通程序的同时，都设置了不同形式的简化程序，并使这种程序既大大提高效率，又能满足最低限度的公正要求。因此，为了实现刑事诉讼"公正优先、兼顾效率"的价值目标，就需要对"庭审实质化"在不同程序中提出分层次、有区别的要求，而不宜"一刀切"，不加区分。不能因为认罪认罚案件庭审实质化程度没有像不认罪案件那么高和典型，就认为根本不具有实质审理，进而对"以审判为中心"产生怀疑。②

本书赞同第二种观点。庭审实质化是以审判为中心的刑事诉讼制度改革的重要内容之一。庭审实质化并不仅仅是针对普通程序的要求，也是对简易程序、速裁程序的要求。尽管在简易程序、速裁程序中，控辩双方对事实或者证据、罪名、量刑建议等没有争议，法庭调查、辩论阶段可以简化或者省略，但是，在庭审中，法院依然要核实认罪认罚的自愿性、真实性、合法性和适用简易程序、速裁程序的自愿性，以及对犯罪事实等有无异议，还应听取被告人最后陈述、辩护人的意见。这些审理环节应当采取实质化的方式进行。总之，简易程序、速裁程序的庭审过程不能走过场，流于形式。

三、检察院出席速裁程序法庭

人民法院适用速裁程序审理的案件，人民检察院应当派员出席法庭。在庭审阶段，检察机关办理适刑事简易程序审理的案件时，主要采取集中移送起诉模式和专人出庭支持公诉模式。

---

① 参见汪建成：《以效率为价值导向的刑事速裁程序论纲》，载《政法论坛》2016 年第 1 期；龙宗智：《试点成功的关键在于形成差异性程序体系》，载《人民法院报》2015 年 9 月 9 日，第 5 版。

② 参见朱孝清：《认罪认罚从宽制度中的"主导"与"中心"》，载《检察日报》2019 年 6 月 5 日，第 3 版。

公诉人出席速裁程序法庭时，可以简要宣读起诉指控的犯罪事实、认定的证据、适用法律及量刑建议，即宣读"依法审查查明"的事实和"本院认为"的内容。对于被告人不要求宣读起诉书的，公诉人一般不宣读起诉书。公诉人出席速裁程序法庭时，不再讯问被告人、不进行法庭调查和法庭辩论，但应当监督法庭听取辩护人的意见和保障被告人最后陈述的权利。

适用速裁程序审理的案件，公诉人发现被告人的行为不构成犯罪或者不应当追究刑事责任、被告人违背意愿认罪认罚、被告人否认指控的犯罪事实的，应当建议人民法院转为普通程序重新审理；发现有其他不宜适用速裁程序情形，但符合简易程序适用条件的，应当建议人民法院转为简易程序重新审理。转为普通程序审理的案件，公诉人需要为出席法庭进行准备的，可以建议人民法院延期审理。

由于实践中适用刑事案件速裁程序审理的案件占受案总数的比例相当大，但刑事速裁案件又需要在短期内作出处理意见，为了保证办案质量，有条件的检察机关可以成立专门办案组，建立专业化办案队伍，指定理论基础扎实、办案经验丰富、业务能力强的检察官成立办案组专门办理刑事速裁案件，推进刑事速裁案件办理专业化，这样既能提高诉讼效率，又能保证司法公正。

第四节　量刑程序

为深入推进以审判为中心的刑事诉讼制度改革，落实认罪认罚从宽制度，进一步规范量刑程序，确保量刑公开公正，最高人民法院、最高人民检察院、公安部、国家安全部、司法部于2020年11月5日颁布了修订的《量刑程序意见》。该意见进一步明确了庭审量刑程序的相对独立性，规范了量刑建议，明确了量刑事实的调查取证以及量刑事实的调查核实，明确了被告人、被害人诉讼权利的保障，强化了量刑说理，增强量刑的公开性和透明度。

一、量刑活动与量刑证据

人民法院审理刑事案件，在法庭审理中应当保障量刑程序的相对独立性。所谓"相对独立性"是指在法庭调查与法庭辩论两个法定阶段将量刑问题放在相对独立的阶段中处理，从而突出量刑程序在刑事审判中的应有意义与价值，克服我国刑事诉讼实践中"重定罪、轻量刑"的倾向。

侦查机关、人民检察院应当依照法定程序，全面收集、审查、移送证明犯罪嫌疑人、被告人犯罪事实、量刑情节的证据。对于法律规定并处或者单处财产刑的案件，侦查机关应当根据案件情况对被告人的财产状况进行调查，并向人民检察院移送相关证据材料。人民检察院应当审查并向人民法院移送相关证据材料。人民检察院在审查起诉时发现侦查机关应当收集而未收集量刑证据的，可以退回侦查机关补充侦查，也可以自行侦查。人民检察院退回补充侦查的，侦查机关应当按照人民检察院退回补充侦查提纲的要求及时收集相关证据。

对于可能判处管制、缓刑的案件，侦查机关、人民检察院、人民法院可以委托社区矫正机构或者有关社会组织进行调查评估，提出意见，供判处管制、缓刑时参考。社区矫正机构或者有关社会组织收到侦查机关、人民检察院或者人民法院调查评估的委托后，应当根据委托机关的要求依法进行调查，形成评估意见，并及时提交委托机关。对于没有委托进行调查评估或者判决前没有收到调查评估报告的，人民法院经审理认为被告人符合管制、缓刑适用条件的，可以依法判处管制、宣告缓刑。

依据《刑诉解释》第 276 条的规定，法庭审理过程中，对与量刑有关的事实、证据，应当进行调查。人民法院除应当审查被告人是否具有法定量刑情节外，还应当根据案件情况审查以下影响量刑的情节：（1）案件起因；（2）被害人有无过错及过错程度，是否对矛盾激化负有责任及责任大小；（3）被告人的近亲属是否协助抓获被告人；（4）被告人平时表现，有无悔罪态度；（5）退赃、退赔及赔偿情况；（6）被告人是否取得被害人或者其近亲属谅解；（7）影响量刑的其他情节。

二、量刑建议和量刑意见

为了保证控辩双方充分参与量刑程序，《量刑程序意见》和《刑诉规则》不仅明确了检察机关的量刑建议权及其行使方式，而且对当事人提出量刑意见的权利加以规定。

侦查机关在移送起诉时，可以根据犯罪嫌疑人涉嫌犯罪的情况，就宣告禁止令和从业禁止向人民检察院提出意见。

人民检察院在提起公诉时，可以提出宣告禁止令和从业禁止的建议。被告人及其辩护人、被害人及其诉讼代理人可以就是否对被告人宣告禁止令和从业禁止提出意见，并说明理由。

人民法院宣告禁止令和从业禁止，应当根据被告人的犯罪原因、犯罪性质、犯罪手段、悔罪表现、个人一贯表现等，充分考虑与被告人所犯罪行的关联程度，有针对性地决定禁止从事特定的职业、活动，进入特定区域、场所，接触特定的人等。

符合下列条件的案件，人民检察院提起公诉时可以提出量刑建议；被告人认罪认罚的，人民检察院应当提出量刑建议：（1）犯罪事实清楚，证据确实、充分；（2）提出量刑建议所依据的法定从重、从轻、减轻或者免除处罚等量刑情节已查清；（3）提出量刑建议所依据的酌定从重、从轻处罚等量刑情节已查清。

量刑建议包括主刑、附加刑、是否适用缓刑等。主刑可以具有一定的幅度，也可以根据案件具体情况，提出确定刑期的量刑建议。建议判处财产刑的，可以提出确定的数额。

对常见犯罪案件，人民检察院应当按照量刑指导意见提出量刑建议。对新类型、不常见犯罪案件，可以参照相关量刑规范提出量刑建议。提出量刑建议，应当说明理由和依据。

人民检察院指控被告人犯有数罪的，应当对指控的个罪分别提出量刑建议，并依法提出数罪并罚后决定执行的刑罚的量刑建议。

对于共同犯罪案件，人民检察院应当根据各被告人在共同犯罪中的地位、作用以及应当承担的刑事责任分别提出量刑建议。

人民检察院提出量刑建议，可以制作量刑建议书，与起诉书一并移送人民法院；对于案情简单、量刑情节简单的适用速裁程序的案件，也可以在起诉书中写明量刑建议。

量刑建议书中应当写明人民检察院建议对被告人处以的主刑、附加刑、是否适用缓刑等及其理由和依据。

人民检察院以量刑建议书方式提出量刑建议的，人民法院在送达起诉书副本时，应当将量刑建议书一并送达被告人。

犯罪嫌疑人认罪认罚的，人民检察院应当就主刑、附加刑、是否适用缓刑等提出量刑建议。量刑建议一般应当为确定刑。对新类型、不常见犯罪案件，量刑情节复杂的重罪案件等，也可以提出幅度刑量刑建议。认罪认罚案件，人民检察院向人民法院提起公诉的，应当提出量刑建议，在起诉书中写明被告人认罪认罚情况，并移送认罪认罚具结书等材料。量刑建议可以另行制作文书，也可以在起诉书中写明。

在刑事诉讼中，自诉人、被告人及其辩护人、被害人及其诉讼代理人可以提出量刑意见，并说明理由，人民检察院、人民法院应当记录在案并附卷。

【实务问题探讨】认罪认罚案件中，检察院的量刑建议是否应当精准化？

有观点认为，在适用认罪认罚从宽制度办理案件中，量刑建议精准化是落实以审判为中心诉讼制度改革，推进认罪认罚从宽制度的必然要求，是实现认罪认罚从宽制度预设目标的重要制度安排。[1] 还有观点进一步指出，量刑建议越具体，犯罪嫌疑人对结果的预期越明确，达成认罪认罚具结的可能性就越大，对判决的接受度也就越高。精准确定刑的建议一方面可以更好地激活认罪认罚从宽制度的"激励机制"，有利于犯罪嫌疑人自愿作出认罪认罚的选择；另一方面，也意味着控辩双方围绕量刑问题，展开了实质性的平等沟通与协商，最终形成了控辩合意，这对量刑建议的合理性、可接受性、认可度，都有积极的保障价值，可以防止事后因量刑问题引发上诉、抗诉以及程序回转等问题，从而有利于认罪认罚从宽制度的推进和稳定适用。[2]

也有观点认为，精准化的量刑建议若未被法院采纳，会影响司法的公信力，影响未来其他案件中认罪认罚从宽制度的适用。

本书认为，总体而言，认罪认罚案件中，量刑建议精准化利大于弊。认罪认罚案件中，检察机关原则上应提出确定刑的量刑建议，但是也存在例外。此外，检察机关应采取措施，保障量刑建议的精准化，提高量刑建议的被采纳率。具体而言：第一，检察机关和法院可以通过共同制定相关的量刑指导意见或者发布相关的指导性案件，为精准提出量刑建议提供参考依据。第二，检察机关应建立统一的检索案例库，实行类案强制检索制度。检察官通过在线检索、查阅相关资料等方式发现与待决案件在案件基本事实和法律适用方面相类似的案例，为待决案件提出量刑建议做参考。第三，在提出量刑建议之前，检察机关应当针对量刑建议充分听取犯罪嫌疑人及其辩护人、被害人及其诉讼代理人的意见，保证量刑建议建立在充分的证据、事实基础之上。

三、量刑的具体程序

为了保证量刑公正，同时兼顾诉讼效率，《量刑程序意见》和《刑诉解释》对适用不同程序审理的案件的量刑程序作了区别规定。

适用速裁程序审理的案件，在确认被告人认罪认罚的自愿性和认罪认罚具结书内容的真实性、合法性后，一般不再进行法庭调查、法庭辩论，但在判决宣告前应当听取辩护人的意见和被告人的最后陈述意见。

---

[1] 参见赵祖斌：《精准化量刑建议具有三重功能》，载《检察日报》2019年12月26日，第3版。

[2] 参见《最高检召开"准确适用认罪认罚从宽制度"新闻发布会》，载最高人民检察院官网，https://www.spp.gov.cn/spp/zgrmjcyxwfbh/zqsyrzrfckzd/index.shtml。

　　适用简易程序审理的案件，在确认被告人对起诉书指控的犯罪事实和罪名没有异议，自愿认罪且知悉认罪的法律后果后，法庭审理可以直接围绕量刑进行，不再区分法庭调查、法庭辩论，但在判决宣告前应当听取被告人的最后陈述意见。

　　适用普通程序审理的被告人认罪案件，在确认被告人了解起诉书指控的犯罪事实和罪名，自愿认罪且知悉认罪的法律后果后，法庭审理主要围绕量刑和其他有争议的问题进行，可以适当简化法庭调查、法庭辩论程序。

　　对于被告人不认罪或者辩护人做无罪辩护的案件，法庭调查和法庭辩论分别进行。

　　在法庭调查阶段，应当在查明定罪事实的基础上，查明有关量刑事实，被告人及其辩护人可以出示证明被告人无罪或者罪轻的证据，当庭发表质证意见。

　　在法庭辩论阶段，审判人员引导控辩双方先辩论定罪问题。在定罪辩论结束后，审判人员告知控辩双方可以围绕量刑问题进行辩论，发表量刑建议或者意见，并说明依据和理由。被告人及其辩护人参加量刑问题的调查的，不影响作无罪辩解或者辩护。

　　在法庭调查中，公诉人可以根据案件的不同种类、特点和庭审的实际情况，合理安排和调整举证顺序。定罪证据和量刑证据分开出示的，应当先出示定罪证据，后出示量刑证据。

　　对于有数起犯罪事实的案件的量刑证据，可以在对每起犯罪事实举证时分别出示，也可以对同类犯罪事实一并出示；涉及全案综合量刑情节的证据，一般应当在举证阶段最后出示。

　　在法庭调查中，人民法院应当查明对被告人适用具体法定刑幅度的犯罪事实以及法定或者酌定量刑情节。

　　人民法院、人民检察院、侦查机关或者辩护人委托有关方面制作涉及未成年人的社会调查报告的，调查报告应当在法庭上宣读，并进行质证。

　　在法庭审理中，审判人员对量刑证据有疑问的，可以宣布休庭，对证据进行调查核实，必要时也可以要求人民检察院补充调查核实。人民检察院补充调查核实有关证据，必要时可以要求侦查机关提供协助。

　　对于控辩双方补充的证据，应当经过庭审质证才能作为定案的根据。但是，对于有利于被告人的量刑证据，经庭外征求意见，控辩双方没有异议的除外。

　　被告人及其辩护人、被害人及其诉讼代理人申请人民法院调取在侦查、审查起诉阶段收集的量刑证据材料，人民法院认为确有必要的，应当依法调取；人民法院认为不需要调取的，应当说明理由。

　　在法庭辩论中，量刑辩论按照以下顺序进行：（1）公诉人发表量刑建议，或者自诉人及其诉讼代理人发表量刑意见；（2）被害人及其诉讼代理人发表量刑意见；（3）被告人及其辩护人发表量刑意见。

　　在法庭辩论中，出现新的量刑事实，需要进一步调查的，应当恢复法庭调查，待事实查清后继续法庭辩论。

　　对于人民检察院提出的量刑建议，人民法院应当依法审查。对于事实清楚，证据确实、充分，指控的罪名准确，量刑建议适当的，人民法院应当采纳。

　　人民法院经审理认为，人民检察院的量刑建议不当的，可以告知人民检察院。人民检察院调整量刑建议的，应当在法庭审理结束前提出。人民法院认为人民检察院调整后的量刑建议适当的，应当予以采纳；人民检察院不调整量刑建议或者调整量刑建议后仍不当的，人民法院应当依法作出判决。

　　有下列情形之一，被告人当庭认罪，愿意接受处罚的，人民法院应当根据审理查明的事实，就定罪和量刑听取控辩双方意见，依法作出裁判：（1）被告人在侦查、审查起诉阶段认罪认罚，但人民检察院没有提出量刑建议的；（2）被告人在侦查、审查起诉阶段没有认罪认罚的；（3）被告人在第一审程序中没有认罪认罚，在第二审程序中认罪认罚的；（4）被告人在庭审过程中不同意量刑建议的。人民法院、人民检察院、侦查机关应当告知犯罪嫌疑人、被告人申请法律援助的权利，对符合法律援助条件的，依法通知法律援助机构指派律师为其提供辩护或者法律帮助。

【实务问题探讨】 我国是否有必要建立独立的量刑程序？

许多学者对两大法系的定罪与量刑的程序关系模式进行过比较分析。他们都一致认为，英美法系定罪与量刑程序模式截然不同，英美法系定罪与量刑程序实行分离模式，即定罪与量刑程序有各自独立的程序裁判程序；大陆法国家所实行的是定罪与量刑一体化模式，即不明确区分定罪与量刑程序，而是在同一个程序中既解决被告人是否构成犯罪的问题，又解决有罪被告人的量刑问题。[①]

对于我国是否有必要建立独立的量刑程序，我国学术界和实务界存在两种观点：

有观点主张，应建立独立的量刑程序，即在刑事案件诉至法院以后，法院先就定罪问题进行开庭，然后休庭进行评议，在确定被告人有罪以及具体罪名的情况下，将定罪结果告知控辩双方以及被告人，给予合理的准备时间后，再专门就量刑问题进行第二次开庭。[②]

有学者具体指出，这一主张的理由是：其一，独立的量刑程序有利于凸显量刑的重要地位，提高量刑意识。其二，独立的量刑程序有利于促进量刑的合理化，实现人权保障。其三，将定罪和量刑分两个阶段进行，有利于协调定罪和量刑的关系。其四，世界上存在将定罪和量刑分阶段进行的实践经验，为我们提供了可鉴之资。[③]

实务界有人指出，主张设置独立量刑程序的理由都是值得商榷的。原因如下：第一，我国不具备设置独立量刑程序的可能性。我国还没有建立刑事案件分流制度，现有司法资源根本无法承担量刑程序独立后所增加的巨大工作量。第二，我国不具备设置独立量刑程序的必要性。我国法官集定罪和量刑职能于一身，不需要把定罪程序和量刑程序截然分开。第三，如果无视国情移植独立的量刑程序，只能增加办案难度，降低诉讼效率。该论者还指出，我国的量刑程序已经有了，只是不够健全和完善，我们的工作就是对现有程序的健全和完善，而不是抛开已有基础重新创设一种程序；健全和完善之后的量刑程序是相对独立的，而不是截然分开的。"相对独立"其实就是不独立，不论量刑程序如何健全和完

---

① 参见陈瑞华：《定罪与量刑的程序关系模式》，载《法律适用》2008 年第 4 期；陈卫东：《定罪与量刑程序分离之辩》，载《法制资讯》2008 年第 6 期。

② 参见陈卫东：《定罪与量刑程序分离之辩》，载《法制资讯》2008 年第 6 期；陈增宝：《构建量刑程序的理性思考》，载《法治研究》2008 年第 1 期。

③ 参见陈增宝：《构建量刑程序的理性思考》，载《法治研究》2008 年第 1 期。

善，它和定罪程序总有千丝万缕的联系，硬要割断两者的联系，就是一种误读。①

有学者提出，借鉴英美法系国家的做法，在我国建立独立的量刑程序。不过，有学者指出，如果采取定罪与量刑程序分离的模式，也需要我们对现有的刑事诉讼制度作一些相配套的改革，尤其是应当对量刑听证程序进行细化，比如定罪与量刑证明标准的二元化、证据规则、量刑建议权与量刑答辩权的赋予、人格调查制度等。②

上述两种观点在看待中国量刑程序的问题上并没有根本上的分歧，他们在语词的理解上和对量刑程序的独立性的观点上有所差异。这两种观点其实都主张要对量刑程序进行改革，只不过第一种观点较为理想化，试图借鉴英美法系独立的量刑程序，而第二种观点立足于所谓的中国国情，较为保守。事实上，第二种观点中所提到的反对理由正是英美法系独立量刑程序的弊端，这也是我国建立独立量刑程序所不能忽视的。

---

① 参见黄应生：《我国需要什么样的量刑程序》，载《法制资讯》2008 年第 6 期。
② 参见陈卫东：《定罪与量刑程序分离之辩》，载《法制资讯》2008 年第 6 期。

第九章　第二审程序

第一节　二审程序概述

刑事二审程序，是指二审法院根据上诉人的上诉或者检察院的抗诉，对一审法院尚未发生法律效力的判决或裁定进行审理时所应遵循的步骤和方法。

一、二审程序的功能

（一）权利救济功能

刑事二审程序的权利救济功能包括对实体权利的救济和对程序权利的救济。二审程序对实体权利的救济主要是通过纠正一审判决在事实认定和法律适用方面的错误，来实现对被告人刑事责任的公正评价。于被告人而言，一审判决错误地认定其实施了犯罪行为，或者错误地认定了对其不利的情节，以及应当认定却没有认定对其有利的情节，都是对其实体权利的侵犯；此外，一审判决在罪名认定和刑罚适用方面错误地适用了刑法条文，对被告人判处了过重的刑罚，也同样是对其实体权利的侵犯。而对于公诉机关来说，其依法享有求刑权，因而，一审判决无论是案件定性方面的错误抑或是被告人量刑方面的错误，均构成对其求刑权的侵犯。在上述情况下，被告人和公诉机关都应当被赋予通过二审程序寻求救济的机会，以消除一审判决的不公正。二审程序对程序权利的救济主要是通过将一审过程中存在程序性违法的案件发回重审进行的，以达到惩戒程序违法，保障当事人诉讼权利的目的。

（二）裁判过滤功能

刑事二审程序的裁判过滤功能主要是通过对一审判决、裁定的事实认定、法律适用以及诉讼程序进行审查来实现的，其审查依据应当是一审法院移送的案卷材料。二审裁判并不是脱离一审裁判而产生的，而是建立在对一审裁判认定事实和适用法律进行审查的基础上，并且，除发回重审外，二审法院应当在终局裁判文书中对一审裁判予以维持或者变更。所以，二审法院应当对一审裁判的全部内容予以审查和把关，以防二审裁判中所确认的一审裁判内容存在重大瑕疵，确保司法裁判的权威性。可见，二审审查范围应当以一审裁判文书所记载的内容为限，是否属于上诉或抗诉范围在所不论。

（三）吸收当事人不满功能

刑事二审程序的纠错功能使得被告人有可能通过二审程序获得有利于自身的裁判，不过，即便被告人通过二审程序没有达到预期目的也并不意味着二审程序对被告人毫无价值。一次审理的结果可能由于裁判人员存在偏见、素质不高以及其他被告人认为的原因而不被其接受，但是通过二审程序被告人获得了又一次陈述和表达自己意见的机会，如果一审裁判被二审法院维持的话，被告人就有可能重新审视自己的观点是否合理，从而修正自己的观点，接受法院的裁判。[1] 夏皮罗曾指出，上诉权的主要功能之一就是为初审败诉的当事人提供一次心理上的发泄机会。[2] 虽然二审程序并不能使所有被告人都认罪服法，但是从整体上来说，二审程序的息诉平判，让被告人认罪服法的功能是十分显著的。

（四）统一法律适用功能

一审法院因级别较二审法院低，很难统筹考虑较大辖区范围内法律适用统一的问题。而二审程序通过对一审程序的全面审查，无论是发现并纠正一审裁判中出现的错误，抑或是维持一审法院作出的正确裁判，都可以在较大范围内起到统一法律适用的功能。

二、二审程序与一审程序之比较

（一）案件的来源不同

一审案件来源于一审法院的同级人民检察院提起公诉或自诉人提起自诉；二审案件来源于一审案件当事人的上诉或一审法院同级人民检察院的抗诉。

（二）审理的对象不同

一审针对起诉书、自诉状中指控的犯罪事实是否存在进行审理；二审针对一审尚未生效的判决、裁定是否正确进行审理。

（三）有权进行审理的法院不同

一审法院是按照级别管辖、地域管辖、专门管辖的规定确定管辖权，或者是根据上级法院的指定确定管辖权；而二审法院通常都是一审法院的上一级法院。

（四）审理的程序不同

一审必须开庭审理，符合条件的案件可以适用简易程序或速裁程序审理；二审可以采用开庭或不开庭的方式审理，不能适用简易程序及速裁程序审理。

（五）审判的组织不同

一审可以采用合议庭或独任庭的形式，采用合议庭时由审判员三人或者由审判员和人民陪审员共三人或七人组成合议庭进行；二审只能采用合议庭的形式，由审判员三人或者五人组成合议庭进行，且不能有人民陪审员参加审理。

（六）处理的结果及其效力不同

一审作出的裁判不一定发生法律效力；二审可作出维持原判的裁定、发回重审的裁定或直接改判，除维持死刑的判决，其他二审裁判均立即发生法律效力。

三、二审程序与再审程序之比较

（一）审理的对象不同

二审审理的对象是尚未生效的判决、裁定；再审审理的对象是已经生效的判决、裁定。

---

[1]　参见尹丽华：《刑事上诉制度研究——以三审终审为基础》，中国法制出版社 2006 年版，第 23 页。

[2]　参见［美］夏皮罗：《法院：比较法上和政治学上分析》，张生、李彤译，中国政法大学出版社 2005 年版，第 384 页。

（二）提起的理由不同

二审对提起上诉的理由未进行限制，只是对人民检察院提起抗诉的理由作了限制，即第一审判决确有错误；提起再审必须以生效的判决、裁定确有错误为理由。

（三）提起的主体不同

被告人、自诉人和他们的法定代理人，附带民事诉讼的当事人及他们的法定代理人，经被告人同意或授权的辩护人、近亲属以及与一审法院同级的人民检察院都可以提起二审；同时，刑事缺席审判中被告人的近亲属被赋予了独立的上诉权。提起再审的主体为最高人民法院、上级人民法院、本院的院长和审判委员会以及最高人民检察院、上级人民检察院。

（四）审理的程序不同

二审只能按照二审程序进行审理；再审根据原来是第一审案件还是第二审案件而分别按照第一审程序和二审程序进行审理。

（五）审理的法院不同

二审的审理法院只能是一审法院的上一级法院；再审既可以是原审法院，也可以是任何上级法院或由上级法院指定管辖。

【实务问题探讨】 上级法院能否指定二审法院将案件移送非原审法院上一级法院的其他法院审理？

2018 年 11 月 8 日，某市中级人民法院公开开庭审理"王某涉嫌民事枉法裁判抗诉、上诉案"，王某及辩护人当庭以王某系某市中级人民法院法官为由，提出某市中级人民法院合议庭法官应回避，法庭遂宣布休庭。2018 年 11 月 12 日，某市中级人民法院书面报请省高级人民法院，请求将王某、张某涉嫌民事枉法裁判案指定其他法院审理。2018 年 11 月 22 日，省高级人民法院作出决定，将王某、张某涉嫌民事枉法裁判案指定另一市中级人民法院依照刑事第二审程序审理。此案是司法实践中刑事案件二审指定管辖第一案。学界对于能否在二审阶段指定管辖意见不一。

有观点认为，《刑事诉讼法》第 27 条规定："上级人民法院可以指定下级人民法院审判管辖不明的案件，也可以指定下级人民法院将案件移送其他人民法院审判。"此处"下级人民法院"并未限定为原审法院，所以"指定管辖"同样可以适用于二审法院。

另有观点认为，二审指定管辖会破坏诉讼程序，指定后的二审法院如何发回重审？如果发回指定后二审法院的下级法院重审，那么同级人民检察院能否撤回非本院所提起的诉讼？

本书认为，我国有关刑事二审指定管辖的法律规定不够明确，导致实践中产生很多争议。但是，管辖权不仅涉及职权分配问题，还涉及程序公正问题。不适宜审理案件的因素不会在确定一审管辖权时全部暴露，有可能在进入二审时才出现，我们不能无视这一可能性。建议吸纳部分学者观点，在肯定二审指定管辖制度的同时，明确适用情形以及发回重审程序。① 同时，检察机关在对部分特殊案件提起公诉时，不仅应对一审法院的管辖、回避问题作出判断，也应当对二审法院的管辖、回避问题作出预判。

第二节　二审程序的提起

上诉、抗诉是启动刑事第二审程序的前置条件，只有适格的上诉、抗诉主体提起的上诉或抗诉才能引发刑事第二审程序。

一、提起上诉的主体

《刑事诉讼法》第 227 条规定："被告人、自诉人和他们的法定代理人，不服地方各级人民法院第一审的判决、裁定，有权用书状或者口头向上一级人民法院上诉。被告人的辩护人和近亲属，经被告人同意，可以提出上诉。附带民事诉讼的当事人和他们的法定代理人，可以对地方各级人民法院第一审的判决、裁定中的附带民事诉讼部分，提出上诉。对被告人的上诉权，不得以任何借口加以剥夺。"据此，刑事诉讼中有权提起上诉的主体包括：

1. 自诉人、被告人在刑事诉讼活动中分别为原告方和被告方，与案件处理结果有直接利害关系，法律赋予二者独立的上诉权。

2. 自诉人、被告人的法定代理人作为无行为能力人或限制行为能力人此类无法正常进行诉讼活动主体的合法权益维护者，法律赋予他们独立的上诉权。法定代理人的上诉，即使自诉人、被告人不同意，也是有效的。

3. 附带民事诉讼的当事人和他们的法定代理人享有部分的上诉权，因为他们的上诉权仅限于附带民事诉讼部分，对判决、裁定中的刑事部分无权提起上诉。且在没有对刑事部分提起上诉、抗诉的情况下，附带民事诉讼的当事人和他们的法定代理人对民事部分提起上诉不影响判决、裁定中的刑事部分生效。

4. 被告人的辩护人和近亲属与法院判决无直接利害关系，无独立上诉权，需经被告人同意方能代为提起上诉。但需要注意的是，在缺席审判程序中，由于被告人没有参与到刑事诉讼程序之中，近亲属获得被告人授权几无可能，所以为了保障被告人的上诉权能够实现，2018年《刑事诉讼法》第 294 条第 1 款规定："人民法院应当将判决书送达被告人及其近亲属、辩护人。被告人或者其近亲属不服判决的，有权向上一级人民法院上诉。辩护人经被告人或者其近亲属同意，可以提出上诉。"赋予了此类案件被告人近亲属独立的上诉权，并有权许可辩护人提起上诉。

5. 犯罪嫌疑人、被告人逃匿、死亡案件违法所得的没收程序中的利害关系人。根据《刑事诉讼法》第 299 条规定，犯罪嫌疑人、被告人逃匿、死亡案件违法所得的没收程序中的其他利害关系人有权申请参加诉讼，也可以委托诉讼代理人参加诉讼。第 300 条规定，其他利害关系人可以提出上诉。鉴于特别没收程序是针对被告人财产进行处理，在涉案财产权属出现争议时，利害关系人参加诉讼是查明案件事实的需要，同时其也必然要承担相应的裁判结果，赋

---

① 参见单子洪：《刑事二审指定管辖问题研究——以吉林省辽源市中院"整体回避案"为切入》，载《西部法学评论》2019 年第 3 期。

予利害关系人独立上诉权符合诉讼原理。

二、提起抗诉的主体

在我国，人民检察院不仅是国家追诉机关，同时也是国家法律监督机关。所以，人民检察院有权对未生效的刑事一审判决或裁定提出抗诉，请求上一级法院进行第二次审理。

《刑事诉讼法》第 228 条规定："地方各级人民检察院认为本级人民法院第一审的判决、裁定确有错误的时候，应当向上一级人民法院提出抗诉。"《刑诉规则》第 589 条规定，上级检察机关对下级检察机关的抗诉指挥权，可以根据情况分为四个方面：支持抗诉、撤回抗诉、指令抗诉和变更抗诉。据此，人民检察院在刑事诉讼中代表国家行使公诉权力，指控犯罪，保障法律正确适用，而抗诉不考虑是否对被告人有利，只要人民检察院认为第一审未生效的判决或裁定确有错误，就应当提起抗诉。

【**实务问题探讨**】适用认罪认罚从宽程序作出的一审判决，人民检察院能否提起抗诉？

关于此问题，存在争议：

有观点认为，认罪认罚从宽意味着被告人与公诉方就案件的定罪、量刑达成了一致，在此种合意获得一审法院确认的情况下不应当赋予人民检察院提起抗诉的权力，特别是检察机关以被告人的上诉行为为抗诉对象的。检察机关的抗诉对象应为确有错误的一审判决、裁定，而不应当是被告人的上诉行为，否则有违诉讼诚信原则，侵蚀司法的公信力及权威。[①]

另有观点认为，诉讼诚信应当以公正裁判为前提，如果案件事实确有错误，人民检察院作为公诉机关有义务查明真相，即使在被告人认罪认罚之后，仍然可以提起抗诉。

目前，尚无法律法规对此问题作出明确规定，根据实务部门对该问题的回应：第一，被告人的上诉权不可剥夺；第二，检察机关是否应当提起抗诉应分情况而定。首先，如果法院经审理认为人民检察院提出的量刑建议不当，未采纳检察院的量刑建议而导致对被告人量刑存在畸重或畸轻，或者起诉指控罪名与一审判决认定罪名不一致等违背公正审判的情形，属于判决确有错误，检察院可以据此提出抗诉。[②] 其次，如果是因被告人否认指控的犯罪事实、不积极履行具结书中赔礼道歉、退赔退赃、赔偿损失等义务，或者无正当理由反悔仅以量刑过重为由提出上诉，符合抗诉条件的，检察机关应当抗诉。认罪认罚从宽制度中被告人获得从宽处理的原因之一便是被告人认罪认罚而节省了司法资源，提升了司法效率。但是，被告人上诉行为导致节省司法资源、提升司法效率的结果不复存在，那么检察机关有必要通过抗诉打消被告人投机取巧的心理，从而维护认罪认罚从宽的有序运行。[③]

---

① 参见梁健、叶历来：《论认罪认罚案件中针对上诉提出抗诉情况的处理》，载《人民司法》2020 年第 14 期。

② 参见骆锦勇：《认罪认罚案件的上诉和抗诉问题》，载《人民法院报》2019 年 8 月 8 日，第 6 版。

③ 参见苗生明：《认罪认罚后反悔的评价与处理》，载《检察日报》2020 年 2 月 20 日，第 3 版。

本书同意上述观点，如果被告人自愿认罪认罚，同意量刑建议和适用认罪认罚从宽程序，签署认罪认罚具结书，且人民检察院提出的关于事实认定、法律适用、定罪量刑等建议均已被一审法院采纳，被告人否认指控、不履行具结书义务以及以量刑过重为由提出上诉的，应当允许检察机关提出抗诉。被告人的上述行为可以认为是对认罪认罚的否定，便不存在从宽这一量刑情节。如此，只有检察机关提起抗诉，二审法院才可能在审理过程中剔除认罪认罚从宽这一量刑情节，从而依据全面审查原则加重刑罚。此情形下检察机关的抗诉行为不仅是一种程序支持，同时也加强了二审对一审的审级监督，强化了二审的救济功能。[①]

三、请求抗诉的主体

《刑事诉讼法》第 229 条规定："被害人及其法定代理人不服地方各级人民法院第一审的判决的，自收到判决书后五日以内，有权请求人民检察院提出抗诉。人民检察院自收到被害人及其法定代理人的请求后五日以内，应当作出是否抗诉的决定并且答复请求人。"公诉案件中的被害人及其法定代理人虽然是刑事诉讼当事人，但法律并未赋予其独立上诉的权利，其对于一审判决不服，无权独立提出上诉，只能自收到判决书后 5 日以内请求检察院提出抗诉。根据最高人民检察院《人民检察院刑事抗诉工作指引》（以下简称《抗诉工作指引》）第 20 条，被害人及其法定代理人在收到判决书 5 日以后请求检察院提出抗诉的，由检察院决定是否受理。

四、上诉、抗诉的理由

世界各国对于上诉是否需要理由不尽一致，通常来说对于刑事一审裁判的上诉很少规定需要上诉理由。同样，为了保障当事人的上诉权得以有效行使，我国刑事诉讼法并未将上诉理由作为上诉的必要条件。

《刑事诉讼法》第 227 条第 1 款规定："被告人、自诉人和他们的法定代理人，不服地方各级人民法院第一审的判决、裁定，有权用书状或者口头向上一级人民法院上诉。被告人的辩护人和近亲属，经被告人同意，可以提出上诉。"据此，刑事诉讼法对上诉的理由并无任何限制性规定，只要不服一审判决、裁定，就可以提出上诉。

《刑事诉讼法》第 228 条规定："地方各级人民检察院认为本级人民法院第一审的判决、裁定确有错误的时候，应当向上一级人民法院提出抗诉。"据此，人民检察院只有在有充分的根据认定原判决、裁定"确有错误"的情形下，方可提出抗诉。

《抗诉工作指引》第 3 条规定："办理刑事抗诉案件，应当坚持依法、准确、及时、有效的基本要求，提出或者支持抗诉的案件，应当充分考虑抗诉的必要性。"第三章"抗诉情形与不抗诉情形"中以规范性司法文件的形式列明了抗诉与不抗诉的相关情形，法院的判决、裁定有下列情形之一的，应当提出抗诉：（1）原审判决或裁定认定事实确有错误，导致定罪或者量刑明显不当的；（2）原审判决或裁定采信证据确有错误，导致定罪或者量刑明显不当的；（3）原审判决或裁定适用法律确有错误的；（4）法院在审判过程中违反法定诉讼程序，可能影响公正裁判的；（5）刑事附带民事诉讼部分所作判决、裁定明显不当的；（6）法院适用犯

---

① 参见蒋安杰：《认罪认罚从宽制度若干争议问题解析（下）——专访最高人民检察院副检察长陈国庆》，载《法治日报》2020 年 5 月 13 日，第 9 版。

罪嫌疑人、被告人逃匿、死亡案件违法所得的没收程序所作的裁定确有错误的；（7）审判人员在审理案件的时候，有贪污受贿、徇私舞弊或者枉法裁判行为，影响公正审判的。

上述七项理由在司法实践中的具体表现形式复杂多样，人民检察院务必仔细甄别各种具体形式，确保有充分的根据认定判决或裁定"确有错误的"方可提出抗诉。例如，法院审判活动违反法定诉讼程序，其严重程度不足以影响公正裁判，或者判决书、裁定书存在技术性差错，不影响案件实质性结论的，一般不提出抗诉，必要时以纠正审理违法意见书形式监督法院纠正审判活动中的违法情形，或者以检察建议书等形式要求法院更正法律文书中的差错。

五、上诉、抗诉的期限

效率是刑事诉讼程序永远需要考虑的价值之一。为了保障诉讼效率，无论是上诉还是抗诉，相关主体必须在法律规定的期限内进行。超出期限的上诉、抗诉不具备引起刑事二审程序的效力。

《刑事诉讼法》第 230 条规定："不服判决的上诉和抗诉的期限为十日，不服裁定的上诉和抗诉的期限为五日，从接到判决书、裁定书的第二日起算。"《刑诉解释》第 380 条第 2 款规定："对附带民事判决、裁定的上诉、抗诉期限，应当按照刑事部分的上诉、抗诉期限确定。附带民事部分另行审判的，上诉期限也应当按照刑事诉讼法规定的期限确定。"综上，相关主体对地方各级法院第一审判决、裁定不服，应当在法定期限内提起上诉、抗诉。

法律规定上诉、抗诉期限的目的，一方面是让被告人、检察院等有一定的时间充分考虑是否提出上诉、抗诉和准备上诉、抗诉的理由，以保障其上诉、抗诉权的行使；另一方面也是保证上级法院能够迅速地审判上诉、抗诉案件，使确有错误的判决、裁定能及时得到纠正，避免拖延诉讼。[①]

司法实践中，一审裁判并不总是能够在同一时间送达人民检察院和诉讼参与人。这种情况下如何计算上诉、抗诉期限存在不同意见。有观点认为，应当以最后送达对象为起点计算上诉、抗诉期间。另有观点认为，应当各自计算送达期间。本书倾向于第二种观点。首先，因为地理位置、交通便利程度等原因，很难做到所有刑事一审裁判文书都能够在同一时间送达。其次，各自计算送达时间使得无论是人民检察院还是诉讼当事人都获得法律规定的上诉、抗诉期限，有利于实现公平公正。

【实务问题探讨】抗诉期限届满后，上一级人民检察院能否在支持抗诉时增加抗诉对象？

司法实践中，会出现抗诉期限届满后，上一级人民检察院在支持抗诉时增加抗诉对象的情况，对此应如何处理，存在争议：

有观点认为，上下级人民检察院系领导与被领导关系，具有"一体化"的组织特性，下级人民检察院在法定期限内提起抗诉，系表明检察院已经启动抗诉程序，上一级人民检察院全案审查后增加抗诉对象，属于在法定期限内提起抗诉，并不违反刑事诉讼法关于抗诉期限的规定。

另有观点认为，根据刑事诉讼法的规定，抗诉应当由下级人民检察院在法定

---

① 参见陈光中主编：《刑事诉讼法》，北京大学出版社 2016 年版，第 372 页。

期限内向上一级人民法院提出，上一级人民检察院通过全案审查后可以支持或者撤回抗诉，如果上一级人民检察院认为抗诉不当，必须要在法定的期限内向同级人民法院撤回抗诉。而在抗诉期限届满后增加抗诉对象，违反了刑事诉讼法关于抗诉期限的规定。

本书认为，第二种观点更具合理性，理由如下：

首先，上下级人民检察院在抗诉中的职权不同，不能因两者系领导与被领导关系而将二者混同。《刑事诉讼法》第228条规定："地方各级人民检察院认为本级人民法院第一审的判决、裁定确有错误的时候，应当向上一级人民法院提出抗诉。"《刑事诉讼法》第232条规定："地方各级人民检察院对同级人民法院第一审判决、裁定的抗诉，应当通过原审人民法院提出抗诉书，并且将抗诉书抄送上一级人民检察院。原审人民法院应当将抗诉书连同案卷、证据移送上一级人民法院，并且将抗诉书副本送交当事人。上级人民检察院如果认为抗诉不当，可以向同级人民法院撤回抗诉，并且通知下级人民检察院。"可见，对一审判决的抗诉系由上下两级人民检察院共同完成，两级检察院分别具有抗诉启动权和抗诉决定权。地方各级人民检察院有权对本级法院第一审的判决、裁定启动抗诉，上一级人民检察院全面审查后决定是否抗诉。[①] 而抗诉期限是针对整个抗诉程序设立的，不只是抗诉启动程序需要遵守抗诉期限，抗诉决定程序同样需要遵守抗诉期限。

其次，抗诉期限届满后，上一级人民检察院在支持抗诉时增加抗诉对象，会损害被告人的合法权利。第一，共同犯罪案件中被告人"上诉不加刑"的权利得不到保障。《刑诉解释》第402条规定："人民检察院只对部分被告人的判决提出抗诉，或者自诉人只对部分被告人的判决提出上诉的，第二审人民法院不得对其他同案被告人加重刑罚。"据此，如果检察院只对共同犯罪案件中部分被告人的判决提出抗诉，那么，抗诉期限届满后，对其他被告人检察院就不能再提出抗诉，二审法院也不得对未被提出抗诉的被告人加重其刑罚。如果允许检察院在抗诉期限届满后、二审程序终结前可将未被抗诉部分被告人追加为抗诉对象，会使得此部分被告人再次面对国家追诉，那么二审程序中被告人是否享有"上诉不加刑"的权利就完全取决于检察院的决定。第二，抗诉期限届满后，追加抗诉对象，会损害被追加被告人的辩护权。知悉抗诉书内容是被告人依法行使辩护权的前提，正因如此，《刑事诉讼法》第232条规定，地方各级人民检察院提出抗诉的，原审法院在向上一级法院移送案件材料的同时，要将抗诉书副本送交当事人。如果上一级人民检察院支持抗诉时追加抗诉对象，那么被追加被告人几乎没有时间准备辩护，更有甚者直到开庭之时方知自己被追加抗诉，在此情况下，辩护权对此部分被告人而言就会形同虚设。[②]

---

① 参见夏宁安、胡渡渝：《孙超等抢劫、盗窃、掩饰、隐瞒犯罪所得案［第765号］——抗诉期限届满后，上一级人民检察院在支持抗诉时增加抗诉对象的，如何处理》，载《刑事审判参考》总第85集。

② 参见夏宁安、胡渡渝：《孙超等抢劫、盗窃、掩饰、隐瞒犯罪所得案［第765号］——抗诉期限届满后，上一级人民检察院在支持抗诉时增加抗诉对象的，如何处理》，载《刑事审判参考》总第85集。

【实务问题探讨】上一级人民检察院能否通过支持刑事抗诉意见书增加或改变抗诉理由？

根据《刑事诉讼法》第 232 条的规定，原审法院的同级检察院是抗诉启动机关，其上一级检察院才是抗诉决定机关。《抗诉工作指引》第 24 条就上下级人民检察院有关抗诉的职能分工作了规定："上一级人民检察院支持或者部分支持抗诉意见的，可以变更、补充抗诉理由，及时制作支持刑事抗诉意见书，阐明支持或者部分支持抗诉的意见和理由，在同级人民法院开庭之前送达人民法院，同时通知提出抗诉的人民检察院。"

有观点认为，支持刑事抗诉意见书在不改变案件事实的基础上，仅仅增加或改变抗诉理由，符合二审全面审查原则，有助于二审法院查明事实，提高诉讼效率。[①]

另有观点认为，支持刑事抗诉意见书并未被刑事诉讼法所认可，仅仅出现在司法解释之中，所以其不具备增加或改变抗诉书中抗诉理由的功能。[②]

本书认为，第二种观点更为可取。首先，支持刑事抗诉意见书不是法律规定的文书，在刑事诉讼法中并无规定，仅在《刑诉规则》出现了相关规定。其次，侵害被告人的辩护权。刑事诉讼法规定抗诉书应当送达被告人，但并没有规定支持刑事抗诉意见书应当送达被告人，甚至《抗诉工作指引》也未规定支持刑事抗诉意见书应当送达被告人。司法实践中，一旦上级人民检察院通过支持刑事抗诉意见书增加或改变抗诉书中的抗诉理由，无异于"诉讼突袭"，会严重侵害被告人的辩护权，违背控辩平等原则。

【实务问题探讨】认罪认罚案件中，一审法院在与检察院电话沟通无果后未采纳量刑建议，是否属于"法院在审判过程中违反法定诉讼程序，可能影响公正裁判的"？

司法实践中出现一审法院不同意检察机关的量刑建议，在双方电话沟通后检察机关仍然坚持量刑建议，结果未被一审法院采纳，检察机关认为法院在检察机关尚未明确答复"不调整量刑建议"时径行作出判决，违反《刑事诉讼法》第 201 条第 2 款规定，属于"法院在审判过程中违反法定诉讼程序，可能影响公正裁判的"。

本书认为，认罪认罚从宽案件中控审双方的职能并未产生本质上的变化，检察机关的量刑建议依然属于建议权，量刑裁判权仍然属于法院。对于法院不采纳检察机关量刑建议的沟通程序，法律并未明确规定应当以何种手段进行，亦未否定电话沟通的形式。倘若检察机关在沟通过程中明确表示不做量刑调整，那么法院不采纳检察机关的量刑建议并不存在程序违法的问题。不过，从司法责任落实

---

① 参见北京市人民检察院政策研究室：《刑事疑难案例参阅：危害公共安全罪、破坏社会主义市场经济秩序罪、侵犯公民人身权利、民主权利罪》，中国检察出版社 2015 年版，第 51 号案例。

② 参见高亚莉、黄小明：《抗诉意见超出原指控范围不应采纳》，载《人民法院报》2010 年 5 月 20 日，第 7 版。

角度考量，电话沟通无法留痕，量刑建议的调整又涉及被告人的重大利益，应当明确以书面方式进行。

六、上诉、抗诉的方式

根据《刑事诉讼法》第 227 条和《刑诉解释》第 378 条、第 379 条规定，地方各级人民法院在宣告第一审判决、裁定时，应当告知被告人、自诉人及其法定代理人不服判决和准许撤回起诉、终止审理等裁定的，有权在法定期限内以书面或者口头形式，通过本院或者直接向上一级人民法院提出上诉。人民法院受理的上诉案件，一般应当有上诉状正本及副本。上诉状内容一般包括：第一审判决书、裁定书的文号和上诉人收到的时间，第一审人民法院的名称，上诉的请求和理由，提出上诉的时间。被告人的辩护人、近亲属经被告人同意提出上诉的，还应当写明其与被告人的关系，并应当以被告人作为上诉人。

根据《刑事诉讼法》第 232 条和《刑诉规则》第 587 条规定，地方各级人民检察院认为同级人民法院第一审判决、裁定确有错误而提出抗诉，必须采用书面方式制作抗诉书，而不能以口头形式提出。

上诉与抗诉提出方式上的差别主要是考虑到被告人与检察机关无论在法律专业知识水平，还是在制作书面文书的能力上均存在差异。如若标准相同，这种形式上的平等在实质上却给被告人上诉设置了较高的门槛，不利于被告人行使上诉权。

七、上诉、抗诉的程序

（一）提出上诉的程序

《刑事诉讼法》第 231 条规定："被告人、自诉人、附带民事诉讼的原告人和被告人通过原审人民法院提出上诉的，原审人民法院应当在三日以内将上诉状连同案卷、证据移送上一级人民法院，同时将上诉状副本送交同级人民检察院和对方当事人。被告人、自诉人、附带民事诉讼的原告人和被告人直接向第二审人民法院提出上诉的，第二审人民法院应当在三日以内将上诉状交原审人民法院送交同级人民检察院和对方当事人。"可见，上诉既可以通过原审法院提出，也可以直接向第二审法院提出。

（二）提出抗诉的程序

《刑事诉讼法》第 232 条规定："地方各级人民检察院对同级人民法院第一审判决、裁定的抗诉，应当通过原审人民法院提出抗诉书，并且将抗诉书抄送上一级人民检察院。原审人民法院应当将抗诉书连同案卷、证据移送上一级人民法院，并且将抗诉书副本送交当事人。上级人民检察院如果认为抗诉不当，可以向同级人民法院撤回抗诉，并且通知下级人民检察院。"据此，抗诉只能通过原审法院提出，而不能直接向第二审法院提出。

【实务问题探讨】 一、二审衔接期间如何保障辩护律师的阅卷权？

《刑事诉讼法》第 231 条第 1 款规定："被告人、自诉人、附带民事诉讼的原告人和被告人通过原审人民法院提出上诉的，原审人民法院应当在三日以内将上诉状连同案卷、证据移送上一级人民法院，同时将上诉状副本送交同级人民检察院和对方当事人。"在一审宣判后才接受委托或指派的辩护人，其必须在上诉期届满前将上诉状书写完成。如果不了解具体案情，辩护人便难以形成有针对性的上诉状，这不仅给辩护人行使辩护权造成了很大的困难，同时也变相地限制了被告人获得有效辩护的权利。因此，一、二审衔接期间保障辩护人的阅卷权非常重要。本书建议从以下两个方面保障一、二审衔接期间辩护人的阅卷权：

第一，相关司法解释应明确规定一、二审衔接期间二审辩护人阅卷权的责任主体。从阅卷方便、高效的角度来说，一审法院更适合成为落实二审辩护人阅卷权的责任主体。首先，一审宣判后至案件材料送二审法院前，一审法院持有整个刑事诉讼程序自始至一审判决的全部案件材料，易于辩护人进行阅卷。其次，上诉期间辩护人无法向二审法院申请阅卷。如果辩护人在一审宣判后上诉期满前接受委托，此时最重要的工作便是协助被告人上诉，由于上诉期的存在，一审判决效力属于待定状态，此时原审法院并不会将案件材料向二审法院进行移送，因而在这一时间段的辩护人只能向原审法院要求阅卷。二审法院由于接受案件材料存在时间上的滞后性，不适宜作为二审辩护人阅卷权的责任主体。

第二，完善律师阅卷权的救济途径。无救济则无权利。刑事诉讼程序中应当赋予二审法院有权对包括辩护人阅卷权在内的程序性事项进行审查，辩护人可以在第二审程序中就阅卷权是否受到侵害予以说明。若二审法院查明辩护人在一、二审衔接期间的阅卷权并没有得到充分保障，应给予被告人及辩护人修改和补充上诉状的机会。同时，应当在法律中明确规定相应的程序性制裁措施，以保障辩护人在一、二审衔接期间的阅卷权。[1]

八、撤回上诉、抗诉的处理

根据《刑诉解释》第383条、第385条，上诉人在上诉期限内要求撤回上诉的，法院应当准许。上诉人在上诉期满后要求撤回上诉的，第二审人民法院经审查，认为原判认定事实和适用法律正确，量刑适当的，应当裁定准许；认为原判确有错误的，应当不予准许，继续按照上诉案件审理。被判处死刑立即执行的被告人提出上诉，在二审开庭后宣告裁判前申请撤回上诉的，应当不予准许，继续按照上诉案件审理。人民检察院在抗诉期限内要求撤回抗诉的，人民法院应当准许。人民检察院在抗诉期满后要求撤回抗诉的，第二审人民法院可以裁定准许，但是认为原判存在将无罪判为有罪、轻罪重判等情形的，应当不予准许，继续审理。

根据《刑诉解释》第386条，在上诉、抗诉期满前撤回上诉、抗诉的，第一审判决、裁定在上诉、抗诉期满之日起生效。在上诉、抗诉期满后要求撤回上诉、抗诉，第二审人民法院裁定准许的，第一审判决、裁定应当自第二审裁定书送达上诉人或者抗诉机关之日起生效。

---

[1] 参见奚玮、韩瀚：《一二审衔接期间辩护人阅卷权保障》，载《人民法院报》2017年12月13日，第6版。

第三节　二审程序的审判

一、对上诉、抗诉案件的审查

根据《刑诉解释》第 387 条，第二审人民法院对第一审人民法院移送的上诉、抗诉案卷、证据，应当审查是否包括下列内容：（1）移送上诉、抗诉案件函；（2）上诉状或者抗诉书；（3）第一审判决书、裁定书八份（每增加一名被告人则增加一份）及其电子文本；（4）全部案卷、证据，包括案件审理报告和其他应当移送的材料。前款所列材料齐全的，第二审法院应当收案；材料不全的，应当通知第一审法院及时补送。

二、全面审查原则

第二审程序审理的范围，世界各国和地区的规定不尽相同。但根据第二审程序审理的范围是否受提起理由的限制，大致分为两种情况：一种是部分审查制，二审法院仅就上诉或抗诉中当事人不服的部分进行审查，对于上诉或抗诉中未涉及的部分，不论是否存在错误，二审法院均不作审查，不作处理；另一种是全面审查制，二审法院对一审判决或裁定作全面审查，不局限于上诉或抗诉的那部分。

我国刑事诉讼法和民事诉讼法对二审程序审查范围的规定是不同的。《刑事诉讼法》第 233 条规定："第二审人民法院应当就第一审判决认定的事实和适用法律进行全面审查，不受上诉或者抗诉范围的限制。共同犯罪的案件只有部分被告人上诉的，应当对全案进行审查，一并处理。"据此，我国刑事二审程序实行全面审查原则，二审的审理范围不限于上诉或抗诉请求，对于未上诉、抗诉的部分也要审查。二审法院既要审查原审裁判认定事实是否正确，也要审查适用法律有无错误。《民事诉讼法》第 175 条规定："第二审人民法院应当对上诉请求的有关事实和适用法律进行审查。"可见，我国民事二审的审理范围以当事人的上诉请求为限，体现了民事诉讼"不告不理"原则和当事人处分原则，是典型的部分审查原则。

《刑诉解释》第 391 条规定："对上诉、抗诉案件，应当着重审查下列内容：（一）第一审判决认定的事实是否清楚，证据是否确实、充分；（二）第一审判决适用法律是否正确，量刑是否适当；（三）在调查、侦查、审查起诉、第一审程序中，有无违反法定诉讼程序的情形；（四）上诉、抗诉是否提出新的事实、证据；（五）被告人的供述和辩解情况；（六）辩护人的辩护意见及采纳情况；（七）附带民事部分的判决、裁定是否合法、适当；（八）对涉案财物的处理是否正确；（九）第一审人民法院合议庭、审判委员会讨论的意见。"可见，虽然全面审查原则的适用有利于司法公正，但并不能充分体现上诉人的意愿和检察院抗诉的重点，所以对二审案件的审查，在遵守全面审查原则的基础上，应着重审查上述内容。①

全面审查原则充分体现了刑事诉讼法中的实事求是，以事实为根据、以法律为准绳的基本原则。但是也有部分学者对全面审查原则持否定态度，其主要理由为：首先，全面审查原则违反司法的被动性。第二审程序因上诉或抗诉而启动，法院应当受上诉或抗诉范围的限制，若二审法院超过上诉或抗诉范围进行全面审查，便违反司法的被动性，而是在积极主动地干涉案

---

① 参见陈光中：《刑事诉讼法》，北京大学出版社 2016 年版，第 374 页。

件。其次，全面审查原则违背控审分离原则。全面审查原则允许二审法院超出上诉或抗诉范围审查案件，其实是对上诉权及抗诉权的侵蚀，代替了控方的部分职能。此种情况下，二审法院并不能保持中立性，同时违背了控审分离原则的要求。最后，全面审查原则拖延司法效率，浪费司法资源。全面审查原则确实有发现一审裁判错误的更大可能性，但超出上诉或抗诉范围的审查不仅浪费了大量司法资源，同时也违背诉讼效率原则。另外，对于一审裁判中无争议部分，控辩双方的可接受性均较强。在与自身利益密切相关的控辩双方未提出异议的情况下，二审法院无须越俎代庖。①

【实务问题探讨】二审法院能否依据全面审查原则审查非法证据并予以排除？

司法实践中，有时会出现被告人在一审中未申请排除非法证据，而在二审中又提出申请非法证据排除的情况，对此应如何处理，存在争议：

有观点认为，被告人在一审已经掌握了非法证据相关材料和线索的情况下，不申请非法证据排除，应当视为主动放弃该项权利。且《刑诉解释》第391条规定已经明确了二审应当审查的范围，而非法证据不在此列，故二审期间不应予以审查。

另有观点认为，根据《刑事诉讼法》第56条规定的立法精神，对非法证据排除不仅是当事人的权利，也是司法机关必须依法履行的职责。这一职责的履行没有一、二审的区别，也不以诉讼参与人申请为前提，②只要确实存在证据获取非法，致使一审判决认定的事实存在错误的情况，二审法院应当审查非法证据并予以排除，且无需当事人的申请。

本书认为，二审法院依据全面审查原则可以审查非法证据。首先，《刑诉解释》第391条规定的9种情形是二审程序应当着重审查的对象，而不是审查对象只限于此9种，二审法院应当对一审判决认定的事实和适用的法律全面审查。其次，二审法院的主要职能是纠错和救济，排除非法证据不仅是当事人的诉讼权利，更是司法机关查明真相、监督侦查行为的重要途径。如果确有非法证据存在，被告人在一审时没有提出，二审时法院仍可予以审查，否则当事人的实体权利无法得到救济，有违司法公正。再次，由于司法实践具有复杂性，外部力量的干预和被告人自身法律意识淡薄等情况的出现可能会阻碍被告人及时申请非法证据排除。因此，如果不允许二审法院对非法证据进行审查，会损害被告人权利，放纵非法取证行为。但为了避免司法资源浪费，提高诉讼效率，也应当督促被告人及时申请非法证据排除，抵制当事人因诉讼策略考虑故意拖延至二审提出非法证据排除申请的行为。最后，二审依据全面审查原则排除非法证据有利于被告人。从世界各国的立法情况来看，几乎均规定二审中作出有利于被告人变更的限制应当宽松于不利于被告人的变更。

---

① 参见陈卫东、李奋飞：《刑事二审"全面审查原则"的理性反思》，载《中国人民大学学报》2001年第2期。

② 参见陈吉双：《对一审认罪二审申请非法证据排除的审查》，载《人民司法》2016年第5期。

2017 年 6 月 20 日最高人民法院、最高人民检察院、公安部、国家安全部、司法部颁布的《关于办理刑事案件严格排除非法证据若干问题的规定》第 38 条第 2 款规定："被告人及其辩护人在第一审程序中未申请排除非法证据，在第二审程序中提出申请的，应当说明理由。第二审人民法院应当审查。"

三、二审的审理方式和程序

《刑事诉讼法》第 234 条规定："第二审人民法院对于下列案件，应当组成合议庭，开庭审理：（一）被告人、自诉人及其法定代理人对第一审认定的事实、证据提出异议，可能影响定罪量刑的上诉案件；（二）被告人被判处死刑的上诉案件；（三）人民检察院抗诉的案件；（四）其他应当开庭审理的案件。第二审人民法院决定不开庭审理的，应当讯问被告人，听取其他当事人、辩护人、诉讼代理人的意见。第二审人民法院开庭审理上诉、抗诉案件，可以到案件发生地或者原审人民法院所在地进行。"2021 年《刑诉解释》第 393 条在 2012 年《刑诉解释》所列案件范围的基础上，将其中的"被告人被判处死刑立即执行的上诉案件"，调整为"被告人被判处死刑的上诉案件"。死刑核准权收归最高人民法院统一行使以来，死刑案件的审理程序更加严格规范。死刑案件人命关天，必须适用最为严格、审慎的审理程序。为严格落实刑事诉讼法的规定，被告人被判处死刑缓期执行的上诉案件，也应当开庭审理。

据此，我国二审案件的审理方式有开庭审理与不开庭审理两种，对于部分上诉案件、全部抗诉案件及其他应当开庭审理的案件以开庭审理的方式进行，其他案件可以不开庭审理，但必须遵循法定程序。

（一）开庭审理的方式

开庭审理，是指二审法院在合议庭的主持下，由检察人员和诉讼参与人参加，通过法庭调查和辩论、评议、宣判的方式审理案件。适用开庭审理的案件有三类：一是需要开庭审理的上诉案件；二是人民检察院依法提起抗诉的案件；三是其他应当开庭审理的案件。

二审法院开庭审理的程序，由于是在一审程序的基础上进行的，所以《刑事诉讼法》第 242 条规定，除第二审程序已有专门规定的以外，参照第一审程序的规定进行。但是，第二审程序又不完全等同于第一审程序，还有其自身的一些特点，因而二审法院在开庭审理上诉或者抗诉案件时，除参照第一审程序的规定外，还应当依照下列程序进行：

第一，确定开庭审理的地点，二审法院开庭审理上诉、抗诉案件，可以到案件发生地或原审法院所在地进行。

第二，检察院提出抗诉的案件或者二审法院开庭审理的公诉案件，同级检察院都应当派员出席法庭。

第三，二审法院应当在决定开庭审理后及时通知检察院查阅案卷。检察院应当在 1 个月以内查阅完毕。自通知后的第 2 日起，检察院查阅案卷的时间不计入审理期限。检察院或者被告人及其辩护人提交新证据的，二审法院应当及时通知对方查阅、摘抄或者复制。

第四，在法庭调查阶段，审判人员宣读第一审判决书、裁定书后，上诉案件由上诉人或者辩护人先宣读上诉状或者陈述上诉理由，抗诉案件由检察人员先宣读抗诉书。如果是既有上诉又有抗诉的案件，先由检察人员宣读抗诉书及上级机关的刑事抗诉意见书，再由上诉人或者辩护人宣读上诉状或者陈述上诉理由。开庭审理上诉、抗诉案件，可以重点围绕对一审判决、裁定有争议的问题或者有疑问的部分进行。

第五，在法庭辩论阶段，对于上诉案件，应当先由上诉人、辩护人发言，再由检察人员、诉讼代理人发言。对于抗诉案件，应当先由检察人员、诉讼代理人发言，再由被告人、辩护人发言。对于既有上诉又有抗诉的案件，应当先由检察人员、诉讼代理人发言，再由上诉人、辩护人发言。另外，在共同犯罪案件中，没有提出上诉、检察院也没有对其判决提出抗诉的被告人如果出庭，可以参加法庭辩论。

第六，辩论终结后，上诉人（被告人）有权进行最后陈述，然后由合议庭评议，作出裁判。

（二）不开庭审理的方式

不开庭审理，是指二审法院的合议庭依照法律规定决定不开庭审理，经过阅卷，讯问被告人，听取其他当事人、辩护人、诉讼代理人的意见后，作出判决或裁定的审理方式。

采用不开庭审理的方式，应当遵循下列程序。

第一，根据《刑事诉讼法》第 183 条第 4 款，由审判员三人或者五人组成合议庭进行。

第二，合议庭成员应当阅卷，必要时应当提交书面阅卷意见。阅卷的目的是全面了解案件事实、情节和相关证据，以便查明案件事实是否清楚，证据是否确实、充分，一审适用法律是否正确，定罪量刑是否适当，诉讼程序是否合法。

第三，讯问被告人。合议庭通过直接讯问和听取被告人对一审判决或裁定的意见，以及对案件事实的供述和辩解，应注意分析被告人前后供述、辩解中的矛盾点和疑点，运用事实和证据核查被告人的供述和辩解。

第四，听取诉讼参与人的意见。合议庭既要认真听取案件中其他当事人、辩护人、诉讼代理人的意见，也要听取检察人员的意见；听取的意见既包括案件事实和证据方面的，也包括一审法院对被告人定罪量刑方面的。人民法院经审查决定对二审上诉案件不开庭审理的，应当依法听取辩护律师意见，这是法定必经程序。人民法院不得以辩护律师在上诉时已提交书面意见为由，而在决定不开庭审理时不再听取辩护律师意见。对辩护律师提出二审上诉不开庭审理环节存在侵犯律师发表意见权等执业权利的，人民检察院应当全面调查核实，依法监督，促进二审程序依法进行针对类似限制或剥夺律师发表意见权的行为，人民检察院应当监督纠正，确保辩护律师执业权利得到保障，确保二审上诉案件不开庭审理程序合法。①

第五，经合议庭评议，认为案件事实与一审认定的没有变化，证据确实、充分的，可以不开庭审理即作出相应的处理决定。

四、二审审理方式的反思

（一）不开庭审理与全面审查原则的冲突

从域外刑事诉讼立法来看，上诉审的审查范围大致有两类，即部分审查制和全面审查制。《刑事诉讼法》第 233 条规定："第二审人民法院应当就第一审判决认定的事实和适用法律进行全面审查，不受上诉或者抗诉范围的限制。共同犯罪的案件只有部分被告人上诉的，应当对全案进行审查，一并处理。"二审法院可以对一审判决中所涉及的事实、证据、法律适用、量刑等问题进行全面的审查。不过，全面审查原则的落实需要高质量的庭审予以保证。考虑到二审法院在大多数案件中并不开庭审理，而只是通过阅卷、讯问等书面方式进行单方面的审查，

---

① 参见《首次！最高检发布保障律师执业权利典型案例》，载微信公众号"最高人民检察院"2021 年 2 月 5 日。

"全面审查原则"要得到高质量的保证，无疑是一种"神话"。①

（二）控辩双方权利的不对等

《刑事诉讼法》第234条规定："第二审人民法院对于下列案件，应当组成合议庭，开庭审理：（一）被告人、自诉人及其法定代理人对第一审认定的事实、证据提出异议，可能影响定罪量刑的上诉案件；（二）被告人被判处死刑的上诉案件；（三）人民检察院抗诉的案件；（四）其他应当开庭审理的案件。"上述四种二审应当开庭的情况中，第二种情况考虑到死刑的残酷性，属于强制开庭；第四种情况属于兜底条款。而第一和第三种情况则分别属于公诉案件中辩方及控方对二审审理方式的影响。第一种情况中排除自诉案件，在公诉案件中被告人欲使得二审案件开庭审理需要达到以下条件：首先，需要对第一审认定的事实、证据提出异议；其次，这种异议可能影响定罪量刑；最后，该段文字中还隐含了另一个信息即是否影响定罪量刑由二审法院判断而非被告。综上可知，被告方对二审法院采取何种形式审理案件仅有申请权而无决定权。相反，第三种情况言简意赅地明确规定：人民检察院抗诉的案件应当组成合议庭，开庭审理。换言之，检察机关抗诉的案件不分理由，无须法院判断便可直接开庭审理。

由此可见，控辩双方在二审审理方式选择权上的不对等直接违背了控辩平等原则，不利于程序公正的落实。不开庭审理的方式很难落实前文中所论述的二审裁判过滤、权利救济、吸收当事人不满及统一法律适用的功能。特别是在被告人提出开庭审理而被法院拒绝后，二审程序不仅不能吸收当事人的不满，反而会加重当事人的不满。本书认为，控辩双方在程序权利上的不对等在一定程度上影响了二审程序功能的实现，所以需要调整控辩双方的权利或是二审程序的预期功能。

五、对二审案件的处理

（一）对上诉、抗诉案件的处理

根据《刑事诉讼法》第236条、第238条规定，二审法院对不服一审判决的上诉、抗诉案件进行审理后，应按下列情形分别作出处理。

1. 原判决认定事实和适用法律正确、量刑适当的，应当裁定驳回上诉或者抗诉，维持原判。

2. 原判决认定事实没有错误，但适用法律有错误，或者量刑不当的，应当改判。

3. 原判决事实不清楚或者证据不足的，可由二审法院查清事实后改判，也可以裁定撤销原判，发回原审法院重新审判。但需注意的是，原审法院对于此种情况发回重新审判的案件作出判决后，被告人提出上诉或者检察院提出抗诉，二审法院应当依法作出判决或者裁定，不得再发回原审法院重新审判。也就是说，此种情况下的发回重审以一次为限。

4. 发现一审法院有下列违反法律规定的诉讼程序的情形之一的，应当裁定撤销原判，发回原审法院重新审判：（1）违反法律有关公开审判的规定的；（2）违反回避制度的；（3）剥夺或者限制了当事人的法定诉讼权利，可能影响公正审判的；（4）审判组织的组成不合法的；（5）其他违反法律规定的诉讼程序，可能影响公正审判的。发回原审法院重新审判的案件，应当另行组成合议庭，依照第一审程序进行审判，对于重新审判后的判决仍可上诉或抗诉。

---

① 参见陈瑞华：《对两审终审制的反思——从形事诉讼角度的分析》，载《法学》1999年第6期。

【实务问题探讨】二审法院改变了一审判决认定的事实，但定罪量刑不变，应适用改判还是维持原判？

有观点认为，因为定罪量刑的一致性，所以应当适用《刑事诉讼法》第236条第1款第1项，裁定驳回上诉或者抗诉，维持原判。

另有观点认为，因为改变了原审判决的事实认定，所以应当适用《刑事诉讼法》第236条第1款第3项规定直接改判。

本书倾向于第二种观点，因为《刑事诉讼法》第236条第1款第1项规定"原判决认定事实和适用法律正确、量刑适当的，应当裁定驳回上诉或者抗诉，维持原判"，可见，维持原判需达到认定事实和适用法律正确、量刑适当这三个条件，缺一不可。在事实认定不正确的情况下即使法律适用正确、量刑适当也不能维持原判；同样，《刑事诉讼法》第236条第1款第3项规定为"原判决事实不清楚或者证据不足的，可以在查清事实后改判"。二审法院改变事实认定也可以说是在一审基础上查清了案件事实，法条又并未要求对定罪或量刑作出修改的情况下才可以适用改判。综上，二审法院改变了一审判决认定的事实，虽定罪量刑不变，也应适用改判条款。

（二）对附带民事部分提出上诉情形的处理

《刑诉解释》第409条规定了针对附带民事部分提出上诉情形的处理规则。第二审程序实行全案审查原则，针对附带民事部分提出上诉的情形也不例外。根据本条规定，针对附带民事部分提出上诉，刑事部分已经发生法律效力的案件，需要区分情形作出处理：（1）第一审判决的刑事部分并无不当的，只需就附带民事部分作出处理。这意味着，第二审人民法院经审查，认可了第一审判决的刑事部分，鉴于此，如果第一审判决的附带民事部分事实清楚，适用法律正确，第二审人民法院可以一并维持刑事部分和附带民事部分的判决，并在裁判文书中表述为"驳回上诉，维持原判"。（2）第一审判决的刑事部分确有错误的，依照审判监督程序对刑事部分进行再审，并将附带民事部分与刑事部分一并审理。对于此种情形，附带民事部分的审理程序，需要依附于刑事部分的再审程序。如果第二审人民法院决定对刑事部分提审，应当将刑事再审与附带民事二审合并审理。如果第二审人民法院指令第一审人民法院对刑事部分再审的，应当将附带民事部分发回重审，与刑事再审并案审理。[①]

（三）对自诉案件的处理

对一审判决后当事人不服提出上诉的刑事自诉案件，二审法院可以在二审程序中对诉讼的双方进行调解，当事人也可以自行和解。调解结案的，二审法院应当制作调解书，原判决、裁定视为自动撤销；当事人自行和解的，由二审法院裁定准许撤回自诉，并撤销原判决或者裁定。

二审法院对于调解结案或者当事人自行和解的案件，如果被告人已被采取强制措施的，应当立即予以解除。

在二审程序中，自诉案件的当事人提出反诉的，二审法院应当告知其另行起诉。

---

① 参见刘静坤编著：《最新刑事诉讼法司法解释条文对照与适用要点》，法律出版社2021年版，第269—270页。

【实务问题探讨】二审中，人民检察院未抗诉情况下，出庭检察员提出将案件发回重审的意见如何处理？

司法实践中，经常会出现被告人提起上诉，人民检察院未提起抗诉，但二审出庭检察员当庭提出将案件发回重审的意见的情况，对此应当如何处理，存在争议：

有观点认为，二审中，出庭检察员系代表人民检察院发表意见，出庭检察员提出将案件发回重审的意见应视为人民检察院的意思表示。《刑诉规则》第 10 条第 1 款规定："上级人民检察院对下级人民检察院作出的决定，有权予以撤销或者变更；发现下级人民检察院办理的案件有错误的，有权指令下级人民检察院予以纠正。"可见，上级检察院有权撤销下级检察院作出的决定，且出庭检察员系代表上级检察院，故出庭检察员当庭提出发回重审的意见应当视为上级检察院对下级检察院指控被告人决定的撤销，二审法院应当采纳出庭检察员发回重审的意见，直接撤销一审判决。

另有观点认为，《刑事诉讼法》第 236 条对二审案件的处理已有明确规定，二审出庭检察员当庭提出将案件发回重审的意见并不能对案件的处理产生实质影响，二审法院应当继续对案件进行审理，然后依照《刑事诉讼法》第 236 条规定的情形分别处理。

本书认为，第二种观点具有合理性。在检察院未抗诉情况下，二审出庭检察员提出发回重审的意见，不应成为阻却二审法院审理案件的事由。

虽然《刑诉规则》并未明确规定二审中出庭检察员提出发回重审建议如何处理，但根据《刑诉规则》第 426 条规定可知，变更、追加、补充或者撤回起诉应当以书面方式在法院宣告判决前向法院提出。据此，不论是变更、追加、补充或者撤回起诉必须要以书面方式。而出庭检察员即使是代表检察机关，其在二审中提出发回重审的意见系检察员在庭审过程中口头提出的意见，并未以书面方式呈现。

同时，最高人民法院研究室《关于二审开庭审理过程中检察员当庭提出发回重审建议后人民法院能否对案件继续审理问题的答复》已经明确规定法院在二审刑事案件开庭审理过程中，检察员当庭提出原判事实不清，建议发回原审法院重新审判的，应当继续审理并对检察员提出的有关事实不清、证据不足的问题进行重点审查，之后根据刑事诉讼法的相关规定，依法作出裁判。

【实务问题探讨】二审中，检察院提出变更被告人罪名的意见如何处理？

在司法实践中，会出现检察院在二审中提出变更被告人罪名的情况，对此应如何处理，意见不一。

有观点认为，二审法院可以直接变更被告人罪名。理由为：首先，二审法院变更罪名是法院行使定罪权的体现；[1] 其次，在庭审过程中常有辩方主张被告人不构成此罪而构成彼罪，限制二审法院变更罪名无异于限制辩方的辩护权；[2] 再

---

[1] 参见龙宗智：《理论反对实践》，法律出版社 2003 年版，第 10 页。
[2] 参见陈卫东：《程序正义之路》（第一卷），法律出版社 2005 年版，第 95 页。

次，二审法院直接变更罪名有效避免了审判监督程序，提高了诉讼效率；① 最后，二审法院直接变更罪名符合全面审查原则。

另有观点认为，二审法院不宜直接变更被告人罪名。首先，二审法院直接变更罪名违背两审终审制。二审法院如果直接变更罪名，那么变更后的罪名只经过一级法院审理便生效，违背两审终审制。其次，不利于被告人辩护权的行使。因为我国刑事案件的二审并不全部采用开庭审理的模式，在书面审理的模式下辩方无法就变更后的罪名进行充分的辩护。② 最后，违背控审分离原则。"控诉原则之下，任何法院皆受制于不告不理，犹如第一审审判之范围，取决于起诉之范围，上诉审审判之范围，亦取决于上诉之范围。"③

本书认为，检察院在二审中提出变更被告人罪名的意见，二审法院审查后如果认为原审法院适用罪名确有错误的，可以直接变更罪名。

首先，二审期间检察员不再仅仅只是行使指控犯罪、支持公诉的职能，更多的是对一审裁判进行监督，确保法律的正确适用。《刑诉规则》第446条规定，检察员出席第二审法庭的任务包括：支持抗诉或者听取上诉意见，对原审法院作出的错误判决或者裁定提出纠正意见。据此，二审中，检察院发现原审裁判适用法律错误，有权提出变更罪名的意见。

其次，二审中，检察院认为原判决适用罪名错误，提出变更罪名的意见，并不能决定法院对该案件的审理，是否变更罪名并不以检察院提出变更罪名意见为准，而是需要二审法院审查全案后，确认原判适用法律确有错误，方可在二审中变更罪名。检察员提出变更罪名，只是表达了检察员对法律适用的一种意见，与辩护人当庭发表的辩护意见具有同等地位，是否变更的决定权仍在法院。④ 在遵循上诉不加刑原则的基础上，二审法院根据检察院的提议，发现原判事实清楚，证据确实、充分，只是认定罪名不当的，可依据《刑诉解释》第401条的规定，直接变更罪名。

【实务问题探讨】 一审公诉人能否出席二审法庭？

司法实践中会出现一审公诉人配合二审检察人员出庭的情况，对于此种情况是否允许法律并没有明确规定。

有观点认为，根据《刑诉规则》第445条规定，对提出抗诉的案件或者公诉案件中二审法院决定开庭审理的上诉案件，同级检察院应当派员出席第二审法庭。该条只规定了同级检察院必须派员出席第二审法庭，但是并没有限制原审公诉人出席第二审法庭。另外，原审公诉人出席第二审法庭有利于贯彻前后一致的诉讼策略，有助于案件审理。

另有观点认为，原审公诉人不能出席第二审法庭。禁止原审公诉人出席第二

---

① 参见蒋石平：《论法院拥有变更指控罪名权》，载《现代法学》2000年第3期。
② 参见陈永生：《刑事二审审理方式改革》，载《政治与法律》2004年第1期。
③ 林钰雄：《刑事诉讼法》（下册），中国人民大学出版社2006年版，第245页。
④ 参见北京市第二中级人民法院（2019）京02刑终113号刑事判决书。

审法庭有利于发挥上下级检察院的监督作用，多一层审查纠错环节。

本书认为，允许原审公诉人出席第二审法庭，与二审出庭检察人员的职责定位相悖。二审是对一审的监督和纠错，其直接对象虽然是一审判决，但也间接包含对原审公诉机关的指控是否正确的再判断，由二审法院的同级检察院派员出席，更有利于保证审判的公正性和法律程序的正确性。

【实务问题探讨】 二审法院能否采纳出庭支持抗诉的检察人员超出抗诉书范围提出的抗诉意见？

抗诉书是承载人民检察院抗诉意见与理由的正式的法律文书，被告人在二审审判前先悉抗诉书是其依法行使辩护权的重要保障。检察机关出庭检察人员应当依据抗诉书发表抗诉意见。强调出席二审法庭支持抗诉的检察人员发表的抗诉意见不能超出抗诉书的范围，其目的主要是维护被告人的辩护权。如果检察人员超出抗诉书范围当庭发表新的抗诉意见，搞"突然袭击"，被告人是无法就事实、证据、适用法律等问题进行充分辩护的。这无疑会限制、侵犯被告人的辩护权，从而可能影响公正审判。人民法院对于出庭支持抗诉的检察人员超出抗诉书范围提出的抗诉意见不应采纳。但是，在不影响被告人辩护权的前提下，人民法院对于检察人员当庭发表的正确意见也可以"采纳"，但这种"采纳"不是对抗诉意见的采纳，而仅仅是对一种正确意见的吸收。如果出席二审法庭的检察人员仅仅是对抗诉书所载的抗诉理由进行补充或对不妥当之处进行修改，未提出新的抗诉主张，则不属于超越抗诉书范围。[①]

六、二审审判期限

根据《刑事诉讼法》第 243 条的规定，二审法院受理上诉、抗诉案件，应当在 2 个月以内审结。对于可能判处死刑的案件或者附带民事诉讼的案件，以及有《刑事诉讼法》第 158 条规定情形之一的，经省、自治区、直辖市高级法院批准或者决定，可以延长 2 个月；因特殊情况还需要延长的，报请最高人民法院批准。最高人民法院受理上诉、抗诉案件的审理期限，由最高人民法院决定。根据《刑事诉讼法》第 241 条规定，二审法院发回原审法院重新审判的案件，原审法院从收到发回的案件之日起，重新计算审理期限。

第四节　上诉不加刑原则

一、上诉不加刑原则及其限制

上诉不加刑原则，是指二审法院审判仅有被告人一方（被告人或者其法定代理人、近亲

---

① 参见蔡朝阳、蔡金芳：《李林故意杀人案［第 222 号］——二审法院能否采纳出庭支持抗诉的检察人员超出抗诉书范围提出的抗诉意见》，载《刑事审判参考》总第 30 集。

属、辩护人）提出上诉的案件时，不得以任何理由改判重于原判决所判刑罚的审判原则。它是刑事诉讼二审程序中的一项特有原则。

上诉不加刑体现了"不告不理"的诉讼原则。"不告不理"原则有两个基本点：第一，凡未经起诉的案件，法院不得自行审理；第二，法院审判必须受诉讼请求的限制，不得审理诉讼请求之外的问题。"不告不理"原则表明：法院不得未经控诉方起诉就自作主张对案件开展审理，或超越控诉方的诉讼请求对案件开展审理，否则就侵犯了控诉或辩护方的诉权。如果根据事实或法律，需要审理诉讼请求之外的事项，必须由控诉方变更或追加指控，法院不能擅自专断。在由被告人一方单方提出上诉的案件里，被告人一方往往是从自身利益出发，向二审法院提出减轻或免除原判刑罚的主张。如果二审法院加重了对被告人的处罚，这就明显地超越了诉讼请求的限制，从而违背了"不告不理"原则的第二个基本点的要求。

上诉不加刑原则之立法目的，最主要系基于刑事政策之考量，避免因被告人畏惧上诉可能加刑而妨害其上诉权之行使。上诉不加刑原则是现代刑事诉讼中保障被告人上诉权和人权的基石。实行这一原则可以确保被告人充分、无顾虑地行使上诉权，从而维护国家审级制度的存在和正常运行。

在刑事诉讼中，要正确贯彻上诉制度和两审终审制，必须充分保障被告人的上诉权。被告人或者其法定代理人、近亲属、辩护人上诉的目的在于诉请二审法院改变原判决，减轻或免除原判刑罚，改善被告人原来的不利处境。如果被告人一方提出上诉后，二审法院通过重新审理，加重了被告人的刑罚，恶化了其处境，则有违上诉人的初衷，会使其产生后悔提出上诉的心理。这样的结果也必然会使其他被告人对上诉产生畏惧，即使明知一审判决错误，也会因为惧怕二审法院可能加重其刑罚而放弃上诉权利，客观上导致限制被告人行使上诉权的结果，使上诉制度流于形式，甚至是形同虚设。这既是对被告人上诉权的损害，也使很多有可能通过二审纠正的错案就此了结，永无翻案之日。因此，必须用上诉不加刑原则消除被告人一方上诉非但不能减轻或免除原判刑罚反而加重刑罚的思想顾虑，以充分发挥审级功能。目前，我国正在加快社会主义法治建设的进程，同时也越来越重视对刑事被告人的人权保护，这就要求我们应该严格按照上诉不加刑原则处理被告人一方上诉的二审案件，以切实保护被告人的上诉权。被告人的上诉权获得进一步的保障，这是一个看似细微但意义重大的司法进步。

有观点认为，上诉不加刑原则，对量刑不当的上诉案件，只能减轻，不能加重，不符合实事求是的精神，这其实是对法律的一种误读。对于这个问题，实际上是当出现被告人的上诉权保障与实体真实发现两方面的利益相冲突时，何者优先的问题。现代社会在保障被告人人权这一大前提下，为使被告人的审级利益得以维护而不至于形同虚设，各国在刑事诉讼法中相继确立了上诉不加刑原则。

上诉不加刑原则仅适用于只有被告人一方提出上诉的二审案件，而检察院提出抗诉或者自诉人提出上诉的，或在被告人一方提出上诉的同时，检察院和自诉人也提出抗诉、上诉的案件，则不受上诉不加刑原则的限制。此时法院仍然是遵循"不告不理"原则，在双方的诉讼请求范围内进行判决。

【实务问题探讨】检察院为被告人的利益抗诉时，法院是否可以直接改判加重被告人的刑罚？

有观点认为，检察院为被告人的利益而抗诉时，法院不受上诉不加刑原则的限制，可以直接改判加重被告人的刑罚。其理由是：（1）我国二审程序中能否加重被告人刑罚的标准是以提起二审程序的主体为依据的，而不是以是否为被告人的利益为依据，检察院提出抗诉的，不受"不得加重被告人的刑罚"的限制。（2）我国刑事诉讼法规定上诉不加刑的目的在于消除被告人对上诉的顾虑，保障被告人上诉权的行使，从而维护上诉制度。检察院不属被告人一方，因此不存在保护被告人上诉权的问题。（3）我国刑事诉讼法规定二审法院应当就一审判决认定的事实和适用法律进行全面审查，不受上诉或者抗诉范围的限制，即进行全面审查，二审法院认为应当加重被告人刑罚的，就应当依据实事求是、有错必纠的原则加重其刑罚。

　　本书认为，上述观点值得商榷。检察院为被告人利益而提起的抗诉案件也应当适用上诉不加刑原则。在实践中，检察院的抗诉一般是于被告人不利的抗诉，但是，如果承认检察院的"客观义务"，那么，我们就无法回避检察院为了维护被告人的利益而抗诉的可能。同时，对检察院为被告人的利益而提起的抗诉适用上诉不加刑原则，是世界各国刑事诉讼法的通例。上诉不加刑原则在世界范围内获得广泛采用的同时，其内容和范围也在发生着变化，从原来仅限于被告人一方提出上诉时不得加刑，演变为检察院为被告人利益提出抗诉的案件，也应遵守上诉不加刑原则。例如，《德国刑事诉讼法》第358条规定："仅由被告人，或者为了他的利益由检察院或者他的法定代理人提出了上诉的时候，对于被声明不服的判决在法律对行为的处分种类、刑度方面，不允许作不利于被告人的变更。"《日本刑事诉讼法》第402条也规定，"对于由被告人提起控诉或者为被告人的利益而提起控诉的案件，不得宣告重于原判决的刑罚。"

《刑事诉讼法》第237条第1款规定："第二审人民法院审理被告人或者他的法定代理人、辩护人、近亲属上诉的案件，不得加重被告人的刑罚。第二审人民法院发回原审人民法院重新审判的案件，除有新的犯罪事实，人民检察院补充起诉的以外，原审人民法院也不得加重被告人的刑罚。"据此，上诉不加刑原则包括以下几层含义。

　　第一，上诉是被告人的法定权利，不论被告人以何种理由上诉，都不能在二审判决中加重被告人刑罚。

　　第二，仅有被告人一方上诉的案件，二审法院审理后按照《刑事诉讼法》第236条第1款第2项规定进行改判时，即使原判量刑畸轻，也不得加重被告人刑罚。

　　第三，仅有被告人一方上诉的案件，二审法院审理后，按照《刑事诉讼法》第236条第1款第3项规定，在查清事实以后直接改判的，不得加重被告人的刑罚；发回原审法院重新审判的，除有新的犯罪事实，检察院补充起诉以外，原审法院也不得加重被告人刑罚。

《刑事诉讼法》第237条第2款规定："人民检察院提出抗诉或者自诉人提出上诉的，不受前款规定的限制。"据此，上诉不加刑并不是没有任何限制，被告人提出上诉时如果检察院提出抗诉或自诉人提出上诉，二审法院可以改判加重被告人刑罚。

二、上诉不加刑原则的意义

在刑事第二审程序中坚持上诉不加刑原则有着极其重要的意义，可以说如果没有上诉不加刑原则作为保障，上诉权极有可能成为纸上的权利，无法落地实施。

首先，上诉不加刑原则有利于保障被告人依法行使上诉权。被告人行使上诉权的目的莫过于通过第二审程序更正第一审程序中可能出现的裁判错误，从而获得对己更为有利的裁判结果。若无上诉不加刑原则的限制，被告人很可能被第二审法院加重刑罚，那么被告人无法毫无顾虑地行使上诉权，甚至在一审裁判确有错误的情况下，也不敢上诉。此种情况，不仅不利于保障被告人的合法权益，也无助于实现司法公正。

其次，上诉不加刑原则有利于落实两审终审制。因为司法的被动性，在没有上诉或抗诉的情况下，法院并不能自行启动第二审程序。如果因为被告人的顾虑而导致第二审程序无法启动，那么两审终审制仅仅停留在立法层面，而无法在司法中落实。

最后，上诉不加刑原则有利于法院正确行使审判权。以上诉不加刑原则作为保障，被告方可以毫无顾虑地行使上诉权，使得二审法院有机会对第一审裁判结果进行全面的审查，从而纠正错误判决，维持正确判决。

三、上诉不加刑原则的适用

《刑诉解释》第 401 条和第 402 条对上诉不加刑原则的具体适用作出了较为明确的规定。

1. 审理被告人或者其法定代理人、辩护人、近亲属提出上诉的案件，不得对被告人的刑罚作出实质不利的改判，并应当执行下列规定：（1）同案审理的案件，只有部分被告人上诉的，既不得加重上诉人的刑罚，也不得加重其他同案被告人的刑罚；（2）原判认定的罪名不当的，可以改变罪名，但不得加重刑罚或者对刑罚执行产生不利影响；（3）原判认定的罪数不当的，可以改变罪数，并调整刑罚，但不得加重决定执行的刑罚或者对刑罚执行产生不利影响；（4）原判对被告人宣告缓刑的，不得撤销缓刑或者延长缓刑考验期；（5）原判没有宣告职业禁止、禁止令的，不得增加宣告；原判宣告职业禁止、禁止令的，不得增加内容、延长期限；（6）原判对被告人判处死刑缓期执行没有限制减刑、决定终身监禁的，不得限制减刑、决定终身监禁；（7）原判判处的刑罚不当、应当适用附加刑而没有适用的，不得直接加重刑罚、适用附加刑。原判判处的刑罚畸轻，必须依法改判的，应当在第二审判决、裁定生效后，依照审判监督程序重新审判。人民检察院抗诉或者自诉人上诉的案件，不受前款规定的限制。

2. 人民检察院只对部分被告人的判决提出抗诉，或者自诉人只对部分被告人的判决提出上诉的，第二审法院不得对其他同案被告人加重刑罚。

虽然《刑诉解释》对上诉不加刑原则的适用，已经作了一个较为明确的规定，但也只是列举式，并不能涵盖整个二审程序中所有适用上诉不加刑原则的情形，在实践中，会出现一些司法解释没有规定，但涉及上诉不加刑原则的情形。

【实务问题探讨】被告人上诉案件中，二审改判罪名能否重于原判罪名？

司法实践中，会出现被告人上诉后，二审法院认为一审认定罪名处刑畸轻，针对此种情况二审法院能否改判重罪罪名，存在争议：

有观点认为，被告人上诉案件中，必须严格贯彻上诉不加刑原则，改判更重罪名之后即使对被告人不判处更重刑罚，但实际上对被告人的法定刑仍然加重了，违背了上诉不加刑原则。

另有观点认为，被告人上诉案件中，二审改判更重罪名，并不违背上诉不加刑原则，法定刑是立法者针对同类犯罪的性质和危害程度所确定的量刑标准，它着眼于此类犯罪的共性。宣告刑是对法定刑的实际运用,是审判机关对具体犯罪的被告人依法判处并宣告的应当实际执行的刑罚。而很显然针对具体案件的刑罚是依据宣告刑执行,所以二审改判更重罪名,但只要不加重刑罚,并不违背上诉不加刑原则。

本书认为,第二种观点更具有合理性。《刑诉解释》第 401 条第 1 款第 2 项规定:"原判认定的罪名不当的,可以改变罪名,但不得加重刑罚或者对刑罚执行产生不利影响。"据此,被告人上诉案件中,二审法院认为原判认定事实没有错误,只是认定罪名不当的,可以重新确定罪名,罪名的改变并不等于刑罚的加重。即使二审改判罪名重于原判罪名,只要刑罚不加重,就不违背上诉不加刑原则。

【实务问题探讨】 被告人上诉案件中,二审判决能否加重附加刑?

司法实践中,会出现被告人上诉后,二审判决加重附加刑的情况,对此应如何处理,存在争议:

有观点认为,二审法院发现一审判决附加刑适用错误,依法纠正,完全符合《刑事诉讼法》第 236 条第 1 款第 2 项规定:"原判决认定事实没有错误,但适用法律有错误,或者量刑不当的,应当改判。"

另有观点认为,被告人上诉案件中,二审法院作出的判决,受上诉不加刑原则的限制,不仅不能加重被告人的主刑,同样也不能加重被告人的附加刑。

本书认为,第二种观点更具有合理性,上诉不加刑原则不仅适用于主刑,同样适用于附加刑。

首先,我国法律将刑罚分为两类,一类是主刑,包括管制、拘役、有期徒刑、无期徒刑和死刑;另一类是附加刑,包括罚金、剥夺政治权利和没收财产。上诉不加刑的刑,显然既包括主刑,也包括附加刑,加重附加刑也是加刑,违背了上诉不加刑原则。

其次,被告人上诉案件中,对二审附加刑的适用问题,最高人民法院的司法解释也有所涉及。《刑诉解释》第 401 条第 1 款第 7 项规定:"原判判处的刑罚不当、应当适用附加刑而没有适用的,不得直接加重刑罚、适用附加刑。原判判处的刑罚畸轻,必须依法改判的,应当在第二审判决、裁定生效后,依照审判监督程序重新审判。"该条司法解释明确规定了,上诉案件中,不得加重被告人附加刑,同时也阻断了规避上诉不加刑原则的情形,有利于全面、彻底贯彻上诉不加刑原则。

【实务问题探讨】 违法所得没收、返还、责令退赔是否适用上诉不加刑原则?

司法实践中,会出现二审法院认为一审判决没收、返还、责令退赔数额过低,增加没收、返还、责令退赔数额;一审法院判决未涉及没收、返还、责令退赔的,二审法院增加没收、返还、责令退赔判项的情况,对此如何处理,存在争议:

有观点认为,被告人上诉的案件,违法所得没收、返还、责令退赔应当受上诉不加刑原则的限制。对于被告人而言，违法所得的没收、返还、责令退赔与财产刑的处罚在实质上并无区别，都会导致被告人财产的减少。故违法所得没收、返还、责令退赔同样应当适用上诉不加刑原则。[1]

另有观点认为，违法所得的没收、依法返还、责令退赔系对违法所得及涉案财物的处理，不属于刑事处罚的范围，不应受上诉不加刑原则的限制。

本书认为，针对违法所得的没收、返还、责令退赔是否受上诉不加刑的限制，应当区分普通刑事诉讼程序和违法所得没收特别程序，分别处理：

普通刑事诉讼程序中，对违法所得没收、返还、责令退赔的法律依据是《刑法》第 64 条："犯罪分子违法所得的一切财物，应当予以追缴或者责令退赔；对被害人的合法财产，应当及时返还；违禁品和供犯罪所用的本人财物，应当予以没收。没收的财物和罚金，一律上缴国库，不得挪用和自行处理。"上诉不加刑的限制主要是对主刑和附加刑的限制，而违法所得没收、返还、责令退赔不属于刑罚的范围。只要二审法院发现新的违法所得、犯罪工具，就可以裁定增加没收、返还。至于责令退赔数额，既可以由被告人与被害方调解增加，也可以由二审法院根据审理查明的事实增加责令退赔数额。

在违法所得没收程序中，针对犯罪嫌疑人、被告人近亲属或者其他利害关系人提出的上诉案件，以及依照最高人民法院、最高人民检察院《关于适用犯罪嫌疑人、被告人逃匿、死亡案件违法所得没收程序若干问题的规定》第 19 条规定，犯罪嫌疑人、被告人逃匿境外委托诉讼代理人申请参加诉讼，法院准许参加诉讼提出上诉的案件，二审法院能否加大违法所得的范围，不能简单参照适用《刑法》第 64 条的规定。适用违法所得没收程序的案件，是专门针对财物提起的诉讼，相当于普通刑事诉讼程序中的指控范围，在一审法院裁定已确定违法所得范围的情况下，因犯罪嫌疑人、被告人不服或者其近亲属不服提出上诉，二审法院如果加大违法所得的范围，相当于加重了对犯罪嫌疑人、被告人的处罚。在违法所得没收程序中，违法所得的没收、返还、责令退赔，应当受上诉不加刑原则的限制。[2]

四、发回重审可以加刑的法定情形

《刑事诉讼法》第 237 条规定，二审法院发回原审法院重新审判的案件，除有新的犯罪事实，检察院补充起诉的以外，原审法院也不得加重被告人的刑罚。据此，被告人上诉，二审法院发回重审的案件，原审法院原则上也不得加重被告人刑罚，除非同时满足有新的犯罪事实和检察院补充起诉两个法定情形，方可加重被告人的刑罚。

根据 1996 年《刑事诉讼法》的规定，适用上诉不加刑原则的主体仅限于二审法院，也就

---

[1] 参见刘晓虎：《违法所得的没收、返还、责令退赔是否受上诉不加刑的限制》，载《人民法院报》2018 年 2 月 28 日，第 6 版。

[2] 参见刘晓虎：《违法所得的没收、返还、责令退赔是否受上诉不加刑的限制》，载《人民法院报》2018 年 2 月 28 日，第 6 版。

是说，只有二审法院对案件直接改判的场合下，该原则才会被适用。如果二审法院裁定撤销原判、发回重审，那么原审法院对案件重审时，可以不受上诉不加刑原则的限制，也就是说，可以加刑。这导致司法实践中，一些二审法院对本该直接改判的案件也发回重审，从而规避上诉不加刑原则的适用，对被告人加刑。这对上诉不加刑原则的适用带来很大冲击，不仅不利于被告人的权利保障，而且也不利于上级法院对下级法院的审级监督。

针对上述问题，2012 年《刑事诉讼法》第 226 条在保留 1996 年《刑事诉讼法》第 190 条规定的基础上，增加规定，第二审法院发回原审法院重新审判的案件，除有新的犯罪事实，人民检察院补充起诉的以外，原审法院也不得加重被告人的刑罚。根据这一规定，除了法定的例外情形，即被告人有新罪被检察院补充起诉的，即使案件被发回原审法院重新审判，也同样适用上诉不加刑原则。这里"有新的犯罪事实"应当理解为原起诉书中未指控的犯罪事实，检察院又补充起诉的。在此情形下，原审法院将按照数罪并罚的规定判处被告人刑罚，允许突破原判刑罚的限制，予以加刑。这是贯彻刑法中罪刑相当原则的体现。毫无疑问，这一规定杜绝了在二审过程中加重被告人刑罚的可能性，有利于被告人更积极地通过上诉维护自身合法权益，也有助于法院审级监督的实施。

【实务问题探讨】上诉案件中，发回重审后量刑情节改变能否改判加重被告人刑罚？

根据《刑事诉讼法》第 237 条规定，上诉案件中，发回重审若加重被告人的刑罚，必须同时满足有新的犯罪事实和检察院补充起诉两个条件。对于如果在发回重审阶段量刑情节改变，是否属于新的犯罪事实，能否据之加重被告人刑罚，司法实践中存在争议：

有观点认为，量刑情节的变化属于新的犯罪事实，法院可以据此在发回重审中加重被告人刑罚。刑事审判的过程，就是查明犯罪事实的司法过程，这是对被告人准确定罪量刑的前提和基础。案件中的定罪事实决定了案件的定性即定罪，而量刑事实则影响案件的量刑，对被告人刑罚的作出是定罪事实与量刑事实共同作用的结果，而不是仅仅取决于定罪事实，故量刑事实对于刑罚的作用也至关重要。新的量刑情节的出现，属于新的犯罪事实，法院为维护司法公正，不仅可以减轻被告人的刑罚，也可依法加重被告人的刑罚。

另有观点认为，量刑情节的变化不属于新的犯罪事实。新的犯罪事实即指原起诉书中没有指控的犯罪事实，而原判决中量刑情节发生变化，显然不属于有新的犯罪事实，不得据此加重被告人刑罚。[1]

本书认为，是否能够加重被告人刑罚需要考量该量刑情节是否与定罪事实混同。例如，犯罪的形态，主从犯的认定等，既属于法定的量刑情节，也属于定罪事实。而有关自首、立功、退赃、赔偿等量刑情节并不属于定罪事实。[2]

犯罪事实包含定罪量刑的事实，并不等同于定罪事实与量刑事实均是犯罪事实，量刑事实对于犯罪事实认定所起的作用并不能等同于定罪事实，量刑事实对

---

① 参见钟莉、范冬明：《发回重审不加刑原则的理解与适用》，载《人民司法》2014 年第 2 期。
② 参见柯葛壮：《正确理解"新的犯罪事实"》，载《上海法治报》2019 年 3 月 12 日，第 6 版。

案件的作用系依附于定罪事实，然后才能作用于犯罪事实。如果定罪事实不存在，那么案件就不能成立，也就没有犯罪事实的存在，量刑情节的有无便没有意义。相反，定罪事实只要存在，无论有无量刑事实的存在，案件事实都必然存在，故有新的量刑事实，并不等于有新的犯罪事实。对与定罪事实混同的量刑事实可以认定出现"新的犯罪事实"，相反，对独立的量刑事实则不可认定。

【实务问题探讨】上诉案件中，发回重审出现新的证据能否改判加重被告人刑罚？

司法实践中，经常会出现被告人上诉，发回重审后法院发现新的犯罪证据的情况，对此原审法院能否改判加重被告人刑罚，观点不一。

本书认为，能否改判关键在于新的证据能否证明有新的犯罪事实。根据《刑事诉讼法》第237条的明确规定，上诉案件中，发回重审若加重被告人的刑罚，必须同时满足有新的犯罪事实和检察院补充起诉两个条件。如何理解新的犯罪事实，学界存在不同意见，一种理解为"新的犯罪"事实，另一种理解为新的"犯罪事实"。以前一种理解为基础，那么新的犯罪事实只能是"新罪"，而第二种则既包括"新罪"事实也包括"原罪"的新事实。① 本书认为，采纳第二种观点更为合适。发回重审时出现新的证据如果只是证明原审法院认定过的犯罪事实，那么无疑是不能改判加重被告人刑罚的。只有在有新的证据出现，足以证明有新的犯罪事实，同时检察院补充起诉的情况下，发回重审时才能改判加重被告人刑罚。

【实务问题探讨】上诉案件发回重审后，无发回重审加刑的法定情形但确需改判加重刑罚的，能否改判？通过何种程序改判？

司法实践中，会出现二审法院发回重审后，原审法院重审期间，未发现新的犯罪事实，检察院未补充起诉，但原审法院认为案件确需改判的情况，对此如何处理，存在争议：

有观点认为，如果发回重审期间，虽未发现新的犯罪事实，检察院也未补充起诉，但原审法院认为案件确需改判的，可以在判决生效后，通过检察院抗诉启动再审程序改判加重刑罚。

另有观点认为，《刑事诉讼法》第237条第2款规定："人民检察院提出抗诉或者自诉人提出上诉的，不受前款规定的限制。"据此，检察院在发回重审后提出抗诉，不受上诉不加刑原则的限制。故可以通过检察院对发回重审案件提出抗诉，启动发回重审二审程序，改判加重刑罚。

本书认为，通过"抗诉二审"改判加重被告人刑罚，违背了上诉不加刑原则，于法无据；通过"抗诉再审"改判加重被告人刑罚应审慎把握。

一是通过"抗诉二审"改判加重被告人刑罚有违《刑事诉讼法》第237条关于上诉不加刑原则的规定。如果发回重审的案件，在无新的犯罪事实，检察院未

---

① 参见柯葛壮：《正确理解"新的犯罪事实"》，载《上海法治报》2019年3月12日，第6版。

补充起诉的情况下不得加重对被告人的刑罚，却允许发回重审后提出抗诉的二审改判对被告人加重刑罚，那么《刑事诉讼法》第 237 条第 1 款关于发回重审加刑当具法定情形的规定就将失去实际意义，被告人的上诉权将会受到侵害。

二是通过"抗诉再审"改判加重刑罚应审慎把握。《刑诉解释》第 401 条规定，审理被告人或者其法定代理人、辩护人、近亲属提出上诉的案件，原判事实清楚，证据确实、充分，但判处的刑罚畸轻，必须依法改判的，应当在第二审判决、裁定生效后，依照审判监督程序重新审判。据此，上诉案件发回重审后，无发回重审加刑的法定情形但确需改判加重刑罚的，可以通过"抗诉再审"程序改判。但此规定，系出于司法实践具有复杂性之考量，以纠正明显错误，维护司法公正。对此条规定之适用必须严格限制，轻易不能通过"抗诉再审"加重被告人刑罚。

第十章　死刑复核程序

第一节　死刑复核程序概述

一、死刑复核程序的概念、特点及性质

死刑复核程序是指最高人民法院及高级人民法院对已经作出死刑判决或裁定并且普通程序已经完成的案件进行复审核准的一种特殊程序。它包括对判处死刑立即执行案件的复核程序和对判处死刑缓期二年执行案件的复核程序。死刑复核程序是强制程序，即对于死刑案件来说是必经程序。凡死刑案件，除最高人民法院判决的以外，都必须经过死刑复核程序，只有经过核准的死刑判决才能生效并交付执行。

根据刑事诉讼法的规定，死刑复核程序与其他审判程序相比，具有以下几个特点。

第一，适用对象的专门性。这一程序与其他普通或者特别审判程序不同，适用的案件范围只限于死刑案件，包括判处死刑立即执行的案件和判处死刑缓期二年执行的案件。

第二，适用主体的专属性。按照刑事诉讼法的有关规定，死刑立即执行案件必须由最高人民法院核准，中级人民法院判处死刑缓期二年执行的案件，由高级人民法院核准。可见，适用死刑复核程序的主体只有最高人民法院和高级人民法院。

第三，程序启动的主动性。死刑复核程序的启动，既不像一审程序那样非经起诉不得启动，也不像二审程序那样只有通过上诉或者抗诉才能引起，抑或审判监督程序必须经有权提起再审的人民法院或者人民检察院提起，死刑复核程序是死刑判决或者裁定已经作出且正常程序已经完成后由人民法院主动逐级上报复核的程序，无须附加任何条件。

第四，特定案件的终局性。我国实行两审终审制，一般刑事案件最多经过两级人民法院的审判就宣告终结。而死刑案件则不同，除了享有死刑核准权的法院判决的死刑案件外，其他死刑案件即使经过普通的两级人民法院的审判后，还必须经过拥有死刑核准权的法院的复核，裁判方能生效。因此，就死刑复核案件而言，死刑复核程序是终局性程序。

第五，审判方式的特殊性。典型的审判程序一般是控辩审三方在同一时空下通过开庭审理的方式最后形成裁判。与此不同的是，死刑复核程序一般并不进行开庭审理，而主要是通过审查案卷材料，听被告人、辩护人以及其他当事人的意见而进行，最后对原审裁判作出是否核准的裁定。

2007 年死刑复核权收归最高人民法院统一行使，引发了学界对死刑复核程序性质的大讨论。围绕死刑复核程序的性质，主要有"行政审批说""特别程序说""审判程序说"三种观点，争论的焦点集中在该程序究竟是审判程序，还是具有行政性的非审判程序。一部分学者和实务工作者认为，我国的死刑复核程序是一种行政性核准程序，产生这一观点的理由大致有三：其一，"死刑复核"之"核"在字面上附带有行政上的复查审核倾向，"审"的程序未有凸显，"审"的功能也被这一表述所淡化；其二，在程序设计上，死刑复核采用封闭式、书面

化、秘密性的运作方式，不具有传统审判方式中"两造具备，师听五辞"的基本特征，使死刑复核显示出行政审批色彩；其三，较之于二审、再审程序的被动启动，死刑复核程序的启动是根基于法院审级结构的自动启动、强制启动，这种启动模式完全违背了"不告不理"的诉讼原则，具有指令意味。本书认为，无论从立法角度还是功能层面看，死刑复核程序都应当属于审判程序。首先，立法表达了对该程序性质的明确厘定。刑事诉讼法几经修改，在篇章结构的设计上始终将死刑复核程序作为与"一审、二审、审判监督程序"并列的独立程序规定在"审判"一编中，足以见得立法者对死刑复核程序审判性质的肯定与坚持；其次，从功能层面考量，刑事审判的职责是依据证据认定事实并在此基础上作出定罪量刑的裁判，死刑复核程序正是最后行使了这种职责，因此完全属于审判的范畴，而不能简单以启动方式、是否开庭审理等要素作为定性的根本依据。①

二、死刑复核程序的意义

死刑复核程序是最高人民法院及高级人民法院对判处死刑的案件进行复审核准所遵循的特别审判程序，是死刑裁判能够生效并交付执行的关键程序。因此，正确执行这一程序对于保证死刑案件的质量，对贯彻执行"少杀、慎杀"的死刑政策，切实保障被告人乃至全体公民的基本权利，以及恢复和维护社会秩序都具有重要的意义。

第一，死刑复核程序具有严格控制死刑适用的功能，其良性运作有利于保障适用死刑的准确性，遏制滥杀，严防错杀。死刑是刑罚体系中最严厉的刑罚方法，是剥夺犯罪分子生命的刑罚，运用得当，能够有力地打击极其严重的危害国家安全、危害公共安全、侵犯公民人身权利的犯罪，伸张正义、平息民愤，保卫国家安全，维护社会稳定，保护公民的合法权益；若运用不当，则会造成不可挽回的严重后果和极其不良的社会影响。因此适用死刑除了要严格把握实体法的条件和要求外，还要在程序上通过设立死刑复核程序增加对死刑案件的把关过滤机制，防止错杀无辜。保障适用死刑的准确性，防止错杀无辜，这是设置死刑复核程序的首要目的，也是其首要意义。

第二，死刑复核程序有利于控制适用死刑的数量。基于国情，我国在相当长的一段时期内是不可能废除死刑的，但是，我们一贯坚持"少杀、慎杀"的政策，通过由最高人民法院及高级人民法院对死刑案件进行复核，可以有效地贯彻"少杀、慎杀"的死刑政策，减少死刑的适用。因此，死刑复核程序是我国"少杀、慎杀"死刑政策在刑事诉程序中的集中反映。"少杀、慎杀"死刑政策的基本内涵包括：（1）对于有必要判处死刑的应当依法判处死刑。少杀、慎杀不等于不杀，对于罪大恶极需要判死刑的，还是要判处死刑，但是必须要掌握"准确"这一基本要求。在事实清楚、证据确实充分的前提下，确定是否适用死刑，既不能将不该判处死刑的草率处死，也不能对应该判处死刑的不判处死刑，这才是对"少杀、慎杀"政策的正确理解。（2）可杀可不杀的不杀。杀人容易出现偏差，走向少杀、慎杀的反面。在这个方面，我国历史教训十分深刻。自古及今，由于过于倚重死刑的威慑力量，死刑便有扩大适用的现象，与慎刑思想发生背离，使得有些不该处死的被处死，造成难以挽回的损失。重刑也许能够收到一时之效，但是这种遏制犯罪的效果难以长久，也会对民众心理产生负面影响。我国刑事司法改革应当顺应国际上刑事法律轻刑化的趋势，在立法中减少死刑，在司法中减少死刑的具体适用。（3）实行缓期执行的制度。死刑缓期执行是为死罪案件减少执行死刑而设立

---

① 参见陈光中、唐露露：《我国死刑复核程序之完善刍议》，载《法学杂志》2020 年第 2 期。

的一项替代性措施。这一措施是我国独创的死刑执行制度。某些罪犯，尽管所犯罪行十分严重，依法应当判处死刑，但是根据案件具体情况以及犯罪人的个体情况，没有必要立即执行死刑，犯罪人仍然有改过自新的可能的，可以"强迫劳动，以观后效"。死刑缓期执行制度，体现了刑罚个别化原则，实现了通过死刑执行方法的多样性实际达到减少死刑适用的效果。

第三，死刑复核程序有利于统一适用死刑的标准。死刑核准权，为特定的法院对于死刑判决、裁定进行审核、批准的权限。死刑核准权直接关系对生命的予夺，行使这一权力的结果，要么是不核准死刑，挽救被判刑者的生命，消除其被执行死刑的危险；要么是核准死刑，使被判刑者的生命随之被依法剥夺或者确定其被执行死刑的危险。这样的权力，在行使时不能不格外慎重。我国是一个大国，仅高级人民法院就有 30 多个，如果没有死刑复核程序，死刑案件一般到高级人民法院就是终审程序了，由此势必造成死刑适用尺度的混乱进而导致客观上的司法不公。为了使这一权力不至于被滥用，当然要求权力的归属明确，即行使这一权力的机关要特定化；行使这一权力的机关规格要高，不能将该权力随意下放。死刑复核程序的设置，将死刑立即执行案件核准统一由最高人民法院行使，必将有利于统一死刑的标准，消除死刑适用的地区差异，确保死刑适用的公正。

第二节　死刑复核的具体程序

一、报请核准

（一）死刑立即执行案件

根据《刑事诉讼法》第 247 条的规定，中级人民法院判处死刑的第一审案件，被告人不上诉的，应当由高级人民法院复核后，报请最高人民法院核准。高级人民法院不同意判处死刑的，可以提审或者发回重新审判。高级人民法院判处死刑的第一审案件被告人不上诉的，和判处死刑的第二审案件，都应当报请最高人民法院核准。

死刑立即执行案件报请核准依一审法院不同而有所不同，中级人民法院判处死刑的第一审案件与高级人民法院判处死刑的第一审案件，报请复核的步骤有所不同；死刑判决为一审判决还是二审判决，报请复核的步骤同样有所不同。分述如下：

第一，中级人民法院判处死刑的第一审案件，被告人未上诉、人民检察院未抗诉的，在上诉、抗诉期满后 10 日以内报请高级人民法院复核。高级人民法院同意判处死刑的，应当在作出裁定后 10 日以内报请最高人民法院核准；认为原判认定的某一具体事实或者引用的法律条款等存在瑕疵，但判处被告人死刑并无不当的，可以在纠正后作出核准的判决、裁定；不同意判处死刑的，应当依照第二审程序提审或者发回重新审判。

中级人民法院一审判处死刑的案件，被判处死刑的被告人未提出上诉，仅附带民事诉讼原告人提出上诉的，高级人民法院适用第二审程序对附带民事诉讼依法审理，并由同一审判组织对未提出上诉的被告人的死刑判决进行复核。

第二，中级人民法院判处死刑的第一审案件，被告人上诉或者人民检察院抗诉，高级人民法院裁定维持的，应当在作出裁定后 10 日内报请最高人民法院核准。

【实务问题探讨】 在被告人提出上诉或者人民检察院提出抗诉情况下，高级人民法院若不同意判处死刑，是直接改判还是发回重审？

目前，针对这一问题，法律和司法解释未予明确规定。刑事诉讼法关于第二审程序发回重审各项情形是否适用于死刑复核程序，理论上不无疑义。因此，殊有探讨之必要。本书认为，在目前体制下，若第一审人民法院判处死刑而高级人民法院认为不应当判处死刑，如果发回重审，则可能导致案件在一审法院与第二审法院之间往返流动，永无穷尽，因此应当直接改判。这样做，一方面，可以节省审判资源，使案件得到迅速处理；另一方面，可以避免因发回重审而引起的一系列问题。值得一提的是，中级人民法院第一审作出的死刑立即执行判决，如果当事人没有上诉，检察机关没有抗诉，第二审人民法院认为不应当判处死刑而提审的，其程序为第二审程序；但在有上诉或抗诉的案件中，第二审人民法院认为不应当判处死刑的，由于其程序本身即属于第二审程序，此完全可以在第二审程序中直接改判不需要"提审"。其所作的裁判，属于终审裁判。改判后既然不判处死刑，当然不必再向最高人民法院报核。对改判之判决，被告人不得上诉，检察机关亦不得抗诉。此处区别，尤为重要。[①]

第三，高级人民法院判处死刑的第一审案件，被告人未上诉、人民检察院未抗诉的，应当在上诉、抗诉期满后 10 日内报请最高人民法院核准。

第四，依法应当由最高人民法院核准的死刑案件，判处死刑缓期二年执行的罪犯，在死刑缓期执行期间，如果故意犯罪，查证属实，应当执行死刑的，由高级人民法院报请最高人民法院核准。

高级人民法院第一审判处死刑，被告人上诉或者人民检察院抗诉的案件，最高人民法院按照第二审程序维持原死刑判决的裁定是终审的裁定，不需要经过死刑复核程序。

（二）死刑缓期二年执行案件

根据《刑事诉讼法》第 248 条的规定，中级人民法院判处死刑缓期二年执行的案件，由高级人民法院核准。同时，根据《刑法》第 48 条第 2 款的规定，死刑缓期执行的，可以由高级人民法院判决或者核准。可见，高级人民法院判决的死刑缓期二年执行案件，如果是一审，只要当事人不上诉、检察机关不抗诉，则该裁判可以直接生效；如果是二审，则该裁判直接生效。需要复核的是中级人民法院作为一审法院判处的死刑缓期二年执行案件。据此，中级人民法院判处的死刑缓期二年执行案件，被告人不上诉、检察机关不抗诉，在上诉、抗诉期满后 3 日内应报请高级人民法院核准。报请复核要求及所报送的材料内容与报请复核死刑立即执行案件相同。

需要注意的是，由于我国最高人民法院拥有第一审管辖权，如果最高人民法院第一审判决被告人死刑缓期二年执行，其判决为终审判决，不需要经过复核程序；另外，最高人民法院第二审判处被告人死刑缓期二年执行的，也无须复核。

（三）案卷移送

报请复核的死刑案件，应当一案一报。报送的材料包括报请复核的报告，第一、二审裁判

---

① 参见易延友：《刑事诉讼法：规则 原理 应用》，法律出版社 2020 年版，第 608—609 页。

文书,死刑案件综合报告各五份以及全部案卷、证据。同案审理的案件应当报送全案案卷、证据。曾经发回重新审判的案件,原第一、二审案卷应当一并报送。

报请复核的报告,应当写明案由、简要案情、审理过程和判决结果。死刑案件综合报告应当包括以下内容:(1)被告人、被害人的基本情况。被告人有前科或者曾受过行政处罚、处分的,应当写明。(2)案件的由来和审理经过。案件曾经发回重新审判的,应当写明发回重新审判的原因、时间、案号等。(3)案件侦破情况。通过技术调查、侦查措施抓获被告人、侦破案件,以及与自首、立功认定有关的情况,应当写明。(4)第一审审理情况。包括控辩双方意见,第一审认定的犯罪事实,合议庭和审判委员会意见。(5)第二审审理或者高级人民法院复核情况。包括上诉理由、人民检察院的意见,第二审审理或者高级人民法院复核认定的事实,证据采信情况及理由,控辩双方意见及采纳情况。(6)需要说明的问题。包括共同犯罪案件中另案处理的同案犯的处理情况,案件有无重大社会影响,以及当事人的反应等情况。(7)处理意见。写明合议庭和审判委员会的意见。

二、复核程序

高级人民法院和最高人民法院进行复核程序包括以下几个方面。

(一)组成复核死刑案件的审判组织

最高人民法院复核死刑立即执行案件,高级人民法院复核死刑缓期二年执行的案件,应当由审判员三人组成合议庭进行。

【实务问题探讨】死刑复核案件是否均要经审委会讨论决定?

对于死刑复核案件是否也要经审委会讨论,法律和有关的司法解释并未作出明确的规定。根据《刑诉解释》第216条的规定,高级人民法院、中级人民法院拟判处死刑立即执行的案件,以及中级人民法院拟判处死刑缓期执行的案件,合议庭应当提请院长决定提交审判委员会讨论决定。不过,这个规定是针对一审或者二审合议庭而言的。至于承担死刑复核的合议庭是否应当遵循这个规定,则存在不同的理解。本书认为,死刑复核案件应视情况报审委会讨论。法律设立合议制的主要目的就是发挥集体智慧,并按照民主集中制的方式来处理案件。最高人民法院复核死刑案件,应赋予承担死刑复核的合议庭对是否适用死刑问题的独立核准权,原则上不再提交审判委员会讨论。只有合议庭的意见有严重分歧时,才可由合议庭提请院长决定提交审判委员会讨论决定。因为我们也没有任何理由假定,审判委员会成员在既不阅卷也不参与合议庭复核活动的情况下,会比主持死刑复核的合议庭成员在认定事实上有任何明显的优势。即使是在法律适用方面,目前主要由法院院长、副院长、业务庭庭长、研究室主任等组成的审判委员会也未必比日趋专业化的合议庭更有优势。当然,这并不表明主张立即废除审判委员会制度,也不表明否认院长、副院长、庭长对死刑案件的把关功能,他们完全可以在重大案件中通过参加合议庭的方式,来确保死刑的公正适用。

(二)复核的程序过程

最高人民法院和高级人民法院复核或者核准死刑案件,主要依照以下程序进行。

1. 提审被告人

被判处死刑的被告人是死刑的直接承受者，法院应当倾听他对裁判的意见，并核实有关案件的情况。这一过程，可以给被告人以申辩的机会，对查明案件真实情况，正确作出是否核准死刑的裁定具有无可取代的重要意义。

2. 审查核实案卷材料

全面审查案卷，在此基础上判断原判认定犯罪事实是否清楚，证据是否确实、充分，定性是否准确，法律手续是否完备，对被告人判处死刑是否正确，从而为作出正确的决定提供条件。审查中要注意以下内容：（1）被告人的年龄，被告人有无刑事责任能力、是否系怀孕的妇女；（2）原判认定的事实是否清楚，证据是否确实、充分；（3）犯罪情节、后果及危害程度；（4）原判适用法律是否正确，是否必须判处死刑，是否必须立即执行；（5）有无法定、酌定从重、从轻或者减轻处罚情节；（6）诉讼程序是否合法；（7）应当审查的其他情况。复核死刑案件，应当重视审查被告人及其辩护人的辩解、辩护意见。

3. 听取辩护律师的意见

死刑复核期间，辩护律师要求当面反映意见的，最高人民法院有关合议庭应当在办公场所听取其意见，并制作笔录；辩护律师提出书面意见的，应当附卷。

【实务问题探讨】 如何在死刑复核程序中保障被告人获取有效的法律援助？

辩护权不仅是被追诉人核心的诉讼权利，也是其所享有的宪法性权利。确保被判处死刑的被告人在死刑复核程序中获得律师的有效帮助，不仅有助于维护死刑复核程序具备最低限度的公正，也是纠正错判、防止错杀的最有效的制度保障之一。然而，现行刑事诉讼法和相关司法解释虽在保障死刑案件被告人的辩护权问题上作出了特殊的规定，却没有明确要求最高人民法院在死刑复核程序中为被告人指定承担法律援助义务的律师。司法实践中，最高人民法院并不会给被告人指定辩护律师。由于绝大多数死刑被告人根本请不起律师，导致死刑复核程序基本是在没有律师参与的情况下完成的。因此，本书认为，完全可以探索将现行的法律援助制度延伸到死刑复核程序之中，当被告人提出法律援助申请时，均应当提供法律援助。不仅如此，为确保死刑复核程序中的被告人能够获得律师的有效帮助，最高人民法院在指定承担法律援助义务的律师时，也应尽量让法律素养较高特别是有死刑辩护经验的律师来担当辩护工作。这是因为，相对于普通刑事案件而言，死刑案件的辩护更为复杂和重要，对辩护律师提出的要求也更高，否则使得死刑案件的被告人很难获得有效辩护，不利于实现"少杀、慎杀"的目标。

4. 认真对待人民检察院的意见

为确保死刑复核的质量，死刑复核期间，最高人民检察院提出意见的，最高人民法院应当审查，并将采纳情况及理由反馈最高人民检察院。最高人民法院应当根据有关规定向最高人民检察院通报死刑案件复核结果。

5. 制作复核审理报告

最高人民法院、高级人民法院对报请复核的死刑案件进行全面审查后，合议庭应当进行评议并写出复核审理报告。复核审理报告主要包括下列内容：（1）案件由来和审理经过；（2）被告人和被害人简况；（3）案件的侦破情况；（4）原判决要点和控辩双方意见；（5）对事实和证据复核后的分析和认定；（6）合议庭评议意见和审判委员会讨论决定意见；（7）其他需要说明的问题。

【实务问题探讨】最高人民法院是否应当采取开庭审理的核准方式？

死刑复核程序虽然不属于普通程序的一个独立审级，但它在本质上仍属于审判程序。因此，从完善的角度，最高人民法院核准死刑案件应当遵从审判规律，尽可能保持开庭审判的形式。当然，最高人民法院可以根据待核准案件的具体情况，采取繁简不同的程序。原则上，如果案件涉及事实认定问题，而控辩双方对该事实又存在较大的争议，则应贯彻直接言词原则，并按照证据调查的要求组织正式的庭审程序。在此程序中，不仅可以提出新的证据，还可以申请通知证人出庭。甚至在必要的时候，合议庭还可以依职权传唤关键证人出庭作证。在证据调查结束之后，控辩双方还可以就被告人是否应该被判处死刑展开辩论。相反，如果控辩双方对该案的事实没有较大的争议，而只是在法律适用问题上存在分歧，则庭审程序就可以相对简易。[1]

【实务问题探讨】复核程序是否有审限？

刑事诉讼法对侦查、起诉、审判（一审、二审和再审）等程序，均明确规定了诉讼期限，但对死刑复核程序未规定期限。对此有学者主张对死刑复核规定审限，不规定审限容易导致案件久拖不决，增加关押被判决人的成本，也不利于被害人一方权利和愿望的实现。实践中，有些案件进入死刑复核程序之后，一直迁延不决，甚至一拖数年，从而引发公众广泛的猜测，甚至招致一些批评。另有学者反对这一意见，认为应当给辩护一方充分的时间收集有利于己方的证据和事实材料、寻求司法救济让人民法院也有充分时间进行事实和证据的核实，即使有一线生机和一丝疑问，也应充分重视和展开调查，有利于防止错杀，体现慎刑思想。本书认为，为保障办案质量，体现我国慎杀政策，对于复核程序以不规定审限为宜。

首先，人类认识能力毕竟有限，再清楚的事实也可能发生认定上的错误；但人类科技的进步却日新月异，认识手段和认识能力的提高可谓一日千里，因此如果确属冤案，案件拖得越久，最终越有可能水落石出；而一旦核准，若铸成大错，将无可挽回。

其次，死刑本应适用于罪大恶极的犯罪，死刑的适用应当而且实际上体现了一定程度的报应观念。报应观念又在一定程度上基于愤怒、仇恨等非理性情感。这些情感是可以随着时间的消逝而消褪的。死刑立即执行判决核准越往后拖，越有助于人们逐渐回归理性，最终以理性的眼光审视死刑立即执行判决。在这样的前提下，最终核准的死刑立即执行裁定也将是最审慎的决定。

最后，死刑的决定一定要慎之又慎，死刑复核程序就是慎杀政策的体现。死刑案件不同于其他案件，就死刑案件被告人而言，最坏的结果就是核准其死刑立

---

[1] 参见李奋飞：《最高人民法院死刑复核程序新探》，载《国家检察官学院学报》2014年第5期。

即执行判决，因此，对于死刑复核程序不设置期限不存在侵犯人权的问题。[①]

三、复核后的处理

（一）死刑立即执行案件

最高人民法院复核死刑案件，应当根据不同情况作出不予核准的裁定或者核准的裁定、判决。

1. 核准

原判认定事实和适用法律正确、量刑适当、诉讼程序合法的，裁定予以核准。原判认定的某一具体事实或者引用的法律条款等存在瑕疵，但判处被告人死刑并无不当的，可以在纠正后作出核准的判决、裁定。

数罪并罚案件，被告人有两罪以上被判处死刑，最高人民法院复核后，认为其中部分犯罪的死刑裁判认定事实正确，但依法不应当判处死刑的，可以改判，并对其他应当判处死刑的犯罪作出核准死刑的判决。一案中两名以上被告人被判处死刑，最高人民法院复核后，认为其中部分被告人的死刑判决、裁定认定事实正确，但依法不应当判处死刑的，可以改判，并对其他应当判处死刑的被告人作出核准死刑的判决。须注意的是，对核准死刑的，要区别情形使用判决或者裁定。

【实务问题探讨】 如何正确理解纠正后作出核准的判决、裁定？

原判认定的某一具体事实或者引用的法律条款等存在瑕疵，但判处被告人死刑并无不当的，可以在纠正后作出核准的判决、裁定。该项内涵丰富，包容性很强，在近年来的适用中遇到问题较多。要注意的主要有三个方面。

一是纠正瑕疵后仍应核准死刑。这些瑕疵涉及案件的各个方面。例如，原判认定被告人有多起属于同一罪名的犯罪事实，但复核后发现部分事实不能认定，或者犯罪事实的某个环节认定不准确，可以纠正后核准死刑。这种情形只需在裁判文书说理部分阐明对哪些事实不予认定即可，主文部分的表述不受影响。再如，原判认定被告人是否有自首、立功、累犯等情节不当，可以纠正；原判引用的法律条文不准确，可以纠正。无论哪方面的问题，纠正后仍应当作出"核准"死刑的判决或者裁定。特别值得注意的一种情形是，被告人一人犯数罪，其中非死刑犯罪的事实不清、证据不足，应如何处理？本书认为，可以撤销原判决对该部分犯罪的定罪量刑和数罪并罚的部分后，再核准死刑判决部分。由于裁判文书主文部分仍有"核准"二字，故这种处理符合法律规定。例如，一、二审认定被告人王某某犯故意杀人罪和诈骗罪，对故意杀人罪判处死刑，对诈骗罪判处有期徒刑7年。最高人民法院复核后认为认定王某某犯诈骗罪的事实不清、证据不足，不应认定。对此，可在复核判决书主文中直接撤销一、二审对诈骗罪的定罪量刑部分和决定执行刑罚的部分，然后核准一、二审以故意杀人罪判处被告人死刑的部分。实践中已有这种做法。

---

① 参见易延友：《刑事诉讼法：规则 原理 应用》，法律出版社2020年版，第613—614页。

二是极个别情况下可以"判处"方式体现核准死刑。对于原判存在的瑕疵，纠正后无论是作出判决还是裁定，裁判文书主文部分都应当有"核准"二字。但是，司法实践中确实有原判存在某些"硬伤"，不得不加以纠正，而纠正后又无法在裁判文书主文部分体现"核准"字样的情形。为解决该问题，不妨从最终处理结果出发，把"判处"死刑理解为广义的"核准"。今后，可能出现此类以此作为依据"判处"死刑的情况主要有两种。其一，原判认定的罪名明显错误，特别是违反司法解释的明文规定，需要改判的。在这方面又要特别注意两点：第一，能不改的尽量不改，只有对原判认定罪名明显错误，不改判难以维护裁判公信力的，才有必要改判。对于因主观认识不同，原判的认定亦有其相应道理和根据的，则不应当改判。第二，改变罪名不得违反"上诉不加刑"原则。例如，不得把一项罪名改成两项罪名，不得把不须附加财产刑的罪名（如故意杀人罪）改成须附加财产刑的罪名（如抢劫罪）。其二，对一人犯数罪，其中非死刑罪名的量刑违反法律和司法解释规定，需要改判的。

三是关于裁定与判决的使用区别。复核死刑案件如何使用裁定与判决，有不同认识。理论上一般认为，判决适用言词审理原则，通常应经当事人言词辩论；裁定通常不以经当事人言词辩论为必要。实践中，判决用以解决实体问题；裁定主要用以解决程序问题，也可用以解决部分实体问题，如减刑裁定、假释裁定、违法所得没收裁定等。在2007年以前的死刑复核工作中，核准死刑的一般使用裁定，改判或者部分改判的使用判决；发回重审的使用裁定。如果复核死刑案件一律采取核准或者不予核准两种形式，不再纠正原判存在的问题，则完全可以一律使用裁定。但刑事诉讼法和有关司法解释均规定可以纠正原判存在的瑕疵后核准死刑，这样，根据具体情形使用裁定或者判决就更为妥当。例如，对于原判认定被告人有多起犯罪事实，复核后发现其中部分犯罪事实不成立，但除去该部分事实后仍可判处被告人死刑的，应当用判决核准死刑；原判认定的犯罪事实成立，仅有个别不影响定罪量刑的具体情节认定错误的，可在纠正后用裁定核准死刑；原判认定事实和适用法律正确，量刑适当，但引用法律或者司法解释的条款不完全准确、规范的，可以纠正后用裁定核准死刑，等等。[①]

2. 不予核准

原判事实不清、证据不足的，应当裁定不予核准，并撤销原判，发回重新审判。复核期间出现新的影响定罪量刑的事实、证据的，应当裁定不予核准，并撤销原判，发回重新审判。原判认定事实正确、证据充分，但依法不应当判处死刑的，应当裁定不予核准，并撤销原判，发回重新审判；根据案件情况，必要时，也可以依法改判。原审违反法定诉讼程序，可能影响公正审判的，应当裁定不予核准，并撤销原判，发回重新审判。

【实务问题探讨】如何理解最高人民法院裁定不予核准时直接改判的问题？

1996年《刑事诉讼法》未规定最高人民法院复核死刑案件可以改判。2012

---

① 参见方文军：《〈刑事诉讼法〉修订后死刑复核程序的适用问题》，载《法律适用》2013年第7期。

年《刑事诉讼法》修改，规定最高人民法院复核死刑案件，应当作出核准或者不核准死刑的裁定。对于不核准死刑的，最高人民法院可以发回重新审判或者予以改判。但是，对于原判认定事实正确，但依法不应当判处死刑的，裁定不予核准，并撤销原判，发回重新审判，不可以直接改判。2020年最高人民法院发布的《刑诉解释》对此有所调整，增加予以改判的规定。具体来说就是，原判认定事实正确、证据充分，但依法不应当判处死刑的，应当裁定不予核准，并撤销原判，发回重新审判；根据案件情况，必要时，也可以依法改判。理由：刑事诉讼法已经规定，对于不核准死刑的，最高人民法院可以发回重新审判或者予以改判。从2012年以来的司法实践看，确有案件系由最高人民法院直接改判，例如，《刑事审判参考》第117集刊登的"被告人柔柯耶姆·麦麦提故意杀人案"，被告人一审被判处死刑，剥夺政治权利终身，在法定期限内无上诉、抗诉，高级人民法院经复核同意原判并报最高人民法院核准，最高人民法院审判委员会经讨论依法决定不核准死刑，以故意杀人罪改判被告人死刑缓期二年执行，剥夺政治权利终身。还有一些案件，存在非死刑罪名适用有瑕疵的情况，如由于盗窃罪司法解释调整导致原来的盗窃罪判处的刑罚需要调整，并没有新的事实证据，全案发回似意义不大，且过于浪费司法资源。因此，对仅量刑不当的，最高人民法院复核没有必要全部发回重审。从节约司法资源的角度考虑，应当规定可以改判。但是，也有不同意见认为，死刑复核程序要体现其特殊性质，防止成为"第三审"，而且这种可以直接改判的做法可能导致地方法院不能担当作为，把矛盾、风险化解在地方，而是推由最高人民法院改判，导致信访压力加剧。因此，为避免最高人民法院在死刑复核程序中直接改判可能带来的一系列问题，仍应坚持"以发回重审为原则，以依法改判为例外"的原则，即对不予核准死刑的案件，一般应发回重审，只有改判没有"后遗症"的，出于诉讼效率的考虑，才予以直接改判。

　　数罪并罚案件，被告人有两罪以上被判处死刑，最高人民法院复核后，认为其中部分犯罪的死刑裁判认定事实不清、证据不足的，对全案裁定不予核准，并撤销原判，发回重新审判。一案中两名以上被告人被判处死刑，最高人民法院复核后，认为其中部分被告人的死刑裁判认定事实不清、证据不足的，对全案裁定不予核准，并撤销原判，发回重新审判。对不予核准死刑的案件，均应使用裁定。

　　最高人民法院裁定不予核准死刑的，根据案件具体情形，可以发回第二审人民法院或者第一审人民法院重新审判。对最高人民法院发回第二审人民法院重新审判的案件，第二审人民法院一般不得发回第一审人民法院重新审判。第一审人民法院重新审判的，应当开庭审理。第二审人民法院重新审判的，可以直接改判；必须通过开庭查清事实、核实证据或者纠正原审程序违法的，应当开庭审理。高级人民法院依照复核程序审理后报请最高人民法院核准死刑，最高人民法院裁定不予核准，发回高级人民法院重新审判的，高级人民法院可以依照第二审程序提审或者发回重新审判。发回重新审判的案件，原审人民法院应当另行组成合议庭进行审理，最高人民法院复核后认为原判认定事实正确，但复核期间出现新的影响定罪量刑的事实、证据而裁定不予核准并撤销原判发回重审以及依法不应当判处死刑而裁定不予核准并撤销原判、发回重审的除外。发回重新审判的案件，第一审人民法院判处死刑、死刑缓期执行的，上一级人民法院依照第二审程序或者复核程序审理后，应当依法作出判决或者裁定，不得再发回重新审判，但第一审人民法院有《刑事诉讼法》第238条规定的情形或者违反《刑事诉讼法》第239条规定的除外。

【实务问题探讨】如何理解最高人民法院发回第二审人民法院案件的后续处理规则？

从法律规定来看，最高人民法院不核准被告人死刑，依法可以发回第二审人民法院，也可以直接发回第一审人民法院重新审判。最高人民法院认为直接发回一审重审才能更好查清案件事实的，会直接发回一审重审。既然最高人民法院没有直接发回一审，而是发回二审重新审判，第二审人民法院就应当切实履行二审的监督、纠错职能，依法作出判决或者裁定，原则上不得将案件发回原一审人民法院重新审判。基于此，对于最高人民法院裁定不予核准死刑，发回第二审人民法院重新审判的案件，无论此前第二审人民法院是否曾以原判决事实不清楚或者证据不足为由发回重新审判，一般不得再发回第一审人民法院重新审判。既然是"一般不得发回第一审人民法院重新审判"，那就说明有"例外情况"。"例外情况"主要是指由一审人民法院重审，更有利于查明案件事实的特殊情形。具体有三种情形：(1) 高级人民法院第一次发回重审时明确提出核实证据、查清事实的具体要求，中级人民法院未予查实又作出死刑判决的；(2) 最高人民法院发回重审时提出了核实新的证据、查清新的事实的要求，高级人民法院认为只有发回中级人民法院重新审判，才更有利于查清事实的；(3) 其他因事实、证据问题，发回中级人民法院重新审判更有利于查清事实、保障案件审理质量和效果的。

以上核准死刑的裁定和改判的判决均为终审裁判，立即生效，而对于发回重新审判的案件，重新审判后所作的判决、裁定，被告人可以提出上诉，人民检察院可以提出抗诉。共同犯罪案件中，部分被告人未被判处死刑的，高级人民法院或者最高人民法院复核、核准时，应当对全案进行审查，但不影响对其他被告人已经发生法律效力的判决、裁定的执行；发现对其他被告人已生效的裁判确有错误的，可以指令原审法院再审。

(二) 死刑缓期二年执行案件

高级人民法院对判处死刑缓期执行的案件进行复核以后，根据案件情形分别作出裁判：(1) 原判认定事实和适用法律正确、量刑适当、诉讼程序合法的，应当裁定核准；(2) 原判认定的某一具体事实或者引用的法律条款等存在瑕疵，但判处被告人死刑缓期执行并无不当的，可以在纠正后作出核准的判决、裁定；(3) 原判认定事实正确，但适用法律有错误，或者量刑过重的，应当改判；(4) 原判事实不清、证据不足的，可以裁定不予核准，并撤销原判，发回重新审判，或者依法改判；(5) 复核期间出现新的影响定罪量刑的事实、证据的，可以裁定不予核准，并撤销原判，发回重新审判，或者依照相关司法解释审理后依法改判；(6) 原审违反法定诉讼程序，可能影响公正审判的，应当裁定不予核准，并撤销原判，发回重新审判。高级人民法院复核死刑缓期执行案件，不得加重被告人的刑罚。

四、人民检察院对死刑复核程序的监督

最高人民检察院依法对最高人民法院的死刑复核活动实行法律监督。省级人民检察院依法对高级人民法院复核未上诉且未抗诉的死刑立即执行案件和死刑缓期二年执行案件的活动实行法律监督。

（一）监督的方式

最高人民检察院、省级人民检察院通过办理下列案件对死刑复核活动实行法律监督：（1）人民法院向人民检察院通报的死刑复核案件；（2）下级人民检察院提请监督或者报告重大情况的死刑复核案件；（3）当事人及其近亲属或者受委托的律师向人民检察院申请监督的死刑复核案件；（4）认为应当监督的其他死刑复核案件。

省级人民检察院对于进入最高人民法院死刑复核程序的案件，发现具有下列情形之一的，应当及时向最高人民检察院提请监督：（1）案件事实不清、证据不足，依法应当发回重新审判或者改判的；（2）被告人具有从宽处罚情节，依法不应当判处死刑的；（3）适用法律错误的；（4）违反法律规定的诉讼程序，可能影响公正审判的；（5）其他应当提请监督的情形。

省级人民检察院发现死刑复核案件被告人有自首、立功、怀孕或者被告人家属与被害人家属达成赔偿谅解协议等新的重大情况，影响死刑适用的，应当及时向最高人民检察院报告。对于适用死刑存在较大分歧或者在全国有重大影响的死刑第二审案件，省级人民检察院应当及时报最高人民检察院备案。

高级人民法院死刑复核期间，设区的市级人民检察院向省级人民检察院报告重大情况、备案等程序，参照以上方式办理。

（二）审查的内容

对死刑复核监督案件的审查可以采取下列方式：（1）审查人民法院移送的材料、下级人民检察院报送的相关案卷材料、当事人及其近亲属或者受委托的律师提交的材料；（2）向下级人民检察院调取案件审查报告、公诉意见书、出庭意见书等，了解案件相关情况；（3）向人民法院调阅或者查阅案卷材料；（4）核实或者委托核实主要证据；（5）讯问被告人、听取受委托的律师的意见；（6）就有关技术性问题向专门机构或者有专门知识的人咨询，或者委托进行证据审查；（7）需要采取的其他方式。

审查死刑复核监督案件，具有下列情形之一的，应当听取下级人民检察院的意见：（1）对案件主要事实、证据有疑问的；（2）对适用死刑存在较大争议的；（3）可能引起司法办案重大风险的；（4）其他应当听取意见的情形。

（三）审查后的处理

最高人民检察院经审查发现死刑复核案件具有下列情形之一的，应当经检察长决定，依法向最高人民法院提出检察意见：（1）认为适用死刑不当，或者案件事实不清、证据不足，依法不应当核准死刑的；（2）认为不予核准死刑的理由不成立，依法应当核准死刑的；（3）发现新的事实和证据，可能影响被告人定罪量刑的；（4）严重违反法律规定的诉讼程序，可能影响公正审判的；（5）司法工作人员在办理案件时，有贪污受贿、徇私舞弊、枉法裁判等行为的；（6）其他需要提出检察意见的情形。

同意最高人民法院核准或者不核准意见的，应当经检察长批准，书面回复最高人民法院。

第十一章　审判监督程序

第一节　审判监督程序概述

一、审判监督程序的概念

审判监督程序是指人民法院、人民检察院对已经发生法律效力的判决和裁定，发现认定事实或适用法律确有错误，依法提起或者决定重新审判，以及进行重新审判所应遵循的特别程序。我国刑事诉讼遵循"客观真实"原则，重视发现案件真相。不过，无论哪个国家，无论哪一种诉讼模式，都不能保证每一起案件不发生裁判错误。为实现判决与客观事实相符合并及时、有效纠正司法裁判的错误，刑事诉讼法设置了纠正误判的特殊程序，即审判监督程序。当发现原判决确有错误的时候，可以依照审判监督程序加以纠正。

要充分认识审判监督程序，还需要进一步理解生效裁判的确定力。裁判一旦作出并且生效，应当保持稳定，不容许随意改变。这种生效判决的稳定性，就是判决的确定力（也称"既判力"）。判决的确定力意味着，刑事案件一经判决确定，侦查和控诉机关不得在其他案件中重新对已经判决确定的刑事案件进行侦查起诉，自诉人也不得再行起诉，否则法院将不予受理，这就是一事不再理原则。该原则要求：对于同一罪行，法院不得多次作出处罚；控诉方也不得对同一案件（无论作出有罪判决还是无罪判决）再次起诉，即使提出起诉，法院也不得受理。另外，一事不再理的既判力原则还禁止对同一行为按几种不同的条款起诉。这就要求对于诉讼程序的自治性保持足够的尊重，防止在纠正已生效判决时的随意性（它足以使司法独立所带来的公正性、权威性毁于一旦）。法院作出的判决应当产生"作茧自缚"的效应，这是稳定业已发生紊乱的社会关系所必须的。不过，判决的稳定性不能绝对化，裁判有可能是错误的，对于某些错误的裁判，不能仅仅为了保持判决的稳定性而维持其不公正的性质。如果是这样的话，当事人权利同样处于不能切实保障的状态。因此，许多国家设置对错误裁判的补救程序，其本意在此。我国刑事诉讼奉行"实事求是，有错必纠"方针，同时为了防止随意改变已经生效的判决，故将启动审判监督条件设定为"在认定事实和适用法律上确有错误"，这表明启动审判监督程序的条件是较为严格的，其目的是维护判决的稳定性。就实质而言，审判监督程序是为确有错误的裁判设置的补救程序。

人们有时称审判监督程序为"再审程序"。其实，我国刑事诉讼中的"再审"有另外的含义，指的是最高人民法院或者上级人民法院对下级人民法院发生法律效力的判决和裁定，如果发现确有错误，有权令下级人民法院进行重新审，这里的"重新审判"往往被称为"再审"。

审判监督程序区别于审判监督。审判监督作为一个法律概念，泛指人大代表、人民群众、有关机关、团体特别是人民检察院、人民法院对审判工作实行的监督。而审判监督程序则是为了纠正错误裁判而提起的诉讼程序，即仅对已经发生法律效力的判决和裁定，经审查发现确有错误的，依法提起并进行重新审判的程序。两者的区别主要表现在：（1）监督主体不同。审判监督的主体是宽泛的，人大代表、人民群众、有关机关、团体特别是人民检察院、人民法院均为审判监督的主体；而审判监督程序的主体则限于特定的人民法院和人民检察院。（2）监督对象不同。审判监督针对的是人民法院的一切审判活动；而审判监督程序仅针对人民法院已经生效的判决和裁定。（3）监督方式不同。审判监督的方式多种多样，既包括法院系统内上级法院对下级法院审判工作的监督，如通过第二审程序、死刑复核程序、审判监督程序以及利用司法解释、批复等对审判工作实行监督，还包括国家权力机关、人大代表、人民群众及新闻媒体等对审判工作的社会监督；而审判监督程序的监督方式是通过对案件的重新审理，纠正错误裁判，实现对案件的公正裁判。可见审判监督包括审判监督程序，审判监督程序是审判监督的内容之一，是实现审判监督的一种法定形式。

二、审判监督程序的特点

审判监督程序自身的特点主要包括以下方面。

第一，审判监督程序不是刑事诉讼的必经程序。我国刑事诉讼实行两审终审制，刑事案件在第一审判决后，如果当事人不上诉、人民检察院也未提出抗诉的，其判决经过法定期间，即发生法律效力；如果当事人不服第一审判决而在上诉期内提出上诉或者人民检察院在抗诉期内提出抗诉的，即阻却第一审判决的效力，案件进入第二审程序，第二审法院的判决或裁定即为终审裁判，至此，刑事诉讼即告终结，案件转入执行阶段。但是由于主、客观原因，已经生效或者交付执行的裁判并非绝对正确，有时会存在错误。为了纠正生效的错误裁判从而维护审判的公正性，立法确立了审判监督程序。因此，审判监督程序并不是刑事诉讼的必经程序，是为了纠正错误裁判而设立的补救程序。

第二，审判监督程序审理的对象是已经发生法律效力的判决和裁定。根据刑事诉讼法的规定，生效的判决和裁定包括：在法定期限内没有提出上诉、抗诉的地方第一审人民法院的判决和裁定；第二审人民法院的判决和裁定；最高人民法院的判决和裁定；经最高人民法院核准的死刑判决、经高级人民法院核准的判处死刑缓期二年执行的判决。对于还未生效的判决和裁定，则不能启动审判监督程序，如发现第一审人民法院的判决和裁定可能有错误，在上诉、抗诉期满之前则只能通过第二审程序来寻求救济，而不能启动审判监督程序进行审理。

第三，提起审判监督程序的主体是法定的机关和人员。根据刑事诉讼法的规定，有权依照审判监督程序提起再审的，是最高人民法院、上级人民法院和最高人民检察院、上级人民检察院以及各级人民法院院长及其审判委员会。当事人及其法定代理人、近亲属如果对已经发生法律效力的判决、裁定不服，可以向人民法院或者人民检察院提出申诉，但申诉只是引起审判监督程序的材料来源之一，不能直接启动审判监督程序。

第四，提起审判监督程序有严格的条件。裁判一旦生效，即取得既判力，除非确有错误并符合法律规定的改判情况，否则不能随意加以改变，只有这样，才能保持判决的稳定性与权威性。因此，审判监督程序必须在认为原生效裁判确有错误的情况下才能提起，认为原生效裁判确有错误必须有充分的根据和理由。

第五，提起审判监督程序没有期限限制。这是我国刑事诉讼重视发现案件的实质真实的表现，无论何时，只要发现原裁判确有错误，符合应当改判的条件的，都应当提起审判监督程序。

第六，不受上诉不加刑原则的限制。依审判监督程序重新审理案件，在定罪量刑时，既可以减轻被告人的刑罚，也可以加重被告人的刑罚，不受上诉不加刑原则的限制。在许多国家，再审程序遵循禁止双重危险的国际司法准则，禁止作不利于被刑决人的变更。对此，我国尚无限制。

三、审判监督程序与其他程序的区别

（一）审判监督程序与第二审程序的区别

审判监督程序是刑事诉讼法中的特殊审判程序。为了更好地理解审判监督程序的特点，有必要将其与刑事诉讼中的第二审程序作进一步区分。审判监督程序与第二审程序相比，虽然两者都是对案件进行重新审判的程序，都是对原审判决、裁定所认定的事实和适用法律进行审查，使错误裁判得到纠正的程序，但是它们之间有明显的区别，主要表现在：

第一，审理的对象不同。审判监督程序审理的对象是已经发生法律效力的判决和裁定，包括正在执行和已经执行完毕的判决和裁定；而第二审程序审理的对象是尚未发生法律效力的判决和裁定，不存在停止或者中止执行的问题。

第二，提起的理由不同。审判监督程序的提起以经发生法律效力的判决或裁定确有错误为理由；而法律对第二审程序中上诉人的上诉理由未作任何限制性的规定，只要上诉人在法定期限内依法定程序上诉，就必然引起第二审程序，地方各级人民检察院认为本级人民法院尚未发生法律效力的第一审裁判确有错误时依法提起抗诉，亦引起第二审程序。

第三，提起的主体不同。审判监督程序依法由最高人民法院、上级人民法院以及各级人民法院院长提交本院审判委员会讨论决定提起，或者由最高人民检察院和上级人民检察院抗诉提起；而提起第二审程序的主体则是享有上诉权的当事人等，或者是原审人民法院同级的人民检察院。

第四，审理案件的法院不同。按照审判监督程序审理案件的法院，可以是原审人民法院，也可以是任何提审的上级人民法院，还可以是由上级人民法院依法指令再审的人民法院；而按照第二审程序审理案件的法院，只能是原审人民法院的上一级人民法院。

第五，审判的结果不同。按照审判监督程序作出的判决、裁定，不完全是终审的判决、裁定，因为如果是按第一审程序进行的，该判决、裁定仍是未生效的判决、裁定，当事人可以上诉，人民检察院可以抗诉；而按照第二审程序审理后作出的判决、裁定，是终审的判决、裁定。

（二）审判监督程序与死刑复核程序的区别

审判监督程序与死刑复核程序相比较，都是刑事诉讼中的特别程序，都是实现审判监督的方式。但审判监督程序与死刑复核程序又各有特点，主要表现在：

第一，适用的案件不同。审判监督程序适用于判决、裁定已发生法律效力的所有案件，包括死刑案件；而死刑复核程序仅适用尚未发生法律效力的死刑案件，包括死刑立即执行与判处死刑缓期二年执行的案件。

第二，程序的启动方式不同。审判监督程序必须是由最高人民法院和其他上级人民法院、最高人民检察院和其他上级人民检察院以及各级人民法院院长提交本院审判委员会讨论决定提起；而死刑复核程序是由下级人民法院将判处被告人死刑的案件主动报请有核准权的上级人民法院核准。

第三，有权审理的法院不同。按照审判监督程序有权对案件进行再审的是各级人民法院；而有死刑复核权的人民法院只有最高人民法院和高级人民法院。

第四，审判结果的法律效力不同。审判监督程序中裁判的效力取决于原审裁判的程序和审级，如果是按第一审程序进行的，该判决或裁定仍是未生效的判决或者裁定，当事人可以上诉，人民检察院可以抗诉；而死刑复核程序作出的判决或裁定是生效的判决或裁定，应交付执行。

四、审判监督程序的意义

审判监督程序负载着纠正司法错误的重要功能，在刑事诉讼中具有十分重要的意义。

第一，维护当事人合法权益。刑事诉讼程序重在规范和限制国家权力，以便为个人自由权利提供保障。裁判正确与否直接关系当事人的切身利益。如果裁判是错误的，将意味着当事人合法权利没能得到维护，只有纠正这一错误裁判，才能使受到损害的当事人合法权利得到修复。

第二，充分落实国家的刑罚权。裁判错误的情形，包括认定事实错误和适用法律错误，都有可能造成有罪的人被错误地认定为无罪，罪重的人被错误地认定为罪轻，从而使国家的刑罚权不能得到落实。审判监督程序具有的纠正错误裁判的功能，可以保障在一审、二审程序产生错误裁判而国家的刑罚权未能得到落实的情况下，通过案件的重新审判，使国家的刑罚权最终得到落实。

第三，实现上级司法机关对下级法院的监督。按照我国宪法的制度安排，上下级法院之间为监督关系；人民检察院有权对法院的审判活动实行监督。监督审判结果是否正确，是上述两个方面监督的重要内容，要落实这两个方面的监督，必须有适当的监督途径。没有审判监督程序之类的救济程序，错误裁判将得不到纠正，对审判结果的监督就容易流为一句空话。需要指出的是，按照国际司法人权标准，刑事裁判存在错误，并非一定要予以纠正。在刑事诉讼中，生效判决的既判力因保障被告人权利的需要而得到强化，刑事诉讼中称之为"一罪不二罚"或者"禁止双重险"原则。"一罪不二罚"是指不能因同一罪行对犯罪人施以重复惩罚。禁止双重危险不仅包含"一罪不二罚"的内容，而且包含被裁判无罪之人不得就同一被指控的罪行再次被起诉或者审判乃至定罪处罚。禁止双重危险原则体现联合国《公民权利和政治权利国际公约》第14条规定的"任何人已依一国的法律及刑事程序被最后定罪或宣告无罪者，不得就同一罪名再予审判或惩罚"。这一原则旨在维护判决的权威性和稳定性，同时保障已经稳定下来的法律关系不因司法机关随意重启审判程序而重新变得不稳定，有可能导致当事人一直处于因同一事实而被重复指控或者定罪乃至惩罚的危险中。保持判决的权威性，有利于提升法律的严肃性，避免当事人和法院陷入讼累和司法资源的浪费，但其根本意义还在于通过使法院对生效判决保持克制，保障刑事被追诉人的权利。

我国刑事诉讼法没有确立禁止双重危险的原则。我国《刑事诉讼法》第254条规定了对已生效裁判重新审判的条件，即"在认定事实上或者在适用法律上确有错误"。按照这一规定，审判监督程序可以基于有利于被判决人，也可以基于不利于被判决人而提起。但是，《刑诉解释》第469条对加重原审被告人的刑罚加以限制，规定："除人民检察院抗诉的以外，再审一般不得加重原审被告人的刑罚。再审决定书或者抗诉书只针对部分原审被告人的，不得加重其他同案原审被告人的刑罚"。我国当前所实行的法律监督程序，需要根据国际司法标准予以完善，即对于确有错误的生效裁判要加以纠正时，应当与联合国确立的"禁止双重危险"的刑事司法标准统一起来，亦即在我国刑事诉讼法中确立禁止不利于被告人的再审原则。

第二节　提起审判监督程序的材料来源

一、提起审判监督程序的主要材料来源

提起审判监督程序的材料来源，是指发现已经发生法律效力的判决、裁定有错误的信息渠道、途径。提起审判监督程序的材料来源主要有：

（一）当事人及其法定代理人、近亲属的申诉

当事人及其法定代理人、近亲属是相关判决、裁定的直接或者间接的利害关系人，对于裁判是否公正，他们基于自己了解的事实有着明确的判断。若他们不服法院的裁判，理应有权提出申诉。申诉往往是发现错误裁判的重要途径。

（二）公安司法机关自行发现错误裁判

裁判须经得起检验。有些案件已经作出处理，被告人被判决有罪，刑罚已经执行完毕或者正在执行，公安司法机关在办理案件过程中发现了真正的犯罪人并提起审判监督程序，这样的事例在我国当代刑事司法实践中并不鲜见。我国人民法院和人民检察院在工作中，为检验办案质量，往往定期或者不定期地对案件进行复查，复查中有时会发现错误的裁判并提起审判监督程序。因此，公安司法机关办案或者人民法院和人民检察院复查案件中的发现，能够成为提起审判监督程序的材料来源。

（三）各级人民代表大会代表提出的纠正错误裁判的议案

人大代表在视察工作和调查访问过程中可能了解到群众对法院判决、裁定正确与否的意见。在人民代表大会召开期间，人大代表有权提出议案，对法院的生效裁判提出质疑。这些议案可以成为审判监督程序提起的材料来源。

（四）人民群众的来信来访

人民群众对已生效的裁判认为有错误而提出的材料和意见，同样是审判监督程序的重要材料来源。它不同于当事人等提出的申诉，也不是人民群众对司法活动的一般性意见，而是直接针对某一错误裁判而提出的，与其他意见或者建议一样，有关机关和部门不能置若罔闻。

（五）机关、团体和新闻媒体等单位对生效裁判的意见

各级纪检、监察机关和海关、税务、工商等行政管理机关在履行职责中，发现生效裁判可能有错误，向有关司法机关提出意见以及提供有关文件和材料等，都是提起审判监督程序的材料来源。律师协会、律师事务所等在履行职务中发现有错误的生效裁判，以法律意见书等形式向司法机关提出意见，也是提起审判监督程序的材料来源。新闻媒体对案件进行的报道以及反映的民众对生效裁判的意见，同样是提起审判监督程序的材料来源。

二、申诉的效力和申诉的理由

申诉是指当事人及其法定代理人、近亲属对已经发生法律效力的判决、裁定不服而提出的对案件进行重新审查和处理的诉讼请求。申诉并不当然地引起再审程序的启动，因此也不能停止对生效裁判的执行。但是，如果申诉符合法律规定的情形，即具备法律规定的理由，则人民法院必须重新审判。

（一）申诉的效力

申诉的效力与启动第二审程序的上诉不同：上诉是针对一审法院尚未发生法律效力的判决、裁定提出的，在法定的上诉期限内提出的上诉，不论有无理由，也无论理由是否充分，必然引起第二审程序，并具有使一审裁判不能生效和执行的效力。申诉只是审判监督程序的材料来源，不具有直接提起再审的法律效力，自然也就不能停止对生效裁判的执行。因此《刑事诉讼法》第252条规定，当事人及其法定代理人、近亲属提出申诉，不能停止对原裁判的执行。

（二）申诉的理由

根据《刑事诉讼法》第253条的规定，申诉理由包括以下几项。

第一，有新的证据证明原判决、裁定认定事实确有错误，可能影响定罪量刑的。即在判决、裁定发生法律效力以后发现了原审法院在审判中未掌握的证据，证明原裁判认定的事实不存在或存在偏差。这里所谓"新的证据"，是指：原判决、裁定生效后新发现的证据；原判决、裁定生效前已经发现，但未予收集的证据；原判决、裁定生效前已经收集，但未经质证的证据；原判决、裁定所依据的鉴定意见，勘验、检查等笔录或者其他证据被改变或者否定的。值得注意的是，有新的证据证明原判决、裁定认定事实确有错误，但是不影响定罪量刑的，也不必启动审判监督程序，以避免司法资源无谓的浪费。

第二，据以定罪量刑的证据不确实、不充分、依法应当予以排除，或者证明案件事实的主要证据之间存在矛盾的，即原审用以定罪量刑的证据未达到法定的定罪标准，或者因被排除而不能达到法定的定标准，不应作出有罪判决却作出了有罪判决，或者量刑不当。

第三，原判决、裁定适用法律确有错误的。适用法律错误，既包括适用实体法错误，也包括适用程序法错误。

第四，违反法律规定的诉讼程序，可能影响公正审判的。

第五，审判人员在审理该案时有贪污受贿，徇私舞弊，枉法裁判行为的。这里的"审判人员"包括原审合议庭成员及参与本案讨论的庭长、副庭长及所有审判委员会成员。

值得注意的是，以上所说的"申诉理由"，指的是应当或者能够引起再审的理由。换句话说，只要上述理由当中的任何一个能够成立，就必然引起再审程序的启动。所以，上述理由与其说是申诉理由，不如说是启动再审的法定原因。实践中，申诉的理由五花八门，自然不限于上诉理由。但是当事人若希望借申诉启动再审，则只能通过上列各项阐述申诉理由，方获得再审启动的成功。上述理由，只要具备其中之一，法院就应当依照审判监督程序对案件进行重新审判。

【实务问题探讨】 如何避免将当事人等申诉的理由被拔高为法院、检察院主动启动再审的条件？

刑事诉讼法对当事人申诉启动再审的条件与法院、检察院依职权主动启动再审的条件作出了不同的规定：《刑事诉讼法》第253条规定的是当事人申诉启动再审的条件，第254条规定的是法院、检察院依职权主动启动再审的条件。第254条规定的法院、检察院依职权主动启动再审的条件较高，必须发现生效裁判在实体上"确有错误"，而第253条规定的当事人申诉启动再审的条件相对较低，只要属于该条列举的5项中的任何一种情况，就应当启动再审。而该条列举的5

项中，大多并不要求达到证明原审裁判在实体上"确有错误"的程度。譬如，该条款第 4 项"违反法律规定的诉讼程序，可能影响公正审判的"，只要求程序错误可能影响公正审判就应当启动再审，而不要求证明原审裁判在实体上"确有错误"。

然而，在实践中，对当事人及其近亲属提出申诉的案件，法院、检察院在审查决定是否启动再审程序时，往往也要求当事人提出申诉的理由必须达到证明原审裁判"确有错误"的程度，才启动再审；反之，即便当事人及其近亲属提出的申诉达到了法定的申诉再审的条件，但如果没有达到证明原审裁判"确有错误"的程度，就拒不启动再审，以致当事人申诉很难启动再审。以"聂树斌案"为例，在 2005 年 3 月王书金供认聂树斌案系其所为之后，聂树斌的家人就提出了申诉。由于是当事人提出申诉，启动再审的标准应当低于法院、检察院依职权主动启动再审的条件。在王书金供认聂树斌案被害人系其奸杀，并且供认了一个只有真凶才可能知晓、而聂树斌从来没有供认的细节（被害人的尸体旁的草丛中有一串钥匙）并得到现场勘验笔录证实之后，即便不能因此认为王书金一定是真凶，聂树斌一定被冤，但是显然达到了可能影响定罪量刑的程度，因而达到了启动再审的条件。但是，该案直到最高人民法院指令山东省高级人民法院复查，认为原审裁判确有错误，最高人民法院才决定启动再审。

因此，应当明确当事人等申诉再审的证明标准低于法院、检察院依职权主动启动再审的证明标准，不要求达到原审裁判确有错误的程度。有人可能对此持反对意见，认为如果虽然达到了启动再审的条件，但是没有达到改判的程度就启动再审，一旦再审后维持原判，再审就没有意义，浪费司法资源。这种观点看似有一定的道理，实际上是错误的。因为法院对当事人的申诉材料进行审查时通常只进行书面审查，即使进行调查核实，调查核实的程度、范围也非常有限，因而即使存在应当改判的充分证据、事实和理由，也不一定能够发现。相反，如果启动再审程序，那么不仅法院可以采取有效措施，进一步收集证据；提出申诉的被告方以及检察机关为了证明本方主张也会千方百计调查收集证据；不仅如此，在开庭审判时，法院还可以通过控辩双方的询问和质证，进一步审查证据的真伪；必要时，还可以通知证人、鉴定人等亲自出庭作证；等等。所有这些协助法官查清案件事实的机制，如果不启动再审程序，都很难实施。由此可见，相对于主要对申诉材料进行书面审查，启动再审程序，特别是开庭审理，采用直接言词的审理方式，更有利于查清案件事实，确定原审裁判到底是否存在错误。由此可见，只要当事人及其法定代理人、近亲属等提出的申诉符合法定的申诉再审条件，法院就应当启动再审，只有这样，才能保证尽可能多的存在错误的裁判被发现和纠正；反之，如果将当事人申诉启动再审的条件拔高为原审裁判确有错误，必然导致那些符合申诉再审的启动条件，但是在启动再审前达不到证明原审裁判确有错误程度的案件，即便实际上确有错误也无法被纠正，这显然是很不合理的。①

---

① 参见陈永生、邵聪：《冤案难以纠正的制度反思——以审判监督程序为重点的分析》，载《比较法研究》2018 年第 4 期。

三、对申诉的受理和审查处理

申诉可以向作出生效判决、裁定的人民法院或其上级人民法院、人民检察院提出，无论向哪一个人民法院、人民检察院提出，均应得到受理。

（一）向人民法院提出的申诉

在司法实践中，向法院提出的申诉，大多由作出生效判决、裁定的法院审查处理，即申诉由终审人民法院审查处理。但是，第二审人民法院裁定准许撤回上诉的案件，申诉人对第一审判决提出申诉的，可以由第一审人民法院审查处理。

直接向上级人民法院申诉的，上一级人民法院对未经终审人民法院审查处理的申诉，可以告知申诉人向终审人民法院提出申诉，或者直接交终审人民法院审查处理，并告知申诉人；案件疑难、复杂、重大的，上级人民法院也可以直接审查处理。

对未经终审人民法院及其上一级人民法院审查处理，直接向上级人民法院申诉的，上级人民法院应当告知申诉人向下级人民院提出。对死刑案件的申诉，可以由原核准的人民法院直接审查处理，也以交由原审人民法院审查。原审人民法院应当制作审查报告，提出处理意见，层报原核准的人民法院审查处理。

法院受理申诉后，经审查具有《刑事诉讼法》第253条规定的情形之一的，由院长提请审判委员会讨论决定是否重新审判；对不符合上述法律规定的，应当说服申诉人撤回申诉；对坚持申诉的，应当书面通知驳回。

对立案审查的申诉案件，应当在3个月以内作出决定，至迟不得超过6个月。因案件疑难、复杂、重大或者其他特殊原因需要延长审查期限的，上一级人民法院可以批准延长审理期限1次，期限为3个月。因特殊情况还需要延长的，应当报请最高人民法院批准。因特殊情况报请最高人民法院批准延长审理期限，最高人民法院经审查，予以批准的，可以延长审理期限1至3个月。期限届满案件仍然不能审结的，可以再次提出申请。

（二）向人民检察院提出的申诉

当事人及其法定代理人、近亲属认为人民法院已经发生法律效力的判决、裁定确有错误，向人民检察院申诉的，由作出生效判决、裁定的人民法院的同级人民检察院依法办理。当事人及其法定代理人、近亲属直接向上级人民检察院申诉的，上级人民检察院可以交由作出生效判决、裁定的人民法院的同级人民检察院受理；案情重大、疑难、复杂的，上级人民检察院可以直接受理。当事人及其法定代理人、近亲属对人民法院已经发生法律效力的判决、裁定提出申诉，经人民检察院复查决定不予抗诉后继续提出申诉的，上一级人民检察院应当受理。对不服人民法院已经发生法律效力的判决、裁定的申诉，经两级人民检察院办理且省级人民检察院已经复查的，如果没有新的证据，人民检察院不再复查，但原审被告人可能被宣告无罪或者判决、裁定有其他重大错误可能的除外。

人民检察院对受理的申诉审查后，认为法院已生效的判决、裁定确有错误需要提出抗诉的，报请检察长提交检察委员会讨论决定。人民检察院对申诉复查后，认为需要提请或者提出抗诉的，报请检察长决定。

最高人民检察院发现省级人民检察院管辖的刑事申诉案件原处理决定、判决裁定有错误可能且有下列情形之一的，可以指令由其他省级人民检察院进行异地审查：（1）应当受理而不予受理或者受理后经督促仍拖延办理的；（2）办案中遇到较大阻力，可能影响案件公正处理的；（3）因存在回避等法定事由，当事人认为管辖地省级人民检察院不能依法公正办理的；（4）申诉人长期申诉上访，可能影响案件公正处理的；（5）其他不宜由管辖地省级人民检察院处理的情形。省级人民检察院认为需要异地审查的，可以提请最高人民检察院指定异地审查。申诉人可以向省级人民检察院或者最高人民检察院申请异地审查。

第三节　审判监督程序的提起

一、提起审判监督程序的主体

有权提起审判监督程序的主体，限于下列机关、人员和组织。

（一）各级法院院长和审判委员会

《刑事诉讼法》第 254 条第 1 款规定："各级人民法院院长对本院已经发生法律效力的判决和裁定，如果发现在认定事实上或者在适用法律上确有错误，必须提交审判委员会处理。"

第一，各级法院院长和审判委员会提起再审的对象，只能是本院的生效裁判。这里的"本院的生效裁判"，包括本院的一审生效裁判、二审终审裁判和核准的裁判。如果原一审属于本院，后来又经过二审终审的案件，一审法院发现确有错误，则一审法院院长及审判委员会无权提交和决定再审，只能向二审法院提出意见由二审法院决定是否提起再审。如果二审法院经依法提交和讨论，决定提起再审的，既可以由本院重新审判，也可以发回原审法院重新审判。

第二，各级法院院长有权将案件提交审判委员会讨论，重新审判的决定权归属于审判委员会。

（二）最高人民法院和上级人民法院

《刑事诉讼法》第 254 条第 2 款规定："最高人民法院对各级人民法院已经发生法律效力的判决和裁定，上级人民法院对下级人民法院已经发生法律效力的判决和裁定，如果发现确有错误，有权提审或指令下级人民法院再审。"

第一，最高人民法院和其他上级人民法院有权提起审判监督程序。

最高人民法院是我国最高审判机关，其之上已经没有上级，因此，最高人民法院不仅要监督地方各级人民法院正确履行职责，对其自身可能出现之错误，亦必须加以留意。因此，无论是地方各级人民法院还是最高人民法院自身，在生效裁判确有错误时，均应当提起审判监督程序。上级人民法院负有监督下级人民法院之责，因此，当发现下级人民法院已发生法律效力之判决、裁定确有错误时，应当提起审判监督程序。

第二，最高人民法院和其他上级人民法院对下级法院生效裁判提起审判监督程序的两种方式是提审和指令下级人民法院再审。

提审，是指最高人民法院或上级人民法院将案件提至本院进行审判的方式原判决、裁定认定事实正确但适用法律错误，或者案件疑难、复杂、重大，或者有不宜由原审人民法院审理（如已经下级人民法院重新审判后仍有错误）情形的，也可以提审。

指令再审，是指最高人民法院或上级法院指令原审或者本级法院的其他下级法院重新审判的方式。上级人民法院发现下级人民法院已经发生法律效力的判决、裁定确有错误的，可以指令下级人民法院再审。根据《刑事诉讼法》第 254 条第 4 款的规定，法院对人民检察院依照审判监督程序提出抗诉的案件，应当组成合议庭重新审理，只有对那些原判决事实不清楚或证据不足的案件，才可以指令下级法院再审。上级人民法院指令下级人民法院再审的，一般应当指令原审人民法院以外的下级人民法院审理；由原审人民法院审理更有利于查明案件事实、纠正裁判错误的，可以指令原审人民法院审理。一般而言，最高人民法院作出生效裁判之案件，通常不会指令下级人民法院再审。

（三）最高人民检察院和上级人民检察院

《刑事诉讼法》第254条第3款规定："最高人民检察院对各级人民法院已经发生法律效力的判决和裁定，上级人民检察院对下级人民法院已经发生法律效力的判决和裁定，如果发现确有错误，有权按照审判监督程序向同级人民法院提出抗诉。"

第一，有权提起审判监督程序的，只能是最高人民检察院或者原审人民法院之上的其他上级人民检察院。

第二，最高人民检察院有权对最高人民法院和地方各级人民法院的生效错判案件依照审判监督程序提出抗诉。最高人民检察院对各级人民法院已经发生法律效力的判决和裁定，如果发现确有错误，有权按照纠错程序向同级人民法院提出抗诉。最高人民检察院是我国最高法律监督机关，它不仅要领导、监督其下级人民检察院，而且要监督包括最高人民法院在内的各级人民法院。因此，无论是地方各级人民法院之生效裁判，还是最高人民法院之生效裁判，只要发现错误，最高人民检察院均可提起审判监督程序。

第三，地方各级人民检察院发现同级人民法院或下级人民检察院发现上级人民法院的判决、裁定确有错误，无权提出抗诉，只能提出提请抗诉报告书，请求上级人民检察院向同级人民法院提出抗诉，是否提出抗诉，由接到请求的人民检察院决定。

【实务问题探讨】 人民法院对抗诉案件是否必须立案审理？

对于人民检察院按照审判监督程序提出抗诉的刑事案件，人民法院一般都要立案审理。最高人民法院通过司法解释，对人民法院进行形式审查作出了有关规定。对人民检察院依照审判监督程序提出抗诉的案件，人民法院应当在收到抗诉书后1个月内立案。但是，有下列情形之一的，应当区别情况予以处理：（1）对不属于本院管辖的，应当将案件退回人民检察院。（2）按照抗诉书提供的住址无法向被抗诉的原审被告人送达抗诉书的，应当通知人民检察院在3日内重新提供原审被告人的住址；逾期未提供的，将案件退回人民检院。（3）以有新的证据为由提出抗诉，但未附相关证据材料或者有关证据不是指向原起诉事实的，应当通知人民检察院在3日内补送相关材料；逾期未补送，将案件退回人民检察院。决定退回的抗诉案件，人民检察院经补充相关材料后再次抗诉，经审查符合受理条件的，人民法院应当受理。但是，实践中有的检察机关认为检察机关抗诉的刑事案件，法院必须再审，因此对法院要求其协助查找被告人、补充相关材料、退回检察机关或者裁定维持原判的做法不太理解，人民法院往往需要与检察机关进行反复的沟通与协调。本书认为，人民法院的形式审查程序是有必要的，这对于防止个别存有一定瑕疵的案件进入再审抗诉程序，保证人民法院顺利、及时审理具有非常重要的意义。

对人民检察院依照审判监督程序提出抗诉的案件，接受抗诉的人民法院应当组成合议庭审理。对原判事实不清、证据不足，包括有新的证据证明原判可能有错误，需要指令下级人民法院再审的，应当在立案之日起 1 个月内作出决定，并将指令再审决定书送达抗诉的人民检察院。

【实务问题探讨】 如何正确理解"指令下级人民法院再审"？

人民检察院抗诉的案件，接受抗诉的人民法院应当组成合议庭重新审理，对于原判决事实不清、证据不足的，可以指令下级人民法院再审。司法实践中，这容易产生以下两个问题：第一，"事实不清、证据不足"的标准把握较为宽泛，在审判实践中容易出现对于下级法院作出的终审裁判，只要上级检察机关抗诉的，上级法院一律将抗诉案件指令下级法院再审；第二，按照有关规定，一旦案件裁判被推翻，作出原生效裁判的法院就有可能承担国家赔偿责任，因此，指令下级人民法院进行再审，纠正错案的难度较大。为了解决以上问题，本书认为，人民检察院按照审判监督程序提出抗诉的刑事案件，原则上都由接受抗诉的人民法院直接进行审理。例外情况是，接受抗诉的人民法院可以指令下级人民法院再审。这样理解，既可以避免实践中普遍存在的上抗下审情形的发生，而且有利于人民法院克服不当干预，依法纠正确有错误的案件。因此，对于原判决、裁定事实不清、证据不足的案件，接受抗诉的人民法院经审理能够查清事实的，应在查清事实后改判；如果经审理仍无法查清，证据不足，不能认定原审被告人有罪的，应当直接判决宣告被告人无罪；如果经审理发现有新证据且超过刑事诉讼法规定的指令再审期限的，可以裁定撤销原判，发回原审人民法院重新审判。

另外一个问题是，"指令下级人民法院再审"中的"下级法院"在实践中不好把握，"下级法院"到底是原第一审法院，还是原第二审法院，容易出现理解偏差。本书认为，将指令再审区分为两种情形：如果原来是第一审案件，接受抗诉的人民法院应指令第一审人民法院按照第一审程序进行审判，所作的判决、裁定可以上诉、抗诉；如果原来是第二审案件，接受抗诉的人民法院应指令第二审人民法院依照第二审程序进行审判，所作的判决、裁定是终审判决、裁定。有意见认为，如果下级法院是原第二审人民法院，那么该法院对于新证据进行审判的程序是第二审程序，其所作的判决、裁定不能上诉和抗诉，等于剥夺了被告人和检察机关的上诉权和抗诉权。本书认为，这一问题并不存在，如果出现新证据，被指令再审的原第二审法院可以撤销原判发回重审的方式予以处理，如此并不会剥夺被告人和检察机关对新证据认定的救济权利。

二、提起审判监督程序的条件

提起审判监督程序的条件，也称提起审判监督程序的理由，概括地说，是"在认定事实上或者在适用法律上确有错误"。具体包括：

（一）认定事实上的错误

认定事实上的错误，包括以下情形：（1）对人的认定错误，如将某人错误认定为另一个人，将未成年人错误认定为成年人或者将成年人错误认定为未成年人，等等。（2）对事实认定错误，包括将不存在的事实认定为存在，将存在的事实认定为不存在，或者主要犯罪事实不清、影响定罪量刑的重大情节不清，等等。事实不清，在证据方面表现为：据以认定案件事实的证据不真实却被错误认定为真实；证据与案件事实之间无关联性却被错误认定为有关联性；证据之间有矛盾且矛盾不能得以合理排除，或者所得的结论不唯一，不能排除其他可能等，却据以作出了有罪判决；等等。

（二）适用法律上的错误

适用法律上的错误，包括以下情形：（1）适用实体法有误。诸如：定性错误，混淆了罪与非罪、此罪与彼罪的界限；量刑错误，将轻罪定为重罪，或者将重罪定为轻罪，造成量刑畸轻畸重。（2）适用程序法有误。诸如：违反公开审判、回避制度，审判方法不合法，剥夺或限制当事人的法定权利可能影响公正审判等。（3）适用证据法有误。诸如：应当排除非法证据却没有排除，或者具有其他采纳了没有证据能力的证据的情形，错误排除了有证据能力的证据。

【实务问题探讨】如何把握启动再审的条件，不受"案件事实完全查清、被告人确实无罪"的影响？

按照《刑事诉讼法》第254条的规定，检察院、法院依职权主动启动再审的条件是原审裁判"确有错误"。按照诉讼原理以及立法规定，如何正确理解原审裁判"确有错误"，上文已经作出了解释。司法实践中，有两种较为常见的情形：一是有充分的证据、事实和理由，证明被告人确实无罪，确实被冤了；二是现有证据虽然不能证明被告人确实无罪，但是足以证明原审裁判据以作出有罪认定的证据不确实、不充分，没有达到法定的认定有罪的证明标准，而原审裁判却作出了有罪认定。本来，按照刑事诉讼法理以及立法规定，在这两种情况下，法院都应当启动再审，改判被告人无罪。然而，由于存在不同认识和理解，法院、检察院往往仅在第一种情况下，也即有充分证据证明被告人无罪时才启动再审，在第二种情况下，也即证明被告人有罪的证据不充分时，往往不愿启动再审。也即对疑罪，往往不愿按照疑罪从无规则，启动再审改判无罪。党的十八大召开以后，因原审裁判认定有罪证据不足而改判无罪的案件逐渐增加，但是这些案件都经历了漫长的、艰辛的申诉，甚至抗争过程。此外，对有充分证据证明被告人确实无罪的案件，如果该案犯罪事实确已发生，只是有充分证据表明不是被告人所为，那么不少法院、检察院还经常要求能够查清犯罪事实到底是谁所为，也即查明真凶。之所以如此，是因为在犯罪确已发生的情况下，如果他们改判原案被告人无罪，而又没有查明真凶，那么他们将面临来自被害人以及社会公众要求破案的巨大压力。

因此，应当明确检察院、法院启动再审以及改判无罪都不要求达到证明被告人确实无罪的程度，更不要求达到查明真凶的程度。在刑事诉讼中，证明被告人有罪必须达到事实清楚，证据确实、充分的程度。就审判监督程序而言，只要法院、检察院发现原审裁判达不到事实清楚，证据确实、充分的程度，就应当启动再审，改判被告人无罪。就法律层面而言，应当启动再审改判被告人无罪存在三种情形：第一种情形是，证明被告人有罪的证据达不到事实清楚，证据确实、充分的程度，同时证明其无罪的证据也达不到事实清楚，证据确实、充分的程度，也即出现疑案。第二种情形是，证明被告人无罪的证据达到了事实清楚，证据确实、充分的程度，但是未能达到查明真凶的程度。也即有充分的证据证明犯罪确已发生，但并非被告人所为，而又未能查明真凶。第三种情形是，证明被告人无罪的证据达到了事实清楚，证据确实、充分的程度，并且查明了真凶。以上三种情形中，第一种情形证明要求最低，第二种情形居中，第三种情形最高。只要达到第一种情形所要求的证明程度，即证明被告人有罪的证据达不到事实清楚，证据确实、充分的程度，就应当启动再审，不应过分拔高。①

第四节　重新审判

一、重新审判的程序

《刑事诉讼法》第 256 条第 1 款规定："人民法院按照审判监督程序重新审判的案件，由原审人民法院审理的，应当另行组成合议庭进行。如果原来是第一审案件，应当依照第一审程序进行审判，所作的判决、裁定，可以上诉、抗诉；如果原来是第二审案件，或者是上级人民法院提审的案件，应当依照第二审程序进行审判，所作的判决、裁定，是终审的判决、裁定。"

第一，重新审判的法院可以是原来的第一审法院、第二审法院，也可以是任何上级法院。

第二，对决定依照审判监督程序重新审判的案件，除人民检察院抗诉的以外，人民法院应当制作再审决定书。再审期间不停止原判决、裁定的执行，但被告人经再审可能改判无罪，或者经再审可能减轻原判刑罚而致刑期届满的，可以决定中止原判决、裁定的执行。必要时，可以对被告人采取取保候审、监视居住措施。人民检察院抗诉的再审案件，需要对被告人采取强制措施的，由人民检察院依法决定。

第三，重新审判必须组成合议庭。原来参与过该案件审理的合议庭人员不得参加新组成的合议庭。

第四，重新审判应当按照第一审或者第二审程序进行。开庭审判，其阶段基本同于一审程序：开庭、法庭调查、法庭辩论、被告人最后陈述、评议和宣判。只是在宣读诉讼文书上有些区别：将宣读起诉书改为宣读再审决定书或抗诉书。在法庭调查开始，合议庭成员宣读原审判决书或裁定书等，其他程序与一审开庭相同。对附带民事诉讼部分，可以调解结案。

第五，依照审判监督程序重新审判的案件，人民法院应当重点针对申诉、抗诉和决定再审的理由进行审理。必要时，应当对原判决、裁定认定的事实、证据和适用法律进行全面审查。

第六，对原审被告人、原审自诉人已经死亡或丧失行为能力的再审案件，可以不开庭审理。

第七，开庭审理的再审案件，再审决定书或者抗诉书只针对部分原审被告人，其他同案原审被告人不出庭不影响审理的，可以不出庭参加诉讼。

第八，人民法院审理人民检察院抗诉的再审案件，人民检察院在开庭审理前撤回抗诉的，

---

① 参见陈永生、邵聪：《冤案难以纠正的制度反思——以审判监督程序为重点的分析》，载《比较法研究》2018 年第 4 期。

应当裁定准许；人民检察院接出庭通知后不派员出庭，且未说明原因的，可以裁定按撤回抗诉处理，并通知诉讼参与人。人民法院审理申诉人申诉的再审案件，申诉人在再审期间撤回申诉的，应当裁定准许；申诉人经依法通知无正当理由拒不到庭，或者未经法庭许可中途退庭的，应当裁定按撤回申诉处理，但申诉人不是原审当事人的除外。

【实务问题探讨】 刑事再审抗诉案件是否一律要求开庭审理？

对于这个问题，理论和实践中有两种意见。一种意见认为，刑事再审抗诉案件，应一律开庭审理。理由是刑事诉讼法规定再审程序重新审判应按照第一审或者第二审审理程序进行审理，且刑事诉讼法同时规定：第一审案件，应当进行开庭审理；对于人民检察院抗诉的案件，第二审人民法院也应当开庭审理。另一种意见认为，刑事诉讼法没有明确要求刑事再审抗诉案件必须开庭审理，因此刑事再审抗诉案件并不一律要求开庭审理。本书认为，再审抗诉程序不同于二审抗诉程序，一律要求开庭审理显得过于严格，且与司法实际不符，应当坚持以开庭审理为原则，不开庭审理为例外。但需要强调的是，如果适用例外情形，对有些开庭审理确有困难的刑事再审抗诉案件予以不开庭审理，人民法院要做好向人民检察院和有关当事人、被害人家属的解释说明工作，以获得理解。

二、重新审判案件审理的条件和特点

由于刑事再审是以纠错为目的对已生效甚至已执行裁判案件的重新审判，因此再审审判程序的设定，应当针对刑事再审的审判条件，体现刑事再审的特点，以有效实现刑事再审的功能。

（一）重新审判案件审理的条件

梳理刑事再审的审判条件，需注意以下三个方面。

第一，再审针对的刑事案件，已经过一次或二次审判，并有生效判决。因此，再审不是"白板审判"，而是在先前审判基础上的重新审判。并且，审判的前提是裁判已生效，通常已交付执行，有的甚至已经执行完毕。

对生效裁判案件提起再审，首先面临裁判的安定性与公正性两种价值的冲突问题。决定再审意味着冲突之中对公正价值的优先选择。但此种选择后，在审理内容确定和程序展开中，仍然应当注意协调裁判公正性与安定性的矛盾，在保障公正价值的同时，尽量降低对裁判安定性的影响。同时，原审审理已经取得的成果，尤其是案件实体审理的成果，也不应一概存疑乃至否定，而应依循再审所发现及排除的问题进行必要的选择，承继利用部分乃至大部分审理成果。这样做，一方面是为了节约诉讼资源，维系裁判适度稳定；另一方面，也是因为再审审理的审理时间和审理条件不同，在一定程度上已不具备原审审理的有利条件，如因时间久远证人的记忆可能模糊，因原审审判的相关信息影响，证人证言已不再具有"干净性"，等等。因此，需要尽量利用原审审判成果。

第二，再审启动主体不同、缘由不同，案件特性与类型不同，审级不同，亦将影响程序适用。再审程序与原审程序尤其是一审程序有较大的不同，其突出体现在案件相关要素的多样化。

就启动主体看，检察院与法院均可启动再审程序，因此有别于原审法院不能自行启动审判程序。就启动缘由看，检察院的抗诉或再审建议、当事人及其近亲属的申诉、法院自己发现等均可成为再审启动的缘由。就案件特性与类型看，除有公诉案件与自诉案件的不同类型外，也可区分事实审案件与法律审案件以及事实法律综合审案件，还可以区分有争议案件与无争议案件。就审结效力看，再审根据原生效裁判的审级，分别适用一审程序或二审程序，并因此而决定再审案件审判后裁判的效力——是可上诉、抗诉的未生效裁判，还是终审裁判。上述再审审理要素的多样化，对程序的设置会发生重要影响。

第三，除检察院抗诉引起的再审外，其他再审程序的发动，包括法院自行发动再审或根据申诉、检察建议等决定再审，已有先期裁判初步认定原判"确有错误"，或其他需要重新审判的情况，并以此作为再审的前提。

根据《刑事诉讼法》第 253 条、第 254 条的规定，人民法院决定再审，无论是决定本院再审、提审，还是指令下级法院再审，均需经过审查，认为原判在认定事实、使用证据、适用法律上"确有错误"，或存在其他应当提起再审的情况。这一再审决定，对再审审判并不具有预决效力，再审合议庭经过审理有权独立作出改判或维持原审裁判的决定。然而，如果再审裁判维持原判，那么就会出现再审启动决定所认定的事实与再审裁判的事实认定相矛盾的情况，而这既会损害法院的公信力，又会使那些因启动再审程序而满怀希望的当事人产生被戏弄的感觉。并且，由于我国实行人民法院而非法官独立行使审判权的原则，以法院名义作出的裁判发生这种形式上的矛盾，更容易使法院的公信力受到损害。为尽量避免出现这种矛盾，一旦法院决定再审，再审案件即进入趋于改变（包括部分改变）原判的轨道；如果再审审理后仍然维持原判，那么须提供较充分的理由，包括就再审启动决定与再审判决之间的矛盾作出合理的解释，以避免或减少对法院公信力的损害。

（二）重新审判案件审理的特点[①]

在我国现行的刑事审判制度中，再审审判的不同条件和审理对象决定了再审审理及证据调查具有以下特点：

第一，审理方式与证据调查呈现出多样化的操作特点。虽然缺乏具体的规定，但是案件相关要素的多样化决定了审判实践中法庭审理与证据调查方式的多样化，如根据审理条件的不同，在一般开庭审理的同时，也可以进行书面审。在对有争议案件进行实体审理的同时，对无争议案件可主要进行程序性审理与形式审查，即为了维持裁判的正当性，推动必要的审判程序，对控辩双方已形成一致的纠错意见进行合法性、有据性、意思表示真实性的一般审查，而非对举证质证的实体审理。开庭审理，亦可根据不同的启动主体、案件来源和审理对象，确定举证、质证的不同顺序和方式。同时，根据案件争议问题的不同类型，法庭证据调查亦可采取与之相适应的不同方式。而就法院依职权调取的新证据或就法院自行决定再审时的法庭调查，也可根据情况采取不同的证据调查方式。

第二，围绕争议点的法庭审理与证据调查。这一点是与一、二审审判程序最大的区别。一审普通审判程序，须针对起诉书的指控，围绕犯罪构成和量刑进行全面审理和裁判；二审虽在实践中实行重点审理，但在法律上也要求全面审理，不受上诉、抗诉范围的限制。而再审审判则是较为典型的争议点审理而非全面审理。其主要原因是在裁判公正性与安定性的冲突中，选

---

① 参见龙宗智：《刑事再审案件的审理方式与证据调查——兼论再审案件庭审实质化》，载《法商研究》
2019 年第 6 期。

择公正性价值优先的同时，尽量兼顾裁判安定性的要求。同时，也是考虑前述再审较之原审的审理条件不同，如时过境迁等，在不损害裁判公正性的情况下，需要尽量利用原审审判成果。争议点审理的特征，要求在庭审前或庭审时梳理争议点，在此基础上，对无争议问题不予审理包括不进行法庭调查和辩论，对无争议的证据可不再如原审那样要求举证质证。

第三，法官主导性增强。由于实行争议点审理，因此对争议点的梳理以及调查和辩论围绕争议点展开，均需要合议庭进一步发挥在审理中的主导作用。尤其是法院因申诉、检察建议，或因法院自己发现而决定再审的案件，有法院提起再审的决定作为审判前提并确定审理对象，法官更应把握特定审理事由展开程序。这就需要法官更主动地介入证据调查，把握调查方向，限定调查内容，规制调查方法，同时通过释明敦促和引导控辩双方举证质证，提高审理的有效性。对此，最高人民法院《关于刑事再审案件开庭审理程序的具体规定（试行）》（以下简称《刑事再审案件程序规定》）已有体现，如在关于法庭调查辩论程序的3个条文（第19条、第20条、第21条）中，均要求控辩双方的诉讼行为"在合议庭的主持下"展开，从而强调了在再审审判程序中法官的主导作用。

第四，简化举证、强化质证，且二者关系的处理趋于灵活。先举证，披露证据信息，再质证，即就证据的相关性、客观性与合法性，或证据的证据能力和证明力进行质证。这是证据调查的一般规律。但因再审案件已经过原审的全面举证，各种证据已经为当事人所了解，辩护律师经过阅卷也已知悉，因此，除新证据外，原审证据举证趋于简化，证据调查重在控辩双方对原审证据的解读即质证。并且，可能不再遵循先举证后质证的要求，而是使二者关系灵活化——在质证中包含证据信息提示的举证内容，在举证时即发表质证意见，包括对原审裁判用证、认证的意见。《刑事再审案件程序规定》对证据调查未明确规定举证，仅规定："在审判长主持下，控辩双方对提出的新证据或者有异议的原审据以定罪量刑的证据进行质证"。应当说这一规定体现了再审证据调查的特点。

第五，以书面化证据为主要内容的证据调查。为实现"庭审实质化"，在原审程序尤其是一审程序中，需要贯彻"直接言词原则"，使法庭能够直接审查原始人证。但在再审庭审时，因时过境迁及原审程序的影响，原审中证人出庭的必要性降低。并且，因原审案件的全部证据信息已沉淀为书面化的侦查、检察、审判卷宗材料，尤其是原审判决已经作为定案依据的证据，除了发现新的证人或需要原审未出庭证人出庭等少数情况外，再审庭审调查中的举证、质证较之原审，更多地使用和针对侦查、检察、审判卷宗里书面化的证据材料，从而形成以书面化证据为主要内容的证据调查这一特点。当然，少数案件亦因其具有特殊性而例外。

第六，容纳新证据的两步式证据调查。在裁判安定性价值的影响下，出现足以影响原判的"新证据"，是启动再审最重要的理由。但新证据需要纳入案件证据群乃至全案证据体系中分析理解，从而作出合理的判断。因此，再审法庭进行证据调查，不能孤立地调查"新证据"，而需对原审证据进行质证及必要的举证，从而形成新证据调查和原审证据质证的两步式证据调查这一常见特征（少量没有新证据，仅因原判证据不确实充分而进行再审的案件除外）。再审法庭审理案件，需要清晰地界定"新证据"，同时区别新证据的举证质证与原审证据的质证。做这样的区别，一方面使法庭能够明确哪些是首次接触的新证据，哪些不是新证据，从而采取不同的证据调查方式；另一方面，也便于法庭能够准确适用法律——再审案件事实审，审理和裁判的法律根据是《刑事诉讼法》第253条第1款即新证据条款还是第2款即原审证据未达到证据标准，抑或兼用上述1、2两款。

【实务问题探讨】"三项规程"在再审案件中能否适用及如何适用？[①]

为深入推进以审判为中心的刑事诉讼制度改革，最高人民法院制定了规范刑事审判的"三项规程"，即《人民法院办理刑事案件庭前会议规程（试行）》（以下简称《庭前会议规程》）、《人民法院办理刑事案件排除非法证据规程（试行）》（以下简称《排除非法证据规程》）、《人民法院办理刑事案件第一审普通程序法庭调查规程（试行）》（以下简称《法庭调查规程》），并于2018年1月施行。"三项规程"以刑事诉讼法及相关改革文件为依据，总结了审判实践经验，细化了刑事审判程序，对于深化庭审实质化改革，构建更加精密化、规范化、实质化的刑事审判制度，具有积极意义。这些规程若可适用于刑事再审案件，则可在一定程度上弥补再审审判程序制度供给不足的缺陷。但"三项规程"对在刑事再审案件审理中能否适用该规范并未作出明确具体的规定，并且各项规程对其适用范围的规定亦有所不同，因此，"三项规程"在再审案件中能否适用及如何适用，仍然需要探讨。

第一，关于《庭前会议规程》的适用问题。

关于《庭前会议规程》的程序适用范围，该规程第26条专门规定："第二审人民法院召开庭前会议的，参照上述规定"。但对审判监督程序适用该规程问题，却未作具体的规定。不过，该规程第1条第1款作了原则性的规定："人民法院适用普通程序审理刑事案件，对于证据材料较多、案情疑难复杂、社会影响重大或者控辩双方对事实证据存在较大争议等情形的，可以决定在开庭审理前召开庭前会议"。本书认为，该款规定其实已明确，适用普通程序审理的刑事案件，无论是一审、二审还是再审程序，符合规定的条件的，均可召开庭前会议并适用本规程。因此，根据《庭前会议规程》第1条的规定以及《刑事诉讼法》第256条关于再审审判程序分别依照第一审审判程序和第二审审判程序审判的规定，《庭前会议规程》是刑事再审审判应当依照执行的有效规范文件。这一点亦有最高人民法院的判例予以佐证。例如，在"顾雏军案"再审的审判过程中，开庭后审判长即宣布："合议庭组织检辩双方召开了庭前会议，就与审判相关的问题了解情况，听取意见。根据《人民法院办理刑事案件庭前会议规程（试行）》第23条、第24条的规定，合议庭制作了庭前会议报告。"

不过，鉴于再审审判条件和任务的不同，再审案件适用《庭前会议规程》，可能形成再审的特点：其一，鉴于再审为争议点审判，梳理控辩双方在案件事实和法律适用上的争议点，从而明确庭审调查、辩论的对象，是庭前会议需要着重解决的一个问题；其二，鉴于再审关注"新证据"的存在与否，对"新证据"的提出和认定，是再审庭前会议的又一重点；其三，由于再审已有原审的审判基础，证据调查虽然可以采取不同的方式，但是对双方有异议的证据进行重点调查，体现了再审的特点，因此，梳理已有证据，明确"有异议"的证据范围，也是庭前会议须讨论的一个重点问题；其四，由于再审审判因案件启动的不同类

[①] 参见龙宗智：《刑事再审案件的审理方式与证据调查——兼论再审案件庭审实质化》，载《法商研究》2019年第6期。

型、审判程序适用的不同审级、审判对象和内容的不同性质等，可能采取不同的审判方式尤其是证据调查方式，并且因为各个法院每年审理的刑事再审案件数量很少，不同的再审案件如何操作尤其是如何进行证据调查，诉讼各方不一定熟悉，因此在庭前会议中明确证据调查的方式、步骤，是需要着重解决的问题。这一点有别于一审程序。在一审中部分庭前会议并未专门讨论证据调查方式及步骤并形成一致意见，对一审庭审不一定形成妨碍。因为一审公诉案件来源单一（检察机关提起公诉），并且法庭审理依法应围绕被告人刑事责任全面审理，控方的举证有明确的规范和惯常的方式，所以庭前会议讨论举证质证方式的程序意义不似再审那样突出。

第二，关于《排除非法证据规程》的适用问题。

关于该规程的适用范围，《排除非法证据规程》第35条作出了明确的规定："审判监督程序、死刑复核程序中对证据收集合法性的审查、调查，参照上述规定。"这是"三项规程"中唯一明确规定审判监督程序参照执行的规范文件，其可适用性已无疑问。然而，如前所述，审判监督程序即再审程序毕竟有自身的特点，"参照执行"应与"遵照执行"有所区别。那么，在再审程序中《排除非法证据规程》的适用有何特点，执行规程与一审程序有何区别，仍系可探讨的问题。

应当看到，《排除非法证据规程》关于非法证据范围的实体性规定以及全部程序性规定，在再审程序中均可适用，但在再审程序中适用这一规程时有一些特殊的要求，并应通过完善制度形成有效的规范。其中有两点较为重要：其一，法院对"排除非法证据"（以下简称"排非"）的审查应体现再审的特点。对"排非"问题的庭前审查，应当在该规程第7条所规定的承办法官对证据合法性进行庭前审查的基础上增加再审程序的特别要求。法官的审查至少应当增加3项审查内容：（1）审查"排非"要求是否属于新的诉讼请求，即在原审程序中是否提出。（2）审查是否就"排非"提出了新证据或新的证据线索或材料。（3）审查原审对"排非"问题的处理是否正确。其二，法院作出"排非"的决定也应体现再审的特点，遵循再审规律。如果有符合法律和规程要求的新证据或证据线索或材料，那么应当启动"排非"程序；反之，则不能启动。如果原审不启动程序或不排除争议证据的处理正确或基本正确，那么不再启动"排非"程序；反之，即使没有新证据或证据线索或材料，但经审查原判，认定原处理确有错误，亦应启动再审程序中的"排非"程序。

第三，关于《法庭调查规程》的适用问题。

该文件被称为"第一审普通程序法庭调查规程"，文件名即标明适用范围，不同于其他两个规程。并且，在文内也没有其他程序参照适用的规定。可见，该规程能否参照适用于一审普通程序以外的程序还需分析确认。

本书认为，根据《刑事诉讼法》第242条的规定，除法律作出专门规定的外，二审审判参照第一审程序的规定进行。二审审判在注意二审特殊性的情况下，可以参照适用该法庭调查规程。根据《刑事诉讼法》第256条要求再审审判程序分别依照第一审审判程序和第二审审判程序审判的原则性规定，一审普通程序的法庭调查规程，在再审审判中应可参照适用。然而，该规程就一审普通程序证据调查的规定与《刑事再审案件程序规定》的要求有区别，而两份规范性文件均为有约束力的司法规范性文件，虽然《法庭调查规程》是最新文件，而规定再审开庭的《刑事再审案件程序规定》是 20 多年前制定的文件，但是后者毕竟是专门对再审程序作出的规定，在其效力尚存的情况下，再审的程序适用，首先应当适用后者。然而由于《刑事再审案件程序规定》对于法庭调查的规定较为简略，而根据再审案件的具体情况，需要按照一审或二审审判程序展开法庭调查时，则可参照适用《法庭调查规程》的有关规定。

《法庭调查规程》与《刑事再审案件程序规定》的主要区别是：其一，前者的证据调查是围绕定罪与量刑进行全面调查，而后者仅围绕案件中可能"确有错误"的问题（争议问题）展开调查；其二，前者的证据调查方式是针对指控事实全面举证质证，而后者则主要针对"新证据"及有异议的原审证据进行调查；其三，再审因其处于不同的诉讼阶段及程序提起的主体不同，调查的具体程序和顺序与一审普通程序有一定的区别。例如，因原审被告人（上诉人）申诉而提起再审的案件，法庭调查将围绕经申诉审查程序审查的原审被告人（上诉人）的申诉进行，作为审理对象的"诉"以及证据调查顺序与一审普通程序不同。就上述问题，再审案件的证据调查不适用《法庭调查规程》的有关规定。但《法庭调查规程》全面规定了刑事审判法庭调查的原则和规范，包含 5 个方面的内容：（1）法庭证据调查应遵循的原则；（2）开头程序和讯问、发问程序；（3）出庭作证程序；（4）举证、质证程序；（5）认证规则。这些原则和规范除不符合再审要求因而与《刑事再审案件程序规定》相冲突的以外，在再审案件的证据调查中应可参照适用。例如，法庭调查应遵循"证据裁判""程序公正""集中审理""诉权保障"等原则，调查当事人及证人等人证以及其他证据举证、质证的方法，合议庭认证的规则等，目前均可在再审审判中参照适用。而在刑事审判实务中参照适用这些规定，有利于丰富和完善再审审判的程序规则和证据规则，满足再审"庭审实质化"的现实需要。

三、判决、裁定

法院按照审判监督程序重新审判案件以后，应当根据案件的不同情况分别作出如下处理。

第一，原判决、裁定认定事实和适用法律正确、量刑适当的，应当裁定驳回申诉或者抗诉，维持原判决、裁定。

第二，原判决、裁定定罪准确、量刑适当，但在认定事实、适用法律等方面有瑕疵的，应当裁定纠正并维持原判决、裁定。

第三，原判决、裁定认定事实没有错误，但适用法律错误，或者量刑不当的，应当撤销原判决、裁定，依法改判。

第四，依照第二审程序审理的案件，原判决、裁定事实不清或者证据不足的，可以在查清事实后改判，也可以裁定撤销原判，发回原审人民法院重新审判。

第五，原判决、裁定事实不清或者证据不足，经审理事实已经查清的，应当根据查清的事实依法裁判；事实仍无法查清，证据不足，不能认定被告人有罪的，应当撤销原判决、裁定，判决宣告被告人无罪。此外，原判决、裁定认定被告人姓名等身份信息有误，但认定事实和适用法律正确、量刑适当的，作出生效判决、裁定的人民法院可以通过裁定对有关信息予以更正。

对再审改判宣告无罪并依法享有申请国家赔偿权利的当事人，人民法院宣判时，应当告知其在判决发生法律效力后可以依法申请国家赔偿。

四、上诉、抗诉

对于按照第一审程序进行重新审判作出的判决、裁定，自诉人、被告人或者他们的法定代理人，以及经被告人同意的辩护人、近亲属，附带民事诉讼的当事人及其法定代理人，有权提出上诉。

人民检察院对于按照审判监督程序审判的案件，认为法院作出的判决、裁定仍然有错误的，如果案件是依照第一审程序审判的，同级人民检察院应当通过原审法院向上级法院提出抗诉；如果案件是依照第二审程序审判的，上一级人民检察院应当向同级法院提出抗诉。

五、审理期限

法院按照审判监督程序重新审判的案件，应当在作出提审、再审决定之日起 3 个月以内审结，需要延长期限的，不得超过 6 个月。接受抗诉的法院按照审判监督程序审判抗诉的案件，审理期限适用这一规定。需要指令下级法院再审的，应当自接受抗诉之日起 1 个月以内作出决定，下级法院审理案件的期限也适用这一规定。

第十二章　未成年人刑事案件诉讼程序

第一节　未成年人刑事案件诉讼程序的基本问题

1979 年和 1996 年《刑事诉讼法》并没有针对未成年人刑事案件设置专门的程序，仅在个别条文中作出了有别于成年人的零散规定。直到 2012 年《刑事诉讼法》修改，我国未成年人刑事案件诉讼程序才从分散立法发展为专章立法，在第五编"特别程序"中予以专章规定，从而大幅提升了未成年人刑事案件诉讼程序的容量、独立性和整体性，强化了对未成年人权利的程序保障，也更适应未成年人身心特点及预防和减少其犯罪的需要。2018 年《刑事诉讼法》修改并未对专章的内容进行实质修改，但有关未成年人认罪认罚后是否适用速裁程序以及是否需要具结等问题在修改中也有涉及。

未成年人刑事案件诉讼程序是指依法对涉嫌犯罪的未成年人确定其刑事责任和适当的处遇措施时所适用的一系列诉讼程序和制度的总称。在我国，广义的未成年人刑事案件诉讼程序还包括涉及未成年被害人等未成年人诉讼参与主体的程序与制度。由于 2012 年《刑事诉讼法》修订设立专章只是规定了有别于普通刑事诉讼程序的特殊规定，专章中未予规定的内容，仍然适用有关普通程序的规定。因此，我国未成年人刑事案件诉讼制度同时具备了特殊性与一般性的特点，既包括未成年人案件适用《刑事诉讼法》前四编（总则，立案、侦查和提起公诉，审判，执行）和第五编特别程序中规定的制度与程序，也包括在此基础上特别增加的法律援助辩护、合适成年人到场、不公开审理、犯罪记录封存等针对未成年人的特殊程序。

贯彻教育、感化、挽救的方针和最有利于未成年人原则，落实执行好未成年人刑事案件诉讼程序，应当注意以下几个基本问题。

一、正确理解未成年人刑事案件诉讼程序

鉴于未成年人的身心特点，未成年人司法的目的、功能与成年人普通刑事司法程序有着根本的区别。这是因为未成年人生理和心理发育尚未成熟，不完全具备正确认知、情绪管理和行为控制的能力，缺乏独立辨别是非的能力，并且受成长背景、家庭环境和不良朋辈等社会因素影响较大，实施犯罪行为往往具有较大的冲动性、盲目性和突发性。特别是涉罪未成年人还处于向成年人过渡的关键阶段，可塑性强，复归社会可能性较大。另外，未成年人自我保护的能力相对较弱，对于法律和诉讼行为难以有正确和全面的理解，需要予以特殊的支持和保护。

未成年人司法重点"关注的是行为人的回归而不是对行为的惩罚，其目的是促进涉罪未成年人回归社会，帮教、监督、考察恰恰是少年司法最重要的内容"[1]。这种行为人主义的制度立场不是对犯罪行为本身的报应和制裁。齐姆林（F. E. Zimring）教授"见习许可期"的观

---

① 宋英辉：《从六个方面着手推进少年司法社会支持体系》，载《检察日报》2015 年 6 月 29 日，第 6 版。

点认为，少年只有通过正常的社会实践方能习得长大成人的经验，犯错误是正常现象，虽有一定程度的可归责性，但有着相当程度上的可宽宥性，其正常社会化及人格发展机会是应当尽量予以保全的。① 因此，这一基本立场上的差别要求我们从以下几个方面正确理解未成年人刑事案件诉讼程序：一是重视非羁押、非监禁化和分流转处，为涉罪未成年人提供着眼于其未来发展的处理、分流和矫治机制，避免简单的刑罚惩罚等不当干预方式对其人格形成带来负面影响。例如，建立专门适用于未成年人的附条件不起诉制度，为涉罪未成年人提供更为符合教育、感化、挽救方针的转处途径。二是重视合适成年人、法律援助等特定诉讼措施，为进入刑事诉讼程序的未成年人提供特定的保护和协助机制。三是注重对未成年被害人及证人的保护，避免因诉讼活动给他们带来伤害。例如，对未成年被害人询问时应当有法定代理人或合适成年人在场，尽量减少询问的次数，提供必要的心理疏导等帮助，法庭审理过程中未成年人被害人和证人一般不出庭作证，等等。

二、诉讼程序专门化建设与办案主体专门化建设

未成年人刑事案件诉讼程序有别于成年人案件的规定及其背后蕴含的特殊理念与原则能否实现，很大程度上取决于办案主体能否实现专门化。因此，办案主体专门化是未成年人刑事案件诉讼程序的基础和首要内容。《刑事诉讼法》第 277 条第 2 款规定，人民法院、人民检察院和公安机关办理未成年人刑事案件，应当保障未成年人行使其诉讼权利，保障未成年人得到法律帮助，并由熟悉未成年人身心特点的审判人员、检察人员、侦查人员承办。2020 年修订的《未成年人保护法》第 101 条进一步作出明确要求：公安机关、人民检察院、人民法院和司法行政部门应当确定专门机构或者指定专门人员，负责办理涉及未成年人案件。办理涉及未成年人案件的人员应当经过专门培训，熟悉未成年人身心特点。专门机构或者专门人员中，应当有女性工作人员。公安机关、人民检察院、人民法院和司法行政部门应当对上述机构和人员实行与未成年人保护工作相适应的评价考核标准。2020 年修订的《预防未成年人犯罪法》第 7 条规定，公安机关、人民检察院、人民法院、司法行政部门应当由专门机构或者经过专业培训、熟悉未成年人身心特点的专门人员负责预防未成年人犯罪工作。《社区矫正法》第 52 条第 2 款也规定，社区矫正机构为未成年社区矫正对象确定矫正小组，应当吸收熟悉未成年人身心特点的人员参加。此外，办案主体专门化也包括对提供法律援助的律师和人民陪审员的要求。《未成年人保护法》第 104 条第 2 款规定，法律援助机构应当指派熟悉未成年人身心特点的律师为未成年人提供法律援助服务。《刑诉解释》第 549 条第 2 款要求，参加审理未成年人刑事案件的人民陪审员，可以从熟悉未成年人身心特点、关心未成年人保护工作的人民陪审员名单中随机抽取确定。

《刑诉解释》第 549 条、《刑诉规则》第 458 条和《公安机关办理刑事案件程序规定》第 319 条也作出了类似的规定。

总结起来，办案主体专门化包括以下几方面内容：一是办案机构或者办案队伍的独立与专门化，即公安机关、检察机关、审判机关等都应该设立专门办理未成年人案件的部门或者人员，并采用区别于成年人案件的评价机制；二是推进办案机关内部相关职能的整合与统一，即每个办案机关内部与未成年人相关的职能与业务都应当进行整合，由专门办理未成年人案件的部门负责，实现对未成年人的整体性保护，检察机关从 2021 年开始全面推动的未成年人检察

---

① Franklin E. Zimring, *American Juvenile Justice*, New York, Oxford University Press, 2005.

业务集中统一办理即属于这一方面；三是机构和人员专门化的目的是实现专业化，即办案人员应当熟悉未成年人的身心特点，具有办理未成年人案件的专业能力，尤其是开展帮教、监督考察以及链接社会资源推动社会参与的能力。

三、未成年人刑事案件程序的特殊要求

考虑到我国未成年人刑事案件特别专章的附属性立法特点，在执行刑事诉讼一般流程中应当重视从立案到执行每一个环节都贯彻落实好未成年人刑事司法的特殊理念和特别要求。

（一）立案程序的特殊要求

未成年人刑事案件诉讼程序适用于未成年人涉嫌犯罪的案件。根据我国刑法有关刑事责任年龄的规定，未成年人涉嫌犯罪的案件具体是指犯罪嫌疑人、被告人实施涉嫌犯罪行为时已满14周岁未满18周岁的刑事案件，以及《刑法修正案（十一）》所规定的已满12周岁不满14周岁犯故意杀人、故意伤害罪，致人死亡或者以特别残忍手段致人重伤造成严重残疾，情节恶劣，经最高人民检察院核准追诉的案件。按照刑事诉讼法和司法解释的规定，适用未成年人刑事案件诉讼程序除了考虑犯罪嫌疑人、被告人实施犯罪行为时的年龄外，还应当注意处理案件时的年龄。比如，《刑诉解释》第550条第1款规定，被告人实施被指控的犯罪时不满18周岁、人民法院立案时不满20周岁的案件由未成年人案件审判组织审理。

在未成年人刑事案件的立案程序中，应当重点审查其出生的年、月、日，并查清是否达到刑事责任年龄。《公安机关办理刑事案件程序规定》第321条规定，公安机关办理未成年人刑事案件时，应当重点查清未成年犯罪嫌疑人实施犯罪行为时是否已满14周岁、16周岁、18周岁的临界年龄。经过审查，对于不符合立案条件，如未达刑事责任年龄，情节显著轻微、危害不大，不认为是犯罪的，可将案件材料转交有关部门处理，或通知其监护人严加监管、教育，并且要协调各方，落实帮教措施；对于符合立案条件的，制作立案报告，应当着重写明犯罪嫌疑人、被告人的确切出生时间，生活、居住环境，心理、性格特征，走上犯罪道路的原因等有关情况。

（二）侦查程序的特殊要求

未成年人刑事案件的侦查程序，除了贯彻全面调查、保密等原则外，尤其应当注意采用与未成年人身心特点相适应的传唤和讯问方法。传唤未成年犯罪嫌疑人、被告人，可以采用较为缓和的方式，如通过其父母、监护人进行。讯问未成年犯罪嫌疑人应当采取适合未成年人的方式，可以选择其较为熟悉的场所，耐心细致地听取其供述或者辩解，认真审核、查证与案件有关的证据和线索，并针对其思想顾虑、恐惧心理、抵触情绪进行疏导和教育。讯问女性未成年犯罪嫌疑人，应当有女工作人员在场。讯问未成年犯罪嫌疑人一般不得使用戒具。对于确有人身危险性，必须使用戒具的，在现实危险消除后，应当立即停止使用。公安机关办理未成年人遭受性侵害或者暴力伤害案件，在询问未成年被害人、证人时，应当采取同步录音录像等措施，尽量一次完成；未成年被害人、证人是女性的，应当由女性工作人员进行。

（三）辩护与法律援助程序的特殊要求

在侦查、起诉、审判阶段，只要未成年犯罪嫌疑人、被告人没有委托辩护人，公安机关、检察机关、审判机关就有义务通知法律援助机构指定律师为其提供辩护。需要注意的是，判断

是否需要通知法律援助机构为其指定律师是以到案和审判时的年龄为标准，而不是以实施涉嫌犯罪行为时的年龄为标准。

（四）审查逮捕程序的特殊要求

在未成年人案件的逮捕程序适用过程中，应当严格限制逮捕措施的适用。一是审查逮捕未成年犯罪嫌疑人，应当审查公安机关依法提供的证据和社会调查报告等材料。公安机关没有提供社会调查报告的，人民检察院根据案件情况可以要求公安机关提供，也可以自行或者委托有关组织和机构进行调查。二是审查逮捕未成年犯罪嫌疑人，应当重点审查其是否已满12周岁、14周岁、16周岁、18周岁。对犯罪嫌疑人实际年龄难以判断，影响对该犯罪嫌疑人是否应当负刑事责任认定的，应当不批准逮捕。需要补充侦查的，同时通知公安机关。三是人民检察院办理未成年犯罪嫌疑人审查逮捕案件，应当讯问未成年犯罪嫌疑人，听取辩护律师的意见，并制作笔录附卷。对于不予批准逮捕的案件，应当说明理由，连同案卷材料送达公安机关执行。需要补充侦查的，应当同时通知公安机关。必要时可以向被害方作说明解释。四是在作出不批准逮捕决定前，应当审查其监护情况，参考其法定代理人、学校、居住地公安派出所及居民委员会、村民委员会的意见，并在审查逮捕意见书中对未成年犯罪嫌疑人是否具备有效监护条件或者社会帮教措施进行具体说明。五是对未成年犯罪嫌疑人作出批准逮捕决定后，应当依法进行羁押必要性审查。对不需要继续羁押的，应当及时建议予以释放或者变更强制措施。《刑诉解释》第553条也要求，对未成年被告人应当严格限制适用逮捕措施。人民法院决定逮捕，应当讯问未成年被告人，听取辩护律师的意见。对被逮捕且没有完成义务教育的未成年被告人，人民法院应当与教育行政部门互相配合，保证其接受义务教育。

（五）审查起诉程序的特殊要求

一是关于听取意见与讯问未成年人和安排会见、通话。人民检察院审查起诉未成年犯罪嫌疑人，应当听取其父母或者其他法定代理人、辩护人、未成年被害人及其法定代理人的意见；应当讯问未成年犯罪嫌疑人的，讯问程序同上述侦查程序中的讯问。移送起诉的案件符合相关情形的，且其法定代理人、近亲属等与本案无牵连的，经公安机关同意，检察人员可以安排在押的未成年犯罪嫌疑人与其法定代理人、近亲属等进行会见、通话。[①]

二是关于审查起诉过程中的司法分流。人民检察院在审查未成年人刑事案件时，可以依法适用法定不起诉、酌定不起诉和证据不足不起诉制度。为体现对未成年人的特殊保护，《人民检察院办理未成年人刑事案件的规定》对适用酌定不起诉进行了特别规定，鼓励对未成年人

---

① 《未成年人刑事检察工作指引（试行）》第54条规定了下列情形：（1）案件事实已基本查清，主要证据确实、充分，安排会见、通话不会影响诉讼活动正常进行的；（2）未成年犯罪嫌疑人有认罪、悔罪表现，或者虽尚未认罪、悔罪，但通过会见有可能促使其转化，或者通过会见有利于社会、家庭稳定的；（3）未成年犯罪嫌疑人的法定代理人、近亲属对其犯罪原因、社会危害性以及后果有一定的认识，并能配合司法机关进行教育的；（4）其他可以安排会见的情形。第57条还要求，在押的未成年犯罪嫌疑人同其法定代理人、近亲属等进行会见、通话时，检察人员应当告知其会见、通话不得有串供或者其他妨碍诉讼的内容；会见、通话时检察人员可以在场；会见、通话结束后，检察人员应当将有关内容及时整理并记录在案。

适用酌定不起诉进行审前转处，包括一般应当酌定不起诉①和可以酌定不起诉②两种情形。

此外，2012 年《刑事诉讼法》修改专门针对未成年人刑事案件增设了附条件不起诉制度，为未成年犯罪嫌疑人的审前分流提供了新的途径，这一方面后续将予以详述。

（六）审判程序的特殊要求

未成年人刑事案件的审判程序，除了贯彻基本方针与原则外，还需遵循特殊的程序。

人民法院向未成年被告人送达起诉书副本时，应当向其讲明被指控的罪行和有关法律规定，并告知其审判程序和其享有的诉讼权利、义务。对未成年人刑事案件决定适用简易程序审理的，人民法院应当征求未成年被告人及其法定代理人、辩护人的意见。上述人员提出异议的，不适用简易程序。对于未成年人涉嫌犯罪的案件，同样不适用速裁程序。

人民法院应当在辩护台靠近旁听区一侧为未成年被告人的法定代理人或合适成年人设置席位。审理可能判处 5 年有期徒刑以下刑罚或者过失犯罪的未成年人刑事案件，可以采取适合未成年人特点的方式设置法庭席位。法庭审理过程中，审判人员应当根据未成年被告人的智力发育程度和心理状态，使用适合未成年人的语言表达方式。发现有对未成年被告人威胁、训斥、诱供或者讽刺等情形的，审判长应当制止。法庭辩论结束后，法庭可以根据未成年人的生理、心理特点和案件情况，对未成年被告人进行法治教育。开庭审理涉及未成年人的刑事案件，未成年被害人、证人一般不出庭作证；必须出庭的，应当采取保护其隐私的技术手段和心理干预等保护措施。控辩双方提出对未成年被告人判处管制、宣告缓刑等量刑建议的，应当向法庭提供有关未成年被告人能够获得监护、帮教以及对所居住社区无重大不良影响的书面材料。对未成年人刑事案件宣告判决应当公开进行，但不得采取召开大会等形式。对依法应当封存犯罪记录的案件，宣判时，不得组织人员旁听；有旁听人员的，应当告知其不得传播案件信息。定期宣告判决的未成年人刑事案件，未成年被告人的法定代理人无法通知、不能到庭或者是共犯的，法庭可以通知合适成年人到庭，并在宣判后向未成年被告人的成年亲属送达判决书。

（七）执行程序的注意事项

将未成年罪犯送监执行刑罚或者送交社区矫正时，人民法院应当将有关未成年罪犯的调查报告及其在案件审理中的表现材料，连同有关法律文书，一并送达执行机关。人民法院可以与未成年罪犯管教所等服刑场所建立联系，了解未成年罪犯的改造情况，协助做好帮教、改造工作，并可以对正在服刑的未成年罪犯进行回访考察。

被判处管制、宣告缓刑、免除刑事处罚、裁定假释、决定暂予监外执行等的未成年罪犯，

---

① 《人民检察院办理未成年人刑事案件的规定》第 26 条规定，对于犯罪情节轻微，具有下列情形之一，依照刑法规定不需要判处刑罚或者免除刑罚的未成年犯罪嫌疑人，一般应当依法作出不起诉决定：（1）被胁迫参与犯罪的；（2）犯罪预备、中止、未遂的；（3）在共同犯罪中起次要或者辅助作用的；（4）系又聋又哑的人或者盲人的；（5）因防卫过当或者紧急避险过当构成犯罪的；（6）有自首或者立功表现的；（7）其他依照刑法规定不需要判处刑罚或者免除刑罚的情形。即只要具有上述 7 种情形之一，人民检察院一般"应当"作出不起诉的决定，而不是在成年人案件中适用《刑事诉讼法》第 177 条第 2 款"可以"作出不起诉的决定。

② 对于未成年人实施的轻伤害案件、初次犯罪、过失犯罪、犯罪未遂的案件以及被诱骗或者被教唆实施的犯罪案件等，情节轻微，犯罪嫌疑人确有悔罪表现，当事人双方自愿就民事赔偿达成协议并切实履行或者经被害人同意并提供有效担保，符合《刑法》第 37 条规定，人民检察院可以作出酌定不起诉，并可以根据案件的不同情况，予以训诫或者责令具结悔过、赔礼道歉、赔偿损失，或者由主管部门予以行政处罚。

具备就学、就业条件的，人民法院可以就其安置问题向有关部门提出司法建议，并附送必要的材料。对未完成义务教育的未成年社区矫正对象，社区矫正机构应当通知并配合教育部门为其完成义务教育提供条件，未成年社区矫正对象的监护人应当依法保证其按时入学接受并完成义务教育；年满 16 周岁的社区矫正对象有就业意愿的，社区矫正机构可以协调有关部门和单位为其提供职业技能培训，给予就业指导和帮助；未成年社区矫正对象在复学、升学、就业等方面依法享有与其他未成年人同等的权利，任何单位和个人不得歧视。

为防止服刑期满、羁押释放的未成年人在复学、升学、就业时受到歧视，帮助其更好地回归社会，《刑事诉讼法》第 286 条则相应地规定了未成年人犯罪记录封存制度。该内容在本章第六节予以详述。

【实务问题探讨】犯罪嫌疑人称自己实际未达刑事责任年龄，骨龄鉴定又在临界刑事责任年龄上下的，在没有材料明确涉案未成年人年龄的情况下，能否确定其已经达到负刑事责任的年龄？

本书认为，在穷尽所有侦查和审查手段后，没有充分证据证明犯罪嫌疑人实施被指控的犯罪时已经达到法定刑事责任年龄且确实无法查明的，根据最高人民法院《关于审理未成年人刑事案件具体应用法律若干问题的解释》第 4 条第 1 款和《未成年人刑事检察工作指引（试行）》第 152 条第 2 款的规定，以及理论上"疑点利益归于犯罪嫌疑人、被告人"，应当作出有利于犯罪嫌疑人的推论，认定犯罪嫌疑人没有达到相应法定刑事责任年龄。

【实务问题探讨】侦查机关询问女性未成年证人的询问笔录未体现女性工作人员在场，此份证据能否作为定案证据？

有观点认为，《刑事诉讼法》第 281 条第 3 款规定，讯问女性未成年犯罪嫌疑人，应当有女工作人员在场。询问未成年被害人、证人同样适用这一规定。而"应当"即必须的意思。因此，侦查机关询问女性未成年人证人的询问笔录未体现出女性工作人员在场，此份证据不能作为定案依据，应作为非法证据排除。也有观点认为，对于公安机关询问未成年被害人或证人时，没有女工作人员在场，如果公安机关能够作出补正或者作出合理解释，可以作为证据使用。

最高人民法院、最高人民检察院、公安部等《关于办理刑事案件严格排除非法证据若干问题的规定》第 6 条规定，采用暴力、威胁以及非法限制人身自由等非法方法收集的证人证言、陈述，应当予以排除。第 7 条规定，收集物证、书证不符合法定程序，可能严重影响司法公正的，应当予以补正或者作出合理解释；不能补正或者作出合理解释的，对有关证据应当予以排除。而瑕疵证据属于侦查机关未侵犯公民的基本权利而仅仅是以轻微违法的方式获得的证据材料，只要能够补正或作出合理解释，仍可以作为证据使用。从另一个角度来说，排除非法证据主要是为了保证犯罪嫌疑人、被告人获得公正审判和实现程序正义的权利，没有女性工作人员在场收集的女性未成年人证言一般并不侵犯犯罪嫌疑人、被告人的上述权利，相反，如果一旦排除这一证人证言的询问笔录，很有可能为了办案的需要会对女性未成年证人进行再次询问，这反而会不利于未成年人的保护。

《刑诉解释》第 90 条对证人证言可以补正或者作出合理解释的规定，也体现了这一立场。

【实务问题探讨】圆桌审判适用范围问题。

本书认为，很多地区采用圆桌审判方式审理未成年人案件，以消除未成年被告人的恐慌、抵触心理，帮助未成年被告人更好更易接受判决结果，更有利于审判人员对青少年的教育。但是对于严重犯罪的未成年人，为取得更好的教育效果，可以采用严肃审判的方式。

第二节　未成年人刑事案件诉讼程序基本原则

未成年人刑事案件诉讼程序基本原则既是未成年人刑事司法理念的具体化，也是具体制度程序的基点，十分重要。就我国未成年人特别程序原则的内容来说，还存在一些不同的主张。有学者梳理了目前学术界代表性观点：第一种观点认为，少年保护应符合慈爱、协力、保密以及谦虚等原则。第二种观点认为，现代少年司法制度有三项原则：双向保护原则、刑罚个别化原则、最大利益原则（儿童优先原则）。第三种观点认为，我国少年司法的基本原则可以概括为：双向保护原则；预防为主、减少司法干预原则；教育为主、惩罚为辅原则；共同参与、综合治理原则。第四种观点认为，少年司法应当包括这样几个基本原则，即"儿童最佳利益"原则、儿童优先原则、工作人员专业化原则、非正式处理原则以及国际合作原则。第五种观点认为，未成年人特殊司法保护的六项原则是：依法保护原则、双向保护原则、相称原则、少年司法社会化原则、减少司法干预原则和少年司法专门化原则。[①]

本书以为，上述原则的主要内容可以归为以下两大类：一是党的政策方针在未成年刑事司法领域的具体体现；二是引入西方的少年司法的理念。前者包括教育为主、惩罚为辅的原则；后者有儿童最大利益原则、国家亲权理论等。本书认为，立足本土司法实践和国际公约精神，应当强化我国未成年人特别程序原则的理论整合，特别是倡导以下几个核心原则。

一、最有利于未成年人的原则

联合国《儿童权利公约》明确"关于儿童的一切行动，不论是由公私社会福利机构、法院、行政当局或立法机构执行，均应以儿童的最大利益为一种首要考虑"。作为处理所有涉及未成年人事项的"儿童最大利益原则"是联合国层面的政策文件及绝大多数国家少年司法发展所确立的一项核心原则，说是帝王条款也不为过。而最有利于未成年人的原则是联合国《儿童权利公约》所规定的"儿童最大利益原则"的中国本土化表达。

2020 年修订的《未成年人保护法》第 4 条规定，保护未成年人，应当坚持最有利于未成年人的原则。处理涉及未成年人事项，应当符合下列要求：（1）给予未成年人特殊、优先保护；（2）尊重未成年人人格尊严；（3）保护未成年人隐私权和个人信息；（4）适应未成年人身心健康发展的规律和特点；（5）听取未成年人的意见；（6）保护与教育相结合。上述六个

---

① 参见牛凯：《论少年司法制度的基本原则》，载《预防青少年犯罪研究》2012 年第 12 期。

方面的具体要求在未成年人刑事案件诉讼程序中都有所体现。

对于最有利于未成年人原则的内涵应该从以下几方面来把握：第一，最有利于未成年人原则的本质要求是要以未成年人权利为本位。第二，最有利于未成年人原则是处理涉及未成年人事项的普适性要求。最有利于未成年人原则是对作为未成年人相对方的所有成年人以及相关组织提出的有关保护未成年人职责与义务的普适性要求。第三，最有利于未成年人原则要求在权衡各方利益时给予未成年人利益特殊、优先的考虑。对未成年人利益的考虑应当全面和详尽，未成年人的健康状况、性格特点、个人意愿、生活状态、家庭环境、弱势程度、受保护需求等各方面的因素都应当纳入考虑之中，以准确评判和确定何为未成年人的最大利益。第四，最有利于未成年人原则要求广泛而有效的制度和程序保障。

最有利于未成年人原则的法律地位体现在以下几方面：首先，最有利于未成年人原则应当作为个案办理的权衡标准。办理涉及未成年人的案件，办案人员要将未成年人的个人情况和案件情况等各方面因素综合到一起进行权衡比较，在法律规定的范围之内选择出对未成年人利益最大化的实现方式。其次，最有利于未成年人原则应当作为对现行法律规定进行解释的重要依据。法律解释是法律适用的重要步骤。对涉及未成年人的法律规定进行解释，应当符合最有利于未成年人原则的要求。最后，最有利于未成年人原则应当是制度发展与体系建构的动力。最有利于未成年人原则适用不仅能够在个案中填补规则不完善带来的保护缺失，还能够由点及面，从整体上推动未成年人保护的制度发展和体系建构，增大保护力度，拓展保护范围，实现溯源治理。[①]

需要注意的是，未成年人最大利益原则的贯彻并非在于简单地减轻或免除未成年人的处遇责任，尤其是刑事处遇责任。相反，应当将教育刑理念贯穿到未成年人处遇中，以教育矫治为手段，对罪错未成年人进行分级处遇，将保护处分等内容归置于未成年人司法进程中，真正落实"双向保护"的工作理念。在涉及未成年人刑事案件诉讼程序的处理时，如果法律和司法解释缺乏明确的规定，也应当回归到最有利于未成年人的原则进行考虑，使最终作出的处理符合最有利于未成年人原则的要求。

二、全面调查原则

全面调查原则是指公安司法机关在办理未成年人刑事案件的过程中，不仅要调查案件事实，还要对未成年犯罪嫌疑人、被告人的生理与心理特征、性格特点、成长经历、社会交往、犯罪原因、监护教育和犯罪后的表现等情况进行调查，必要时还要进行医疗检查和心理学、精神病学的调查分析。《刑事诉讼法》第 279 条对全面调查原则进行了规定：公安机关、人民检察院、人民法院办理未成年人刑事案件，根据情况可以对未成年犯罪嫌疑人、被告人的成长经历、犯罪原因、监护教育等情况进行调查。

全面调查的目的在于通过调查分析，查清未成年犯罪嫌疑人、被告人走上犯罪道路的原因和条件，明确其复归社会可能面临的困难和再次违法犯罪的风险点，为教育、挽救涉罪未成年人确定有针对性的方案和具体方法，以取得良好的司法效果。全面调查相当于一次"体检"，而后续的矫治则需要建立在"体检"的基础之上。

---

① 参见童建明：《最有利于未成年人原则适用的检察路径》，载《中国刑事法杂志》2023 年第 1 期。

三、个别化处遇原则

个别化处遇原则是指刑事处遇不仅要充分考虑涉罪未成年人所犯罪行的严重程度，也要同时考虑其人身危险性大小，在综合考察各方面因素的基础上，再决定哪一种处遇及其具体执行方式是最有利于未成年人的，以有效地实现矫正和预防犯罪的目的。这里的处遇既包括各种非刑事或者非刑罚的处遇措施，也包括是否判处刑罚以及最合适的刑种、刑度及执行方式。这一原则的核心内容是要求充分关照未成年犯罪人的个体情况。即根据不同的案件情况和未成年犯罪人的具体情形，采取不同的措施，达到教育、挽救的目的。有学者指出，这一原则以其特有的价值推动了未成年人刑事司法的独立，主张未成年人刑事司法与普通刑事司法的二元分离。[①]

《刑诉规则》第457条规定，人民检察院办理未成年人刑事案件，应当贯彻"教育、感化、挽救"方针和"教育为主、惩罚为辅"的原则，坚持优先保护、特殊保护、双向保护，以帮助教育和预防重新犯罪为目的。其中优先保护和特殊保护是指应当根据未成年人的身心特点并针对未成年人所享有的特殊权利给予优先和特殊的保护，对于确有特殊困难、特殊需求的未成年人，应当予以特殊帮助。

四、社会参与原则

社会参与原则是指在未成年人刑事案件诉讼程序中融入社会因素，由社会力量在刑事诉讼各个环节对未成年人提供辅助和支持，包括将社会调查、讯问和审判时在场、观护帮教和相关教育辅导等委托给社会力量承担或由社会力量参与。社会参与不仅有助于更好地维护未成年人的诉讼权利与其他合法权益，还能帮助保持未成年人与社会的正常联系，减少刑事诉讼程序对未成年人产生的消极影响，有助于其重新回归社会。

回顾未成年人刑事司法制度的历史，从美国发轫并传播到其他国家的世界性少年法院运动并不是简单的司法制度的改革，也是社会公共福利运动的一部分。在长期共生共长中，少年司法与儿童福利逐渐形成了你中有我、我中有你的体系框架。[②] 在福利理念的引导下，遵循儿童最大利益原则和国家亲权理论，借由福利机构的积极介入与协助，采用专业性的社会工作方法，从而提升了对涉罪未成年人福利性的照料和监管的水平。《联合国少年司法最低限度标准规则》要求会员国应尽力创造条件确保少年能在社会上过有意义的生活，并在其一生中最易沾染不良行为的时期使其成长和受教育的过程尽可能不受犯罪和不法行为的影响。应充分注意采取积极措施，这些措施涉及充分调动所有可能的资源，包括家庭、志愿人员及其他社区团体以及学校和其他社区机构，以便促进少年的幸福，减少根据法律进行干预的必要，并在他们触犯法律时对他们加以有效、公平及合乎人道的处理。

《刑诉解释》第547条规定，人民法院应当加强同政府有关部门、人民团体、社会组织等的配合，推动未成年人刑事案件人民陪审、情况调查、安置帮教等工作的开展，充分保障未成年人的合法权益，积极参与社会治安综合治理。《刑诉规则》第457条第2款也规定，人民检察院可以借助社会力量开展帮助教育未成年人的工作。

在我国，社会参与原则主要内容的落实需要依赖社会支持体系的建设。刑事诉讼法所规定

---

① 参见姚建龙：《超越刑事司法：美国少年司法史纲》，法律出版社2009年版，第114页。
② 参见张鸿巍：《儿童福利法论》，中国民主法制出版社2012年版，第133页。

的合适成年人讯问和审判时到场、社会背景调查和附条件不起诉的监督考察等都强调社会支持体系的参与。2014 年、2015 年，最高人民检察院发布了《关于进一步加强未成年人刑事检察工作的通知》《检察机关加强未成年人司法保护八项措施》，均明确提出要推动建立未成年人司法借助社会专业力量的长效机制。2018 年 2 月，最高人民检察院、团中央共同签署《关于构建未成年人检察工作社会支持体系合作框架协议》中，明确提出了"未成年人检察工作社会支持体系"这一名称。2020 年修订的《未成年人保护法》对社会支持工作作出了明确规定，其中第 99 条规定："地方人民政府应当培育、引导和规范有关社会组织、社会工作者参与未成年人保护工作，开展家庭教育指导服务，为未成年人的心理辅导、康复救助、监护及收养评估等提供专业服务。"第 116 条规定："国家鼓励和支持社会组织、社会工作者参与涉及未成年人案件中未成年人的心理干预、法律援助、社会调查、社会观护、教育矫治、社区矫正等工作。"2020 年修订的《预防未成年人犯罪法》第 9 条规定："国家鼓励、支持和指导社会工作服务机构等社会组织参与预防未成年人犯罪相关工作，并加强监督。"

　　强化社会支持的有效性，需要建立保障措施。[①] 首先，提高社会参与和服务效率的措施，包括服务需求信息共享平台保障服务的及时性，提高工作效率。其次，提升社会支持效益的措施，即跨机构、跨区域协作及资源链接机制，使社会力量在发挥各自优势的同时形成合力，以提高社会参与的综合效益。最后，提高社会参与实际效果的措施，即引入司法社工的专业力量并不断与司法工作相融合，通过司法工作与社会工作的同步发展以提高工作质量，保障未成年人刑事司法达到预期的效果。

　　【实务问题探讨】 如何理解教育与惩罚的内在关系？

　　教育为主、惩罚为辅原则是我国未成年人刑事案件诉讼程序区别于成年人刑事司法最重要的理论内核，其中包含的矫正主义理念奠定了我国现代未成年人司法发展的理论基础。《刑事诉讼法》第 277 条第 1 款规定，对犯罪的未成年人实行教育、感化、挽救的方针，坚持教育为主、惩罚为辅的原则。《刑诉解释》第 546 条、《刑诉规则》第 457 条和《公安机关办理刑事案件程序规定》第 317 条均对此作出了明确规定。

　　应当全面理解教育与惩罚的内在关系。惩罚和教育并不是矛盾的，对犯罪的未成年人进行教育和感化，并不是说对应当追究刑事责任的不予追究刑事责任，或无原则地不予处罚，对于主观恶性大、犯罪较重的，在教育的同时可以辅以适当的刑罚措施。坚持教育为主、惩罚为辅的原则，需要注意的是，不能单纯以惩罚为目标，惩罚也是为了教育服务的，同时可罚可不罚的尽量不罚，以利于犯罪的未成年人今后改过自新、重返社会作为是否惩罚以及如何惩罚的标准。

　　需要注意的是，"教育为主、惩罚为辅"原则长期没有被赋予具体内容和规范标准，而仅仅作为一种抽象的理念。没有通过明确的规范内容嵌入未成年人刑事司法特殊程序设计之中，教育挽救理念没有具体教育帮教措施来配套，缺乏司法办案标准化操作的强制力，在司法实践中，弹性、抽象的教育着重点就异化为

---

① 参见席小华、史卫忠：《建构未成年人司法社会支持体系的理论框架与实践路径》，载《预防青少年犯罪研究》2020 年第 5 期。

狭义的思想教育和认罪服法教育，很多工作措施浮在表面，不能有效解决涉罪未成年人存在的生活困难、面临的危险境地等，出现了"可教可不教""教不教差不多""教不好、管不住"等问题，使教育为主、惩罚为辅这一基本政策和司法原则实际上陷入了说教力度不足、惩罚作用有限的两难困境，没有发挥好刑事政策应有的功能。

应当将"教育为主、惩罚为辅"的要求贯穿刑事诉讼的全部过程。在侦查阶段，办案人员讯问未成年犯罪嫌疑人时需要将获取口供与教育未成年犯罪嫌疑人密切结合起来，全面了解未成年犯罪嫌疑人的生活与学习环境、成长经历、性格特点、心理状态及社会交往等情况，采取适合未成年犯罪嫌疑人特点的方式进行讯问。在审查起诉阶段，办案人员需要结合未成年犯罪嫌疑人的情况进行有针对性的教育，对于符合不起诉条件的未成年犯罪嫌疑人，检察机关作出不起诉决定时需要对其进行教育或开展相应的监督考察，防止重新犯罪。在审判阶段，对于构成犯罪的未成年人，办案人员应当帮助其认识犯罪原因和犯罪行为的社会危害性，做到寓教于审，惩教结合。

应当将原则性、抽象性的刑事政策实质化，完善"保护优先、福利为底"的教育帮教措施。[1] 特别是针对存在生活缺陷的涉罪未成年人，教育挽救应该着眼于未成年人的独立生活、抵御社会风险的能力，重点是增设提高劳动技能的社会服务、假日生活辅导、保护观察等内容，不断完善我国多元化的司法教育帮教措施。有效的教育应当在日常生活中进行，因此特别需要相应的社会支持。在保证政府部门（包括司法机关）进行主导和政府承担首要责任的前提下，还要充分发挥社会团体和社会组织等的积极作用，为有效贯彻教育为主、惩罚为辅原则提供必要的社会支持条件。

【实务问题探讨】 如何理解对涉罪未成年人的教育挽救与双向保护？

双向保护原则是指社会利益、社会安全的防护和未成年人利益均应受到保护。这一原则被认为来源于《联合国少年司法最低限度标准规则》第1.4条的规定，即少年司法应视为是在对所有少年实行社会正义的全面范围内的各国发展进程的一个组成部分，同时还应视为有助于保护青少年和维护社会的安宁秩序。但在个案处理操作层面有时出现了冲突。第一种观点认为，与以往少年保护理念更加强调少年利益和行为人性格特征相比，责任理念更加关注少年的行为和后果的特征，强调社会、社区的安全、利益以及对受害人的保护和补偿。[2] 第二种观点认为，在坚持双重保护的同时，更注重少年优先的原则。在操作层面上两种利益发出冲突时，社会（成人）利益应当让位于未成年人利益，因为未成年人利益优先一定是相对于成人利益和社会利益的。[3] 本书认为，不能把保护涉罪未成年人同保护社会利益对立起来。如果没有对涉罪未成年人的身心进行有效的教育挽救

---

① 参见王广聪：《"教育为主、惩罚为辅"刑事政策的福利化改造》，载《青少年犯罪问题》2019年第6期。
② 参见赵国玲、王海涛：《少年司法主导理念的困境、出路和中国的选择》，载《中州学刊》2006年第6期。
③ 参见张寒玉、王英：《未成年人检察问题研究》，中国检察出版社2017年版，第28页。

而导致重新犯罪，受损的才是社会的根本利益。从社会的长远利益的角度来考虑，对涉罪未成年人进行教育挽救，使其真正悔过自新、回归社会，成为对社会和国家有用的建设者，这才符合社会根本、长远的利益。

【实务问题探讨】 如何理解对未成年被害人同等保护？

同等保护原则是指对未成年犯罪人和被害人都要同等地、平等地予以保护，不能只重视对涉罪未成年人的保护而忽视对未成年被害人的保护。当前存在一些"对涉罪未成年人过度保护""打击了未成年犯罪人才是保护未成年被害人"等观点，将保护涉罪未成年人与保护未成年被害人对立起来。本书认为，保护未成年被害人的前提并不是建立在对涉罪未成年人定罪处罚这种"严厉打击"的前提之上的，两者既不是因果关系，也不是对立关系。被害人由于犯罪所遭受的身心损害并不能够简单依靠对未成年犯罪人的定罪判刑而自然消除。对未成年被害人的保护，需要更加耐心细致地工作，可以从心理疏导、身体康复治疗、困难救助及社会支持等方面开展工作。

【实务问题探讨】 作为行政案件时公安机关询问未成年被害人，转为刑事案件后，被害人及法定代理人不配合询问，原询问笔录能否作为证据使用？

有观点认为，按照刑事诉讼法和《刑诉规则》规定，在行政案件中的言词证据在刑事案件中需要重新收集。如果按照法律规定，那么该案的未成年被害人如果不重新接受公安机关的询问，其之前的言词证据不能作为本案的定罪证据。还有观点认为，从最有利于未成年人的原则出发，被害人之前的询问材料经过审查和质证后，如果该言词证据符合证据的"三性"，且有其他证据与之相互印证，那么仍可以作为证据使用。即使不能作为直接定罪证据，也可以用于印证其他证据。本书基本同意第二种观点。

第三节 未成年人的特殊诉讼权利

面对刑事诉讼这样正式的司法程序，身心尚未成熟的未成年犯罪嫌疑人、被告人对司法程序的性质、法律后果的认知以及表达意见和行使权利会受到一定局限，有必要赋予其特殊的诉讼权利以实现特殊保护。因此在刑事诉讼中，未成年犯罪嫌疑人、被告人除享有成年犯罪嫌疑人、被告人享有的各项诉讼权利外，还享有一系列特殊的权利，包括：法定代理人或合适成年人在场的权利、获得法律援助的权利、原则上不得对未成年犯罪嫌疑人、被告人使用戒具的权利等。未成年被害人与证人在刑事诉讼中也享有一些特殊的权利。本节主要讨论法定代理人或合适成年人到场的权利和获得法律援助的权利。

一、法定代理人或合适成年人到场的权利

在我国，有学者对涉罪未成年人的调查发现，与成年人相比，对未成年人来说，讯问程序中的司法伤害并非一种假设，而是一种实际存在。这些心理反应在紧张、害怕、悔恨、焦虑、

恐惧等方面更加强烈。① 法定代理人或者合适成年人到场，是指由法定代理人或其他合适的成年人参与刑事诉讼程序以维护未成年人权益的制度。② 其价值一方面可以弥补未成年人诉讼能力局限的不足，消除未成年人心理上的恐惧和抗拒，有利于刑事诉讼的正常开展；另一方面，还可以防止在诉讼活动中，由于违法行为对未成年人合法权益造成侵害。

2012 年《刑事诉讼法》将"可以"修改为"应当"通知其法定代理人到场，进一步加强了对未成年人诉讼权利的保护。特别是合适成年人制度的规定为法定代理人不能到场的未成年人提供了保护措施，进一步体现了讯问中对未成年人权利的保护。《刑事诉讼法》第 281 条及有关司法解释作出了具体规定：在讯问和审判未成年人时，应当通知未成年犯罪嫌疑人、被告人的法定代理人到场。无法通知、法定代理人不能到场或者法定代理人是共犯的，也可以通知未成年犯罪嫌疑人、被告人的其他成年亲属，所在学校、单位、居住地基层组织或者未成年人保护组织的代表到场，并将有关情况记录在案。其他成年亲属，所在学校、单位、居住地基层组织或者未成年人保护组织的代表通常也被称为合适成年人。③ 到场的法定代理人可以代为行使未成年犯罪嫌疑人、被告人的诉讼权利，具体包括：使用本民族语言文字进行诉讼；申请侦查人员、检察人员、审判人员、书记员、鉴定人、翻译人员回避；自行或在辩护人协助下进行辩护；讯问时拒绝回答侦查人员提出的与本案无关的问题；对审判人员、检察人员和侦查人员侵犯公民诉讼权利和人身侮辱的行为，有权提出控告；参加法庭调查、法庭辩论，对证据、案件情况和定罪、量刑发表意见。

法定代理人代为行使权利时不得侵犯未成年犯罪嫌疑人的合法权益。未成年犯罪嫌疑人明确拒绝法定代理人以外的合适成年人到场，且有正当理由的，可以准许，但应当在征求其意见后通知其他合适成年人到场。到场的法定代理人或者合适成年人认为办案人员在讯问、审判中侵犯未成年人合法权益的，可以提出意见。对合理意见，应当接受并纠正。讯问笔录应当交给到场的法定代理人或者合适成年人阅读或者向他宣读，并由其在笔录上签名、盖章或者捺指印确认。人民法院审理未成年人刑事案件，在讯问和开庭时，应当通知未成年被告人的法定代理人到场。法定代理人无法通知、不能到场或者是共犯的，也可以通知合适成年人到场，并将有关情况记录在案。到场的法定代理人或者合适成年人，除依法行使《刑事诉讼法》第 281 条第 2 款规定的权利外，经法庭同意，可以参与对未成年被告人的法庭教育等工作。

需要注意的是，在实践中，合适成年人讯问时在场的作用受制于诸多因素而难以有效发挥，存在"形式化"的情况，主要体现为以下几点：一是从规范侦查人员的讯问行为，保护未成年人的合法权益，并减弱司法程序对未成年人的负面影响与身心伤害的角度讲，合适成年人在首次讯问中"缺席"将错过保护未成年人的最佳时机。二是合适成年人在讯问前与讯问中缺乏与未成年人单独交流的时间与空间，交流效果不甚理想，严重制约了合适成年人在场的实际效果。三是未成年人对合适成年人在场的身份与作用实际上并不了解，更不清楚合适成年人能够为自己提供何种帮助。四是合适成年人对自身定位与应承担职责的认知存在偏差，合适

---

① 参见姚建龙：《权利的细微关怀——"合适成年人"参与未成年人刑事诉讼制度的移植和本土化》，北京大学出版社 2010 年版，第 91 页。

② 参见宋英辉、何挺、王贞会等：《未成年人刑事司法改革研究》，北京大学出版社 2013 年版，第 81 页。

③ 需要说明的是，《刑事诉讼法》本身没有"合适成年人"这一术语，在理论研究中，合适成年人的范围包括法定代理人和其他适当的成年人。2018 年《刑事诉讼法》修改后，相应司法解释修改并明确使用了"合适成年人"这一术语，并将"合适成年人"的内涵确定为法定代理人之外的其他合适成年人，例如《刑诉解释》第 90 条、第 94 条、第 555 条和《刑诉规则》第 465 条、第 468 条等都作出了类似的规定。

成年人将自身定位为消极的"旁听者"，仅对讯问过程的合法性进行监督与见证，沟通、抚慰与教育的功能在很大程度上被削弱了。五是合适成年人的权利行使受到限制，实践中合适成年人的签字对于未成年人供述的证据效力的影响有限，合适成年人难以通过拒绝签字履行其监督职责。① 这些形式化的问题，需要从充分理解合适成年人在场制度的价值以及对于未成年人的特殊意义基础上通过一系列配套措施予以解决。为了强化法定代理人与合适成年人讯问时在场的制度刚性，2021 年修改后的《刑诉解释》第 94 条明确规定，讯问未成年人，其法定代理人或者合适成年人不在场的，被告人的供述应当作为非法证据予以排除，不得作为定案的根据。

二、获得法律援助权利

法律援助在未成年人案件的刑事辩护中占有较大比重，即未成年人依法获得法律援助辩护要远远多于委托律师的辩护，法律援助律师是未成年人实现律师辩护权的主要力量。《刑事诉讼法》第 278 条及有关司法解释规定了未成年人法律援助制度，包括通知法律援助的责任主体、适用阶段、援助对象和通知指派程序等内容。《刑事诉讼法》第 278 条规定，未成年犯罪嫌疑人、被告人没有委托辩护人的，人民法院、人民检察院、公安机关应当通知法律援助机构指派律师为其提供辩护。根据该条规定，在侦查、起诉、审判阶段，只要未成年犯罪嫌疑人、被告人没有委托辩护人，公检法机关就有义务通知法律援助机构指定律师为其提供辩护，无论该未成年人是否因经济困难而没有委托辩护人。法律援助机构接到司法机关通知后，应当及时指派律师为未成年犯罪嫌疑人、被告人提供法律援助服务，并对律师的法律援助活动进行业务指导和监督，以确保法律援助案件的办理质量。司法实践中，公安司法机关通知法律援助机构指派律师担任辩护人后，未成年犯罪嫌疑人及其法定代理人与近亲属又自行委托辩护人，由未成年犯罪嫌疑人选择确定。

2012 年《刑事诉讼法》修改以来，法律援助的发展趋势是未成年人获得法律援助的阶段不断提前、援助范围不断扩大。② 但同时需要认识到，我国未成年人法律援助的质量还有待提高。总体而言，司法实践中审查起诉阶段、审判阶段基本上能做到对于所有未委托辩护人的未成年人全部提供法律援助。大部分法律援助律师较为积极履行职责，依照法律规定向办案人员提出书面的律师意见。但是我们也应当看到，表面上律师提出的意见采纳率比较高并不能直接得出律师发挥作用大的结论。例如，当律师拿到法律援助公函前往公安机关的时候，案件已经被移送到检察机关审查批准逮捕或者审查起诉，向侦查人员提出律师意见几乎没有时间，律师远远跟不上案件的进程。比如，法律援助律师出席庭审并发表意见使得审判活动符合刑事诉讼法的规定，保证了未成年人的法律援助权就是保障其辩护权，但相当数量的援助律师提交的辩护意见缺乏针对性，大多数为未成年人系初犯、偶犯、认罪悔罪态度好、法定应当减轻或免除处罚等"程式化"意见。可以说，法律援助律师通常都把办案重点放在案件定性和量刑上，未能结合未成年人的身心特点、未成年人司法保护和社会保护的特殊程序的需要，缺乏应有的意识和能力实现对未成年人进行身心抚慰和有效沟通，缺乏发现未成年人自身的问题和困境并向办案人提出有利于儿童利益最大化的解决方案的意识和能力，欠缺主动链接社会资源或者督促公检法机关链接社会资源落实观护帮教、心理咨询、风险评估、特困未成年人救助等未成年

---

① 参见何挺：《合适成年人讯问时在场：形式化背后的"无用论"反思》，载《环球法律评论》2019 年第 6 期。
② 参见宋英辉、何挺主编：《未成年人刑事案件诉讼程序研究综述》，中国检察出版社 2019 年版，第 57 页。

人特别程序的意识。

《未成年人保护法》第 104 条第 2 款和第 3 款规定，法律援助机构应当指派熟悉未成年人身心特点的律师为未成年人提供法律援助服务。法律援助机构和律师协会应当对办理未成年人法律援助案件的律师进行指导和培训。司法部公共法律服务管理局、中华全国律师协会也于 2020 年 9 月联合发布了《未成年人法律援助服务指引（试行）》，对办理性侵害未成年人法律援助案件、监护人侵害未成年人权益法律援助案件、学生伤害事故法律援助案件和其他侵害未成年人合法权益的法律援助案件的要求作出了规定。今后在确保对未成年人法律援助的覆盖面的基础上，还应当重点关注法律援助律师在办理未成年人案件中如何符合未成年人身心特点并与未成年人案件办理所秉持的"教育、感化、挽救"方针相契合。

【实务问题探讨】 讯问或询问未成年人时，法定代理人到场可能影响案件正常处理的，公安司法机关能否直接通知其他合适成年人到场？

有观点认为，在办理未成年人刑事案件中，讯问未成年犯罪嫌疑人与询问未成年被害人、未成年证人时应当首先通知其法定代理人到场，除非无法通知、法定代理人不能到场或者法定代理人是共犯的，才可以通知其他合适成年人到场。也有观点认为，在实践办案中，公安机关侦查阶段法定代理人若到场，干扰、阻碍未成年证人作证或者未成年被害人坚持拒绝法定代理人到场情形下，可以直接通知其他合适成年人到场。本书认为，原则上应当首先通知未成年人的法定代理人到场，法定代理人不能或不宜到场的，通知合适成年人到场。但应当坚持最有利于保护未成年人的原则，可以从个案具体情况进行判断法定代理人是否属于不宜到场的情形。

本书还认为，辩护律师可以担任合适成年人。没有法律规定禁止律师担任合适成年人，同时律师基于其较高的法律素养对于监督讯问和询问过程、维护未成年人合法权益也能发挥更大的作用。但需要注意的是，担任了合适成年人的律师不得再担任本案的辩护人，同时担任合适成年人的律师还必须注意到合适成年人的诉讼地位与权利义务，尤其是与辩护人、诉讼代理人的区别。

第四节　社会调查制度

一、社会调查制度的功能

未成年人刑事司法中社会调查制度，是在刑事诉讼过程中对涉罪未成年人的性格特点、家庭情况、社会交往、成长经历、监护状况、社会支持体系以及涉嫌犯罪前后表现等背景性情况进行调查，综合考察、分析和评估，为适当的个别化处遇决定提供事实依据。社会调查制度可以帮助我们了解涉罪未成年人个体的具体情况，为落实未成年人刑事司法个别化处遇理念提供了科学的事实基础，在整个未成年人刑事司法体系中居于基础性地位。[①]

---

① 参见王广聪：《变迁时代的福利司法——未成年人刑事审前程序的完善》，法律出版社 2019 年版，第 26 页。

《联合国少年司法最低限度标准规则》第 16.1 条规定，除涉及轻微违法行为以外的所有案件应当在主管当局作出量刑（sentencing）的最后处理（final disposition）之前，对未成年人的生活背景、环境或犯罪的条件进行适当地调查，以便主管当局对案件作出明智的判决。同时指出，在大多数少年法律案件中，必须（an indispensable aid）借助社会调查报告（社会报告或判决前调查报告）。应使主管当局了解未成年人的社会和家庭背景、学历、教育经历等有关事实。《刑事诉讼法》第 279 条对社会调查制度进行了规定：公安机关、人民检察院、人民法院办理未成年人刑事案件，根据情况可以对未成年犯罪嫌疑人、被告人的成长经历、犯罪原因、监护教育等情况进行调查。相关司法解释对调查主体、社会调查报告的内容及适用等作了较为细致的规定。

二、社会调查的实施主体

社会调查报告既可以由公检法机关自行开展调查并制作，也可以委托其他的主体进行，辩护人也可以提交反映未成年人全面情况的书面材料。《刑诉规则》第 461 条第 2 款规定，人民检察院开展社会调查，可以委托有关组织和机构进行。《刑诉解释》第 568 条第 2 款规定，必要时，人民法院可以委托社区矫正机构、共青团、社会组织等对未成年被告人的上述情况进行调查，或者自行调查。鉴于社会调查的专业性、中立性以及需要的大量时间精力，由办案人员自行调查的质量相对较低，由专业的社会工作者或社会组织在充分了解未成年人刑事案件办理要求的基础上进行调查的质量相对更高。

三、社会调查报告的应用

基于未成年人司法关注行为人的特点，社会调查报告以及其他反映未成年人全面情况的材料的运用应当贯穿整个未成年人刑事案件的诉讼程序，应当作为审查逮捕、审查起诉以及作出不起诉决定和开展帮教的依据，在法庭审理中则应当进行质证，并可以作为法庭教育和定罪量刑的参考。《刑诉规则》第 461 条第 3 款和第 4 款规定，人民检察院应当对公安机关移送的社会调查报告进行审查。必要时，可以进行补充调查。人民检察院制作的社会调查报告应当随案移送人民法院。《人民检察院办理未成年人刑事案件的规定》第 9 条、第 15 条、第 32 条、第 50 条及第 56 条除对社会调查的主体、社会调查报告的内容作了进一步规定外还重点规定了社会调查报告作为办案和教育的参考，在采取审查逮捕、附条件不起诉、提起公诉等相关处遇措施时发挥作用。《刑诉解释》第 575 条规定，对未成年被告人情况的调查报告，以及辩护人提交的有关未成年被告人情况的书面材料，法庭应当审查并听取控辩双方意见。上述报告和材料可以作为办理案件和教育未成年人的参考。人民法院可以通知作出调查报告的人员出庭说明情况，接受控辩双方和法庭的询问。

四、社会调查报告的质量

司法实践中，有关社会调查制度的核心问题是社会调查报告的质量。可以说，如果没有一个有质量的社会调查报告，就会使得社会调查制度存在的合理性变成空谈，社会调查的制度价值也难以实现。

从社会调查工作的司法实践来看，开展调查和撰写调查报告等工作的规范性和专业化有待加强。比如，有的社会调查报告只简单反映了该未成年人的学习情况、家庭环境和监管条件，缺乏对调查内容的挖掘和剖析。有的只简单罗列访谈记录，缺乏综合性的评估意见。如犯罪原因一项，多是"父母管教不严，家庭经济条件差"。就日常表现一项，多是"表现良好"或"表现一般"，难以对决定涉罪未成年人的适当处遇措施提供有力依据。即使在社会调查工作发展水平较高的地区，抽查显示社会调查报告的质量也有待提高，有的社会调查报告内容千篇一律，缺乏针对性。尤其是犯罪原因分析、风险评估分析、帮教建议等部分，不能满足个性化帮教需要。①

从其他国家和地区的社会调查内容来看，尽管格式不尽相同，但基本上涵盖了涉罪未成年人社会化成长过程的核心要素和拟处遇的调查建议，并且社会调查内容设置注意了完整性、科学性和可操作性。坚持全面调查原则，应当科学规范与界定社会调查的内容，主要包括以下几个部分。第一部分的内容是概述，一般是简要说明一下调查主体的资质、受委托以后开展调查的方法与过程等。第二部分是调查的核心内容，应当包括：（1）涉罪未成年人的性格特点。性格特点的考察，除了传统的观察、分析方法之外，也可以考虑采用一定的心理测试方式，通过测量确定被调查对象的心理状态，是否具有偏执、反社会性格倾向等。（2）涉罪未成年人的成长经历。主要包括生活、求学、进入社会等基本生活史。（3）涉罪未成年人的家庭、学校和社区因素。（4）犯罪前后表现以及被害人的情况。第三部分是综合评价和意见建议：包括再犯可能性等情况的综合分析以及处罚、教育建议等。调查笔录或者其他能够印证社会调查报告内容的书面材料，应当附在社会调查报告之后。

社会调查涉及的面比较广，应当涵盖个人因素、自然因素和社会因素。既应有纵向维度的成长历程，主要包括简要经历、成长中的大事件及其影响、性格及优缺点的形成演化等；又有横向维度的社会环境因素，包括家庭关系和社会关系等。家庭关系是指未成年犯罪嫌疑人与家庭成员之间的关系，社会关系即未成年犯罪嫌疑人与其社区、单位、学校等社会生活场域其他成员之间的人际交往关系。社会调查报告还应当包括未成年人及其家庭在案发后和进入刑事诉讼程序的情况，包括认罪悔罪的态度以及家庭监管的条件和父母的监护能力等。

【实务问题探讨】社会调查报告的法律属性问题。

关于社会调查报告的法律属性，现在的通说认为是参考性材料。比如，根据2007年最高人民检察院《关于在检察工作中贯彻宽严相济刑事司法政策的若干意见》第11条的规定、2013年《人民检察院办理未成年人刑事案件的规定》第9条第1款的规定、2017年《未成年人刑事检察工作指引（试行）》第28条、第155条关于社会危险性审查条款的规定，以及2019年《刑诉规则》第461条的规定，社会调查报告作为人民检察院办案和教育的参考。值得注意的是，2021年《刑诉解释》第575条新增一款，即"人民法院可以通知作出调查报告的人员出庭说明情况，接受控辩双方和法庭的询问"，并将其作为第二款。这是对社会调查报告进行质证的规定。之所以增加这一款，是考虑到社会调查报告对案件的重要影响，如对定罪量刑、法庭教育以及刑罚执行方式的考量。

本书认为，社会调查报告的属性可以进一步考虑明确为未成年人案件中的证据。主要理由如下：一是2012年《刑事诉讼法》明确可以用于证明案件事实的

---

① 参见北京市人民检察院未成年人检察部：《未成年人刑事案件社会调查情况实证分析》，载《未成年人检察》2017年第2辑。

材料都是证据。关于证据的定义出现由事实说到证据说的重大转变。二是从我国证据立法发展来看，证据资格是动态变化的，如视听资料、电子证据都是经过立法修改予以明确。判断是否属于证据的核心问题是证明能力的问题，这个问题涉及社会调查报告质量的规范化建设问题，而不是社会调查报告本身的问题。随着我国未成年人司法的发展和社会调查报告专业化的提升，应当进一步加强社会调查报告在各个诉讼阶段的适用。

第五节　严格限制逮捕措施

一、涉罪未成年人适用非羁押措施的理念

羁押状态完全剥夺了犯罪嫌疑人、被告人一定期限内的人身自由，存在隔断正常的社会联系、难以有效行使辩护权、交叉感染等一系列负面影响。这种负面影响对身心尚未成熟的未成年人更加明显。基于对未成年人的特殊保护，在未成年人刑事司法程序中需要更加注重落实非羁押理念。《联合国少年司法最低限度标准规则》第 13 条明确规定，少年在审前尽量适用羁押替代性办法，被羁押候审应作为万不得已的手段使用，而且时间尽可能短。《儿童权利公约》第 37 条 b 款规定，任何儿童的人身自由都不能被随意、非法的限制剥夺。逮捕或者羁押儿童必须严格遵循法律规定，而且应当尽可能的作为不得已的最后手段，即使逮捕或者羁押儿童，时间都应该尽可能的短。1990 年通过的《联合国保护被剥夺自由少年规则》第 17 条规定，应尽可能避免审讯前拘留的情况，并仅限于特殊情况。因此，应作出一切努力，采用其他的替代办法。在不得已采取预防性拘留的情况下，少年法院和调查机构应该给予最优先处理，以最快捷方式处理此种案件，以保证尽可能缩短拘留时间。

二、逮捕措施的严格限制适用

长期以来，我国也非常重视对未成年人贯彻落实宽严相济刑事政策和特别保护原则，严格限制对未成年犯罪嫌疑人、被告人适用逮捕措施。《刑事诉讼法》第 280 条第 1 款规定"对未成年犯罪嫌疑人、被告人应当严格限制适用逮捕措施"，在立法上明确了办理未成年人涉嫌犯罪的刑事案件应当坚持以非羁押为原则、以羁押为例外的基本立场。据此，办理未成年人刑事案件，应当严格把握逮捕的适用条件和遵守法定程序，尽可能减少对未成年犯罪嫌疑人、被告人适用逮捕措施，做到"可捕可不捕的不捕"。对于已经被逮捕的未成年犯罪嫌疑人、被告人，随着刑事诉讼程序的逐步推进而不再具有继续羁押的必要时，办案机关应当及时将其释放或者变更为非羁押强制措施。《刑诉规则》、最高人民检察院《关于进一步加强未成年人刑事检察工作的决定》和《人民检察院办理未成年人刑事案件的规定》，尤其是《未成年人刑事检察工作指引（试行）》在第五章专门规定了"未成年人刑事案件审查逮捕"的各项内容，为检察机关在实践中贯彻落实严格限制对未成年人适用逮捕措施的要求提供了具体、明确的操作规范。

《刑诉规则》和《人民检察院办理未成年人刑事案件的规定》规定，应当根据未成年犯罪嫌疑人涉嫌犯罪的事实、主观恶性、有无监护与社会帮教条件等，综合衡量其社会危险性，严格限制适用逮捕措施，可捕可不捕的不捕。审查逮捕未成年犯罪嫌疑人，应当重点审查其是否

已满 14 周岁、16 周岁、18 周岁。① 对犯罪嫌疑人实际年龄难以判断,影响对该犯罪嫌疑人是否应当负刑事责任认定的,应当不批准逮捕。需要补充侦查的,同时通知公安机关。对于罪行较轻,具备有效监护条件或者社会帮教措施,没有社会危险性或者社会危险性较小,不逮捕不致妨害诉讼正常进行的未成年犯罪嫌疑人,应当不批准逮捕。对于罪行比较严重,但主观恶性不大,有悔罪表现,具备有效监护条件或者社会帮教措施,具有下列情形之一,不逮捕不致妨害诉讼正常进行的未成年犯罪嫌疑人,可以不批准逮捕:(1)初次犯罪、过失犯罪的;(2)犯罪预备、中止、未遂的;(3)有自首或者立功表现的;(4)犯罪后如实交代罪行,真诚悔罪,积极退赃,尽力减少和赔偿损失,被害人谅解的;(5)不属于共同犯罪的主犯或者集团犯罪中的首要分子的;(6)属于已满 14 周岁不满 16 周岁的未成年人或者系在校学生的;(7)其他可以不批准逮捕的情形。对未成年犯罪嫌疑人作出批准逮捕决定后,应当依法进行羁押必要性审查。对不需要继续羁押的,应当及时建议予以释放或者变更强制措施。

三、落实非羁押原则的支持措施

从实践中普遍反映的情况来看,与本地户籍或者与本地有密切联系的未成年人因具有家庭监管条件而更为容易获得审前非羁押的司法处遇相比,非本地户籍或者流动未成年人在适用非羁押强制措施方面往往面临制度上的障碍和现实中的困难,从而造成对后者适用逮捕措施的比例相对较高。因此,扩大对非本地户籍或者流动未成年人适用非羁押措施,有助于办案机关落实严格限制对未成年人适用逮捕措施原则,也关系到对流动未成年人基本权利的平等保护。

如何解决那些不具有逮捕社会危险性但客观上又无法提供符合法律规定的保证方式的涉罪未成年人,主要是无监护人、无固定住所、无经济来源的"三无"涉罪外来未成年人避免被羁押的困境,应当完善未成年人非羁押的社会支持体系。主要包括以下几个方面。

一是建立以学校、企业、居(村)民委员会、未成年人保护机构以及其他社会组织、人民团体等为基础的未成年人非羁押社会观护帮教机制。对于具备帮教监管条件的未成年人,可以通过社会观护帮教的方法来扩大适用非羁押强制措施。《未成年人刑事检察工作指引(试行)》第 154 条规定,符合下列条件之一的,可以认定为具有有效监护或者帮教条件:(1)能够提供有固定住所和稳定收入、具有监护帮教条件的成年亲友作为保证人的;(2)未成年犯罪嫌疑人在本地就读、就业,案发后父母亲或者其他监护人表示愿意到本地生活,对犯罪嫌疑人实施有效监护,或者学校、就业单位愿意对其进行观护和帮教的;(3)居民委员会、村民委员会、社会团体、企事业单位等机构和组织愿意提供条件进行帮教的;(4)公安、司法机关能够为未成年犯罪嫌疑人提供帮教场所或者临时监护人的;(5)其他具有有效监护或者帮教条件的。这其中较为重要的是通过建设社会观护基地来为社会观护提供支持。《未成年人保护法》第 116 条也规定了国家鼓励和支持社会组织、社会工作者参与涉及未成年人案件中未成年人的社会观护工作,《预防未成年人犯罪法》第 52 条也规定,必要时可以安排取保候审的未成年人接受社会观护。

二是建立由未成年人的亲友以外的第三人承担保证责任的合适保证人制度,并明确合适保证人的资格条件、具体的权利和义务、未履行保证义务的法律责任等。对此,《刑诉规则》第 463 条第 3 款规定,对于没有固定住所、无法提供保证人的未成年犯罪嫌疑人适用取保候审

---

① 根据《刑法修正案(十一)》第 1 条的规定,应当增加对是否已满 12 周岁的审查。

的，可以指定合适的成年人作为保证人。该规定肯定了合适保证人的实践做法，对于进一步扩大对未成年犯罪嫌疑人适用取保候审具有重要意义。《预防未成年人犯罪法》第52条也规定，公安机关、人民检察院、人民法院对于无固定住所、无法提供保证人的未成年人适用取保候审的，应当指定合适成年人作为保证人。

【实务问题探讨】未成年人曾经故意犯罪，是否必须径行逮捕？

有观点认为，立法设定曾经故意犯罪的径行逮捕条件，应是基于此类人员经过一次刑罚惩罚后仍然再次危害社会，其社会危险性大的基础。未成年人犯罪在符合上述条件时，应当批准逮捕。《未成年人刑事检察工作指引（试行）》第164条第4款对此进行了规定，即有证据证明有犯罪事实，可能判处徒刑以上刑罚，曾经故意犯罪的，应当予以逮捕。但后续有一条但书，即曾经故意犯罪被判处5年有期徒刑以下刑罚，经帮教真诚悔罪的，可以不予逮捕。因此，在具体作出是否批准逮捕的决定时，应当考虑此前的故意犯罪严重程度和未成年人的认罪悔罪情况，如果曾经所犯罪行刑罚在5年以下，此次犯罪经帮教真诚悔罪的，则可以不予逮捕。

第六节　附条件不起诉

一、附条件不起诉的功能

2012年《刑事诉讼法》对涉罪未成年人设立了附条件不起诉制度，明确了适用范围、对象、程序、附带条件和监督考察等方面的制度要素。这一新设的制度为涉罪未成年人提供了新的审前转向处遇的途径，并通过考察期限长短以及附带条件的弹性选择覆盖范围更广、类型更为多样的案件，为更多的涉罪未成年人提供了接受社会化处遇的机会，属于未成年人特别程序乃至整个刑事诉讼法修改中非常重要的新增制度。更重要的是，附条件不起诉制度集中体现了"教育、感化与挽救"的方针，契合少年司法倡导的"社会化"路径，还能为少年司法所倡导的儿童参与、恢复性司法等理念的实践提供空间。附条件不起诉在诉讼程序内营造的具有一定强制性和监管效果，并能为涉罪未成年人提供支持和输入"正能量"，是目前我国未成年人司法转处路径中运用较多同时也效果较好的分流转处措施。根据最高人民检察院《未成年人检察工作白皮书（2021）》公布的数据，2017年至2021年，检察机关对未成年犯罪嫌疑人附条件不起诉分别为5681人、6624人、7463人、11376人、19783人，同期附条件不起诉率分别为10.06%、12.15%、12.51%、20.87%、29.7%。

二、附条件不起诉的适用条件

根据法律规定，同时符合下列四个条件可以适用附条件不起诉：（1）不满18周岁的未成年人涉嫌实施刑法分则第四章（侵犯公民人身权利、民主权利罪）、第五章（侵犯财产罪）和第六章（妨害社会管理秩序罪）规定的犯罪，这里的不满18周岁是指实施犯罪行为时；（2）根据具体犯罪事实、情节，可能判处1年有期徒刑以下刑罚，这里可能判处的刑罚是指在基准刑基础上综合未成年人等各种量刑情节之后的裁量刑；（3）犯罪事实清楚，证据确实、充分，符合起诉条件；（4）有悔罪表现的。

三、附条件不起诉的决定程序

人民检察院在作出附条件不起诉的决定以前，应当听取公安机关、被害人、未成年犯罪嫌疑人及其法定代理人、辩护人的意见，并制作笔录附卷。被害人是未成年人的，还应当听取被害人的法定代理人、诉讼代理人的意见。未成年犯罪嫌疑人及其法定代理人对人民检察院拟作出附条件不起诉决定有异议的，人民检察院应当作出起诉的决定。但是，未成年犯罪嫌疑人及其法定代理人提出无罪辩解，人民检察院经审查认为无罪辩解理由成立的，应当作出法定不起诉的决定。未成年犯罪嫌疑人及其法定代理人对案件作附条件不起诉处理没有异议，仅对所附条件及考验期有异议的，人民检察院可以依法采纳其合理的意见，对考察的内容、方式、时间等进行调整；其意见不利于对未成年犯罪嫌疑人帮教，人民检察院不采纳的，应当进行释法说理。人民检察院作出起诉决定前，未成年犯罪嫌疑人及其法定代理人撤回异议的，人民检察院可以依法作出附条件不起诉决定。公安机关或者被害人对附条件不起诉有异议或争议较大的案件，人民检察院可以召集侦查人员、被害人及其法定代理人、诉讼代理人、未成年犯罪嫌疑人及其法定代理人、辩护人举行不公开听证会，充分听取各方的意见和理由。

四、附条件不起诉决定的监督与救济

人民检察院作出附条件不起诉的决定后，应当制作附条件不起诉决定书，并在 3 日以内送达公安机关、被害人或者其近亲属及其诉讼代理人、未成年犯罪嫌疑人及其法定代理人、辩护人。送达时，应当告知被害人或者其近亲属及其诉讼代理人，如果对附条件不起诉决定不服，可以自收到附条件不起诉决定书后 7 日以内向上一级人民检察院申诉。

公安机关认为附条件不起诉决定有错误，要求复议的，人民检察院应当在收到要求复议意见书后的 30 日以内作出复议决定，通知公安机关。上一级人民检察院收到公安机关对附条件不起诉决定提请复核的意见书后，应当在 30 日以内作出决定，制作复核决定书送交提请复核的公安机关和下级人民检察院。经复核改变下级人民检察院附条件不起诉决定的，应当指令下级人民检察院纠正，或者撤销、变更下级人民检察院作出的不起诉决定。

被害人不服附条件不起诉决定，在收到附条件不起诉决定书后 7 日以内申诉的，由作出附条件不起诉决定的人民检察院的上一级人民检察院立案复查。上级人民检察院经复查作出起诉决定的，应当撤销下级人民检察院的附条件不起诉决定，由下级人民检察院提起公诉，并将复查决定抄送移送起诉的公安机关。根据全国人民代表大会常务委员会《关于〈中华人民共和国刑事诉讼法〉第二百七十一条第二款的解释》，被害人对人民检察院对未成年犯罪嫌疑人作出的附条件不起诉的决定和不起诉的决定，可以向上一级人民检察院申诉，不适用《刑事诉讼法》第 180 条关于被害人可以向人民法院起诉的规定。因此，被害人不服附条件不起诉决定的，不能直接向人民法院提起自诉。

五、附条件不起诉的附带条件与监督考察

（一）考验期

检察院决定附条件不起诉的，应当确定考验期。考验期为 6 个月以上 1 年以下，从人民检察院作出附条件不起诉的决定之日起计算。考验期不计入案件审查起诉期限。考验期的长短应

当与未成年犯罪嫌疑人所犯罪行的轻重、主观恶性的大小和人身危险性的大小、一贯表现及帮教条件等相适应，根据未成年犯罪嫌疑人在考验期的表现，可以在法定期限范围内适当缩短或者延长。

（二）附带条件

被附条件不起诉的未成年犯罪嫌疑人，应当遵守下列规定：（1）遵守法律法规，服从监督；（2）按照考察机关的规定报告自己的活动情况；（3）离开所居住的市、县或者迁居，应当报经考察机关批准；（4）按照考察机关的要求接受矫治和教育。人民检察院可以根据案件具体情况，要求被附条件不起诉的未成年犯罪嫌疑人接受下列有针对性的矫治和教育：（1）完成戒瘾治疗、心理辅导或者其他适当的处遇措施；（2）向社区或者公益团体提供公益劳动；（3）不得进入特定场所，与特定的人员会见或者通信，从事特定的活动；（4）向被害人赔偿损失、赔礼道歉等；（5）接受相关教育；（6）遵守其他保护被害人安全以及预防再犯的禁止性规定。

（三）监督考察的具体方式

在附条件不起诉的考验期内，人民检察院应当对被附条件不起诉的未成年犯罪嫌疑人进行监督考察。未成年犯罪嫌疑人的监护人应当对未成年犯罪嫌疑人加强管教，配合人民检察院做好监督考察工作。人民检察院可以会同未成年犯罪嫌疑人的监护人、所在学校、单位、居住地的村民委员会、居民委员会、未成年人保护组织等的有关人员定期对未成年犯罪嫌疑人进行考察、教育，实施跟踪帮教。未成年犯罪嫌疑人经批准离开所居住的市、县或者迁居，作出附条件不起诉决定的人民检察院可以要求迁入地的人民检察院协助进行考察，并将考察结果函告作出附条件不起诉决定的人民检察院。

附条件不起诉制度的核心价值是通过执行附带条件和监督考察开展帮教工作，帮助涉罪未成年人改过自新、回归社会。对涉罪未成年人而言，监督考察期间不仅应当"无事即是功"地安稳渡过，还是对其积极开展教育矫治措施以输入"正能量"的关键阶段。考虑到绝大部分涉罪未成年人都在某一方面存在偏差或者陷入困境，附条件不起诉监督考察所营造的在司法程序内开展并具有一定强制性的教育矫治机会弥足珍贵，对于减少再犯和社会不稳定因素意义重大。执行附带条件和监督考察又是一项完全不同于检察官传统办案审查证据和适用法律的工作，因而也是整个附条件不起诉适用中的难点。调查发现，目前附条件不起诉监督考察方式较为单一，检察官过于依赖监护人或者社工并因为工作量过大等原因而参与不足，参与监督考察的各方主体尚未形成合力，未成年人参与感不强；观护基地等能够支持监督考察的社会力量单薄，种类相对单一，监督考察期间较少能够继续在学校学习；对于法律所赋予的监督考察期限弹性运用不足；监督考察期间对未成年人约束的强制性不足和出现违反规定情形时缺乏相应的并具有一定层次的惩戒手段等。在附带条件方面，实践中还存在对附带条件的性质定位不清，附带条件与监督考察和帮教的关系未厘清，导致对附带条件的重要性、强制属性和约束力认识不足；附带条件的种类较为单一，个别化和针对性程度有待提升；对附带条件的履行及相应的未履行时的惩戒措施不足等问题。

应当将未成年人视为监督考察的主体而非客体，通过提高未成年人的参与度强化监督考察效果。[1] 而且针对社会转型时期涉罪未成年人存在的生活缺陷，应当重视强化考察帮教内容所

---

[1]　参见何挺：《附条件不起诉制度实施状况研究》，载《法学研究》2019 年第 6 期。

附"条件"的救助性和发展性，发挥技能培训与公益劳动相结合的作用，实质性促进涉罪未成年人的行为矫正和生活环境的改善，实现犯罪预防的长远目标。①

六、附条件不起诉的适用结果

被附条件不起诉的未成年犯罪嫌疑人，在考验期内有下列情形之一的，人民检察院应当撤销附条件不起诉的决定，提起公诉：（1）实施新的犯罪的；（2）发现决定附条件不起诉以前还有其他犯罪需要追诉的；（3）违反治安管理规定，造成严重后果，或者多次违反治安管理规定的；（4）违反有关附条件不起诉的监督管理规定，造成严重后果，或者多次违反有关附条件不起诉的监督管理规定的。根据最高人民检察院发布的附条件不起诉指导性案例（检例第107号），违反有关附条件不起诉监督管理规定而需要撤销附条件不起诉的，至少应三次以上违法监督管理规定。

对于未成年犯罪嫌疑人在考验期内实施新的犯罪或者在决定附条件不起诉以前还有其他犯罪需要追诉的，人民检察院应当移送侦查机关立案侦查。附条件不起诉的未成年犯罪嫌疑人，在考验期内没有上述情形，考验期满的，人民检察院应当作出不起诉的决定。考验期满作出不起诉决定以前，应当听取被害人意见。

根据最高人民检察院《未成年人检察工作白皮书（2021）》的数据，2021年被撤销附条件不起诉提起公诉人数占附条件不起诉总数的3%，与往年基本持平，反映出随着附条件不起诉制度适用人数逐步增加，运行情况良好。

【实务问题探讨】被害人不谅解或未达成调解、和解的，能否适用附条件不起诉？

《刑诉规则》第469条规定，人民检察院在作出附条件不起诉决定前，应当听取被害人等其他诉讼参与人的意见，但未要求必须与被害方达成谅解才能适用附条件不起诉。从司法实践来看，要作附条件不起诉的案件，一般还是应当尽量促使嫌疑人与被害方达成谅解，赔偿损失或赔礼道歉等，以有利于案件的处理，鼓励涉罪未成年人为其行为承担责任，减少社会矛盾。当然对于特殊情况，无法达成谅解，符合附条件不起诉条件的，也可以适用。

第七节　去标签化的未成年人特别保护

涉罪未成年人处于向成年人过渡的关键时期，避免其以罪犯或者涉罪的身份出现在公众视野而受到歧视，有利于其今后回归社会。《联合国少年司法最低限度标准规则》第8条规定，应在各个阶段尊重少年犯享有的隐私权利，以避免由于不适当的宣传或加以点名而对其造成伤害。原则上不应当公布可能会导致使人认出某一少年犯的资料。因此，在办理未成年人刑事案件过程中，应当在不同办案环节落实对涉案未成年人个人信息的特别保护。

① 参见王广聪：《约束转向塑造——附条件不起诉考察帮教内容的优化》，载《预防青少年犯罪研究》2019年第5期。

一、办理未成年人案件的信息保密要求

办理未成年人刑事案件时应当对涉案未成年人的资料予以保密，不得向外界泄露。涉案未成年人既包括犯罪嫌疑人、被告人，也包括被害人、证人等。《刑诉规则》第481条规定，人民检察院办理未成年人刑事案件过程中，应当对涉案未成年人的资料予以保密，不得公开或者传播涉案未成年人的姓名、住所、照片、图像及可能推断出该未成年人的其他资料。对于社会调查过程中可能通过向案外人了解未成年人成长经历和背景资料这一情况，《刑诉规则》第461条第2款明确要求，开展社会调查应当尊重和保护未成年人隐私，不得向不知情人员泄露未成年犯罪嫌疑人的涉案信息。《公安机关办理刑事案件程序规定》第318条规定，公安机关办理未成年人刑事案件，应当保障未成年人行使其诉讼权利并得到法律帮助，依法保护未成年人的名誉和隐私，尊重其人格尊严。需要注意的是，保密原则除了适用于未成年人犯罪案件外，同样适用于被害人、证人系未成年人的案件。保密原则的要求还覆盖社区矫正的执行阶段。《社区矫正法》第54条要求，社区矫正机构工作人员和其他依法参与社区矫正工作的人员对履行职责过程中获得的未成年人身份信息应当予以保密。除司法机关办案需要或者有关单位根据国家规定查询外，未成年社区矫正对象的档案信息不得提供给任何单位或者个人。依法进行查询的单位，应当对获得的信息予以保密。

二、不公开审理

人民法院在开庭审理未成年人刑事案件时，对未成年人案件信息保密的要求是不公开审理。《刑事诉讼法》第285条规定，审判的时候被告人不满18周岁的案件，不公开审理。但是，经未成年被告人及其法定代理人同意，未成年被告人所在学校和未成年人保护组织可以派代表到场。《刑诉解释》第557条规定，到场代表的人数和范围，由法庭决定。经法庭同意，到场代表可以参与对未成年被告人的法庭教育工作。对依法公开审理，但可能需要封存犯罪记录的案件，不得组织人员旁听；有旁听人员的，应当告知其不得传播案件信息。需要注意的是，根据《刑事诉讼法》第202条第1款的规定，不公开审理的案件宣判应当一律公开。《刑诉解释》第578条第2款规定，即使是公开宣判，对依法应当封存犯罪记录的案件，宣判时不得组织人员旁听；有旁听人员的，应当告知其不得传播案件信息。

三、犯罪记录封存

为防止服刑期满、羁押释放的未成年人在复学、升学、就业时受到歧视，帮助其更好地回归社会，根据《刑法修正案（八）》第19条的规定，犯罪的时候不满18周岁被判处5年有期徒刑以下刑罚的人，在入伍、就业的时候，免除其向有关单位报告自己曾受过刑事处罚的义务。《刑事诉讼法》第286条相应地规定了未成年人犯罪记录封存制度。根据该条规定，犯罪的时候不满18周岁，被判处5年有期徒刑以下刑罚的，应当对相关犯罪记录予以封存。犯罪记录被封存的，不得向任何单位和个人提供，但司法机关为办案需要或者有关单位根据国家规定进行查询的除外。依法进行查询的单位，应当对被封存的犯罪记录的情况予以保密。

《刑诉规则》第482条至第487条规定，犯罪的时候不满18周岁，被判处5年有期徒刑以下刑罚的，人民检察院应当在收到人民法院生效判决、裁定后，对犯罪记录予以封存。生效判决、裁定由第二审人民法院作出的，同级人民检察院依照前款规定封存犯罪记录时，应当通知

下级人民检察院对相关犯罪记录予以封存。人民检察院对未成年犯罪嫌疑人作出不起诉决定后，同样应当对相关记录予以封存。人民检察院应当将拟封存的未成年人犯罪记录、案卷等相关材料装订成册，加密保存，不予公开，并建立专门的未成年人犯罪档案库，执行严格的保管制度。司法机关或者有关单位需要查询犯罪记录的，应当向封存犯罪记录的人民检察院提出书面申请，人民检察院应当在 7 日以内作出是否许可的决定。未成年人犯罪记录封存后，没有法定事由、未经法定程序不得解封。对被封存犯罪记录的未成年人，符合下列条件之一的，应当对其犯罪记录解除封存：（1）实施新的犯罪，且新罪与封存记录之罪数罪并罚后被决定执行 5 年有期徒刑以上刑罚的；（2）发现漏罪，且漏罪与封存记录之罪数罪并罚后被决定执行 5 年有期徒刑以上刑罚的。被封存犯罪记录的未成年人或者其法定代理人申请出具无犯罪记录证明的，人民检察院应当出具。需要协调公安机关、人民法院为其出具无犯罪记录证明的，人民检察院应当予以协助。

《刑诉解释》第 581 条规定，犯罪时不满 18 周岁，被判处 5 年有期徒刑以下刑罚以及免除刑事处罚的未成年人的犯罪记录，应当封存。司法机关或者有关单位向人民法院申请查询封存的犯罪记录的，应当提供查询的理由和依据。对查询申请，人民法院应当及时作出是否同意的决定。

为更好地贯彻未成年人犯罪记录封存制度，2022 年最高人民法院、最高人民检察院、公安部和司法部发布《关于未成年人犯罪记录封存的实施办法》，对未成年人犯罪记录封存的记录范围、案件范围进行了规定。例如，应当封存的未成年人犯罪记录，包括侦查、起诉、审判及刑事执行过程中形成的有关未成年人犯罪或者涉嫌犯罪的全部案卷材料与电子档案信息，也包括不予刑事处罚、不追究刑事责任、不起诉、采取刑事强制措施的记录，以及对涉罪未成年人进行社会调查、帮教考察、心理疏导、司法救助等工作的记录。又如，犯罪的时候不满 18 周岁，被判处 5 年有期徒刑以下刑罚以及免予刑事处罚的未成年人犯罪记录，应当依法予以封存。对在年满 18 周岁前后实施数个行为，构成一罪或者一并处理的数罪，主要犯罪行为是在年满 18 岁周岁前实施的，被判处或者决定执行 5 年有期徒刑以下刑罚以及免予刑事处罚的未成年人犯罪记录，应当对全案依法予以封存。未成年人因事实不清、证据不足被宣告无罪的案件，应当对涉罪记录予以封存，但未成年被告人及其法定代理人申请不予封存或者解除封存的，经人民法院同意，可以不予封存或者解除封存。对于 2012 年 12 月 31 日以前办结的案件符合犯罪记录封存条件的案件，同样应当予以封存。

【实务问题探讨】未成年人犯罪案件中同案犯中既有判处 5 年有期徒刑以上的，又有判处 5 年有期徒刑以下的判决是否执行文书公开？

不能。对于被判处 5 年有期徒刑以下刑罚的未成年人必须严格执行犯罪记录封存制度。

【实务问题探讨】相对不起诉的未成年人是否能够出具无犯罪记录证明？

司法实践中，有未成年人作相对不起诉处理后，因就业政审需要公安机关出具无犯罪记录证明，但公安机关能够查询到采取强制措施的记录，只能实事求是出具上述材料，导致无法通过用人单位的政审。《刑事诉讼法》第 286 条、《刑诉规则》第 484 条均规定除司法机关为办案需要或者有关单位根据国家规定进行查询的以外，人民检察院不得向任何单位和个人提供的，并不得提供未成年人有犯罪记录的证明。《刑诉规则》第 487 条规定，被封存犯罪记录的未成年人或者其法定代理人申请出具无犯罪记录证明的，人民检察院应当出具。需要协调公安机关、人民法院为其出具无犯罪记录证明的，人民检察院应当予以协助。因此，未成年人作相对不起诉处理后，因就业政审需要公安机关出具无犯罪记录证明的，应由人民检察院协调公安机关出具无犯罪记录证明，具体做法可以参考检察机关提供不起诉记录封存决定等材料给公安机关，由公安机关出具无犯罪记录证明。《关于未成年人犯罪记录封存的实施办法》对这一问题作了进一步的明确规定。

第十三章　当事人和解的公诉案件诉讼程序

第一节　当事人和解的公诉案件诉讼程序概述

当事人和解的公诉案件诉讼程序是 2012 年《刑事诉讼法》增加的一项特别程序，是在反思传统办案方式弊端和因司法现实需要的基础上产生于地方实践并最终被立法所吸收。其基本内容是，在刑事诉讼程序中，犯罪嫌疑人、被告人以真诚悔罪、赔偿损失、赔礼道歉等方式取得被害人谅解且双方达成和解协议后，办案机关在审查和解的自愿性、合法性等内容的基础上，根据案件具体情况作出不起诉或者从轻、减轻或免予处罚等宽缓处理的一种特别程序。当事人和解具有约束双方当事人的效力，可以作为对犯罪嫌疑人、被告人从宽处罚和人民法院不予受理附带民事诉讼的依据。当事人和解的公诉案件诉讼程序（以下简称当事人和解程序）对于有效化解矛盾、提高纠纷解决的满意程度具有重要意义，符合当前构建和谐社会的社会背景。[①]

一、当事人和解程序的理论争议

（一）当事人和解是否会导致"以钱赎刑"

有观点认为，有些当事人和解公诉案件通过经济赔偿的方式终止了对犯罪嫌疑人、被告人的追诉或者在量刑上予以从宽，就是"以钱赎刑"。

事实上，当事人和解建立在加害人真心悔过的基础之上，而不是简单地以经济赔偿换取对犯罪行为的宽缓处理。从实践看，一些案件和解后之所以办案机关对犯罪嫌疑人、被告人不起诉或者从轻、减轻处罚或免除刑事处罚，并非是因为犯罪嫌疑人、被告人对被害人支付了经济上的赔偿，更主要的是立足于案件事实本身并结合犯罪嫌疑人、被告人认罪悔过态度好、主观恶性和人身危险性小等情况而对犯罪嫌疑人、被告人予以从宽处理，这与"以钱赎刑"呈现的金钱与刑罚之交易属性截然不同。

（二）当事人和解是否违背平等原则

有观点认为，有经济能力的犯罪嫌疑人、被告人可以通过给予被害人相应的经济赔偿以促成和解而获得程序和实体处遇上的宽缓处理，而没有经济能力的犯罪嫌疑人、被告人由于无法对被害人支付相应的经济赔偿而无法达成和解，也就不能获得有关的宽缓待遇，这导致了不公平，背离了公民适用法律一律平等原则。

需要指出的是，这种不公平是事实上的不公平，而不是法律机会上的不公平，一些现存的刑事诉讼制度也会带来事实上的不公平。例如，没有经济能力的人不能适用保证金保证，也不

---

① 参见陈卫东主编：《刑事诉讼法学》（第三版），高等教育出版社 2019 年版，第 408 页。

能聘请律师为其辩护，不能因此否认保证金保证和委托辩护制度，而是需要通过相关制度的建设来弥补其不足，以为所有人提供获得审前释放和律师帮助，如通过保证人保证和法律援助等。① 因此，问题的关键在于如何通过完善相关配套措施予以解决，尤其是要对和解方式与内容进行合理化，防止过于重视一次性的经济赔偿，使更多的适格刑事案件可以适用当事人和解程序。例如，应当建立多元化、因案制宜、因人制宜的经济赔偿方式，包括：一次性赔偿，分次、分期赔偿，劳务补偿，让加害人从事一定公益劳动（部分案件可以由政府和办案机关先行给予被害人经济救助）。国家和社会应当为加害人向被害人支付经济赔偿提供便利，如为适当的加害人提供无息贷款或者为适当的加害人提供工作的机会以便其通过工作赚取赔偿款等。②

二、当事人和解程序与相关范畴

（一）当事人和解程序与刑事自诉案件和解

我国刑事诉讼实行以公诉为主、自诉为辅的起诉制度。当事人和解程序是以公诉案件为适用对象，并不适用于自诉案件。同时，根据《刑事诉讼法》第212条，自诉案件的自诉人在法院宣告判决前，可以同被告人自行和解或者撤回自诉，可见自诉案件当事人亦有权和解。当事人和解程序与刑事自诉案件和解，既有密切联系，也有根本区别，立法对两者的适用对象和程序作了明确规定。

根据刑事诉讼法和有关司法解释、规范性文件的规定，当事人和解程序与刑事自诉案件和解的区别主要包括以下几个方面。

依附的诉讼程序不同。当事人和解程序依附于公诉案件诉讼程序，可能存在于侦查、起诉和审判等各个诉讼阶段，公检法三机关均可参与；刑事自诉案件是自诉人直接向法院提起诉讼，只存在于审判阶段，只有法院可能参与。

适用条件不同。适用当事人和解程序需要同时满足犯罪嫌疑人或被告人真诚悔罪，获得被害人谅解与自愿和解，案件事实清楚、证据确实充分等条件，但对刑事自诉案件和解没有规定相应的条件，只要符合刑事诉讼法规定的自诉案件范围，当事人双方就可以自行和解。

适用的案件范围不同。刑事诉讼法对当事人和解程序和刑事自诉案件和解的案件范围作了不同规定，尽管案件范围存在一定交叉，但仍有较大差别。可以适用当事人和解程序的案件主要包括"因民间纠纷引起，涉嫌刑法分则第四章、第五章规定的犯罪案件，可能判处三年有期徒刑以下刑罚的"和"除渎职犯罪以外的可能判处七年有期徒刑以下刑罚的过失犯罪案件"，并且"犯罪嫌疑人、被告人在五年以内曾经故意犯罪的"不适用当事人和解程序。刑事自诉案件和解的案件范围主要包括"告诉才处理的案件""被害人有证据证明的轻微刑事案件""被害人有证据证明对被告人侵犯自己人身、财产权利的行为应当依法追究刑事责任，而公安机关或者人民检察院不予追究被告人刑事责任的案件"。

当事人能否直接处分刑罚权不同。当事人和解程序中对于达成和解的，被害人有权对刑事部分的处理发表个人意见，但不能直接处分刑罚权，需要由办案机关根据案件情况依法作出相应的从宽处理。刑事自诉案件和解中当事人可以直接就刑事部分达成和解，自诉人（被害人）

① 参见宋英辉主编：《刑事和解实证研究》，北京大学出版社2010年版，第132页。
② 参见宋英辉、甄贞主编：《刑事诉讼法学》（第六版），中国人民大学出版社2019年版，第493页。

大多在达成和解后撤回自诉，从而终止刑事诉讼程序。

（二）当事人和解程序与附带民事诉讼和（调）解

当事人和解程序与附带民事诉讼和（调）解在和解内容上有重大区别。在附带民事诉讼中，对涉嫌犯罪的行为给被害人造成的物质损失予以弥补与赔偿是当事人和解的唯一内容，附带民事诉讼被告人在民事上向被害人赔偿物质损失并不意味着被告人对刑事部分的认罪悔过，附带民事诉讼原告人接受民事赔偿也不意味着对被告人刑事责任作出意思表示，民事部分和解并不必然影响刑事部分的处理。当事人和解程序中，和解对象是整个刑事案件，犯罪嫌疑人、被告人需要对其行为真诚悔罪，并获得被害人的谅解与自愿和解，在此基础上双方当事人才能进行和解。虽然当事人和解程序中通常也会涉及赔偿损失，但赔偿损失只是获得被害人谅解的一种方式，不是当事人和解的核心内容，当事人和解程序的核心在于通过各种方法来消除犯罪嫌疑人、被告人涉嫌犯罪的行为给被害人和社会造成的消极影响。

（三）当事人和解程序与恢复性司法

恢复性司法是 20 世纪 70 年代在西方国家产生并蓬勃发展起来的一种司法实践，被视为刑事司法的一个替代模式。它被认为是对犯罪作出的一种独特反应，有别于改造性的和报复性（只是惩罚）的反应。它实行的一种办法是"在一项具体犯罪中有利害关系的所有各方聚在一起，共同决定如何消除这项犯罪的后果及其对未来的影响"[①]。恢复性司法不但能用于处理刑事案件，而且也可以用于处理其他的违法案件，在世界各国有着丰富多样的实践，如被害人—加害人会谈模式（Victim – Offender Mediation）、家庭小组会议模式（Family Group Conferencing）和圆桌会议模式（Sentencing/Peace – Making Circles，也称"量刑圈模式"）等。恢复性司法通常具备以下要素：（1）恢复性司法鼓励充分的参与和协商，包括被害人、犯罪人以及那些利益受到犯罪影响的人。（2）恢复性司法寻求愈合因犯罪而造成的创伤。（3）恢复性司法寻求充分和直接的责任。犯罪者必须面对他们伤害的人，看看他们的行为是如何损害别人的；要他们对其犯罪行为进行解释，寻求与被害人和社区的沟通；并要求他们能够采取尽可能的措施弥补这种损害。（4）恢复性司法寻求整合已经造成的分裂。恢复性司法追求被害人与犯罪人的和解，以及被害人与犯罪人双方共同融入社区。（5）恢复性司法寻求强化社区以预防进一步的伤害。[②]

当事人和解程序与恢复性司法都是对传统报应性正义的一种反思，都基于修复关系、鼓励当事人参与和国家刑罚权部分退让等理念，我国刑事和解在实践中的起源与探索也受到了恢复性司法的影响。但是，我国刑事诉讼法所确立的当事人和解程序是一项法定的刑事诉讼程序，与恢复性司法所提倡的理念与多样化的实践不同，在适用的案件范围，公检法办案机关的参与程度以及如何对案件作出最终的处理等方面都有着重大的区别。

（四）当事人和解程序与辩诉交易

辩诉交易（plea bargaining），又称答辩交易、辩诉协商或辩诉谈判，是指作为控诉方的检察官和代表被告人利益的辩护律师进行协商，以控诉方撤销指控、降格指控或要求法官从轻判处刑罚为条件，换取被告人的认罪答辩。辩诉双方达成协议之后，法院便不再对该案进行实质性审判，而仅在形式上确认双方协议的内容。辩诉交易起源于美国并被其他许多国家采用。

---

① 第 10 届联合国预防犯罪和罪犯待遇大会（2000 年 4 月 10—17 日，维也纳）《讨论指南》。

② 参见王平主编：《恢复性司法论坛》（2006 年卷），群众出版社 2006 年版，卷首语。

当事人和解程序与辩诉交易的相同之处在于都通过协商、谈判来达成协议，并且达成协议后被追诉者可以获得相对宽缓的处理。但是，当事人和解程序与辩诉交易无论是在指导思想上还是在具体操作上都存在重大差别：（1）指导思想不同。辩诉交易的出现主要是基于诉讼经济的考虑，而当事人和解程序的出发点是修复被犯罪破坏的社会关系，促进社会和谐。（2）与发现真实的刑事诉讼目的关系不同。辩诉交易中，诉讼效率相较于发现真实获得更高的地位，为此将为发现真实目的而设计的烦琐程序简洁化，取而代之的机制是被告人的有罪答辩或认罪。当事人和解程序并不以诉讼经济为最高价值目标，以案件事实基本清楚和被追诉人认罪悔过为适用条件。（3）协商的主体和内容不同。辩诉交易的协商主体是检察官和被告方；当事人和解的协商主体是加害人、被害人，在一些案件中，还有受犯罪影响的加害人、被害人的亲属、朋友和社区代表参与。协商内容方面，辩诉交易中，被告人作出有罪答辩后，检察官和被告方将对减轻指控或量刑达成协议，因而涉及检察官对国家刑罚权的直接处分；当事人和解中协商的内容除民事部分外，还包括当事人对刑事部分的忏悔和谅解，但不能直接处分刑罚权。

第二节　当事人和解程序的基本内容

一、当事人和解程序的适用范围

《刑事诉讼法》第 288 条对当事人和解程序的适用范围作了明确规定，主要包括以下两类情形。

（一）因民间纠纷引起，涉嫌刑法分则第四章、第五章规定的犯罪案件，可能判处 3 年有期徒刑以下刑罚的

首先，因民间纠纷引起。是指犯罪的起因，是公民之间因财产、人身等问题引发的纠纷，既包括因婚姻家庭、邻里纠纷等民间矛盾激化引发的案件，也包括因口角、泄愤等偶发性矛盾引发的案件。《公安机关办理刑事案件程序规定》第 334 条从反面列举了不属于因民间纠纷引起的犯罪案件，包括雇凶伤害他人的、涉及黑社会性质组织犯罪的、涉及寻衅滋事的、涉及聚众斗殴的、多次故意伤害他人身体的和其他不宜和解的案件。其次，涉嫌刑法分则第四章"侵犯公民人身权利、民主权利罪"和第五章"侵犯财产罪"的案件，如果不属于这两章的犯罪案件，即使因民间纠纷引起，也不适用当事人和解程序。最后，可能判处 3 年有期徒刑以下的刑罚，包括 3 年以下有期徒刑、拘役、管制或独立适用附加刑。之所以这样规定，是考虑到这类犯罪往往事出有因，情节也较轻，且其侵犯的客体是公民的人身权利、民主权利、财产权利，并不涉及国家利益、公共利益，允许公民有一定的处分权，更有利于修复社会关系。[①]

（二）除渎职犯罪以外的可能判处 7 年有期徒刑以下刑罚的过失犯罪案件

一方面，必须是可能判处 7 年有期徒刑以下刑罚的过失犯罪。与故意犯罪相比，过失犯罪并非犯罪嫌疑人、被告人故意而为，犯罪行为的社会危害性较小，容易得到被害人谅解。同时，必须严格把握判处 7 年有期徒刑以下刑罚的量刑标准，对于可能判处 7 年有期徒刑以上刑

[①]　参见王爱立主编：《中华人民共和国刑事诉讼法释义》，法律出版社 2018 年版，第 608 页。

罚的过失犯罪，也不能适用当事人和解程序。另一方面，并不是所有的过失犯罪都可以适用当事人和解程序，刑法分则第九章规定的"渎职罪"除外。渎职罪的犯罪客体是国家机关的正常管理活动，其侵害的对象是国家利益而非公民个人权益，不属于可以和解的范围。

此外，犯罪嫌疑人、被告人在 5 年以内曾经故意犯罪的，不适用当事人和解程序。根据《刑诉规则》第 492 条第 4 款的规定，是指犯罪嫌疑人在实施《刑事诉讼法》第 288 条第 1 款规定的可以适用当事人和解程序的犯罪前 5 年内曾经故意犯罪，无论该故意犯罪是否已经追究，均应当认定为 5 年以内曾经故意犯罪。

二、当事人和解程序的适用条件

根据《刑事诉讼法》第 288 条第 1 款和《刑诉规则》第 492 条第 2 款的规定，适用当事人和解程序应当符合以下基本条件。

（一）犯罪嫌疑人、被告人真诚悔罪

真诚悔罪，是指犯罪嫌疑人、被告人由衷地、发自内心地在无外界压力的情况下认罪悔罪。悔罪以认罪为前提。所谓"认罪"，是指犯罪嫌疑人、被告人承认自己所犯罪行，对指控的犯罪事实没有异议。犯罪嫌疑人、被告人的真诚悔罪，还需要通过相应的外在行为表现出来，包括向被害人赔礼道歉、表达歉意，或者通过各种方式向被害人赔偿损失，弥补被害人因犯罪行为遭受的伤害。

（二）犯罪嫌疑人、被告人获得被害人谅解并自愿和解

被害人是受犯罪行为侵害的一方主体，其是否谅解犯罪嫌疑人、被告人的意思表示直接决定案件能否达成和解。因此，刑事诉讼法规定凡是适用当事人和解程序的案件，犯罪嫌疑人、被告人必须获得被害人的谅解，没有获得被害人谅解的，不得适用当事人和解程序。同时，被害人与犯罪嫌疑人、被告人达成和解必须是被害人自愿作出的，办案机关、犯罪嫌疑人、被告人及其他任何人都不能采用任何方式强迫被害人同意和解。

（三）案件事实清楚，证据确实、充分

刑事诉讼法并未对适用当事人和解程序的事实和证据条件作出规定，理论上存在一定争议，不利于指导和规范实践操作。《刑诉解释》第 587 条第 1 款、《刑诉规则》第 492 条第 2 款和《公安机关办理刑事案件程序规定》第 335 条第 1 款对此作了规定，要求当事人和解的公诉案件必须达到案件事实清楚、证据确实充分的标准。换句话说，对于案件事实尚未查清或者证据尚不确实充分的，是不能适用当事人和解程序的。

三、当事人和解的具体程序

根据《刑事诉讼法》第 288 条、第 289 条和第 290 条的规定以及《刑诉解释》《刑诉规则》和《公安机关办理刑事案件程序规定》的有关规定，当事人和解程序主要包括以下内容。

（一）告知当事人有权自行和解

对于符合法律规定条件的公诉案件，在审查起诉阶段，人民检察院可以建议当事人进行和解，并告知相应的权利义务，必要时可以提供法律咨询。在审判阶段，人民法院应当告知当事人可以自行和解；当事人提出申请的，人民法院可以主持双方当事人协商以达成和解。

（二）当事人和解的主体

根据刑事诉讼法和司法解释的有关规定，当事人和解的主体是犯罪嫌疑人、被告人与被害

人。此外，犯罪嫌疑人、被告人和被害人的法定代理人、近亲属也可以进行和解或者代为和解。

《刑诉规则》第493条和第494条规定，在审查逮捕和审查起诉阶段被害人死亡的，其法定代理人、近亲属可以与犯罪嫌疑人和解。被害人系无行为能力或者限制行为能力人的，其法定代理人可以代为和解。犯罪嫌疑人系限制行为能力人的，其法定代理人可以代为和解。犯罪嫌疑人在押的，经犯罪嫌疑人同意，其法定代理人、近亲属可以代为和解。《刑诉解释》第588条和第589条规定，在审判阶段被害人死亡的，其近亲属可以与被告人和解。对于近亲属有多人的，达成和解协议，应当经处于最先继承顺序的所有近亲属同意。被害人系无行为能力或者限制行为能力人的，其法定代理人、近亲属可以代为和解。被告人的近亲属经被告人同意，可以代为和解。被告人系限制行为能力人的，其法定代理人可以代为和解。被告人的法定代理人、近亲属代为和解的，和解协议约定的赔礼道歉等事项，应当由被告人本人履行。

（三）双方当事人协商达成和解

关于当事人和解的内容，双方当事人可以就赔偿损失、赔礼道歉等民事责任事项进行和解，并且可以就被害人及其法定代理人或者近亲属是否要求或者同意公安机关、人民检察院、人民法院对犯罪嫌疑人依法从宽处理进行协商，但不得对案件的事实认定、证据采信、法律适用和定罪量刑等依法属于公安机关、人民检察院、人民法院职权范围的事宜进行协商。

关于当事人和解的方式，双方当事人可以自行达成和解，也可以经人民调解委员会、村民委员会、居民委员会、当事人所在单位或者同事、亲友等组织或者个人调解后达成和解。

关于办案机关是否参与当事人和解的协商过程。根据有关规定，在侦查阶段，公安机关启动当事人和解程序的，需要经过县级以上公安机关负责人的批准；换句话说，如果没有经过县级以上公安机关负责人的批准，公安机关不能按照当事人和解程序来办理刑事案件。在审查起诉阶段，人民检察院可以建议当事人进行和解，并告知相应的权利义务，必要时可以提供法律咨询。在审判阶段，对于当事人提出申请的，人民法院可以主持双方当事人协商以达成和解，还可以根据案件情况邀请人民调解员、辩护人、诉讼代理人、当事人亲友等参与促成双方当事人和解。

（四）办案机关对和解进行审查

双方当事人通过协商达成和解，并不意味着和解生效，还需要办案机关对和解依法进行审查和确认。审查的主体包括公安机关、人民检察院和人民法院。侦查阶段和解的，由公安机关进行审查；审查起诉阶段和解的，由人民检察院进行审查；审判阶段和解的，由人民法院进行审查。

公安机关、人民检察院、人民法院对和解进行审查时，应当听取当事人和其他有关人员的意见，包括双方当事人亲属、当地居民委员会或者村民委员会人员以及其他了解案件情况的相关人员的意见，以全面了解当事人达成和解的基本情况，准确判断当事人达成和解是否真正出于自愿。此外，在审查起诉阶段，人民检察院在听取当事人和其他有关人员意见时，还应当向他们告知刑事案件可能从宽处理的法律后果和双方的权利义务，并制作笔录附卷。在审判阶段，对于双方当事人在庭外达成和解的，人民法院应当通知人民检察院，并听取人民检察院对当事人和解的意见。

办案机关对和解进行审查的基本内容围绕和解的自愿性和合法性两方面展开。自愿，是指发自内心的愿意，应当考察当事人达成和解是否因受到外部的压力而违背其内心真实意愿。合法，既包括和解内容合法，也包括和解过程合法，应当审查当事人达成和解的过程与和解内容是否都符合法律规定或法律精神。《刑诉规则》第 497 条第 1 款规定，人民检察院应当对和解的自愿性、合法性进行审查，重点审查以下内容：（1）双方当事人是否自愿和解；（2）犯罪嫌疑人是否真诚悔罪，是否向被害人赔礼道歉，赔偿数额与其所造成的损害和赔偿能力是否相适应；（3）被害人及其法定代理人或者近亲属是否明确表示对犯罪嫌疑人予以谅解；（4）是否符合法律规定；（5）是否损害国家、集体和社会公共利益或者他人的合法权益；（6）是否符合社会公德。

（五）办案机关主持制作和解协议书

办案机关经审查认为和解自愿、合法的，应当主持制作和解协议书。

侦查机关主持制作的和解协议书，应当包括以下内容：（1）案件的基本事实和主要证据。（2）犯罪嫌疑人承认自己所犯罪行，对指控的犯罪事实没有异议，真诚悔罪。（3）犯罪嫌疑人通过向被害人赔礼道歉、赔偿损失等方式获得被害人谅解；涉及赔偿损失的，应当写明赔偿的数额、方式等；提起附带民事诉讼的，由附带民事诉讼原告人撤回附带民事诉讼。（4）被害人自愿和解，请求或者同意对犯罪嫌疑人依法从宽处罚。和解协议书应当由双方当事人及其他参加人员签名。

检察机关主持制作的和解协议书，应当包括以下内容：（1）双方当事人的基本情况。（2）案件的主要事实。（3）犯罪嫌疑人、被告人真诚悔罪，承认自己所犯罪行，对指控的犯罪没有异议，向被害人赔偿损失、赔礼道歉等。赔偿损失的，应当写明赔偿的数额、履行的方式、期限等。（4）被害人及其法定代理人或者近亲属对犯罪嫌疑人、被告人予以谅解，并要求或者同意公安机关、人民检察院、人民法院对犯罪嫌疑人、被告人依法从宽处理。可以写明和解协议书系在人民检察院主持下制作，但检察人员不在当事人和解协议书上签字，也不加盖人民检察院印章。

法院主持制作的和解协议书，应当包括以下内容：（1）被告人承认自己所犯罪行，对犯罪事实没有异议，并真诚悔罪。（2）被告人通过向被害人赔礼道歉、赔偿损失等方式获得被害人谅解；涉及赔偿损失的，应当写明赔偿的数额、方式等；提起附带民事诉讼的，由附带民事诉讼原告人撤回起诉。（3）被害人自愿和解，请求或者同意对被告人依法从宽处罚。和解协议书应当由双方当事人和审判人员签名，但不加盖人民法院印章。

（六）和解协议书的履行、反悔与无效

当事人达成和解协议的，应当在协议签署后及时履行。对于检察机关主持制作的和解协议书中约定的赔偿损失内容，最迟在人民检察院作出从宽处理决定前履行。确实难以一次性履行的，在提供有效担保并且被害人同意的情况下，也可以分期履行。

当事人在不起诉决定作出之前反悔的，可以另行达成和解。不能另行达成和解的，人民检察院应当依法作出起诉或者不起诉决定。当事人在不起诉决定作出之后反悔的，人民检察院不撤销原决定，但有证据证明和解违反自愿、合法原则的除外。在审判阶段，对于和解协议已经全部履行而当事人又反悔的，人民法院不予支持，但有证据证明和解违反自愿、合法原则的除外。双方当事人在侦查、审查起诉期间已经达成和解协议并全部履行，被害人或者其法定代理人、近亲属又提起附带民事诉讼的，人民法院不予受理，但有证据证明和解违反自愿、合法原则的除外。

在审查逮捕和审查起诉阶段，犯罪嫌疑人或者其亲友等以暴力、威胁、欺骗或者其他非法方法强迫、引诱被害人和解，或者在协议履行完毕之后威胁、报复被害人的，应当认定和解协议无效。已经作出不批准逮捕或者不起诉决定的，人民检察院根据案件情况可以撤销原决定，对犯罪嫌疑人批准逮捕或者提起公诉。在审判阶段，当事人对公安机关、人民检察院主持制作的和解协议书提出异议的，人民法院应当审查。经审查，和解违反自愿、合法原则的，应当认定无效。和解协议被认定无效后，双方当事人重新达成和解的，人民法院应当主持制作新的和解协议书。

【实务问题探讨】和解协议对犯罪嫌疑人、被告人的刑事责任作出约定的，有无法律效力？

公诉案件的和解协议针对赔偿损失、赔礼道歉等内容，不能涉及公权力的处置，无权决定诉讼的进程。公诉案件双方当事人和解的，和解协议中应有被害人谅解的内容，但不应涉及刑事责任的处理。和解协议中包含被害人表示不追究犯罪嫌疑人、被告人刑事责任意愿的内容的，对司法机关没有约束力。刑事责任的追究最终取决于公安机关、人民检察院、人民法院根据法律对犯罪嫌疑人、被告人作出的处理，犯罪嫌疑人、被告人不得以此作为不履行和解协议的理由。[①]

四、当事人和解公诉案件的处理

《刑事诉讼法》第 290 条规定，对于达成和解协议的案件，公安机关可以向人民检察院提出从宽处理的建议。人民检察院可以向人民法院提出从宽处罚的建议；对于犯罪情节轻微，不需要判处刑罚的，可以作出不起诉的决定。人民法院可以依法对被告人从宽处罚。可见，根据当事人达成和解协议的诉讼阶段不同，办案机关对案件的处理也有不同。具体而言，包括以下几种处理方式。

（一）侦查阶段达成和解协议

当事人在侦查阶段达成和解协议的，经县级以上公安机关负责人批准，公安机关在将案件移送人民检察院审查起诉时可以提出从宽处理的建议。但是，公安机关不得在侦查阶段因为双方当事人达成和解协议而作出撤销案件的决定。对于当事人在侦查阶段达成和解协议的，人民检察院在审查逮捕和审查起诉时应当充分考虑公安机关从宽处理的建议。人民检察院对于公安机关提请批准逮捕的案件，双方当事人达成和解协议的，可以作为有无社会危险性或者社会危险性大小的因素予以考虑。经审查认为不需要逮捕的，可以作出不批准逮捕决定；在审查起诉阶段可以依法变更强制措施。人民检察院对于公安机关移送起诉的案件，双方当事人达成和解协议的，可以作为是否需要判处刑罚或者免除刑罚的因素予以考虑。

（二）审查起诉阶段达成和解协议

当事人在审查起诉阶段达成和解协议的，人民检察院可以根据情况作出两种处理：一是依法作出不起诉决定。人民检察院拟对当事人达成和解的公诉案件作出不起诉决定的，应当听取双方当事人对和解的意见，并且查明犯罪嫌疑人是否已经切实履行和解协议、不能即时履行的是否已经提供有效担保，将其作为是否决定不起诉的因素予以考虑。对于当事人达成和解的未

① 参见王爱立主编：《中华人民共和国刑事诉讼法释义》，法律出版社 2018 年版，第 609—611 页。

成年人犯罪案件，人民检察院也可以依法作出附条件不起诉的决定。二是依法向法院提出从宽处罚的量刑建议。

（三）审判阶段达成和解协议

对达成和解协议的案件，人民法院应当对被告人从轻处罚；符合非监禁刑适用条件的，应当适用非监禁刑；判处法定最低刑仍然过重的，可以减轻处罚；综合全案认为犯罪情节轻微不需要判处刑罚的，可以免予刑事处罚。共同犯罪案件，部分被告人与被害人达成和解协议的，可以依法对该部分被告人从宽处罚，但应当注意全案的量刑平衡。达成和解协议的，裁判文书应当叙明，并援引刑事诉讼法的相关条文。

第十四章　缺席审判程序

第一节　缺席审判程序概述

审判是法院实现刑罚权的活动，与被告人的人身、财产甚至生命权息息相关。出于对个体利益的尊重和保护，国家应当充分保障犯罪被告人对审判程序的有效参与权，只有在被告人到庭并有效参与庭审的情况下，才能对其定罪量刑。从诉讼原理的角度而言，坚持和强调被告人对庭审过程的亲历性是必要的，这是公正审判原则和保障被告人基本诉讼权利的重要体现。但是，为了更好地维护国家利益，又应当允许在某些特殊情形下对被告人参与庭审的亲历性作出一定的例外规定，以更加有效地追究犯罪，维护国家利益和国家形象，同时通过建立完善的配套保障制度以弥补对被告人到庭利益的削损，保障被告人的诉讼权利。基于此，2018年修改《刑事诉讼法》在特别程序中增设了"缺席审判程序"，进一步丰富和完善了具有中国特色的刑事审判程序体系。

一、缺席审判程序的概念和特点

缺席审判程序，又称缺席程序，是指法院在被告人不到庭的情况下，对案件进行审理和判决的程序。由缺席审判程序形成的判决，称为缺席判决。[①] 根据刑事诉讼法的规定，缺席审判程序具有以下主要特点。

第一，缺席审判的前提是被告人审判时不在场。在普通审判程序中，参与庭审、进行辩论和做最后陈述是被告人的基本诉讼权利和审判程序的基本步骤，这些都只能建立在被告人到庭的基础上才能实现。因此，人民检察院在向人民法院提起公诉时应当保证被告人在案，对于被告人不在案的，按照《刑诉解释》第219条的规定，法院应当退回人民检察院。与此不同，缺席审判程序恰恰是法院在被告人不到场的情况下依法进行审判，从而在文书送达、庭审规则和救济途径等方面与普通审判程序存在较多差别。

第二，缺席审判的适用限于刑事诉讼法规定的特定类型案件和情形。缺席审判程序是专门针对不到庭被告人而设置的一项特别的刑事审判程序，只能适用于刑事诉讼法明确规定的特定类型案件，包括贪污贿赂犯罪案件，以及需要及时进行审判，经最高人民检察院核准的严重危害国家安全犯罪、恐怖活动犯罪案件，除此之外的其他任何案件都不能适用缺席审判程序进行审理。此外，刑事诉讼法还对被告人患有严重疾病无法出庭或被告人死亡而适用缺席审判的情形作了明确规定。对于其他案件或其他情形，即使被告人在审判时不到场，也不能适用缺席审判程序，法院可以依法决定中止审理或者终止审理。

第三，缺席审判的适用应当同时满足刑事诉讼法规定的提起公诉和开庭审判的条件。根据

[①]　参见陈卫东主编：《刑事诉讼法学》（第三版），高等教育出版社2019年版，第414页。

刑事诉讼法的规定，适用缺席审判程序，需要同时符合人民检察院提起公诉的条件和人民法院开庭审判的条件，缺一不可。其中，人民检察院提起公诉的条件是人民检察院认为犯罪事实已经查清，证据确实、充分，依法应当追究刑事责任；人民法院开庭审判的条件是起诉书中有明确的指控犯罪事实，符合缺席审判程序适用条件。

第四，缺席审判程序的适用目的是解决被告人定罪量刑的问题。我国民事诉讼和行政诉讼中早就有缺席审判的规定。《民事诉讼法》第 147 条规定，被告经传票传唤，无正当理由拒不到庭的，或者未经法庭许可中途退庭的，可以缺席判决；《行政诉讼法》第 58 条规定，被告无正当理由拒不到庭，或者未经法庭许可中途退庭的，可以缺席判决。与民事诉讼和行政诉讼中的缺席判决分别解决的是当事人之间的民事纠纷和行政纠纷不同，刑事诉讼中进行缺席审判的目的是为了解决被告人的刑事责任，即确定被告人是否有罪、应否判处刑罚、判处何种刑罚以及刑罚执行变更等问题。

二、缺席审判程序的理论探讨

缺席审判程序是法院在被告人不到庭的情况下对其定罪量刑问题作出裁判，程序上缺少了被告人的亲身参与而结果又与被告人有直接利害关系，其正当性面临一定的理论争论，需要予以澄清。

第一，缺席审判程序没有改变刑事诉讼的三方构造。根据刑事诉讼原理，控诉、辩护和审判是刑事诉讼的三项基本职能，刑事诉讼的基本构造也是围绕三项职能的实现及其互动关系展开的，控审分离、审判中立和控辩平等对抗是调整刑事诉讼构造应当遵守的基本理念与原则。[①] 通常情况下，应当保证被告人在形式上亲自出席法庭参与审判并在实质上履行辩护职能，这是维护正当的诉讼构造和实现控辩平等对抗的基本内容。对于缺席审判程序来说，虽然在形式上缺少了被告人的亲自到庭，导致被告人无法直接面对法庭来接受审判和自己进行辩护，但刑事诉讼法规定了代为委托辩护和法律援助辩护以弥补被告人不到庭的辩护职能缺失问题，保证了缺席审判在诉讼构造上的完整性，缺席审判程序在实质上不会影响刑事诉讼的三方构造，缺席审判程序中仍然存在控诉、辩护和审判职能，控审分离、审判中立和控辩平等对抗仍然得以有效实现。

第二，缺席审判并不违反无罪推定原则的精神。任何人在未经法院依法确定有罪以前，应当假定其无罪，此即无罪推定原则之要义。关于缺席审判与无罪推定原则的关系可以从两个方面讨论。一方面，缺席审判不是有罪推定。并不是说法院已经事先认定被告人有罪，从而通过缺席审判程序来对被告人定罪判刑。缺席审判只是为解决不能到案的被告人的刑事责任问题提供了一种法律上的正式途径，被告人有罪还是无罪，仍然需要经过严格的法庭审判程序才能确定。另一方面，缺席审判也要遵守无罪推定原则。证明责任分配准则是无罪推定最基本和使用最为普遍的涵义。[②] 从这个意义上讲，缺席审判也没有违反无罪推定原则关于证明责任分配的要求。根据《刑事诉讼法》第 51 条的规定，公诉案件由人民检察院承担证明被告人有罪的举证责任，没有免除检察机关举证责任的例外情形。在缺席审判程序中，检察机关的证明责任并不会因为被告人本人的缺席而得以免除。无论是被告人到庭的普通审判程序，还是被告人不到庭的缺席审判程序，承担证明被告人有罪的证明责任都是检察机关的法定职责，被告人无须承

---

① 参见宋英辉等：《刑事诉讼原理》（第三版），北京大学出版社 2014 年版，第 175—179 页。

② 参见张云鹏：《刑事推定与无罪推定之契合》，载《法学》2013 年第 11 期。

担证明自己有罪或无罪的责任。不仅如此，在缺席审判程序中，检察机关承担证明被告人有罪的责任也要达到刑事诉讼法规定的"犯罪事实清楚、证据确实充分"的程度，如果证据不足、不能认定被告人有罪的，法院应当作出证据不足、指控的犯罪不能成立的无罪判决。可见，缺席审判也要遵守无罪推定原则。

第三，缺席审判与被告人对质权并不存在实质冲突。与不利于己的人进行面对面的对质可以说是被告人行使辩护权和获得公正审判的重要内容。从实质上讲，被告人的对质权表现为被告人的询问权；从形式来讲，被告人的对质权表现为被告人的在场权，[①] 完整意义上的被告人对质权是实质询问权和形式在场权的统一。但是需要明确的是，正如权利是可以放弃的，对质权在性质上也是一项权利，被告人可以选择充分行使，也可以选择部分放弃甚至完全放弃。行使抑或放弃在法庭上进行对质的权利都是被告人自愿明智选择的结果，对于被告人到庭的，要保障其参与审判和有效对质的权利；对于被告人不到庭，也要予以尊重。只是由于审判程序涉及被告人的人身、财产等重大利益的最终处分，为了充分保障被告人的个体利益，所以一般情况下，应当保证被告人本人到庭参与审判并对控方的指控和不利于己的人进行询问和反驳。但是，正如我国台湾地区学者指出的，被告人的到场权与对质诘问权的性质并非不可抛弃，被告人的对质诘问权亦非永远高于证人的权益和妥适运用司法资源的重要性。[②] 对于被告人自己主动放弃到庭的，其在放弃形式上的对质权的同时也一并放弃了进行询问和反驳的实质上的对质权。缺席审判正是被告人自己主动放弃对质权的一种程序表现。在被告人已经被给予一切必要的通知，包括告知审判时间和地点等，以及被要求出席法庭审判，但被告人自己却决定不出席审判的情况下，进行刑事缺席审判并不违背联合国《公民权利和政治权利国际公约》第14条第3款（丁）项关于出席法庭审判权的规定。[③] 因此，为了切实维护国家公共利益，对某些特定案件在通过法定的送达方式通知被告人到庭参加审判而其仍然不到庭的依法进行缺席审判，客观上就是被告人自主放弃对质权的结果，不与被告人的对质权保障相冲突。

三、确立缺席审判程序的意义

缺席审判程序进一步丰富和完善了我国刑事审判程序体系，对于打击腐败犯罪、追回外逃赃款和构建精细化、科学化的中国特色刑事诉讼制度等具有重要意义。

第一，缺席审判是打击腐败犯罪、提高腐败治理效能的现实需要。我国早在2005年批准了《联合国反腐败公约》，对于外逃资产的追回，原则上要求有对犯罪人定罪的生效裁判。对腐败犯罪分子追逃、对涉案财物追缴，是国家政治清廉的必然要求，也是对国家公共利益的切实保障。在实践中，由于我国刑事诉讼长期缺少缺席审判程序，对潜逃境外的被告人无法进行审判和形成生效判决，使得在请求国际司法协助时存在制度障碍，在一定程度上姑息纵容了逃匿犯罪人员逃避法律制裁。尽管2012年《刑事诉讼法》修改时增设了违法所得没收程序，但由于违法所得没收程序的裁定只针对违法所得本身，而不涉及被告人的定罪问题，从裁判权威性的角度来看，其权威性必然不如法院对被告人所作的定罪判决，被请求国仍然很有可能以没有"已经生效的有罪判决"为由拒绝配合我国的合理请求。确立缺席审判制度是扫除追回外

① 参见郭天武：《论我国刑事被告人的对质权》，载《政治与法律》2010年第7期。
② 参见吴巡龙：《被告人不到场的审判程序及被告与证人间如何隔离讯问》，载《法学丛刊》2005年第3期。
③ 参见张毅：《论〈打击跨国有组织犯罪公约〉和〈反腐败公约〉与我国刑事诉讼制度改革》，载陈光中主编：《21世纪域外刑事诉讼立法最新发展》，中国政法大学出版社2004年版，第77页。

逃资产障碍的需要，使我国向被请求国提出的追回外逃资产要求有了真正的权威依据，有助于更好地打击腐败犯罪，加强追回外逃资产的国际合作。① 同时，还可以根据《联合国反腐败公约》的规定要求被请求缔约国履行"或引渡或执行刑罚"的义务，有利于我国开展国际合作，遣返外逃腐败犯罪人员，实现对腐败犯罪和外逃犯罪人员的有效打击。

第二，缺席审判是完善刑事诉讼多元化处置体系的需要。在社会发展过程中，刑事案件遇到的各种情形越来越多复杂，刑事诉讼的价值理念也随之处于一种不断进行动态调整以适应各种情形的状态之中，这就要求刑事诉讼的立法和司法应当不断创新、完善多元化的处置体系，以适应社会发展过程中的各种复杂情形，缺席审判程序的确立正是为了应对特殊情况下被告人不到庭这一问题而设置的一种特别程序，此外的认罪认罚从宽制度、速裁程序、死刑复核程序、审判监督程序、未成年人刑事案件诉讼程序、当事人和解的公诉案件诉讼程序等都是我国刑事诉讼多元化程序处置体系的重要内容，也是推进我国刑事司法治理体系和治理能力现代化的基本要求。

第三，缺席审判是公正和效率价值的有效平衡。刑事诉讼发展的过程并不是沿循某一单一、固定的价值理念的，而是一个不断地在控制犯罪与保障人权、实体公正和程序公正、公正和效率等理念进行选择并保持不同诉讼价值之间动态平衡的过程。对于被告人故意逃避诉讼或因无法消除的外力因素阻碍法庭审判的，如果司法活动就此中断，将造成大量诉讼资源被浪费，诉讼拖延也将给诉讼参与人带来严重讼累。公正是司法的最高目标，而效率是通过司法实现公正的最佳状态，在保证公正的前提下，效率应是司法的内在价值追求。正因如此，民事诉讼法和行政诉讼法中早就有关于缺席审判的规定，以实现公正和效率的平衡。在刑事诉讼中，缺席审判程序将有效地解决公正和效率之间的矛盾，在牢牢把握公正这条主线的同时，对诉讼效率进行有效关注。② 而且，虽然缺席审判在一定程度上削减了被告人的个体公正价值，但通过缺席审判实现对确实有罪之人的定罪量刑，不因被告人的主动逃避而获得不当的个人利益，也是对社会公共利益的维护和社会普遍正义的实现。

第二节　缺席审判的适用情形和条件

根据刑事诉讼法的规定，具有以下三种情形之一的，可以适用缺席审判：一是潜逃境外的犯罪嫌疑人、被告人；二是患有严重疾病的被告人；三是审理中死亡的被告人。三种情形的缺席审判，分别对应不同的适用条件。其中，对于第一种情形潜逃境外的犯罪嫌疑人、被告人适用缺席审判，实际上也包括了对潜逃境外的犯罪嫌疑人在其缺席情况下进行立案、侦查和起诉等内容。

一、对潜逃境外被告人的缺席审判

根据《刑事诉讼法》第 291 条的规定，针对潜逃境外的犯罪嫌疑人、被告人适用缺席审判，应当同时符合以下几个条件。

---

① 参见陈光中、肖沛权：《刑事诉讼法修正草案：完善刑事诉讼制度的新成就和新期待》，载《中国刑事法杂志》2018 年第 3 期。

② 参见陈卫东主编：《刑事诉讼法学》（第三版），高等教育出版社 2019 年版，第 416 页。

第一，适用的案件范围必须是刑事诉讼法规定的两类案件。具体包括：一是贪污贿赂犯罪案件，即由监察机关调查的刑法分则第八章规定的国家工作人员犯罪，以及其他章节中明确规定按照刑法分则第八章贪污贿赂罪的规定定罪处罚的犯罪。二是需要及时进行审判，经最高人民检察院核准的严重危害国家安全犯罪、恐怖活动犯罪案件。对于这一类的犯罪，必须满足"严重"程度、需要及时进行审判和经最高人民检察院核准的条件，才能适用缺席审判程序。其中，危害国家安全犯罪主要是指刑法分则第一章规定的危害国家安全罪。根据《反恐怖主义法》第3条的规定，恐怖主义是指通过暴力、破坏、恐吓等手段，制造社会恐慌、危害公共安全、侵犯人身财产，或者胁迫国家机关、国际组织，以实现其政治、意识形态等目的的主张和行为。不仅包括组织、领导、参加恐怖组织罪，帮助恐怖活动罪，准备实施恐怖活动罪，宣扬恐怖主义、极端主义、煽动实施恐怖活动罪等刑法明确规定的恐怖活动犯罪，还包括具有恐怖主义性质的放火、爆炸、投放危险物质、破坏交通工具、破坏电力设备、劫持航空器等恐怖活动犯罪。[1] 除此之外的其他案件，即使被告人主动逃避审判，也不能适用缺席审判程序。

第二，犯罪嫌疑人、被告人在境外。这是适用缺席审判的前提条件。即使符合刑事诉讼法规定的案件范围，也只有犯罪嫌疑人、被告人是因为"在境外"而不到案的，才能对其适用缺席审判。对于犯罪嫌疑人、被告人因逃匿不能到案，但没有在境外的，不适用缺席审判程序。"在境外"是需要证明的条件，人民检察院在提起公诉时应当有证据确认犯罪嫌疑人、被告人"在境外"，才符合适用缺席审判的条件。[2]

第三，应当遵守法定的刑事诉讼程序。尽管是在被告人缺席的情况下对其进行审判，但仍然应当严格遵守刑事诉讼法的立案、侦查、起诉、审判等诉讼阶段，不能缺少任何一个诉讼环节。一是由监察机关、公安机关移送起诉。贪污贿赂犯罪由监察机关行使调查权，危害国家安全犯罪、恐怖活动犯罪案件由公安机关立案侦查，监察机关调查或公安机关侦查终结后，认为达到犯罪事实清楚、证据确实充分的移送起诉标准的，才能移送人民检察院审查起诉。对于国家安全机关负责侦查的危害国家安全案件，由国家安全机关移送起诉。二是人民检察院依法提起公诉。对于监察机关、公安机关移送起诉的案件，人民检察院应当按照刑事诉讼法的有关规定进行审查，经过审查认为犯罪事实已经查清，证据确实、充分，依法应当追究刑事责任的，可以向人民法院提起公诉。三是人民法院决定开庭审判。对于人民检察院提起公诉的案件，人民法院要依法对起诉书中是否有明确的指控犯罪事实和是否符合缺席审判程序的适用条件进行审查。法院经过审查，对于起诉书中有明确的指控犯罪事实，符合缺席审判程序适用条件的，应当决定开庭审判；对于起诉书中没有明确的指控犯罪事实，或者不符合缺席审判程序适用条件的，则不应当开庭审判。

二、对患有严重疾病被告人的缺席审判

根据《刑事诉讼法》第296条的规定，因被告人患有严重疾病无法出庭，中止审理超过6个月，被告人仍无法出庭，被告人及其法定代理人、近亲属申请或者同意恢复审理的，人民法院可以在被告人不出庭的情况下缺席审理，依法作出判决。对患有严重疾病无法出庭的被告人适用缺席审判程序，需要同时满足以下条件。

一是被告人患有严重疾病无法出庭。这里的被告人既包括公诉案件的被告人，也包括自诉

---

[1] 参见王爱立主编：《中华人民共和国刑事诉讼法释义》，法律出版社2018年版，第616—617页。
[2] 参见王爱立主编：《中华人民共和国刑事诉讼法释义》，法律出版社2018年版，第617页。

案件的被告人。"患有严重疾病无法出庭"主要是指因患严重疾病无法辨认、控制自己的行为，无法表达自己的真实意思，也包括出庭可能影响其生命健康等。如果被告人身患严重疾病但并不影响其出庭，则不适用缺席审判程序。

二是中止审理超过6个月被告人仍无法出庭。根据《刑事诉讼法》第206条的规定，在审判过程中，被告人患有严重疾病无法出庭，致使案件在较长时间内无法继续审理的，可以中止审理。因此，对于患有严重疾病无法出庭的被告人，法院首先应当作出中止审理的决定，而不是直接决定适用缺席审判。但是，如果案件中止审理超出了6个月的时间，被告人仍然无法出庭参加审判的，法院可以适用缺席审判程序，从而对案件依法作出判决以结束诉讼。如果被告人在中止审理6个月以内身体恢复能够出庭，则法院应当恢复法庭审理，继续中止之前的审判程序。

三是被告人及其法定代理人、近亲属申请或者同意恢复审理。由被告人及其法定代理人、近亲属提出申请或者征得他们的同意，是对患有严重疾病无法出庭的被告人适用缺席审判程序的必要条件。根据《刑诉解释》第605条第2款的规定，被告人无法表达意愿的，其法定代理人、近亲属可以代为申请或者同意恢复审理。对患有严重疾病的被告人适用缺席审判是一种被告人及其法定代理人、近亲属自愿选择的处理程序，如果他们没有提出申请或者不同意恢复法庭审理的，人民法院不能强迫被告人接受缺席审判，只能保持中止审理一直到被告人身体恢复能够出庭，再继续进行中止之前的法庭审理。

三、对审理中死亡被告人的缺席审判

《刑事诉讼法》第297条规定，被告人死亡的，人民法院应当裁定终止审理，但有证据证明被告人无罪，人民法院经缺席审理确认无罪的，应当依法作出判决。人民法院按照审判监督程序重新审判的案件，被告人死亡的，人民法院可以缺席审理，依法作出判决。根据这一规定，对审理中死亡的被告人适用缺席审判的情形包括以下两种。

一是在审理过程中被告人死亡且有证据证明其无罪的，人民法院可以通过缺席审理来确认被告人无罪并依法作出无罪判决。这种情形需要同时符合被告人死亡和有证据证明其无罪两个条件，且人民法院只能通过缺席审理作出被告人无罪的判决。"有证据证明被告人无罪，经缺席审理确认无罪"，包括案件事实清楚，证据确实、充分，依据法律认定被告人无罪的情形，以及证据不足，不能认定被告人有罪的情形。如果没有证据证明被告人无罪，法院就不能适用缺席审判程序进行审理，只能裁定终止审理。如果经过缺席审理后不能认定已经死亡的被告人无罪的，人民法院也应当裁定终止审理，而不能作出有罪或者无罪的判决。如果是在侦查或者审查起诉阶段犯罪嫌疑人死亡的，应当撤销案件或者作出不起诉的决定。

二是按照审判监督程序重新审判的案件中被告人死亡的。对于已经按照审判监督程序进行重新审判的案件，如果被告人死亡，人民法院只能进行缺席审理。与第一种情形只能通过缺席审理作出无罪判决不同，法院适用缺席审判程序审理的再审案件，需要根据案件审理的实际情况作出相应的判决，而并非一律都是无罪判决。根据《刑诉解释》第607条的规定，有证据证明被告人无罪，经缺席审理确认被告人无罪的，应当判决宣告被告人无罪；虽然构成犯罪，但原判量刑畸重的，应当依法作出判决。可见，在这种情况下法院进行缺席审判，不再加重对死亡被告人的刑罚。

【实务问题探讨】《刑事诉讼法》第293条、第294条规定的被告人近亲属享

有的代为委托辩护人、有权提起上诉等规定，是否适用于审理中死亡被告人的缺席审判程序？

《刑事诉讼法》第293条、第294条规定的被告人近亲属享有的代为委托辩护人、有权提起上诉等规定是专门为保障潜逃境外的缺席被告人的诉讼权利而作出的规定，不适用于死亡被告人的缺席审判程序的被告人近亲属。①

第三节　缺席审判的主要程序

针对不同类型的缺席审判，刑事诉讼法规定了不同的程序要求。对患严重疾病无法出庭、审理中被告人死亡的被告人适用缺席审判是非典型的缺席审判，是被告人因不可抗拒的外力因素而无法参加庭审，其审判程序基本应参照办理普通刑事案件的相关规定；而犯罪嫌疑人、被告人潜逃境外的缺席审判是严格意义上的缺席审判，针对的是犯罪嫌疑人、被告人故意逃避或抗拒司法程序的情形，其在程序适用和权利救济上体现出不同于普通审理程序的诸多规则。本节主要介绍潜逃境外被告人的缺席审判程序。

一、管辖和审判组织

根据《刑事诉讼法》第291条第2款的规定，对于符合缺席审判条件的潜逃境外的被告人，由犯罪地、被告人离境前居住地或者最高人民法院指定的中级人民法院组成合议庭进行审理。这一规定明确了对潜逃境外被告人适用缺席审判的级别管辖和地域管辖，以及法院在进行缺席审判时的审判组织形式。

第一，在级别管辖上由中级人民法院管辖。这与刑事诉讼法关于危害国家安全犯罪案件、恐怖活动犯罪案件由中级人民法院管辖的规定是一致的，同时考虑缺席审判是一项新的制度，证据、程序、审判方面有更高要求，为了更好地保障贪污犯罪中被告人的诉讼权利，由中级人民法院负责审理更有利于案件公正审判、妥当处理。

第二，在地域管辖上由犯罪地、被告人离境前居住地或者最高人民法院指定的中级人民法院进行审理。

【实务问题探讨】如何理解缺席审判案件的地域管辖？

根据《刑事诉讼法》第25条的规定，刑事案件由犯罪地人民法院管辖，如果由被告人居住地的人民法院审判更为适宜的，可以由被告人居住地的人民法院管辖。据此，由犯罪地人民法院管辖为主、被告人居住地人民法院管辖为辅是我国刑事诉讼中划分地域管辖的基本原则。对于缺席审判的案件也是如此，通常应当由犯罪地人民法院管辖，如果被告人离境前居住地的人民法院审判更为适宜的，可以由被告人离境前居住地人民法院管辖。根据《刑诉解释》的规定，犯罪地包括犯罪行为地和犯罪结果地。被告人的户籍地为其居住地，经常居住地与户籍地不一致的，经常居住地为其居住地，经常居住地为被告人被追诉前已连续居

---

① 参见王爱立主编：《中华人民共和国刑事诉讼法释义》，法律出版社2018年版，第645页。

住 1 年以上的地方，但住院就医的除外。实践中，有的案件可能有多个犯罪地或者具有不适宜由犯罪地人民法院管辖的情形，或者被告人离境前的居住地不能确定，在这种情况下，刑事诉讼法规定可以由最高人民法院指定的中级人民法院进行审理。最高人民法院指定的，并不限于犯罪地、被告人离境前居住地的中级人民法院，可以是任何一个中级人民法院。

第三，在审判组织上应当组成合议庭进行开庭审判。包括两个方面的要求：一是应当组成合议庭。根据刑事诉讼法的规定，中级人民法院应当由审判员 3 人或者由审判员和人民陪审员共 3 人或者 7 人组成合议庭来审理被告人潜逃境外的缺席案件。二是应当进行开庭审判。人民法院的审判组织通过开庭的方式，在公诉人、当事人和其他诉讼参与人的参加下，调查核实证据，查清案件事实，充分听取控辩双方对证据、案件事实和法律适用的意见，依法确定被告人的行为是否构成犯罪，应否受到刑事处罚以及给予何种处罚。[①] 不能因为被告人不到庭，就采取书面审理的方式。

二、提起公诉和法院审查程序

（一）人民检察院提起公诉

缺席审判的案件都是公诉案件，由有管辖权的中级人民法院的同级人民检察院提起公诉。对于监察机关移送起诉的贪污贿赂犯罪案件，犯罪嫌疑人、被告人在境外，人民检察院认为犯罪事实已经查清，证据确实、充分，依法应当追究刑事责任的，可以向人民法院提起公诉。对于公安机关移送起诉的需要及时进行审判的严重危害国家安全犯罪、恐怖活动犯罪案件，犯罪嫌疑人、被告人在境外，人民检察院认为犯罪事实已经查清，证据确实、充分，依法应当追究刑事责任的，经最高人民检察院核准，可以向人民法院提起公诉。

人民检察院对公安机关移送起诉的需要报请最高人民检察院核准的案件，经检察委员会讨论提出提起公诉意见的，应当层报最高人民检察院核准。报送材料包括起诉意见书、案件审查报告、报请核准的报告及案件证据材料。最高人民检察院收到下级人民检察院报请核准提起公诉的案卷材料后，应当及时指派检察官对案卷材料进行审查，提出核准或者不予核准的意见，报检察长决定。报请核准的人民检察院收到最高人民检察院核准决定书后，应当提起公诉，起诉书中应当载明经最高人民检察院核准的内容。

在审查起诉阶段，犯罪嫌疑人自动投案或者被抓获的，根据《刑诉规则》第 509 条，人民检察院应当重新审查。对严重危害国家安全犯罪、恐怖活动犯罪案件报请核准期间，犯罪嫌疑人自动投案或者被抓获的，报请核准的人民检察院应当及时撤回报请，重新审查案件。

（二）人民法院进行审查

对于人民检察院提起公诉的缺席案件，人民法院应当进行审查。根据《刑诉解释》第 598 条的规定，对人民检察院依照《刑事诉讼法》第 291 条第 1 款的规定提起公诉的案件，人民法院应当重点审查以下内容：（1）是否属于可以适用缺席审判程序的案件范围；（2）是否属于本院管辖；（3）是否写明被告人的基本情况，包括明确的境外居住地、联系方式等；（4）是否写明被告人涉嫌有关犯罪的主要事实，并附证据材料；（5）是否写明被告人有无近亲属以及

---

① 参见陈光中主编：《刑事诉讼法》（第六版），北京大学出版社、高等教育出版社 2016 年版，第 346 页。

近亲属的姓名、身份、住址、联系方式等情况；（6）是否列明违法所得及其他涉案财产的种类、数量、价值、所在地等，并附证据材料；（7）是否附有查封、扣押、冻结违法所得及其他涉案财产的清单和相关法律手续。

根据《刑诉解释》第 599 条的规定，人民法院审查后，按照下列情形分别处理：（1）符合缺席审判程序适用条件，属于本院管辖，且材料齐全的，应当受理；（2）不属于可以适用缺席审判程序的案件范围、不属于本院管辖或者不符合缺席审判程序的其他适用条件的，应当退回人民检察院；（3）材料不全的，应当通知人民检察院在 30 日以内补送；30 日以内不能补送的，应当退回人民检察院。

三、送达传票和起诉书副本

送达是刑事诉讼中的一项重要的诉讼行为，关系到被告人的诉讼知情权、准备辩护的权利和整个刑事诉讼程序的顺利进行。无论被告人是否到庭参与审判，将有关的法律文书依法送达给被告人都是法庭审判的正当性基础和必经程序。同时，通过送达有关司法文书，通知其开庭审判，也有利于开展劝返工作，促使其回国接受公正审判。刑事诉讼法也规定了将传票和起诉书副本送达给潜逃境外被告人的各种方式。主要包括以下三种方式。

第一，有关国际条约规定的司法协助方式。国际条约主要是指我国与外国签订的有关刑事司法协助方面的双边条约，还包括含有刑事司法协助内容的多边条约和国际公约，如果有关国际条约中对送达文书的司法协助作了规定，那么应当依照条约的规定来进行送达。此外，根据《国际刑事司法协助法》第 20 条和第 21 条的规定，人民法院缺席审判需要请求外国协助送达法律文书的，应当制作刑事司法协助请求书并附相关材料，经所属主管机关即最高人民法院审核同意后，由对外联系机关及时向外国提出请求；请求书应当载明受送达人的姓名或者名称、送达的地址以及需要告知受送达人的相关权利和义务。

第二，外交途径提出的司法协助方式。这种情况针对的是双方国家尚未签订国际刑事司法协助条约，需要进行国际刑事司法合作的情况。根据《国际刑事司法协助法》第 5 条第 3 款的规定，我国和外国之间没有刑事司法协助条约的，通过外交途径联系。对适用缺席审判的潜逃境外被告人送达传票和起诉书副本，应当按照两国协商确定的具体方式、要求进行。

第三，被告人所在地法律允许的其他方式。送达文书属于一国的司法主权事务，一般来说需要请求被告人所在地国家协助送达。同时，由于各国法律制度和刑事司法协助实践的情况不同，也不排除有的国家法律规定在一定条件下允许其他方式送达，或者随着国际刑事司法协助的发展，将来作出这方面的安排。因此，规定被告人所在地法律允许的其他方式，是考虑到了各种其他情况所作的留有余地的规定。[①]

人民法院通过以上方式向潜逃境外的被告人送达传票和起诉书副本的，传票中应当载明被告人到案期限以及不按要求到案的法律后果等事项，同时还要将起诉书副本送达被告人近亲属，告知其有权代为委托辩护人，并通知其敦促被告人归案。传票和起诉书副本送达后，被告人未按要求到案的，人民法院应当开庭审理，依法作出判决，并对违法所得及其他涉案财产作出处理。

[①]　参见王爱立主编：《中华人民共和国刑事诉讼法释义》，法律出版社 2018 年版，第 622—623 页。

四、缺席审判中的辩护权保障

辩护权是犯罪嫌疑人、被告人在刑事诉讼中享有的最为基础的诉讼权利，是有效维护其合法权益和保证司法公正得以实现的重要手段。为了保障缺席审判中没有到庭参与审判的潜逃境外的被告人的辩护权，《刑事诉讼法》第293条对缺席审判中的被告人辩护权保障问题作了特别的规定。

第一，委托辩护。缺席审判的案件，被告人有权委托辩护人，被告人的近亲属也可以代为委托辩护人。根据刑事诉讼法的有关规定，被告人有权委托或者由近亲属代为委托1至2名辩护人。近亲属的范围包括夫、妻、父、母、子、女、同胞兄弟姊妹。委托的辩护人可以是律师，也可以是人民团体或者犯罪嫌疑人、被告人所在单位推荐的人，还可以是犯罪嫌疑人、被告人的监护人、亲友。委托律师担任辩护人的，应当委托具有中华人民共和国律师资格并依法取得执业证书的律师；在境外委托的，有关授权委托应当经所在国公证机关证明，所在国国家外交主管机关或者其授权机关认证，并经中华人民共和国驻该国使领馆认证，或者履行中华人民共和国与该所在国订立的有关条约中规定的证明手续。

第二，法律援助辩护。对于被告人没有委托辩护人、其近亲属也没有代为委托辩护人的，人民法院应当通知法律援助机构指派律师为其提供辩护。为被告人提供法律援助辩护的只能是律师，不能指派律师之外的其他人员。这是刑事诉讼法为缺席审判程序所作的专门规定，以更好地保障没有到庭的被告人的诉讼权利与合法权益。

【实务问题探讨】 如何认识缺席审判程序中辩护律师的职责？

由于被告人不到庭，所以缺席审判中的辩护人参与和辩护权保障就显得尤为重要，是保证刑事审判的三方构造、保证庭审得以顺利进行和法院判决效力得到外国认可的重要因素。由于缺席审判中的辩护是在被告人完全不在场的情况下进行的，被告人与辩护人之间没有会面，对案件事实和证据材料的了解往往不够直接，因而辩护人参与缺席审判一定要特别注意辩护工作不能走过场，尤其是法律援助的辩护律师，不能抱着一种被告人都不到庭、辩护好不好无所谓的一种心态来参与法庭审理。在实践中，人民法院应当切实保障辩护人参与缺席审判程序，无论是被告人自己委托的辩护人，还是被告人的近亲属代为委托的辩护人，或者是法律援助机构指派的辩护律师，都应当严格按照《刑事诉讼法》第37条和《律师法》第31条的规定，尽职尽责，根据事实和法律，提出被告人无罪、罪轻或者减轻、免除其刑事责任的材料和意见，维护被告人的诉讼权利和其他合法权益。人民法院应当为辩护律师履行辩护职责依法提供便利。

第三，被告人及其近亲属有权拒绝法律援助辩护。根据《刑诉解释》第601条和第50条第2款的规定，对于被告人及其近亲属拒绝法律援助机构指派的律师辩护的，人民法院应当查明原因。理由正当的，人民法院应当准许，但被告人应当在5日以内另行委托辩护人；被告人未另行委托辩护人的，人民法院应当在3日以内通知法律援助机构另行指派律师为其提供辩护。

五、缺席审判中的被告人近亲属参与

人民法院对潜逃境外的被告人进行开庭审理的，在审理程序上参照适用公诉案件第一审普通程序的有关规定。由于被告人不到庭，为了更好地保障其诉讼权利和其他合法权益，也保证被告人的近亲属及时了解对被告人缺席审判的有关情况，刑事诉讼法规定被告人的近亲属可以申请参加诉讼，这实际上也在一定程度上起到弥补被告人不到庭情况下自行辩护不足的重要作用。

对于被告人的近亲属申请参加诉讼的，应当在收到起诉书副本后、第一审开庭前向法院提出，并提供与被告人关系的证明材料。有多名近亲属申请参加诉讼的，应当推选 1 至 2 人参加诉讼。对被告人的近亲属提出申请参加诉讼的，人民法院应当及时审查并作出决定。被告人的近亲属参加诉讼的，可以在开庭审理中发表意见，出示证据，申请法庭通知证人、鉴定人等出庭，进行辩论。可见，被告人的近亲属并不是在形式上参与缺席审判，而是通过享有相应的诉讼权利，实施一系列诉讼活动，实质性地参与到法庭审判程序中，并且可能会影响缺席审判案件的最终处理结果。

六、缺席审判的处理结果

对于潜逃境外的被告人，人民法院适用缺席审判程序审理后应当根据刑事诉讼法和《刑诉解释》的有关规定作出判决、裁定。其中，判决被告人有罪的，应当达到证据确实、充分的证明标准；经审理认定的罪名不属于刑事诉讼法规定的适用缺席审判的案件范围的，法院应当裁定终止审理。适用缺席审判程序审理案件，法院可以对违法所得及其他涉案财产一并作出处理。

七、缺席审判的上诉、抗诉

上诉权是法律赋予被告人的一项基本诉讼权利，不得以任何借口加以剥夺。根据《刑事诉讼法》第 294 条第 1 款的规定，人民法院应当将判决书送达被告人及其近亲属、辩护人。被告人或者其近亲属不服判决的，有权向上一级人民法院上诉。辩护人经被告人或者其近亲属同意，可以提出上诉。与普通审判程序相比，缺席审判程序中的上诉权有两个特点：一是判决书的送达比普通程序更为严格。法律不仅要求缺席审判的判决书应当送达被告人、辩护人，而且需要送达被告人的近亲属。这是因为被告人在境外，可能需要其近亲属帮助其行使上诉权等诉讼权利。对于在境外的被告人送达判决书，也应当通过《刑事诉讼法》第 292 条规定的三种方式进行送达。二是享有独立上诉权的主体比普通程序更多。对于缺席审判的判决书，被告人或其近亲属都有独立的上诉权，近亲属可以不经被告人同意直接提起上诉，辩护人也可以经过被告人近亲属的同意提出上诉。[①] 赋予近亲属独立的上诉权，也是考虑被告人在境外不方便行使上诉权，通过近亲属行使上诉权可以更好地保障被告人的诉讼权利。

除了上诉引起第二审程序外，刑事诉讼法还规定，对于人民法院适用缺席审判程序审理的案件，如果人民检察院认为法院作出的判决确有错误，既包括认定事实确有错误，也包括适用法律确有错误，应当向上一级人民法院提出抗诉。

对于提出上诉或者抗诉的案件，人民法院仍然可以采用缺席审判的方式进行第二审程序。

---

① 参见宋英辉、甄贞主编：《刑事诉讼法学》（第六版），中国人民大学出版社 2019 年版，第 514 页。

在第二审程序中，人民法院既要遵守刑事诉讼法关于缺席审判程序的规定，也要遵守刑事诉讼法关于第二审程序的有关规定。

八、缺席审判的重新审理

缺席审判程序的前提条件是被告人因潜逃境外而不到案，所以被告人不到案是缺席审判程序存在的正当性基础。实践中，如果被告人在审理过程中到案，或者在判决、裁定发生法律效力后到案，则缺席审判的正当基础也就随着被告人的到案而不复存在，应当在被告人到庭的情况下对案件进行重新审理。虽然重新审理会造成一定程度上的司法资源浪费和司法成本增加，但在被告人到案的情况下进行审判更加符合刑事诉讼法关于公正审判和程序参与原则的要求，也能更好地保障被告人诉讼权利及合法权益，提高人民法院审判的公信力和裁判的可接受度，所以被告人到案后对案件进行重新审理是正当必要的。据此，《刑事诉讼法》第 295 条对缺席审判程序中被告人到案后进行重新审理的情形作了规定。

第一，在审理过程中，被告人自动投案或者被抓获的，人民法院应当重新审理。对这一情形，需要准确把握以下几点：一是"在审理过程中"是指从法院收到案件、开庭审理到判决、裁定发生法律效力之前的整个过程，既包括第一审程序的过程，也包括第二审程序的过程，只要被告人是在法院没有作出生效的判决、裁定之前到案的，无论处于第一审程序还是处于第二审程序，法院都应当重新审理。二是不管被告人到案是基于什么原因，是被告人自己主动投案，还是被抓获到案，只要被告人到案，法院就应当重新审理。三是根据《刑诉规则》第 510 条的规定，对于提起公诉后被告人到案，人民法院拟重新审理的，人民检察院应当商人民法院将案件撤回并重新审查。

第二，罪犯在判决、裁定发生法律效力后到案的，人民法院应当将罪犯交付执行刑罚。交付执行刑罚前，人民法院应当告知罪犯有权对判决、裁定提出异议。罪犯对判决、裁定提出异议的，人民法院应当重新审理。据此，对于罪犯在发生法律效力后到案的，既要考虑维护法院生效判决、裁定的稳定性和执行力，又要考虑充分保障罪犯的诉讼权利，不是一律都要进行重新审理。在同时满足以下两个条件的情况下，法院应当重新审理：一是罪犯对生效的判决、裁定提出异议。如果罪犯对判决、裁定没有提出异议，法院无须重新审理，应当依法将罪犯交付执行刑罚。二是罪犯提出异议的时间是在交付执行刑罚前。如果被告人在交付执行刑罚后才提出异议的，则不能重新审理，只能按照审判监督程序处理。为了保障罪犯在交付执行刑罚前有效行使对生效判决、裁定提出异议的权利，刑事诉讼法规定，在交付执行刑罚前，人民法院应当告知罪犯有权对判决、裁定提出异议。

【实务问题探讨】 对于人民法院重新审理的，应当适用哪种审判程序？

不管是被告人在第一审程序自动投案或被抓获的，还是被告人在第二审程序自动投案或被抓获的，或者是被告人在判决、裁定生效后到案的，凡是法院重新审理的案件，都应当按照第一审程序进行重新审理，而不能按照第二审程序进行审理。由于缺席审判的案件是犯罪地或者被告人离境前居住地或者最高人民法院指定的中级人民法院管辖的，所以中级人民法院应当按照第一审的普通审判程序进行重新审理，也不能适用简易程序、速裁程序来对案件进行审理。审理程序包括决定开庭审理、告知诉讼权利、开展法庭调查、法庭辩论、被告人进行最后陈述、法院作出判决等。同时，对于被告人自动投案并如实供述自己的罪行的，根据《刑法》第 67 条的规定，构成自首的，也应按照刑法的规定，予以从宽处理，即可以从轻或者减轻处罚。[①]

第三，人民法院经过重新审理，发现依照生效判决、裁定对罪犯的财产进行的处理确有错误的，应当予以返还、赔偿。

【实务问题探讨】 实践中，如何理解"依照生效判决、裁定对罪犯的财产进行的处理确有错误的，应当予以返还、赔偿"？

"依照生效判决、裁定对罪犯的财产进行的处理"，是指对违法所得及其他涉案财物的处理，以及财产刑的执行等。主要包括对查封、扣押、冻结的财物及其孳息作出的处理，对违法所得的追缴和退赔被害人，对附带民事诉讼判决、裁定的财产部分的执行，对罚金和没收财产等财产刑的执行等。"确有错误"，主要是指人民法院根据本章的规定，对被告人的缺席审判的判决、裁定生效后，依照生效判决、裁定对其财产进行了处理，但人民法院经重新审理，发现对其财产所作处理确实发生了错误的情况。"返还"，是指将错误处理的财产及时退还被告人。"赔偿"，是指错误的财产处理给被告人和有关利害关系人造成经济损失的，应当予以赔偿，财产若已经损毁或灭失的，也应当予以赔偿。[②]

---

① 参见王爱立主编：《中华人民共和国刑事诉讼法释义》，法律出版社 2018 年版，第 634 页。
② 参见王爱立主编：《中华人民共和国刑事诉讼法释义》，法律出版社 2018 年版，第 635 页。

— 373 —

第十五章　犯罪嫌疑人、被告人逃匿、死亡案件违法所得的没收程序

第一节　概　述

一、违法所得的没收程序的概念和特点

犯罪嫌疑人、被告人逃匿、死亡案件违法所得的没收程序，是指当某些案件中犯罪嫌疑人、被告人逃匿或者死亡时，追缴其违法所得及其他涉案财产所特有的方式、方法和步骤。

犯罪嫌疑人、被告人逃匿、死亡案件违法所得的没收程序有以下特点。

（一）普遍性

在特定类型案件中，当犯罪嫌疑人、被告人逃匿、死亡时，对其违法所得进行没收是国际公约的基本要求。例如，2000 年《联合国打击跨国有组织犯罪公约》将没收财产作为打击跨国有组织犯罪的重要措施。再如，《联合国反腐败公约》第 54 条第 1 款第 3 项规定，为了实现没收事宜的国际合作，各缔约国均应当根据本国法律"考虑采取必要的措施，以便在因为犯罪人死亡、潜逃或者缺席而无法对其起诉的情形或者其他有关情形下，能够不经过刑事定罪而没收这类财产"。另外，反洗钱金融行动特别工作组（作为国际社会中专门致力控制洗钱的国际组织）1990 年提出的旨在控制洗钱的《40 条建议》中也有类似规定。我国业已签署上述国际公约或加入相关国际组织，为遵守上述规定，我国在 2012 年修正《刑事诉讼法》时以特别程序的方式规定了犯罪嫌疑人、被告人逃匿、死亡案件违法所得的没收程序。

（二）特殊性

之所以在"特别程序"一编中规定犯罪嫌疑人、被告人逃匿、死亡案件违法所得的没收程序，一方面是因为该程序本身注重追求诉讼效率，关注的是如何防止因犯罪嫌疑人、被告人逃匿、死亡而引起的诉讼拖延和国有资产流失问题；另一方面是因为该程序涉及的是犯罪嫌疑人、被告人的财产权利，易于进行救济。在犯罪嫌疑人、被告人逃匿、死亡案件违法所得的没收程序中，不需要预先解决犯罪嫌疑人、被告人的定罪量刑问题，也不受无罪推定、禁止双重危险等原则的约束。

（三）公正性

与审判程序相比，犯罪嫌疑人、被告人逃匿、死亡案件违法所得的没收程序尽管有一定的特殊性，但该程序仍需遵循刑事诉讼的基本规律，仍需坚持刑事诉讼程序的基本构造，在有利害关系人参加诉讼时，公开开庭审理并赋予犯罪嫌疑人、被告人及其他利害关系人相应的上诉权。

二、违法所得的没收程序的意义

（一）规定判决前的财产没收程序是刑事立法体系科学性的内在要求

依据《刑法》第 64 条的精神，在侦办刑事案件时应当追缴犯罪分子所有的赃款赃物。依据 1996 年《刑事诉讼法》第 15 条、第 198 条的规定，对于已经死亡的犯罪嫌疑人和被告人，不追究其刑事责任。已经启动诉讼程序的，应当依据不同的诉讼阶段分别作出撤销案件、不起诉、终止审理或者宣告无罪的处理决定。对于已扣押、冻结的犯罪嫌疑人和被告人的财物，人民法院、人民检察院和公安机关在审前阶段有妥善保管和及时返还被害人的义务，在执行阶段有上缴国库的义务。但对于死亡、逃匿的犯罪嫌疑人和被告人的涉案财产如何处理，1996 年《刑事诉讼法》没有作出规定。虽然司法解释涉及了该问题，对侦查、审查起诉中犯罪嫌疑人死亡的情形作出了规定，即人民检察院、公安机关可以申请人民法院裁定通知冻结犯罪嫌疑人存款、汇款的金融机构上缴国库或者返还被害人。但上述规定仅强调人民检察院和公安机关"可以"申请人民法院作出裁定，而不是"应当"由人民法院进行司法审查。其范围亦仅限于正在进行的诉讼案件，大量的未启案件不在此限，因此在法律中规定判决前的财产没收程序很有必要。

（二）规定判决前的财产没收程序是刑事司法实践合法性的必然选择

贪污贿赂犯罪案件中存在大量犯罪嫌疑人、被告人自杀、潜逃以逃避刑事责任的情形，由于我国 1996 年《刑事诉讼法》没有规定缺席审判制度，在犯罪嫌疑人、被告人不到庭的情况下法院无权对其涉案财产进行强制处分，无法实现追缴赃款赃物的目的，侦破此类案件极为依赖被告人的供述和证人证言。一旦犯罪嫌疑人自杀或潜逃，不但案件线索中断，"保护"了其他"利益相关人"，更重要的是其近亲属得以保有犯罪分子违法取得的巨额财产。而我国长期缺乏判决前的财产没收程序以及相应的裁判，追赃申请屡被拒绝，导致国家资产流失。实践中不断发生有些地区和部门采用行政手段或非法定方法追缴，其正当性、合法性遭受质疑。因此，与条约规定相衔接，构建我国判决前的财产没收程序十分重要。司法实践中还大量存在恐怖组织以为恐怖活动融资和转移资产为目的，在我国境内进行洗钱的犯罪情况。我国已于 2006 年通过了《反洗钱法》，也赋予了金融机构 48 小时的临时冻结权，但在犯罪嫌疑人、被告人不到案的情况下，我们仍然无法对已经冻结的恐怖组织的资金和财产进行实体处分。为了有效开展反洗钱国际合作打击日益猖獗的跨国恐怖活动犯罪，我们亦需在法律中构建判决前的财产没收程序。

第二节　违法所得的没收程序的适用和救济

一、案件范围

《刑事诉讼法》第 298 条第 1 款规定，对于贪污贿赂犯罪、恐怖活动犯罪等重大犯罪案件，犯罪嫌疑人、被告人逃匿，在通缉 1 年后不能到案，或者犯罪嫌疑人、被告人死亡，依照刑法规定应当追缴其违法所得及其他涉案财产的，人民检察院可以向人民法院提出没收违法所得的申请。

在具体理解方面，立法机关认为适用违法所得没收程序应当同时具备以下三个条件：第一，该程序只能适用于贪污贿赂犯罪、恐怖活动犯罪等重大犯罪案件。第二，犯罪嫌疑人、被告人必须是在逃匿后通缉1年后不能到案的，或者犯罪嫌疑、被告人死亡的。第三，依照刑法规定应当追缴其违法所得及其他涉案财产的。但是，最高人民法院、最高人民检察院、公安部、国家安全部、司法部、全国人大常委会法制工作委员会《关于实施刑事诉讼法若干问题的规定》作为对刑事诉讼法的权威解读和必要补充就该问题作了明确规定，其第37条强调："……对于犯罪嫌疑人、被告人死亡，依照刑法规定应当追缴其违法所得及其他涉案财产的，适用刑事诉讼法第五编第三章规定的程序，由人民检察院向人民法院提出没收违法所得的申请。"亦即当犯罪嫌疑人、被告人死亡时，案件范围不限于贪污贿赂犯罪、恐怖活动犯罪，也不限于重大犯罪案件，只要有违法所得及其他涉案财产需要追缴的，均可适用违法所得没收程序。换言之，对于贪污贿赂犯罪、恐怖活动犯罪等重大犯罪案件，犯罪嫌疑人、被告人逃匿，在通缉1年后不能到案，依照刑法规定应当追缴其违法所得及其他涉案财产的，可以适用没收违法所得程序。对于犯罪嫌疑人、被告人死亡，依照刑法规定应当追缴其违法所得及其他涉案财产的，也可以适用没收违法所得程序。

【实务问题探讨】 对立案前已死亡的人，能否适用违法所得没收程序？[①]

有观点认为，对于立案前已经死亡的人，不能启动违法所得没收程序，这里涉及两个问题：第一，死人能否被立案？第二，刑事诉讼法的"犯罪嫌疑人"是否仅指已经被司法机关立案侦查，进入刑事诉讼程序的自然人或单位？应当说，"死人不能被立案"在某种语境和大前提下是成立的。在追究自然人刑事责任，对其判处刑罚的普通刑事诉讼程序中，这种观点没有问题。但违法所得没收程序是一种特别程序，其特别之处在于只解决涉案财产问题，不解决涉案人的刑事责任问题，尤其是在法律已明确规定针对已死亡的犯罪嫌疑人、被告人的情况下，如果仍然按照追究自然人刑事责任的普通刑事诉讼程序，认为对死人不能立案，则陷入了旧程序的窠臼。事实上，认为启动违法所得没收程序是一种刑事立案程序，其错误在于混淆了普通程序和特别程序的区别。

"犯罪嫌疑人"不仅指已经被司法机关依法立案侦查，进入刑事诉讼程序的人，也包括未被司法机关正式立案，但涉嫌犯罪的人。首先，从字面上理解，犯罪嫌疑人是指有犯罪嫌疑的人，无论是否被立案侦查，只要其有犯罪嫌疑，都可以这样称谓，虽然司法人员平时办理案件过程中，案卷和法律文书上显示的犯罪嫌疑人都是进入刑事诉讼程序的人，但这并不意味着没有被立案的人不能被称为犯罪嫌疑人。其次，刑事诉讼法第一编总则第九章"其他规定"一节对刑事诉讼中的"当事人""法定代理人""诉讼参与人""诉讼代理人""近亲属"等专门用语的法律涵义作出明确规定，但并没有对"犯罪嫌疑人"作出规定，这不是立法的疏漏，而是因为立法者并不认为"犯罪嫌疑人"这个用语具有独立的诉讼法上的特别意义。再次，《刑事诉讼法》第110条第1款规定，"任何单位和个人发现有犯罪事实或者犯罪嫌疑人，有权利也有义务向公安机关、人民检察院或者人民法院报案或者举报"。显然，这里的"犯罪嫌

疑人"既包括已被司法机关立案但还没有归案的人，也包括实施了犯罪行为但还没有被司法机关发现和立案的人。证明刑事诉讼中的"犯罪嫌疑人"既包括被立案的犯罪嫌疑人，也包括未被立案但涉嫌犯罪的人。《刑事诉讼法》第110条第2款还规定，"被害人对侵犯其人身、财产权利的犯罪事实或者犯罪嫌疑人，有权向公安机关、人民检察院报案或者控告"。这里的"犯罪嫌疑人"更是仅指被司法机关立案侦查之前、涉嫌犯罪的人或单位。

实践中，也确实存在未被司法机关立案但已涉嫌犯罪而被称为"犯罪嫌疑人"的情形。如犯罪后本人准备去自首，尚未被立案的；被同案犯检举，尚未被立案的其他共同犯罪人等。对已死亡的犯罪嫌疑人启动违法所得没收程序，对其涉嫌贪污、受贿、巨额财产来源不明的违法所得予以没收，传递了坚决彻底反腐败的强烈法律信号。

二、适用条件

根据有关司法解释，适用条件中的有关概念界定如下：

"贪污贿赂犯罪、恐怖活动犯罪等"犯罪案件，是指下列案件：（1）贪污贿赂、失职渎职等职务犯罪案件；（2）刑法分则第二章规定的相关恐怖活动犯罪案件，以及恐怖活动组织、恐怖活动人员实施的杀人、爆炸、绑架等犯罪案件；（3）危害国家安全、走私、洗钱、金融诈骗、黑社会性质组织、毒品犯罪案件；（4）电信诈骗、网络诈骗犯罪案件。

在省、自治区、直辖市或者全国范围内具有较大影响的犯罪案件，或者犯罪嫌疑人、被告人逃匿境外的犯罪案件，应当认定为《刑事诉讼法》第298条第1款规定的"重大犯罪案件"。

犯罪嫌疑人、被告人为逃避侦查和刑事追究潜逃、隐匿，或者在刑事诉讼过程中脱逃的，应当认定为"逃匿"。犯罪嫌疑人、被告人因意外事故下落不明满2年，或者因意外事故下落不明，经有关机关证明其不可能生存的，按照"逃匿"处理。

【实务问题探讨】 *如何准确认定"逃匿"？*

司法实践中对"逃匿"的认定存在一定争议。有观点认为，只要犯罪嫌疑人、被告人离开居住地、工作地，对外失联，即可认定为"逃匿"。也有观点建议借鉴加拿大的规定，进行客观推定，"自逮捕令签发之日起六个月不能到案的"，即可认定为"逃匿"。但多数观点认为，应当坚持主客观统一原则，与司法机关及其工作人员失去联系未必一定与其他人失去联系；即使与外界所有人失去联系，也未必是主观上想"逃匿"。因此，仅以对外失联或者客观不能到案认定"逃匿"都难免失之偏颇。对于超过一定期限不能到案情形，要结合主观方面认定是否属于"逃匿"。如果不是故意，而是因为生病或者其他不可抗力因素不能到案，则不属于"逃匿"。

基于上述考虑，"两高"《关于适用犯罪嫌疑人、被告人逃匿、死亡案件违法所得没收程序若干问题的规定》从客观和主观两个维度对"逃匿"作了界定：客观方面，犯罪嫌疑人、被告人存在潜逃、隐匿行为；主观方面，犯罪嫌疑人、被告人必须是为了逃避侦查和刑事追究。犯罪嫌疑人、被告人离开居住地、工作地，逃避侦查和刑事追究的，属于最典型的"逃匿"；犯罪嫌疑人、被告人未离开居住地、工作地，在原地隐匿起来逃避侦查和刑事追究的，亦属于"逃匿"情形；犯罪嫌疑人、被告人为了将来逃避侦查和刑事追究逃匿境外，后因各种原因不能或者不愿回国受审的，均应视为"逃匿"。

需要注意的是以下两种关于"逃匿"的特殊认定。

一是将犯罪嫌疑人、被告人"在刑事诉讼过程中脱逃的"情形明确为"逃匿"。多数观点认为，"脱逃"和"死亡"存在本质不同，"脱逃"在本质上是一种"逃匿"，应设置罪名范围和"通缉一年后不能到案"的限制。因此，将刑事诉讼过程中的脱逃行为明确为"逃匿"情形。

二是将民事程序中两类宣告死亡情形明确为"逃匿"。犯罪嫌疑人、被告人因意外事故下落不明满2年，或者因意外事故下落不明，经有关机关证明该公民不可能生存的，依照"逃匿"情形处理。根据民事诉讼法的规定，上述两种情形"经利害关系人申请，人民法院可以宣告死亡"。有观点据此提出，犯罪嫌疑人、被告人出现上述情况的，也应由利害关系人申请宣告死亡。但是，在没收违法所得申请案件中，利害关系人多是犯罪嫌疑人、被告人的近亲属，由近亲属提出申请进而作出对犯罪嫌疑人、被告人的财产不利的处理，既不现实，也不合情理。此外，对公民宣告死亡不仅涉及非法财产的处置，还涉及合法财产和人身关系的确认，如遗产继承等，故不宜将人民法院宣告犯罪嫌疑人、被告人死亡作为上述两种情形没收违法所得申请的前置条件。那么能否考虑采取不经利害关系人申请而直接推定死亡的办法？有观点认为，犯罪嫌疑人、被告人因意外事故下落不明满2年，或者因意外事故下落不明，经有关机关证明该公民不可能生存的，人民检察院可以向人民法院提出没收违法所得的申请。后在征求意见过程中，有关部门提出，这样规定有推定死亡之嫌，与刑事诉讼不得推定死亡精神相违背。这个问题必然涉及违法所得没收程序本质认识问题，究竟是民事程序还是刑事程序，抑或是民事和刑事之间的特别程序？而且即使认为是一种特别程序，也难以在是否允许推定死亡问题上形成共识。因此，司法解释将上述两种下落不明情形明确了依照"逃匿"情形处理。考虑到，因意外事故下落不明毕竟在直观上与"逃匿"不同，司法解释未直接将上述两种下落不明情形明确为"逃匿"，而是采取了技术性表述，明确规定依照逃匿情形处理。这样规定，意味着上述两种情形适用违法所得没收程序依然受到罪名范围和通缉1年后不能到案的限制。虽然程序相对烦琐，但相对于由利害关系人申请和人民法院宣告死亡，则更加便于把握和操作执行。

民事诉讼法还规定了公民下落不明满4年的宣告死亡情形。如犯罪嫌疑人、被告人实施犯罪后下落不明满4年，在没有客观意外情况发生的情况下，更有理由认定犯罪嫌疑人、被告人逃匿。故此类情形可直接依照一般逃匿情形处理。①

【实务问题探讨】 无诉讼行为能力情形是否适用违法所得没收程序？②

因疾病等原因丧失诉讼行为能力经有关机关鉴定不可能恢复，或者因自伤、

---

① 参见裴显鼎、王晓东、刘晓虎：《〈关于犯罪嫌疑人、被告人逃匿、死亡案件适用违法所得没收程序若干问题的规定〉的理解与适用》，载《人民司法》2017年第16期。

② 参见裴显鼎、王晓东、刘晓虎：《违法所得没收程序重点疑难问题解读》，载《法律适用》2017年第13期。

自残丧失诉讼行为能力的，能否适用违法所得没收程序，理论界和实务界均存在不同看法。有观点认为，违法所得没收程序主要是为了解决犯罪嫌疑人、被告人未到案无法参加诉讼的情况下对违法所得及其他涉案财产的处置问题，其核心在于犯罪嫌疑人、被告人无法参加诉讼，追究犯罪嫌疑人、被告人的刑事诉讼程序已经无法正常进行。因此，犯罪嫌疑人患有精神病及其他严重疾病或者因为其他原因丧失诉讼行为能力的，可以适用违法所得没收程序。特别是对于因疾病等原因丧失诉讼行为能力，综合相关部门的鉴定，不可能再恢复诉讼行为能力的，可以适用违法所得没收程序。犯罪嫌疑人、被告人自伤、自残导致丧失诉讼行为能力的，应当视为逃避司法机关追究相关责任，应当适用违法所得没收程序。本书认为，违法所得没收程序设置的初衷主要针对犯罪嫌疑人、被告人逃匿、死亡情形，因患疾病而丧失诉讼行为能力的情形，犯罪嫌疑人、被告人不是故意逃避司法机关的追究，更何况此种情况下其诉讼行为能力可能出现反复，故不宜将丧失诉讼行为能力的情形都纳入适用违法所得没收程序的范围。

【实务问题探讨】 司法实践中如何正确理解和适用缺席审判程序与违法所得没收程序？[①]

一是关于贪污贿赂案件之缺席审判程序与违法所得没收程序的衔接。

缺席审判程序和违法所得没收程序都是在被告人潜逃且都针对贪污贿赂犯罪、危害国家安全犯罪和恐怖活动犯罪，由此带来的问题是，在此种情况下对被告人到底是适用缺席审判程序还是适用违法所得没收程序？从《刑事诉讼法》第291条和第298条的表述来看，缺席审判程序所针对的贪污贿赂犯罪是所有的贪污贿赂犯罪，不限于是否重大或者严重；而违法所得没收程序针对的贪污贿赂犯罪是重大的贪污贿赂犯罪。至于什么是重大贪污贿赂犯罪，无论是刑法还是刑事诉讼法都没有作出界定。归纳有关司法解释，构成重大贪污贿赂案件需满足以下情形之一：（1）在省、自治区、直辖市或者全国范围内具有较大影响；（2）犯罪嫌疑人、被告人逃匿境外。由于被追诉人在境外是适用缺席审判程序的前提条件，因而适用该程序的贪污贿赂便自带重罪属性。综合适用这两个程序的其他条件，并进行排列组合，将导致以下几种情况：一是被告人潜逃＋有证据证明在境外＋确定其境外经常居住地或有效联络方式；二是被告人潜逃＋有证据证明在境外＋不知其境外经常居住地或有效联络方式；三是被告人潜逃＋不知下落＋无出境记录＋非重大贪污贿赂犯罪；四是被告人潜逃＋不知下落＋重大贪污贿赂犯罪。

对于第一种情况，适用缺席审判程序，因为满足了缺席审判程序的全部条件。那么在这种情况下能否选择适用违法所得没收程序呢？如果单从适用条件来看是可以的，因为其符合违法所得没收程序的条件。但本书认为，应该优先选择适用缺席审判程序。理由在于：其一，缺席审判程序是对违法所得没收程序的完善。为了有效打击贪污贿赂犯罪，2012年修改刑事诉讼法时增设了"犯罪嫌疑

① 参见刘梅湘：《刑事缺席审判程序与违法所得没收程序辨析》，载《人民司法》2019年第28期。

人、被告人逃匿、死亡案件违法所得的没收程序"，但这一特别程序只能追缴犯罪嫌疑人、被告人的违法所得，不能对被告人定罪处刑，这对打击贪污贿赂犯罪的作用是有限的，而增设缺席审判程序，主要目的之一就在于对外逃的犯罪分子及时作出法律上的否定评价，彰显法治权威，维护国家利益和社会公共利益。显然，为了更有效地达至这一目标，也应该优先适用缺席审判程序。其二，从几次修法的情况来看，先有违法所得没收程序，后有缺席审判程序，根据新法优于旧法的原理，应该优先适用缺席审判程序。

对于第二种情况，应当适用违法所得没收程序。因为此种情况下，虽然有证据证明其已出境，但由于不知其境外居住地或联系方式，属于无法送达，因而无法适用缺席审判程序，但其符合违法所得没收程序的适用条件，因此应当适用违法所得没收程序。当然也可以通过国际刑警组织发布红色通缉令，将其抓获归案，然后通过引渡或者缺席审判程序进行审理。对于已经适用违法所得没收程序没收违法所得，但该程序结束之后，又得知被告人在境外的经常居住地或者联系方式的，应当另行提起缺席审判程序，对被告人进行缺席审判，以确定其刑事责任。

对于第三种情况，既不能适用缺席审判程序，也不能适用违法所得没收程序。不能适用缺席审判程序，是因为在不知被追诉人下落的情况下无法送达；不能适用违法所得没收程序，是因为其不属于重大的贪污贿赂案件。

对于第四种情况，只能适用违法所得没收程序，因为在不知下落的情况下无法送达，所以不能适用缺席审判程序，但其属于重大贪污贿赂犯罪，所以其符合违法所得没收程序的适用条件。

从上面可以看出，简单地将缺席审判程序和违法所得没收程序解释为取代与被取代的关系是不准确的。实际上，这两个程序之间存在错综复杂的关系，只有条分缕析各种条件，重新排列组合之后，才能准确把握到底是适用缺席审判程序还是违法所得没收程序。

二是被告人死亡情况下缺席审判程序与违法所得没收程序的衔接。

对于被告人死亡的，按照缺席审判程序的规定，有两种处理方式：一是终止审理；二是缺席审理。

在缺席审判的过程中被告人死亡的，就应当终止审理。这是因为被告人已经死亡的情况下，承担刑事责任的主体已经不复存在，继续进行审判已无意义。但终止审理后，对违法所得及其他涉案财产如何处理呢？是直接对违法所得及其他涉案财产作出处理，还是另行启动违法所得没收程序？如果直接对违法所得及其他涉案财产作出处理，显然有利于节省诉讼成本，提高诉讼效率，但由此带来的问题是，其他利害关系人很可能因为公告程序的缺位而导致丧失参加诉讼的机会，这对其他利害关系人显失公正，同时，一旦其他利害关系人对诉讼结果不满而进行上访上告，提高诉讼效率的目的亦无法实现。如果在审理终止后另行启动违法所得没收程序，则需要进行公告，这对于其他利害关系人参与诉讼固然有利，但6个月的公告期却显得过于漫长，在违法所得没收程序中，被告人不知所踪的情况下也许有必要，但在先前已经适用缺席审判程序，人民法院已先期公布了案由、被告人姓名、开庭时间和地点的情况下，再另行提起违法所得没收程序时无须再设置这么长时间的公告期。为了兼顾程序公正和诉讼效率，本书认为应当保留公告程序。

对于缺席审理，也有两种情况，一是有证据证明被告人无罪的，法院经缺席审判确认其无罪；二是法院按照审判监督程序重新审判的案件，被告人死亡的，法院可以缺席审理，依法作出判决。对于第一种情况，曾有学者撰文指出，有证据证明被告人无罪违反了疑罪从无原则的精神。本书认为，实践中对于证明被告人有罪缺乏确实、充分证据的，应当作出无罪判决。这种做法符合刑事诉讼法"证据不足，不能认定被告人有罪的，应当作出证据不足、指控的犯罪不能成立的无罪判决"之规定，因此并不违反立法精神。对于第二种情况，即人民法院按照审判监督程序重新审判的被告人死亡的案件，如果被告人在再审过程中死亡，则按上述第一种情况处理。如果被告人在启动审判监督程序之前死亡的，若旨在追究其刑事责任，则根本就不能提起审判监督程序，因为按照《刑事诉讼法》第16条第5项的规定，此种情况下本应该终止审理，也就不存在提起再审程序之说。

三、启动程序

如果犯罪嫌疑人、被告人同时符合《刑事诉讼法》第298条规定的条件，需要对其违法所得及其他涉案财产予以没收的，应当由人民检察院向人民法院提出没收违法所得的申请。因此，在司法实践中应当依据诉讼阶段相应启动违法所得没收程序。

在侦查阶段，对于符合违法所得没收情形的，依照刑法规定应当追缴违法所得及其他涉案财产的，经县级以上公安机关负责人批准，公安机关应当出具没收违法所得意见书，连同相关证据材料一并移送同级人民检察院；在职务犯罪案件的办理中，对于符合《刑事诉讼法》第298条规定情形的案件，人民检察院也应依法启动违法所得没收程序。

在审查起诉阶段，人民检察院发现案件符合《刑事诉讼法》第298条规定情形的，可直接启动违法所得没收程序。

在审判阶段，如果犯罪嫌疑人、被告人逃匿的，人民法院应当根据《刑事诉讼法》第206条的规定中止审理；如果犯罪嫌疑人、被告人死亡的，人民法院应当根据《刑事诉讼法》第16条的规定终止审理。符合没收违法所得条件的，由人民检察院提出没收违法所得的申请，人民法院不能直接作出没收违法所得的裁定。

四、审理程序

根据《刑事诉讼法》第299条的规定，没收违法所得的申请，由犯罪地或者犯罪嫌疑人、被告人居住地的中级人民法院组成合议庭进行审理。

人民法院受理没收违法所得的申请后，应当发出公告。公告应当在全国公开发行的报纸、信息网络媒体、最高人民法院的官方网站发布，并在人民法院公告栏发布。必要时，公告可以在犯罪地、犯罪嫌疑人、被告人居住地或者被申请没收财产所在地发布。最后发布公告的日期为公告日期。发布公告的，应当采取拍照、录像等方式记录发布过程。人民法院已经掌握境内利害关系人联系方式的，应当直接送达含有公告内容的通知；直接送达有困难的，可以委托代为送达、邮寄送达。经受送达人同意的，可以采用传真、电子邮件等能够确认其收悉的方式告知公告内容，并记录在案。人民法院已经掌握境外犯罪嫌疑人、被告人、利害关系人联系方式，经受送达人同意的，可以采用传真、电子邮件等能够确认其收悉的方式告知公告内容，并记录在案；受送达人未表示同意，或者人民法院未掌握境外犯罪嫌疑人、被告人、利害关系人联系方式，其所在国、地区的主管机关明确提出应当向受送达人送达含有公告内容的通知的，人民法院可以决定是否送达。决定送达的，应当依照《刑诉解释》第 493 条的规定请求所在国、地区提供司法协助。公告期间为 6 个月。设立前置的公告程序，一方面是为了督促逃匿的犯罪嫌疑人归案参加诉讼；另一方面也便于犯罪嫌疑人、被告人的近亲属和其他利害关系人了解案情和被没收财产的范围，使其有时间委托诉讼代理人参加诉讼。

人民法院在公告期满后对没收违法所得的申请进行审理。犯罪嫌疑人、被告人逃匿、死亡案件违法所得的没收程序以公开开庭审理为原则，以不开庭审理为例外。其原因在于：（1）没收程序是在未对犯罪嫌疑人、被告人定罪量刑的前提下没收其财产，公开开庭审理能够保证诉讼的公正性。（2）根据《刑事诉讼法》第 299 条的规定，人民法院应当组成合议庭进行审理，这说明没收程序不实行独任制审判。（3）根据《刑事诉讼法》第 299 条的规定，犯罪嫌疑人、被告人的近亲属和其他利害关系人有权申请参加诉讼，也可以委托诉讼代理人参加诉讼。利害关系人参加诉讼的，人民法院应当开庭审理。

根据《刑事诉讼法》第 300 条第 1 款的规定，人民法院经审理，申请没收的财产经查证属于违法所得及其他涉案财产的，除依法返还被害人的以外，应当裁定予以没收；对不属于应当追缴的财产的，应当裁定驳回申请，解除查封、扣押、冻结措施。其中，申请没收的财产具有高度可能属于违法所得及其他涉案财产的，应当认定为"属于违法所得及其他涉案财产"。巨额财产来源不明犯罪案件中，没有利害关系人对违法所得及其他涉案财产主张权利，或者利害关系人对违法所得及其他涉案财产虽然主张权利但提供的证据没有达到相应证明标准的，应当视为"属于违法所得及其他涉案财产"。

【实务问题探讨】 如何正确理解违法所得没收程序的证明标准？[①]

从理论上看，我国学界对违法所得没收的证明标准的认识分歧较大，观点纷呈。总体来看，存在一元论证明标准与二元论证明标准之争，在一元论与二元论中又存在不同的观点。

一元论证明标准主张违法所得没收适用统一证明标准。这些观点又可分为排除合理怀疑标准论、优势证据标准论与较高盖然性标准论等三种不同观点。排除合理怀疑标准论认为，我国违法所得没收程序不同于英美国家民事没收程序，是刑事特别程序之一，应受刑事诉讼基本原则的规范与约束，因此该程序的证明标准应当达到排除合理怀疑程度。优势证据标准论认为，违法所得没收应当采取优势证据标准，理由为：一是违法所得没收只涉及财产问题，具有一定的民事属性；二是在违法所得没收中确立排除合理怀疑标准既不符合诉讼经济原则，影响诉讼效率，也不利于实现打击腐败犯罪、恐怖主义犯罪，防止国家、集体财产流

---

① 参见吴光升、南漪：《违法所得没收程序证明问题研究》，载《中国刑事法杂志》2018 年第 2 期。

失的程序设置初衷；三是若在违法所得没收中确立排除合理怀疑标准，还会带来理解混乱与适用困境。较高盖然性标准论则认为，应当采用低于排除合理怀疑标准但要高于优势证据标准的较高盖然性作为证明标准，理由在于：一方面，违法所得没收程序毕竟规定于刑事诉讼法当中，不能简单地视同于民事诉讼程序，应当采取比民事标准高的证明标准；另一方面，由于犯罪嫌疑人、被告人不出庭，采用排除合理怀疑标准存在很大难度，且违法所得没收涉及的仅仅是财产权问题，不具有惩罚性。

二元论证明标准主张根据不同情形适用不同的证明标准。由于区分标准不同，在这些观点中又存在不同看法。有观点认为，应当根据违法所得没收是否具有惩罚性规定不同的证明标准：对于具有惩罚性的犯罪工具没收，检察机关应当以排除合理怀疑标准证明犯罪嫌疑人、被告人构成犯罪，且拟没收财物属于犯罪工具；对于非惩罚性的违法所得没收或违禁品没收，一般应当由检察机关以优势证据证明拟没收财物属于违法所得或违禁品，在特定情形中由利害关系人以优势证据证明拟没收财物与犯罪行为不存在实质联系。有观点则认为，应当根据证明对象适用不同证明标准：犯罪嫌疑人、被告人的罪责定性适用排除合理怀疑标准，涉案财物的归属适用优势证据标准。还有观点则认为，应当根据证明主体适用不同证明标准：检察机关对涉案财物与犯罪行为之间实质关联的证明需要达到高度盖然性的民事证明标准，而利害关系人对相关问题的证明只需达到使检察机关的证明降到该标准之下的程度。与此类似的观点则认为，检察机关的证明标准应当是明显优势标准，而利害关系人的证明标准是优势证据标准。另有观点则认为，检察机关证明犯罪嫌疑人、被告人是否有犯罪事实、拟没收财物是否属于违法所得或其他涉案财产，应当适用证据确实、充分标准；被告人近亲属对拟没收财物属于被告人合法所得、利害关系人对犯罪工具属其合法财物的证明适用优势证据标准。

证明标准是衡量证明责任承担者是否已按要求履行证明责任的尺度，证明标准设置越高，错误认定事实的概率也就越低。可以说，证明标准设置的高低，体现了立法者对某种事实被错误认定概率的容许性程度。证明标准越高，说明立法者对这种事实认定错误的容许度越低。这实际又体现了立法者对这种事实认定所涉及利益的重视与保障程度。因而证明标准如何设置，一般应当与所需要证明事实的重要性程度或该事实所涉及利益的重要程度成正比，事实所涉及利益越重要，证明标准也就越高。违法所得没收虽然不可避免地牵涉对犯罪事实的认定，一般只有涉案财物属于犯罪工具或违法所得时才能没收。但是，违法所得没收毕竟未涉及刑事责任的承担问题，不存在正式的定罪裁决，也未有相应的刑罚处罚，因而其证明标准的设置总体上应当低于刑事诉讼的排除合理怀疑标准，将违法所得没收的证明标准统一设置为排除合理怀疑标准，缺乏妥当性。但是，违法所得没收结果相对于民事诉讼结果而言，其严重性要大得多。违法所得没收结果虽然未涉及刑事责任的追究，但就我国而言，其实际是定罪没收遭遇程序障碍后的一种替代措施，在负面影响方面，与定罪没收的区别仅仅在于不存在一个正式的定罪裁决与附随的刑罚后果，其他方面基本上是一致的：关联行为被认为属于具有刑事违法性的行为，从而给犯罪嫌疑人、被告人带来一种污名化效应；与行为相关的财物被没收。如果没收的是犯罪工具，犯罪嫌疑人、被告人实际还遭受一种惩罚性后果，更应当通过比较高的证明标准保障其合法权益。而民事诉讼败诉给当事人带来的后果最严重的就是丧失财产权，并不会带来那种因行为被认定具有刑事违法性而产生的污名化效应。从这个角度来看，违法所得没收的证明标准应当高于民事诉讼证明标准，主张将所有违法所得没收证明标准等同于民事诉讼证明标准的观点，也不合理。至于那种主张统一适用优势证据标准的观点，更是不合理。

证明标准是证明责任承担者提出证据证明相关事实所需要达到的程度，因而证明标准的设置不能不考虑证明责任承担者的举证能力。在民事诉讼中，诉讼双方一般属于平等的私人主体，举证能力基本是相当的，但在违法所得没收中，没收申请方是代表国家的检察机关，诉讼对方是代表个人的私人主体，诉讼双方举证能力的差距基本同于刑事诉讼，具有明显的不相当性。尤其是，我国律师取证能力还有待提升，法律援助制度还存在受益范围比较窄的问题，诉讼双方举证能力的差距并不能通过聘请律师加以弥补。由于诉讼双方举证能力不相当，如果借鉴英美法系国家民事没收的证明标准，要求双方提出证据证明相关事实所需要达到的程度是相同的，显然不妥当。从这个角度来看，那种主张实行违法所得没收证明标准一元化的观点是不妥当的。由于作为没收申请方的检察机关在举证能力方面明显强于民事诉讼当事人，尤其是公安机关与检察机关在侦查、起诉阶段实际可运用侦查权、刑事检察权调查收集证据，根本不是民事诉讼当事人能够达到的，检察机关的违法所得没收实体法事实的证明标准一般应当高于民事诉讼证明标准，更不能是优势证据标准，而利害关系人对权利主张的证明标准应当低于检察机关的证明标准。

另外，在违法所得没收中，有些需要证明的事实仅仅属于一种程序法事实，如犯罪嫌疑人、被告人逃匿被通缉满1年的事实，犯罪嫌疑人、被告人死亡的事实。这些程序法事实与实体法事实的证明要求是不同的，应当采用低于实体法事实的证明标准。因而，违法所得没收的证明标准不能是一元化标准，至少应当区分实体法事实与程序法事实，然后设置不同的证明标准。

基于以上分析，本书认为，应当根据不同的证明主体与不同的证明对象设置不同的证明标准。首先是对于程序法事实，即导致违法所得没收程序启动的程序障碍事实，其证明标准应当设置为优势证据标准。其次是对于实体法事实，则应当根据不同的证明主体与不同的证明对象，设置不同的证明标准：一是对于检察机关证明的犯罪嫌疑人、被告人是否实施了具有刑事违法性行为的事实，将其证明标准设置为排除合理怀疑标准。有观点认为，因为犯罪嫌疑人、被告人不出庭，无法提出抗辩，将是否存在犯罪事实的证明标准设置为排除合理怀疑标准，存在适用的难题。本书认为，这是一种过度依赖口供定案的思维惯性的体现。根据无罪推定原则，犯罪嫌疑人、被告人是否有罪，应当由控诉方收集证据来证明，而不能依赖犯罪嫌疑人、被告人的口供，因而即使犯罪嫌疑人、被告人不出庭，也应当可以做到排除合理怀疑地证明犯罪嫌疑人、被告人的行为是否具有刑事违法性。而且，即使犯罪嫌疑人、被告人因为逃匿、死亡而无法出庭，其近亲属也可出庭对检察机关提出的证据进行质证，检察机关用于证明犯罪事实的证据并不是完全没有经受法庭质证。另外，要求检察机关以排除合理怀疑标准证明犯罪嫌疑人、被告人的行为具有刑事违法性，在犯罪嫌疑人、被告人逃匿案件的违法所得没收中，还可尽量避免法院作出的没收裁定与将来犯罪嫌疑人、被告人归案后作出的定罪判决在事实认定方面发生冲突。至于有些观点所说的对违法所得没收设置过高的证明标准不符合违法所得没收严厉打击贪污贿赂犯罪与恐怖活动犯罪目的的观点，也是站不住脚的。刑事诉讼法增设犯罪嫌疑人、被告人逃匿、死亡案件没收程序的目的在于在遭遇犯罪嫌疑人、被告人逃匿、死亡等程序障碍时，也能通过正当程序没收有关涉案财物，而不是违反正当程序地侵犯公民财产权。而且，从外逃涉案财物追回的角度来看，虽然采用较低的证明标准确实有利于顺利地追回那些流往国外的涉案财物，但一旦流往的是采用定罪标准的欧盟国家，我国法院作出的违法所得没收裁定就会面临难以得到承认与执行的问题。相反，如果我国采用排除合理怀疑标准，就可保证不管涉案财物流往的是英美国家，还是欧盟国家，我国法院作出的没收裁定均可避免因为程序不正当而被拒绝承认与执行的问题。二是对于检察机关承担的拟没收财物与犯罪行为存在实质联系的证明责任，证明标准应当高于优势证据标准，但低于排除合理怀疑标准。要求拟没收财物属于违法所得或其他涉案财产具有"高度可能"，这是比较合理的，因为这个证明标准要高于优势证据标准。三是对于利害关系人承担的善意取得拟没收财物与犯罪工具属于其合法财物的积极抗辩事由的证明责任，以及在扩大犯罪工具没收范围，将犯罪行为人以外其他人的所有财物作为犯罪工具没收后，利害关系人承担的不知情，或虽然已知情但已采取合理措施阻止使用或报告有关机关的抗辩事由的证明责任，证明标准是优势证据标准，而不能是高度可能性标准。

【实务问题探讨】 如何掌握其他利害关系人善意取得的适用问题？[①]

根据刑事诉讼法的规定，利害关系人有权申请参加违法所得没收案件的审理程序；"利害关系人"包括犯罪嫌疑人、被告人的近亲属和其他利害关系人。"其他利害关系人"，是指除犯罪嫌疑人、被告人的近亲属以外的，对申请没收的财产主张权利的自然人和单位。在利害关系人参加诉讼的根据中，善意取得是非常值得探讨的问题。

分析违法所得没收案件中的善意取得问题涉及两方面的内容：一是违法所得能否被善意取得；二是善意取得的对象和条件。

首先是违法所得能否被善意取得。这就是民法理论中所指的赃物能否被善意取得的问题。在有些国家的民法理论中，赃物被区分为"盗赃物"（又称"占有脱离类赃物"）和"非盗赃物"（又称"占有委托类赃物"），对这两者适用善意取得制度采取不同的态度。盗赃物不适用善意取得制度，而非盗赃物是可以适用

---

① 参见张吉喜：《违法所得没收程序适用中的相关问题研究》，载《现代法学》2019年第1期。

善意取得制度的。区分"盗赃物"和"非盗赃物"的标准是被害人的财产转移给犯罪人占有是否是基于被害人的自由意志。前者是指盗窃、抢劫等犯罪中的赃物，被害人的财产转移给犯罪人占有不是基于被害人的自由意志；后者是指诈骗、敲诈勒索等犯罪中的赃物，被害人的财产转移给犯罪人占有是基于被害人的自由意志。这些国家以财产转移是否基于权利人的自由意志来确定善意取得的适用规则，其原因在于分配交易成本。如果财产转移是基于权利人的自由意志，权利人能够以较低的成本预防财物被无权处分；相反，如果财产转移不是基于权利人的自由意志，而是由于被盗窃、抢夺等，权利人预防财物损失风险的成本会非常高昂。

我国的民法典在规定善意取得制度时，未对赃物能否被善意取得作明确规定，但是，这并不意味着赃物绝对不能够适用善意取得制度。这是因为，如果全面否定对赃物的善意取得，会不利于保护善意第三人的信赖利益，不利于维持诚实信用原则和保护交易的安全。正因如此，近些年来，公安司法机关颁布了一系列的规范性文件，肯定了对于赃物适用善意取得制度。以这些规范性文件适用的对象为标准，可以将其分为三种类型：第一，适用于诈骗类犯罪的规范性文件。诈骗类犯罪中的赃物属于民法理论中的非盗赃物。第二，适用于盗窃、抢劫机动车案件的规范性文件。被盗窃、抢劫的机动车属于民法理论中的盗赃物。第三，适用于所有涉案财物的规范性文件，未区分盗赃物和非盗赃物。

其次是善意取得的对象和条件。根据民法典的规定，善意取得的对象既包括不动产和动产的所有权，也包括其他物权；善意取得所有权的条件包括四项，即出让人无处分权、受让人善意、受让人有偿取得、交易双方办理动产交付或不动产登记；善意取得他物权的条件参照善意取得所有权的条件。2011年最高人民法院、最高人民检察院《关于办理诈骗刑事案件具体应用法律若干问题的解释》，2014年最高人民法院《关于刑事裁判涉案财产部分执行的若干规定》和2016年最高人民法院、最高人民检察院、公安部《关于办理电信网络诈骗等刑事案件适用法律若干问题的意见》规定了认定"善意"的考虑因素，可以将这些因素概括为：受让人不明知是涉案财物；受让人以合理的价格取得涉案财物；受让人取得涉案财物不是基于非法债务或者违法犯罪活动。这些规定对受让人取得涉案财物时"善意"的界定更加具体化。

将其他利害关系人界定为"其他对申请没收的财产主张权利的自然人和单位"。虽然权利既包括物权也包括债权，但是这里的"对申请没收的财产主张权利"不包括主张债权。这是因为没收的对象具有违法性，包括实施犯罪行为所取得的财物及其孳息，以及非法持有的违禁品、供犯罪所用的本人财物。这些财物依法不应当由被追诉人合法所有，当然不能用其来偿还被追诉人所负的债务。也就是说，这里的"对申请没收的财产主张权利"只可能是主张物权，既包括主张所有权，也包括主张他物权（如留置权、质押权和抵押权等担保物权）。

基于以上所述，善意取得制度应当适用于违法所得没收程序，如确属第三人善意取得的财物，虽然源于犯罪嫌疑人、被告人，但不应当予以追缴。一般善意取得应当满足以下条件：（1）第三人不知财物系违法所得，即主观上是善意的。

（2）取得之物应为法律所允许流通，且须在公开市场并经合理的交易方式取得。公开市场是指公共市场或贩卖同种类之物品的商业场所；合理的方式是指不可能对财产的来源产生怀疑的方式。（3）支付合理对价。合理对价应当以公允值为判断标准。（4）物品已经实现交付，需要登记的，已经办理相关物权公示。

五、法律救济

根据《刑事诉讼法》第 300 条第 2 款的规定，对于人民法院依照本条第 1 款作出的裁定，犯罪嫌疑人、被告人的近亲属和其他利害关系人或者人民检察院可以提出上诉、抗诉。

第十六章 依法不负刑事责任的
精神病人强制医疗程序

第一节 概　述

一、概念

强制医疗是出于避免社会危害和保障精神疾病患者健康利益的目的而采取的一项对精神疾病患者的人身自由予以一定限制，并对其所患精神疾病进行治疗的特殊保安处分措施。

从性质上说，强制医疗是针对精神病人的一种社会防卫措施，而非刑罚措施。精神病人犯罪，往往是受病理作用的影响导致其在丧失辨认与控制能力的情况下实施了犯罪行为，因此不能追究其刑事责任以及对其适用通常意义的刑罚措施。然而，由于很多精神病人具有严重的暴力攻击倾向，人身危险性极强，如果不对这些精神病人进行强制医疗，他们可能会继续危害社会。因此，不追究刑事责任、不处以刑罚并不意味着对无刑事责任能力的精神病人放任不管；相反，为了维护公共利益和社会秩序，刑事诉讼法特别规定了对依法不负刑事责任的精神病人的强制医疗程序。

强制医疗实体上对刑法的依附性决定了其程序上对刑事诉讼法的依附性。许多国家刑事诉讼法中规定了强制医疗的程序。如《德国刑事诉讼法》在"特别种类程序"中专章规定了"保安处分程序"；《俄罗斯联邦刑事诉讼法》专章规定了"适用医疗性强制方法的诉讼程序"。

二、性质

强制医疗的性质可以从以下三个方面予以分析。[①]

（一）父权视角下的保护措施

父权源于人民让渡权利给政府让其保护弱者而形成的一种保护关系，要求政府对待公民要像父亲那样行为，或对待他人像家长对待孩子一样。当然，这里是指具有责任心和爱心的父亲或家长，政府有责任治疗实施伤害行为的精神病人，助其改善病情、不再犯错，以便回归社会。父权视角下的强制医疗是政府妥善维护精神病人利益，根据精神病人的需要而作出的一种保护措施，强制医疗与否以及程度如何都基于精神病人的利益。

（二）警察权视角下的防卫措施

警察权表现为国家在其统治范围内为维护公共安全、公共健康、公共道德和社会公正而进行相关立法的权力，其本质上是一种立法权。精神病人尤其是已经实施过伤害行为的精神病人具有一定的人身危险性，可能会给社会公众带来危险，出于维护社会利益、社会秩序和社会安

---

① 参见李伟：《精神病人刑事强制医疗制度研究》，载《中州学刊》2012 年第 3 期。

全的需要，政府需要对其采取一定措施如强制隔离或治疗来消除这种危险，这是大陆法系国家将对精神病人的刑事强制医疗作为保安处分的原因。警察权视角下的强制医疗关注的是公共利益的维护和实现，避免精神病人行为失控而带来社会风险。在警察权视角下，存在危险是国家对精神病人实施强制医疗的原因和前提。

（三）人权视角下的干预措施

精神病人应当享有人的基本权利，如自由、平等、人格尊严不受侵犯等，而强制医疗会使其受到不定期的拘禁，构成对其人身自由的干预。自主原则是人权的核心价值，体现在医疗领域就是病人有拒绝治疗的权利，而强制医疗显然是对病人自主权的克减。从人权的视角来看，强制医疗虽然出于"治病救人"的目的而启动，但仍是对人的基本权利的一种干预，因而应受到比例原则和正当程序的约束。

三、理论基础

（一）法治理论是强制医疗的理论指导

法律是一种社会行为准则，是公道与正义的标志。亚里士多德曾提出明确和系统的法治主张，认为法治包括三个方面：立法、执法和守法。法治赋予每个公民平等、自由、独立的人格主体地位，不因其地位高低、财富的多寡而存在差异。对于精神病人，同样要尊重他的人格尊严和主体地位。法治以法律的至上性指导人们的行为方式。法律具有至高无上的权威，一方面为公民的活动提供行为模式，另一方面限制政府权力的滥用，保障公民的权利。坚持以人为本，发展民主法治，保护弱势群体的合法权利，对精神病人给予无歧视差别的特殊保护。强制医疗是行使公权力的行为，公权力必须在保障权利、自由、平等和人性尊严的基础上依法行使，实现强制医疗的公平与公正。

（二）人权保障是强制医疗的内在根据

人权作为人之为人所享有的权利，其受保护的程度在很大程度上反映了一个国家的文明程度和法治水平。人权保障是刑事诉讼的基本目的之一。当前世界上主要的法治国家，都在宪法中明确规定了刑事诉讼中的基本人权。精神病人享有和其他公民同样的人格尊严和人身自由，不应漠视精神病人的权利，忽视他们存在的价值。

精神病人属于弱势群体，又属于社会危险性不确定的主体，其对于社会安全存在潜在的威胁。强制医疗程序出台的目的是更好地保障精神病人的人权，同样，保障精神病人的人权也可以更好地完善强制医疗程序。强制医疗虽不是刑罚，但作为一项限制和剥夺公民人身自由的措施，它涉及公民的人身自由不能随意侵犯这一现代法治原则。只有构建严密的诉讼程序并实现强制医疗的法治化和程序化，才能使权力得到节制、权利得以实现。

（三）医疗救助是国家对精神病人的保护措施

让精神病人回归社会既是国家管理权的体现，也是精神病人医疗救助权的体现。《宪法》第45条规定："中华人民共和国公民在年老、疾病或者丧失劳动能力的情况下，有从国家和社会获得物质帮助的权利。国家发展为公民享受这些权利所需要的社会保险、社会救济和医疗卫生事业。国家和社会保障残废军人的生活，抚恤烈士家属，优待军人家属。国家和社会帮助安排盲、聋、哑和其他有残疾的公民的劳动、生活和教育。"可见，医疗救助权是宪法规定的公民的基本权利，国家需要承担相应的医疗救治义务。无论是从我国宪法的规定还是我国已经加入的国际公约的内容看，实施了危害行为的精神病人作为社会一个特殊的弱势群体，理应在患病时得到国家的物质帮助和医疗照顾。

（四）社会防卫是国家对公众安全的保护措施

在刑事案件中，实施犯罪行为的精神病患者是极为特殊的群体。精神病人所造成的恶性案件不同于一般的刑事犯罪案件，精神病人犯罪具有对象不特定、地点不确定、时间不固定、手段残忍等特点。由于一些精神病人长期得不到治疗，导致精神病人刑事犯罪事件时有发生，已成为社会一大公害。因此，为了维护社会治安与稳定，将强制医疗程序纳入法律是一种必需的措施。为了预防和减少精神病人给社会带来的危害，最大限度地实现社会防卫目的，必须通过诉讼程序的条件设置，使强制医疗措施的功能得到充分发挥。

第二节　强制医疗程序的适用和救济

一、适用条件

依据《刑事诉讼法》第 302 条的规定，行为人如果同时满足以下三个条件，无论家属是否能够或同意履行监护职责，都应入院接受强制治疗。

（一）实施了危害公共安全或者严重危害公民人身安全的暴力行为

立法将强制医疗的适用对象局限于具有暴力倾向以及主动攻击意识的精神病人，这在客观上要求行为人实施了暴力行为并造成了一定的危害结果，即对公共安全造成了危害或者严重危害了公民的人身安全。从学理上讲，除无刑事责任能力的精神病人外，是否将限制责任能力的精神病人、完全刑事责任能力的犯罪人在审判期间或者刑罚执行过程中因罹患精神病而成为无刑事责任能力的人或者限制刑事责任能力的人等纳入强制医疗程序的适用范围？这一问题涉及立法者严格限定强制医疗程序责任能力要件的基本意图：强制医疗程序设置的目的既在于对精神病人的关怀与保护，也在于防止其继续危害社会，保障其他社会成员的安全。因此，犯罪时精神正常但在审判或服刑时罹患精神病的，并不影响精神病人承担刑事责任，而仅能保外就医。同样，依《刑法》第 18 条的规定，限制刑事责任能力的精神病人犯罪的，虽然可以从轻或者减轻处罚，但仍应承担刑事责任，也仅能保外就医。还需要特别强调的是，强制医疗的费用由政府承担，保外就医则原则上由犯罪本人及其近亲属承担，盲目扩大强制医疗的适用范围显然会造成公共资源的浪费。

（二）经法定程序鉴定属依法不负刑事责任的精神病人

我国精神病鉴定程序的相关内容主要规定在以下几部法律法规和司法解释中：刑事诉讼法、全国人民代表大会常务委员会《关于司法鉴定管理问题的决定》、《精神疾病司法鉴定暂行规定》及《司法鉴定程序通则》。依据上述规定，在侦查、审查起诉阶段，公安机关、人民检察院有权启动精神病鉴定程序。在审判阶段针对控辩双方有争议的鉴定意见进行核实时，法院可以启动重新鉴定或者补充鉴定。犯罪嫌疑人的辩护人、近亲属在审查起诉阶段有权申请启动精神病鉴定程序，对于侦诉机关已经进行的鉴定应当将鉴定意见告知犯罪嫌疑人或者被害人。被害人死亡或者丧失诉讼行为能力的，应当告知被害人的近亲属或法定代理人。犯罪嫌疑人或者被害人（被害人死亡或者丧失诉讼行为能力时其近亲属或者法定代理人）有权申请重新鉴定或者补充鉴定。

（三）有继续危害社会的可能

所谓精神病人的社会危险性，是指已经实施了危害行为的精神病人再次实施危害行为的可能性。对于精神病人的社会危险性，可以从主观状态和客观表现两个方面作出衡量和判断。首先，精神状况作为影响主观状态认定的主要因素，应由精神病鉴定人在精神病鉴定过程中附加作出相应的评估。其次，行为人实施的危害行为和造成的危害结果可以被视为社会危害性的客观表现。最后，在综合考虑上述两方面的基础上，应由法院对精神病人是否具有继续危害社会的可能作出判断和认定。

分析以上可知，适用强制医疗程序，需要主体、行为与危害性三者皆备：（1）主体条件：犯罪嫌疑人、被告人是经法定程序鉴定依法不负刑事责任的精神病人。（2）行为条件：犯罪嫌疑人、被告人实施暴力行为，危害公共安全或者严重危害公民人身安全。（3）危害性条件：犯罪嫌疑人、被告人有继续危害社会的可能性。

在主体条件方面，应明确精神病鉴定程序具有"前置性"和"独立性"。"前置性"是指判定犯罪嫌疑人、被告人刑事责任能力的精神病鉴定程序应当在强制医疗程序之前进行，包括在侦查阶段、审查起诉阶段和审判阶段进行的精神病鉴定程序。"独立性"是指精神病鉴定程序和强制医疗程序是两个相互独立的程序。在侦查阶段，对于经鉴定患有精神病的犯罪嫌疑人，公安机关应当撤销案件，随后向人民检察院提出强制医疗的申请。在审查起诉阶段，对于经鉴定患有精神病的犯罪嫌疑人，人民检察院应当作不起诉处理，随后向人民法院提出强制医疗的申请。在审判阶段，对于疑似精神障碍患者，人民法院不能在强制医疗程序中一并解决精神病鉴定和强制医疗问题，因为这违背司法公正，变相剥夺了犯罪嫌疑人、被告人申请重新鉴定的权利，而且疑似精神障碍患者在经依法鉴定之前即被公安机关采取临时的保护性约束措施，有侵犯人权之嫌。人民法院应当作出被告人不负刑事责任能力的裁定，随后依职权启动强制医疗程序。

在行为条件方面，我们应明确该行为需兼具"违法性"和"严重性"。"违法性"要求精神病人实施的行为必须触犯刑法，达到犯罪的程度。因为强制医疗有别于精神卫生法中的民事收治程序，并不适用于所有的精神障碍患者。"严重性"强调犯罪嫌疑人、被告人实施的是暴力行为，已达到危害公共安全或者严重危害公民人身安全的程度。

在危害性条件方面，理论争议较大。强制医疗程序要求法官根据被告人现有的精神状态和行为举止对未来的社会危险性和人身危险性进行判断，有别于传统上指向过去的定罪量刑工作。由于法律并未明确是否需要经过精神病专家的专业鉴定，还是依赖法官的个人经验抑或猜测，标准也不够明确，这就造成法官在进行规范判断时具有很大的模糊性。[①] 这种模糊性关乎强制医疗决定的科学性和公正性，需要审慎考虑。

【实务问题探讨】 如何把握精神病人再犯危险性标准问题？

我国法律规定，强制医疗的对象是刑事案件中被鉴定为无刑事责任能力的行为人。从具体案例来看，启动强制医疗程序的，基本上都是非常严重的暴力性侵害，且侵害情节比较恶劣。综观案件类型，严重的故意伤害案居多。相对而言，

---

① 参见陈卫东：《构建中国特色刑事特别程序》，载《中国法学》2011 年第 6 期；宋英辉、茹艳红：《刑事诉讼特别程序立法释评》，载《苏州大学学报（哲学社会科学版）》2012 年第 2 期。

案情都比较清晰，但伤害情况都比较严重，同时情节较为恶劣。一般为用暴力或极端残忍手段故意伤害，造成不特定多数人受伤或死亡等严重后果。在最后被强制医疗的案例中，一般人通过生活经验或总体分析，基本都能判断出行为人在行为时明显存在行为异常，与普通伤害行为迥异，伤害的原因、手段或表现方式与正常人思维差别较大。在如此情况下，办案部门会向有关证人了解行为人的相关情况，包括其平时的行为举动、近期表现、以往病史等，结合案发时的情境分析，一般能判断出行为人是否存在精神异常的可能。

实证调研中有的案卷显示，有部分近亲属向法院提出不予强制医疗决定的申请，理由一般为"被申请人继续危害社会的可能不大，不符合强制医疗条件"。同样的情况，检察机关可能认为符合强制医疗的条件，但病人家属会认为不符合强制医疗的条件，因此在具体的判断标准上，"有继续危害社会的可能"的判断标准仍然缺乏明确可执行的标准。通常认为，行为人已经实施了严重暴力行为，即具有一定的人身危险性，认定其是否具有继续实施暴力行为的可能性也难有根据综合评判。但是，之前的犯罪行为与再犯可能性是两个不同的概念，要具体判断精神病人是否有再犯可能性需要经过多方求证，最后判断。而在实践中，对精神病人是否具有再危害社会的可能性，目前尚无具体统一可操作的判断标准。

有的医疗机构虽然出具了评估报告，但是由于医疗角色限制，评估报告通常仅涉及病理、症状等，没有对精神病人人身危险性大小，是否具备再犯危险性作明确结论。而作为判定行为人是否具有再犯危险性的具体参照系数到底为哪些？除了医学上对行为人精神病治愈情况的判断以及暴力倾向的判断外，还应当有哪些重要参考呢？本书认为，需要对行为人的社会危害性评估标准做充分的研究，以解决强制医疗面临的诸多理论和现实困惑。因为评判行为人是否具有再犯危害性有较强的专业性要求，审查具有一定的难度。这涉及一个根本性的问题，即医学诊断与行为人再犯可能性大小之间的关联及区别如何？医学诊断是一个医学报告，即判断行为人的医学状态、病情的稳定度、康复情况等。而行为人的再犯可能，则是一个刑法学概念。在一般人看来，无刑事责任能力的精神病人再犯率可能很高，但根据精神病人康复的情况就直接等同于其继续危害社会的可能性大小，这中间似乎缺少某些判断和转化的基本要素。实际上，社会危险性的判断是法律问题，应依诉讼程序进行。"继续危害社会可能"要求公检法三机关在判断精神障碍患者的社会危险性时，要面向未来而不是关注过去。这在审前阶段，取决于公安司法人员的个人经验；在审理过程中，应由审判人员在综合考虑控辩双方事实和证据的基础上自由作出裁判；必要时可以听取有精神病医学专门知识的人的意见或者由有精神病医学专门知识的人担任人民陪审员。[①]

2016年最高人民法院发布了指导案例63号徐加富强制医疗案。该案例指出，人民法院应当综合相关情况对被申请人或者被告人是否有继续危害社会的可能进行审查判断，具体而言，应当从其所患精神病的种类、症状，案件审理时其病情是否已经好转以及其家属或者监护人有无严加看管和自行送医治疗的意愿和能力

① 参见何群、姚毅奇：《精神病人强制医疗之实践考察》，载《厦门大学法律评论》2016年第2期。

等情况予以判定。对于是否必须由相关部门出具被申请人或者被告人有继续危害社会可能的病情评估予以证明，该案例指出，病情评估不是认定有继续危害社会可能的必要条件，在综合相关情况无法对被申请人是否有继续危害社会可能进行准确审查判断时，可以委托相关机构或者专家进行评估。发布该案例，有利于准确把握强制医疗措施适用条件中的有继续危害社会可能，保障强制医疗程序的正确适用，解决司法实践中存在的分歧意见，统一司法标准。将来，最高人民法院应当通过更多的指导性案例就社会危险性的判断进行宏观指导。

总体而言，强制医疗案件中认定有继续危害社会可能是对被申请人或者被告人未来行为进行的预测和推断，需要全面、综合、客观分析判断多种因素。[①]

一是被申请人所患精神疾病的类型、症状。通常情况下，强制医疗案件中用以证明被申请人或者被告人所患精神疾病类型、症状的证据，主要有鉴定机构对被申请人或者被告人案发时的刑事责任能力、相关病症作出专业的司法鉴定意见以及医院对已经送医救治的精神病患者出具的病情证明。上述司法鉴定意见和病情证明虽然只是案发时和送医救治期间被申请人或者被告人的社会危害性证明，但是可以证明被申请人或者被告人的患病严重程度，若不接受专业治疗，有再次实施暴力行为的可能性。对这类精神病人，可结合其既往病史及治疗情况，判断其有继续危害社会的可能。

二是案件审理时被申请人病情是否已经好转。精神疾病患者一般缺乏自知力，不认同自己患病，在其自知力没有较大程度恢复的情况下一般无法主动积极参与治疗，而是需要在监管下进行治疗。少数强制医疗案件中，若行为人因精神疾病实施了危害社会的行为，但随后得到精神病医疗机构的治疗，并得到监护人有效的监管，经过治疗，其精神疾病已经得到比较好的治疗或者控制，其本人具有进行后续治疗的意愿和能力，医疗机构可以根据病情变化采取不同的防护措施，其再次危害社会的可能性自然较小。被申请人没有继续危害社会的可能性，也就没有必要再对其进行强制医疗。

三是家属或监护人有无严加看管和自行送医治疗的意愿和能力。强制医疗属于国家利用社会公共资源对精神病人的社会防卫措施，以避免其继续危害公共安全。通常情况下，实施暴力行为、人身危险性大的精神病人治愈难度大，治疗成本高，家庭监护所需承担的医治和监管的责任比较重，家属或者监护人一般更倾向于由政府对病人进行强制医疗。也有部分精神病人家属或者监护人明确表示愿意自行对被申请人或者被告人进行监管并送医治疗。相较于强制医疗，家庭监管力度较弱，有可能存在因监管不力导致被申请人再次实施危害行为的可能。因此，应当用较严格的标准对家属或者监护人有无严加看管和自行送医治疗的意愿和能力进行审查。法院应当审查患者家属或者监护人对患者进行监管、治疗的现实可行性，审查其是否具备治疗的能力和条件。具体审查的内容应当包括：（1）家属是否具有自行监护的能力，能否尽到监管、治疗职责，是否具备对被申请人或

---

① 参见曾蕾、李兵：《〈徐加富强制医疗案〉的理解与参照——强制医疗案件中有继续危害社会可能的认定》，载《人民司法（案例）》2017 年第 23 期。

者被告人进行长期治疗的实际条件。（2）家属对其进行治疗的医疗机构是否专业，对具有暴力倾向的精神病人能否有效地治疗和监管。

四是必要时可以委托相关机构或者专家进行评估。病情评估是指通过询问病史、体格检查、临床实验室检查、医技部门辅助检查等检查，对患者心理、生理、病情严重程度、全身状况等作出综合评估，用于指导对患者的诊疗活动。《精神卫生法》第 30 条第 2 款规定："诊断结论、病情评估表明，就诊者为严重精神障碍患者并有下列情形之一的，应当对其实施住院治疗：（一）已经发生伤害自身的行为，或者有伤害自身的危险的；（二）已经发生危害他人安全的行为，或者有危害他人安全的危险的。"据此，司法实践中，有观点认为病情评估是认定被申请人或者被告人有继续危害社会可能的必要条件，若缺乏病情评估则不应当对其适用强制医疗措施。此观点实质上混淆了证据证明与司法裁判的关系。对精神病人所做的有继续危害社会可能的病情评估属于刑事证据，是用以证明案件事实的依据。从证据分类角度看，其属于证人证言，是医生运用其医学知识对精神病人的社会危险性作出的专业判断。证人证言必须在法庭上经过公诉人、被害人和被告人、辩护人双方讯问、质证，听取各方证人的证言并经过查实以后，才能作为定案的根据。目前的医学技术依然无法对精神病人的社会危险性进行准确判断和预测，因此，即便经过质证并查实的病情证明，也只能作为认定被申请人或者被告人社会危险性的重要证据，但不是唯一证据。认为人民法院应当依据病情评估作出予以强制医疗决定的观点，是用评估、鉴定代替人民法院的司法裁判。在审判时，若被申请人或者被告人尚未送医救治，人民法院在缺乏病情评估的情况下，仍然应当综合相关证据进行裁判。在综合相关证据无法得出明确结论时，才有必要委托相关机构或者专家进行评估。在徐加富强制医疗案中，诉讼代理人提出了被申请人是否有继续危害社会的可能应由医疗机构作出评估，而本案没有医疗机构评估报告，对被申请人强制医疗的证据不充分的辩护意见。法院认为，在强制医疗中，如何认定被申请人或者被告人是否有继续危害社会的可能，需要根据其以往的行为及本案的证据进行综合判断，医疗机构对其评估也只是对其病情是否痊愈的评估，法律并没有赋予医疗机构对患者是否有继续危害社会可能性方面进行评估的职责。本案被申请人的病症是被害幻觉妄想症，经常假想要被他人杀害，外出害怕被害必带刀等防卫工具。如果不加约束治疗，被申请人不可能不外出，其外出必携带刀的行为，具有危害社会的可能，故对诉讼代理人的意见未予采纳。

二、启动程序

依据《刑事诉讼法》第 303 条的规定，强制医疗的启动程序可以分为以下两种方式：一是检察院申请启动，即对于公安机关移送的强制医疗意见书或者在审查起诉过程中发现精神病人符合强制医疗条件的，人民检察院应当向人民法院提出强制医疗的申请。二是法院决定启动，即人民法院在审理案件过程中发现被告人符合强制医疗条件的，可以作出强制医疗的决定。上述启动方式确立了人民检察院和人民法院强制医疗启动主体的法律地位，从而明确排除了公安机关、精神病人的监护人、法定代理人以及受害人的程序启动权。

如果公安机关发现精神病人符合强制医疗条件的，应当制作强制医疗意见，移送人民检察院，并由人民检察院向人民法院提出强制医疗的申请。人民检察院审查公安机关移送的强制医疗意见书，应当查明：（1）是否属于本院管辖；（2）涉案精神病人身份状况是否清楚，包括姓名、性别、国籍、出生年月日、职业和单位等；（3）涉案精神病人实施危害公共安全或者严重危害公民人身安全的暴力行为的事实；（4）公安机关对涉案精神病人进行鉴定的程序是否合法，涉案精神病人是否依法不负刑事责任；（5）涉案精神病人是否有继续危害社会的可能；（6）证据材料是否随案移送，不宜移送的证据的清单、复制件、照片或者其他证明文件是否随案移送；（7）证据是否确实、充分；（8）采取的临时保护性约束措施是否适当。人民检察院办理公安机关移送的强制医疗案件，可以采取以下方式开展调查，调查情况应当记录并附卷：（1）会见涉案精神病人，听取涉案精神病人的法定代理人、诉讼代理人意见；（2）询问办案人员、鉴定人；（3）向被害人及其法定代理人、近亲属了解情况；（4）向涉案精神病人的主治医生、近亲属、邻居、其他知情人员或者基层组织等了解情况；（5）就有关专门性技术问题委托具有法定资质的鉴定机构、鉴定人进行鉴定。人民检察院对精神病鉴定程序进行监督，可以要求公安机关补充鉴定或者重新鉴定。必要时，可以询问鉴定人并制作笔录，或者委托具有法定资质的鉴定机构进行补充鉴定或者重新鉴定。

在审查起诉中，犯罪嫌疑人经鉴定系依法不负刑事责任的精神病人的，人民检察院应当作出不起诉决定。认为符合刑事诉讼法规定条件的，应当向人民法院提出强制医疗的申请。

第一审人民法院在审理刑事案件过程中，发现被告人可能符合强制医疗条件的，应当依照法定程序对被告人进行法医精神病鉴定。经鉴定，被告人属于依法不负刑事责任的精神病人的，应当适用强制医疗程序，对案件进行审理。开庭审理此类案件，应当先由合议庭组成人员宣读对被告人的法医精神病鉴定意见，说明被告人可能符合强制医疗的条件，后依次由公诉人和被告人的法定代理人、诉讼代理人发表意见。经审判长许可，公诉人和被告人的法定代理人、诉讼代理人可以进行辩论。第二审人民法院在审理刑事案件过程中，发现被告人可能符合强制医疗条件的，可以依照强制医疗程序对案件作出处理，也可以裁定发回原审人民法院重新审判。

【实务问题探讨】 如何正确理解刑事追诉程序与强制医疗程序的转化？[①]

启动强制医疗程序的前提是犯罪嫌疑人、被告人已经法定程序鉴定为依法不负刑事责任的精神病人，从实体法的角度讲，已经失去了对被告人定罪量刑的可能性。那么从程序法的角度讲，就有一个如何终结已经展开的刑事追诉问题。而这个问题又分三种情况：第一种情况是在侦查阶段就已经经过鉴定认定犯罪嫌疑人为不负刑事责任的精神病人；第二种情况是到审查起诉阶段经过鉴定认定犯罪嫌疑人为不负刑事责任的精神病人；第三种情况是到审判阶段才经鉴定程序认定犯罪嫌疑人为不负刑事责任的精神病人。

本书认为，对于上述三种情况应当区别对待。在第一种情况下，公安机关应当就刑事案件部分作出撤销案件的决定，然后出具强制医疗意见书，移送人民检察院。人民检察院经过审查，同意公安机关的强制医疗意见书的，再制作强制医疗申请书，并向同级人民法院提交。在第二种情况下，人民检察院应当就刑事案

---

① 参见施鹏鹏、周婧：《强制医疗程序适用中的疑难问题及对策》，载《人民检察》2015年第7期。

件部分依据法定不起诉的条件，作出不起诉决定，然后再制作强制医疗申请书，并向同级人民法院提交。在这两种情况下，随着人民法院对人民检察院强制医疗申请的受理，强制医疗的审判程序便正式启动。第三种情况则比较复杂。到审判阶段，刑事案件的审判程序已经启动，对被告人的定罪量刑只有到第一审程序完结时才能作出。因此，审判阶段强制医疗程序的启动就有两个特点：其一，强制医疗程序只有在第一审程序终结，且对被告人作出了不负刑事责任的判决之后才能启动；其二，这个阶段强制医疗程序原则上应由人民法院依职权主动启动。由此而引发的另一个问题是，如果人民法院未依职权主动启动强制医疗程序，人民检察院是否也可以提出强制医疗程序的申请？对于这一点，法律尚未作出规定。

依刑事诉讼法之规定，强制医疗的提起存在两种情况：一是由检察机关提出申请；二是由人民法院直接作出决定。如果人民法院在审理案件过程中发现被告人符合强制医疗条件的，则可能存在程序转化的问题，即将普通审理程序转化为强制医疗程序。在司法实践中，程序转化主要包括如下四种情况：（1）法院在一审普通程序中发现被告人患有精神病的，应对被告人进行法医精神病鉴定。经鉴定，被告人属于依法不负刑事责任的精神病人的，再决定适用强制医疗程序。此时，法院应当撤销原有的刑事案件立案，由立案庭以强制医疗为案由重新立案。（2）法院在简易程序中发现被告人患有精神病的，立法及司法解释均未作明确规定，属于立法漏洞。本书认为，这属于"不宜适用简易程序"的情形，应先转化为普通程序，再按前述（1）所列明的程序予以处理。（3）法院在二审程序中发现被告人患有精神病，此种情况既可以按强制医疗程序作出处理，也可以发回原审人民法院重审。二审法院直接处理的，依前述（1）所列明的程序予以处理；二审法院发回重审的，则原审人民法院应重组合议庭，并按前述（1）所列明的程序予以处理。（4）法院在再审程序中发现被告人患有精神病。立法及司法解释对此亦未作出规定。本书认为，按立法原意，法院可直接参照前述（1）及（3）所列明的程序予以处理。此外，强制医疗在司法实践中还可能面临着多次程序转化的复杂问题，参照适用公诉案件第一审普通程序和第二审程序的有关规定。

三、决定程序

《刑事诉讼法》第303条、第304条专门规定了强制医疗的决定主体，即对实施暴力行为的精神病人的强制医疗，由人民法院组成合议庭审理并作出决定。这明确了强制医疗的决定主体为人民法院。

（一）法定代理人或者其他近亲属到场

审理强制医疗案件，应当通知被申请人或者被告人的法定代理人到场；被申请人或者被告人的法定代理人经通知未到场的，可以通知被申请人或者被告人的其他近亲属到场。

（二）法律援助制度

《刑事诉讼法》第304条专门规定了法律援助制度，即如果被申请人或者被告人没有委托诉讼代理人的，人民法院应当通知法律援助机构指派律师为其提供法律帮助。

（三）临时的保护性约束措施

《刑事诉讼法》第303条第3款规定，对实施暴力行为的精神病人，在人民法院决定强制医疗前，公安机关可以采取临时的保护性约束措施。本书认为，在具体适用保护性约束措施的过程中，应当明确两点：一是临时的保护性约束措施具有限制人身自由的特点，其羁押性质与拘留、逮捕等强制措施类似，因此，其批准、时限、终止等事项必须经过严格审查。审查权在刑事诉讼的各个阶段由各机关的负责人行使。二是临时的保护性约束措施应当符合比例原则。比例原则要求只有在被申请人确实具有继续危害公共安全或者严重危害公民人身安全的情况下才能对其适用，且应当设置必要的时限，一旦被申请人的家属能够进行有效的监护，而且解除强制医疗后被申请人不至于造成社会危险的，应当及时解除约束措施，将被申请人交由家属看管。

【实务问题探讨】如何规范适用强制医疗决定之前的临时的保护性约束措施？[①]

临时的保护性约束和保护性约束的概念与区别。临时的保护性约束措施的出处见于《刑事诉讼法》第303条第2款："对实施暴力行为的精神病人，在人民法院决定强制医疗前，公安机关可以采取临时的保护性约束措施。""保护性约束"一词出现在多部法律法规中，如禁毒法、《公安机关强制隔离戒毒所管理办法》、《公安机关办理行政案件程序规定》都有"保护性约束"的表述。保护性约束是一种适用于戒毒人员和醉酒状态中的违法嫌疑人，在其出现紧急的情况下，按照医疗规范采取的措施。本质上是一种行政强制措施。

从以上不同的法律出处可以看出，临时的保护性约束和保护性约束有区别，二者性质是不同的，不可混淆。临时的保护性约束措施是一种限制触犯刑律的精神病人人身自由的特有措施。它和刑事强制措施中的刑事拘留、逮捕性质类似，都是通过限制和剥夺人身自由的强制方法，保障刑事诉讼的顺利进行而确立的一项司法制度，有明显的强制性，体现刑事诉讼特质，也体现公民的人身自由不能随意剥夺的宪法精神。它的适用对象只能是实施危害公共安全或者严重危害公民人身安全的有暴力行为的且经法定程序鉴定不负刑事责任的精神病人。

公安机关在办理刑事案件中，发现犯罪嫌疑人可能是依法不负刑事责任的精神病人的，需要对其进行司法精神病鉴定。但进行鉴定是需要时间和过程的，在鉴定过程中和鉴定之后，对嫌疑人采取何种措施？将嫌疑人羁押何处？本书认为：鉴定前采取刑事拘留，按照普通程序办理，羁押至看守所。鉴定意见出来以后，确认是依法不负刑事责任的精神病人，变更为临时的保护性约束措施。理由一，鉴定前只能称为疑似精神病人，不能采取"临时的保护性约束措施"。理由二，根据刑事诉讼法的规定，对犯罪嫌疑人作精神病鉴定的期间不计入办案期限。所以不必考虑刑事拘留超期问题。理由三，临时的保护性约束措施就是为了解决司法精神病鉴定之后到强制医疗决定之前，这个时间段涉案精神病人如何处理问题。因为此时间段，案件已经撤销，刑事普通程序虽然已经结束，但特殊程序刚开始启动，涉案精神病人不能立即释放，还必须继续限制其人身自由，刑事诉讼法规定了临时的保护性约束措施这个制度，来确保刑事诉讼的顺利进行。

---

① 参见王育鹏、魏煜军：《强制医疗相关问题分析》，载《中国司法鉴定》2017年第5期。

临时的保护性约束措施的地点法律法规未作具体规定，但在《公安机关办理刑事案件程序规定》中有明确表述，必要时可以将其送到精神病院。本书认为，既然法律无具体规定，那么看守所、安康医院、强制医疗所、精神病院都可以作为临时的保护性约束措施的地点。但最为合适的还是公安机关管理的安康医院、强制医疗所。理由如下：（1）安康医院的性质决定了对危害社会安全的精神病人具有监管和治疗职能；（2）安康医院的强制性的特点，警察强制力决定了监管治疗此类人最合适；（3）便于人民检察院对强制医疗过程的监督，便于维护当事人合法权利（安康医院、强制医疗所有驻院检察室）。应当注意的是，不能将被采取临时的保护性约束措施的病员和法院决定的强制医疗的病人混管混治。

《公安机关办理刑事案件程序规定》规定了临时的保护性约束措施的解除。现实中，只要法院决定没有下来，除非出现躯体疾病危及生命的情形，公安机关一般不会解除。人民法院强制医疗决定书和执行通知书下来后，在办理执行手续时，临时的保护性约束措施自动解除。如果出现人民法院驳回强制医疗申请或者决定不强制医疗，办案机关应当持决定书，立即解除临时的保护性约束措施，释放当事人，交监护人接回。

公安机关在办理刑事案件时，不经过司法精神病鉴定不能直接对涉案的疑似精神病人采取临时的保护性约束措施。不能通过限制当事人的人身自由，来给受害人一个"交代"，来维护社会治安稳定。采取临时的保护性约束措施不当，容易侵犯公民人身自由权。在强制医疗制度中，应避免出现随意扩大使用范围而侵犯公民人身自由权利。所以，规范临时的保护性约束措施势在必行。

（四）审理程序

审理强制医疗案件，应当组成合议庭，开庭审理。但是，被申请人、被告人的法定代理人请求不开庭审理，并经人民法院审查同意的除外。本书认为，强制医疗案件不开庭审理应当符合三个条件：一是被申请人、被告人的法定代理人请求不开庭审理，同时这种请求不仅合理、正当，而且是以保护被申请人为目的；二是案件事实清楚、证据确实充分；三是被申请人对案件基本事实无异议。人民法院对强制医疗案件开庭审理的，人民检察院应当派员出席法庭。审理强制医疗案件，应当会见被申请人，听取被害人及其法定代理人的意见。

开庭审理申请强制医疗的案件，按照下列程序进行：（1）审判长宣布法庭调查开始后，先由检察员宣读申请书，后由被申请人的法定代理人、诉讼代理人发表意见。（2）法庭依次就被申请人是否实施了危害公共安全或者严重危害公民人身安全的暴力行为、是否属于依法不负刑事责任的精神病人、是否有继续危害社会的可能进行调查；调查时，先由检察员出示证据，后由被申请人的法定代理人、诉讼代理人出示证据，并进行质证；必要时，可以通知鉴定人出庭对鉴定意见作出说明；被申请人的法定代理人、诉讼代理人无异议的，法庭调查可以简化。其中，司法精神病鉴定涉及复杂的医学问题和专门的知识，很多办案法官对这些专业问题往往也束手无策，司法精神病鉴定人出具的鉴定意见对案件定性具有非常重要的作用，在已有鉴定意见的情况下，法官不太可能推翻鉴定意见。因此鉴定人出庭接受询问、质证，可以对鉴定意见中的相关问题作出说明和解释。控辩双方对被申请人的精神状况有了直观的了解，才能充分证明鉴定意见的真实性、有效性。因此，实践中，司法精神病鉴定人应当尽量出庭参加庭审。（3）法庭辩论阶段，先由检察员发言，后由被申请人的法定代理人、诉讼代理人发言，并进行辩论。

被申请人要求出庭，人民法院经审查其身体和精神状态，认为可以出庭的，应当准许。出庭的被申请人，在法庭调查、辩论阶段，可以发表意见。本书认为，为了查明案件事实或者确认被申请人的精神状态，被申请人应当出庭参加庭审。同时，被申请人出庭应当注意把握三个条件：一是征得被申请人同意；二是被申请人应当具备出庭的辨认和控制自己行为的能力，如此才能在法庭调查、辩论阶段发表意见；三是由人民法院审查被申请人的身体和精神状态，审判人员应当在征求医务人员的意见的同时，亲自审查被申请人的状况。被申请人出庭时，应当注意，侦查人员、陪护人员应当陪同被申请人，且携带必要的医疗设备，一旦被申请人病发，侦查人员可以迅速、安全控制被申请人，陪护人员也可以在一旁及时予以诊治。

被害人作为刑事诉讼参与人之一，依法享有相应的诉讼权利，但当前法律并未明确规定被害人是否可以参与强制医疗案件的庭审。作为肇事肇祸行为的亲历者，被害人出庭参与法庭审理调查，一方面有助于查明被申请人的精神状态及人身危险性，也可以与精神疾病司法鉴定意见相互印证；但另一方面若被害人出庭，又可能使庭审的重心从调查被申请人的精神状态以及是否具有再次实施危害社会行为的可能性偏移到审查被申请人本次行为的社会危害性上，即从申请强制医疗的特别程序偏移为普通刑事诉讼程序，而且在申请强制医疗案件中，被害人的诉讼地位并不明确，其在庭审中与公诉方、辩护方的诉讼关系如何亦存在争议。本书认为，从刑事诉讼适法统一的角度来说，在强制医疗程序中也应当赋予被害人与传统刑事案件中的被害人相当的诉讼权利，因为让那些利益受法律决定直接影响的人有机会充分、有效地参与到法律决定的制作过程中来也是自然正义的应有之义。具体来说，强制医疗申请书副本应当送达被害人，被害人有权出庭参与法庭调查和法庭辩论；在庭审中，当检察员宣读申请书后，被害人可以发表意见，其也可以申请通知新的证人到庭、调取新的证据、申请专家辅助人出庭发表专业意见等；对法院作出的决定不服时，有权利申请复议。这样一来有助于形成庭审对抗，实现庭审实质化，以便于查清案件基本事实；二来也能确保被害人及其家属的程序参与权，保障了其在案件中对审理结果的知情权。①

（五）强制医疗的审理时限

人民法院经审理，对于被申请人或者被告人符合强制医疗条件的，应当在1个月内作出强制医疗的决定。

（六）处理结果

对强制医疗的案件，人民法院审理后，应当按照下列情形分别处理：（1）符合《刑事诉讼法》第302条规定的强制医疗条件的，应当作出对被申请人强制医疗的决定；如果是法院启动强制医疗程序的，应当判决宣告被告人不负刑事责任，同时作出对被告人强制医疗的决定。（2）被申请人属于依法不负刑事责任的精神病人，但不符合强制医疗条件的，应当作出驳回强制医疗申请的决定；如果是法院启动强制医疗程序的，应当判决宣告被告人无罪或者不负刑事责任。被申请人或者被告人已经造成危害结果的，应当同时责令其家属或者监护人严加看管和医疗。（3）被申请人具有完全或者部分刑事责任能力，依法应当追究刑事责任的，应当作出驳回强制医疗申请的决定，并退回人民检察院依法处理；如果是法院启动强制医疗程序

---

① 参见张凡：《强制医疗程序的运行现状及制度完善》，载《人民司法（应用）》2020年第22期。

的，应当依照普通程序继续审理。

【实务问题探讨】 如何正确理解决定强制医疗的证明标准？①

近年来，关于强制医疗程序证明标准问题的研究颇多，主流观点是强制医疗程序的证明标准应当不同于刑事诉讼法所规定的排除合理怀疑的证明标准，采取的是一种复合的证明标准，即在被告人的犯罪行为、刑事责任能力等方面实行排除合理怀疑的证明标准，而对被告人的社会危险性实行较低的证明标准，类似于优势证据标准。被告人的犯罪行为、刑事责任能力是其定罪裁判中需认定的重要内容之一，为了避免应当承担刑事责任的人借助强制医疗逃避刑事处罚，也避免不应当受到强制医疗的人被强制医疗，该两项内容应当适用严格的证明标准。强制医疗案件中对有继续危害社会可能采取高度盖然性证明标准，而不是普通刑事案件的排除合理怀疑证明标准，理由在于：一是强制医疗程序并不是对涉案精神病人的惩罚，而是对其监管保护和医疗救治。若采取过高的证明标准，将提高强制医疗程序适用的门槛，既不利于精神病人的及时就医，也无法对其进行有效监管，危及他人人身财产安全和社会公共安全，使得强制医疗制度空置。二是"有继续危害社会可能"是一种盖然性结论，是对未来可能发生事件的预测，无法表现为排除合理怀疑的事实。由不具备专业知识的法官对危险性作出排除合理怀疑的认定几乎是不可能完成的任务，也必然增加强制医疗审理的成本和难度，并最终可能导致应该接受强制治疗的患者被排斥在医疗机构之外，从而损害精神疾病患者的健康利益。因此，实施暴力行为的精神病人有继续危害社会较高的可能性就应当予以强制医疗。如果僵化地适用排除合理怀疑证明标准进行判断，将有违强制医疗程序设置的初衷，导致对强制医疗被申请人失之过宽。

四、一审终审及救济

（一）强制医疗的复议程序

依据《刑事诉讼法》第305条第2款的规定，被决定强制医疗的人、被害人及其法定代理人、近亲属对强制医疗决定不服的，可向上一级人民法院申请复议。

被决定强制医疗的人、被害人及其法定代理人、近亲属对强制医疗决定不服的，可以自收到决定书第2日起5日以内向上一级人民法院申请复议。复议期间不停止执行强制医疗的决定。对不服强制医疗决定的复议申请，上一级人民法院应当组成合议庭审理，并在1个月以内，按照下列情形分别作出复议决定：（1）被决定强制医疗的人符合强制医疗条件的，应当驳回复议申请，维持原决定。（2）被决定强制医疗的人不符合强制医疗条件的，应当撤销原决定。（3）原审违反法定诉讼程序，可能影响公正审判的，应当撤销原决定，发回原审人民法院重新审判。

---

① 参见曾蕾、李兵：《〈徐加富强制医疗案〉的理解与参照——强制医疗案件中有继续危害社会可能的认定》，载《人民司法（案例）》2017年第23期。

（二）强制医疗的解除制度

依据《刑事诉讼法》第306条的规定，强制医疗解除的申请程序可以概括为以下两种方式：一是由医疗机构提出解除申请，即强制医疗机构应当定期对被强制医疗的人进行诊断评估。对于已不具有人身危险性，不需要继续强制医疗的，应当及时提出解除意见。二是由被强制医疗的人及其近亲属申请解除强制医疗。其中，无论哪种启动方式，都必须经过决定强制医疗的人民法院批准。人民法院在审查时，应当依职权查阅被强制医疗人的医疗记录、诊断评估报告和相关材料，听取强制医疗机构的意见，听取被强制医疗人及其近亲属的意见。必要时，人民法院可以委托鉴定机构对被强制医疗的人进行鉴定。人民法院应当组成合议庭进行审查，必要时可以开庭审理，经综合考察后应按不同情形进行处理：对于符合《刑事诉讼法》第306条规定，已不具有人身危险性，不需要继续强制医疗的精神病人，应当解除强制医疗并交由家属看管和治疗；对于仍具有人身危险性的，应当继续进行强制医疗。人民法院作出的决定应当及时送达被强制医疗人、强制医疗机构和人民检察院。

【实务问题探讨】 对于跨越强制医疗程序改革的强制医疗案件，由谁决定解除？[①]

2010年，某市公安局某区公安分局在办案中对涉嫌故意杀人罪的王某乙（路某某、王某甲的儿子）实施抓捕、拘留。经鉴定，犯罪嫌疑人王某乙无刑事责任能力，该区公安分局决定撤销案件并对王某乙进行强制医疗。随后几年间，路某某、王某甲曾多次向该区公安分局、该区法院等信访，要求解除对王某乙的强制医疗，有关单位均未受理。2017年12月26日，路某某、王某甲向该区政府提出行政复议，请求责令该区公安分局为王某乙办理解除强制医疗手续。2018年1月3日，该区政府作出行政复议申请不予受理决定书，以强制医疗不属于行政法调整范畴为由，对复议请求决定不予受理。2018年1月12日，路某某、王某甲不服行政复议决定，起诉至该市第四中级人民法院。法院一审裁定认为，强制医疗是该区公安分局在其立案侦查的一起故意杀人刑事案件中作出的决定，属于刑事诉讼法调整的范畴，由此产生的争议，既不属于行政复议法规定的行政复议范围，亦不属于行政诉讼法规定的受案范围，故裁定驳回原告路某某、王某甲的起诉。路某某、王某甲不服，先后提出上诉和申请再审，上级法院先后以相似理由裁定驳回了二人的上诉请求和再审申请。路某某、王某甲遂向该市检察院申请监督。

根据2018年修改后的《刑事诉讼法》第306条及《刑诉解释》的规定，被强制医疗的人及其近亲属申请解除强制医疗的，应当向决定强制医疗的法院提出。但该案不是由法院决定强制医疗，被强制医疗的人及其近亲属应当向哪个机关提出解除申请？即对2012年《刑事诉讼法》修改前由公安机关依法决定强制医疗的，被强制医疗的人及其近亲属申请解除强制医疗，应当向法院还是公安机关提出？目前存在以下两种观点。

第一种观点认为，应当由公安机关办理。理由是，2012年《刑事诉讼法》修改前，强制医疗主要由公安机关依据《人民警察法》第14条规定自行批准决定，

---

① 参见闫俊瑛、张昊天：《强制医疗决定解除机关的确定》，载《人民检察》2020年第10期。

对强制医疗的解除也应由公安机关决定。王某乙系经司法鉴定为不负刑事责任的精神病人，依法被该区公安分局决定强制医疗，并交由该市安康医院执行。该区公安分局作为承办单位，最了解和熟悉案情及证据情况，当事人及其近亲属不服该区公安分局当年所作的强制医疗决定，由公安机关受理并答复当事人，有利于快速查清事实并回应当事人及其近亲属的诉求，也符合 2012 年《刑事诉讼法》修改前的规定和实践做法。

第二种观点认为，应当由法院办理。理由是，2012 年修改后的《刑事诉讼法》在第五编"特别程序"中新增一章"依法不负刑事责任的精神病人的强制医疗程序"作为第四章，规定公安机关发现精神病人符合强制医疗条件的，应当写出强制医疗意见书，移送检察机关。对于公安机关移送的或者在审查起诉过程中发现的精神病人符合强制医疗条件的，检察机关应当向法院提出强制医疗的申请。法院在审理案件过程中发现被告人符合强制医疗条件的，可以作出强制医疗的决定。且规定对于不需要继续强制医疗的，报决定强制医疗的法院批准。自此，原来由公安机关自行决定的强制医疗，改为由公安机关提出申请，检察机关进行审查，法院依法决定。根据"程序从新"原则，应当执行修改后刑事诉讼法的规定，由法院受理审查。

本书认为，该案不属于行政复议法和行政诉讼法调整范畴，并同意第二种观点。具体分析如下：

首先，该案的争议焦点较为明晰，即路某某、王某甲向该区政府提出请求，责令该区公安分局为王某乙办理解除强制医疗手续的复议申请，是否属于行政复议范围和行政诉讼受案范围。根据行政诉讼法、最高人民法院《关于适用〈中华人民共和国行政诉讼法〉的解释》的规定，有事实根据是提起行政诉讼的法定条件；起诉不符合法定条件，已经立案的，法院应当裁定驳回起诉。《行政复议法》第 6 条列举了属于复议范围的数种情形，除法律另有规定外，当事人对属于复议范围的具体行政行为申请行政复议的，一般是在知道该行为之日起 60 日内提出。根据以上规定可知，该案中，路某某、王某甲向该区政府申请行政复议，请求责令该区公安分局为王某乙办理解除强制医疗手续，该请求实际是责令公安机关履行刑事司法行为范畴的职责，不属于行政复议法和行政诉讼法的调整范畴，且该区政府作出的不予受理决定未对路某某、王某甲的权利义务产生实际影响。综上，路某某、王某甲针对该案提起的行政诉讼缺乏事实和法律根据，法院裁定并无不当。

其次，对于跨越新旧刑事诉讼法的强制医疗活动，是否解除强制医疗以及由谁决定解除，应当遵循"程序从新"原则，由法院依据修改后的刑事诉讼程序进行审查决定，彰显程序正义和加强权利救济的立法目的。2012 年修改后的刑事诉讼法将原由公安机关自行决定的强制医疗程序改为由公检法分工负责，纳入刑事诉讼的特别程序。对比刑事诉讼法修改前后强制医疗程序的变化，主要体现在以下两个方面：一是适用程序从行政化走向司法化。2012 年《刑事诉讼法》修改后，强制医疗由公安机关移送检察机关审查、检察机关向法院提出申请、法院依法审理后决定（法院在审判刑事案件中自行发现的除外），且三机关各自的审查、审理程序更加明确、细化、严格。特别是法院审理强制医疗案件，必须组成合议庭、通知被申请人或者被告人的法定代理人到庭、为被申请人或者被告人提供法律援助等。二是赋予了当事人较为充分的救济权。《刑事诉讼法》第305条规定，被决定强制医疗的人、被害人及其法定代理人、近亲属对强制医疗决定不服的，可以向上一级法院申请复议，填补了以往强制医疗程序中当事人权利救济的空白。综上，本书认为，对于在2012年《刑事诉讼法》修改前作出的强制医疗决定，理应适用修改后的程序办理，充分体现法律修改的精神，彰显正当程序和人权保障价值。故应遵循"程序从新"原则，由有管辖权的法院办理。

最后，应当按照刑事诉讼法的规定明确此类案件的管辖法院。对于2012年《刑事诉讼法》修改前由公安机关决定强制医疗的，由于不存在事实上的决定强制医疗的法院，当事人及其近亲属若申请解除强制医疗，应当向哪一法院提出？本书认为，应当参照刑事诉讼法及司法解释明确的管辖原则确定管辖法院。检察机关申请对依法不负刑事责任的精神病人强制医疗的案件，由被申请人实施暴力行为所在地的基层法院管辖；由被申请人居住地的法院审判更为适宜的，可以由被申请人居住地的基层法院管辖。其确立了决定强制医疗由暴力行为所在地的基层法院管辖为原则、被申请人居住地基层法院管辖为例外的管辖标准。而申请解除强制医疗又是"报决定强制医疗的法院批准"，故可以参照上述规定精神，由实施暴力行为所在地的基层法院管辖此类跨越刑事诉讼法修改的申请解除强制医疗的案件。一方面，由暴力行为所在地的基层法院审理当事人及其近亲属提出的解除申请，便于法院开展调查核实等相关工作。另一方面，此类案件中的强制医疗决定，往往也由暴力行为所在地的公安机关作出，由同一区域的法院对接相应的公安机关，便于开展调阅卷宗等协调事宜。同时，如果实施暴力行为所在地的基层法院认为由被申请人居住地的基层法院管辖更为适宜的，应当由双方协商确定；协商不成的，层报共同的上级法院指定管辖。

五、检察院的法律监督

人民检察院发现在对依法不负刑事责任的精神病人的强制医疗程序中的申请、鉴定、临时的保护性约束措施、审理活动、有关处理决定、交付执行、医疗、复议、解除等活动中违反有关规定的，应当依法开展法律监督，提出纠正意见。

图书在版编目（CIP）数据

刑事诉讼法学精论/宋英辉等著．—北京：中国
检察出版社，2024.3

ISBN 978 - 7 - 5102 - 3049 - 3

Ⅰ．①刑…　Ⅱ．①宋…　Ⅲ．①刑事诉讼法－法的理论
－中国　Ⅳ．①D925.201

中国国家版本馆 CIP 数据核字（2024）第 055528 号

刑事诉讼法学精论

宋英辉　王贞会　等著

责任编辑：钟　鉴
技术编辑：王英英
美术编辑：徐嘉武

出版发行：中国检察出版社
社　　址：北京市石景山区香山南路 109 号（100144）
网　　址：中国检察出版社（www.zgjccbs.com）
编辑电话：（010）86423784
发行电话：（010）86423726　86423727　86423728
　　　　　　（010）86423730　86423732
经　　销：新华书店
印　　刷：北京联兴盛业印刷股份有限公司
开　　本：787 mm×1092 mm　16 开
印　　张：25.75　　插页 8
字　　数：677 千字
版　　次：2024 年 3 月第一版　　2024 年 3 月第一次印刷
书　　号：ISBN 978 - 7 - 5102 - 3049 - 3
定　　价：98.00 元